国家科学技术学术著作出版基金资助出版

国家社会科学基金重大项目（项目批准号：17ZDA291）
"情报学学科建设与情报工作未来发展路径研究"
中国科学技术情报学会重点支持工程

新时代情报学与情报工作论丛
苏新宁◎主编 李 纲◎副主编

情报学理论：
哲学基础与应用发展

王 芳 等◎著

·北京·

图书在版编目（CIP）数据

情报学理论：哲学基础与应用发展 / 王芳等著. —北京：科学技术文献出版社，2021.9
（新时代情报学与情报工作论丛 / 苏新宁主编）
ISBN 978-7-5189-8169-4

Ⅰ．①情⋯　Ⅱ．①王⋯　Ⅲ．①情报学—研究　Ⅳ．① G250

中国版本图书馆 CIP 数据核字（2021）第 151901 号

情报学理论：哲学基础与应用发展

策划编辑：梅　玲　　责任编辑：张　红　　责任校对：文　浩　　责任出版：张志平

出 版 者	科学技术文献出版社
地　　址	北京市复兴路15号　邮编 100038
编 务 部	（010）58882938，58882087（传真）
发 行 部	（010）58882868，58882870（传真）
邮 购 部	（010）58882873
官 方 网 址	www.stdp.com.cn
发 行 者	科学技术文献出版社发行　全国各地新华书店经销
印 刷 者	北京时尚印佳彩色印刷有限公司
版　　次	2021 年 9 月第 1 版　2021 年 9 月第 1 次印刷
开　　本	787×1092　1/16
字　　数	516千
印　　张	30
书　　号	ISBN 978-7-5189-8169-4
定　　价	118.00元

版权所有　违法必究

购买本社图书，凡字迹不清、缺页、倒页、脱页者，本社发行部负责调换

《新时代情报学与情报工作论丛》

丛书顾问委员会

黄长著　梁战平　马费成　胡昌平　靖继鹏　赖茂生　王知津　张晓军　戴国强

丛书编委会

主　任　赵志耘　苏新宁

副主任　夏立新　李　纲　孙建军　卢小宾　潘云涛

编　委（按姓氏拼音排序）
　　　　毕　强　曹树金　陈　超　初景利　邓三鸿　樊　博　高金虎　黄水清
　　　　蒋　颖　冷伏海　李广建　李月琳　栗　琳　陆　伟　马　捷　马海群
　　　　沈固朝　王　芳　王东波　王延飞　王曰芬　吴　鹏　吴晨生　许　鑫
　　　　杨建林　姚乐野　臧国全　曾建勋　章成志　郑彦宁　周晓英　朱庆华

学术秘书　赵筱媛

《情报学理论：哲学基础与应用发展》
著者名单
（按姓氏拼音排序）

陈　锋　程乐天　纪雪梅　彭知辉　齐亚双　史海燕

王　芳　王　琳　王晓宇　杨　京　翟羽佳　张　鑫

张维冲　赵　洪　朱宏智　祝　娜

总 序

情报学的发展与情报工作的重点任务紧密相关，不同时期的情报工作重点，引导着情报学研究和情报学学科建设的发展方向。20世纪50—80年代，我国科学技术的发展亟待情报工作能够提供国内外最新的科技发展动态和文献资料，我国情报学研究也起始于探讨科技文献交流规律的情报研究。20世纪90年代，信息爆炸和信息化浪潮的袭来，使得情报工作更加重视信息资源建设和信息服务，情报学研究的重点转向了信息处理、检索与服务及信息资源建设。21世纪以来，随着互联网的普及，情报工作更加重视网络信息资源的构建和服务，并在国家智库建设中开始显现作用。因此，情报学研究开始转向网络信息资源的构建和知识服务的研究，以及如何融入国家战略的情报学研究尝试。可以说，我国情报学研究历经了"文献"情报学、"信息"情报学、"网络信息"情报学等多个发展阶段。今天，我们进入了大数据时代，情报环境的变化、技术发展的推动、国家战略的需求，情报学与情报工作将向何处发展？这是情报工作者和情报学者必须思考的问题。

作为一名情报学学者，长期以来我一直关注情报学的发展，迫切感觉到：时代的发展、社会的需求，情报学与情报工作必须与时俱进，需要做出响应，需要顺应转型，需要在新的时代做出更大贡献。因此，2017年年初，我向全国哲学社会科学规划工作办公室提交了国家社会科学基金重大项目"情报学学科、理论、方法及情报工作未来发展研究"选题，在本学科专家学者的支持和关爱下，该选题得以立项招标。我们团队经过对选题的充分讨论，并请教多位情报学前辈、专家，最后确定以"情报学学科建设与情报工作未来发展路径研究"为题申报国家社会科学基金重大项目。有幸再次得到评审专家的垂青，使本申报课题得以成为2017年国家社会科学基金重大项目之一。

课题在申请时，设立了5个子课题，团队成员也只有30余人。但学科专家高度重视该课题的研究，提出了扩充项目研究内容的建议。根据专家们的建议，我们进行了充分的论证，并向全国哲学社会科学规划工作办公室提出了课题变更申请，即从原有的5个子课题扩大到9个子课题，同时也得到了全国哲学社会科学规划工作办公室批准，从而使这项研究从原有的情报学学科建设、情报学教育体系、情报学理论与方法体系、情报工作未来发展、国家安全情报工作发展等5个方面的研究，又拓展到情报与智库的作用与关系、国外情报学与情报工作、情报工作制度建设、中国情报事业发展史等研究领域。课题组也得到了壮大，成员达到了140余人，涉及南京大学、武汉大学、北京大学、中国人民大学、中国科学院大学、南开大学、南京理工大学、南京农业大学、上海交通大学、华东师范大学、军事科学院、国防科技大学、中国人民公安大学、北京市科学技术情报研究所等20多所高校和10余家科研机构。

新时代的到来，新的环境、新的需求、国家战略实施的期待，使得情报学与情报工作迎来了大好的发展机遇，同样也面临许许多多的挑战。为了探讨我国情报学与情报工作的未来发展，2017年10月，中国科学技术情报学会、中国社会科学情报学会在南京大学召开了"首届情报学与情报工作发展论坛"，会议发布了由本课题组执笔撰写的《情报学与情报工作发展南京共识》（简称《南京共识》）。《南京共识》针对新时代国家安全与发展对情报学与情报工作的要求，重点强调了5个重新：重新定位情报学科发展目标，重新认识情报工作的性质和作用，重新设计情报学课程体系，重新认识理论、技术、方法的重要性，重新认识情报能力。《南京共识》为我们开展重大项目的研究指明了方向，也促使我们下定决心出版一套反映新时代情报学与情报工作发展的学术论丛。

为了写好这套学术丛书，课题组进行了反复论证，召开了10余次书稿论证会，并邀请了情报领域前辈、专家到会指导，专家对书稿的题名、大纲、初稿、修订稿等提出了许多建设性意见，保证了书稿内容的全面和完善。本套丛书涵盖了情报学理论、方法和技术，情报学学科建设和培养体系，情报应用方面的情报工作、情报感知、情报与智库、竞争情报，国外的情报学与情报工作发展，情报制度，中国情报事业的发展等，其中多本著作的主题为国内首次出版。整套丛书从新时代、新使命、新任务的角度来阐述情报学与情报工作的新内容，为我国情报学研究、情报学教育、情报工作和情报事业的发展提供了有力指导。

综观全套丛书，每一本都具有自己的创新和特色：

杨建林教授等所著的《情报学学科建设与发展》以哲学的视角阐述了情报学基本原理和基础理论体系，并基于信息范式与情报范式融合的指导思想，构建了情报学学科体系基本框架，并以此探讨了情报学学科知识体系建设与学科功能单位建设的主要内容。这些研究对促进人们更清晰地认识情报学、助力情报学学科良性发展有很大的帮助作用。

王东波教授等所著的《情报学教育和人才培养研究》紧扣大数据和人工智能下"耳目、尖兵、参谋"情报学人才培养的总目标，通过内容分析、调查问卷和文本挖掘的方法，在所掌握的多个维度的第一手数据基础上，首次对新中国成立以来情报学教育体系进行了系统的探析和全面的梳理，并对情报人才培养方案给出了切实可行的建议。

王芳教授等所著的《情报学理论：哲学基础与应用发展》用历史主义的视角对情报学理论流派和研究范式进行了系统梳理，对情报学理论支撑的哲学思想，包括本体论、认识论、方法论、元理论和范式等命题进行了深入探析，首次以哲学视角对情报学的理论研究进行了系统的审视。该书对于情报学的发展和学术研究的深化具有十分重要的意义，将会在情报学教学和实际工作中发挥理论指导作用。

章成志教授等所著的《情报学研究方法与技术体系》综合使用了信息组织、自然语言处理、机器学习等理论与技术，构建了情报学研究方法与技术体系，开发了情报学研究方法知识库与检索系统，并针对特定场景下的情报学体系问题进行探索。该书开创了机器辅助构建学科研究方法体系的先河，提出多层次、细粒度的情报学研究方法与技术体系，推动了人工智能时代的情报学理论研究。

吴晨生、李辉研究员等所著的《新时代我国情报工作的发展》站在我国情报工作发展的时代潮头，以新时代、新机遇为背景，以"转型"和"融合"两大核心问题为主线，着力从情报工作的使命担当、重点任务、情报机构的智库能力提升、国家情报工作体制构建等方面规划勾勒新时代我国情报工作战略转型的总体方向，为我国情报工作未来发展绘制了新的蓝图和大展宏图的愿景。

初景利教授等所著的《国外情报学与情报工作》立足国外情报学与情报工作历史与现实发展，梳理了部分发达国家的情报学与情报工作起源与发展、情报学理论研究、情报工作机制、情报学代表人物、情报学教育等，并以比较的视角审视了中国情报学与情报工作发展对策。全书以宏观的视野展示部分发达国家情报学与情报工作全貌，总结情报学与情报工作发展的主要特点，揭示情报学与情报工作历史变化与发展现状。

王延飞教授和杜元清研究员所著的《情报感知论》是作者在情报实践基础上所进行的情报理论深耕创新之作。作者秉持"解决决策信息不完备问题"的情报宗旨，着眼"早醒远眺"的情报使命，创造性地提出情报感知理论，阐明了通过情报感知、刻画和响应去应对和解决新时期战略性情报研究所面临的不确定性问题，构建了适合中国国情的情报感知理论和方法体系。

栗琳研究员和初景利教授等所著的《情报与智库》在深入研究战略情报理论方法，系统梳理具有中国特色的科技情报工作、智库建设实践基础上，对学界争论多年的情报与智库若干基础问题提出了独到的见解。作者团队来自科技情报和智库领域，其独特的研究经历为该书奠定了理论与实践基础。作为第一本系统论述情报学、智库研究及相关联系的著作，它的出版对于新时代情报学发展具有很大的推动作用。

许鑫教授等所著的《竞争情报分析方法及应用》立足大数据环境，展现了竞争情报在数据采集、组织存储、数据分析等全链条上的方法变化。该书寻数据驱动之门而入，立方法拓展之地而耕，破应用创新之门而出，极大地丰富了竞争情报分析既有的理论与知识体系，既为学界开阔学术视野，也为业界提供更具洞察力、科学性、普适性的竞争情报分析新范式。

马海群教授等所著的《大数据观下的国家情报工作制度研究》针对信息技术所创造的情报工作新场景、新模式和新业态，构建了国家情报工作制度新思维、新理论、新格局，并指出这是新时期我国情报学内涵演变及情报工作路径创新的根本性的核心组织部分，尤其以《中华人民共和国国家情报法》为标志的国家情报政策法律制度，彰显了我国情报工作制度的新图景与新定位。

周晓英教授等所著的《中国情报学历史与发展进程》对20世纪50年代中期情报学（中国科技情报学）诞生以来的中国情报学发展演变历史展开研究，采用先梳理归纳后分析演绎的方法，梳理中国情报学发展过程中的事件，提炼出一般性的概念，分析发展过程和结果，并阐述情报学发展演变过程及其规律。迄今为止，我国尚没有关于中国情报学历史方面的专门著作面世，该书的出版填补了国内该领域的一项空白。

今天，世界正处于百年未有之大变局，这一"变局"为情报学与情报工作带来了前所未有的发展良机。国家安全、经济发展、社会进步需要情报学与情报工作勇于担当，国家战略的实施赋予了情报学与情报工作神圣的使命。情报学与情报工作需要在新的时期有所作为，必须能够在新的时期做到守正与拓展，即守住情报领域，坚持在新环境、新技术、新需求下，对情报学理论、技术和方法的创新，突出情报本质，体现学科的情报话语内涵，展现学科的情报核心话语权，建立以情报为核心的学科话语体系。另外，拓展情报的应用领域，引进先进的理论技术和方法，以完善情报学学科体系。拓展强调两个方面：一是以大情报观构建情报学学科体系，建立适应国家安全与发展战略的大情报学科体系，构成包括科技、经济、医学、环境、生态、能源、社会科学、军事、国防、安全、外交等领域的情报学学科体系，实现各领域情报工作相互融合又各守其职；二是将先进的理念、理论、技术、方法引入情报学研究领域，开展深度的情报学研究，而不是专门研究人工智能、深度学习、人文计算、区块链等。准确地说，是将这些成果更科学合理地应用于情报学领域，拓展情报学研究方法，促进情报研究更加科学和精准。本套丛书正是在守正与拓展这一思想指导下，集情报学领域集体智慧构思完成的。

本套丛书为国家社会科学基金重大项目（项目批准号：17ZDA291）"情报学学科建设与情报工作未来发展路径研究"成果，出版过程中得到2020年度国家科学技术学术著作出版基金的资助，同时也得到中国科学技术情报学会的大力支持和资助。本套丛书在撰写过程中，还得到情报学前辈和专家们的大力支持与指导，他们是黄长著先生、梁战平先生、马费成先生、张晓军将军、胡昌平先生、靖继鹏先生、赖茂生先生、王知津先生等。在丛书付梓之际，由衷地感谢在本套丛书撰写出版过程中给予我们帮助与支持的机构和专家们。

扬帆起航正当时，潮头掌舵逐浪高。在中华民族伟大复兴中国梦、强国梦践行时期，情报学与情报工作将以更加崭新的面貌，矗立在科学领域和国家安全与发展战略实施中。在这样一个契机下，《新时代情报学与情报工作论丛》面世了，相信这套丛书一定会在我国情报学建设及情报事业发展中发挥重要作用。

苏新宁

2021 年元旦于南京

前　言

20世纪40年代中期，战后的世界百废待兴，科学技术研究受到各国高度重视，文献信息呈爆炸式增长，人类科学体系的专业分工不断细化，科学交流面临前所未有的困难。为了应对挑战，实现信息处理、管理、传播和服务的高效与快捷，一门新兴的学科——情报学应运而生。1945年7月，维纳·布什在《大西洋月刊》发表《诚如所思》一文，标志着情报学的诞生；1946年2月14日，世界上第一台通用计算机"ENIAC"于美国宾夕法尼亚大学面世；1948年，香农发表了著名论文《通信的数学理论》，标志着信息论的诞生。可以说，情报学与旨在高效处理和传递信息的计算机和信息通信技术几乎相伴而生，一经面世就带有强烈的技术色彩。70多年的发展历史表明，情报学历经手工作业、计算机、互联网、移动通信、大数据与人工智能等一系列技术革命，不断焕发出新的生机与活力，将人类的信息管理与应用实践推向跨时空、跨模态、跨领域的新高度。

从人类知识体系的大背景来看，情报学的诞生意味着信息问题研究的专门化和情报社会实践的专业化。一方面，作为一门具有明显技术应用驱动特征的学科，情报学的发展带有较强的实用性和工程化特征；另一方面，作为一门在文献学和图书馆实践基础上产生的学科，情报学又具有浓厚的服务性和社会人文色彩。这体现在20世纪70年代末80年代初情报学认知范式的出现。物理范式和认知范式的并存发展，既表明情报学的交叉学科性质，也为情报学提供了广阔的研究视野和丰富的研究问题。而对于研究范式的关注，不可避免地把理论与哲学命题带入情报学的研究视域，并成为反思学科底层逻辑和发展向度的必要前提。

对于理论和哲学命题的关注，是一门学科走向成熟的必经之途。自20世纪80年代起，情报学的学者们一直在反思学科理论匮乏的问题，对多种哲学思潮在情报学研究中的应用情况进行了总结，并在认识论探索、元理论提炼、方法论创新、研究范式归纳等方面做了大量尝试和努力。这些反思和努力使得情报学的学科基础更加坚实，核心问题更加明确，与其他学科的边界更加清晰，研究方法更加规范，成果输出更加丰富，对人类知识体系的贡献日益显著。对这些思想成果进行全面梳理、总结和提炼，对于指引情报学教育具有重要价值。同时，对新时代情报学面临的理论研究任务进行思考和辨析，对于当下和未来的情报学学术研究也具有借鉴意义。《情报学理论：哲学基础与应用发展》一书的撰写，正是基于这样的学科使命感。

我对情报学哲学问题的关注始于2007年对本体论的学习和思考。之后陆续开展了一系列关于情报学研究范式、理论应用和研究方法的分析和计量研究，在国内外期刊发表了10余篇论文。随着认识的逐渐深入，我了解到情报学的学者们对于理论研究的重视和在理论创新方面所做的贡献，逐渐萌生了对相关问题进行系统梳理的念头。仔细想来，这个念头并非近年才产生，应该是我于1987—1991年在北京大学图书馆学情报学系的科技情报专业读本科时就已经埋下了种子。在我于1991年本科毕业时，图书馆学情报学系已经更名为信息管理系，科技情报专业也已经改名为情报学专业。在撰写这本书的过程中，我脑海里常常浮现出在大学里上的第一节课——"情报学概论"的课上，岳剑波老师用带有浓重山东口音的普通话讲解情报概念的情景。时光飞逝，日新月异，转瞬已是30年过去。有时甚至想找回当年油印的教材和课堂笔记再翻来看看，无奈几经辗转，都已经流失不见了，空剩下怅然心境，而对情报学理论知识进行重新回顾和梳理的心情却愈加迫切了。

尽管我之后的研究兴趣曾一度狂热地转移到了信息经济学，后又对政府信息资源管理孜孜以求，但是，随着对经济学、公共管理、计算机科学，乃至社会学了解的增多，从社会科学知识体系更高的层面，越发清晰地看到情报学学科的价值和它与其他学科密不可分的理论联系。2004年，我于北京大学信息管理系情报学专业博士毕业后到南开大学任教。自2010年起，我开始在南开大学信息资源管理系指导情报学专业的博士生，在授课和指导学生的过程中，着手对情报学的理论研究、范式转换和方法应用进行梳理，逐渐积累了一些成果，成书的条件日益成熟。2017年，正值南京大学苏新宁教授主持的国家社会科学基金重大项目"情报学学科建设与情报工作未来发展路径研究"准备组织撰写一套情报学学科、教育、理论、方法方面的著作，本书有幸和其他10本由资深情报学教授们撰写的著作共同列入研究计划，开始了研究和撰写工作。这11本书相互补充、联系，展示了情报学学科体系的全貌，可以为情报学的教学、研究和学科建设提供指导。

前言

对于本书的研究和写作，我高度重视，全心投入。在着手组建研究团队之前，首先调研学习了靖继鹏教授、马费成教授和张向先教授主编的《情报科学理论》（科学出版社，2009），贺德方先生等编著的《数字时代情报学理论与实践》，李纲教授、查先进教授和陆伟教授等主编的《情报学研究进展》，中国国防科学技术信息学会主编的《情报学进展》系列等著作，力图在学习借鉴的基础上从新的视角来组织内容。与这些著作不同的是，本书聚焦于对理论研究的哲学基础进行探究，用大量篇幅对国内外情报学研究的哲学基础、元理论、研究范式、学派流变、重要理论进行回顾、分析和介绍，并运用文本挖掘和信息计量的方法，对世界范围内情报学理论应用和发展的研究成果进行量化研究，以期揭示情报学自产生以来的历史演化轨迹和未来发展方向。

本书结构安排的逻辑是：在介绍理论的一般含义及其哲学流派的基础上，从情报学的哲学基础进行分析，然后对情报学具体理论及其流派演变进行介绍，再对情报学理论的应用研究与创新发展进行计量分析，最后对情报学的研究方法进行详细介绍，并对情报学的发展方向进行展望。全书内容主要包括5个模块：①梳理分析理论的一般性知识及社会科学理论研究中的哲学思想，包括第1章和第2章；②运用历史主义视角对情报学的学科结构及其哲学基础进行分析，包括第3章和第4章；③对情报学的元理论、理论流派与分支领域中的具体理论进行梳理、介绍和评价，包括第5章至第7章；④对情报学的方法论和具体研究方法进行详细介绍，包括第8章；⑤对情报学理论应用与发展创新研究的方法、成果进行计量分析，并对未来发展进行展望，包括第9章和第10章。

经过70多年的发展，情报学理论流派众多，应用领域广泛，产生和应用的理论数量也很多。单就我国《情报学报》一本期刊就提及和应用约600条理论，而我国图情档学科52种期刊共提及理论1200余条，分散在技术、行为、计量、计算、经济、社会等近20个情报学主题分支领域，来源于情报学及其他社会科学、自然科学和人文学科领域。重要的情报学国际期刊 *JASIST*、*Journal of Documentation*、*Journal of Information Science*、*Information Processing and Management* 等提及理论近600条[①]。为了对不同分支的理论流派进行较为准确的介绍，本书力争保持知识体系的内在逻辑和历史发展轨迹，同时关注最新的研究成果。为此，我本人完成了前5章和第9章、第10章的写作，并对全书的内容进行了系统的修改和完善，部分最初设计的内容在统稿时根据知识的内在联系重

---

① WANG F, YANG J, WU Y J. Non-synchronism in theoretical research of information science [J/OL]. Journal of documentation, 2021 (3) [2021-07-10]. http://www.emerald.com/insight/content/doi/10.1108/JD-12-2020-0215/full/html.

新进行了整合和结构调整，对于质量不高的初稿内容进行了删减和重写。全书内容由包括我在内的、专业方向互补的16位学者完成撰写。所有作者和编著者的具体贡献在下文一一详细列出，在此表示衷心的感谢！当然，本书在尽量准确地介绍情报学已有理论的基础上，也用较大篇幅介绍了我们研究团队的原创性研究成果，并提出了我们的观点和评价。

2020年年初，新冠肺炎疫情在全球肆虐，除了在家远程授课外，其他工作大量减少，可以有很多时间投入书稿的修改完善工作中。我于2020年1月底开始着手整理书稿，用了近10个月的时间完成书稿修改，所做的工作包括重新调整全书的组织结构、补充写作重要内容、对一些数据进行重新分析、查阅补充重要和经典的文献、剔除质量不高的初稿内容并重新撰写、对参考文献和语言文字进行修改完善等。在书稿初步完成之后，又邀请情报学界10位资深的专家对书稿内容进行研讨，然后根据专家意见再次进行修改完善。实际上，本书在开题、中期和完稿阶段前后共举行了3次研讨会，听取专家意见，确定书稿的内容和章节安排。在此，对在各次研讨会上提出宝贵意见和建议的情报学界前辈和专家们表示诚挚的感谢！此外，本书在撰写过程中介绍、参考了大量国内外情报学理论研究的成果，都在文中用参考文献的方式进行了标注，在此向思想成果的贡献者们致敬！

本书是对情报学基础理论的一次全面梳理和创新研究，它不局限于某个领域，而是力争全面呈现情报学学科理论研究的成果，促进情报学各领域的理论交流和对话；它不仅关注情报学当前最新的理论研究热点和进展，还用历史主义的视角对情报学理论流派和研究范式进行了系统梳理；它不仅对情报学理论研究的成果进行了介绍，还对情报学理论背后的哲学思想，包括本体论、认识论、方法论、元理论和范式等命题进行了深入分析；它不仅是对已有文献的回顾和梳理，还提出了独特的分析视角和思想观点；它不仅是定性的分析，还运用机器学习等方法基于全数据对情报学理论进行了识别、抽取和计量分析，揭示了情报学理论发展的规律。另外，它还全面介绍了情报学理论研究的方法论和具体研究方法，既包括实证主义的方法论，也包括解释主义的方法论，这对于反映情报学的认识论、方法论和范式变迁都十分重要。总之，本书首次从哲学视角对情报学的理论研究进行了较为系统的考察和创新分析，对于情报学学科的成熟和学术研究的深化具有重要意义，也将在情报学教学和实践工作中发挥理论指导作用。

历时3年，这本书终于画上了句号，但是情报学的理论研究仍然生机勃勃地向前发展，新的理论成果不断涌现，学科间的理论扩散和交流仍在继续，这使得本书只是一个继往开来的历史节点。鉴于多方面的原因，本书也存在诸多局限和不足，希望专家学者和读者朋友们批评指正，提出宝贵的意见和建议。

本书从制订撰写计划到书稿完成历时近3年，感谢所有作者和编著者所做的工作。他们的分工如下：

王芳，南开大学商学院信息资源管理系教授，负责全书的结构安排，以及第1章，第2章，第3章，第4章，5.1节和5.2节，6.4节、6.8节和6.10节，8.1节，第10章的撰写。其中，史海燕提交了4.1节和4.5节部分初稿内容，与纪雪梅、史海燕共同撰写了9.1节和10.2.1小节内容。

彭知辉，中国人民公安大学公安情报学系教授，负责撰写5.3节内容。

王琳，杭州电子科技大学中国科教评价研究院教授，负责撰写7.3.3小节内容。

纪雪梅，山东理工大学信息管理研究院副教授，负责7.6节和8.5节内容的撰写。

史海燕，河北大学管理学院副教授，负责撰写7.1节内容，与王芳共同撰写了4.1节、4.2节、4.3节和4.5节内容，与王芳、纪雪梅共同撰写了9.1节和10.2.1小节内容。

翟羽佳，天津师范大学管理学院副教授，与王芳共同撰写了6.2节、6.9节和7.7节内容。

张鑫，河北大学管理学院讲师，与王芳共同撰写了7.2节、8.7节内容，与朱宏智、王芳共同撰写了8.8节内容。

齐亚双，天津仁爱学院讲师，撰写了7.8节内容。

陈锋，鲁东大学商学院讲师，与王芳、祝娜、杨京共同撰写了10.3节内容。

祝娜，西南大学国家治理学院讲师，与王芳共同撰写了8.11节内容，与陈锋、杨京、王芳共同撰写了10.3节内容。

王晓宇，东北财经大学管理科学与工程学院讲师，撰写了6.7节内容。

杨京博士，天津市第二中级人民法院主任科员，与王芳共同撰写了9.3节和10.3.4小节内容，与陈锋、祝娜、王芳共同撰写了10.3节内容。

赵洪博士，中国知网研究员，撰写了6.6节和7.5节内容，与王芳共同撰写了8.3节、9.2节和10.2.2小节内容。

程乐天硕士，财新传媒政策研究员，撰写了4.4.7小节和8.10节话语分析部分内容。

张维冲，华北电力大学法政系讲师，与王芳共同撰写了7.4节、8.2节和8.6

内容。

朱宏智，南开大学商学院信息资源管理系博士研究生，与张鑫、王芳共同撰写了4.4.4小节和8.8.3小节的扎根理论部分内容，与王芳共同撰写了4.4.5小节和8.9节内容。

再次对所有作者和编著者表示感谢！

王　芳

2021年7月6日于南开大学八里台校区

目 录

第1章 理论的概念基础 ··· 1

1.1 理论的概念辨析 ··· 1
1.1.1 理论的定义 ··· 1
1.1.2 理论的相近概念 ··· 3
1.1.3 理论与相近概念之间的关系 ··· 7
1.2 理论的构成要素 ··· 9
1.3 理论的属性 ··· 12
1.4 理论的分类 ··· 16
1.4.1 理论的层次 ··· 16
1.4.2 理论的功能 ··· 19
1.5 理论的评估标准 ··· 21
1.6 本章小结 ··· 22

第2章 研究范式与理论 ··· 23

2.1 关于理论的哲学分析视角 ··· 23
2.1.1 范式 ··· 23
2.1.2 元理论 ··· 25
2.1.3 理论视角 ··· 28
2.2 不同研究范式下的理论观 ··· 30
2.2.1 实证主义 ··· 30

2.2.2 后实证主义 ··· 31
  2.2.3 实用主义 ··· 32
  2.2.4 符号互动主义 ··· 33
  2.2.5 批判现实主义 ··· 34
  2.2.6 解释主义 ··· 35
  2.2.7 实证主义与解释主义的区别 ··· 37
  2.2.8 社会建构主义 ··· 38
  2.2.9 现象学 ··· 40
 2.3 本章小结 ··· 43

第3章 情报学的学科结构 ··· 44
 3.1 情报学的界定 ··· 44
 3.2 情报学的学科起源 ··· 48
 3.3 情报学的概念基础 ··· 52
 3.4 情报学的焦点问题 ··· 55
 3.5 情报学的组成部分 ··· 56
  3.5.1 图书情报学 ··· 57
  3.5.2 信息计量学 ··· 59
  3.5.3 信息学与社会信息学 ··· 60
  3.5.4 情报研究与情报工程 ··· 61
 3.6 情报学的学科属性 ··· 62
 3.7 本章小结 ··· 65

第4章 情报学的哲学基础 ··· 66
 4.1 本体论、认识论与方法论之间的关系 ··· 66
  4.1.1 什么是本体论 ··· 66
  4.1.2 什么是认识论 ··· 69
  4.1.3 什么是方法论 ··· 71
  4.1.4 研究中本体论、认识论与方法论的关系 ··· 71
 4.2 情报学的本体论基础 ··· 73
 4.3 情报学研究中的认识论立场 ··· 76

		4.3.1	经验主义、理性主义和实证主义	77
		4.3.2	建构主义、集体主义和结构主义	80
		4.3.3	现象学	81
		4.3.4	实用主义与新实用主义	83

4.4 情报学研究的方法论 … 84
4.4.1 实证主义方法论 … 85
4.4.2 批判现实主义 … 85
4.4.3 解释主义方法论 … 87
4.4.4 德尔文的意义建构方法论 … 88
4.4.5 扎根理论 … 90
4.4.6 民族志 … 94
4.4.7 诠释学 … 96
4.4.8 话语分析 … 99

4.5 弗洛里迪的信息哲学 … 112
4.6 本章小结 … 114

第5章 情报学的元理论与范式变迁 … 115

5.1 情报学的元理论 … 115
5.1.1 维克瑞的情报学元理论预设 … 115
5.1.2 霍兰德关于情报学元理论的观点 … 116
5.1.3 德尔文关于情报学元理论的观点 … 117
5.1.4 贝茨关于情报学元理论的观点 … 117
5.1.5 其他学者关于情报学元理论的观点 … 118
5.1.6 本书关于情报学元理论的观点 … 119

5.2 情报学的研究范式 … 119
5.2.1 情报学研究范式的划分 … 120
5.2.2 国际情报学研究范式的转变 … 122
5.2.3 我国情报学研究的几种范式 … 126

5.3 领域研究范式：以公安情报学为例 … 139
5.3.1 公安情报学引入范式分析的意义 … 140
5.3.2 公安情报学的主要研究范式 … 140

5.3.3　公安情报学研究范式的特征分析 …………………………………… 144
　　5.3.4　公安情报学研究范式的维度 ………………………………………… 149
5.4　本章小结 ………………………………………………………………………… 155

第6章　情报学的理论流派 …………………………………………………………… 156

6.1　情报学理论流派的划分 ………………………………………………………… 156
6.2　通信科学学派 …………………………………………………………………… 159
　　6.2.1　信息论 …………………………………………………………………… 159
　　6.2.2　系统论 …………………………………………………………………… 165
　　6.2.3　控制论 …………………………………………………………………… 168
6.3　信息技术学派 …………………………………………………………………… 172
6.4　个体认知与行为学派 …………………………………………………………… 174
6.5　社会认知学派 …………………………………………………………………… 177
　　6.5.1　霍兰德的领域分析学说 ………………………………………………… 177
　　6.5.2　泰勒的信息使用环境分析 ……………………………………………… 178
　　6.5.3　查特曼的信息贫困学说 ………………………………………………… 179
　　6.5.4　索恩瓦尔德的信息视域学说 …………………………………………… 180
6.6　知识学派 ………………………………………………………………………… 181
　　6.6.1　情报学的知识基础论 …………………………………………………… 182
　　6.6.2　情报学的知识组织论 …………………………………………………… 184
　　6.6.3　情报学的知识管理论 …………………………………………………… 185
　　6.6.4　情报学的知识服务论 …………………………………………………… 186
6.7　科学交流学派 …………………………………………………………………… 187
　　6.7.1　苏联米哈依诺夫的科学交流思想 ……………………………………… 187
　　6.7.2　英国维克瑞的科学交流思想 …………………………………………… 189
6.8　社会传播学派 …………………………………………………………………… 190
　　6.8.1　戈夫曼的信息的社会传播传染病理论 ………………………………… 190
　　6.8.2　萨拉塞维克的知识的社会传播理论 …………………………………… 191
6.9　决策功能学派 …………………………………………………………………… 193
6.10　中国情报学派 …………………………………………………………………… 196
6.11　信息资源管理学派 ……………………………………………………………… 199

6.12　本章小结 ·· 201

第7章　领域分析视角下的情报学理论 ·· 202

7.1　信息检索理论 ·· 202
7.1.1　信息检索领域知识 ·· 202
7.1.2　系统中心范式下的信息检索理论 ······································ 203
7.1.3　信息行为范式下的信息检索理论 ······································ 206

7.2　信息行为理论 ·· 212
7.2.1　什么是信息行为 ·· 212
7.2.2　信息行为的经典理论模型 ·· 214
7.2.3　信息行为的其他相关理论 ·· 223

7.3　信息组织与知识组织理论 ·· 225
7.3.1　信息组织的含义 ·· 225
7.3.2　知识组织的含义 ·· 226
7.3.3　知识组织理论的三维结构 ·· 227

7.4　信息计量理论 ·· 237
7.4.1　信息计量学若干基本问题的探讨 ······································ 238
7.4.2　信息的基本测度及计量方法 ··· 239
7.4.3　基本定律 ··· 240
7.4.4　信息流模型 ·· 241

7.5　信息处理与分析理论 ·· 242
7.5.1　随机信息处理理论 ·· 243
7.5.2　最大熵原理 ·· 244
7.5.3　模糊集理论 ·· 244
7.5.4　证据理论 ·· 245
7.5.5　粗糙集理论 ·· 246
7.5.6　灰色系统理论 ··· 247

7.6　数字保存与管护理论 ·· 249
7.6.1　相关概念形成与内涵 ··· 249
7.6.2　OAIS 参考模型 ··· 253
7.6.3　DCC 数字管护生命周期模型 ·· 254

情报学理论：哲学基础与应用发展

　　　7.6.4　数字资源分级管理 ·· 256
　7.7　信息传播理论 ·· 257
　　　7.7.1　大众传播理论和社会心理学相关理论 ······················ 257
　　　7.7.2　复杂社会网络传播理论 ··· 260
　7.8　竞争情报理论 ·· 267
　　　7.8.1　竞争对手理论 ··· 268
　　　7.8.2　竞争环境理论 ··· 270
　　　7.8.3　竞争战略理论 ··· 273
　7.9　本章小结 ··· 277

第8章　情报学研究方法 ·· 278
　8.1　情报学研究方法的一般性问题 ···································· 278
　8.2　信息计量研究方法 ·· 280
　8.3　实验研究方法 ·· 281
　　　8.3.1　实验研究方法的要素与步骤 ···································· 282
　　　8.3.2　实验研究方法的类型 ··· 283
　　　8.3.3　实验研究的效度评价 ··· 286
　　　8.3.4　情报学实验法的价值与特点 ···································· 288
　　　8.3.5　面临的问题及解决思路 ·· 289
　8.4　文本挖掘方法 ·· 290
　　　8.4.1　信息抽取 ·· 290
　　　8.4.2　文本分类 ·· 296
　　　8.4.3　文本聚类 ·· 299
　　　8.4.4　文本可视化 ·· 303
　8.5　社会网络分析方法 ·· 307
　　　8.5.1　社会网络分析的步骤 ··· 307
　　　8.5.2　社会网络分析的主要指标 ······································ 310
　　　8.5.3　社会网络分析软件 ·· 313
　　　8.5.4　社会网络分析在情报学研究中的应用 ······················ 315
　8.6　问卷调查方法 ·· 320
　　　8.6.1　问卷调查的基本程序 ··· 320

     8.6.2　问卷调查方法在图书情报学研究中的应用 ……………………… 322
  8.7　案例研究方法 …………………………………………………………… 324
     8.7.1　案例研究方法简介 ……………………………………………… 324
     8.7.2　案例研究方法在图书情报学研究中的应用 ……………………… 327
  8.8　扎根理论研究方法 ……………………………………………………… 329
     8.8.1　扎根理论研究的步骤 …………………………………………… 329
     8.8.2　关于扎根理论研究方法的几点共识 …………………………… 331
     8.8.3　扎根理论方法在图书情报学研究中的应用 ……………………… 333
  8.9　民族志研究方法 ………………………………………………………… 334
     8.9.1　民族志研究方法的实施 ………………………………………… 334
     8.9.2　民族志在图书情报学领域的应用 ……………………………… 336
  8.10　话语分析研究方法 ……………………………………………………… 338
     8.10.1　会话分析 ………………………………………………………… 338
     8.10.2　福柯式话语分析 ………………………………………………… 340
     8.10.3　批判话语分析 …………………………………………………… 342
     8.10.4　关于话语分析方法的几点讨论 ………………………………… 346
  8.11　混合研究方法 …………………………………………………………… 347
     8.11.1　混合研究方法的定义 …………………………………………… 348
     8.11.2　混合方法研究的理论 …………………………………………… 349
     8.11.3　混合方法研究的目的 …………………………………………… 351
     8.11.4　混合方法研究的进展 …………………………………………… 353
     8.11.5　情报学混合方法的应用情况 …………………………………… 355
  8.12　本章小结 ………………………………………………………………… 358

第9章　情报学理论的应用 …………………………………………………… 360

  9.1　我国情报学理论应用的案例研究 ……………………………………… 360
     9.1.1　研究背景 ………………………………………………………… 360
     9.1.2　编码设计 ………………………………………………………… 361
     9.1.3　《情报学报》理论应用情况分析 ………………………………… 365
  9.2　我国情报学理论应用的全数据分析 …………………………………… 370
     9.2.1　情报学理论的自动识别算法 …………………………………… 370

  9.2.2　情报学理论识别的文献集来源 ················· 375
  9.2.3　情报学理论研究的领域分布 ··················· 379
  9.2.4　情报学理论研究的时间分布 ··················· 380
  9.2.5　我国情报学研究中应用的理论分析 ··············· 381
 9.3　情报学理论应用的国际比较 ························ 382
  9.3.1　国外情报学研究中理论的应用状况 ··············· 383
  9.3.2　情报学研究中理论应用的国际比较 ··············· 389
 9.4　情报学理论对其他学科的影响 ······················ 396
  9.4.1　情报学理论的学科专属度 ····················· 396
  9.4.2　情报学理论在其他学科中的应用 ················ 398
 9.5　本章小结 ···································· 399

第10章　情报学理论的发展 ······························ 400

 10.1　关于情报学理论发展的反思 ······················ 400
 10.2　情报学理论发展的路径 ························· 402
 10.3　我国情报学理论发展研究 ······················· 403
  10.3.1　基于《情报学报》的研究发现 ················· 403
  10.3.2　基于我国52种图书情报学期刊的研究 ············ 405
 10.4　情报学理论的借用与来源 ······················· 406
  10.4.1　理论来源学科的识别 ······················ 407
  10.4.2　基于理论存续数量的来源学科分布 ·············· 408
  10.4.3　理论来源学科的时间序列分析 ················· 410
  10.4.4　理论应用中来源学科的地区差异 ··············· 411
 10.5　情报学理论发展的对策 ························· 412

参考文献 ·· 414

索　引 ··· 448

第 1 章
理论的概念基础

1.1 理论的概念辨析

1.1.1 理论的定义

理论是从复杂现象中抽象出来的集约化知识。在对无序的人类经验进行整理的过程中理论得以创建，并被用于解释所研究的现象①。所谓现象，指的是人对现实世界中事实的感知——事物的存在、事物所具有的属性、事物所经历的状态及事物所经历的事件②。理论来自现象，又高于现象。人类之所以需要理论，是因为现象太过复杂多变。为了认知和把握纷繁复杂的现象，人们需要对多种现象的一般性特征和内在规律进行识别、归纳和表示。当这种认知活动变得自觉、有组织时，就形成了社会化的科学研究活动，其产出包括概念、假说、定律或理论等抽象的理论性知识。经过多次检验的理论，其覆盖范围超过了最初所归纳的事件或现象，具有较高的概括性和普适性，可以对更多现象进行解释和预测。

好的理论可以帮助人们透过复杂现象认识事物的本质特征与内在规律。重大的理论创新可以扩展人类的认知边界，对于社会的发展和变革具有重要意义，如哥白尼的日心说、爱因斯坦的相对论、马克思的劳动价值论、香农的信息论等。掌握了好的理论，就

---

① DUBIN R. Theory building [M]. New York：Free Press，1978.
② WEBER R. Evaluating and developing theories in the information systems discipline [J]. Journal of the association for information systems，2012，13（1）：2-30.

掌握了认知、理解、预测现象或者指导实践的知识工具。因此，对于理论贡献的追求已经成为当代学术研究的重要任务之一。社会科学领域的学者对于理论的概念界定是多种多样的，归纳起来主要有以下两种视角。

通过与现象的关系来定义理论。在这一视角下，理论被视作对现实的系统性描述与解释。理论反映了现象的本质特征或其中蕴含的规律，在一定程度上反映了意识活动与自然事物之间的关系。当人通过感官感知到特定现象之后，便借助于头脑中已有的概念对现象及其关系进行认知和理解，并形成一套具有内在逻辑联系的语言或文字表述，从而初步获得理论性知识。在管理学领域，乔亚和普尔（Gioia & Pure）将理论定义为对观察或经历过的现象的连贯描述或解释。从个体的理论性知识到正式理论的形成，还需要一个社会化的过程。在这个过程中，初步形成的理论假说不断接受检验和证伪，人们对事物的认识不断得到修正和深化，直到获得被普遍认可的"真理"，最终形成理论①。巴克兰（Buckland）将理论定义为"对事物本质的描述或解释，从不太严格的意义上讲，在某些科学中理论被用于表示正式陈述的和可证伪的基本定律"②。可见，理论不是对事物的一般性描述，而是对其本质特征和基本规律的描述。在成熟学科中，理论揭示了事物的内部结构、本质属性、事物之间的关系及事物的演变规律③。

通过语言结构和表现形式来定义理论。在这一视角下，社会学、心理学及管理学等与行为研究相关的学者们对理论的表述形式进行了较为充分的探讨。社会学家默顿（Merton）④ 在研究社会理论与社会分层时，将理论定义为一组逻辑上相互关联的命题，从中可以推导出经验的一致性。社会心理学家科林格（Kerlinger）⑤ 在分析行为研究的社会心理基础时，将理论定义为"一组相互关联的构念（概念）、定义和命题，这些构念（概念）、定义和命题通过对变量之间的关系进行具体陈述来呈现关于现象的系统性

---

① GIOIA D A, PURE E. Multiparadigm perspectives on theory building [J]. Academy of management review, 1990, 15 (4): 584-602.
② BUCKLAND M. Information and information systems [M]. New York: Greenwood Press, 1991: 6.
③ ZHANG K, LUO W, YUAN Y. Theoretic forms and innovation paths in organization and management discipline [J]. Chinese journal of management, 2012, 9 (10): 1411-1407.
④ MERTON R K. Social theory and social structure [M]. New York: Simon & Schuster, The Free Press, 1949.
⑤ KERLINGER F N. Foundations of behavioral research: educational, psychological and sociological inquiry [M]. New York: Holt, Rinehart and Winston, 1973.

观点"。管理学家萨瑟兰（Sutherland）[1]将理论定义为"一组被假定在相当广泛的特定实例中都有效的、关于一般行为或结构的序列化断言（assertion）"。西邦古（Cibangu）[2]与格罗弗（Grover）等[3]也认为，理论是用以提出和证明变量之间关系的一系列断言。上述定义表明，理论在表现形式上是一组逻辑上相互关联的命题或断言，用以说明概念或变量之间的关系。从语言结构上看，理论由命题构成，而命题则由概念、变量及其关系或结构构成。

综合上述定义，可以将理论界定为：理论是一组逻辑上相互关联的命题或断言，说明概念或变量之间的关系，反映了事物的内部结构、本质属性、关联关系或演变规律，可以用来描述、分析、解释、预测现实或指导实践活动，在学术研究中用于命题或假设的推理和演绎，指导数据的组织和分析，解释现象之间的因果关系或对未来事件进行预测。

1.1.2 理论的相近概念

尽管不同学科关于理论的定义有其内在的共通性，但是对"什么是理论？""为什么很难发展出强有力的理论？"的回答却未完全达成一致。默顿（Merton）[4]指出，"理论"一词有可能变得毫无意义，因为它所指的事物是如此的多样化——包括从次要的工作假设，到全面但模糊和无序的推测，再到公理化的思想体系——对这个词的使用常常使理解更模糊而不是促进理解。雷诺兹（Reynolds）[5]指出，术语理论通常至少在4种不同的意义中使用：①理论是一组"定律"，它们是"得到充分支持的经验归纳"；②理论是一组"相互关联的定义、公理和命题"；③理论是"因果过程的描述"；④理论是模糊的概念、未经验证的假设，或理想社会行为的处方。

在不太严格的意义上，理论是一个被广泛使用的概念。在学术研究中，与理论含义

---

[1] SUTHERLAND J W. Systems: analysis, administration and architecture [M]. New York: Van Nostrand, 1975.

[2] CIBANGU S K. A memo of qualitative research for information science: toward theory construction [J]. Journal of documentation, 2013, 69 (2): 194-213.

[3] GROVER R, GLAZIER J A. Conceptual framework for theory building in library and information science [J]. Library & information science research, 1986, 8 (3): 227-242.

[4] MERTON R. Social theory and social structure [M]. 2nd ed. New York, NY: Free Press, 1968.

[5] REYNOLDS P D. A primer in theory construction [M]. New York, NY: BobbsMerrill Company, 1971: 10-11.

相近的概念有模型、框架、定律、定理、公理、原理、算法、效应等。这些概念都在一定程度上反映了对现实世界的抽象描述，在不太严格的语境下时常和理论混为一谈。但是，严格来说，它们的含义、适用对象和适用场景各不相同，下面进行简单区分。

（1）模型

模型（model）指的是对现象、事物或规律进行简化或抽象后的形式化表达。Grix[①]提出，模型就像理论一样，它把现实世界的某些方面描绘成与所研究的问题有关，并将一些关系形象化。与理论相比，模型的抽象层次较低，更贴近现实世界中的特定现象，其普适性尚未得到充分检验。威尔逊（Wilson）[②]认为，信息搜寻的模型通常不包含完全成形的理论，一般信息行为领域中的大多数模型都可以被描述为思考问题的框架，而另一些模型则可以演变为理论命题之间关系的陈述。凯斯和吉文（Case & Given）[③]在讨论信息搜寻行为时提出，模型通常比理论更具体，主要处理所选情境的细节。而来自信息系统领域的韦伯（Weber）[④]则认为，理论和模型是同义的，理论就是解释现实世界当中某些现象的模型。具体地，模型用图表、数学公式或符号对现象、对象和规律进行简化和抽象表达。一些模型由公理或已有的理论演绎而来，如实证研究中的假设模型、计算研究中的数理模型等；另一些则是在数据分析的基础上归纳而来，如扎根理论模型。豪威尔（Howell）[⑤]将模型与抽象层次较低的实体理论相并列。与实体理论不同，经由思辨而来的形式理论抽象层次较高，更具普遍性。贝茨（Bates）[⑥]与威尔逊（Wilson）[⑦]认为，模型先于形式理论的发展。

（2）框架

框架（framework）是由一组构件及其交互关系构成的结构化系统，如建筑框架、协

[①] GRIX J. The foundations of research [M]. London: Palgrave Macmillan, 2004.

[②] WILSON T D. Models in information behaviour research [J]. Journal of documentation, 1999, 55 (3): 249-270.

[③] CASE D O, GIVEN L M. Looking for information: a survey of research on information seeking, needs, and behavior [M]. 4th ed. UK: Emerald Group Publishing Limited, 2016.

[④] WEBER R. Evaluating and developing theories in them information systems discipline [J]. Journal of the association for information systems, 2012, 13 (1): 2-30.

[⑤] 凯利·E 豪威尔. 方法论哲学导论 [M]. 宋尚玮, 译. 北京: 科学出版社, 2019.

[⑥] BATES M J. An introduction to metatheories, theories, and models [M] // FISHER K E, ERDELEZ S, MCKECHNIE E F. Theories of information behavior. Medford, NJ: Information Today, Inc., 2005: 1-24.

[⑦] WILSON T D. Models in information behaviour research [J]. Journal of documentation, 1999, 55 (3): 249-270.

议框架、研究框架等。其中，研究框架是由一组概念组件及其相互关系构成的结构体系，具有描述和分析的功能，可以帮助研究者看清研究中主要的概念与变量，提供通用的方法论，指导数据的收集与解释，从而将研究限制在可控的边界内。利尔和史密斯（Liehr & Smith）[1] 将研究框架视为一种结构，用于指导研究人员微调研究问题，选择变量测量方法，制订数据分析计划。一旦完成了收集和分析，框架就被用作一面镜子，以检查研究发现是否与框架一致；如果存在差异，就要问框架是否可以解释这些差异。伊曼达（Imanda）[2] 在文献分析的基础上进一步将研究框架区分为理论框架（theoretical framework）和概念框架（conceptual framework）两种。其中，理论框架是从已有的理论视角中演绎而来的，主要应用于定量研究，旨在通过假设来检验理论的力量，其应用可以超越当前的研究问题或情境；而概念框架则是当单一理论视角不足以解释社会科学问题时，由研究者通过综合相关概念而提出的，主要是归纳性的，旨在进行理论建构，与之相适应的研究方法常常是定性的或混合的，其应用局限于特定的研究问题或情境。尽管如此，还是有大量的研究将二者混淆使用。迈尔斯与休伯曼（Miles & Huberman）[3] 将概念框架定义为一种视觉或书面产品，这种产品"以图形或叙述的形式解释要研究的主要事物，包括关键因素、概念或变量，以及它们之间的假定关系"。

（3）定律

定律（law）更多应用于自然科学领域，是指得到事实证明的、反映事物在一定条件下发展变化的客观规律的论断，如牛顿定律、布拉德福定律、洛特卡定律、齐夫定律等。在一些不太严谨的语境中，定律被认为是理论的一种。与理论的探索性和构建性相比，定律具有更强的客观性和稳定性，反映了自然现象中不以人的既有认知基础而转移的规律。因此，定律通常是被发现的，而理论则常常是被构建的。

（4）定理

定理（theorem）一般应用于数学领域，指在既有命题的基础上运用逻辑方法证明为真的陈述，这些既有命题可以是别的定理，如勾股定理、贝叶斯定理、欧拉定理等，也

---

[1] LIEHR P, SMITH M J. Middle range theory: spinning research and practice to create knowledge for the new millennium [J]. Advances in nursing science, 1999, 21 (4): 81-91.

[2] IMANDA S. Is there a conceptual difference between theoretical and conceptual frameworks? [J]. Journal of social sciences, 2014, 38 (2): 185-195.

[3] MILES M B, HUBERMAN A M. Qualitative data analysis: an expanded source book [M]. 2nd ed. Newbury Park, CA: Sage, 1994: 18.

可以是被广为接受的公理。定理也可以看作理论的一种。与需要用实验证据来证明的定律或科学理论不同，定理的真实性主要依靠逻辑推理来证明。

（5）公理

公理（axiom）是无法被其他公理证明或推翻的命题。公理常用于数学中，用于从中推导出定理或一套演绎知识。由于公理是通过无数的反证而确立的，因此成为推导其他命题的逻辑起点。在一些研究中，公理被作为不证自明的潜在逻辑前提，如大量数字鸿沟的研究将"可以获取并运用信息资源是有益的"作为一种默认的前提；而在另一些研究中，公理则是逻辑推理的起点，如交互式信息检索研究常常将"信息需求应当被满足"作为一个明确的逻辑起点。

（6）原理

原理（principle）通常指某一领域、部门或科学中具有普遍意义的基本规律，如力学原理、致病原理等。科学原理以大量实践为基础，正确性已被实验所检验。从科学原理出发，可以推衍出各种具体的定理、命题等。作为基本规律，原理比理论或定律具有更强的普遍性和基础性，因此，在严格意义上原理不是理论，而是理论的基础。

（7）机理

机理（mechanism）是指为了实现特定功能，系统结构中诸要素内在的工作方式，以及在一定环境条件下相互联系、相互作用的运行规则和原理。与原理相比，机理更强调特定系统结构中各要素间的相互作用。与理论相比，机理揭示特定系统中要素间相互作用的原理，但并不一定揭示普遍性的规律。机理具有一定的抽象性，可以用文字表示，也可以用由图表、符号或数学公式等构成的模型来表示。在这里，模型是机理的表现形式，机理是模型表示的内容。

（8）机制

在英文中，机制（mechanism）与机理基本同义。在汉语中，机制与机理在含义上十分接近，但是又有所不同。机理是系统结构中各要素相互作用的运行规则和原理，而机制则是指为了使组织或系统运行达到预期的效率和效果，根据已经掌握的机理设计的一套运行规则或管理制度，如激励机制、反馈机制等。相比于机理的客观性和原理性，机制既可能已经存在于系统或组织的结构中，也可以通过有意识的设计来实现，因而具有更强的工具性与设计性。

（9）效应

效应（effect）是指在特定环境下，一些具有时间先后顺序的因素之间所构成的一种类似于因果关系的现象，多用于一些自然现象或社会现象的描述，如蝴蝶效应、温室效应、马太效应等。与理论相比，效应简洁地概括了某类现象，但是由于现象涉及的因素太过复杂，其内在的因果关系尚未得到准确揭示和证实，因而常常以类比、比喻等不太精确的方式进行表述。

（10）法则

法则（law）是指不以人的意志为转移而发挥作用的规则与规律，包括已知的和潜在的规律，如省力法则、丛林法则等。法则比定律具有更强的客观性和必然性。法则揭示了某种普遍发生的现象，但是这种现象之下的因果关系已经得到或尚未得到明确的解释。为了解释这些现象，可能会产生一种或多种理论。因此，法则与效应有一定的相似之处，都用于描述某种现象，但是法则比效应具有更强的必然性和不可违抗性。

（11）算法

算法（algorithm）是指用系统的方法描述解决问题的策略机制，一般应用于计算机领域，是一系列解决问题的清晰指令。算法中的指令描述的是一个计算，当其运行时能从一个初始状态和（可能为空的）初始输入开始，经过一系列有限而清晰定义的状态，最终产生输出并停止于一个终态。算法具有输入项和输出项，算法所执行的步骤应当有穷、确切并且可行。有些算法中可能包含着特定的理论，如一些仿真建模的算法是从某一理论演化而来的，但其本身并不是理论，而是一套明确的执行方案。算法在本质上更接近于方法和工具，因此不属于理论的范畴。

1.1.3 理论与相近概念之间的关系

通过比较可以发现，除算法之外，以上概念大多具有理论的部分属性，如抽象性、描述或解释功能等，但同时都与理论具有一定的区别。

理论是人类建构的一套有内在逻辑关系的命题体系，反映了人类对现实的系统性理解，其解释力和普适性受到用于证伪的事实证据的局限。而定律则是人类所发现的在给定条件下具有稳定性的客观规律，并借助于语言或符号表示出来。对于同一种现象，可以有不止一种理论来描述或解释它，但是其内在的规律在条件不变的情况下不会改变。从这个意义上讲，定律是一种客观存在的关系或变化规律，而理论则强调其逻辑的自洽与对现象概括的准确性。在自然科学领域，存在许多不以人的观察视角为转移的定律；而在社会科学领域，由于社会现象的复杂性，从不同的视角去观察同一个对象将可能形成完全不同的理论体系。因此，理论是被建构的，而定律则是被发现的。

处于二者之间的一系列相近概念，要么更接近感官观察层面的现象，要么更接近理性认知层面的抽象思维。在接近理性认知的一侧，检验其正确性的方法主要是逻辑推理与演绎；而在接近感官观察的一侧，检验其正确性的方法主要是对事实证据的归纳。不管接近哪一侧，一旦正确性得到证明，就可以用来指导机制、规则或算法的设计，并最终用于解决现实问题。

归纳起来，上述一系列概念在以下两个维度存在区别：①与人的能动性之间的关系，是更倾向于实在性还是建构性；②抽象层次，更抽象还是更具体。图1-1从上述两个维度展示了与理论含义相近的各个概念之间的区别。除了在上述两个维度的区别之外，它们在检验方法（逻辑性和实证性）及功能（原理性与工具性）方面也存在区别。

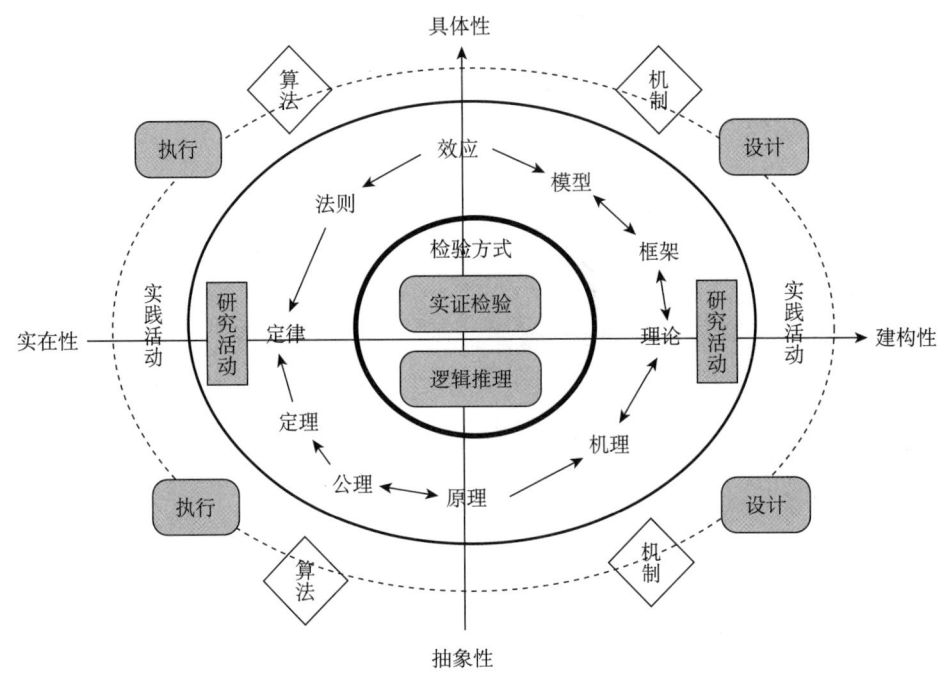

图1-1　理论与相近概念之间的比较

上述一系列概念反映了人类对自然和社会进行认知、理解、研究和改造的各个方面，既包括思维层面的研究活动，也包括行动层面的实践活动。如图1-1所示，外环包括机制和算法，是两种需要人来设计或执行的实践活动，而内环的概念则主要应用于思维活动和研究活动之中。位于环的上半部分的概念更加具体，抽象层次较低，主要依赖于实证方法进行检验；位于环的下半部分的概念则更加抽象，更加依赖于逻辑推理来提出和证明。环左部的概念更加客观，不以人的意志为转移，更多地反映了人与客观世界之间的关系，它们所代表的规律只能被人所认识、发现并服从或执行；环右部的概念则具有更强的社会属性，反映了人的主观能动性，可以被设计和构建。

1.2 理论的构成要素

如前所述，理论是一组逻辑上相互关联的命题或断言，说明了概念或变量之间的关系。杜宾（Dubin）[1]和惠顿（Whetten）[2]认为，一个完整的理论必须包含4个基本要素：什么、如何、为什么、谁/何时/何地/哪种视角。其中，"什么"指的是符合全面性和简约性的因素，包括变量、结构、概念；"如何"指的是因素间的关系；"为什么"指的是逻辑与解释；"谁/何时/何地/哪种视角"则指的是理论的语境或范围。格雷戈（Gregor）[3]提出了理论的4个通用性成分：①表征手段（如文字、符号、图表、数学公式等）；②构念或概念；③关系；④应用范围。与惠顿不同的是，他不认为解释是理论的必备要素。同时，他还提出了取决于应用目的的理论成分，包括因果解释、可检验的命题（假设）和处方式声明（用于指导实践）。扎根理论的创始人格拉泽和施特劳斯[4]认为，无论是实体理论还是形式理论，都主要由3种元素组成：范畴（category）、范畴的属性和假设。其中，范畴是理论的概念要素，而属性是范畴的概念分面或元素。韦伯（Weber）[5]认为，理论可以被视为特定的本体，他根据布恩（Bunge）[6][7]所提出的广义本体来评估特定理论的元素，这个广义本体包括以下关键构念：事物、成分、性质、类、属性、状态（合法状态）、事件、事物的历史轨迹，以及不同事物之间的相互作用。

上述观点表明，概念及其关系是理论最基本的构成要素。概念是理论的基石，而概

---

[1] DUBIN R. Theory development [M]. New York: Free Press, 1978.

[2] WHETTEN D A. What constitutes a theoretical contribution? [J]. Academy of management review, 1989, 14 (4): 490-495.

[3] GREGOR S. The nature of theory in information systems [J]. MIS quarterly, 2006, 30 (3): 611-642.

[4] GLASER B G, STRAUSS A L. The discovery of grounded theory: strategies for qualitative research [M]. Chicago: Aldine Publishing Company, 1967: 271.

[5] WEBER R. Evaluating and developing theories in the information systems discipline [J]. Journal of the association for information systems, 2012, 13 (1): 2-30.

[6] BUNGE M. Treatise on basic philosophy: Volume 3: Ontology I: The furniture of the world [M]. Dordrecht, Holland: D. Reidel Publishing Company, 1977.

[7] BUNGE M. Treatise on basic philosophy: Volume 4: Ontology II: A world of systems [M]. Dordrecht, Holland: D. Reidel Publishing Company, 1979.

念间的关系则形成了具有描述与解释功能的命题。下面对这些理论要素一一进行辨析。

（1）概念与范畴

在日常生活中，人们要理解和交流有关对象和事件的信息，必须有一个共同的基础，这就是概念。概念（concept）是一组特定实体的心理表征，是与某些事件、对象、条件、情况和行为相关联的普遍接受的意义或特征的集合。简言之，概念是"抽象观念的图像或符号表示"[1]。定义属性理论认为，一个概念可以由一系列定义属性来描述，即那些可以使某物成为某个概念的一个实例的充分必要的语义特征，而且所有范畴成员都拥有这些定义属性，如使一种动物属于鱼而不是鸟的属性特征，使一种文本属于档案而非图书的属性特征等。里普斯（Rips）等人[2]将概念的主要功能归纳为两个方面：一是分类或范畴化（categorization），即由概念或心理表征决定某个实体是否属于某个类别，人们通过分类将关于某个类别的知识应用到其新实体上，并利用相关知识对新的实体进行理解和预测。与此同时，人们也利用新的实体来修改和更新概念，将新成员的新属性合并到概念表示中。也就是说，分类支持学习，范畴之间的关系也支持推理和学习。二是交流，人们运用可比的、一致的概念进行交流，如情报学学者们可以运用数据、信息、知识、情报、检索等概念进行学术交流。同时，概念组合起来可以形成无限多的新概念，帮助人们在不同的语境中相互理解和交流。

概念体现了人脑中的观点和观念，反映了对事物的认识；而范畴（category）则是指具有共同特征的事物或概念所属的基本而具有明显区别的类，体现了事物的领域及界限，反映了包含于概念中的事物的种类。范畴可以划分为不同的层次，其中更具体的范畴嵌套在上位范畴中，如公共图书馆属于图书馆的范畴，而图书馆又属于公共文化的范畴。罗斯（Rosch）等人[3]提出，基本级别的范畴在最大化范畴内的相似性（鸟类之间往往非常相似）和最大化范畴间的区别性（鸟类与鱼类之间往往不同）之间提供了最佳的折中方案，成年人在命名对象时更倾向于使用基本范畴，如更常说某人是老师，而不是小学老师。在扎根理论研究中，常常需要将在开放编码阶段所识别出来的概念进行范

---

[1] LIEHR P, SMITH M J. Middle range theory: spinning research and practice to create knowledge for the new millennium [J]. Advances in nursing science, 1999, 21 (4): 81-91.

[2] MEDIN D L, RIPS L J. Concepts and categories: memory, meaning, and metaphysics [M] // HOLYOAK K J, MORRISON R G. The Oxford handbook of thinking and reasoning. OUP USA, 2012.

[3] ROSCH E. Principles of categorization [M] // ROSCH E, LLOYD B B. Cognition and categorization. Hillsdale, NJ: Erlbaum, 1978: 27-48.

畴化，也即对它们的共同特征进行总结并在此基础上进行归类。

(2) 构念与变量

人类在多次经验观察中，对对象或事件的共同特征进行概括或抽象，并用词语作为标签来指代它们，就产生了概念。概念是对事物进行分类或聚类的结果，它具有渐进的抽象层次。有些概念具有可以参考的客观事物，如图书馆，是一个我们可以在脑海中想象其特点的客观概念；而有些概念则不具有可以参考的客观事物，如相关性，就是一个很难想象的抽象概念。这种抽象的概念通常被称为构念（construct）。构念是为特定的研究或理论构建目的而专门发明的抽象概念①。构念是更高层次的概念，是不可直接观察的复杂抽象，需要经过定义和具体规定进行测量和观察。在心理学中，构念就是潜在的特征或能力，是一种用来帮助理解人类行为的工具。随着理论的发展，特定构念的含义可能发生改变，或者被抛弃。

在研究中，对所使用的概念进行明确说明，从而产生具体的、达成一致的概念含义，并对将要使用的概念及其不同维度的测量指标进行描述的过程被称为概念化。由于构念是不可直接观察的，研究人员使用指标或变量对构念的大多数细节进行测量或分类，从而形成可以直接观测的变量。变量是一个可以运用数字进行赋值的符号。变量表示一个构念的一种属性、类别、行为或事件，在不同研究中的变量因其使用方式不同而具有不同的值，如信息系统的可用性是一个常用的变量，但是一些学者可能将其定义为有用性和易用性，而另一些学者则可能将其定义为可接入性、可读性和可理解性。在研究中，变量用于形成假设，有因变量、自变量、中介变量、调节变量、控制变量等。在实证研究中，一般需要对变量进行操作性定义，即对其测量指标进行精确规定。

(3) 假设与命题

在研究中，假设和命题都用来表述某一特定科学问题的可能答案，都是关于概念间关系的表述。二者的主要区别在于一个假设必须是可测试和可测量的，而一个命题处理的是不能在实验室测试的纯概念。在科学研究范式中，形成假说是发展理论的第一步。假设在实质上是一个基于已有知识的猜测性预测，可以通过可重复的实验进行证伪。如果一个假设不能通过实验或观察来证伪，它就不能被视为一个有效的科学理论的一部分。

---

① KERLINGER F N. Foundations of behavioral research: educational, psychological and sociological inquiry [M]. New York: Holt, Rinehart and Winston, 1973.

命题的主要目的是在无法通过实验进行验证的情况下，提出两个概念之间的联系。因此，它在很大程度上依赖于先前的研究、合理的推理和现有的证据。一个科学命题可以为研究人员提出有前途的研究领域。科学家可以用命题来推动对一个问题的进一步研究，或者提出一个命题，希望能发现进一步的证据或实验方法，使之成为一个可检验的假设。在很少能提出有效假设的研究领域，如实验测试非常昂贵或困难的复杂系统中，一个命题可以作为支持进一步推测的共同假设。命题在几乎没有确凿证据的研究领域也很有价值，如只发现了证据碎片的考古学和古生物学。

由上述分析可知，理论是由具有特定属性的概念或范畴及其相互之间的关系构成的一套陈述，得到了令人信服的实验和观察证据的支持，具有解释某类现象并预测未来的能力。理论常常由假设发展而来，经过多次证伪的假设发展成具有解释力的理论。假设是依据已有知识对概念间关系进行的猜测，对假设进行科学检验的过程，就是对概念进行操作化测量并据此判断概念间关系是否显著成立的过程。与假设相比，命题难以通过科学实验进行检验，因而尚无法构成理论，但是却可以作为一个领域的共同假设而存在。随着科学实验条件的成熟，一些命题可以得到检验，而有些命题却可能永远也无法得到实验检验，而只能通过其内部的一致性和说服力保持有效性。由于命题不依赖于可测试的数据，其有效性只需要说服力和内部一致性，因此，在科学背景下对一个被长期普遍接受的错误命题进行反驳是十分困难的。

1.3 理论的属性

（1）理论的知识属性

知识是一个人通过经验或教育获得的事实、信息和技能，或者对一个学科的理论或实践的系统理解。波兰尼（Polanyi）根据存在的形式将个人知识划分为经过书面文字、图表、公式、声音、动作等符号编码的显性知识和隐藏在人脑中尚未被符号表述的隐性知识①。除此之外，根据知识的功能还可以将其划分为理论知识与实用知识。实用知识具有工具性，面向实践问题的解决，一般通过实践和体验习得；而理论知识是用来解释原因的，帮助一个人从整体性的角度来理解现象，可以通过教育或研究获得。达文波特

---

① 迈克尔·波兰尼. 个人知识 [M]. 上海：上海人民出版社，2017：9.

和普赛克（Davenport & Prusak）[1]提出："知识是一个流动的组合，由框架经验、价值观、背景信息和专家见解组成，为评估和整合新的经验和信息提供了框架。"

从本质上讲，理论是一种得到检验的正确的人类知识，是知识的集约化表达。钦和克雷默（Chinn & Kramer）[2]将理论定义为"一种知识的表达……一种创造性的、严谨的思想结构，它提出了一种试探性的、有目的的、系统的现象观"。豪威尔（Howell）[3]认为，理论是反映实在、真理和知识的手段，而且知识是由理论塑造的。一方面，理论可以通过永恒定律的方式被表达出来；另一方面，理论也可以通过社会或构建的形式呈现。作为人类知识的重要组成部分，理论沿袭了知识的一些特征，如非消耗、可分享、可转移、可替代等。理论的传播与扩散和人类创新性知识的传播与扩散具有极大的相似性。

（2）理论的工具属性

理论能够系统化地表达对现象的理解，可以看作人类与现实进行交互的知识工具。豪威尔（Howell）认为，社会科学实质上是以理论形式存在的，因此，应当鼓励人们进行理论发现、理论发展或元理论化研究。理论可以将我们的日常经验与更远、更抽象的东西联系起来，从而对这些日常经验做出解释。理论的运用能够产生多元主义，提供选择，创造新的情境，形成交流和争论，从而深化我们的认知。总体来讲，理论的工具属性体现在两个方面。

一是在实践活动层面，理论用来描述、分析、解释、预测现实[4][5]或指导实践活动，具体包括：通过描述和分析现象来简化现实世界；通过探索关系和规律来解释、预测现象；通过机理分析来指导实践活动。政治学学者阿尔福与弗里德兰（Alford & Friedland）[6]在研究国家理论时提出，理论影响着对国家行动的解释，理论是有权力的，包

---

[1] DAVENPORT T H, PRUSAK L. Working knowledge: how organisations manage what they know [M]. 2nd ed. Harvard Business School Press, 2000.

[2] CHINN P L, KRAMER M K. Theory and nursing: a systematic approach [M]. 5th ed. St Louis, USA: Mosby, 1999: 258.

[3] 凯利·E 豪威尔. 方法论哲学导论 [M]. 宋尚玮, 译. 北京: 科学出版社, 2019.

[4] CIBANGU S K. A memo of qualitative research for information science: toward theory construction [J]. Journal of documentation, 2013, 69 (2): 194-213.

[5] KERLINGER F N. Foundations of behavioral research: educational, psychological and sociological inquiry [M]. New York: Holt, Rinehart and Winston, 1973.

[6] ALFORD R R, FRIEDLAND R. Powers of theory: capitalism, the state, and democracy [M]. Cambridge University Press, 1985.

括：①情境性权力，即理论的经验效度，由"现实"指标与"概念"之间的相似性来表征；②结构性权力，即理论的"范例意义"（paradigmatic meaning），指在制度性定义的意义安排内部对概念和证据进行定位；③系统性权力，即理论的"历史重要性"，指在社会总体内部对视角及其制度性结构的典型进行定位。贝克尔与佩蒂格鲁（Baker & Pettigrew）①指出，理论就是解释与概括，是试图解释各种现象之间关系的陈述。格雷戈（Gregor）总结了信息系统领域理论的 4 个中心目标，包括分析与描述、解释、预测和开处方②。

二是在学术研究层面，理论可以帮助研究人员从一般性命题出发进行推理，从而使研究保持在可控的边界内。格拉泽和施特劳斯（Glaser & Strauss）③认为，社会学理论是在研究中处理数据的策略，为描述和解释提供了概念化的模式，其作用包括：①对行为进行预测和解释；②推动社会学的理论进步；③帮助实践者理解和掌控情况；④提供对数据的立场；⑤为研究特定行为提供指导和示例。组织管理领域的学者范玛南（Van Maanen）④认为，理论通过指导对"笨拙"数据的组织和交流来简化社会世界。社会学家贝克尔（Baker）认为，理论可以帮助人们从普适性前提着手进行推论和演绎⑤。汉布里克（Hambrick）⑥从管理学研究的现实出发，认为理论可以帮助整理思路，产生连贯性解释，并进行预测。

上述观点表明，理论是人类认识现实、从事研究活动的重要工具。理论的工具属性使其具有效用价值，可以提高人类认识世界、改造世界的效率。因此，追求具有强大解释力的理论、进行理论创新成为学术研究的重要目标之一。从实证主义的角度来看，科学离不开理论⑦。鉴于理论的重要性，一项研究的理论贡献已成为学术界评判其研究质

---

① BAKER L M, PETTIGREW K E. Theories for practitioners: two frameworks for studying consumer health information-seeking behavior [J]. Bull Med Libr association, 1999, 87 (4): 444-450.
② GREGOR S. The nature of theory in information systems [J]. MIS quarterly, 2006, 30 (3): 611-642.
③ GLASER B, STRAUSS A. The discovery of grounded theory: strategies for qualitative research [M]. Chicago: Aldine Publishing Co, 1967.
④ MAANEN J V. Different strokes: qualitative research in the administrative science quarterly from 1956 to 1996 [M] //Qualitative studies of organizations. Thousand Oaks, CA: Sage, 1998: 8-33.
⑤ BAKER T L. Doing social research [M]. 2nd ed. New York: McGraw-Hill Inc., 1994.
⑥ HAMBRICK D C. The field of management's devotion to theory: too much of a good thing? [J]. Academy of management journal, 2007, 50 (6): 1346-1352.
⑦ CIBANGU S K. A memo of qualitative research for information science: toward theory construction [J]. Journal of documentation, 2013, 69 (2): 194-213.

量的一个标准①②③④。"对于一项研究来说,'有一个理论'标志着它的严肃和可敬程度。"⑤ 对于一个领域来说,理论的应用标志着它的学术成熟度⑥。与此同时,理论的发展对于技术创新具有不可估量的价值。例如,示能性理论(affordance theory)的提出,为各类交互设计提供了指导,也促进了技术产品功能的改善。虽然基础理论创新远不如技术创新那么容易,但是一旦突破却可以为技术创新提供巨大的指导,如信息论、系统论和控制论的提出,在计算机通信技术的发展中发挥了不可低估的指导作用。而当人们意识到社会资本的价值时,在线社交媒体技术便得到极大的发展。为此,有远见的国家和社会都在基础理论研究上加大投入,以期为突破性的技术创新奠定基础。

(3) 理论的可证伪性

从不同学科对理论的定义可以推断,理论是人类在观察现象时通过意识活动建构的产物。通过思维活动,现象被合理地概括和简洁地表述,形成理论。但是从个体的角度出发,这一过程并不只是简单的归纳。一些哲学理论是通过纯粹的思辨而形成的,如王阳明的心学。至于先有概念,还是先有观察,更是古代哲学争论许久的问题。卡尔·波普尔反对归纳主义,认为理论先于观察,如爱因斯坦的相对论并不是源于观察,而是源于推理⑦。他认为科学理论是可以被证伪的,但是不能被证实。例如,发现一只白天鹅并不能证实"天鹅是白的"这一理论假设,但是当发现一只黑天鹅时,却可以证伪它。波普尔认为,不能被证伪的命题不是科学理论。但是他也认为,科学理论虽然不能被证实,但是却可以被验证,证实意味着成为绝对真理,而验证则表明理论暂时成立。科学理论正是在不断证伪和试错中得到发展的。科学试错法由 4 个环节构成:①始于问题;

---

① WHETTEN D A. What constitutes a theoretical contribution? [J]. Academy of management review, 1989, 14 (4): 490-495.

② JACCARD J, JACOBY J. Theory construction and model-building skills: a practical guide for social scientists [M]. New York: The Guilford Press, 2010.

③ FELDMAN D C. What are we talking about when we talk about theory? [J]. Journal of management, 2004, 30 (5): 565-567.

④ EISENHARDT M K, GRAEBNER E M. Theory building from cases: opportunities and challenges [J]. Academy of management journal, 2007, 50 (1): 25-32.

⑤ PETTIGREW K E, MCKECHNIE L E F. The use of theory in information science research [J]. Journal of the American society for information science and technology, 2001, 52 (1): 62-73.

⑥ MAANEN J V. Different strokes: qualitative research in the administrative science quarterly from 1956 to 1996 [M] //Qualitative studies of organizations. Thousand Oaks, CA: Sage, 1998: 8-33.

⑦ 卡尔·波普尔. 科学发现的逻辑 [M]. 查汝强, 邱仁宗, 万木春, 译. 杭州: 中国美术学院出版社, 2008: 1.

②猜想和假设;③各种理论进行竞争和试错,筛选出逼真度较高的理论;④随着经验事实的出现,理论被证伪。如此循环往复,不断逼近真理。

(4) 理论的发展性

爱因斯坦提出的相对论证明了牛顿万有引力定律的局限性,信息经济学在斯蒂格勒的信息搜寻理论的基础上产生了一系列新的研究成果,图书情报学领域关于信息搜寻行为的不断细化,都表明理论是不断发展的。理论的创新与发展导致理论数量与种类的增长。理论增长甚至被建议用来评估科学知识的增长①②。根据库恩范式转换的观点,理论作为洞察实在的方式总是在不断地发展,没有哪个理论能够通达一个绝对真理,这是一个持续的辩证过程。可以说,人类的科学研究过程就是不断检验、证伪和应用理论知识的过程。在这个过程中,理论得到发展和完善,并可能随着人类认知的深化而被摒弃或被新的理论替代,这就是理论的发展性。

1.4 理论的分类

由于研究目的、研究方法的不同,理论在功能、形式上也各不相同。在社会科学领域,学者们依据不同的分类标准,对理论的类型进行了划分,大致包括以下几种分类标准。

1.4.1 理论的层次

理论作为一套命题体系,具有层次性、结构性和开放性。层次性是指不同的理论具有不同的抽象层次或解释范围;结构性是指理论内部概念之间或命题之间的关系具有结构性特征;而开放性则表明理论不是封闭的,而是随着研究的深入而不断发展演变的。一些理论自身就是一个庞大的理论体系,包含多个较低层次的理论,这使得理论间的关系变得复杂起来。一些学者根据理论的解释范围,以及概念和命题的抽象程度,对理论的层次进行了划分。

---

① BRON M, GORP J V, RIJKE M D. Media studies research in the data-driven age: how research questions evolve [J]. Journal of the association for information science and technology, 2016, 67 (7): 1535-1554.

② PONTIS S, KEFALIDOU G, BLANDFORD A, et al. Academics' responses to encountered information: context matters [J]. Journal of the association for information science and technology, 2016, 67 (8): 1883-1903.

（1）三层次划分法

在最早提出扎根理论方法的护理学领域，史密斯（Smith）[1]认为理论可以划分为宏大理论（grand theory）、中观理论（middle range theory）与概念3个层次。宏大理论的对象范围最广，虽不如概念模型那样抽象，但包含的概念仍然较为抽象和一般。宏大理论所包含的概念之间的关系不能用经验来检验，因为它们过于笼统，有时甚至包括子理论。中观理论比个别概念大，但比宏大理论范围更窄，由与现实世界的有限方面相关的有限数量的概念组成。中观理论的概念和命题在经验上是可测量的[2]。与宏大理论和中观理论相比，钦与克莱默（Chinn & Kramer）[3]将概念视为理论的组成部分，"传递了理论的抽象思想"，是"对经验的复杂心智的表述"。霍恩比（Hornby）认为，"概念的含义/解释在很大程度上受其上下文的影响，概念反映了理论关注和意识形态冲突，它的定义既有维护者，也有批评者。"

将宏大理论与中观理论进行区分，始于20世纪50—60年代社会学家们对理论层次问题的探讨，基本确立了此后社会学研究的中观理论范式。针对当时帕森斯（Parsons）等社会学家热衷于研究社会系统、社会结构、社会制度等宏观问题并试图建立宏大社会学理论的状况，默顿（Merton）[4]提出了中观理论（middle range theory）的概念，在研究导向和关心理论的社会学家中广为流行。亚瑟·戴维斯（Davis）[5]认为，中观理论是经过良好构想的，在有限的概念背景下对一个中等范围的焦点问题进行实证分析，似乎能更安全地确保与实证变量必要的持续接触。里斯曼（Riesman）[6]主张，宏观社会学调查并不预设一个完整的社会学理论体系，最好"在中度范围内工作，少谈'突破'或'基础'研究，少提无所不包的主张"。就连亲自致力于发展宏大社会学理论的索罗金

---

[1] SMITH M J. Disciplinary perspectives linked to middle range theory [M] //SMITH MJ, LIEHR PR. Middle range theory for nursing. 2nd ed. New York: Springer Publishing Company, 2008: 3-14.

[2] SMITH M J, LIEHR P. Attentively embracing story: a middle-range theory with practice and research implications [J]. Research and theory for nursing practice, 1999, 13（3）: 187-204.

[3] CHINN P L, KRAMER M K. Theory and nursing: a systematic approach [M]. 5th ed. St Louis, USA: Mosby, 1999: 252.

[4] MERTON R K. On theoretical sociology [M]. New York: The Free Press, 1967: 10-80.

[5] DAVIS A K. Social theory and social problems [J]. Philosophy and phenomenological research, 1957（18）: 190-208.

[6] RIESMAN D. Some observations on the "older" and the "newer" social sciences [M] //WHITE L D. The State of the Social Sciences. Chicago: The University of Chicago Press, 1956: 339.

(Sorokin)①，也认为中度一致性适用于许多人、群体和文化的研究。

社会学对中观理论的重新定位，对经济学、心理学、管理学、图书情报学等社会科学的研究产生了深远影响，为社会科学的实证研究范式奠定了基础。

（2）五层次划分法

豪威尔（Howell）② 将理论划分为哲学、宏大理论、中观理论、实体理论或模型，以及个人5个层次。从个人到哲学，5个层次理论的抽象性不断递增。首先，个人通过对经验现象和非经验现象的思考形成经验理论。其次，通过反思与综合或将个人研究者的解释在理论与实践之间进行校对和综合，形成更为系统的实体理论，在这里，豪威尔将实体理论与模型等同起来。实体理论相互结合形成了中观理论，中观理论相互结合形成了宏大理论，而中观理论和宏大理论可以统称为形式理论。最后，哲学包含全部的抽象概括，但它与实践的关系却没有那么密切。与豪威尔的五层次划分法相似，凯斯和吉文（Case & Given）③ 根据理论的全局性从大到小提出了一个关于理论的层次列表，包括范式（paradigm）、宏大理论（grand theory）、形式理论（formal theory）、实体理论（substantive theory）和观察（observation）。这里的范式基本上是指哲学层面的抽象，而观察则是基于研究者个人的经验。所不同的是，凯斯和吉文所说的形式理论没有包含宏大理论。在这里，我们赞同豪威尔的观点，认为抽象层次较高的宏大理论属于形式理论。

就实体理论和形式理论的关系而言，扎根理论方法论的创立者格拉泽和施特劳斯（Glaser & Strauss）④ 认为，中观理论介于日常生活的"次要工作假设"和"包罗万象"的宏大理论之间，可以把中观理论区分为实体理论（substantive theory）和形式理论（formal theory）。其中，实体理论是指为实体性或经验性的社会学研究领域发展起来的理论，如患者护理、种族关系、专业教育、犯罪或研究组织。形式理论是指为一个正式的或概念性的社会学研究领域而发展起来的理论，如耻辱、越轨行为、正式组织、社会化、地位一致、权威和权力、奖励制度或社会流动等。在格拉泽和施特劳斯看来，实体理论和形式理论都必须以数据为基础。实体理论有助于产生新的有根据的形式理论，并

---

① SOROKIN P A. Sociological theories of today [M]. New York: Harper & Row, 1966.
② 凯利·E 豪威尔. 方法论哲学导论 [M]. 宋尚玮, 译. 北京: 科学出版社, 2019.
③ CASE D O, GIVEN L M. Looking for information: a survey of research on information seeking, needs, and behavior [M]. 4th ed. UK: Emerald Group Publishing Limited, 2016.
④ GLASER B, STRAUSS A. The discovery of grounded theory: strategies for qualitative research [M]. Chicago: Aldine Publishing Co., 1967.

更新以前建立的理论。因此，实体理论是从事实到扎根形式理论形成的策略性环节。

豪威尔将实体理论看作比中观理论层次更低的理论类型。但是，格拉泽和施特劳斯却认为实体理论和形式理论同属于中观理论。根据前述戴维斯对中观理论的界定"在有限的概念背景下对一个中等范围的焦点问题进行分析"，实体理论应当在中观理论的范围之内。但是，形式理论却未必只包括中观理论，同时包含宏大理论。

1.4.2 理论的功能

豪威尔（Howell）[1] 认为，理论关注的内容包括：如何构建实体性理解、规范及概念简化。其中，实体理论建立在收集经验数据的基础上，规范决定理论的框架（框架具有伦理或道德维度），而概念简化则包括对复杂变量的简单化。通过上述3个方面的工作，形成可迁移使用的理论。

理论有多方面的功能。在组织管理学领域，章凯等人[2]提出，一门成熟学科的发展需要5种形态的理论：旨在揭示事物内在结构的结构型理论、旨在揭示事物本质属性的本质型理论、旨在揭示不同事物或现象间相互关系的关系型理论、旨在揭示事物及事物间关系演变趋势的演变型理论及着重于审视学科性质和现有理论形态的元理论。这5种理论的功能指向不同，抽象程度依次增加。在情报学领域，维克瑞（Vickery）于1997年探讨了元理论在指导情报学理论构建中的重要作用[3]。关于演变型理论，情报学中具有代表性的理论包括文献老化定律、布拉德福定律、齐夫定律，反映了文献信息随时间变化的规律。关于关系型理论，典型的理论有技术接受模型（TAM）、创新扩散理论、信任理论等，揭示了系统属性、用户特征与用户使用意愿和行为之间的关系。关于本质型理论，信息哲学方面的研究较为普遍，如信息与物质的关系、档案的本质属性等理论探讨。在情报学中，结构型理论则广泛存在于信息行为、信息社会等领域，如用以刻画人类信息行为的内在结构及其影响因素的信息搜寻模型，用以反映信息社会阶层结构的数字鸿沟理论、社会资本理论、社会关系网络等。

---

[1] 凯利·E 豪威尔. 方法论哲学导论［M］. 宋尚玮，译. 北京：科学出版社，2019.
[2] 章凯，罗文豪，袁颖洁. 组织管理学科的理论形态与创新途径［J］. 管理学报，2012，9（10）：1411-1417.
[3] VICKERY B. Metatheory and information science［J］. Journal of documentation, 1997, 53（5）: 457-476.

在信息系统领域，格雷戈（Gregor）① 将理论的功能区分为 5 种相互联系的类型。

①用于分析的理论，又称描述性理论，包括框架、分类表和分类法。在图书馆学领域可以联想到各种图书分类法，其背后反映了不同国家对人类知识体系的理论认知。在情报学领域最为典型的是香农的信息论，将信息传递过程的各种要素进行了具体描述。在档案学领域，最为典型的莫过于文件生命周期理论。格雷戈认为，描述性理论通过总结在离散观察中发现的共性，对个体、群体、情境或事件的特定维度或特征进行描述或分类，主要回答"是什么"的问题。当人们对一种现象所知甚少的时候常常需要这种描述性理论，一些扎根理论也属于分析理论。

②用于解释的理论，也可称作"用于理解的理论"。格雷戈认为，这种类型的理论主要用于解释一些现象如何和为什么发生，又可以分为两类：一类是以某种方式看待世界的高层次的敏感装置；另一类是在较低的层次上解释现实情景中的事件是如何和为什么发生的。信息行为领域的理论模型大部分属于这类理论，可以用于理解特定个体信息行为的发生。发展这类理论的方法有案例研究、问卷调查、民族志、现象学、阐释学等。

③用于预测的理论，主要用于解释将会发生什么但未必能解释发生的原因，如信息技术领域所提到的"摩尔定律"、信息计量领域的文献老化定律等。这类陈述没有解释因果关系，并非严格意义的理论，被称为"经验归纳"或"实验定律"更为恰当。

④用于解释和预测的理论。这类理论说明"是什么、如何、为什么、何时、将是什么"等问题。大部分的中观理论具有解释和预测的功能，如技术接受模型、可用性理论、期望确认理论等，既可以解释用户的技术采纳意愿，也可以预测其未来的行为。常用的研究方法包括问卷调查、实验、案例研究、档案研究、统计分析和实地研究。

⑤用于设计和行动的理论，如用于信息交互界面设计的可用性理论、示能性理论、最小努力法则、相关性理论、图书馆的阮纲纳赞五定律等。这种类型的理论主要说明"如何去做"一些事情的原则、方法和正确的理论知识，常用的研究方法有行动研究、案例研究等。

格雷戈的划分方法较为完备地归纳了不同类型理论的功能，具有鲜明的实用主义色彩，在以达到实用目的为己任的管理学领域，如信息系统、图书馆学、档案学、情报学等，具有较强的说服力。

---

① GREGOR S. The nature of theory in IS [J]. MIS quarterly, 2006, 30 (3)：611-642.

1.5 理论的评估标准

在社会科学领域，尽管各个学科都产生了不少理论，理论创新也是一些高水平学术期刊的要求，但是得到广泛传播的"好理论"仍然是有限的。一些理论自发表之日起就再没有引起过注意，另一些理论则常常受到批评和质疑。因此，对理论的评估就成为一件必要的事情。一套有价值的理论评估标准不但可以指导理论家们的行动，也可以帮助研究人员在研究中选择好的理论。

关于理论的评价涉及逻辑、构念、解释、形式、有效性、可证伪性、创新性等多个方面。波普尔提出，一个理论得以成立的因素在于理论内部的自洽性；理论和其他理论的一致性，即他洽性；理论和经验事实的一致性，即验证性①。惠顿（Whetten）认为，好的理论应当包括简约而全面的构念，以及合理而令人信服的解释，形式化模型可以帮助理论开发人员和用户评估简约性和完整性之间的平衡，而解释是为了说明为什么应该在数据中期望某些关系。在犯罪学领域，阿克斯和塞列尔斯（Akers & Sellers）②建立了一套判断犯罪学理论的标准：逻辑一致性、理论的范围、简约性、可测试性、经验有效性和有用性。韦伯（Weber）③提出了从整体上评估理论的5个标准：①重要性；②新颖性；③简约性；④理论层次；⑤可证伪性。其中，重要性取决于理论所聚焦的现象的重要性；新颖性与理论的知识贡献密切相关；简约性是指理论使用少量的构念和关联就可以实现对焦点现象的预测和解释，并精确地表述理论的边界；理论层次是指在其学科背景下的适当层次；可证伪性要求理论在不同的测试中保持稳健。韦伯（Weber）④还阐述了一种理论可能对一门学科做出新贡献的几种方式：第一，它的焦点现象可能没有被先前的理论所涵盖；第二，它以新的方式对现有的、众所周知的焦点现象进行了框架或设想；第三，它对现有理论做了重大改变，如添加和/或删除构念和关联，更精确地定义现有的构念和关联，或者更精确地指定理论的边界。

---

① 卡尔·波普尔. 科学发现的逻辑 [M]. 查汝强，邱仁宗，译. 北京：科学出版社，1986.
② AKERS R L, SELLERS C S, JENNINGS W G. Criminological theories: introduction, evaluation, and application [M]. 6th ed. Oxford University Press, 2012.
③ WEBER R. Evaluating and developing theories in the information systems discipline [J]. Journal of the association for information systems, 2012, 13 (1): 2-30.
④ WEBER R. Theoretically speaking (Editor's Comments) [J]. MIS quarterly, 2003, 27 (3): iii-xi.

在情报学领域，理论聚焦于人类的信息获取活动，涉及信息（数据、知识、情报）、信息源、信息系统、用户、信息机构等不同方面，大多属于中观理论与概念性理论。关于情报学理论的判断标准则应当包括以下几个方面。

①解释力或有用性，指理论对与信息获取相关的现象进行描述、解释和预测的能力。在情报学领域，具有解释力的理论包括布拉德福定律、相关性理论、信息需求层次模型、贝尔金的 ASK 理论、布鲁克斯的知识方程、德尔文的意义建构理论、威尔逊（Wilson）的信息行为模型、查特曼（Chatman）的信息贫困理论等。对于这些理论，后文将做详细介绍。

②普适性，指理论所描述与解释的现象范围较为广泛，如香农的信息论、技术接受模型（TAM）、小世界理论、社会资本理论等，都可以超越特定的时空局限和对象场景，对较为普遍的现象进行解释。

③简约性，指理论用准确的构念与简洁的形式对复杂现象进行描述，如贝尔金（Belkin）的 ASK 理论、布鲁克斯的知识方程理论、德尔文的意义构建理论等，都具有简约、易记甚至美观的特点。

④可证伪性，实证主义的研究范式要求科学理论具有可证伪性，而解释主义则要求理论逻辑严谨和检测证据充分。理论的证伪可以从两个方面加以实现：一是通过经验观察和寻求事实证据来实现；二是通过严密的逻辑推理来检测理论的自洽性。

⑤创新性，当现有理论不足以解释一些新出现的现象时，就需要进行理论的创新。理论的创新性包括构念创新、关系创新、边界扩展、对象创新与形式创新等方面。提出新的概念可以实现对理论的根本性创新，而扩展或缩减构念间的关系则意味着对理论的细化或深化，边界扩展和对象创新意味着增加了原有理论的解释力，而形式创新则可以增加理论的接受度。

1.6 本章小结

理论是人类认识世界、获取知识的有力工具，是科学研究的重要成果。对于理论的理解有助于我们更好地理解科学研究的目标和方法。本章在一般意义上对理论的概念进行了辨析，对理论的概念进行了界定，并通过与相近概念的比较深化了对理论概念的理解。在此基础上，分析了理论的构成要素和基本属性，并对理论分类的观点进行了梳理和总结，进而提出了理论的评估标准。

第 2 章
研究范式与理论

在研究中，理论发挥着限定研究边界、指导数据收集与分析、赋予数据分析结果以意义的作用。自 20 世纪 60 年代开始，科学哲学家们对科学研究中理论的层次、理论的形成、理论的验证等进行了深入讨论，发现不同认识论立场的研究范式对理论的界定和理解不尽相同。对不同研究范式所持的理论观进行分析，有助于我们更好地理解理论在研究中的价值。

2.1 关于理论的哲学分析视角

2.1.1 范式

范式是科学史学家托马斯·库恩（Thomas Kuhn）在其著作《科学革命的结构》中提出的概念。按照库恩的论述，范式是从事特定学科领域的科学家们所达成的共识与基本观点，是一个学科共同体在研究准则、概念体系等方面的一些共同约定[1]，包括定律、理论、方法论、应用和仪器等，为产生特定而连贯的科学研究传统提供了示范。科学共同体是指不同国家、不同地区、不同机构的科学家，通过学术交流，在共同的研究领域，追求共同目标，使用共同的价值标准，持有共同的科学观点，从而形成科学共同体。范式为科学共同体提供了共同的理论模型和解决问题的框架，从而形成了一种共同的科学传统，规定了共同的发展方向，限制了共同的研究范围[2]。

---

[1] KUHN T S. The structure of scientific revolutions [M]. 2nd ed. Enlarged: The University of Chicago Press, 1970.

[2] 刘放桐. 现代西方哲学 [M]. 北京：人民出版社, 1990：813.

在哲学层面，范式被认为是一个科学共同体对现实和知识本质共同的概括、信念和价值观，是指导研究者行动或定义其世界观的哲学假设或基本信念①，在社会研究中发挥着启发性作用②。不同范式之间是不可通约和不可比较的。"不同范式的拥护者，他们在不同的世界从事各自的事业……不同范式的科学家们是不同世界的实践者。他们从不同的方向看相同的问题，所取得的结果各不相同。"马斯特曼（Masterman）③使用范式一词表示一个学科中研究实践的传统。另外一些学者则用其他概念替代范式一词，如视角④、传统⑤、分析⑥等。范式概念的提出为理解科学发展历程提供了工具。在库恩看来，范式是学科成为科学的标志。科学的范式并非一成不变，科学的发展历程就是"从范式的竞争到范式的建立到旧范式的动摇再到新范式的建立"这样一个不断进行的过程。科学知识增长的模式即前学科（没有范式）→常规科学（建立范式）→科学革命（范式动摇）→新常规科学（建立新范式）。

由于一个学科的范式主要体现在它的研究成果上，因而又被称为研究范式。古帕和林肯（Guba & Lincoln）⑦将范式定义为"一种指导研究人员的基本信念体系或世界观，不仅体现在方法的选择上，也体现在本体论和认识论的基本方式上"。豪威尔（Howell）⑧认为，研究范式明确包含以下内容：本体论（什么是实在），认识论（研究者与研究对象之间的关系），如何决定经验数据收集的方法论进路，以及后续的经验数据收集工作；本体论立场决定认识论，认识论则对最合适的研究项目、论点或论文的方法论

---

① LINCOLN Y, LYNHAM S A, GUBA E G. Paradigms and perspectives in contention［M］//NORMAN K D, YVONNA S L. The sage handbook of qualitative research. Thousand Oaks：Sage Publications，2011：91-95.

② ABBOTT A. Methods of discovery：heuristics for the social sciences［M］. New York：W. W. Norton，2004：42.

③ MASTERMAN M. The nature of a paradigm［C］//LAKATOS I, MUSGRAVE A. Criticism and the growth of knowledge：proceedings of the international colloquium in the philosophy of science. England：Cambridge University Press，1965.

④ GIDDENS A. The orthodox consensus and the emerging synthesis［M］//DERVIN B, GROSSBERG L, O'KEEFE B, et al. Rethinking communication：paradigm issues. Newbury Park，CA：Sage Publications，1989，1：53-65.

⑤ GADAMER H G. Philosophical hermeneutics［M］. CA：University of California Press，1976.

⑥ DERVI B. Comparative theory reconceptualized：from entitites and states to processes and dynamics［J］. Communication theory，1991，1（1）：59-69.

⑦ GUBA E G, LINCOLN Y S. Competing paradigms in qualitative research［J］. Handbook of qualitative research，1994（2）：163-194.

⑧ 凯利·E 豪威尔. 方法论哲学导论［M］. 宋尚玮，译. 北京：科学出版社，2019.

或方法进行评估。不同范式对研究的价值论、本体论、认识论、方法论和修辞学持有不同的看法。例如，实证主义研究范式主张客观性、量化分析、准确性、信度、普适性和可复制性；而建构主义范式则常与定性方法及非正式修辞相联系，依赖参与者的视角去发展现象的主观意义[1]。

2.1.2 元理论

元理论与范式有相似之处，都关系到学科的哲学基础，但是二者并不完全重叠。元理论是一个学科范式的核心，但并非全部。正如贝茨（Bates）[2]所言，一个学科一般有一个通用范式，但却有多个元理论。除了元理论外，范式还包含具体理论、方法论、研究方法和研究风格等。当我们谈论范式变迁时，不仅涉及元理论的变化，还涉及方法论、具体理论和研究方法的变化。

2.1.2.1 元理论的含义

"元"（meta-）这一前缀可以溯源到希尔伯特效法亚里士多德遗著编纂者造出的"metamathematics"（元数学）一词。在这一概念之后，出现了众多以"meta-"为前缀的概念和术语，如元科学、元理论、元数据、元治理等，意味着在当前概念基础上进行进一步的概括和抽象。例如，元数据是关于数据的数据，意即对具体数据进行描述而形成的上一层数据；元分析是对现有具体分析进行综合的一种分析方法。

元理论是一个学科领域中具体理论所共有的假设前提，是一个学科中具有普遍意义的命题或知识形式，是一个学科体系得以独立存在的逻辑起点。元理论（metatheory）是理论背后的哲学，是关于如何思考和研究某一特定领域中有趣现象的基本观点[3]。简单地说，元理论是关于理论的理论。元理论假说与哲学观点相关，而且常常是跨领域的[4]。

---

[1] CRESWELL J W, CLARK V. Designing and conducting mixed methods research [M]. 2nd ed. Thousand Oaks: Sage, 2011.
[2] BATES M J. An introduction to metatheories, theories, and models [M] //FISHER K E, ERDELEZ S, MCKECHNIE E F. Theories of information behavior. Medford, NJ: Information Today, Inc., 2005: 1-24.
[3] WAGNER D G, BERGER J. Do sociological theories grow? [J]. American journal of sociology, 1985, 90 (4): 697-728.
[4] HJØRLAND B. Theory and metatheory of information science: a new interpretation [J]. Journal of documentation, 1998, 54 (5): 606-621.

一些学者从不同角度对元理论进行了界定。斯克莱尔（Sklair）[1]将元定理描述为反映认识论和知识对象之间的一致性。奥弗顿（Overton）[2]认为元定理定义了理论产生的背景，元理论是一套相互联系的原则，描述了什么是理论可以接受和不可接受的。瓦利斯（Wallis）[3]提出，元理论主要是对理论的研究，包括涵盖理论总体的发展，以及揭示分析理论和理论化基本假定的定理的发展和应用。曾任英国图书馆董事会主席的哲学家安东尼·昆顿（Anthony Quinton）将元理论描述为："一系列被或多或少的形式化断言所预先假定的前提。"[4]这里的"形式化断言"指的是基于严格的数据概念和语言的肯定性假设。陈敬全讨论了自然观在现代科学认识中的元理论作用，认为元理论是理论构建的前提性知识，包含基本信念、自然秩序理想、方法论及较高层次的背景理论等[5]。洛尔（Lor）区分了元理论的5个维度：社会、目的论、本体论、认识论和伦理[6]。

元理论的概念与范式的概念有很多重叠之处。库恩认为，范式是一个学科或专业的元理论、理论、方法论和思潮的总合。因此，范式比元理论具有更广泛的意义。同时，元理论是任何范式绝对的核心，在很多意义上定义了范式。由此可以明确，一个学科的范式包含了其被明确阐述或只是普遍默认的元理论，而元理论可以用于理解、引导构建或评价具体理论。

2.1.2.2 元理论的功能

元理论是一个学科或实践领域的前提假设，是一个学科体系得以独立存在的逻辑起点。这些前提是科学工作者所默认的，并引发出普遍一致的意见，也可以被看作能够被实践所证明的方法论原理。李振伦认为，元理论具有工具性、操作性和现实性[7]。元理论关系到特定学科所关心的核心现象与核心问题及其与认识主体之间的关系。也就是

---

[1] SKLAIR L. Transcending the impasse: metatheory, theory, and empirical research in the sociology of development and underdevelopment [J]. World development, 1988, 16 (6): 697-709.
[2] OVERTON W F. A coherent metatheory for dynamic systems: relational organicism contextualism [J]. Human development, 2007, 50 (2): 154-159.
[3] WALLIS S E. Toward a science of metatheory [J]. Integral review, 2010, 6 (3): 73-120.
[4] BULLOCK A, et al. Fontana dictionary of modern thought [M]. London: Fontana Press, 1988.
[5] 陈敬全. 谈自然观在现代科学认识中的元理论作用 [J]. 东华大学学报, 2001, 1 (2): 9-12.
[6] LOR P J. Revitalizing comparative library and information science: theory and metatheory [J]. Journal of documentation, 2014, 70 (1): 25-51.
[7] 李振伦. 元理论与元哲学 [J]. 河北学刊, 1996 (6): 26-31.

说，元理论关系到学科的认识论基础与方法论选择。凯斯与吉文（Case & Given）[①]认为，元理论阐述了关于现实和知识本质的基本哲学假定，包括关于本体论、价值论、认识论和方法论的假定，这些假定支持着一个具体的理论，以及与之最密切相关的其他理论和概念。

元理论在指导理论建构中发挥着预设作用。元理论的任务包括：考察对象理论的论证结构，基本概念和基本原理的构成方式、定义和证明方法，分析和揭示理论论证所依赖的各种前提，特别是那些在理论中未明言的隐蔽前提，阐明对象理论与它们所反映的现实的关系，判明其所反映的现实的可靠性、可能性和限度，预示理论发展的趋势、前景和规律性。由于一个学科中的具体理论总是在不断发展变化的，因此，元理论也不是一成不变的，而是与"时代精神"密切相关。维克瑞（Vickery）[②]指出，当现有的元理论不充分，或被实践证明是失败的或有问题的时候，就需要产生新的元理论，而新的元理论同新的科学假设一样，可能来自理论家的概念构建。

元理论化是进行元理论研究的过程，侧重于理论分析与前提假定分析[③]。这个过程包括许多不同类型的活动：对理论进行分类或将理论的组成部分进行归类（Wallace）[④]、反思、解构和重构[⑤]，以及文献统计分析[⑥]等。元理论化具有4种目的指向：①更好地理解理论；②引导新理论的产生；③提供一个对部分或全部理论进行总体研究的视角[⑦]；④判断或评价理论[⑧]。发展元理论的方法有阐释学、符号学、话语分析、模仿等[⑨]。李振伦[⑩]认为，元理论需要对对象理论进行重新表述，而形式化是重新表述的可能方法。

---

① CASE D O, GIVEN L M. Looking for information: a survey of research on information seeking, needs, and behavior [M]. 4th ed. UK: Emerald Group Publishing Limited, 2016.

② VICKERY B C. Metatheory and information science [J]. Journal of documentation, 1997, 53 (5): 457-476.

③ WALLIS S E. Toward a science of metatheory [J]. Integral review, 2010, 6 (3): 73-120.

④ WALLACE W. Metatheory, conceptual standardization and the future of sociology [M] // RITZER G. Metatheorizing. Newbury Park, CA: Sage, 1992: 53-68.

⑤ RITZER G. Metatheorizing [M]. Newbury Park, CA: Sage, 1992: 11.

⑥ MEEHL P E. Cliometric metatheory: the actuarial approach to empirical, history-based philosophy of science [J]. Psychological reports, 1992, 71 (2): 339-467.

⑦ RITAER G. Metatheorizing in sociology [M]. Lexington, Mass.: Lexington Books, 1991.

⑧ COLOMY P. Metatheorizing in a postpositivist frame [J]. Sociological perspectives, 1991, 34 (3): 269-286.

⑨ VICKERY B C. Metatheory and information science [J]. Journal of documentation, 1997, 53 (5): 457-476.

⑩ 李振伦. 元理论与元哲学 [M]. 石家庄: 河北人民出版社, 2001.

2.1.3 理论视角

社会科学研究中的理论视角（theoretical perspective）可以被理解为一个镜头，通过它来观察、聚焦或扭曲所观察的事物；也可以被看作一个框架，既包括了一些东西，也排除了一些东西①。克罗蒂（Crotty）认为，理论视角是指导方法论的哲学立场，它为研究过程提供了一个背景，并为其逻辑和标准奠定基础。他从哲学层面列举的理论视角包括：实证主义及后实证主义、解释主义（包括符号互动论、现象学、阐释学）、批判性研究、女性主义、后现代主义等。伊曼达（Imanda）②从更具体的层面提出，理论视角从具体的研究问题、假设或研究目标方面指导个体研究者，从而使文献回顾、方法选择和研究结果的解释更加完善。在政治学领域，阿尔福和弗里德兰（Alford & Friedland）③提出，不同的政治理论视角包含着关于社会关系、制度、组织和个人的不相容的世界观。在社会学领域，柯林斯（Collins）④认为，社会学本身就是一个理论视角，它建立在社会和家庭等社会系统，以及文化、社会结构、地位和角色真实存在的假设之上。在宏观社会学研究领域，功能主义视角和冲突理论视角占据主导地位；而在微观社会学研究阵营中，符号互动主义视角和功利主义视角（也称为理性选择理论或交换理论）占据主导地位。在心理学领域，彻里（Cherry）⑤将心理学研究的主要理论视角归纳为：心理动力学视角、行为视角、认知视角、生物学视角、跨文化视角、演化视角和人文视角。

同社会学一样，情报学本身也可以被看作一个理论视角，它建立在信息存在并且可以被发现、理解和获取的假设之上。在情报学领域，主要的研究视角包括物理视角（系统视角）、认知视角、资源视角（包括文献、信息、数据、知识等）、决策视角和组织机构视角等。物理视角常用的理论有信息论、信息熵、相关性原理、逆波兰原理、自然语

---

① CROTTY M. The foundations of social research: meaning and perspective in the research process [M]. Landon: Sage Publications, 1998.

② IMANDA S. Is there a conceptual difference between theoretical and conceptual frameworks? [J]. J Soc Sci, 2014, 38 (2): 185-195.

③ ALFORD R R, FRIEDLAND R. Powers of theory: capitalism, the state, and democracy [M]. Cambridge University Press, 1985.

④ COLLINS R. Four sociological traditions [M]. New York, NY: Oxford University Press, 1994.

⑤ CHERRY K. perspectives in modern psychology [EB/OL]. (2019-11-27) [2020-08-22]. https://www.verywellmind.com/perspectives-in-modern-psychology-2795595.

言检索、主题检索理论等；认知视角常用的理论有信息需求层次学说、意义建构理论、ASK 理论、布鲁克斯的知识方程、可用性理论、技术接受模型（TAM）及各类信息搜寻行为模型等；资源视角则包括波普尔的世界 3 理论、布拉德福定律、齐夫定律、加菲尔德定律、本体、信息资源建设理论、信息组织理论等；决策视角常用的理论有博弈论、竞争情报理论等；组织机构视角下的理论则包括阮冈纳赞五定律、组织行为理论、信息生态理论、科学交流理论、战略管理理论等。

在国内情报学研究中，随着信息检索系统技术的成熟，研究视角逐渐从系统视角转向资源视角，如信息资源管理、自然语言处理、文本挖掘、大数据分析与治理等；而在国际情报学研究中，在系统视角之后，认知视角逐渐占据主导地位，研究对象从信息、信息系统转向信息用户。英格沃森（Ingwersen）[①] 认为，认知视角从全局的角度看待用户、源系统、中介机制和信息，试图全面理解信息检索的基本现象和概念，如信息需求的本质、认知不一致和检索重叠、逻辑不确定性、相关性测量和实验设置等，因此，在评估系统时更多地依赖社会学和心理学的调查方法，并将信息检索中的关联视为情景的、相对的、部分的、有区别的。在认知视角下，信息概念必须同时满足两个条件：一方面，信息是生成者知识结构转换的结果；另一方面，当信息被感知时影响和改变接受者的知识状态。目前，随着文本处理与分析技术的发展，国际情报学研究又进一步转向数据分析与知识发现视角。

由上述分析可知，范式、元理论和理论视角既相互关联，又有明显的区别。范式是一个科学共同体所公认的一套价值观、信念、认识论，以及具体的元理论、理论、方法论、实验仪器和分析方法，它为一个领域的研究提供了传统和示范。元理论是特定学科中关于理论的哲学前提，是关于理论的理论，可以对理论进行理解、生成、总体研究和评价。元理论与多个具体理论一道，构成一个学科领域研究范式的核心。而理论视角则大多从一个或多个具体理论出发，用以指导研究者对具体研究问题采取适当的研究方法，进行研究设计，收集、分析数据并解释数据分析结果。范式、元理论、理论视角与具体理论之间的关系可以简单地用图 2-1 表示。

---

① INGWERSEN P. Cognitive perspectives of information retrieval interaction: elements of a cognitive IR theory [J]. Journal of documentation, 1996, 52 (1): 3-50.

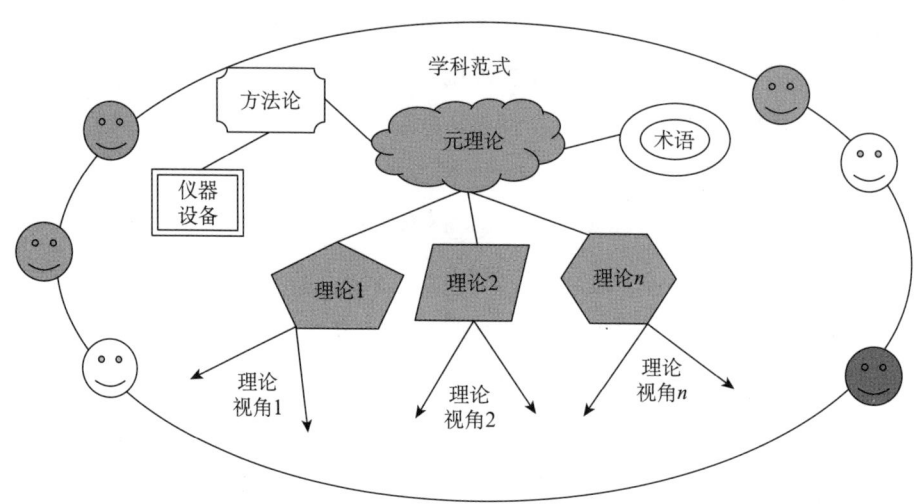

图2-1 范式、元理论、理论视角与具体理论之间的关系

2.2 不同研究范式下的理论观

如前所述,不同的研究范式关于研究的价值论、本体论、认识论、方法论和修辞学都有所不同。从人与现实的关系出发,当前社会科学领域的研究范式大体上可以分为实证主义(positivism)与解释主义(interpretivism)两大类。一般来讲,实证主义研究范式视理论为从大量经验观察中抽象出来的观念的说明或陈述;而解释主义的理论观则注重理解而非寻找因果关系,强调解释与被解释现象之间的依存关系。在实证主义范式和解释主义范式两大阵营之下,又可以区分出一些具体的研究范式,如前者包括经验主义、后实证主义、实用主义、符号互动理论等,后者包括解释主义、社会建构主义、现象学等。

2.2.1 实证主义

实证主义在19世纪初由法国哲学家奥古斯特·孔德(Auguste Comte)提出,在当代自然科学和社会科学研究中占据主导地位。实证主义根源于16世纪和17世纪欧洲思想家拒绝把世界描绘成上帝创造的宗教,而是认为现实独立于人而存在,社会世界与自然世界一样受不变的法则支配,具有客观性。实证主义的发展受到多个哲学思想的共同影响,如培根强调实验、归纳和仔细观察,英国经验主义者强调直接经验,笛卡尔相信理性和知识的逻辑基础。因此，当前占主导地位的科学范式实际上是经验主义和理性主义相结合的逻辑实证主义。实证主义者认为，在研究过程中，研究人员可以保持客观中立的态度来观察研究对象。正如哈钦森（Hutchinson）所说："实证主义者认为世界是'外在'的，可以或多或少地以一种静态的形式进行研究。"[①] 当一门学科或领域的主要研究范式是实证主义时，它常常被称为科学，如生命科学、管理科学、信息科学等。

实证主义的创始人奥古斯特·孔德提出的中心原则认为，社会科学与自然科学是血脉相连的，它们的知识建立在科学、理论规律和经验方法之上，而不仅依靠推测或思考得来。社会可以理解为一组现象，尽管个体具有独特性和不可预测性，但却具有真实的、可预测的、大规模的规律性。在本体论上，实证主义认为人和现实是分离的，其原子论观点认为世界包含离散的、可观察的元素和事件，这些元素和事件以可观察、确定的和有规律的方式相互作用。在认识论上，实证主义认为客观现实存在于人的意识之外，运用科学方法就可能发现客观世界的规律，并可用来预测未来。在方法论上，实证主义者认为在社会现象之间存在着因果关系，可以采用自然科学的定量方法研究社会现象，如问卷调查、行为实验、统计数据。在研究效度上，实证主义者声称没有什么是不可测量的，认为数据可以真实地测量现实，而在研究信度上，实证主义追求研究的可复制性。

在实证主义研究范式下产生的理论被称作科学理论。美国国家科学院（The National Academies）这样定义科学理论：科学理论是对现实世界的某一方面经过充分证实的解释，其依据是通过反复观察和实验所证实的大量事实。这种事实支持的理论不是"猜测"，而是对现实世界的可靠描述。例如，生物进化论不仅是一个理论，它是对宇宙的一个事实性解释，就像解释物质的原子理论或解释疾病的生殖理论一样。同理，尽管我们对引力的理解仍在进行中，但是重力现象就像进化一样，是一个公认的事实。

2.2.2 后实证主义

尽管逻辑实证主义至今仍然在各个学科中占据主导地位，但是自20世纪中期以来也受到了一些批评，并从中衍生出了后实证主义（post-positivism）。后实证主义者偏离了逻辑实证主义所采取的纯粹客观的立场，转而关注现实的主观性，认为"现实"和

---

① GALL M D, GALL J P, BORG W R. Educational research: an introduction [M]. 7th ed. Boston, MA: Pearson, 2003: 14.

"真理"是有条件的，可以通过不同的方式去理解①。后实证主义是某种既平衡实证主义又平衡解释主义的"多元化"。后实证主义并不反对实证主义研究中的科学性和量化因素，而是强调从多维度和多方法正确理解任何研究的方向和观点②。与实证主义不同，后实证主义者接受从个人主观的视角观察事实的存在。在研究方法论上，后实证主义范式促进了定性和定量研究方法的三角互证，通过多种调查方式探索事实的多样性，但重视将所有研究发现作为知识发展的基本组成部分③④。

2.2.3 实用主义

如果说后实证主义是对实证主义和解释主义的一种调和，那么实用主义（pragmatism）则是在反对理性主义的基础上发展起来的一种彻底的经验主义。美国著名的心理学家、实用主义创始人之一威廉·詹姆士（William James）⑤提出，实用主义趋向于具体和恰当，依靠事实行动和力量，坚决、完全地摒弃了理性主义者关于真理是纯粹抽象的主张。

在拒斥各种抽象问题方面，实用主义与实证主义相一致。实用主义认同科学方法假设、观察、实验、验证假设的基本过程，利用科学方法考查人和道德问题，认为人的思想不是与客观世界有本质区别的、纯主观的东西，观念是在人类有机体与其物理和社会环境积极作用中产生的，观念是经验的产物⑥。实用主义反对传统哲学所追求的在现象之下的永恒实在和真理，认为实在是流变的、偶然的、暂时的，没有什么东西永远固定不变，因而任何普遍的、绝对的实在理论或形而上学是不可企及的，唯一可能的是对特定情境的研究。

在注重实践方面，实用主义与功利主义相一致。实用主义方法不是去看第一事物原

---

① RYAN A B. Post-positivist approaches to research［M］//Researching and writing your thesis：a guide for postgraduate students. MACE：Maynooth Adult and Community Education，2006：12-26.
② GUBA E. The alternative paradigm dialogue［M］//GUBA E. The paradigm dialogue. London：Sage，1990.
③ CLARK A M. The qualitative-quantitative debate：moving from positivism and confrontation to post-positivism and reconciliation［J］. Journal of advanced nursing，1998，27（6）：1242-1249.
④ FISCHER F. Policy inquiry in a post positivist perspective［J］. Policy studies journal，1998，26（1）：129-146.
⑤ 威廉·詹姆士. 实用主义［M］. 陈羽纶，孙瑞禾，译. 北京：商务印书馆，1979.
⑥ 王知津，周鹏，韩正彪. 当代情报学理论思潮：实用主义［J］. 情报科学，2011，29（8）：1121-1127，1166.

则、范畴和假定的必然性，而是关注最后的实用成果。实用主义的一个基本思想是，一个理论或概念的意义是该理论/概念的实际结果。在实用主义者看来，理论是可以依靠的工具而不是解答谜团的答案，理论重大的用处是总结概括旧的事实并将其引导到新的事实；同时，理论只是人工语言，甚至只是一种概念的速记法，用来书写对自然的报告，因此，可以允许有多种表达方式。实用主义者主张，我们不要躺在这些理论上，而是要向前推进，有时借助于理论重新改造自然。

实用主义本体论的本质是行动和变化，人类在一个不断变化的世界中活动。布鲁默（Blumer）[1]声称："社会的本质在于一个持续的行动过程，而不是一个假定的关系结构。没有行动，人与人之间的任何关系结构都毫无意义。要理解这一点，就必须从构成社会的行动的角度来看待和把握社会。"在方法论上，戈德库尔（Goldkuhl）[2]在探讨在信息系统的定性研究中将实用主义和解释主义相结合的可能性时提出，实用主义研究的经验性焦点是行动与改变，其调查方式是询问（inquiry），通过评估与干预来生成数据，研究者投入改变而非理解或预测中。考西克与克莉丝汀（Kaushik & Christine）[3]则认为作为一种研究范式，实用主义对社会公正研究具有价值，有可能密切接触边缘化和受压迫的社群并赋予其权力，并为微观与宏观研究之间的对话提供有力证据。

2.2.4 符号互动主义

符号互动主义起源于乔治·赫伯特·米德的作品，由北美实用主义哲学所推广。米德（Mead）[4]对自我在社会中出现的描述，是通过对3种主体间活动形式——语言、戏剧和游戏的阐述而进一步发展的。这些形式的"符号互动"（通过诸如词语、定义、角色、姿态、仪式等共享符号进行的社会互动）是米德社会化理论的主要范式，也是使自我的反身物化成为可能的基本社会过程。米德认为，语言是通过"有意义的符号"进行的交流，正是通过有意义的交流，个体才能够接受他人对自己的态度。语言不仅是思维的"必要机制"，也是自我的首要社会基础。在语言活动中，个体扮演着他人的角色，

---

[1] BLUMER H. Symbolic interactionism: perspective and method [M]. University of California Press, Berkeley, 1969: 71.

[2] GOLDKUHL G. Pragmatism vs interpretivism in qualitative information systems research [J]. European journal of information systems, 2012, 21 (2): 135-146.

[3] KAUSHIK V, CHRISTINE A, WALSH C A. Pragmatism as a research paradigm and its implications for social work research [J]. Social sciences, 2019, 8 (9): 1-17.

[4] MEAD G H. Mind, self, and society [M]. Chicago: University of Chicago Press, 1934.

即以他人符号化的态度来回应自己的姿态。在符号互动过程中，这种"扮演他者角色的过程"是自我物化的原始形式，对自我实现至关重要。米德阐述了游戏的全部社会和心理意义，以及游戏作为社会控制工具的作用程度，认为游戏是个体获得自我的社会过程的阶段。

克罗蒂（Crotty）①认为，符号互动论是一种微观理论，主张经验和社会现象必须从行为人在情境中的角色来理解，关注角色、文化剧本、角色或演员之间的互动、社交规则或游戏、玩家、仪式。符号互动主义认为主体和客体都是在有机体和环境的持续交易中构成的，把社会或重要姿态的交换看作个性、意识和自我意识得以实现的原因，人类不仅是机械地或被动地对社会条件做出反应，而且通过反映社会和个人价值观及目标的问题解决模式，积极地创造、扮演和改变意义和行动。在方法论上，克罗蒂（Crotty）认为，作为一种研究方法论，符号互动主义是民族志的一个分支。他认为每一种文化都是不可还原、不可比拟的，我们只能从内部去理解一种文化，我们需要代替他者，或者"进入"文化如何看待世界之中。与互动主义相关的研究还包括戏剧学的方法（特别是欧文·高夫曼的方法）、博弈论、谈判秩序理论和标签理论。

2.2.5 批判现实主义

批判现实主义（critical realism）是一个科学哲学运动，始于英国哲学家巴斯卡（Bhaskar）②的著作《科学的现实主义》。巴斯卡用他的超验实在论奠定了批判现实主义的基础。他指出，哲学家通常把现实主义与知觉理论（theory of perception）或普遍性理论（theory of universals）的立场联系在一起。在前一种情况下，有关的真实实体是某种特定的感知对象；在后一种情况下，指的是世界的一些一般特征或性质。在批判了以休谟及其后人为代表的古典经验主义和康德先验唯心主义的基础上，巴斯卡提出了先验现实主义（又称先验实在论，transcendental realism），认为知识的对象是产生现象的结构和机制，而知识是在科学的社会活动中产生的。这些对象既不是现象（经验主义），也不是人类强加在现象之上的构念（唯心主义），而是独立于我们的知识、经验和允许我们接近它们的条件而存在和运作的真实结构。根据这一观点，知识和世界都是有结构的，都是有区别的和不断变化的；世界独立于知识而存在；而经验和它给我们提供的东

---

① CROTTY M. The foundations of social research：meaning and perspective in the research process [M]. Landon：Sage publications, 1998.

② BHASKAR R. A realist theory of science [M]. York：Books, 1975.

西和因果律通常是不相同的。先验实在论所关注的"实体"是科学发现和研究的对象，如因果律。在这种观点下，科学不是自然的附属物，自然也不是人的产物。

当批判现实主义在20世纪70年代出现时，就被定位为实证主义和社会建构主义的替代品，成为当时盛行的元理论正统学说①。批判现实主义声称关于世界的陈述不能简化为关于知识的陈述②。批判现实主义将现实分为3个领域："真实"域（real，由这些自然和社会的对象、结构及它们的机制组成）、"实际"域（actual，由事件组成，即当机制被激活时会发生什么）和"经验"域（指我们对这些事件的感知和经验）。在从我们在"经验"域的感知和经验转向"实际"域和"真实"域的过程中，现实变得越来越难以接近。然而，批判现实主义认为，世界由自然的和社会的对象与结构组成，这些对象和结构具有使事件发生的特定"因果"或"生成机制"③④⑤。因果关系是经验事件之间的规则，而"生成机制"则指"结构化事物的因果力量或作用方式"。霍迪（Hoddy）认为，批判现实主义将因果关系视为"生成机制"的概念也使其与众不同。对于社会科学而言，批判现实主义要求转向研究社会现象的基本性质和属性，这可以从其可测量和可观察的特征中辨识出来。关于社会世界的新知识的发展可以通过科学发现而产生，发现的对象包括"真实"领域中的对象、结构和生成机制，以及这些机制被激活的条件。

2.2.6 解释主义

解释主义（interpretivism）持与实证主义相反的观点，它不是为了解释与预测世界，而是要理解生活世界。解释主义源于这样一种本体论观点：社会世界不同于自然世界，与自然界中的物体不同⑥。解释主义者不认为存在一个独立于人的感官之外的客观现实，

---

① HODDY E T. Critical realism in empirical research: employing techniques from grounded theory methodology [J]. International journal of social research methodology, 2019, 22 (1): 111-124.
② BHASKAR R. Enlightened common sense: the philosophy of critical realism [M]. London: Routledge, 2016: 11.
③ SAYER A. Method in social science: a realist approach [M]. 2nd ed. London: Routledge, 2010.
④ BHASKAR R. The possibility of naturalism: a philosophical critique of the contemporary human sciences [M]. 3rd ed. London: Routledge, 1998.
⑤ BHASKAR R. A realist theory of science [M]. London: Routledge, 2008.
⑥ HUGHES J, SHARROCK W. The philosophy of social research [M]. 3rd ed. London: Pearson Longman, 1997.

否认"能够采用任何永久不变的标准使真理被普遍知晓"①。解释主义的本体论是一种内在实在论,实在是一种共享人类装置的主体间建构②。可以说,解释主义是"对实证主义过度统治的回应"③。在解释主义者看来,现实需要用同理心去理解,而不是从客观的角度去发现。"我们所说的数据实际上是我们自己对他人和他们的同胞所做的事情的建构。"④

在认识论上,解释主义研究者认为,只有通过语言、意识、共同意义和工具等社会建构,才能接触到现实(给定的或社会建构的)⑤。解释性研究假设人们在与周围世界互动的过程中,创造并关联自己的主观性和主体间意义,因此,研究者无法发现可以被他人复制的客观现实⑥。如果观察者不受其世界观、概念和背景的影响,就无法直接接触到外部现实。在理解现实的过程中,"知觉被视为一种积极的、建设性的生产过程,而不是一种消极的、被动接受的表达过程"⑦。

在方法论上,解释主义者认为需要特定的方法论工具来理解社会世界,如果想理解社会行为,就必须深入研究这种行为对人的意义和原因。解释主义研究常用的研究方法包括主题分析、叙述性探究、话语分析、民族志、行动研究等。与实证主义的科学假设相比,个体与其他个体和社会相互作用,把意义和名字赋予不同的社会现象,从而形成"社会建构的多重现实"。因此,研究者应当通过访问参与者赋予它们的意义来理解现象⑧。

古帕和林肯(Guba & Lincoln)⑨提出了一套判断解释性研究可信度的标准:如果研

---

① GUBA E G, LINCOLN Y S. Paradigmatic controversies, contradictions, and emerging confluences [M] // DENZIN N K, LINCOLN Y S. The sage handbook of qualitative research. 3rd ed. Thousand Oaks, CA: Sage, 2005: 191-215.

② WALSHAM G. Interpretive case studies in IS research: nature and method [J]. European journal of information systems, 1995, 4 (2): 74-81.

③ GRIX J. The foundations of research [M]. London: Palgrave Macmillan, 2004: 82.

④ GEERTZ C. The interpretation of culture [M]. New York: Basic Books, 1973.

⑤ MYERS M D. Qualitative research in business & management [M]. SAGE Publications, 2008.

⑥ WALSHAM G. Interpreting information system in organizations [M]. John Wiley, Chichester, 1993.

⑦ FLICK U. Constructivism [M] // FLICK U, von KARDORFF E, STEINKE I. A companion to qualitative research. Thousand Oaks, CA: Sage, 2004: 88-94.

⑧ ORLIKOWSKI W J, BAROUDI J J. Studying information technology in organizations: research approaches and assumptions [J]. Information systems research, 1991, 2 (1): 1-28.

⑨ GUBA E G, LINCOLN Y S. Competing paradigms in qualitative research [J]. Handbook of qualitative research, 1994 (2): 163-194.

究具有可信性（内部有效性）、可转移性（外部有效性）、可靠性和可确认性（客观性），则研究质量良好。史密斯（Smith）[1] 将解释性研究可能面临的问题总结为以下5个方面：①描述的精确性：行为、物体或事件没有被准确、全面或完全地听到、转录或记住，或者不同的方法和研究人员对生活世界给出了不同的描述。②推断意义的准确性：参与者的意图、想法、感觉、信仰和评价被歪曲、否定或隐瞒。③概括性：案例或样本不具有代表性；抽样不是随机的；描述缺乏建立经验或背景的核心主题或意义的证据。④遗漏：研究只提供了部分解释。⑤研究的社会文化价值：研究过于笼统、陈词滥调，概念过于确定、缺乏建设性的谦卑。为此，史密斯提出需要通过以下方式确保解释性研究的质量：①确保描述的准确性：详细记录、数据饱和、综合采样，并多方核实结论。②确保推断含义的准确性：使用参与者的语言、概念和"厚"描述；确保充足的田野调查时间；进行多源数据采集和三角互证；接触所有利益相关者；重复分析方式；进行主体间性检查；回顾研究者与参与者的密切关系及参与者的价值观。③确保解释的有效性：权衡证据，检查概念的一致性，考虑反面证据，确保现场笔记持续完善，提出令人信服的证据。④确保普适性：表明研究样本具有代表性，对照研究目的审查样本，讨论替代性解释，明确普适性的界限，使用丰富的装置描述，把理论化和在别处发现的面向联系起来。⑤确保研究的社会文化价值：将判断和权力之间的联系透明化，不责怪受害者。

2.2.7 实证主义与解释主义的区别

皮扎姆和曼斯菲尔德（Pizam & Mansfeld）[2] 从以下方面对实证主义与解释主义进行了区别：在关于现实的本质方面，实证主义假定现实是客观、有形和单一的，而解释主义则认为现实是社会建构的、多元的；在研究的目标方面，实证主义的目标是解释与强预测，而解释主义的目标是理解与弱预测；在兴趣焦点方面，实证主义主张普遍的、平均的、代表性的，而解释主义主张具体的、独特的和离经叛道的；在生成的知识方面，实证主义生成定律，是绝对的（没有时间、情境与价值的），解释主义生成意义，是相

---

[1] SMITH R. "It doesn't count because it's subjective！" (Re) conceptualizing the qualitative researcher role as "validity" embraces subjectivity [M] // WILLIS, et al. Being, seeking, telling: expressive approaches to qualitative adult education research. Post Pressed：Flaxton QLD, 2000.

[2] PIZAM A, MANSFELD Y. Consumer behaviour in travel and tourism [M]. London：Taylor and Francis Group, 2009.

对的（受时间、环境、文化和价值约束）；在主题与研究者的关系方面，实证主义是严格分离的，而解释主义是互动、合作和参与的；在所需要的信息方面，实证主义想知道的是"有多少人思考和做一件特定的事情，或者有一个特定的问题"，而解释主义想知道的是一些人的想法和行为，他们所面临的问题，以及他们如何处理这些问题。

解释主义研究通常侧重于意义，它"与唯心主义的哲学立场相联系，并被用来将各种不同的方法组合在一起，包括社会建构主义、现象学和诠释学；这些方法拒绝客观主义的观点，即意义独立于意识存在于世界中"①。在解释主义者看来，研究者作为一个社会行为体，了解人与人之间的差异是很重要的②。解释主义运用基于自然的方法收集数据，如访谈和观察。二手数据研究也受到解释主义的欢迎。在这类研究中，意义通常在研究过程的最后出现。解释主义范式导致了一种理解性的理论观。在与实证主义的比较中，解释主义研究范式被批评太"软"，无法产生可推广到更大人群的理论③，解释性理论可能没有很强的预测能力，通用性有限。理查兹（Richards）不同意这种观点，认为定性调查并非"软性的……它要求严谨、精确、系统性和对细节的仔细关注"，它更适合社会世界的复杂性和难题④。

2.2.8 社会建构主义

解释主义和社会建构主义通常都被称为"解释主义"，二者的目的都是理解人们创造意义的方式。社会建构主义与解释主义主张的理解生活经验有着相同的目标，二者的不同在于：解释主义强调对文化语境或他人心灵的移情式理解，而社会建构主义强调语言和社会互动是意义的中介，关心意义的文化和制度根源⑤。社会建构主义认为，文化为我们提供了观察现象的镜头，它使一些事物进入视野，赋予它们意义，并使我们忽视其他事物。社会建构主义持有这样一种认识论观点，即所有知识及所有有意义的现实都取决于人类的实践，是在人类与世界的互动中被建构出来的，并在社会环境中得到发展

---

① COLLINS H. Creative research: the theory and practice of research for the creative industries [M]. AVA Publications, 2010.
② SAUNDERS M, LEWIS P, THORNHILL A. Research methods for business students [M]. 6th ed. Pearson Education Limited, 2012.
③ GRIX J. The foundations of research [M]. New York, NY: Palgrave Macmillan, 2004.
④ RICHARDS K. Qualitative inquiry in TESOL [M]. New York, NY: Palgrave Macmillan, 2003.
⑤ Interpretivism, social constructionism and phenomenology[EB/OL]. [2020-08-22]. https://lo.unisa.edu.au/mod/page/view.php? id=489362.

和传播①。埃坡菲尔德（Applefield）等②从教育学的角度提出，建构主义是一种知识获取的认识论观点，强调知识的建构，而不是知识的传递和对他人传递信息的记录。

在社会建构主义看来，世界通过语言和文化得到了解释，它是"等待被发现"或"孕育意义"的。语言不传递思想和感情，而是通过构造概念使思想成为可能。从这个意义上说，语言使经验具有了结构。这不等于说事物不能独立于语言而存在，而是我们不能直接进入现实，只能理解它所呈现的样子。世界和其中的事物不仅是社会建构物，而且是意义形成过程中的"关键参与者"。它们把自己的本质给予有意识的主体，使我们所知道的不只是对现象的另一种主观描述，而是一种反映我们文化和现象的本质特征的描述。但是，社会建构主义也带来了一种矛盾的感觉，即概念虽然是由社会建构的，但总是与反映在我们知识中的现实世界相对应。

这种关于社会、文化、语言和有意识、有意义的主体之间相互作用的构想，以及呈现给我们感知的对象，是社会建构主义的特征。在社会建构主义者看来，世界上的物体和意识之间往往隐含着一种相互依存的关系，以至于"任何物体都不能在与体验它的意识隔绝的情况下得到充分的描述，任何经验也不能在与其客体隔绝的情况下得到充分的描述"。因此，在独立于意识的物体或世界中，找不到本质的意义。一切事物的意义都依赖于人。但是，物体并不完全与它们的意义无关。当语境对同一客体产生不同的意义时，客体因其特殊性，在其意义构建中起着至关重要的作用。社会建构主义者并不否认物质现实和社会现实的存在，而是认为它们都是社会建构的。社会建构主义接受对一个客体的多重解释，在客观主义者看来这些解释都是不真实或无效的。

解释主义和社会建构主义所使用的研究方法包括③：①主题分析，在访谈或其他数据中寻找新出现的主题，以理解一个背景或现象。②叙述性探究，用个人的口头或书面叙述来讲述一个关于人们的理解的故事。③话语分析，通过分析话语和话语中的语言来突出个体意义形成的社会关系和文化价值（特别是社会建构主义）。④民族志，研究者沉浸在群体或社会的日常生活中进行解释，以便"从内部"理解文化。通常采用参与观

---

① CROTTY M. The foundations of social research: meaning and perspective in the research process [M]. Landon: Sage Publications, 1998: 42.

② APPLEFIELD J M, HUBER R, MOALLEM M. Constructivism in theory and practice toward a better understanding [J]. The high school journal, 2001, 84 (2): 35-53.

③ Interpretivism, social constructionism and phenomenology [EB/OL]. [2020-08-22]. https://lo.uni-sa.edu.au/mod/page/view.php?id=489362.

察、研究日记和访谈（特别是解释主义）相结合的方式。⑤行动研究，与参与者合作收集数据或由参与者自己收集数据，以了解文化背景，并对研究背景进行直接而即时的改变（特别是社会建构主义）。其主要特点为：①拒绝假设，包括理论概括和总体世界观；②收集或描绘参与者对某一现象的描述，以便了解直接受影响者如何协商和理解该现象；③区分"不变"的方面或主题、经验的共同要素、它们的序列及子组之间的差异；④反思研究发现与文献中的理论及构念之间的关系。

2.2.9 现象学

现象学是在对现代实证主义科学反思的基础上发展起来的认识论，主张人类知识是无法与人类分开的。现象学提出了生活世界的概念，即我们生活于其中的世界，以区别于实证主义所提出的独立于人的意识而存在的客观世界。帕尔默①认为，在生活经验中解释主义与现象学有着不可避免的联系。现象学认为生活世界这个根本的世界有自己的真理与确证形式，这些真理与确证形式不应该被现代科学的真理与确证所排除，而应由后者来加以补充。现象学宣称，精确科学必须要在生活世界中落脚，但是不可能取代生活世界；我们只能够活在生活世界里，但是无法生活在科学所描述的世界中。现象学承认现代数学化科学的价值与独特性，但认为它们都是从经验世界发展而来的，是由科学家所拥有或成就出来的，也就是说，必须由人类来进行这样一种特定的思考与意象。现象学认为，数学化的精确科学并没有发展出一个全新的世界，而只是用新的方法来处理原来的世界，它增加了我们对自己所处的生活世界的知识，提供了处理事物所需的精确性。

胡塞尔（Husserl）和他的学生海德格尔（Heidegger）是现象学的代表性人物。胡塞尔是现象学的开拓者，他的思想核心是关于知识的，其基本观点包括：回到事物本身、主体间性、意向性、反思等，现象学的根本方法是反思分析，"回到事物本身"是现象学的基本原则。现象学发展了属于自己的意向性，包括显现与不显现，同一性与综合性。所谓意向性，就是使人的注意力转向某一既定实体：它成了知觉视角的一部分或一个构成要素。胡塞尔将意向性（intentionality）作为意识的本质②。意向性关注各种背景、语境、行为和视野下的主体与客体的相互作用，甚至还试着描述种种科学的意向。

---

① PALMER R E. Hermeneutics [M]. Evanston, IL: Northwestern University Press, 1969.

② LUFT S. Husserl's theory of the phenomenological reduction: between life-world and cartesianism [J]. Research in phenomenology, 2004 (34): 198-234.

现象学将我们经验到他人时所作用的意向性称为互为主体性,即主体间性。伯内特(Bernet)① 认为,胡塞尔的现象学是一门关于意识行为与意识对象的意向关联性的科学,研究不同的对象如何与不同的行为产生不同的关联性。

现象学在解释主义方面体现为以语言和所谓的语言事件为重点(包括作者身份、阅读和话语)。胡塞尔对自然经验的世界和科学理论的世界进行了区分,其中科学理论的世界包含了大量的理论。他认为,生活世界由我们的前理论经验和活动构成,并先于理论而出现,而理论的出现要归功于本质还原(还原到本质)与悬置(悬置对世界的实践参与及科学命题)②。

海德格尔提出了诠释现象学,主张意义与时间直接相关。诠释现象学主要探讨"存在"的意义,主张探讨意识经验背后更基本的结构,即所谓前反思、前理解和前逻辑的本体论结构③。海德格尔认为,我们存在于世界上,主体与客体没有区别,因为在思考之前我们已经在世界中了,因此我们既是主体又是客体,我们与世界融为一体④。莫里斯·梅洛·庞蒂(Merleau Ponty)⑤ 通过一个特殊的问题来阐述现象学:个体如何感知世界,以及如何感知这些感知。当一个人感知到某种东西时,不可能同时感知到知觉;后者需要一个独立且独特的事件的反思行动。在整个知觉现象学中,梅洛·庞蒂的目标使客观主义和主观主义的连续统一体被接受。梅洛·庞蒂将现象学看作对本质的研究,即意识或知觉的本质是什么。梅洛·庞蒂对现象学的另一个贡献是他把言语解释为现象,指出言语不仅是思想的产物,也是思想的最高境界和成就。他说:"思想不是一种表现,它没有明确的定位对象或关系。演说家说话前不思考,他的演讲就是他的思想。"伊曼纽尔·列维纳斯⑥认为现象学是一个从未完成的批判实践,他贡献了现象学的两个要素,即对他者的全面理解,以及自我与他者之间的伦理关系。他认为,自我与他者关系的主要空间是话语,话语使对存在的理解成为可能,也是误解阻碍关系发展的地方。

---

① BERNET R. The phenomenon of the gaze in merleau-ponty and lacan [J]. Chiasmi international,1999(1):105-118.

② 胡塞尔. 纯粹现象学通论:纯粹现象学和现象学哲学的观念(第1卷)[M]. 李幼蒸,译. 北京:商务印书馆,1992.

③ 王知津,王璇,韩正彪. 当代情报学理论思潮:现象学[J]. 情报资料工作,2011(4):19-23.

④ HEIDEGGER M. Being and time [M]. Oxford:Blackwell Publishing,1962.

⑤ MERLEAU-PONTY M. The phenomenology of perception [M]. SMITH C,trans. London:Routledge,1962.

⑥ LEVINAS E. Totality and infinity:an essay on exteriority [M]. LINGIS A,trans. Pittsburgh,PA:Duquesne University Press,1969.

保罗·里科尔①的现象学开始了从感性主义现象学模式向语言现象学模式的转变，为解释主义符号下的第二次突破开辟了道路。与此同时，现象学同意建构主义关于"意义是文化赋予的"的观点，但是拒绝它所提出的"我们无法超越文化观念去体验世界"的断言，主张超越文化明确地去理解在我们的意识头脑或直接体验中出现的现象。克罗蒂（Crotty）②将现象学的中心原则归纳为：①是对意义由文化形成的观察的回应；②要求我们"回到事物本身"，通过允许我们对感知对象的直接体验来获得新的、更直接的意义；③试图对世界的本质提供一个有意义的反思，而不是对现象进行主观、特殊或武断的解释；④谈论以下议题的重要性："原始现象""意识的直接原始数据""意识的未经中介和原始表现中的现象""不被心理障碍、先入为主的观念和习惯所蒙蔽""在文化适应之前对世界有新的认识"等；⑤理解文化概念的狭隘性、局限性，文化"介于"我们所看到、听到、感觉、闻到、尝到或想象的东西之间；⑥对我们认为理所当然的东西提出质疑，以便建立新的理解；⑦这是通过"还原"来实现的，即从客观意义的领域（如在科学中发现的）转向在"生活世界"中立即体验到的意义的领域；⑧有意识的现象或行为是有意义的；⑨有限意识本来就没有世界；⑩人的现实性是有意义的，它产生于存在世界，而存在世界的本质是向着世界脱颖而出的；⑪哲学家关注的主要问题不应是人的行为和生活的原因，而应回答人的意义和存在的问题；⑫哲学家应该关心世界的存在是如何被建构的；⑬应给予主观性或质疑存在的存在以特权地位；⑭只有在直觉中被揭示的世界，在它的身体实相中，在它的原始形态中，才是被接受的。现象学试图让人们发现对文化所传递的信仰和实践的怀疑，并劝诫人们超越已接受的世界版本，去获得人类经验中更真实的东西。

克罗蒂（Crotty）将现象学的研究设计归纳为：①典型的质性研究，目的是理解或描述以自身呈现给人们的现象，因为它们看起来直接指向意识。②参与者是那些对正在研究的现象有经验的人。③研究者可以使用自传来反思他们在研究主题中的体验性沉浸中出现的现象。④可以是以绘画、雕塑、诗歌、音乐、舞蹈、讲故事为基础的艺术，来反思、理解和表达一个情境或现象的生活意义或现实。⑤方法旨在从社会结构、解释、理论概念、意识形态、主观判断和研究者的预设中引出直接的经验、感受、看法和信

---

① RICOEUR P. From text to action：essays in hermeneutics II [M] // BLAMEY K，THOMPSON J B，trans. Evanston，IL：Northwestern University Press，1991.

② CROTTY M. The foundations of social research：meaning and perspective in the research process [M]. Landon：Sage Publications，1998.

念。⑥分析，特别是对访谈文本的分析，在揭示现象的数据中描绘出具有共同意义的单位，将意义单位聚类形成主题，考虑数据中意义出现的次数，以及非语言线索，并注意到共同主题的例外情况。⑦用创造性或艺术性的判断来揭示现象。⑧可以使用饱和度（在没有新信息显示时停止数据收集）和三角互证（使用多个数据源以确保出现相同的发现）来验证结果。⑨有效性可能包括与参与者核对在数据记录或分析中获得的经验。

2.3 本章小结

本章的分析表明，基于不同的认识论立场，实证主义与解释主义两大基本范式拥有不同的研究目标、概念体系、理论观和方法论，如研究的目标是解释现实还是理解意义？是认识客观世界还是理解经验世界？理论是经验观察的结果还是在人与世界的交互中建构而成的？语言符号和文化在人与世界的交互中发挥着什么样的作用？在每个范式之下又有一系列相互联系和区别的具体流派，它们共享基本的概念体系并发展出新的概念，并持有不同的知识主张。

在人类求知的历史进程中，两大基本范式相互竞争，对对方的不足进行批判和补充，同时产生了新的矛盾和弱点。为了弥补这些矛盾和不足，每个范式内部的流派不断发展，形成了独特的研究方法论。在截然不同的认识论和方法论的指导之下，实证主义研究侧重于运用客观测量和定量研究方法，而解释主义则侧重于运用观察、三角互证、叙述等定性分析方法。这些方法论对理论的形态及其在研究中的作用、目的及评价标准持有不同的主张。在一个学科中，持有不同范式主张的学者常常分化成更小的学术共同体，以自己的方式建构和发展理论，并拓展人类的知识边界。

第 3 章
情报学的学科结构

情报学是一门受信息技术驱动并广泛服务于经济社会发展的交叉学科。受学科基础与社会需求的影响,世界各国情报学的发展历程并不完全同步,学者们所关注的研究领域也各有侧重,这使得情报学一直没有一个被普遍接受的定义和结构。一方面,信息技术的迅猛发展使得情报学研究快速增长;另一方面,情报学的学科版图也在不断扩张和调整。为此,国内外的情报学学者关于情报学的身份认知和自我反省从未停止过。本章将对情报学的学科属性、体系结构与主题领域进行分析探讨,以便更好地理解情报学理论的哲学基础和应用发展。

3.1 情报学的界定

情报学(information science)作为一个领域的概念出现于 20 世纪 60 年代初[①]。情报学的英文术语 "information science" 最早于 1959 年被用于表示对被记录知识及其传播的研究,1961 年正式出现在文献中。1960 年,海尔普林(Heilprin)做出了一项重要贡献,他虽然没有明确使用情报学这一概念,但是却清晰地指出必须运用数据及其他科学方法研究信息的本质、属性和使用问题[②]。1966 年,俄罗斯信息专家米哈伊洛夫

---

① SARACEVIC T. Information science: origin, evolution and relations [M] //VAKKARI P, CRONIN B. Conceptions of library and information science: historical, empirical and theoretical perspectives. London: Taylor Graham, 1992: 5-27.

② WELLISCH H. From information science to informatics: a terminological investigation [J]. Journal of librarianship, 1972, 4 (3): 157-208.

（Mikhailov）、切尔尼（Chernyi）和吉尔亚列夫斯基（Gilyarevskii）[1] 以俄语发表并于1967年翻译成英语和德语的论文中共同提出了"信息学"一词，其定义为："与科学信息的记录、分析、综合处理、储存、检索和传播有关的过程、方法和规律，但不包括属于某一科学或学科的科学信息本身"。从这一定义来看，信息学与科学研究过程密不可分。

自情报学产生之日起，学者们就一直在思考一个问题："情报学究竟是什么？"围绕这个问题，产生了一系列的思考："情报学的基础是什么？""情报学的主要领域有哪些？""信息技术与跨学科问题对于情报学究竟意味着什么？"到了20世纪90年代，互联网的出现给学科发展带来了新的冲击和挑战，也使得国内外学者对于这些问题的反思和讨论进入了新的高潮。对于这些问题的研究，可以澄清新进入者对于情报学的迷惑，并帮助情报学保持其学科独立性和持续发展的动力。

1992年，萨拉塞维克在其"信息科学：起源、演化与关系"一文中对情报学概念的演化历程进行了梳理。他提出，从20世纪60年代开始，情报学的基础研究领域是对潜在现象（信息、知识和知识结构）和过程（交流和信息利用）的性质、表现和影响的探究；到了70年代，信息检索的范式开始转向情境、用户和交互，人们普遍认为，情报学的基础是对人类信息交流过程的关注；到了80年代，管理成为情报学新增的关注点；而到了90年代，情报学的重点在于尽可能利用现代信息技术解决在社会、制度与个人情境下人类有效知识交流与记录的问题。同时，萨拉塞维克对不同年代典型的情报学定义进行了梳理。结合萨拉塞维克的研究成果，下面对情报学在不同历史发展时期的范式与研究重点进行分析与述评。

科学化是20世纪60年代许多学科的主要特征，主要体现为数学、逻辑、统计方法的应用，体现在情报学上，就是传播动力学、文献与科学计量学等领域的快速发展。博尔科（Borko）[2] 正式综合了60年代关于情报学本质的讨论，提出："情报学是研究信息的性质和行为，控制信息流动的力量，以及处理信息以获得最佳可访问性和可用性的方法。它关注信息的来源、收集、组织、存储、检索、解释、传输、转换和利用。它既有纯科学的成分，也有应用科学的成分。"在这个概念界定里，博尔科不但强调了信息、行为、信息处理手段等问题，同时关注了"控制信息流动的力量"，这为50年后的今天

---

[1] MIKHAILOV A I, CHERNYI A I, GILYAREVSKII R S. Informatics-new name for the theory of scientific communication [J]. Nauko-tekhnicheskaya informatsiya, 1966, 12: 35-39.

[2] BORKO H. Information science: what is it? [J] American documentation, 1968, 19 (1): 3-5.

将数据与信息治理纳入情报学研究范围奠定了理论基础。

20世纪70年代是情报学研究范式发生转变的时期。戈夫曼（Gofman）①将这一时期的观点总结如下："情报学学科的目标是建立统一的科学方法来研究涉及信息概念的各种现象，无论这些现象是存在于生物过程、人还是机器中。因此，这门学科必须致力于建立一套基本原则来管理所有交流过程及其相关的信息系统行为。情报学的任务是研究交流过程的特性，以便将其转化为特定物理环境下对适当的信息系统的设计"。戈夫曼的观点可以帮助我们更好地理解交流过程与信息系统设计之间的关系。

到了20世纪70年代中后期，情报学开始关注情报检索中的情境与交互问题。科钦（Kochen）②在讨论信息检索的原理与理论建立的必要性时，提出了以下观点："我们将信息检索系统嵌入其中的知识系统概念分为3个组成部分：①以信息处理者的身份存在的人；②以信息载体身份存在的文件；③以表示形式出现的主题。我们关注这3个对象的生命周期及其动态交互作用，因此需要关注一个基本的变量：时间。"科钦将人、文件及主题间的关系作为情报学的关注点，预示着情报学逐渐将目光从系统转向了人。之后，贝尔金和罗伯逊（Belkin & Robertson）③将情报学的基本现象界定为："文本及其结构，接受者的结构及其变化，发送者的结构及文本的结构化"。他们进一步强调了人在信息活动中的主体性，提出情报学的目的是促进人类之间的信息交流。

1980年，美国国会通过《文书削减法》，确立了信息资源管理在联邦政府中的地位，也将管理的思想和方法引入了与信息问题相关的研究领域。之后一系列与信息资源管理相关的著作不但对情报学研究产生了重要影响，也对工商企业管理、政府行政管理产生了影响。在当时的文献中，美国信息科学学会（ASIS）将自己视为"与设计、管理、使用信息系统和技术相关的专业组织"④。受此潮流的影响，北大、武大等我国重要的图书情报院系在20世纪90年代初掀起了改名热潮。迄今为止，几乎所有的原图书情报院系都改名为"信息管理"或"信息资源管理"院系。

---

① GOFFMAN W. Information science: discipline or disappearance [C]. The 44th Aslib Annual Conference, University of Aberdeen, 1970.

② KOCHEN M. Principles of information retrieval [M]. Los Angeles: Melville Pub. Co, 1974.

③ BELKIN N J, ROBERTSON S E. Information science and the phenomenon of information [J]. Journal of the American society for information science, 1976, 27 (4): 197-204.

④ SARACEVIC T. Information science: origin, evolution and relations [M]//VAKKARI P, CRONIN B. Conceptions of library and information science: historical, empirical and theoretical perspectives. London: Taylor Graham, 1992: 5-27.

到了 20 世纪 90 年代，萨拉塞维克（Saracevic）对情报学进行了重新界定：一个在社会、机构或个人使用和需求信息的背景下，致力于对人类之间有效的知识交流和知识记录问题进行科学研究和职业实践的领域。要解决这些问题，需要尽可能多地利用现代信息技术，同时关注理论的、实验的、职业的/实用的努力。这个定义受到了美国实用主义哲学的影响，对职业问题给予特别关注，明确提出了对知识、不同情境和有效性的关注，也反映了这一阶段信息技术在知识发现领域的应用和取得的成果。同时，萨拉塞维克认为，这一阶段情报学关注的问题包括：有效性、人类交流、知识、知识记录、信息、信息需求、信息利用、社会情境、制度情境、个人情境与信息技术，并由此明确了情报学是图书馆学、计算机科学、认知科学和传播学的交叉学科的性质。

进入 21 世纪之后，随着互联网、社交媒体、大数据与人工智能的发展，情报学迎来了新的发展机遇，在知识发现、文本挖掘、情感分析、社交媒体、网络计量等领域的研究突飞猛进，研究视野也超越了早期的图书馆与文献学，进而扩展到电子商务、电子政务、网络学术社区、健康信息学等领域。跨学科的领域扩张再次引起了情报学身份的不确定性。这种"野蛮扩张"的现象与戈夫曼（Gofman）提出的"情报学研究涉及信息的各种现象"的观点不谋而合。这种扩张也让国内外学者对情报学的学科定位感到忧心。祝朝安等人指出，情报学研究存在着泛化与扩张、虚化与抽象、异化与困惑等趋势[①]。但是，也有许多学者对情报学的发展前景十分乐观。赖茂生教授[②]指出："面对网络经济、电子商务、数字图书馆、数字地球、网络信息资源管理、数据挖掘、知识发现、知识管理等新概念、新领域的不断涌现，情报学既大有用武之地，又有许多不适应之处。目前，情报学在这些领域的研究活动相当活跃，发展前景是很好的。有人说它目前处于危机之中，这是言过其实。我们没有理由对它的前途感到悲观。"今天看来，这种乐观是完全有道理的。

综合 21 世纪以来互联网、大数据、信息技术与认知科学对情报学的影响，我们将情报学界定为：情报学是研究在不断发展的技术背景下信息的管理、分析、处理、增长、关联、传播，以及个人、组织与社会进行信息获取、开发、利用、共享以满足个性化需求的学科。为实现这些目标，既需要采用先进的信息技术进行信息的分析与处理，也需要充分了解用户的信息需求、行为模式与所处情境，同时应当关注信息服务主体的

---

① 祝朝安，王树斌，徐贵水，等. 论情报学的泛化，虚化与异化[J]. 情报资料工作，2005（1）：7-9.

② 赖茂生. 情报学的发展观[J]. 图书情报知识，2000（12）：2-9.

组织结构、服务模式和生态环境的变化。为此，情报学关注的研究问题包括：信息管理、信息检索、信息推荐、用户行为、信息计量、数据分析、知识发现、情感分析、社交媒体、信息生态、信息机构、信息技术、信息共享等。

3.2 情报学的学科起源

新学科是通过现有学科的扩展或多学科的联合发展而来的①。情报学也不例外，这也是关于它身份争论的起因之一。关于情报学的学科起源问题，国内外学者做了大量考证，主要观点可以总结如下。

（1）欧洲的文献信息学派

文献信息学派是20世纪30年代在图书文献数量不断激增的历史条件下产生的，实质上以图书馆学的发展为基础。1934年，在巴黎举行的"国际书目与图书馆"会议上，西班牙哲学家奥特加·伊·加塞特（Ortega y Gasset）发表了关于图书馆员使命的演讲②。他指出，科学知识的产生是无法抗拒的，信息超载、图书激增，图书主题的数量已经远远超出人类的注意力、吸收能力和时间的极限③。以此为起点，文献信息学派从历史主义的视角出发，探究了社会历史变化对情报学及其前身文献学的影响。

英国情报学家布鲁克斯（Brookes）④曾提出罗伯特·费尔索恩将被公认为情报学的创始人之一。他认为费尔索恩的主要贡献是界定了情报学的范围，澄清了术语，确立了基本原则，运用情报学的逻辑、数学和香农的信息论，剖析了当时存在的问题，并形成了文献学理论⑤。在布鲁克斯看来，文献学、香农的信息论及以数学运用为标志的科学

---

① STRAUSS A L. Social worlds and legitimation process [M] //DENZIN N. Studies in symbolic interaction. Greenwich: JAI Press, 1982.

② ØROM A. Information science, historical changes and social aspects: a nordic outlook [J]. Journal of documentation, 2000, 56 (1): 12-26.

③ ORTEGAY G J, MARSHALL J D. The mission of the librarian [M] //MARSHALL J D. Of, by and for librarians. Hamden, Conn: Shoe String Press, 1975: 190-213.

④ BROOKES B C. Robert Fairthorne and the scope of information science [J]. Journal of documentation, 1974, 30 (2): 139-152.

⑤ FAIRTHORNE R A. Morphology of "information flow" [J]. Journal of the association of computing machinery, 1967, 14 (4): 710-719.

研究范式对情报学产生了重要的影响。丹麦学者霍兰德（Hjørland）① 提出情报学（information science）以前被称作文献学（documentation）。他认为，对情报学改变最大的是建于1937年的美国文献研究所（American Documentation Institute，ADI），后于1968年正式更名为美国情报学会（American Society for Information Science，ASIS），但是他认为这次更名仍未解决信息含义的理论问题。

英国学者梅多斯（Meadows）② 对文献学与传统的图书馆学进行了区分，他认为，两次世界大战期间出现的特殊图书馆，其独特之处在于书目学（之后被称为文献学）的出现，当时新兴的文献馆员不仅关心文件的实际处理，而且在很大程度上比传统图书馆员更关心文件中所含信息的利用。由此可见，在梅多斯看来，对文件实际处理的关心和对文件中所含信息的利用的关心，是图书馆学与文献学的区别，也可以看作图书馆学与情报学的区别。

文献信息学至今仍在情报学占据核心地位。一方面，文献信息不再单指书目和索引等"关于文献的信息"，也包括文献中所蕴含的信息和知识。为了对文献中所含的信息进行充分和高效的识别、挖掘和利用，数学、统计学、计算机技术、语言学、社会学等知识得到了充分应用，产生了文献计量学、计算机检索、音视频检索、自然语言处理、引文合作网络等分支领域。另一方面，文献信息的应用范围也因此不断扩大，不仅应用于图书馆读者服务，也用于探测科学研究前沿、分析科研合作行为、发现新兴科学知识、研究知识增长规律、服务科研管理决策。

（2）苏联的科学交流学派

科学交流学派形成于20世纪40年代，是在苏联计划发展"大科学"的背景下产生的。在战后世界两大阵营"冷战"的格局中，东西方科学交流不畅，发展科学技术的紧迫性对科技情报工作提出了更高的要求。科学交流学派的代表作之一是苏联情报学家米哈依诺夫的《科学交流与情报学》③。米哈依诺夫指出，现代科学的发展存在着"积分化"与"微分化"两种趋势，大科学的发展使得科学研究面临语言间、语言内和符号上的交流障碍。为克服这些障碍，需要发展科学情报活动和专门的科学情报系统。米哈依诺

---

① HJØRLAND B. Theory and metatheory of information science: a new interpretation [J]. Journal of documentation, 1998, 54 (5): 606-621.
② MEADOWS A J. Theory in information science [J]. Journal of information science, 1990, 16 (1): 59-63.
③ 米哈依诺夫，等. 科学交流与情报学 [M]. 徐新民，等译. 北京：科学技术文献出版社，1980.

夫同时指出，在科学情报系统中，科学情报与文献书目工作发挥着重要作用。由此可见，在早期的科学交流学派看来，文献书目工作是科技情报系统和科学交流的基础。从这一点上讲，可以将科学交流学派看作文献信息学在不同政体中的话语表述和实践应用。

科学交流学派对我国情报学研究的开创、科技情报制度的建立及情报学教育的创设具有重要影响。由于它更强调情报与信息的交流共享与决策支持作用，因而在很大程度上与"intelligence"一词的含义接近。至今，科技情报机构在科技、军事、国家安全等领域及企业技术研发中发挥了重要的决策参考与支持作用，被誉为科技发展战略与科技政策制定的"耳目、尖兵、参谋"。

（3）美国的信息科学学派

第二次世界大战结束后，为了解决因科学研究的大量兴起而产生的"信息爆炸"问题，将计算机技术应用于信息处理成为必然趋势。1945年7月，美国最具影响力的科学家维纳·布什（Vannevar Bush）用近乎诗意的语言发表了《诚如所思》一文，被萨拉塞维克等学者认为是情报学的起源①。2004年，周晓英教授介绍并讨论了这一观点，对后续我国情报学学者的观点产生了较大影响②。《诚如所思》呼吁，战后科学研究的大量兴起需要我们重视信息与知识的存储、控制、处理、检索与利用，并提出用于信息处理的MEMEx的设计构思："考虑一种未来的设备……一个人在其中存储所有的书籍、记录和通信，并且它是机械化的，以便可以以超快的速度和灵活性来进行查阅。这是对他记忆的一种扩大和补充。"③ 今天的读者看到这段话，应该会立刻联想到计算机、手机、云存储这些可以存储和处理海量信息的装置。事实上，在《诚如所思》发表半年之后的1946年2月14日，由美国军方研制的世界上第一台电子计算机"电子数字积分计算机"（Electronic Numerical And Calculator，ENIAC）在美国宾夕法尼亚大学问世。可以说，正是具有强大信息处理能力的计算机使得以高效处理信息为目标的文献信息学变成了情报学，情报学学科的快速发展与计算机的诞生与发展具有密不可分的关系。

1970年，美国凯斯西储大学图书馆学院文献与传播研究中心主任戈夫曼（Gof-

---

① SARACEVIC T. Information science [J]. Journal of the American society for information science, 1999, 50 (12): 1051-1063.

② 周晓英，崔佳佳，唐宇萍，等. 情报学的起源与方向——从布什的《诚如所思》谈起 [J]. 情报科学，2004 (2): 129-132.

③ BUSH V. As we may think [J]. The atlantic monthly, 1945 (7): 101-108, 176.

man)① 提出，情报学是战后科学活动扩散中出现的新兴跨学科领域之一，其他新出现的领域还有运筹学、博弈论、系统工程、控制论等。戈夫曼对情报学的学科起源进行了总结，认为情报学的起源可以直接追溯到第二次世界大战时期有效处理大量信息的需要，以及战后出现的信息爆炸和由此引起的科学交流问题。随着计算机在科学界的应用，解决信息爆炸问题的办法是用计算机取代大量的人工文书处理人员。但是，由于当时计算机的容量和处理速度有限，人们开始探讨与语言学、数学、逻辑或索引等相关的编码问题，从而使文献学、信息检索走向信息科学。

计算机在信息检索中的应用具有深远影响，成为情报学发展的基础，确立了情报学早期的系统范式（或物理范式）。从信息科学学派的视角出发，可以理解情报学与计算机科学、数据科学之间的密切联系，也可以理解情报学与信息管理之间的天然联系。站在当时的历史时点即可以预测，随着计算机应用技术的成熟和迅速普及，计算机科学中大量与信息处理相关的技术成果将被情报学所吸纳并转化应用，而计算机科学则将继续向着算法创新、硬件设备、光电通信、网络安全、智能制造等方向深化发展。需要注意的是，随着计算机技术的成熟，部分情报学学者逐渐将研究的焦点转向用户认知与行为，开启了情报学研究的社会科学范式。

综合来看，情报学的学科起源可以归纳为文献学与计算机科学。不同的学科起源观代表了不同的情报学研究流派，也反映了不同流派或范式的成熟度或"力量"比较。但是无论倾向于哪一种学科起源观点，情报学一直聚焦于如何应对不同历史时期的"信息爆炸"问题，关注的主线一直是信息的处理、组织、检索、获取、交流与利用。只不过在不同的技术发展阶段，所侧重的环节有所不同。在从传统的人工文献服务转向自动化的信息服务的过程中，情报学更关注计算机技术在信息采集、处理与组织过程中的应用。在这一阶段，信息处理的效率和信息检索的相关性是研究的焦点问题。随着技术的成熟，研究的侧重点转向如何更好地满足用户的个性化信息需求，以及如何提高信息服务质量方面。在这一阶段，用户的体验和感知、友好的人机交互界面、高质量的信息和个性化的服务成为研究的重点。随着互联网和大数据时代的到来，基于大数据的知识发现和精准服务成为情报学关注的新焦点。在这一阶段，文本挖掘、精准推荐和智能检索成为研究的重点。

---

① GOFFMAN W. Information science: discipline or disappearance [C]. The 44th Aslib Annual Conference, University of Aberdeen, 1970.

根据马斯洛的需求层次学说，每一次情报学范式的裂变就如同人们在生活达到温饱之后需要更高质量的小康与富裕生活一样，体现了从满足用户自动化获取信息的基本需求到满足用户对个性化与智能化信息服务需求的转变。从这个意义上讲，无论是在系统范式、认知范式阶段，还是在智能范式阶段，情报学的核心研究目标一直是一致和明确的，那就是"如何解决人类信息处理能力的局限与信息无限增长之间的矛盾"。

3.3 情报学的概念基础

对于情报学基础概念的理解不一致是一直以来情报学学科身份难以明确的重要原因之一。总体来看，情报学拥有相对稳定的核心知识，如信息检索、信息组织、信息行为①、文献计量学、知识与学习②等。尽管如此，许多学者仍然认为情报学没有一个被普遍接受的定义和结构③。辛斯（Zins）④曾采用德尔菲法调查了57位来自世界不同国家和地区的情报学学者，询问他们对情报学学科领域分类框架的想法，结果发现，每个人心目中的情报学体系结构都不尽相同。经过总结，辛斯认为，情报学主要研究社会领域中的 D-I-K-M（data，information，knowledge，message）现象，因此，应该将该领域的重点和名称从信息转向知识。

与国际情报学界面临的困惑相类似，在中国，"情报学"这一概念从一开始就在含义上存在着产生歧义的风险。到目前为止，国内学者所理解的关于情报学意义上的"情报"概念，与之相对应的英文概念有 information（信息）、intelligence（智能/情报）、infortelligence（情报）、knowledge（知识）等。文庭孝等⑤指出，情报学存在着情报概念的不确定性，情报学的研究对象和内容包括文献、信息、知识、智能、智慧等诸多含义相近又相互区别的概念，从而造成情报学的理论基础游移不定；相关学科的分割蚕食，

---

① SARACEVIC T. Information science [J]. Journal of the American society for information science，1999，50（12）：1051-1063.

② BUCKLAND M. What kind of science can information science be? [J]. Journal of information science and technology，2012，63（1）：1-7.

③ CIBANGU S K. A memo of qualitative research for information science：toward theory construction [J]. Journal of documentation，2013，69（2）：194-213.

④ ZINS C. Conceptions of information science [J]. JASIST，2007，58（3）：335-350.

⑤ 文庭孝，刘刚，张洋. 我国情报学发展的危机种种 [J]. 情报理论与实践，2005，28（4）：342-345.

造成了情报学与图书馆学、信息科学、编辑出版、经济学、信息管理学等学科边界不清的问题。辛斯（Zins）① 曾指出，情报学没有一个统一的概念，它的领域一直在变化。情报学似乎遵循不同的方法和传统，如客观方法与认知方法，图书馆传统、文献传统与计算传统等，但是却用同一个名称"情报学"（information science）来代表不同的领域，难怪学者、实践者和学生会感到困惑。

如果说与"情报学"相对应的英文概念是"information science"，那么情报学发展到今天所呈现的跨学科包容性就成了一个必然的趋势，因为半个多世纪以来，信息技术在人类社会中的迅猛发展与广泛应用确实是前所未有的。情报学在信息技术、信息检索与利用、信息传递、信息理解等各个领域得到了深入发展，分支学科的繁荣造成了情报学的"分裂"状态。在英文文献中，研究 information science 的既有计算机科学的学者，也有文献信息学领域的学者。巴克兰（Buckland）② 认为，术语"information"在情报学中有不同的用法，包括"作为知识的信息""作为事物（thing）的信息（数据、文献、记录的知识）""作为过程的信息（被告知，becoming informed）"，因此，信息是视情况而定的，一个人在一种情况下得到信息而在另一种情况下却未必。

国内相当多的学者认为，情报（intelligence）是信息的子集，其不同之处在于情报具有知识属性。为了表达从 information 向 intelligence 跃升的过程，霍忠文③提出了 infotelligence science 的新概念，认为建设 infotelligence science 学科的核心问题是探索信息激活的自身规律，在这个过程中需要突出人的认知行为规律，才能赋予 infotelligence science 以特定的研究范围。2002 年，姬鹏宏再次论证了 infotelligence 这个概念，并将其翻译成智能信息，认为情报学研究的对象是一种经过人脑智能（intelligence）处理的信息（information）集合，其研究的核心问题，就是如何进一步通过人的智能处理，使这种散布在社会上的、处于游离状态的信息得到激活，实现向智能的继续跃迁，以满足特定的信息需求④。

情报这一概念在竞争情报（competitive intelligence，CI）、政府、军事、安全等研究领域具有更强的专指性。1996 年，包昌火教授曾经提出，情报学的两大基石应为 infor-

---

① ZINS C. Conceptions of information science [J]. JASIST, 2007, 58 (3): 335-350.
② BUCKLAND M. Information and information systems [M]. New York: Greenwood Press, 1991: 6.
③ 霍忠文. Infotelligence Science 论纲 [J]. 情报理论与实践, 1998 (1): 6-8.
④ 姬鹏宏. 智能信息学：情报学的发展与定位 [J]. 情报理论与实践, 2002 (6): 404-407.

mation 和 intelligence①。2004 年，他又再次指出，信息的序化和转化应是情报学的两大核心领域②。2000 年前后，国内关于竞争情报的研究占据了情报学研究相当大的比重，情报学的核心期刊，如《情报学报》《情报理论与实践》，一方面以 information science 领域的研究内容为主，如信息资源管理、信息检索、IA 等各种议题；另一方面成为竞争情报研究的重要阵地。

近 10 年来，国内情报学界关于竞争情报的研究热度明显下降。原因大致有以下几个方面：①国外的情报学界一直没有过多关注 intelligence 的研究，而是主要集中于图书情报学（LIS）领域。近年来，国内情报学研究的国际化导向使年轻学者更多地关注国际化的研究课题，减少了对竞争情报的研究。②竞争情报具有显著的实践应用导向，理论研究的增长空间有限，研究创新的难度加大，也导致国内情报学界减少了对竞争情报的理论研究。③竞争情报与企业管理领域密切相关，作为交叉领域，情报学与管理学的双重身份也削弱了竞争情报在情报学学科中的核心地位。

尽管自 2010 年以来竞争情报领域的研究有所减少，但是也要看到，公安情报、国家安全情报、智库等领域的研究却呈现不断上升的态势。对国内外相关的研究成果进行分析，可以发现情报或智能信息（intelligence，infortelligence）注重情报分析，而将信息管理生命周期中的其他环节与物理因素，如信息序化，看作一个既定前提。因此，可以将情报活动看作整个信息活动链上的一个特殊组成部分，相关研究构成了情报学的一个分支领域。

我们认为，分析一个学科的身份与边界，需要从历史主义的视角去看待问题，尊重学科已有的历史发展轨迹，分析考察学科已有的发展格局，并在此基础上对其学科身份与地位进行总结与定位。从发展历史来看，国内外情报学研究的对象并不仅限于"智能"（intelligence，infortelligence）意义上的信息活动。无论是在传统的"检索"领域，还是在新兴的智库研究领域，整个情报活动过程及其一般性或特殊性规律仍然是它们的主要研究内容。半个世纪以来的情报学研究表明，相对于"intelligence science"，"information science"更具有开阔性与包容性，能够更加完整地包容目前情报学传统和新兴的跨学科与多学科的研究主题与分支领域，更加全面地反映情报学的发展历程，从而形成独特的学科身份。

---

① 包昌火. Intelligence 与我国情报学研究 [J]. 情报理论与实践，1996，19（6）：6.
② 包昌火，赵刚，黄英，等. 略论竞争情报的发展走向 [J]. 情报学报，2004，23（3）：352-366.

至于"information science"与"computer science"之间的关系，情报学的信息科学起源观已经表明，情报学自产生之初就是关于计算机技术在信息管理领域应用的学科。目前，尽管 LIS 仍然占据情报学研究的核心地位，但是计算机科学也正在不断地将其在文本与图像处理、大数据分析等方面的研究成果转移到情报学中。与此同时，世界性的"iSchool"运动也有力地推动了情报学与计算机科学的融合，并体现了情报学的"去机构化"倾向和转向更一般信息规律研究的发展态势。

3.4 情报学的焦点问题

一个学科的发展，既是实然的，也有应然的成分。国内关于情报学学科发展走向的讨论大致可以分为两个视角：一种是经验性的研究视角；另一种是规范性的研究视角。前者主要是在对情报学发展历史和现状进行回溯和梳理的基础上，从中总结出情报学的学科发展规律和发展走向；后者则是从信息、情报、知识、智慧、智能等概念的内涵辨析出发，从概念间内在的逻辑联系推理出"情报学应当是什么"这样一个命题。

从实然的角度来看，情报学学科的现状首先是由情报学界的学者们的研究成果集合而成。当然，这些成果的产生也受到技术发展、基金指南及先前研究方向的影响。事实上，这些因素之间也是相互关联的。例如，大数据技术的突破性发展不但激发了情报学界的研究兴趣，也使国家将更多的基金资助投向这里，从而形成了研究热点。这些研究热点持续发展，就形成了稳定的研究方向和领域。另外，学术界一些高瞻远瞩的学者或者受邀请的国际学者也常常会为年轻学者指引研究方向，同时，一些批判性研究也常常试图通过影响科技政策校正学术研究的不良倾向，从而形成应然的力量。在这两种合力的影响下，就形成了一个国家或地区学科发展的结构。一般来讲，学科结构相对稳定，但是在多种动态性因素的影响下，也呈现缓慢变化的生命周期。

无论是实然的分析，还是应然的规制，一个学科的存在都需要有独特的、无法被其他学科所取代的焦点问题和现象。情报学关注人与信息之间的获取与被获取关系，以及为了保障这种关系所产生的各种技术与管理问题。它不同于出版学，出版学关注的是人与信息之间的正式发表关系，其中隐含着公民言论权利的政治基础；也不同于传播学，传播学关注的是信息传播的权利、规律与规制问题，以及其对国家之间、社会群体之间和人与人之间的政治、文化与社会关系的影响；也不同于计算机科学，计算机科学关注的是计算机与信息之间的处理与分析关系。除此之外，凡是涉及人对信息、数据、知识或情报的获取、管理、利用的问题或现象，都属于情报学的范畴，而不管这种关系的产生是否借助了某种信息技术，也不管它产生的场景是图书馆、科技情报机构、互联网、企业或政府。如果接受了这样的界定，那么就可以理解情报学应用领域的扩张趋势，以及随着信息技术的发展而发展的动力机制。同时，也就可以接受情报学作为信息社会的基础性学科的主张。

因此，可以将情报学的核心问题总结为："如何解决人类信息获取与处理能力的局限与信息无限增长之间的矛盾问题"。为了解决这一问题，情报学从技术的、用户的和信息的视角进行了全方位的理论研究与职业实践。围绕这一核心问题，可以将情报学研究的主要问题用图3-1表示。如图3-1所示，用户、信息与系统各自的属性，以及三者之间关联与交互过程中的行为、技术和情境，构成了情报学研究所关注的现象域与核心研究问题。

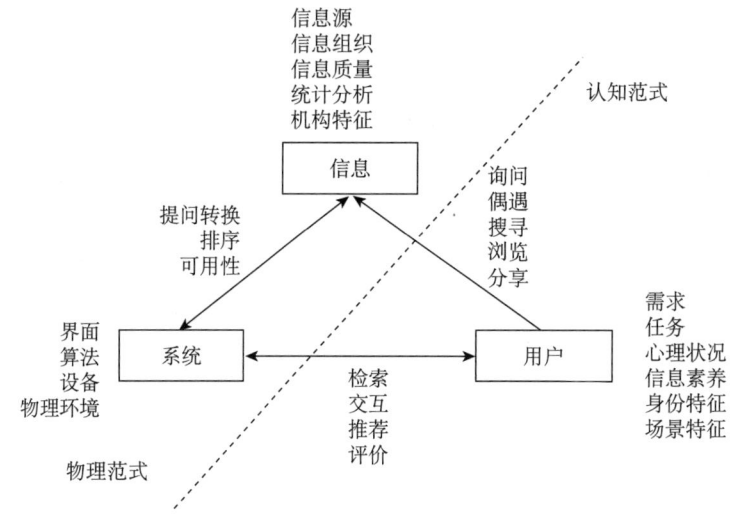

图3-1 情报学研究的现象域与核心研究问题

3.5 情报学的组成部分

纵观半个多世纪以来的发展历程，世界情报学的发展路径存在着明显的不同步现象。总体来看，美国的情报学研究主要以图书馆信息学为主，偏重信息行为研究的LIS甚至已经成为情报学的代名词。在具有文献学传统的欧洲，起源于文献计量的信息计量学发展迅速，并且被广泛应用于各种科学领域与各类政策研究，促进了不同学科信息学的发展，如生物信息学、医药信息学、政策信息学等。在中国、西班牙等国家，情报学更加偏好技术研究。在中国，科学交流学派影响深远，科技情报、产业情报、竞争情报、公安情报等具体领域的情报研究持续发展，成为情报学学科体系的重要组成部分。此外，政府信息资源管理、信息社会、社群信息学等各个分支领域不断发展，扩展了情报学的研究边界。因此，讨论不断动态发展的情报学的学科结构是困难的，下面只对一些比较成型的组成部分进行简要梳理。

3.5.1 图书情报学

图书情报学（LIS）是欧美情报学研究的核心领域，也是其理论发展最为成熟的领域。LIS关注信息技术在图书馆的应用，与数字图书馆密切相关。霍兰德（Hjørland）[1]指出，从1964年起，情报学通常被称为"图书馆和情报学"（LIS）。他认为"情报学"（信息科学）一词可以追溯到1955年，在克劳德·香农（Claude Shannon）提出的信息论的基础上演变而来，信息论也启发了对图书馆学和文献学领域问题的研究，图书馆学和文献学后来被确立为"情报学"的主要关注领域。

关于情报学与图书馆学的关系，戈夫曼（Gofman）[2]持完全不同的观点，他认为情报学必须超越图书馆和计算机，必须发展独立于这些或任何其他涉及信息概念的物理系统的原理，同时适用于所有这些系统。尽管戈夫曼提出这一观点的时间是1970年，但是这个观点与我们在中国观察到的近30年情报学的发展路径是一致的。戈夫曼提出，一门科学学科不能与任何特定的机构相结合，如图书馆，因为它的性质是如此的严格，以至于排除了形成一门学科所必须遵循的原则的可能性。正是由于这个原因，情报学与计算机的新的，甚至更为严格的联系从一开始就注定了。

戈夫曼透彻地论述了情报学和图书馆与计算机之间的关系："从某种意义上说，图书馆和计算机是等价的，也就是说，人们可以把计算机看作一种特殊的高度限制的图书馆类型，因为它的功能，即信息的获取、组织和传播，与图书馆的功能是相同的。信息科学的竞争由此而生。显然，发展一门真正的学科，可以称为信息科学，对图书馆和计

---

[1] HJØRLAND B. Theoretical development of information science: a brief history [EB/OL]. [2020-08-06]. https://goo.gl/TAVcFD, curis.ku.dk.

[2] GOFFMAN W. Information science: discipline or disappearance [C]. The 44th Aslib Annual Conference, University of Aberdeen, 1970.

算机都是非常有益的。但是，就其本质而言，这一学科不能严格地与之联系在一起，因为它将被其应用领域所施加的严格限制所扼杀。"情报学 50 年来的发展完全印证了戈夫曼关于情报学与图书馆学和计算机科学之间的关系的观点，只不过现在这种关系里又增加了互联网、云存储和政府、企业等提供信息的机构。

信息组织与信息检索是 LIS 的核心研究领域。自 20 世纪 80 年代开始，信息组织与检索的相关方法与技术不断发展成熟，LIS 的研究对象开始转向信息用户，出现了认知范式转向。目前，LIS 的主要研究领域更加侧重于信息获取过程中人的因素，包括信息行为、交互式信息检索、健康信息学等相关领域。萨拉塞维克（Saracevic）① 认为，情报学是研究有效收集、储存、检索和利用信息的科学和实践。更具体地，情报学是一个专业实践和科学探究的领域，旨在解决信息和信息对象，尤其是知识记录，在社会、组织和人类之间的有效传播。从一开始，情报学就有两个方向：一个是研究信息需求，或者更广泛地说，是人类的信息行为；另一个是研究信息检索技术和系统。随着互联网技术的发展，信息的种类和数量不断扩大，信息组织和检索面临新的挑战。社交媒体、网络社区、元数据、搜索引擎等研究领域的兴起，使情报学迎来新的发展机遇。

我们认为，情报学的研究对象超越了图书馆，涉及更为普遍的信息现象和信息问题。因此，尽管近 30 年来图书馆信息学得到了快速发展，尤其是由于情报学的认知范式和数字图书馆的用户研究紧密相关，使得 LIS 领域的理论研究形成了较为成熟的体系。但是准确地说，LIS 只是情报学和图书馆学的交叉领域，它只是情报学的一个重要的组成部分，而非全部。我们提出这一观点，一方面是从情报学既有的发展成果出发，可以看到除了 LIS 领域外，情报学的其他领域也在快速发展；另一方面，我们认为 LIS 领域的繁荣可能只是情报学在特定历史发展时期的现象。随着人类管理、处理、利用信息的技术出现革命性发展，情报学的研究主题和研究领域也会随之扩展，与信息与知识的管理、获取和利用相关的自然语言处理、社交媒体、知识图谱、文本挖掘、机器学习、大数据、区块链等也已经受到情报学研究的关注。这些新兴主题对于情报学的学科结构影响显著，对信息检索、信息行为等情报学传统核心领域也产生了重要影响。可以预测，基于智能技术的情报学将会成为情报学新的发展方向。

---

① SARACEVIC T. Information science [M] // MARCIA J B, MARY N M. Encyclopedia of library and information science. New York：Taylor & Francis, 2009：2570-2586.

3.5.2 信息计量学

信息计量在情报学研究中占有举足轻重的地位。信息计量学以波普尔的世界 3 理论为基础，采用统计学、数学等科学研究方法，针对客观知识世界中的种种现象展开研究，旨在揭示其中所蕴含的规律和联系，体现了情报学研究的客观性和科学性。怀特和麦西恩（White & McCian）[①] 根据 1972—1995 年在 12 种期刊中最常被引用的 120 位作者的共引分析，归纳出情报学的两个主要的子学科群："文献及其社会情境分析"类和"人—机—文献界面研究"类。其中，"文献及其社会情境分析"子群主要包括引文分析与引文理论、文献计量与科学交流领域。这项研究成果从实然的角度揭示了信息计量在情报学研究中所占据的重要地位。

信息计量学起源于文献计量研究。自 20 世纪 30 年代开始，文献计量学为情报学贡献了布拉德福定律、洛特卡定律、齐夫定律、加菲尔德定律等一系列奠基性理论。到 20 世纪 60 年代，文献计量学研究达到高峰，引文分析的发展更是催生了 WoS 这样重要的科学评价工具，对科学评价产生了深远影响，也使科学计量学走向成熟。到了 20 世纪 90 年代，互联网、自然语言处理、文本挖掘等计算技术的发展，使得以文献为对象的计量研究转向信息计量、知识计量和网络计量，信息计量学迎来了新的发展契机。

信息计量方法与技术在科技政策研究、各类社会科学与人文学科研究中得到广泛应用，其计算特性与科学研究范式在为情报学带来新的活力。一些持狭义情报学观点的学者将信息计量学与科学计量学归入科学学或其他学科的信息学分支。我们认为，信息计量是情报学的重要研究领域，它的方法与技术在其他学科得到广泛应用，成为情报学知识输出和价值输出的重要端口，也证明了情报学具有成为基础性学科的性质。就如同数学或计算机技术，它们的广泛应用不但没有削弱自身作为独立学科的地位，反而加强了它们作为基础学科的重要性。

移动互联网技术的深化应用大大改变了传统以文献传播为主的科学交流模式，出现了借助于互联网社区进行科学信息传播的新模式，拓展了传统文献计量学的研究视域。面向网络科学交流现象的计量和评价研究开始兴起，被称为替代计量学。替代计量学是大数据时代的信息计量学与科学计量学的新发展，是互联网时代科学评价必不可少的组

[①] WHITE H D, MCCAIN K W. Visualizing a discipline: an author co-citation analysis of information science, 1972—1995 [J]. Journal of the American society for information science, 1998, 49 (4): 327-355.

成部分，具有巨大的发展前景。随着社会网络分析和可视化技术的深入应用，替代计量学的研究不断深化，取得了令人瞩目的研究成果，目前正在吸引越来越多的学者投入研究。

3.5.3 信息学与社会信息学

信息学（informatics）与情报学（science of information）有着密切的联系，曾被认为是情报学的核心，大致可以划分为科学信息学与社会信息学两大分支。第二次世界大战之后，信息学在苏联和欧美国家分别独立发展。布鲁克斯（Brookes）认为列宁是俄国信息学的奠基人，信息学与"信息科学"不同，信息学是"研究科学信息过程的一般性质"①。但是，斯穆尼（Smutny）② 在对美国（或西方）和俄罗斯的社会信息学概念进行比较的基础上，发现二者有着不同的历史渊源、形成条件和形成原因。美国的社会信息学受20世纪70年代和80年代对计算机技术应用于实践的批评，以及在制度、文化和社会环境中对社会技术互动的经验基础与解决方案需要的影响，强调以经验为基础的方法；而俄罗斯的社会信息学其思想根源是信息来源的可及性和为（社会主义）社会提供信息的问题，其视角更多是理论上的，并不侧重于实践和应用层面。

1957年，德国计算机科学家斯坦布奇（Steinbuch）③ 发表了《信息学：自动信息处理》一文，提出了信息学的概念。20世纪60年代中期，俄罗斯情报学家米哈伊洛夫（Mikhailov）将"信息学"重新定义为一门研究"科学信息的理论"，而不仅是研究信息技术应用的独立学科，提出信息学研究科学信息的结构、性质和具体内容，以及科学信息活动的规律、理论、历史、方法论和组织。1971年，经济合作与发展组织（OECD）在一套名为《经合组织信息学研究》（*OECD Informatics Studies*）的出版物中，将信息学定义为"对信息内容、表示、技术及其使用方法和策略的研究"。1980年，布鲁克斯（Brookes）提出，在20世纪70年代末，信息学是情报学的核心。信息学将信息概念、技术和方法应用到一个应用领域，如健康、生物、工程或社会学等，从信息的角

---

① BROOKES B C. Lenin: the founder of informatics [J]. Journal of information science, 1984, 8 (5): 221-223.

② SMUTNY Z. Social informatics as a concept: widening the discourse [J]. Journal of information science, 2016, 42 (5): 681-710.

③ STEINBUCH K W. Informatik: automatische information sverarbeitung informatics: automatic information processing [M]. Berlin: SEG-Nachrichten, 1957.

度来研究这些领域的问题①。可以看出,在20世纪80年代以前,学者们对于信息学的界定持有相当不同的观点,但基本上都与科学信息相关。

与科学信息学不同,社会信息学由奥斯陆大学的Stein Bråten于1982年创立,是跨越"心理学、社会学和信息学之间的科学领域"②。乌尔萨(Ursal)③ 将社会和信息学之间的关系描述为具有相互塑造的特征,即"社会的信息化和信息学的社会化"。从更实际的角度来说,他认为社会信息学受到了社会科学中计算机化的广泛影响。受此观点的影响,拉姆和索耶(Lamb & Sawyer)④ 提出了社会信息学的5个原则:①信息和通信技术被视为一个社会技术系统,是技术产物、人和社会规范、实践和规则形成的网络。②社会信息学研究的重点是"现实世界"中信息通信技术的设计、开发和使用。③信息和通信技术的设计、开发和使用具有社会背景。④人是有个人动机、兴趣、实践和价值观的社会行动者,这些因素影响他们如何和为什么使用信息通信技术。⑤社会信息学研究者具有"批判性取向"以避免简单的技术决定论,并对信息和通信技术的设计、开发、部署和持续使用的复杂性进行更深入的了解。

在社会信息学的范畴之内,社群信息学是一个发展较为完善的跨学科领域。社群信息学研究信息和通信技术(ICT)在社区发展和可持续发展中的作用,致力于利用信息和通信技术增强社群成员的能力并支持其社会、文化和经济发展。社群信息学可能有助于加强民主,支持社会资本的发展,建立联系良好的社区,让人们体验到新的、积极的社会变革。社群信息学不同于关于信息和通信技术影响的纯学术研究,它考虑社会背景、共享价值,以及社会和技术系统,将经济和社会发展与信息通信技术所提供的机会联系起来,可以帮助图书情报专业人员为快速变化的社区服务。

3.5.4 情报研究与情报工程

情报研究(intelligence study)是情报工作的核心,在我国也是情报学学科体系中的

---

① FICHMAN P, ROSENBAUM H. Social informatics: past, present and future [M]. Cambridge: Cambridge Scholars Publishing, 2014.

② ROGGEN I. Specialization course in web sociology and social informatics [D]. Oslo: Universitetet i Oslo, 1998.

③ URSUL A D. On the shaping of social informatics [J]. International forum on information and documentation, 1989, 14 (4): 10-18.

④ LAMB R, SAWYER S. On extending social informatics from a rich legacy of networks and conceptual resources [J]. Information technology & people, 2005, 18 (1): 9.

重要组成部分。情报研究利用情报学的基本原理和方法,针对决策过程中的重要问题展开环境扫描、信息搜集、情报分析,为决策部门提供及时、准确、有效的情报支持服务。美国中情局前分析员罗伯特·克拉克在其《情报分析:以目标为中心的方法》[①]一书中提出,情报工作的目标是减少冲突中的不确定性。情报工作是理解可用信息含义的一种复杂过程,情报工作的典型目标是确立事实,然后做出准确、可靠和有效的推理(包含假设、评估、结论或预测),以便在进行战略决策或制订作战计划时使用。由于情报针对的是冲突问题,因此它保障的是各种行动,如军事计划与战斗、外交谈判、贸易谈判和商务政策,以及执法行动等。克拉克将情报分析流程分解为确定目标—问题分解—建立模型—评估数据—填充模型—进行预测,并介绍了大量具体的情报分析与预测方法。

情报研究突破图书馆机构的限制,存在于各行各业的决策与管理过程之中,在国家宏观政策的制定及企业和个人的管理决策领域都有应用。例如,科技情报机构、公安情报机构和国家安全情报机构等在国家经济社会发展中发挥了重要作用,而竞争情报研究则一直是企业经营管理的重要支撑。近年来,随着智库的发展和传统情报机构向智库的转型,情报研究的问题视域更加广阔,信息来源更加开放,情报分析技术更加智能化,与此同时,情报研究主体的独立性、情报分析系统的工程化和情报研究成果的应用性都在不断增强。

目前,情报研究已经形成了基本稳定的研究领域和研究团队,如竞争情报、公安情报、科技情报、军事情报、国家安全情报等。其中,竞争情报研究较为成熟,着力于收集和分析企业、市场和产业的关键趋势信息,是市场研究中最为有效的策略。除了竞争情报外,一些涉密的情报研究发表成果较少,但是在工作中也形成了独特的研究方法和知识体系。

3.6 情报学的学科属性

(1) 情报学是技术驱动的学科

情报学自形成之日起就呈现明显的技术驱动特征。自20世纪50年代至今,信息技术经历了计算机、互联网和大数据3次革命性的发展,每一次都为情报学的发展注入了

---

① 罗伯特·克拉克. 情报分析: 以目标为中心的方法 [M]. 马忠元, 译. 北京: 金城出版社, 2013.

新的活力。

首先，计算机技术的出现，使得传统的以人工处理方式为主的文献组织、检索与服务转向计算机自动化处理。自1945年维纳·布什发表《诚如所思》一文之后，文献信息学、文献计量学和图书馆自动化技术得到了快速发展。一些在20世纪30—40年代提出的文献计量学定律，如布拉德福定律、洛特卡定律、齐夫定律等在60年代得到了空前的发展和应用。计算机技术的发展与应用也使得图书馆信息组织与检索系统的研究速度空前加快，书目文献数据库、计算机检索算法和远程联机检索系统的研发都得到了快速发展。这一时期也被称为"物理范式"或"系统范式"主导的情报学发展时期。与此同时，情报学教育也得到了蓬勃发展。我国情报学教育始于1958年，当时中国科技信息研究院成立了科技信息学院。1984年和1986年，武汉大学和北京大学相继开设了情报学专业。截至目前，我国已经有61所大学或研究院所开设了情报学或信息系统专业，出版了50余种专业期刊。

其次，20世纪90年代初出现的互联网革命，空前改变了信息生产、管理和传播的方式，有力地推动了情报学的发展，将信息组织、处理和服务的研究从原来的图书馆与文献机构扩展到更为广泛的政府、企业及社会的各个行业，将文献信息的管理方式和研究成果服务于更加广泛的社会需求，因而在世界范围内出现了情报学专业向"信息管理"转型的运动。这一场运动大大拓展了情报学关注的现象范围、问题域和理论视角，为一度低迷的图书情报学的学科发展和理论创新带来新的生机。同时，社会信息服务机构的类型、数量和信息获取渠道的增加，使得信息服务机构间的竞争不断激化。为了适应信息服务市场细分及信息用户体验提升的需求，情报学研究的关注点更多地转向用户服务与信息行为。在这一时期，"认知范式"的兴起使得情报学研究分裂为技术与行为两大阵营。但即使是在信息行为领域，信息检索系统和互联网情境也是其关注的重要问题，用户画像、精准推荐都离不开算法与技术的支持。

最后，随着在线社交媒体的发展和用户生成内容的增加，21世纪10年代之后出现的大数据革命再次将情报学的研究焦点拉回到资源和技术本身。这一次，情报学面临的是互联网背景下海量异构数据的组织、融合、挖掘和利用，无论在理论还是在技术上，都为数据、信息与知识的研究带来了新的发展空间。与大数据技术相伴而生的人工智能技术，为传统文献检索方式带来全新变革，以知识为单元的信息组织、检索和服务变得可行。可以说，信息技术的革命性发展，不但使人类获取信息的场景突破了机构和物理空间的制约，同时突破了载体和信息组织单元的制约，进入了一个更加自由地生产、传播和获取的时代。与此同时,新技术的应用也极大地改变了信息获取的途径和方法,自动信息推荐、智能问答等基于大数据的研究迎来了新的契机。

(2) 情报学是一门交叉学科

在20世纪90年代,萨拉塞维克将情报学界定为一门交叉学科。巴克兰(Buckland)① 主张情报学是与文化交流相关的社会科学和工程,但是他也不反对情报学在交叉领域的探索。他援引了罗曼茨胡克(Romantschuk)在研究学科内部和学科之间思想流动的基础上,于1994年和他私下交流的观点:最具生产力的位置是牢牢扎根于自己的领域,然后再探索其他领域前沿。情报学作为交叉学科的性质主要体现在以下几个方面。

①具有多个学科起源,如文献学、计算机科学、传播与通信学科等。这些学科在研究问题、基本概念、理论原理等方面为情报学奠定了基础,也决定了它的交叉学科性质。例如,书目索引、知识组织、信息检索、元数据、信息行为、自动推荐等都是从交叉学科领域发展而来的情报学研究主题。

②借用了多个学科的理论与方法。例如,计算机与信息检索技术密不可分;心理学为信息行为研究提供了基本的理论视角和研究方法;语言学为文本处理与知识发现提供了基础知识;数学、统计学为文献计量、信息计量提供了基本知识和分析方法;社会学为数字不平等、社群信息学研究奠定了基础。此外,哲学、经济学则为信息哲学、信息经济学的研究提供了基本的研究范式。

③随着理论基础、研究问题、专门研究方法的确立,情报学的研究范式逐渐成熟,正在从一门交叉学科成长为一个独立、稳定的学科体系。在这个体系中,一些交叉领域逐渐成熟,成长为情报学的分支学科。

(3) 情报学是一门横断学科

由于信息现象在人类社会与自然界中无处不在,与信息相关的规律、知识也体现出极大的普遍性,这使得情报学具备了一种横断学科的特质。布鲁克斯(Brookes)② 从波普尔的三个世界理论出发,提出"正如物理学是第一世界所有物理科学的基础科学一样,情报学可以为第二世界和第三世界的所有社会科学发挥作用"。情报学作为横断学科的性质主要体现在以下方面。

---

① BUCKLAND M. What kind of science can information science be? [J]. Journal of information science and technology, 2012, 63 (1): 1-7.

② BROOKES B C. The foundations of information science. Part Ⅳ. Information science: the changing paradigm [J]. Journal of information science, 1981, 3 (1): 3-12.

①信息问题是许多社会科学和自然科学关心的问题。例如，在经济学领域，从20世纪20年代开始，信息问题受到主流经济学的关注，到60年代正式确立了信息经济学的地位。此后，肯尼斯·阿罗、乔治·阿克洛夫等多位经济学家因为信息经济学的相关研究获得了诺贝尔经济学奖。此外，还有多个学科设立了专门研究信息问题的分支学科，如医学信息学、生物信息学等；而公共管理、企业管理等学科则关注信息资源管理、竞争情报、国家安全情报等问题。这些学科大量采用情报学的术语、方法、原理和分析技术，与其相关的信息研究既可以看作原学科的前沿领域，也可以看作情报学的衍生学科。

②情报学的核心领域为其他学科提供了工具性知识。信息组织、信息计量、信息资源管理、元数据、情报分析等领域不但丰富了情报学的学科体系，而且成为其他学科及其实践活动所需要的工具性知识，从而体现了情报学横断学科的属性。

(4) 情报学是一门应用学科

情报学作为应用学科的属性，被多位学情报学家所认可①。情报学的应用性主要体现在以下几个方面。

①作为 intelligence 的情报具有"耳目、尖兵、参谋"的作用，在国家安全、军事、外交、公安、企业管理等各个领域具有广泛应用，而以此为研究目标的情报学则具有应用学科的性质。

②情报学具有工程属性。例如，本体构建与信息组织方法应用于多个信息管理实践领域；情报分析产品广泛用于决策支持；信息行为研究成果可用于提升信息服务的规划与设计；而信息检索系统更是为人类社会的发展做出了巨大贡献。

当然，情报学的应用性并没有否定它的理论性，而是对情报学的理论构建与研究提出了更高的要求。只有上升到理论层面，一门应用学科才具备坚实的发展基础。

3.7 本章小结

本章从历史主义的视角出发，梳理了情报学研究范式的转变过程，分析了国内外情报学的学科起源、学科边界、焦点研究问题、核心组成部分和重要学科属性，比较了在情报学不同发展阶段相关观点的侧重点，并对情报学的学科属性进行了判断。

---

① 苏新宁. 不忘初心、牢记使命，展望情报学与情报工作的未来 [J]. 科技情报研究，2019，1 (1)：1-8.

第4章
情报学的哲学基础

哲学是系统化、理论化的世界观、认识论和方法论。对于任何一门科学而言,哲学都是其理论体系的基础性组成部分。情报学研究自一开始就受到多种哲学思想的影响,产生了丰富的研究成果。总体来看,无论是国外还是国内的情报学研究,一直将哲学问题视为重要的研究内容,学者们普遍认为对情报学哲学基础的研究有益于情报学学科的发展与成熟,然而目前关于情报学的哲学研究尚未形成统一的体系,呈现百家争鸣的态势。本章主要从本体论、认识论、方法论和元理论等层面梳理和呈现与情报学哲学问题相关的研究成果,并在此基础上提出自己的观点。

4.1 本体论、认识论与方法论之间的关系

任何一项研究,都或明确或隐含地选择了某种哲学立场或研究范式,包含着研究者的本体论立场、认识论倾向和方法论选择,情报学研究也不例外。

4.1.1 什么是本体论

本体论(ontology)是一个哲学术语,早在17世纪就已诞生,派生于希腊语的"onto"(存在)和"logia"(箴言录)。从实质上讲,本体论是与经验世界(或可感世界)相分离或先于经验而独立存在的原理系统,是一门关于"是"的学问。黑格尔①曾转述过近代德国哲学家沃尔夫关于本体论的定义:"本体论是论述各种有关'存在'的、抽象的、完全普遍的哲学范畴,认为存在是唯一的、完善的;其中出现了唯一者、偶性、实体、

---

① 黑格尔. 哲学史讲演录(第四卷)[M]. 贺麟,王太庆,译. 北京:商务印书馆,1978:189.

因果诸范畴；这是抽象的形而上学。"在黑格尔看来，本体论是纯粹理性的领域、理念世界、绝对精神，是"第一哲学"。这些纯粹的原理并不是人主观设想出来的，而是概念自身逻辑运动的结果①。概念的逻辑运动保证了这套原理系统作为真理的客观性和普遍必然性。因此，在本体论中所使用的概念必须是从逻辑上对它与其他逻辑概念的关系加以规定的概念，而逻辑的方法就是本体论的方法论。逻辑概念的意义就是它的逻辑规定性，而"是"则是经过本体论哲学家改造以后而成为的一个具有最高、最普遍的逻辑规定性的概念。

由于形而上学（metaphysics）研究事物的第一原理，处理存在、认识、物质、原因、同一性、时间和空间等抽象概念，它也被认为是没有现实基础的抽象理论。因此，一般认为本体论是形而上学的一个分支。然而，这两个概念并不完全相同。海德格尔曾指出，尽管本体论是形而上学的一个分支，但它不是超然的，也不描述一个至高无上的存在类属②。俞吾金分析了20世纪本体论研究的复兴趋势，并梳理了多元化的本体论思想流派③：①以胡塞尔、海德格尔和萨特为代表的现象学本体论，重视现象学"面向事物本身"和"显现"的观点，海德格尔强调："无论什么东西成为本体论的课题，现象学总是通达这种东西的方式，总是以指示方式来规定这种东西的方式。本体论只有作为现象学才是可能的。"④也正是在这个意义上，海德格尔把哲学理解为"普遍的现象学本体论"。②以哈特曼为代表的自然本体论，超越现象学的主观主义视野，力图使哲学和存在问题返回到日常生活赖以为基础的自然存在上去，在自然界中划分出各种不同的存在级次，并深入地探索了这些级次之间的差异及相互关系。③以维特根斯坦、卡尔纳普和奎恩为代表的分析哲学家对本体论问题的新思索，卡尔纳普认为应当区分两种不同类型的存在问题：一是对象在语言构架内部的存在问题，可简称为内部问题；二是对象的系统作为一个整体的存在问题，可简称为外部问题⑤。而奎恩则把本体论仅仅理解为语言使用中的一种约定论，反映了20世纪哲学演化中的语言学转折。④以卢卡奇、古尔德为代表的社会存在本体论，认为社会存在本体论以自然存在本体论为基础，马克思哲学

---

① 黑格尔. 逻辑学（上卷）[M]. 杨一之，译. 北京：商务印书馆，1974.
② LALLY R. The ontology of technology: a heideggerian perspective [EB/OL]. (2016-06-30) [2020-07-03]. https://aran.library.nuigalway.ie/handle/10379/5976.
③ 俞吾金. 本体论研究的复兴和趋势 [J]. 浙江学刊，2002（1）：46-52.
④ 海德格尔. 存在与时间 [M]. 陈嘉英，等译. 上海：三联书店，1987：45.
⑤ 洪谦. 逻辑经验主义 [M]. 北京：商务印书馆，1982：92.

就是一种社会存在本体论，其根本特征是实践性和批判性。⑤中国哲学家金岳霖、熊十力对本体论问题的新思索，金岳霖认为中国的"道"或"元学"就是追问存在的"本体论"①，而熊十力则认为"本体"不可用理智（概念、判断和推理）去求，只能证会或体认（当下直悟）②，体现了柏格森直觉主义的影响。

布莱基（Blaikie）③从学术研究的视角，提出本体论是指特定的社会调查方法对社会现实的本质提出的主张或假设。而克罗蒂（Crotty）④则认为，"这已经不再是哲学意义上的本体论"。布莱基（Blaikie）认为，本体论假设关注的是我们相信是什么构成了社会现实，它是"对社会真实性本质的断言和假设，涉及存在的东西看起来像什么，由什么单元组成，以及这些单元如何相互作用的问题"。格里克斯（Grix）⑤认为，本体论立场常常是模糊的，但是不同的本体论立场可以帮助我们理解"不同的学术传统是如何在根本不同的文化背景下，对世界有不同的看法，并用不同的假设来支持他们对社会问题采取特定研究方法"。而一个人的本体论假设，是不可能经验性地加以证实的⑥。格里克斯（Grix）将本体论立场分为基础主义的和反基础主义的两种。基础主义的本体论立场是实证和现实主义研究传统的起点，主张真正的知识必须建立在一系列坚定的、毫无疑问的基础上；而反基础主义的本体论并不认为世界是独立于我们对它的认识而存在的，而是认为现实是由人类行为体在社会上和不经意间建构的，没有一个中心价值观可以理性地、普遍地作为基础。这两种立场也可以看作现实主义本体论与唯心主义本体论之间的分别。前者与实证主义相联系，而后者则与建构主义相联系。

在抽象的哲学意义上，本体论是一套由逻辑概念构成的抽象的原理系统。但是，随着科学的发展，"ontology"发展出了一种更具有应用性的定义："形式化的，对于共享概念体系的明确而又详细的说明"，被称为本体。本体概念与哲学上的本体论一脉相承，但是它不再强调与经验知识的分离，而更强调它对具体科学领域知识的简约化表达，因

---

① 金岳霖. 论道［M］. 北京：商务印书馆，1985.
② 熊十力. 知识论［M］. 北京：中华书局，1985.
③ BLAIKIE N. Designing social research：an introduction to qualitative research［M］. Oxford：Blackwell，2000.
④ CROTTY M. The foundations of social research：meaning and perspectives in the research process［M］. 3rd ed. London：Sage Publications，2003.
⑤ GRIX J. The foundations of research［M］. London：Palgrave Macmillan，2004.
⑥ HUGHES J，SHARROCK W. The Philosophy of social research［M］. 2nd ed. Cambridge：Cambridge University Press，1997.

而更具有实用性。来自不同领域的学者对哲学上的本体论与具体科学领域的本体进行了区分。霍兰德（Hjørland）认为本体论与形而上学是关于存在的，如基本种类、范畴、属性等[1]。奎因（Quine）[2]认为，所有经验科学在概念方面并没有深刻的区别，本体是所有科学的一个组成部分。援引此观点，瑞尼尔（Renear）从信息系统研究视角提出，如果对信息科学（information science）进行更宽泛的界定，那么本体可以成为信息科学的一部分[3]。在信息系统领域，丰塞卡（Fonseca）认为多数与本体相关的工作都根植于哲学的本体论，研究者利用来自本体论哲学领域的理论、工具和方法，去发现信息系统基础的结构[4]。史密斯（Smith）[5]指出，哲学意义上的本体论是关于存在的科学，因此，软件工程师使用"ontologies"这一复数形式是不恰当的，为此，他区分了"R-ontology"和"E-ontology"。其中，"R-ontology"是关于世界如何组织的理论，与哲学家的框架相关联；而"E-ontology"适应软件工程师和信息科学家的目的，是关于特定个体、群体、语言或科学对特定领域概念化的理论。

4.1.2 什么是认识论

认识论是哲学的核心分支之一。认识论（epistemology）关注的是知识的本质、可能性、范围和通用基础[6]。梅纳德（Maynard）[7]指出，认识论提供了一个哲学基础来决定什么样的知识是可能的，以及如何确保它们是充分和合法的。一些哲学家是专门的认识论者，他们研究知识的组成部分、来源和限度及知识的正当性[8]。认识论分析知识的本

---

[1] HJØRLAND B. Theory and metatheory of information science: a new interpretation [J]. Journal of documentation, 1998, 54 (5): 606-621.

[2] QUINE W V O. On what there is [J]. Review of metaphysics, 1948, 2 (5): 21-38.

[3] FALLIS D, FURNER J, MATHIESEN K, et al. Philosophy and information science: the basics [J]. Proceedings of the American society for information science and technology, 2006, 43 (1): 1-4.

[4] FONSECA F. The double role of ontologies in information science research [J]. Journal of the American society for information science and technology, 2007, 58 (6): 786-793.

[5] SMITH B. An introduction to ontology [M] //PEUQUET D, SMITH B, BROGAARD B. The ontology of fields. Santa Barbara, CA: National Center for Geographic Information and Analysis, 1998: 10-14.

[6] HAMLYN D W. Epistemology, history of the oxford companion to philosophy [M]. Oxford: Oxford University Press, 1995: 242-245.

[7] MAYNARD D W. Good news, bad news: conversational order in everyday talk and clinical settings [M]. Chicago: Chicago University Press, 2003.

[8] MOSER P. Introduction [M] //The oxford handbook of epistemology. Oxford: Oxford University Press, 2002: 3-24.

质，以及它与类似概念如真理、信仰和正当性的关系。它还涉及知识的生产方式，以及对不同知识主张的怀疑。认识论提出这样的问题："知识是什么""如何获得知识""知识的必要条件和充分条件是什么""知识的结构是什么，它的极限是什么""如何理解正当性的概念""什么使正当的信仰成为正当"等。认识论解决的主要问题包括：认识的前提问题，即在哪种前提预设下开展认识活动；认识主体与客体之间的关系问题，即作为主体的人在其生存境遇或实践过程中与作为客体的社会性对象之间的互动问题；认识逻辑问题，即认识社会性对象的逻辑顺序应当如何展现的问题①。

简言之，认识论是关于假设存在的东西是如何被知道的（Blaikie）。近代理性主义哲学兴起后，认识论成长为独立的哲学体系，包括经验主义、理性主义、实证主义、逻辑实证主义（逻辑经验主义）、解释主义、建构主义与解构主义、现象主义、实用主义、历史主义、代表主义、基础主义、整体论、谬误论、怀疑论、普通语言主义等。这些流派大致可以划分为3类：客观主义、建构主义、主观主义及其变种。持实证主义认识论的科学哲学家研究科学知识的本质，即各种经验学科提出的主张及研究者信念形成和维持的方式②。梅森（Mason）③ 指出，你的认识论帮助你产生关于社会世界的本体论组成部分的知识和解释，研究者不仅要认识到存在不止一种认识论，而且也要认识到，它们并不都是互补的，也不可能与各自的本体论立场相一致。泰尼斯（Tennis）④ 提出，在大多数据情况下，研究人员需要混合使用认知立场，这是因为研究方法或可接受的结果可能与证据来源或现实知识的含义相冲突。

在情报学领域，霍兰德（Hjørland）⑤ 称自己常常试图将情报学界定为一种应用认识论，他认为情报学的问题、方法与认识论具有密切联系，认识论在情报学的多个问题领域具有深刻影响。霍兰德（Hjørland）⑥ 比较了实证主义与解释主义两种元理论假设在本体论、认识论与方法论上的不同。其中，实证主义在本体论上表现为"研究者与现实相

---

① 王道勇. 社会学研究中的认识论传统［J］. 社会科学，2015（4）：86-95.
② KITCHER P. Scientific knowledge［M］// MOSER P. The oxford handbook of epistemology. Oxford：Oxford University Press，2002：385-407.
③ MASON J. Qualitative researching［M］. 3rd ed. London：Sage Publications Ltd.，2018.
④ TENNIS J T. Epistemology, theory, and methodology in knowledge organization：toward a classification, metatheory, and research framework［J］. Knowledge organization，2008，35（2/3）：102-112.
⑤ HJØRLAND B. Theory and metatheory of information science：a new interpretation［J］. Journal of documentation，1998，54（5）：606-621.
⑥ HJØRLAND B. Empiricism, rationalism and positivism in library and information science［J］. Journal of documentation，2005（61）：130-155.

分离",在认识论上是"客观现实存在于人的心灵之外",在研究对象上是"研究对象具有固有的性质";而解释主义在本体论上表现为"研究者与现实不可分离(生活世界)",在认识论上则是"对世界的知识是通过一个人的生活经验有意向地构建的",在研究对象上为"从人(研究者)的生活经验的意义结构来解释研究对象"。王知津等[①]认为,情报认识论是情报学家和情报工作者在与情报世界打交道的过程中产生的,以观念的形式存在于情报学家和情报工作者的大脑之中,具有解释和实践的功能。

4.1.3 什么是方法论

方法论是在研究过程中"特定方法的选择和使用背后的战略、行动计划、过程或设计,并将方法的选择和使用与预期结果联系起来"[②]。迄今为止,几乎各个社会科学都出现了关于方法论与研究方法的著作。它们的大部分内容在社会科学领域具有通用性。卡普兰(Kaplan)将方法论定义为"研究方法的描述、解释和正当性,而不是方法本身"[③]。哈丁(Harding)将方法论定义为"研究应该如何进行的理论和分析"[④],施万特(Schwandt)认为方法论是"对特定调查方法中的假设、原则和程序的分析"[⑤]。方法论为研究人员提供了制定、阐明、分析和评估其方法的总体策略。每一种方法论在内部都是异质、动态和不断发展的[⑥]。

4.1.4 研究中本体论、认识论与方法论的关系

一些涉及研究基础的著作讨论了在研究过程中本体论、认识论和方法论之间的关系。克罗蒂(Crotty)[⑦]指出,在研究中本体论问题和认识论问题往往同时出现,它们一

---

① 王知津,周鹏,韩正彪. 当代情报学哲学的主要观点及其理论体系构建[J]. 情报学报,2014,33(2):116-129.
② CROTTY M. The foundations of social research: meaning and perspectives in the research process [M]. 3rd ed. London: Sage Publications, 2003.
③ KAPLAN A. The conduct of inquiry: methodology for behavioral science [M]. San Francisco: Chandler, 1964.
④ HARDING S. Introduction: is there a feminist method [M] // HARDING S. Feminism and methodology: Social science issues. Bloomington: Indiana University Press, 1987: 1-4.
⑤ SCHWANDT T A. Dictionary of qualitative inquiry [M]. 2nd ed. Thousand Oaks, CA: Sage, 2001.
⑥ ATKINSON P. Some perils of paradigms [J]. Qualitative health research, 1995 (5): 117-124.
⑦ CROTTY M. The foundations of social research: meaning and perspectives in the research process [M]. 3rd ed. London: Sage Publications, 2003.

起提供了研究的理论视角。克罗蒂提出，在发展一项研究计划时，方法论支配着研究者对方法的选择和使用，方法论背后存在着特定的理论视角，而理论视角受到认识论的影响，既体现了本体论，也体现了认识论。他举例说，建构主义是一种认识论，而符号互动主义是一种理论视角，在此视角下民族志是一种方法论，而参与式观察则是一种研究方法。而格里克斯（Grix）① 则认为，本体论是一切研究的出发点，认识论和方法论立场在逻辑上是遵循本体论的，本体论和认识论可以被视为研究建立的基础，它们共同决定了方法论和研究方法的选择。同时，他认为"本体论"在逻辑上先于"认识论"，这两个概念必须分开，然后是方法论、方法和数据来源。

在研究过程中，方法论与认识论的关系密不可分。一方面，认识论调整方法论；另一方面，它也证明知识的合理性。由于知识是从数据和分析中产生的，而方法论对方法进行指导和评估，是产生数据和分析方法的依据，因此，方法论含有认识的内容②。泰尼斯（Tennis）③ 指出，方法论是用来创造知识的机器，但机器的操作并不能保证调查结果的可接受性。新创造知识的性质，其有效性、准确性、可信赖性、可靠性或实用性植根于认识论并在认识论中得到体现。

我们认为，对于研究过程而言，本体论决定着认识论和方法论，同时认识论也影响着方法论，而方法论决定着研究方法的选择，一项具体的研究方法又包括数据收集方法和数据分析方法。它们的关系可以用图 4-1 表示。

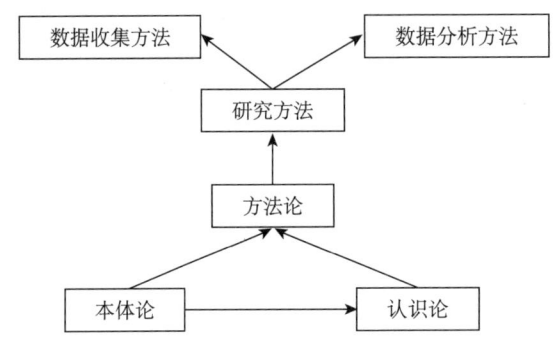

图 4-1　研究过程中本体论、认识论与方法论之间的关系

---

①　GRIX J. The foundations of research [M]. London：Palgrave Macmillan, 2004.

②　CARTER S M, LITTLE M. Justifying knowledge, justifying method, taking action：epistemologies, methodologies and methods in qualitative research [J]. Qualitative health research, 2007, 17（10）：1316-1328.

③　TENNIS J T. Epistemology, theory, and methodology in knowledge organization：toward a classification, metatheory, and research framework [J]. Knowledge organization, 2008, 35（2/3）：102-112.

4.2 情报学的本体论基础

唯物主义一元论认为物质是唯一的或基本的现实，所有存在、过程和现象都可以解释为物质的表现或结果，但是它无法解释思想意识的存在和文化的出现。而笛卡尔的二元论及其变体则无法解释像心灵这样的非物质事实及其自然选择。为了回答这些疑问，在1967年召开的第三次国际逻辑学、方法论和科学哲学大会上，波普尔在《没有认识主体的认识论》[①]一文中，首次提出并系统阐述了三个世界的概念，将全部存在划分为三个世界：世界1是物质客体、事件和过程的世界，包括物质、能量及一切生物和人脑；世界2是精神事件、过程和倾向的世界，即信仰与其他心理现象的世界，包括全部感性知觉、认识经验、创造性的想象及自我；世界3是客观知识世界，即人类思维产物的世界，包括理论体系、问题和问题情景、批判性论证、讨论的状态和批判性论证的状态，以及刊物、书籍和图书馆的内容等[②]。波普尔[③]还通过两个"思想试验"来论证客观知识的相对独立性：在实验（一）中，假设"我们所有的机器和工具都毁坏了，我们所有的主观学问，包括关于机器和工具的主观知识以及如何使用它们的知识也毁坏了，但是图书馆以及我们从图书馆中学到的能力却保存下来。显然，经过许多苦难，世界还会重新前进"；实验（二）在实验（一）的基础上继续假设，但"所有的图书馆也毁坏了，因此我们从书本中学习的能力也没有用了"，"我们的文明在几千年内不会重新出现"。

尽管波普尔的三个世界理论讨论了人类的知识来源也即认识论问题，但同时提出了独立于经验的物质世界和客观知识世界的存在，因而具有鲜明的本体论色彩。世界3理论认为，作为客观知识世界的世界3是人类精神活动的产物和积累，它产生于人类的意识活动，但是一旦产生便将自己与主观知识的世界2区别开来。它不像世界2那样依赖于人脑的认识活动，而是具有了一种独立于任何人的经验、信念及其同意、断言或行动的倾向，从而具备了客观性。世界3以语言文字、符号或艺术品为载体，从而具有了一

---

① POPPER K R. Epistemology without a knowing subject [J]. Studies in logic and the foundations of mathematics, 1968 (52): 333-373.

② POPPER K R. Objective knowledge: an evolutionary approach [M]. Oxford: Oxford University Press, 1972.

③ 波普尔. 科学知识进化论：波普尔科学哲学选集 [M]. 纪树立，译. 北京：三联书店，1987：311.

种可被感知和观察的实在性。即使是抽象的理论、批判或论证也以文字、符号、纸张或光电物质（如网络信息）为物质载体，成为一种实在的存在。与此同时，这些客观存在的知识世界，一旦产生就具有了不受人的经验和意识活动影响的内在规律性，如传播扩散的规律、增长和老化的规律或者种种分布规律。这些规律与物质世界的规律一样，可以通过人类的科学研究与实践活动被认识和发现。正如布鲁克斯（Brookes）① 所言，一旦人类的知识被记录下来，它就达到了某种程度的永久性、客观性和可接近性，而这一点是对个人主观知识的否定。

世界3是世界2的产物，也是世界1的反映和镜像。例如，一个从未去过非洲的人，通过查看非洲的书籍、地图或图像也可以了解非洲的风物人情，就是因为这些文字材料和图像反映了非洲客观存在的事物。但是，世界3并非和世界1直接地、自然地发生关系，它需要以世界2为中介，通过对早先的人的主观意识活动的记录保存而得到实现。如果记录非洲风物的作者在视角、偏好上有所局限的话，那么他也可能将这种局限传递给后来阅读这本书的人。因此，一方面，世界3和世界1一样具有客观实在性和内在的规律性；另一方面，它又与世界2一样受到人类主观意识活动的影响，只不过产生这种影响的主体与当下的认识主体并不相同。这也是世界3与世界2最大的不同，世界2体现了人即时的、直接的意识活动，而世界3则是以前意识活动的结果。如果从更为宏观的角度来看，即使一本关于非洲的书可能受到了作者视角的局限，但是随着记录非洲的书籍和图片的增加，读者通过阅读多本书籍也会修正和完善他对非洲的印象，使之更加接近真实的非洲。从这个意义上讲，得益于其不断的增长累积和适当的知识淘汰机制，世界3会越来越接近真实世界。但是由于人类认知能力的局限和客观物质世界的复杂性，这一过程将会非常漫长。

如果从建构主义的视角来看波普尔的世界3理论，不但我们所认识的客观物质世界是通过语言符号和文化建构起来的，而且客观知识世界也是如此。就如同说，读一本关于非洲著作的人，他对于非洲的理解也并不完全是作者知识的客观输入，而是受到自身已有经验、文化和认知情境的影响，因此读者对非洲的理解实际上是作者的体验和心智与读者自身的经验和心智共同构建的。再如，一个读书的人对于一个抽象理论或概念的认知，也受到自身认知经验和情境的影响。从这个意义上来讲，本体论与认识论基础有

---

① BROOKES B C. The foundations of information science. Part 1. philosophical aspects [J]. Journal of information science, 1980, 2 (3-4): 125-133.

着密不可分的联系。世界3作为一种独立于个体意识的外在的客观存在，人类对于它的认识也同对客观物质世界一样，是一个渐进的过程。这个渐进的过程在建构主义者看来是一种主客体间相互依赖的建构，但是对于实证主义者来说，它只是一个不断深入、不断接近"客观真理"的认识过程。

波普尔的世界3理论在图书情报学界引起了广泛关注。1980年，英国情报学家布鲁克斯（Brookes）热情地向图书馆和情报学学者们推荐了波普尔的三个世界理论。他认为，该理论"第一次，为图书情报学专业的活动提供了一个理论基础，而不是纯粹的实用术语……因此，图书馆和情报科学家的实际工作可以说是收集和整理世界3的记录，而其理论上的任务则是研究世界2和世界3之间的相互作用，如果可以的话，对它们进行描述和解释，从而帮助组织知识而不是文档，以便更有效地使用"。他评价说："波普尔谈到了'没有认识主体的认识论'，即客观知识的观点为我们提供了建立一门新科学的理由。这种方法使我们能够摆脱2000年来知识论方法的主观性，摆脱主观心理学以及传统哲学。"在此基础上，布鲁克斯进一步讨论了主观知识与客观知识的概念及他的知识结构方程式。

布鲁克斯的文章引起了图书情报学界的极大反响。一些学者认同布鲁克斯的观点，也有一些学者对其进行批判。批评者的观点主要集中在客观知识是否存在，以及情报学的研究对象是否也应当包括主观知识[1]。我们认为，将波普尔的三个世界理论作为情报工作和情报学研究的哲学基础是合理的。随着文本挖掘与分析技术的发展，对于客观知识世界的组织已经不仅仅限于布鲁克斯当时所观察到的文献单元，而是真实地实现了知识的组织。与此同时，情报学的研究也不仅仅限于世界3，它同时关注世界2与世界3的关系，即当人们接收到客观知识之后是如何将其内化为主观知识的过程。在这一点上，布鲁克斯的知识方程式，德尔文的意义建构理论等认知情报学的发展成果，都体现了情报学对这一问题的认识的深化。

尽管波普尔最早提出世界3理论的论文题目为"没有认识主体的认识论"，但是由于他提出的主要命题是，在我们的主观认识世界之外还存在着客观物质世界与客观知识世界，这种对世界存在的细分使得它首先是一种本体论的观点。这种观点为情报学研究奠定了哲学基础。一方面，本体论是一套与经验世界相分离的、由逻辑规定的概念组成的、纯粹理性的原理系统，它反映了现象之下存在的本质；另一方面，情报学所关注的

---

[1] 靳娟娟. 情报学哲学基础研究述评[J]. 图书与情报, 1995（2）: 7-10.

客观知识世界也是客观物质世界的反映或镜像,它记录和反映了自然世界与社会世界的方方面面。从这些现象和记录中抽象出一套完整的概念、实体、范畴及其关系,就形成了能够反映不同研究领域客观知识结构的领域本体。与此同时,对于客观知识世界整体的属性进行抽象,也可以形成更高层次的逻辑概念。更进一步地,情报学的研究对象并不仅仅限于客观知识世界,它同时研究主观知识世界与客观知识世界的相互作用,以及主观知识世界与客观物质世界之间的关系。这些关系不但为抽象的原理系统提供了进行逻辑规定的支持,而且可以以此类推地抽象出新的概念及其属性。

这意味着,本体论和客观知识世界都反映了世界的存在,本体论反映了现实存在的本质,而客观知识世界则既记录对现实存在的抽象结果,也记录与现实存在相关的丰富的现象。而对客观知识世界进行组织整理和提供利用正是情报工作和情报学研究的内容,这个组织整理工作和本体论所要求的对概念及其逻辑关系的规定十分相似。因此,可以把本体看作对客观知识世界的抽象和简约表达。作为情报工作产出的抽象知识体系,正是本体论所关注的关于存在的"原理系统"提出的基础。在哲学层面上,情报学不仅仅需要一个本体论基础,它本身就是本体论科学的一个具体环节。在应用层面上,本体构建是情报学的一个组成部分。

从哲学的意义出发分析本体论与情报学的关系,需要考虑情报学领域存在的事物、其本质属性及其相互之间的关系。情报学在本质上是研究人类与信息之间获取关系的学问,因此其关注的事物包括信息(数据、知识、情报)、文献、信息来源、信息检索系统、信息技术、信息机构、信息政策法规、人类主体及其一系列子范畴,以及将这些存在联系起来的技术、经济、政治、社会和文化关系。这些存在的事物和关系独立于个体的意识之外,具有客观实在性。但同时这些事物中的一部分属于社会生活的范围,如数字不平等现象,它通过语言与社会文化将自己显现出来,与观察者的意识活动共同作用以实现我们对它的理解。从这个意义上说,情报学的本体论既包括自然存在的本体论,也包括社会存在的本体论。前者主要是以波普尔的世界3理论为基础的客观知识世界,而后者则是以信息获取活动为基础的生活世界和社会世界的呈现,对它的理解与主体的经验、语言符号及文化互动过程有着密切的联系,是现象与主体之间共同建构的结果。

4.3 情报学研究中的认识论立场

由于情报学是关于信息与知识的组织管理与获取利用的科学,其研究范围包含人类获取知识的方法与技术手段，这与认识论所关心的问题基本一致。二者的区别在于，认识论从更一般的性质上去分析知识的本质及认识主体与认识客体之间的关系，而情报学则关注人们获取信息、情报与知识的具体手段及如何区分它们的重要性或相关性。从波普尔的世界 3 理论的视角出发，人们通过信息搜寻活动与信息检索技术对主观知识或信息与客观知识或信息获取的过程，反映在认识论上就是它承认信息与知识存在的客观性，我们可以通过采取适当的技术工具进入它、理解它并最终将它内化到自己的主观知识结构中。这一过程基本上体现了逻辑实证主义的认识论。

自情报学产生以来，它在研究中的认识论立场主要体现为客观主义，但是在克罗蒂（Crotty）[①] 所言的建构主义与主观主义论识论上也有尝试和体验。霍兰德（Hjørland）[②] 指出，不同的知识观是情报学所有主要问题的基础，认识论理论对有关用户、用户认知和信息搜寻行为、主题分析和分类的理论有着根本性的影响。它们对信息检索、对"信息"的理解、对文献的看法及其在交流中的作用、信息选择、关于信息系统功能的理论，以及信息专业人员的作用都有着根本性的影响。2005 年，国际情报学界对情报学的认识论基础展开了全面而系统的研究和讨论。霍兰德[③]考察了经验主义、理性主义和实证主义 3 种认识论对图书情报学的重要影响，指出情报学曾经由经验主义和理性主义的观点主导，但是近年来，更为解释主义的、历史的和新实用主义的（neopragmatic）观点开始影响情报学领域。2005 年，著名的英国图书情报学期刊《文献学刊》（*Journal of Documentation*，*JoD*）发表系列文章，对图书情报学中基本的认识论问题进行了系统讨论，涉及的主题包括科学哲学、批判现实主义、实用主义、建构主义、阐释学、经验主义、理性主义和实证主义等。

4.3.1　经验主义、理性主义和实证主义

霍兰德（Hjørland）提出，经验主义、理性主义和实证主义是科学哲学的重要概念，它们对情报学的重要性体现在两个方面：对于研究者如何处理其研究对象（如乐于采用

---

① CROTTY M. The foundations of social research: meaning and perspectives in the research process [M]. 3rd ed. London: Sage Publications, 2003.

② HJØRLAND B. Theory and metatheory of information science: a new interpretation [J]. Journal of documentation, 1998, 54 (5): 606-621.

③ HJØRLAND B. Empiricism, rationalism and positivism in library and information science [J]. Journal of documentation, 2005 (61): 130-155.

定性研究还是定量研究）是重要的，更为重要的是它们对于如何构建这些研究对象本身是重要的。霍兰德对经验主义、理性主义和实证主义的发展脉络进行了梳理，同时对它们在图书情报学中的影响进行了分析和批判，并在此基础上对整合了经验主义和理性主义的逻辑实证主义给予了肯定。霍兰德的主要观点如下。

经验主义认为观察和（感官的）经验应该被视为获取知识的重要方法或唯一方法，所有的争论都可以理想地简化为"其论点可以被观察所证实"。在实践中，经验主义认识论者一直在寻求任何观察者均可以认同的简单观察（主体间性，intersubjectivity）。经验主义的基本方法是观察和归纳。科学过程被视为收集经由验证的观察并通过归纳对这一观察集合进行一般化的过程，在信息处理方面表现为"自下而上"的策略。作为一种认识论，经验主义的基本假设是"感知和经验被视为'确定的'"，我们所看到的（或我们所描述的我们的经验）是独立于理论、概念化、文化和政治利益的，关于知识的争论可以通过观察现实来解决。

理性主义认为理性的直觉是获取知识最重要的途径。极端的理性主义者不承认经验的作用，其所采用的方法是将任何问题还原为不可置问的显见陈述。这些显见陈述可以组合并演绎出新的知识。理性主义者在信息处理中倾向于采用"自上而下"的分析策略。折中的理性主义承认观察的作用，与经验主义的观点具有相关性，认为观察是对感知器官的物理化学刺激。所不同的是，经验主义将概念视作由感知刺激形成的，而理性主义将概念视作固有的结构。作为认识论，所有形式的理性主义都强调概念清晰与证据的作用，更倾向于采用演绎的方法而不是归纳的方法。在情报学领域，由阮冈纳赞建立的分面分类法可以被视作理性主义认识论的应用。这一学派并不考虑系统的经验性基础，而是长于提供清晰的定义和规则。基于这种方法构建的叙词系统和分类系统通常呈现高度的结构化和清晰性。

在霍兰德看来，实证主义是一种极富影响力的哲学理论，现阶段实证主义也常被认为是特定形式的经验主义。克拉科夫斯基（Kolakowski）①曾经概括了实证主义的特点，包括：现象学原则，即本质和现象之间并不存在真正的区别；唯名论（nominalism）原则，作为一般法则形成的洞见只能将单个具体对象作为参考；否认以认知价值对判断和规范性陈述进行评价的原则，认为存在一种科学方法的基本统一体。霍兰德援引金凯德

---

① KOLAKOWSKI L. Alienation of reason: a history of positivist thought [M]. New York: Doubleday, 1968.

（Kincaid）[①] 的观点，将实证主义的核心观点总结为："哲学应该是科学，形而上学的思考是无意义的，存在一种普遍的和先验的科学方法，哲学的主要职能就是要分析这一方法，这一基本的科学方法在自然科学和社会科学中是相同的，不同的科学应该可以还原为物理学，好的科学理论必须可以转换为可观察的陈述。"

霍兰德通过3个例子对经验主义与实证主义在情报学实践与研究中的应用进行了批判。第一个例子是标引的一致性标准，通常认为存在唯一正确的标引方法，当一个标引人员与其他标引人员不同时即视为错误。但是霍兰德认为，这些研究将标引视作价值无涉的任务，而不是作为一种为了潜在需求而在中介内容中制定优先顺序的活动，因此，实证主义对标引领域的影响并不是有益的，反而阻碍了该领域的发展。第二个例子是实证主义对信息检索结果相关性判断的影响。他批评说："导致文献不相关的原因有很多，然而实证主义的研究往往关注变量间的联系而不关注原因。因此，实证主义对信息检索研究的影响同样是消极的。"第三个例子是情报学研究中方法论的个人主义，这与实证主义注重用户个体认知，而忽略社会维度的认知观相一致。他认为这一点在情报学领域也受到诸多批判。

在上述批判的基础上，霍兰德肯定了逻辑实证主义（logical positivism）的价值。他认为逻辑实证主义通过明确区分科学形式化的部分和经验的部分，将经验主义的观点和理性主义的观点整合了起来。逻辑实证主义认为感官知识是知识的最具体的类型，任何不涉及感官经验的概念应该可以被"翻译为"可观察的概念，那些无法翻译的概念则被视为无意义的。这一理念体现了科学的二元论：即可观察的部分和理论的部分。

总体来讲，我们认同霍兰德上述关于逻辑实证主义在情报学理论与实践中的价值的观点。从我国情报学研究发展的历史来看，大致经历了从理性主义主导到实证主义主导的过程。在20世纪50年代我国开始建立科技情报体系之后，关于情报学的学科体系究竟应该包括哪些内容尚无太多可观察的经验，因此，学者们进行了大量的理论性探讨，逐渐形成了情报学的基本概念体系。反映在方法论上，就是这一时期的研究很少借鉴来自经验观察的结果，而是大量地进行理性的思辨。之后，受到多种因素的影响，实验、观察和问卷调查等实证研究方法的使用逐渐增加。根据王芳与王向女的研究，在《情报学报》于1999—2008年发表的所有文章中，纯粹归纳和演绎研究方法的使用大幅下降，从2000—2002年的最高点下降到2008年一个很低的水平，而信息计量与计算机实验方

[①] KINCAID H. Positivism in the social sciences [M]. Version 1.0. London：Routledge，1998.

法则在逐年增加①。近20年来，受多种哲学思潮的影响，同时随着我国情报学研究与国际接轨步伐的加快，出现了一些由多种认识论哲学支持的研究方法。

4.3.2 建构主义、集体主义和结构主义

塔利亚（Talja）② 讨论了情报学中的建构主义（constructivism）、集体主义（collectivism）和构成主义（constructionism）。塔利亚认为建构主义的认识论与情报学中强调"认知主体主动建构知识的方式"的认知观并不相同。为此，他区分了认知建构主义（cognitive constructivism）和社会建构主义（social constructivism）。认知构建主义于20世纪七八十年代进入情报学领域，它认为人不可能被赋予立即可以理解和使用的信息，而是应该构建自己的知识，个体心智是最重要的知识创造场所，个体基于经验构建关于世界的"心智模型"（mental model），进而构建知识。塔利亚提出，认知建构主义在情报学领域主要体现为认知观点和相关理论，如布鲁克斯的知识方程、贝尔金的ASK理论、德尔文的意义建构理论等，相关的应用领域包括交互信息检索、信息查询行为、任务相关的查询、为改善用户界面和交互而对用户需求的启发、个性化图书馆的设计、信息过滤机制及信息管理系统等。社会建构主义认为尽管心智在其与世界的关系中构建现实，但这一心智过程受到社会习俗、历史及与重要他人交互的显著影响。卡普罗（Capurro）③ 认为，社会建构主义认为信息知识的建构是参与者通过对话与交流进行协商的过程，获取信息从本质上来说就是一种进行社会性交流与协商的过程。在情报学领域，社会认知观与领域分析理论是社会建构主义的代表。

集体主义是比社会建构主义范围稍宽的概念，认为知识的形成和知识结构的发展都是在社会文化的情境中发生的。集体主义认为个体通过与环境的交互构建知识。个体的发展来自社会交互，在社会交互中文化的意义由群体共享并最终由个体内化，在这一过程中个体和环境都会改变。在情报学领域，集体主义强调信息过程应该被视为嵌入在社会、组织和专业的情境中，其代表除了社会认知观点和领域分析之外，还包括布列尔

---

① 王芳，王向女. 我国情报学研究方法的计量分析：以1999—2008年《情报学报》为例 [J]. 情报学报，2010，29（4）：652-662.

② TALJA S, TUOMINEN K, SAVOLAINEN R. "Isms" in information science: constructivism, collectivism and constructionism [J]. Journal of documentation, 2005, 61 (1): 79-101.

③ CAPURRO R. The concept of information [J]. Annual review of information science and technology, 2003 (37): 343-411.

（Brier）的网络符号学（cybersemiotics）①、泰勒（Taylor）的信息使用环境（IUE）② 和罗森鲍姆（Rosenbaum）对信息使用环境和个体信息行为相互构建的研究③。塔利亚认为，集体主义在情报学中的应用领域包括特定领域信息实践和知识组织的整合研究，知识领域中术语、文献结构和类别的研究，面向特定领域的分类、索引系统和叙词表的开发等。

构成主义（constructionism，又称社会构成主义）是人文社会科学中"语言转向"的同义词。它认为世界是通过构念或内部模型在内部创建的。我们通过这些构念来看待世界，而这些构念对我们的感知有着重大的、往往是未实现的影响。建构可以被视为一个社会过程，在这个过程中，构念（和之后的"现实"）从不断的对话和互动中产生。格根（Gergen）认为，社会构成主义主要强调话语作为表达自我和世界的工具，认为对话是社会世界、知识和身份构建的必要条件，人类通过语言共同生成和组织社会现实。塔利亚认为，构成主义在情报学中的应用领域包括：与语言和语言产品密切相关的信息检索和知识组织实践活动；图书馆、数据库、用户界面及推荐和过滤系统的设计；用户系统交互、手动和自动索引、词库构建和数字图书馆设计；与图书馆和文化、信息、用户和信息技术相关的话语分析等。霍兰德（Hjørland)④ 对社会构成主义提出了批判，认为社会构成主义所持的是反现实主义的研究立场，它认为理性和我们认为真实的东西主要在对话（话语）中活动，这只是在某些情况下对某些人是可信的。

4.3.3 现象学

情报学的部分研究或多或少地隐含了现象学认识论的要素。例如，埃尔德莱兹（Erdelez）⑤ 的信息偶遇，为了偶遇信息，人必须保持开放去感知所有呈现的信息，并且使

---

① BRIER S. Cybersemiotics：a new interdisciplinary development applied to the problems of knowledge organization and document retrieval in information science［J］. Journal of documentation，1996，52（3）：296-344.

② AYLOR R S. Information use environments［M］// VOIGT M，HANNEMAN G，TUROW J. Progress in communication science. Norwood：Ablex，1991：217-255.

③ ROSENBAUM H. Information use environments and structuration：towards an integration of Taylor and Giddens［C］// BONZI S. Proceedings of the 56th ASIS Annual Meeting，Medford，1993：235-245.

④ HJØRLAND B. Arguments for philosophical realism in library and information science［J］. Library trends，2004，52（3）：488-506.

⑤ ERDELEZ S. Information encountering：a conceptual framework for accidental information discovery［C］// VAKKARI P，SAVOLAINEN R，DERVIN B. Information seeking in context：proceedings of an international conference of research in information needs，seeking，and use in different contexts. Los Angeles：Taylor Graham，1996：412-421.

所有呈现的信息经过有目的的意识。在威尔逊（Wilson）[①]的信息搜寻行为模型中，信息需求的确定源于用户更为基础性的需求，包括心理、认知和感情的需求，明确信息需求的过程就是用户感知并做出反应的过程。此外，现象学也可以用于信息技术领域中对人与信息技术关系的审视。

巴德（Budd）[②]在梳理现象学思想脉络的基础上，讨论了现象学（phenomenology）与情报研究的关系。巴德认为，情报学中大量的研究关注的是文本的接收（这一接收并不限于创造性的工作，而是扩展到任何可以"阅读"的事物）。作为认识论，现象学与这种阅读具有显而易见的联系：我们通过感知对文本产生意识；这种意识是一种有目的的心智活动；对文本的重要评估是基于认识论的立场；语言（特别是谈话）是感知的焦点；解释的活动旨在努力实现理解。这种联系就是现象学作为认识论应用于情报学的可能性。贝尔金（Belkin）等[③]试图在异常的知识状态下[④]接受个人对世界感知的解释。英格沃森（Ingwersen）[⑤]认为，信息在被人感知之前具有潜在的信息传递能力，在感知的过程中则具有意向性。德尔文（Dervin）[⑥⑦]和库尔梭（Kuhlthau）[⑧]的著作以另一种方式证明了意义不能强加给个人，个人的心灵会进行复杂的评估和解释。同时，巴德也批评说，这些研

---

① WILSON T D. Philosophical foundations and research relevance: issues for information research [C]. Paper presented at CoLIS4: 4th International Conference on Conceptions of Library and Information Science: Emerging Frameworks and Method, 2002.

② BUDD J M. Phenomenology and information studies [J]. Journal of documentation, 2005, 61 (1): 44-59.

③ BELKIN N J, ROBERTSON S E. Information science and the phenomenon of information [J]. Journal of the American society for information science, 1976, 27 (4): 197-204.

④ BELKIN N J. Anomalous states of knowledge as a basis for information retrieval [J]. Canadian journal of information & library science, 1980 (5): 133-143.

⑤ INGWERSEN P. Information and information science in context [M] // OLAISEN J, MUNCH P E, WILSON P. Information science: from the development of the discipline to social interaction. Oslo: Scandinavian University Press, 1995: 69-111.

⑥ DERVIN B. Useful theory for librarianship: communication, not information [J]. Drexel library quarterly, 1977, 13 (3): 16-32.

⑦ DERVIN B. Users as research inventions: how research categories perpetuate inequalities [J]. Journal of communication, 1989, 39 (3): 216-232.

⑧ KUHLTHAU C C. Seeking meaning: a process to library and information science [M]. Norwood: Ablex, 1994.

究对个体近乎完全的关注，并没有认识到意识和他者的对话性质。霍兰德（Hjørland）[①] 也批评了情报学过于关注个人的心理主义，并建议了一个旨在理解的对话过程。

4.3.4 实用主义与新实用主义

实用主义（pragmatism）诞生于 19 世纪 70 年代，是美国历史悠久且影响深远的哲学思想。在 20 世纪 30 年代，实用主义在美国哲学中一直占据主导地位，但是随后受到分析哲学的排挤，逐渐退居次要地位。古典实用主义的代表人物是皮尔斯（Peirce）、詹姆斯（James）和杜威（Dewey）。古典实用主义处理信念、知识和行动之间的工具关系[②]。作为一种认识论，古典实用主义既区别于唯心论，也区别于经验主义，否认抽象思维具有内在价值，而是提出信念的产出是思想唯一的功能。基于实用主义的立场，判断观念的真实性就是判断这一观念服务于特定目的的程度，即所谓"工具性的真理"[③]。

1960 年以后，随着新实用主义（neo-pragmatism）的出现和发展，实用主义再次成为美国哲学的主导者。新实用主义的代表人物有奎因（Quine）、罗蒂（Rorty）、戴维森（Davidson）等。新实用主义继承了古典实用主义的部分观念，如"工具性的真理"这一概念，但是更强调语言的重要性。新实用主义用语言的重要性代替了经验的重要性。这一转变使实用主义更加关注词汇，即特定的信念是如何通过语言进行交流的，而不是关注信念本身。

松丁（Sundin）与约翰尼松（Johannisson）从交流参与的视角考察了实用主义与新实用主义在图书情报学中的应用。他们认为，实用主义常用于标识基于个人意愿和行为构建的知识组织原则，在信息检索领域则应用了符号实用主义，信息搜寻与学习的研究应用了杜威（Dewey）的实用主义。此外，新实用主义的核心概念之一是正当性共同体（community of justification），这一概念与威尔逊（Wilson）[④] 的"认知的权威"具有近似的含义。"认知的权威"是指"被认为是正当的对人们思想的影响"，即"我认为具有认

[①] HJØRLAND B. Social and cultural awareness and responsibility in library, information and documentation studies [M] // RAYWARD B, HANSSON J, SUOMINEN V. Aware and responsible. Lanham：Scarecrow Press, 2003：71-91.

[②] MURPHY J P. Pragmatism：from peirce to davidson [M]. Boulder：Westview Press, 1990.

[③] SUNDIN O, JOHANNISSON J. Pragmatism, neo-pragmatism and sociocultural theory：communicative participation as a perspective in LIS [J]. Journal of documentation, 2005, 61 (1)：23-43.

[④] WILSON P. Second-hand knowledge：an inquiry into cognitive authority [M]. Westport：Greenwood Press, 1983.

知权威的人，是我认为应该允许对我的思维产生影响的人"。而这一点与新实用主义有着清晰的联系。在威尔逊的研究中具有明确的实用主义观点，其研究兴趣在于知识的价值是如何建立的，人是如何与媒介和信息系统中的知识建立联系的，以及图书馆员和信息专业人员在知识的生产和消费的关系中可以发挥什么作用。

4.4 情报学研究的方法论

随着情报学的发展，方法论受到了学者们越来越多的重视。王崇德曾指出："情报学的前景很大程度上取决于方法论，如果方法论有所突破，那么情报学必将摆脱其萌芽初期并且流行至今的一些狭隘的观点，在更广阔的背景下，完善情报学理论大厦，成为堪与其他学科为伍的独立学科。"① 学者对研究方法论的划分也并不完全一致。霍兰德（Hjørland）② 将图书情报学中的方法论简单地划分为 3 类：经验主义（empiricism）、理性主义（rationalism）和历史主义（historicism）。其中，经验主义是强调感知和经验的哲学；理性主义降低了对感官经验的强调，而更加强调推理和先验的理论化；历史主义则强调感知和思想通常被语言、文化、前理解（pre-understanding）和视域（horizon）所影响。历史主义由科学实在论（scientific realism）演化而来，与由阐释学主导多个世纪的人文学科具有密切的联系。我国对情报学方法论体系的研究，主要有"层次论""过程论""系统论"等几种观点。

从研究过程出发，克罗蒂③将由认识论支配的研究视角划分为：实证主义（包括后实证主义）、解释主义（包括符号互动主义、现象学、诠释学）、批判性探究、女性主义、后现代主义等。这些研究视角决定了研究者对方法论的选择。由于批判性探究、女性主义与后现代主义的研究视角在情报学研究中虽有尝试，但却十分少见，因此，我们把情报学研究中的方法论简单地划分为实证主义方法论与解释主义方法论两大类。在解释主义派系之下，又有一些具体的自成一体的方法论，下面一一进行介绍。

---

① 王崇德. 图书馆学情报学方法论［M］. 北京：科学技术文献出版社，1988.

② HJØRLAND B. Theory and metatheory of information science: a new interpretation［J］. Journal of documentation, 1998, 54（5）: 606-621.

③ CROTTY M. The foundations of social research: meaning and perspective in the research process［M］. London: Sage Publications, 1998: 10.

4.4.1 实证主义方法论

实证主义方法论基本上采取唯物主义的本体论立场，在认识论上则涉及经验主义、实证主义与后实证主义（逻辑实证主义）、批判现实主义与实用主义等。实证主义方法论将研究对象看作独立于人的意识之外，具有固有属性的客观存在，研究的目的是追求客观真理，并对客观现象进行解释和预测。研究者与研究对象之间是分离的，通过实验、调查等研究方法的运用，可以发现或获得关于研究对象的知识。研究对象既可能来自自然界，也可能来自社会世界，所获得的知识既有恒定不变的定律，也有不断发展的理论。实证主义研究者在操作研究方法的过程中，始终保持一个客观、中立的立场，已有的经验和认知并不影响其对研究对象的认知。

实证主义在方法论上要求获取知识的过程是客观的，不受人的主观意识的影响。实证主义的研究方法有实验研究、调查研究、行动研究等，要求有一套明确的数据收集程序和统计分析标准，如量表制定、问卷设计与发放、统计误差的分析和处理等。这些标准化程序的目的是使不同的研究人员在重复同一项研究时可以获得相同的结果，而结果的可重复性是实证研究所追求的重要目标之一。在自然科学研究中，重复性实验是验证知识正确性的重要手段。

实证主义方法论在物理、化学、生命科学等自然科学领域占据绝对的主导地位，并且迄今为止也是社会学、心理学、经济学、管理学等社会科学所采取的主导性方法论。在情报学研究中，无论是信息计量领域所采用的统计分析方法、知识发现领域所采用的文本挖掘方法，还是行为领域所采用的实验研究，都属于实证主义方法论。实证主义方法论常常与定量研究相关。但是近年来一些社会科学领域，如信息系统领域，也将案例研究方法的操作程序明晰化、标准化，并运用与定量研究方法相似的手段来判断研究结果的信度与效度，被称为实证主义的案例研究方法。

4.4.2 批判现实主义

作为一种科学哲学，批判现实主义是一种关于世界、人的能动性及其相互作用的现实主义哲学理论的具体形式[①]。批判现实主义否定了实证主义的科学观——"科学发展

---

① WIKGREN M. Critical realism as a philosophy and social theory in information science [J]. Journal of documentation, 2005, 61 (1): 11-22.

的一元论和科学结构的演绎论"①,也批判了后现代主义"语言错误转向的'方法论'"②。批判现实主义关注社会现实,认为社会现实是由社会结构组成的,这些社会结构"独立于社会科学家和社会历史情境中的其他社会角色,以不同的方式构建和解释"。巴斯卡(Bhaskar)③指出,社会科学在两个方面被视为是中立的:第一,它的命题在逻辑上独立于任何价值立场,而且不能从任何价值立场中派生出来;第二,价值立场在逻辑上独立于任何社会科学命题,也不能从任何社会科学命题中衍生出来。同时,它也关注本体论的深度和识别因果关系的有效机制。这些机制至少被认为是相对持久的,因此被赋予了比建构主义本体论和认识论更大的解释力④。

维克格伦(Wikgren)研究了情报学中的批判现实主义哲学。他认为,批判现实主义的哲学本体论中存在层次化的现实,这一层次化的现实有两个维度:一个是在我们所经历和描述的事件与事件所隐含的机制之间的区别;另一个是现实被假定为包含按层级顺序排列的多个层次。在这种层级顺序中,底层可以为高层创造条件,层级间的区别并不在实体,而在于每一层次上运行的生产机制。批判现实主义关于这种层次化现实的思想可以应用于信息搜寻与使用的研究,可以区分个体、社会和文化等层次,而实际的大量研究均是关注其中一层或多层的,过于强调某单一层次的研究都是还原论的。贝茨(Bates)⑤认为,对信息搜寻行为的理解应基于若干层次:化学的、物理的、生物学的、人类学的、社会和历史的、认知的/情感的、美学的、精神的等。其虽未明确表明其理论是参考了批判现实主义,但是信息搜寻与查询模型实质上是整合了信息搜寻的社会、文化层次和人类经验中的生物、物理层次。

此外,维克格伦(Wikgren)认为关于信息搜寻情境的研究也体现了批判现实主义

---

① BHASKAR R. Facts and values: theory and practice [M] // ARCHER M S, BHASKAR R, COLLIER A, et al. Critical realism: essential readings. London: Routledge, 1998: 409-443.

② ARCHER M S. Introduction: realism in the social sciences [M] //ARCHER M S, BHASKAR R, COLLIER A, et al. Critical realism: essential readings. London: Routledge, 1998: 189-205.

③ BHASKAR R. The possibility of naturalism: a philosophical critique of the contemporary human science [M]. 3rd ed. London: Taylor & Francis e-Library, 2005.

④ REED M I. Organization, trust and control: a realist analysis [J]. Organization studies, 2001, 22 (2): 201-228.

⑤ BATES M J. Toward an integrated model of information seeking and searching [J]. The new review of information behaviour research, 2002 (3): 1-15.

的应用。塔利亚（Talja）等①将关于情境的研究归为两类：客观的和解释性的。其中客观化的方法将信息行为置于包含多种情境要素的环境中研究，这些情境要素被识别为"客观现实"。批判现实主义的层次化本体的理念可以帮助研究者分析研究不同层次现实间的关系而不会破坏层级间的区别。客观化的情境概念催生了情报学中众多描述情境与个体或群体信息行为关系的模型，如威尔逊（Wilson）②的信息行为全局模型、卡瑞和萨沃莱宁（Kari & Savolainen）③的层次化的情境模型等。同时，维克格伦也指出，基于批判现实主义的理论，在研究情境中的信息活动时，需要注意区分人类活动和社会文化结构。制约信息活动的社会和文化形式所拥有的属性与个体所拥有的属性可能会非常不同。

在信息系统领域，拉杜埃斯库与维西（Raduescu & Vessey）认为，批判现实主义本身并没有为进行实证研究提供方法论基础。他们提出，进行批判性现实主义研究的合适方法取决于研究者所能够运用的领域特定理论的力量（相关性或适当性），并提出了3种批判现实主义的研究方法：已结构化的（structured）、可结构化的（structurable）和非结构化的（unstructured）。当领域中特定理论较强时，该问题可视为已结构化的问题；当领域中特定理论较弱时，可视为非结构化的问题。此外，他们也认为，批判现实主义关于因果关系与语境密切相关的观点④可以解释为什么信息系统领域的因子或方差研究未能在所有研究中产生一致的结果，而且由于批判现实主义承认技术的内在实质性，因此允许研究技术和组织之间的相互作用。

4.4.3 解释主义方法论

解释主义方法论在本体论上基本上倾向于唯心主义，认为并不存在一个独立于人的意识的外部存在；而在认识论上则涵盖了理性主义和建构主义，强调人的意识活动在理解现象和事件过程中所发挥的作用。其中，理性主义完全否认意识之外的存在，认为人

---

① TALJA S, KESO H, PIETILÄINEN T. The production of 'context' in information seeking research: a metatheoretical view [J]. Information processing and management, 1999, 35 (6): 751-763.
② WILSON T D. Human information behaviour [J]. Informing science, special issue on information science research, 2000, 3 (2): 49-56.
③ KARI J, SAVOLAINEN R. Towards a contextual model of information seeking on the web [J]. The new review of information behaviour research, 2003, 4 (1): 155-175.
④ ARCHER M. Realist social theory: the morphogenetic approach [M]. Cambridge: Cambridge University Press, 1995.

类的知识完全来自纯粹的理性思考，主要体现为逻辑推理；而建构主义则提出了主体间性的概念，认为人类的主观意识和现象的显现是相互依存的，研究的主要目的是理解人们建构意义的方式，而不是像实证主义那样去解释和预测客观存在。

解释主义的方法论在宗教、哲学、历史、文学、艺术等人文学科的研究中较为常见，在政治学、社会学、文化研究、新闻传播学、护理学、信息系统等领域也有应用。作为一门交叉学科，图书馆情报学的研究，一方面涉及客观信息世界与信息技术的应用，大量采用实验、调查等实证研究方法；另一方面也关注信息服务、数字鸿沟、用户交互、信息行为等大量与社会文化密切相关的研究课题。在对这些社会问题进行研究的过程中，一些研究采用了解释主义的方法论，试图去理解现象所呈现的意义，从而使一些被遮蔽的信息生活方式显现出来，如关于盲人、孕妇信息获取行为的研究或一些社群信息学的研究等。

解释主义的方法论强调研究者已有的经验和认知活动与研究对象之间相互依存的关系，如民族志、扎根理论、解释性探究、话语分析、女性主义研究等，涉及的具体研究方法包括访谈、观察、焦点小组、案例研究、生活历史、叙述、视觉民族志方法的主题识别、比较研究、认知地图、解释性方法、对话分析等。解释主义的方法论主要以定性研究为主，但是近年来在数据收集与处理方面也出现了对定量分析方法和软件工具的应用，如扎根理论研究偶有运用分析软件对编码进行编码分析的例子。

解释主义的方法论在情报学中应用不多，但是其范例较多，且大多具有独特的哲学立场，因此常被看作独立的方法论，如民族志、扎根理论、解释性探究、话语分析等。考虑到本书内容的整体结构安排，本部分只对扎根理论、民族志和话语分析等在方法论上的含义进行介绍，而关于其作为研究方法的具体操作将在第 10 章专门介绍。

4.4.4 德尔文的意义建构方法论

从广义上讲，意义建构是一种沟通行为。意义建构理论起源于社会心理学，后来在组织管理领域和情报学中得到了不同向度的发展。德尔文将意义建构理论引入情报学，并进行了一系列发展。德尔文认为，"意义建构"一词是一组连贯概念和方法的标签，用于研究人们如何构建其世界的意义，特别是如何构建信息需求和在意义建构过程中对信息的使用。但从准确意义上讲，德尔文（Dervin）① 认为意义建构是一种方法论。德尔文（Dervin）② 指出，范式的争论促使我们以新的方式思考研究，元理论、方法论、实体理论和方法之间存在着不可分割的关系。元理论是意义建构的一种内在的解构主义设置，它要求将关于人类模式的理论化从一种被先验性强加的假定下解放出来。但是作为方法论的一个分支，元理论假设（明确声明或隐含持有）对研究方法的影响还很少。因此，应当将意义建构作为方法论的一个范例，使它更明确地充当元理论和方法之间的桥梁，为研究方法和揭示现象的方法（单元或实体理论化）提供指导。

德尔文（Dervin）③ 的意义建构方法论基于两个假设：一是现实既不完整，也不恒定，而是存在普遍的不连续性；二是信息并非是一种独立于人类而存在的事物，而是人类观察的产物（包括直接观察和对他人观察的观察），也就是说所有信息都是主观的。意义建构关注个体如何利用他人的观察及自己的观察来构建自己的现实图景，并利用这些图景来指导行为。意义建构方法假定意义建构行为受情景和情境的约束，植根于现在、过去和未来的时空中。在意义建构理论的指导下开发替代性的交流结构和程序时，至少需要3个方面的研究：第一，理解当前的系统如何限制交流；第二，理解个体如何在结构约束内外建构意义；第三，发明交流的替代品并评估它们的效用。意义建构研究主要集中在后两个方面。

德尔文（Dervin）④ 提出的意义建构情景 - 差距 - 利用（situations-gaps-uses）模型包括情景、差距和利用3个维度：意义建构的时空情境；建构意义或穿越时空所面临的问题或需要弥合的差距，或者说是信息需求；新构建意义的应用，信息帮助或伤害。意义建构研究的数据收集方法主要是访谈法，包括4类技术：①微时刻时间线访谈法，试图让受访者对至少两个维度进行描述，并确保每个维度的数据都与一个微观时刻（时空中的特定情景时刻）相关联。②帮助/伤害链，利用维度被操作化的主要方式是被调查者如何看待信息的帮助（促进）或伤害（阻碍）。③封闭式理性访谈，主要用于假设检

---

① DERVIN B. From the mind's eye of the user: the sense-making qualitative-quantitative methodology [M] // GLAZIER J D, POWELL R R. Qualitative research in information management. Englewood: Libraries Unlimited, 1992: 327-338.

② DERVIN B. On studying information seeking methodologically: the implications of connecting metatheory to method [J]. Information processing & management, 1999, 35 (6): 727-750.

③ DERVIN B. An overview of sense-making research: concepts, methods and results [C]. Presented at the Annual Meeting of the International Communication Association, Dallas, TX, 1983.

④ 同③。

验，在关注现实生活中的情况后，通常要求受访者简要描述情况，并对自己在指定情况下的看法进行评分。④消息询问访谈，受访者被要求阅读一条信息，并在有问题的地方停下来。然后，对每个问题进行深入分析。在3个变量中，情景变量的测量项包括情景运动状态、情景的清晰性、情景嵌入性、社会嵌入性、情景的重要性、过去的经验、应变能力、改变情景的力量、在情景中进行沟通的开放性、情景现状，以及与情景的距离。大多数的情景变量都是用封闭式量表来衡量的，少部分由受访者自己编码。差距变量的测量有两个重点：一个是开发一系列内容分析方案，用于编码人们提出的问题的性质；另一个是制定一套针对受访者差距的辅助措施。利用变量只包含两个指标：伤害的性质和帮助的性质。伤害和帮助都是通过意义建构来定义的，都是对信息的利用。

在德尔文看来，从信息搜寻和使用研究的多样性和同时缺乏对话中可以看到，最困难的是，信息搜寻和利用的研究者所做的元理论假设很少被连贯地纳入研究方法之中。而且这种情况不只发生在信息搜寻和利用研究领域，而且普遍存在于整个学术界。但是，在范式之争中，方法论作为一个术语受到高度的争议、滥用，而且经常被忽视。它要么被称为方法，要么被称为理论建构的元理论批判。因此，它要么塌陷到方法中，要么塌陷到元理论中，在任何一个地方它都消失了。为此，需要一个谈论方法论的词汇，一个关注术语中哲学使命的词汇，以及在元理论和方法之间架起桥梁的方式，从而使这些对研究及其理论建构的影响更加明显。而在德尔文看来，这个谈论方法论的词汇就是意义建构。

4.4.5 扎根理论

扎根理论近年来在情报学、信息系统、社会学、管理学研究中的应用日益普遍。扎根理论（grounded theory）是由格拉泽（Glaser）和施特劳斯（Strauss）通过对医务人员护理即将去世患者的一项实地观察研究中，总结出的一套质性研究方法①。两人于1967年共同出版了《扎根理论的发现：质性研究策略》一书，首次明确提出了扎根理论方法，倡导在收集到的数据基础上，归纳式地总结发展理论，而不是在现有理论中进行假设演绎②。

---

① GLASER B G, STRAUSS A L. Awareness of dying [M]. New York：Aldine, 1965.
② GLASER B, STRAUSS A. The discovery of grounded theory: strategies for qualitative research [M]. Chicago：Aldine Publishing Co, 1967.

扎根理论在本质上是一种解释主义的方法论。实证主义寻求对演绎性假说的证实，而扎根理论则要求在构建各种与研究领域相关的概念和假说之前，应当首先明确一些工作流程。扎根理论强调理论来源于经验数据，问题、假说、概念和范畴都在研究过程中借助经验数据产生。范畴及子范畴之间的关系是从经验数据中识别出来的，或者在经验数据的支持下通过演绎推理得到的，而不是来自先前没有得到证据支持的假设。正如格拉泽（Glaser）[1]所言："扎根理论的基础是从经验数据中系统化地生成理论，而扎根理论本身也由社会研究系统化地获得，经验数据为理论发展提供了严谨的、秩序化的指导，理论发展的每一阶段都与社会研究的方法论紧密地联系在一起。"

扎根理论在认识论上的基础主要是实用主义与符号互动论。扎根理论从实用主义与符号互动论中汲取了两个原则：第一个原则与改变有关。由于现象是随着不断变化的条件而变化的，所以需要将变化通过过程构建到方法中。第二个原则涉及在"决定论"问题上的明确立场。行动者被视为拥有通过对条件的反应来控制自己命运的手段，能够根据知觉做出正确选择。因此，扎根理论不仅要揭示相关的条件，而且要确定行为体如何应对不断变化的条件及其行为的后果[2]。

扎根理论被应用于不同的学科领域，并在实际应用过程中出现了不同版本：施特劳斯（Strauss）和科宾（Corbin）的"程序化扎根理论"，将研究步骤和过程进一步公式化和概念化[3]；卡麦兹（Charmaz）的"建构主义扎根理论"，融合了建构主义的方法和问题，使扎根理论的发展更为充分、细致，更具有反思性[4]；克拉克（Clarke）的"后现代视角扎根理论"，使用情景分析法，将图形与表格作为推进编码聚合、促进理论形成的重要工具[5]。

科宾和施特劳斯认为，扎根理论研究者和其他定性研究者一样坚信，应该保留"好科学"的通常准则，只有在明确研究准则和程序的情况下，才能对其进行系统的评估。

---

[1] GLASER B G. Theoretical sensitivity advances in the methodology of grounded theory [M]. Mill Valley: Sociology Press, 1978.

[2] CORBIN J, STRAUSS A. Grounded theory research: procedures, canons, and evaluative criteria [J]. Qualitative sociology, 1990, 13 (1): 3-21.

[3] STRAUSS A L, CORBIN J M. Basics of qualitative research: techniques and procedures for developing grounded theory [M]. Thousand Oaks CA: Sage Tashakkori A & Teddlie C, 2014.

[4] CHARMAZ K. Rethinging methods in psychology [M]. London: Sage, 1995: 27-49.

[5] CLARKE A. Situational analysis: grounded theory after the postmodern turn [J]. International journal of social research methodology, 2005, 12 (4): 378-381.

这些科学准则包括意义、理论-观察相容性、概括性、一致性、再现性、精确性和验证性①。扎根理论的程序旨在发展一套完整的概念，为所研究的社会现象提供一个彻底的理论解释。科宾和施特劳斯将扎根理论的程序和原则总结如下：①数据收集和分析是相互关联的过程；②概念是分析的基本单位，事件被视为现象的潜在指标，并被赋予概念性的标签；③范畴必须是成熟的和相关的，属于同一现象的概念可以被组合成范畴，范畴比它们所代表的概念层次更高、更抽象，范畴是发展理论的基石，它们提供了整合理论的手段；④扎根理论中的抽样是根据理论基础进行的，并不是从特定的个体群体、时间单位等方面取样，而是从概念、性质、维度和变化等方面进行；⑤不断的比较和分析有助于研究人员防止偏见，并实现更高的精度（同类且仅是同类现象的分组）和一致性（总是将同类与同类进行分组）；⑥必须说明模式和变化，检查数据的规律性；⑦必须将过程融入理论中；⑧写理论备忘录是做扎根理论不可或缺的一部分，写备忘录应该从第一次编码开始，一直到研究结束；⑨在研究过程中，应尽可能地发展和验证范畴间关系的假设，扎根理论的一个关键特征是在研究过程中假设不断地被修正，直到与所研究现象有关的所有证据都成立，如重复的访谈、观察或文件；⑩一个脚踏实地的理论家不需要独自工作，与其他研究人员的讨论通常会带来新的见解和增加理论敏感性；⑪无论研究的微观程度如何，都必须分析更广泛的结构条件，可能包括经济条件、文化价值观、政治趋势、社会运动等。

建构主义扎根理论将研究者重新定位为重建经验和意义的作者。建构主义是一种否认客观现实存在的研究范式，"主张现实是心灵的社会建构"②，它采取相对主义的本体论立场③，认为世界是由受情境影响的多重个性化的现实构成的。在认识论上，建构主义强调研究者和参与者之间的主观相互关系，以及意义的共同建构④。在建构主义的研究范式中，研究人员不是客观的观察者，他们的价值观必须得到他们自己和读者的承

---

① GORTNER S, SCHULTZ P. Approaches to nursing science methods [J]. Image, 1988 (20): 22-24.
② GUBA E, LINCOLN Y. Fourth generation evaluation [M]. Newbury Park, CA: Sage, 1989.
③ GUBA E, LINCOLN Y. Competing paradigms in qualitative research [M] // DENZIN N, LINCOLN Y. Handbook of qualitative research. London: Sage, 1994: 105-117.
④ HAYES R, OPPENHEIM R. Constructivism: reality is what you make it [M] // SEXTON T, GRIFFIN B. Constructivist thinking in counseling practice, research and training. New York: Teachers College Press, 1997: 19-41.

认，这是结果的必然部分[1][2]。在建构主义的扎根理论中，卡麦兹主张研究者在他们的理论备忘录中持续地纳入原始数据，以保持参与者的声音和意义出现在理论结果中[3]。卡麦兹（Charmaz）[4] 提倡一种更文学而非科学的写作风格。她认为，以建构主义为基础的理论家在他们的写作中被强迫分析，但他们的写作风格需要唤起参与者的经验[5]。

  后现代主义依赖话语分析的研究方法，研究文本如何影响社会文化实践（Crowe）[6]。作为后现代主义的扎根理论方法，克拉克[7]的扎根理论方法主要使用情景分析（situational analysis）。情景分析与传统扎根理论的"基本社会过程"概念有着根本不同的概念基础或指导隐喻。克拉克讨论了情景分析研究设计中的 3 种方法：第一种是社会关系/互动中的谈判话语，指的是发现话语如何真正进入社会行动/互动；第二种是通过话语产生身份和主体性，探讨话语如何塑造和改变主体性；第三种是通过话语产生权力/知识、意识形态和控制，因此可以使用福柯的方式来分析这些话语。克拉克（2003）[8] 在拓展施特劳斯的社会世界/竞技场/谈判框架的基础上，分析了 3 种主要的制图方法：①情景图，列出研究情景中主要的人、非人、话语和其他因素之间的关系，并引发分析；②社会世界/竞技场地图，展示了集体行为体、关键非人类因素，以及他们参与正在进行的谈判或对局势进行中观层面解释的承诺舞台；③位置图显示了相对于情景中变化和差异、关注点，以及围绕复杂问题争论的特定的话语轴，数据中所采取和未采取的位置。这 3 种制图法都是分析练习，是进入社会科学数据的新方法。克拉克所提出的这种新的数据分析方法，反映了人们对"话语是如何产生的以及我们如何通过它们构成"

---

[1] APPLETON J. Constructivism: a naturalistic methodology for nursing inquiry [J]. Advances in nursing science, 1997, 20 (2): 13-22.

[2] LAINE D M. Ethnography: theory and applications in health research [M]. Sydney: Maclennan and Petty, 1997.

[3] CHARMAZ K. Grounded theory [M] // SMITH J, HARRÉ R, LANGENHOVE L. Rethinking methods in psychology. London: Sage, 1995: 27-65.

[4] CHARMAZ K. Grounded theory: objectivist and constructivist methods [M] // DENZIN N, LINCOLN Y. Handbook of qualitative research. 2nd ed. Thousand Oaks: Sage, 2000: 509-553.

[5] CHARMAZ K. Qualitative interviewing and grounded theory analysis [M] // GUBRIUM J, HOLSTEIN J. Handbook of interview research: context and method. Thousand Oaks: Sage, 2001: 675-694.

[6] CROWE M. Discourse analysis: towards an understanding of its place in nursing [J]. Journal of advanced nursing, 2005, 51 (1): 55-63.

[7] MILLS J, CHAPMAN Y, BONNER A, et al. Grounded theory: a methodological spiral from positivism to postmodernism [J]. Journal of advanced nursing, 2007, 58 (1): 72-79.

[8] CLARKE A. Situational analyses: grounded theory mapping after the postmodern turn [J]. Symbolic interaction, 2003, 26 (4): 553-576.

的关注。正是在这一点上,克拉克将扎根理论推向后现代转向,远离了建构主义的探究范式。

本部分主要讨论扎根理论作为方法论的含义。随着应用的日益广泛,扎根理论已经成为一种较为成熟的研究方法,具有规范的操作步骤,将在本书第 8 章的 8.8 节进行专门介绍。

4.4.6 民族志

民族志(ethnography)一词中的词根"ethno"来自希腊文中的"ethnos",意指"一个民族""一群人",或"一个文化群体"[1];志(graphy)意味着澄清某些事情或研究某些现象。"民族志"是对人及人的文化进行详细的、动态的、情境化描绘的一种方法,探究的是一个文化的整体生活、态度和行为模式。它要求研究者长期地与当地人生活在一起,通过自己的切身体验获得对当地人及其文化的理解。早期的民族志,起源于为了认识非西方社会而从事的调查研究。后来,人类学家将民族志发展为研究、理解在自己的环境中生活的人们的独特的学术研究方法。民族志逐渐走出人类学学科范围,广泛应用于语言学、社会学、民俗学、政治学、法学、教育学、传播学等学科。

民族志主张直接参与研究对象的生活是理解他们生活的一种必要手段,现代人类学的奠基人之一马林诺夫斯基(Malinowski)指出,民族志学者应该理解"当地人的看法",强调"参与式观察,通过实地工作者的学习——学习如何观察、思考,如何像内部人或当地人那样做事——来实现对人的理解"[2]。也就是说,民族志学者应当成为"最低限度的当地人""对学术陌生的人"或"自我否定的使者"。阿特金森和哈默斯利(Hammersley & Atkinson)[3]主张,民族志具有以下特征:①并非通过演绎过程或假设检验,而是通过归纳过程研究社会现象;②倾向于处理那些在收集时就被归入某种范畴、主题或类型的经验数据;③以非常详尽的方式研究单个或数量较少的案例;④在对意义和行动做出解释的基础上进行经验数据分析,相对于定量技术,更注重采用定性解释。

民族志是一种存有争议的方法论,因为它涵盖不同的本体论和认识论观点,不过它

---

[1] 陈向明. 质的研究方法与社会科学研究[M]. 北京:教育科学出版社,2000.

[2] TEDLOCK B. Ethnography and ethnographic representation [M] // DENZIN N K, LINCOLN Y S. Handbook of qualitative research. 2nd ed. Thousand Oaks:Sage,2000:455-486.

[3] HAMMERSLEY M, ATKINSON P. Ethnography:principles in Practice[M]. 4th ed. London:Routledge,2019.

在所有语境中都对人类群体提出了深刻见解，使我们能够理解不同的人类习俗或不同的人类世界[1]。在图书情报学领域，格立芬（Griffin）[2]认为，民族志最好理解为一种方法论，它继承了使用它的元理论的本体论假设。民族志中的访谈和参与观察，可以与不同的范式一起使用，这表明它不是元理论，而是一种方法论。在图书情报学中，4种主要的元理论（科学的、批判的、建构主义的和后现代的）都与基于共同的世界观或本体论假设的不同类型的民族志联系在一起。信息研究者应该明确表达他们的本体论立场和理论范式，并解释他们的方法论选择，包括民族志的使用，是如何与他们的立场和范式相一致的。

基于普遍的或常规的民族志立场，豪威尔将民族志划分为实证主义民族志、批判民族志及建构主义民族志。研究者在收集经验数据时既可以采用实证主义立场，也可以采用现象学立场，采用客位（研究者的价值观最重要）还是主位（研究对象的价值观最重要）立场，取决于研究对象或研究的情境。

实证主义民族志认为必须坚持研究的客观性，追求因果关系，同研究对象保持距离，因为与研究对象的互动不但会破坏经验数据，还会破坏研究结果。批判民族志学者采用基于批判理论的社会科学研究范式，主要关注社会变革，关注对人类现状的批判。批判民族志注重分析和解释，通过解释者的视角了解研究对象的经历和文化；在数据收集方面，注重定量数据与定性数据的收集相结合，包括非参与式观察、参与式观察、文化和社会产物分析、日记和个人档案、生活史、重点深入的访谈、小组讨论、话语和语言分析。批判民族志与扎根理论的不同之处在于，它并不设定经验数据收集的程序，从而为经验数据收集过程和持续分析方面的实用主义提供了契机。

后现代民族志"最终的解释理论是多重话语和对话式的。它建立在局部化解释的基础上……并将隐含在那些解释中的东西明确地表达出来[3]"。后现代/建构论民族志对世界保持一种无条件的超然立场，世界是一个与个人有关系的社会建构，个人则由意识形态、权力、政治和文化这些隐含在建构中的内容所决定。豪威尔认为，后现代民族志认识到，世界上的人们共同分享着这个世界，每个人都能以特定的方式对世界做出回应。因此，对一般情境的理解就变得很成问题，但也不至于像纯粹的后现代主义者所认为的

---

[1] 凯利·E 豪威尔. 方法论哲学导论［M］. 宋尚玮，译. 北京：科学出版社，2019.

[2] GRIFFIN B L. Metatheory or methodology? Ethnography in library and information science［J］. Information research，2017，22（1）：1640.

[3] DENZIN N. Interpretative interactionism［M］. London：Sage，1989.

那样完全不可能。

民族志可以是科学的、解释性的、批判性的或反思性的,这取决于它所依据的本体论立场①。图书情报学领域的研究最初关注从科学本体论的角度提升和改善图书馆服务的问题②。后来,研究问题更加广泛,已经超出了图书馆的范围,并采取了包括批判理论、建构主义和后现代主义在内的非科学的本体论立场③。由于图书情报学包括了实证主义、后实证主义、批判性方法、建构主义和后现代主义等广泛的元理论或范式,图书情报学中的民族志可以从每一种范式中继承不同的假设和目标,这与人类学对民族志的理解是一致的。

随着应用的日渐广泛,民族志作为一种研究方法已经发展出了一套较为完善的研究步骤。关于民族志作为研究方法的具体操作步骤,将在本书第8章8.9节做详细介绍。

4.4.7 诠释学

诠释学(hermeneutics)与现象学、符号互动主义一起被看作解释主义(interpretivism)的重要组成部分。诠释学(又称解释学)最初起源于对《圣经》和其他神圣与经典文本的解释活动,是关于解释和理解的哲学。诠释学主要关注文本或文本类似物(任何可以作为文本对待的事物,如人工制品、组织或文化)的含义,其主要目标是人类理解——理解人们说什么、做什么及为什么④。诠释学作为一种方法论,在情报学研究中的应用并不多见,但是鉴于其关涉文本分析,与情报学中常用的内容分析法与文本挖掘技术所关注的研究对象基本相同,因此,在这里做一个简单的介绍。

弗里德里希·施莱尔马赫(Friedrich Schleiermacher)被称为现代诠释学之父,也被认为是现代神学之父,他把诠释理论提升到了一个全新的水平。施莱尔马赫⑤把传统的圣经诠释学转变为一种综合了各种文本的一般诠释学。这里的文本(texts)不仅包括书

---

① ERICKSON F. A history of qualitative inquiry in social and educational research [M] // DENZIN N K, LINCOLN Y S. The sage handbook of qualitative research. Thousand Oaks: Sage Publications, 2011: 43-59.

② CASE D O, GIVEN L M. Looking for Information: a survey of research on information seeking, needs, and behavior [M]. 4th ed. UK: Emerald Group Publishing Limited, 2016.

③ BUCKLAND M. The landscape of information science: the American society for information science at 62 [J]. Journal of the American society for information science, 1999, 50 (11): 970-974.

④ 史海燕. 阐释学在情报学中的应用研究 [J]. 图书馆学研究, 2014 (17): 17-21, 52.

⑤ SCHLEIERMACHER F, KIMMERLE H, DUKE J. Hermeneutics: The handwritten manuscripts [M]. Missoula: Scholars Press, 1977.

面文字，也包括对话、理解等。施莱尔马赫强调理解文本中的一系列思想的重要性，而理解文本意义的新方法包括语法诠释和心理诠释，前者涉及对文本语言的理解，后者涉及对作者创作意图的理解。在语言理解方面，施莱尔马赫提出了诠释环（hermeneutic circle）的概念，认为人类的理解过程是一个环状的结构，现象的部分和整体间存在正式的关系，进行诠释的个体必须要在通过把握整体来理解部分和通过把握部分来理解整体之间移动。

之后，海德格尔的学生伽达默尔（Gadamer）[①] 强调了诠释学的普遍性，展示了诠释学方法是如何为所有人类的理解奠定基础的。在艺术中，伽达默尔提出真理是在我们的日常生活中展现在我们面前的，是无法控制的。他批评施莱尔马赫"理解作者的意图"是有问题的，因为作者不能完全确定他们在作品中的意思。在历史方面，伽达默尔认为，"历史和传统使我们准备去了解和理解"[②]。他声称，通过重建作者的社会、政治、宗教和经济利益，并理解我们属于当前历史的一部分，我们可以获得对历史更完整的理解。伽达默尔强调语言研究，他认为所有的理解都植根于语言，是语言允许存在显示它自己，只有有限历史条件下的语言才能进入存在，可以将语言理解看作存在的真理。

诠释学中较有影响的概念包括阐释环和视域融合（fusion of horizons）。伽达默尔在胡塞尔所提出的视域概念的基础上提出了视域融合的概念。胡塞尔（Husserl）[③] 提出，我们的视域由默契的、预期的和偏见的解释组成，这些解释帮助我们理解生活世界的极限。他认为视域的局限性代表了一种开放的可能性，因为它代表着一种边界的轮廓。伽达默尔（Gadamer）[④] 认为，偏见不是错误的判断，而是真理的条件，是"历史现实本身，以及理解它的条件"。伽达默尔与胡塞尔的观点一致：视域不是意义的界限，从被直接赋予的意义可以延伸到整个语境，包括对世界的感觉[⑤]。在此基础上，伽达默尔[⑥]进一步提出，"当我们为了理解他人的视域而使自身的视域被理解时，视域融合就发生了；有意识地融合两个或多个视域并创造历史意识时，理解就发生了。"在诠释学中，

---

① GADAMER H. Truth and method [M]. New York: Crossroad Publishing Company, 1985.
② STIVER D R. The philosophy of religious language [M]. Oxford: Blackwell Publishers Ltd., 1996.
③ HUSSERL E. Ideas (Vol. I) [M]. Hague: Martinus Nijhoff Publishers, 1983.
④ GADAMER H. Hegel's dialectic: five hermeneutical studies [M]. New Haven: Yale University Press, 1982.
⑤ VESSEY D. Gadamer and the fusion of horizons [J]. International journal of philosophical studies, 2009, 17 (4): 531-542.
⑥ GADAMER H. Truth and method [M]. New York: Continuum, 1989.

视域融合被视为对陌生文本或文化进行理解的一个基本特征。对于伽达默尔来说，这样的"理解不是忘记我们自己的意义视野，把自己放在外来文本或外来社会的视野中"，因此不是一个"超脱"的问题，它涉及"我们现在的世界……和我们寻求评价的不同世界之间的和解"。

戴（Day）① 认为情报学是一门后现代（post-modern）科学。汉森（Hansson）② 认为诠释学是现代与后现代之间的认识论和方法论桥梁，诠释学应该发挥其在情报学领域的作用。他指出，很多图书情报学的问题与实践都可以被描述为是解释性（interpretive）的，如索引、对单个文献的分类和检索、建立文献集合的结构、系统研发过程中的集体诠释学③等，这些实践均可以被看作日益复杂的信息环境中开展的复杂的解释性活动。卡普罗（Capurro）④ 讨论了诠释学与情报学的关系，认为信息存储与检索的过程可以阐释为对查询者不同的开放性和社会化共享的前理解视域与系统已建立的视域间关系的说明。例如，数据库的创建者预定义领域知识，领域术语客观化为某一叙词表，书目描述、摘要、标引词和分类码是将某一用户群体客观化的前理解（叙词表、分类模式等）考虑在内的用以查询的文件替代物，数据库所在系统的一边是客观化的前理解，另一边是解释者或查询者。

汉森认为，情报学对诠释学的应用是存有问题的，研究者们通常将研究的对象看作诠释学的，而没有区分研究对象和研究。汉森认为伯内特（Burnett）⑤ 对虚拟社区的诠释学研究是诠释学应用的良好示范，他援引伯内特对诠释学的理解：诠释学既可以提供一种通过对文本的解释来分析意义创建的途径，也提供了一种说明这种意义交换的距离和中介的途径。诠释学提供了理解虚拟社区参与者通过解释活动来构建社区的机制。汉森认为，伯内特的这一论述显示了对以文本为媒介进行研究的社会过程的解释性特点和对这一过程实际的诠释学研究之间清晰的区分，而这一点对于诠释学在情报

---

① DAY R. LIS, method, and postmodern science [J]. Journal of education for library and information science, 1996, 37 (4): 317-324.

② HANSSON J. Hermeneutics as a bridge between the modern and the postmodern in library and information science [J]. Journal of documentation, 2005, 61 (1): 102-113.

③ HANSEN S, RENNECKER J. Collective hermeneutics in a systems development process [J]. Berichte der deutschen chemischen gesellschaft, 2006, 72 (2): 440-445.

④ CAPURRO R. Hermeneutics and the phenomenon of information [M] //MITCHAM C. Metaphysics, epistemology and technology: research in philosophy and technology. Amsterdam: Elsevier Science, 2000: 79-85.

⑤ BURNETT G. The scattered members of an invisible republic: virtual communities and Paul Ricoeur's hermeneutics [J]. The library quarterly, 2002, 72 (2): 155-178.

学中的进一步应用是非常重要的。

4.4.8 话语分析

4.4.8.1 话语

"话语"（discourse）是一个内涵丰富的术语。自20世纪以来，不同学科领域、理论流派的学者对话语进行了多种定义。在语言学领域，有关话语的研究起源于对传统语言学侧重考察抽象符号系统的反思，转而将话语看作主体在特定情境下使用语言的行为。法国语言学家本尼维斯特基于对结构语言学的反思，提出结构语言学只适用于句子层次以下的符号系统，而话语则关注"使用中的鲜活语言"[1]，并将话语定义为主体在相互作用的维度中产生的所有叙述。盖斯潘则提出，话语是从话语的机制上研究叙述，并受这一机制的调节，话语关注的是文本产生的条件[2]。巴特（Barthes）将话语定义为超越句子层次的语言单位，并指出话语具有生产和建构意义的作用[3]。法国哲学家福柯（Foucault）更是拓展了话语的定义，将知识和权力的问题引入话语研究，认为话语不只是陈述的集合，还是一套确立和维持言说规则的实践，它以一种隐性的方式规定了特定时空环境下人们言说的范围和言说方式，并建构和塑造言说对象事物的意义。

话语的定义不仅在不同学科间存在巨大差异，甚至同一学科内部对于话语的定义也并不统一。袁英在其所著的《话语理论的知识谱系及其在中国的流变与重构》一书中汇总各种话语理论，总结了各类话语定义的一些共同点：①将微观语言单位（如字词、句子）之上的文本、语篇、对话、陈述当作话语分析的对象；②将话语看作社会行为，它产生于人类的社会交往实践，因此，学者们也特别关注产生、传播和转变的社会背景；③认可话语的建构性和生产性功能，认为它能够通过构建意义来影响和塑造社会现实，因此，话语这种功能性本质也决定了它和知识、权力密不可分，因而话语分析也关注特定社会历史背景下的意义建构和话语背后的权力关系[4]。

话语这一基础概念的定义尚且如此多样，而相应地"话语分析"也自然是一个相当

---

[1] 埃米尔·本维尼斯特. 普通语言学问题 [M]. 王东亮，等译. 北京：生活·读书·新知三联书店，2008：106.

[2] 乔治-埃利亚·萨尔法蒂. 话语分析基础知识 [M]. 曲辰，译. 天津：天津人民出版社，2006.

[3] BARTHES R. A lover's discourse: fragments [M]. London: Penguin Books, 1990.

[4] 袁英. 话语理论的知识谱系及其在中国的流变与重构 [M]. 武汉：华中师范大学出版社，2013：12.

多元化、异质化的研究领域,各类有着不同理论基础、研究目的、分析原则和操作方式的话语研究流派共同构成了话语分析这一异彩纷呈的领域。在语言学界,虽然学者们对话语分析的内涵和方法仍存在不同的理解,但正如朱永生所总结,学者们大都认同话语分析是一门研究"人们如何在语境下通过'使用语言'交换意义的学问",具体而言,从事话语分析的语言学家主要关注语句、语篇、会话等话语单位,并侧重考察话语和语境、意识形态、文化传统、思维模式之间的关系①。而在社会科学领域,话语通常被视为一种社会行动,而话语研究则主要关注话语背后的行动主体和社会结构问题。这些研究在研究目的上呈现极强的现实导向和问题导向的特点,并在理论来源和研究方法上体现出高度的跨学科风格。社会科学领域的学者们广泛吸收结构功能语言学、马克思主义、结构主义、后结构主义和批判理论等理论资源,并将话语分析和民族志、内容分析、常人方法论(ethnomethodology)等传统社会科学研究方法相结合。

4.4.8.2　话语理论与分析方法的发展历程

阶段一:语言学中话语思想的萌芽

在语言学领域,对话语的思考起源于索绪尔于19世纪末提出的语言/言语二分。索绪尔在现代语言学的开山之作《普通语言学教程》中将人类的"语言使用"分成了"语言"(langue)和"言语"(parole)两个部分,前者是社会整体所创造和遵循的语法体系和规约,而后者是个人所说的话的总和,它产生于个人的"意志和智能"。在此基础上,索绪尔限定了语言学的研究对象——去掉了言语的语言,即客观的语言符号体系。从这个意义上,索绪尔认识到了语言问题的两个层面,即符号层面和语言使用层面,虽然他本人放弃探讨作为语言使用的"言语",但这一概念也启发了后世研究者开展对语言使用问题的研究,并逐渐发展出各种各样的话语理论和话语分析方法。

阶段二:语言学和社会科学中话语理论的初步发展

1950—1970年这段时间内,成熟的话语分析方法虽未成形,但来自文学评论、人类学、语言哲学、社会科学等诸多领域的学者都对人类社会中的语言交流问题进行了考察,并提出了许多重要的基础理论,这些理论为后来话语分析的快速发展提供了理论基础和分析路径。

首先,话语研究在语言学领域中得到了长足的发展和进步。语言学家本维尼斯特在20世纪50年代批判性地考察了索绪尔的结构主义语言学,指出传统的结构主义语言学

---

① 朱永生. 话语分析五十年:回顾与展望[J]. 外国语,2003(3):43-51.

忽视了语言产生的历史、文化和社会背景，并开始了对话语、陈述和主体性的讨论。本维尼斯特突破了传统结构主义语言学对于抽象语言结构系统的关注，转而探讨主体开展的语言交流活动，这一转向为话语研究提供了新的思路①。1952年，语言学家哈里斯（Harris）发表《话语分析》（*Discourse Analysis*）一文，提出"在连贯的话语中讨论语言"，自此"话语"这一概念便正式出现于学界。到了20世纪60年代，著名语言学家韩礼德（Halliday）也开始注重关注话语问题，他本人创立的系统功能语言学理论对话语分析的发展起到了深远影响。但在这一阶段内，哈里斯、韩礼德等语言学家仍然从语言系统和功能、话语的句法结构、词组形态、音位结构等结构主义角度来考察话语问题，并未将话语的意义和社会情境等因素纳入考察范围。而在20世纪70年代，伴随着社会语言学和计算机语言学的兴起，语言学家更加关注语言行为和会话内涵，并引入一系列新的概念和问题，使语言研究超出了句子的范围②。

而在语言学领域之外，在20世纪哲学社会科学整体"语言学转向"的影响下，一批语言哲学家、社会学家、文学评论家和人类学家也将研究视角拓展到社会中的语言交流行为、意识形态和社会权力结构等方面，从而进一步丰富了话语研究。在语言哲学领域，格莱斯（Grice）提出的含意理论（theory of implicatures）、奥斯丁（Austin）与希尔勒（Searle）提出的言语行为理论（speech act theory），以及莱文森（Levinson）提出的"礼貌模式"理论（model of politeness）为话语的语用学分析奠定了理论基础。语用学将对话语的研究进一步拓展到对语言的意义和语境的考察，试图发掘人类对话行动的统一的、一般的功能性规则。

此外，社会科学家们也在不同维度上发展话语分析的理论和方法。在美国，舍格洛夫（Schegloff）和萨克斯（Sacks）等社会学家借鉴了加芬克尔和戈夫曼的常人方法论（ethnome thodology），创立了话语研究中一条重要的社会学分析路径——会话分析。会话分析理论将话语视为人与人之间的交流和对话过程，而会话分析的目的则是理解"个人交流的模式"，考察整个社会结构和个人在该结构中的位置③。

而在20世纪六七十年代的欧洲，话语研究同样结出了丰硕的果实，一批主要来自法国和德国的社会理论家们将话语理论引入对社会现实、权力、知识和意识形态的考

---

① 袁英. 话语理论的知识谱系及其在中国的流变与重构［M］. 武汉：华中师范大学出版社，2013：32.
② 朱永生. 话语分析五十年：回顾与展望［J］. 外国语，2003（3）：43-51.
③ JAWORSK A，COUPLAND N. The discourse reader［M］. 2nd ed. Oxon：Routledge，2006：17.

察。在这段时间里,后结构主义者、马克思主义者都基于各自的理论传统,对话语问题进行了进一步的探索,并提出许多重要的思想方法和工具。阿尔都塞则进一步发展了马克思的意识形态理论,提出"意识形态国家机器"理论,并试图创建一种能够阐明意识形态话语特性、功能和结构的话语理论①。而法兰克福学派则主要关注资本主义社会中的不同文化形式,并用批判性的研究态度分析各类文化机构。而后结构主义者福柯则更进一步将话语研究拓展到社会实践的层面,将话语看作一套在不同历史社会条件下生产陈述、建构意义的规制性的实践系统②,并试图探索日常话语的生成规则及背后的知识/权力结构。这一研究路径极大地影响了后来社会科学领域的话语分析,为批判话语分析路径奠定了理论基础。

阶段三:话语分析快速发展

在经历了20世纪六七十年代话语理论的丰富和发展之后,话语分析在20世纪80年代之后进入快速发展和广泛应用的阶段。在这段时间内,相关研究总量增多,研究的问题领域也拓展到社会的各个领域。

在这一阶段内,话语分析最具代表性和影响力的成果便是批判话语分析的创立和发展。批判话语分析源于20世纪80年代初期克勒斯(Kress)、福勒(Fowler)等语言学家的批判语言学(critical linguistics)研究,并在费尔克拉夫(Fairclough)、伍达克(Wodak)、梵·迪克(van Dijk)等学者的推动下逐渐成形。批判话语研究者们广泛吸收了包括韩礼德的系统功能语言学、福柯的话语理论和后马克思主义批判理论在内的语言学和社会科学理论成果,结合了语言学和社会科学的分析方法和工具,以考察话语和意识形态、社会权力关系之间的相互作用为目标,强调话语分析在促进社会和政治变革中的政治性作用。

从发展历程上来看,批判话语分析的发展历程大致可以分为两个阶段③:第一个阶段是20世纪80年代初期,在这一阶段内,克勒斯、福勒等语言和文化研究者发展了批判语言学研究,他们主要以韩礼德的系统功能主义语言学理论为基础,并结合了社会科

---

① 袁英. 话语理论的知识谱系及其在中国的流变与重构[M]. 武汉:华中师范大学出版社,2013:40.

② HALL S. Foucault: power, knowledge and discourse [M] //WETHERELL M, TAYLOR S, YATES S. Discourse theory and practice. London: Sage, 2001.

③ LIU K, GUO F. A review on critical discourse analysis [J]. Theory and practice in language studies, 2016(5):1076-1084.

学中的意识形态理论，尝试以系统功能语言学理论为基础来考察新闻话语，着重探讨新闻文本、大众传媒和意识形态的关系①；而从 20 世纪 80 年代末起至今为批判话语分析发展的第二阶段，在这一阶段内，费尔克拉夫、伍达克、梵·迪克等学者更广泛地结合了语言学理论和各类社会理论，提出了相对成熟的批判话语分析理论和结构化的分析工具，从而使话语分析变得更具可操作性，大大促进了话语分析在社会科学领域的传播和应用。

总体来说，话语分析这一研究领域整体在 20 世纪 80 年代之后经历了研究数量的迅速增加和问题领域的不断扩大。从话语分析的应用领域来看，20 世纪 80 年代之后，来自社会科学各领域的学者运用话语方法对各类社会领域进行了大量考察，相关的问题领域包括话语与种族、话语与性别、话语与认同、话语与组织、话语与政治、话语与文化等。从理论视角上，20 世纪 80 年代之后的话语分析跨学科风格更加明显，来自文化研究、女性研究、种族研究等领域的学者都在不同程度上尝试和使用过话语分析的思想和方法，而这些学者主要使用福柯式话语分析及批判话语分析的话语方法。此外，在 20 世纪 90 年代之后，一些学者也将语料库语言学、认知语言学、多模态话语分析等语言研究新成果运用到话语分析之中②，为话语分析提供了新的有效的分析工具和研究路径。

4.4.8.3 话语分析的主要流派

话语分析领域成果丰硕，流派众多，而纷繁复杂的研究现状也给初学者全面认识这一领域带来不小的困难，因此，我们有必要运用归纳的思维方法，根据理论来源、分析目标、分析原则和操作方法上的异同将话语分析研究分成若干流派，以方便读者理解。在现有的分类方案中，语言学家库克（Cook）的分类方法较为简洁而全面，也最具影响力，因此本书借鉴库克的分类方案。在这一方案中，库克将话语分析分为英美学派、福柯学派和批判话语学派③3 个主要流派（图 4-2）。

---

① 陈中竺. 批评语言学评述［J］. 外语教学与研究，1995（1）：21-41.
② LIU K, GUO F. A review on critical discourse analysis［J］. Theory and practice in language studies, 2016（5）：1076-1084.
③ JOHNSON K, JOHNSON H. Encyclopedic dictionary of applied linguistics：a handbook for language teaching［M］. Oxford：Blackwell Publishing, 1999：99.

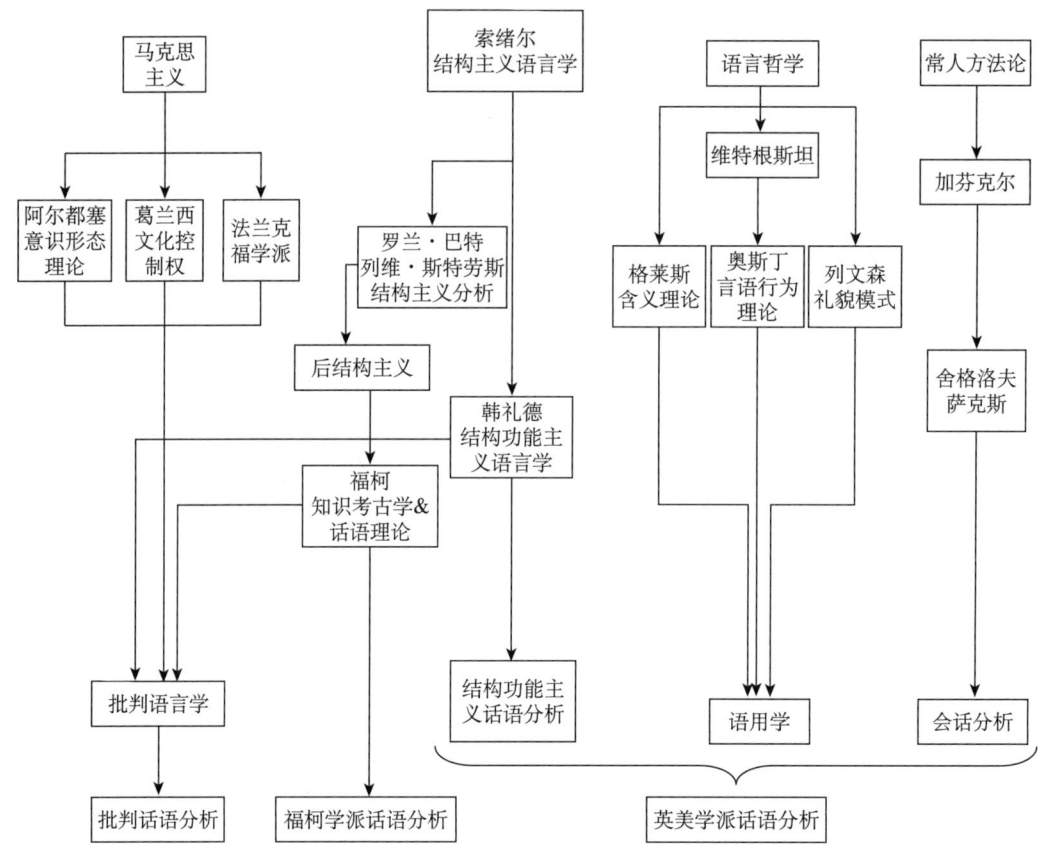

图 4-2　话语分析的 3 个主要流派

英美学派产生于语言学和应用语言学领域，主要包括系统功能语言学、绘画分析、语用学等[①]。这一学派的研究重点包括语篇和话语结构、图示理论、会话分析、语用学、互动社会语言学等和语言结构、语言使用相关的问题。而福柯学派则植根于福柯的话语理论基础，强调话语的建构性和实践性本质，试图挖掘和归纳特定时空情境下的话语形成规则，并考察权力是如何借助话语和知识运行的。批判话语学派则广泛吸收了结构功能主义语言学理论、福柯话语理论和法兰克福学派的批判理论，提出了较为规范和成熟的分析方法和分析工具，并将话语分析视为一种政治性工具，强调话语分析的批判性意义。

下面对以上 3 个话语分析流派进行简单介绍。

---

① 黄国文. 语篇分析与话语分析 [J]. 外语与外语教学，2006（10）：1-7.

（1）英美学派话语分析

英美学派是库克对产生于英国和美国的一批话语研究的统称。这一研究流派主要关注话语的情境和使用问题，将"话语"视为人类在日常的交谈、工作、沟通过程中产生的语言输出①。英美学派中比较有代表性的话语分析路径主要包括结构功能主义话语分析、会话分析和语用学分析3种。

1）结构功能主义话语分析

结构功能主义语言学是语言学家韩礼德建立起的一套语言学理论体系。结构功能主义语言学强调考察语言和情境之间的关系，认为意义构建的过程实际上是语言和语言情境之间的相互塑造过程。

从研究路径来看，结构功能主义语言学主要研究文本的语法结构、词汇选择等语言学特征，从而考察研究语言选择行为在意义建构中的功能性作用②，这一分析的核心理论是韩礼德提出的语言元功能（metafunctions）理论。韩礼德认为，语言有3种最基本的功能，这些功能包括：①概念功能（ideational），通过语言来表达个人经历和体验的功能；②人际功能（interpersonal），建立信息表达者和信息接收者的人际关系的功能；③文本功能（textual），与前后文本共同组织成完整语篇结构的功能③。这一理论将语言符号的结构性特征和具体的语言使用联系了起来，极大地促进了语言学家对语言使用问题的理解。

结构功能主义话语分析关注的是语言的使用、情境和功能问题，它的研究对象主要包括句子间的语义联系、语篇的衔接与连贯，以及话语与语境之间的关系等语言现象。结构功能主义语言学家们试图通过这些语言学层面的分析来探讨一些更深层的问题，如文本的意义和功能问题，文本、语言行为和社会情境三者之间的关系问题等。结构功能主义语言理论为话语分析提供了较为成熟的语言学分析工具，在话语分析领域有着重要的基础性地位。

2）会话分析

会话分析起源于美国社会学家戈夫曼和加芬克尔对语言和交流过程的社会学研究，

---

① WETHERELL M, TAYLOR S, YATES S. Discourse theory and practice [M]. London: Sage, 2001: 83.
② SCHLEPPEGRELL M. Systematic functional linguistics [M] //GEE J P, HANDFORD M. The routledge handbook of discourse analysis. New York: Routledge, 2012: 21-35.
③ HALLIDAY M. Language as social semiotic: the social interpretation of language and meaning [J]. American anthropologist, 1978, 83 (3): 659-661.

它以加芬克尔创立的"常人方法论"思想为基础。"常人方法论"假设社会结构以一种行动规则的形式存在着，而这些规则蕴含于人们的日常行动之中，人们在开展社会活动的时候都自觉地遵从这些规则。然而，由于这些共识和规则都被人们内化成为习惯，以至于很少会有人认真观察和思考这些大多数人习以为常的事物。因此，"常人方法论"的目的就是揭示人们在日常生活中"正常"行为背后的一整套规则和共识，从而更好地理解人类社会的结构运行。

萨克斯和舍格洛夫等于20世纪60年代将常人方法论思想引入对人们日常语言活动的考察之中，并以此创建了会话分析，并用它来分析人们在日常对话和行动中的方式方法，并考察这些行动与语境之间的相互关系，而会话分析的最终目的则是发现那些建构和维持社会行动模式的特定谈话结构。

会话分析的研究对象一般是日常生活中自然发生的、非正式的交流行动。值得注意的是，会话分析不只关注人称指代、词汇选择、语法/句法、言说次序等具体语言符号层面的特征，它还重视语境、动作、声音、姿态、表情等因素在会话中的作用。此外，会话分析的数据格式也较为多样，包含访谈文本、对话音频、对话视频录像等多媒体形式。

会话分析已经成为研究作为社会交往行动的话语的最主流的社会学方法[1]。此外，一些学者也将会话分析方法拓展到了医院、学校等机构情境之中[2]，分析机构中各种角色之间的"机构性互动"，探讨语言、谈话、行动及对话场景如何构建机构中的不同身份和角色[3]。

3）语用学分析

语用学是对特定语境中的语言交流的研究，其核心是考察社会互动过程中的语言使用行为和意义生产过程。语用学区别于只关注语言符号体系的传统语言学，将语言视为社会行动和意义制造活动，它主要探讨有哪些情境因素会影响（如文化环境、语调暗示、语境）人们对语言的使用、阐释和理解[4]。

语用学的哲学基础是维特根斯坦、奥斯丁、希尔勒等的语言哲学。这些理论探讨了

---

[1] WETHERELL M, TAYLOR S, YATES S. Discourse theory and practice [M]. London: Sage, 2001: 85.
[2] MAYNARD D W. Good news, bad news: conversational order in everyday talk and clinical settings [M]. Chicago: Chicago University Press, 2003.
[3] 图恩·梵·迪克. 话语研究多学科导论 [M]. 周翔, 译. 重庆: 重庆大学出版社, 2015: 171.
[4] 图恩·梵·迪克. 话语研究多学科导论 [M]. 周翔, 译. 重庆: 重庆大学出版社, 2015: 130.

语言和社会、社会现实之间的关系，为语言学家们理解语言行动提供了理论框架。而和话语有关的语用学主要理论有 3 种：格莱斯的含义理论（theory of implicatures）、奥斯丁和希尔勒的言语行为理论（speech act theory）及列文森的礼貌模式（model of politeness）。这些理论从言说意涵的生成、言语行为的方式和类别、语境变化等角度分析言说者的语言行为，为话语研究者理解人们的语言交互行动和意义构建提供了有用的理论框架和分析工具。

语用学提供了有关文本和谈话中意义生产的功能性、多层次、社会语境化的视角[①]，被广泛地应用到了跨文化研究、媒体研究、翻译研究等领域。

（2）福柯学派话语分析

"话语"这一概念贯穿于法国后现代主义哲学家福柯（Foucault）的整个思想脉络，而为了理解福柯意义上的话语，需要从他在 20 世纪 60 年代开展的知识考古学工作入手。知识考古学是一种重新研究和书写思想史的思想方法。福柯通过这一研究路径反思传统的"整体历史观"，反思传统知识构建者建立起的线性的、连续的、整体性知识形态，并试图发掘被以往历史学家所忽略的丰富多样的历史文档中展现出的非连续性、断裂性[②]，从而开启一种新的多元化的、多角度的知识形态。在 1994 年的访谈中，福柯将知识考古学的主要目的总结为：发掘那些隐藏于显性知识（desconnaissances）背后的隐性知识，前者是明显的、成建制的，拥有一整套概念、理论、案例体系的各类现代学科门类知识，而后者则是那些蕴含和散布于社会机构、日常实践、流行文本、思维方式之中，却没有被明确命名的隐性知识，而隐性知识又构成了显性知识发展的必要的话语条件[③]。在这样的背景下，"科学""理论""意识形态"等词不能用来描述离散的、多元的隐性知识，而福柯便选择了"话语"这一新的单位来谈论这一知识形态。由此我们可以看出，在福柯的思想中，"话语"这一概念承担了解构"总体历史"和重建新的知识单位的重要职能[④]。

即使在福柯的思想体系内，"话语"也具有多义性。在《知识考古学》中，福柯总

[①] 图恩·梵·迪克. 话语研究多学科导论 [M]. 周翔, 译. 重庆: 重庆大学出版社, 2015: 137.
[②] FOUCAULT M. The archaeology of knowledge [M]. 2nd ed. London: Routledge, 2002: 15.
[③] SCHEURICH J, MCKENZIE K. Foucault's methodologies: archaeology and genealogy [M] //DENZIN N, LINCOLN Y. The handbook of qualitative research. 3rd ed. London: Sage, 2000: 841-868.
[④] 肖锦龙. 福柯理论视野中的话语 [J]. 文艺理论研究, 2010 (5): 87-93.

结了他自己在不同分析视角下所使用的 3 种话语定义①，话语有时是涵盖了所有陈述的一个总体范围；有时又特指一个独立的特定陈述群；有时又是"系统性地表达和塑造言说对象事物的实践"②。而福柯在他的考古学分析中主要阐释和使用了第 3 种定义，这一定义也是福柯话语理论的核心创新之一。

在《知识考古学》一书中，福柯尝试解决的一个核心问题就是找到话语的单位和边界，他试图回答以下问题：话语的单位是什么？话语之间的边界应该根据什么标准来划定？一种话语内部的一致性又如何确定？最终，福柯放弃从符号和语言的表层寻找一致性，指出确定一种话语本身的不是其出现时间的一致性，也不是陈述对象、概念、言说方式、主题选择的一致性，而是特定陈述集群中存在的一套共同的内在规则，而这套规则规定了陈述之间的关系，也规定了各陈述内部言说对象、陈述方式、概念、主题选择之间的关系（Foucault）。而一种话语之所以能够被确定，是因为这一话语内部的陈述共享一套同样的规则。福柯将这样的规则称为"话语成规"，而对话语成规的分析是识别、定位和描述一种话语的唯一方法。一种特定话语成规标志着一种特殊的规律性，这种规律性存在于对象、言说方式、概念、主题选择四者之间的离散/分歧关系之中，而考察话语成规就是要从该话语相关的陈述中寻找陈述对象、言说方式、概念、主题选择这四者之中特定的规律（Foucault）。

在福柯的话语理论中，话语与知识、权力密不可分。知识与权力是一对共生体，而这一"知识/权力"系统主要通过话语发挥作用。而话语发挥作用有 3 种途径：①话语使我们能够言说，给我们提供事物的定义；②话语限制我们言说，确定言说的边界；③话语建构和塑造言说的主体，构建言说者的主体性③。因此，借助强调话语的实践性和建构性，福柯得以开展对我们习以为常的诸多观念进行反思和批判。作为后现代主义哲学家，福柯认为绝对的真理并不存在，而决定事物真理性意义的只有"真理体制"（regime of truth）这一长期存在于人类社会的话语成规，它赋予特定观念、知识以真理性意义，实际上并不存在绝对真理。福柯认为，这一套建构真理性认识的话语，或者说安置、分配陈述的规则和策略才是需要被考察的。

---

① 袁英. 话语理论的知识谱系及其在中国的流变与重构 [M]. 武汉：华中师范大学出版社，2013：47.

② FOUCAULT M. The archaeology of knowledge [M]. 2nd ed. London：Routledge，2002：38.

③ STOREY J. Cultural theory and popular culture：an introduction [M]. 7th ed. London：Routledge，2015：133.

然而，值得注意的是，作为一种分析方法的"福柯式话语分析"实际上并非由福柯提出，它实际上是对一批运用福柯话语理论开展话语分析的研究的统称。在20世纪60年代福柯提出话语理论之后，大量来自社会科学各领域的学者们基于各自对福柯话语思想的理解，将话语理论和其他社会理论及语言学理论相结合，发展出多种话语分析方法，这些方法被统称为"福柯式话语分析方法"。在图书情报学领域，福柯的话语理论也是被应用得最广泛的话语分析方法，弗罗曼（Frohmann）、海德尔（Haider）和鲍登（Bawden）、于良芝等学者都曾运用过福柯的话语理论来开展话语分析①。

（3）批判话语分析

批判话语分析是20世纪80年代兴起的另一个重要的话语分析流派。这一流派的学者们广泛汲取了来自不同理论源流的思想和分析工具，发展出一套结合了社会理论和语言学理论的话语分析方法，将话语分析发展成一个跨学科的、相对成熟和结构化的社会科学质性的研究方法。

从理论源流来看，批判话语分析流派受马克思主义传统和后结构主义传统影响较大。在20世纪，葛兰西、阿尔都塞、法兰克福学派等后马克思主义者进一步考察了包括文化和意识形态在内的"上层建筑"在资本主义社会关系再生产中的重要作用②。这些学者将权力结构和意识形态问题引入话语研究中，而他们的研究成果也为批判话语分析奠定了重要的理论基础。此外，后结构主义者福柯的话语观也极大地影响了批判话语分析。福柯将话语概念引入对知识和权力的讨论之中，并发展出话语实践、话语成规、陈述、知识/权力等关键理论。以上这些研究成果为后来的批判话语分析研究者们分析话语和社会结构提供了重要的理论资源和分析工具。

受福柯话语理论的影响，批判话语分析将话语视为"作为社会实践的语言"，强调话语的实践性和建构性本质。费尔克拉夫就明确提出，话语、话语性实践和社会的结构、情境和组织之间具有辩证性关系③，话语被社会环境塑造，同时又影响和形塑社会环境。这种辩证关系使得话语问题和社会现实充分地联系起来，话语对于社会现实的影响力量也因此受到批判话语分析学者的高度重视，费尔克拉夫和伍达克就曾指出，"话

---

① 杨絮. 话语分析方法综述：开辟LIS研究新视野［J］. 数字图书馆论坛，2018（3）：59-68.
② 图恩·梵·迪克. 话语研究多学科导论［M］. 周翔，译. 重庆：重庆大学出版社，2015：325.
③ FAIRCLOUGH N. A dialectical-relational approach to critical discourse analysis in social research［M］//WODAK R，MEYER M. Methods of critical discourse analysis. 2nd ed. London：SAGE Publications，2009：162-190.

语能够塑造知识对象，也能塑造个人的社会认同及各种各样的社会关系。话语的建构性体现在，它既能帮助维护现状，也能促成变革和转型，话语的这一社会建构能力又使得权力问题变得尤为重要，话语性实践也相应地拥有意识形态的影响"①。

在这种辩证的社会—话语观的影响下，批判话语分析的研究者们遂将权力和意识形态的问题引入了话语分析之中，并将其作为批判话语分析的核心问题。费尔克拉夫认为，社会中的权力关系、意识形态和话语结构紧密相连，而批判话语分析的批判性目标就是要反思这些日常话语背后的权力关系。批判话语研究者主要通过"去自然化"（de-naturalization）的分析途径来实现这一目标②，这要求研究者分析和反思那些在社会中被广泛认为是自然的、固有的话语体系，并分析其建构过程及背后的社会结构性力量。在这个意义上，批判话语分析的批判性就是运用理性对社会中一切习以为常的话语和认知进行反思，考察产生某种话语的政治、经济、社会状况，分析日常话语和这些宏观社会结构之间的相互关系，揭露话语背后的不平等权力关系，并希望通过这种批判工作来促进社会进步。

就具体的分析方法而言，批判话语分析不是一种单一的、具体的、标准化的分析方法，它更像是一批采用同样的研究思路的分析方法的总和，使用这一方法的学者们也发展出了不同的批判话语分析流派。在诸多话语分析流派中，比较有影响力的包括话语 - 历史观方法、社会认知方法、辩证关系话语分析、福柯式批判话语分析等。莱西格和伍达克提出的话语 - 历史观方法注重在历史变迁的背景下考察文本和话语，其主要分析对象包括内容主题、话语策略、语言手段、语境等不同层面的因素。梵·迪克则提出了社会认知方法，将话语置于"话语—社会—认知"的话语分析框架中来理解，这一方法注重研究言说者在话语的表达、交流、理解、阐释中的心理活动，并将这些认知活动和话语结构、社会结构相结合分析。杰格（Jaeger）和梅尔（Maier）则进一步发展了福柯的话语理论，提出了一种更加结构化和可操作的福柯式批判话语分析方法。此外，这一方法还将福柯理论中的"装置"（dispositive）概念引入批判话语分析，试图把话语性实践、非话语性实践及具体的物质形态（如建筑、工具、城市布局等）联系起来，将批判话语分析延伸到了社会实践和物质实体层面。而在批判话语分析诸方法流派中，费尔克

---

① WODAK R, MEYER M. Methods of critical discourse analysis [M]. 2nd ed. London: SAGE Publications, 2009: 12.

② FAIRCLOUGH N. Critical discourse analysis: the critical study of language [M]. London: Longman, 1995: 90.

拉夫提出的辩证关系方法论（dialectical-relational approach）影响力最大，他将话语视为社会运行过程中产生的一种"符号形态"（semiotic modality），并且认为话语和其他社会因素之间存在着辩证关系，而批判话语分析就是要分析作为符号形态的话语，并且考察话语和其他社会因素之间的关系，分析社会结构和社会事件之间的关系。

虽然批判话语分析流派内的分析路径十分多样，但这些方法仍然共享一些基本的分析原则。根据伍达克（Wodak）的总结，作为一个学术流派，批判话语分析研究基本包含以下3个原则[①]：①以问题为导向，具有高度的灵活性和跨学科特征；②通过对符号体系进行系统化和结构化的分析以澄清话语背后的意识形态和权力关系；③研究者对自己的观念和分析过程有着很强的反思性。

（4）其他话语分析传统

库克于1999年提出了话语分析流派分类，但是这一分类方案仍有其不足之处：首先，这一分类方式没有包含话语研究在文学、人类学、心理学等领域的重要成果；其次，由于提出时间较早，这一方案没有包含多模态话语分析、话语心理学等较新的话语分析研究成果。按照韦瑟雷尔（Wetherell）的总结，话语分析领域大致包含了6种理论传统[②]，除了前面涉及的英美学派话语分析、福柯话语理论、批判话语分析外，广义的话语分析还包括话语心理学、交流民族志、话语符号学–多模态话语分析等话语分析流派。

作为一种不同于实证主义的方法论，话语分析被零星地应用于图书情报学的研究中。根据杨絮的总结和整理[③]，从方法路径上看，图书情报学科内的话语分析研究大多属于库克总结的3种话语分析流派，而叙事理论、话语信息学、多模态话语分析等其他话语分析方法尚不多见。图书情报学学者主要采用纯粹语言学分析、福柯式话语分析、批判话语分析等流派的理论和方法，所关注的问题领域包括主题词表构建、用户信息行为、图书馆组织文化、信息政策话语、图书馆情报职业话语建构等。研究对象文本包括政策文本、媒体文本、图书馆等信息机构的制度性文本、馆员和用户的对话等。本部分主要讨论在方法论意义上的话语分析的发展渊源和主要思想流派。与此同时，话语分析也被用作一种具体的研究方法，关于话语分析方法的操作将在本书第8章的8.10节进行详细讨论。

---

① WODAK R, MEYER M. Methods of critical discourse analysis [M]. 2nd ed. London: SAGE Publications, 2009: 12.
② WETHERELL M, TAYLOR S, YATES S. Discourse theory and practice [M]. London: SAGE, 2001.
③ 杨絮. 话语分析方法综述：开辟LIS研究新视野 [J]. 数字图书馆论坛, 2018 (3): 59-68.

4.5 弗洛里迪的信息哲学

信息哲学是哲学的一个分支，致力于将信息方法应用于新的和传统的哲学问题。随着信息社会与人工智能技术的发展，关于信息的本质，信息处理的方式，信息的价值，信息与意义、真理、认知、自然、心智之间的关系，信息在社会和人类互动中的作用，精神生活的信息性，对现实的信息性解释及信息政治等一系列现象与问题引发了新的思考，信息与本体论及认识论之间关系的问题被提了出来，信息哲学（philosophy of information，PI）逐渐兴起。弗洛里迪（Floridi）在其《什么是信息哲学》[①]一文中提出，当代哲学的关注点已经由对管理信息空间工具的关注，转向对信息空间结构和本质属性的关注，即信息本身。信息因此成为像"存在""知识""生命""智力""意义"等一样基础性和哲学性的概念。弗洛里迪将"信息哲学"定义为一个哲学领域，主要涉及两方面内容：一是对信息的概念性质和基本原理进行批判性研究，包括信息的动力学、利用和科学；二是关注信息理论和计算方法在哲学问题上的阐述和应用。他认为信息哲学涉及3类领域：主题（事实、数据、问题、现象、观察等），方法（技术、方法等）和理论（假设、解释等）。

弗洛里迪[②]对信息的性质进行了阐述："信息是一个强大而难以捉摸的概念，它可以与多种解释联系起来，这取决于需求和意图。"他提出，信息的动力学包括3个方面：①信息环境的构成和建模，包括其系统特性、交互形式、内部发展、应用等；②信息生命周期；③计算是信息现象所具有的主要性质。在《信息哲学的开放问题》[③]一文中，弗洛里迪就信息概念分析、语义学、智能研究、信息与自然的关系及价值研究中5个方面的18个问题进行了分析。

在信息概念方面，除了前述信息的本质和信息的动力学问题外，他还提出：一个宏大的统一信息理论是可能的吗？

在语义学方面，弗洛里迪的提问包括：数据如何获得意义？有意义的数据如何获

---

① FLORIDI L. What is the philosophy of information [J]. Metaphilosophy, 2010, 33 (1-2)：123-145.
② FLORIDI L. On defining library and information science as applied philosophy of information [J]. Social epistemology, 2002, 16 (1)：37-49.
③ FLORIDI L. Open problems in the philosophy of information [J]. Metaphilosophy, 2004, 35 (4)：554-582.

得其真实值？信息能解释真理吗？信息能解释意义吗？以上皆为笛卡尔的问题。在某种抽象的层次上，认知的形式可否通过信息处理进行充分解释？如何解释认知、信息处理与抽象层次？再造问题在某种抽象的层次上，可否通过信息处理对自然的形式进行充分解释？

在智能研究方面，弗洛里迪的提问包括以下几个方面。①图灵问题：如何解释自然智能、信息处理与抽象层次（图灵的问题）；自然智能的（形式）能否在非生物学上得到充分而令人满意的实现？②MIB（心智—信息—身体）问题：信息方法能解决心身问题吗？③信息圈：如何审核信息？如果信息无法超越，只能对照进一步的信息进行核对，如果信息是一路上行和下行的信息，那么这又能告诉我们对这个世界的认识是什么呢？④连续统假设：认识论应该以信息论为基础吗？⑤科学的语义观：科学是否可以简化为信息建模？

在信息与自然的关系方面，重新提出了维纳问题：信息的本体论地位是什么？本地化问题：信息能自然化吗？从比特开始的假说（It-from-Bit）：自然能信息化吗？在价值方面，讨论了唯一性争论：计算机伦理学有哲学基础吗？

弗洛里迪在这篇文章里声称，他分析了上述问题，却没有给出答案，因此这是一个开始。2011年，弗洛里迪正式出版了《信息哲学》[①] 这一著作，对相关问题进行了系统的分析与阐述。2013年，该书得到重印。

关于信息哲学与图书情报学之间的关系，弗洛里迪将图书情报学定义为应用信息哲学（applied philosophy of information）。他提出，哲学与图书情报学之间有着天然的联系，但是社会认识论不能为图书情报学提供一个满意的基础，信息哲学应取代社会认识论为图书情报学提供概念基础，图书情报学所经历的"身份"危机，是一种正当但早熟的寻找哲学对应物的自然结果，而这个对应物即最近才出现的信息哲学。弗洛里迪认为信息哲学提供了哲学领域有史以来最强有力的概念词汇，在哲学中任何问题都可以信息的术语进行重述。作为应用信息哲学，图书情报学关注文献、文献的生命周期和这一生命周期实施、管理和控制的程序、技巧和设备。二者之间的关系是，图书情报学应用信息哲学的基本原则和一般技巧去解决明确的、实践的问题，并处理特定的、具体的现象。反之，图书情报学开展实证性研究，对信息哲学基础研究的发展做出贡献。

---

① FLORIDI L. The Philosophy of information (reprint edition) [M]. Oxford：Oxford University Press, 2011.

4.6 本章小结

本章对情报学研究的本体论基础、所涉及的认识论立场和所运用的方法论进行了系统的梳理和介绍,并对弗洛里迪的信息哲学所关注的问题进行了简要介绍。通过系统揭示情报学的哲学基础,为理解情报学的研究对象、研究领域和研究方法提供了多种哲学分析视角。

第5章
情报学的元理论与范式变迁

元理论是一个学科领域中关于理论的理论。它以或明显或隐含的存在方式界定了学科的核心问题、概念和理论,从而决定了学科的主要研究范式和方法论。作为一门不断发展成熟的学科,情报学的元理论关系到其理论发展的连贯性与理论研究的边界,并且有助于从更为抽象的层面诠释学科范式的变迁。

5.1 情报学的元理论

情报学对元理论的研究是伴随着情报学学科发展对基础理论的迫切需要而产生发展起来的。在学科来源多样化、基础概念有歧义、分支领域比较多的情况下,情报学有必要总结其元理论,以便将不同的分支学科统一在同一个框架之内。情报学领域对元理论的关注始于1997年维克瑞(Vickery)论文的发表。之后,一系列研究对情报学的元理论进行了讨论,下面逐一进行介绍。

5.1.1 维克瑞的情报学元理论预设

维克瑞认为,元理论可被描述为对一个知识或实践领域的预设的分析,包括科学工作者的一般共识,方法论意义上的原则等[1]。这些预设通常是隐含的,主要来自常识或相对非理论的直觉。当已有元理论显示出不足时,则需要建立新的元理论。新的元理论的来源与新的科学假设来源相同,即任何理论家可能创建的,可以与当前领域的命

---

[1] VICKERY B C. Metatheory and information science [J]. Journal of documentation, 1997, 53 (5): 457-476.

题体系有效关联的构念。基于这样的认识，维克瑞梳理了关于信息的产生、结构与表达、传递、获取、认知与理解、进一步认知与理解及改变检索提问等过程中的假设前提，涉及情报学元理论的观点主要集中在系统信息表示与个人信息查询匹配的过程中存在的种种明确或隐含的问题。在此基础上，维克瑞提出了35条关于情报学元理论的陈述。

尽管维克瑞提出的35条元理论陈述详尽而又全面，但是对于一门发展中的学科来讲，对情报学的元理论进行过于细致和具体的规定也可能影响其包容性。与此同时，维克瑞所提出的情报学元理论命题体系主要反映了信息检索过程中用户需求表达的不明确及信息系统与信息用户之间知识表示的不一致，具有明显的"认知观"倾向。从今天情报学的发展情况来看，维克瑞于20多年前提出的框架不足以涵盖用户大数据画像、精准推荐、机器学习等新的技术与理论研究成果，因此需要重新思考情报学的元理论问题。

5.1.2 霍兰德关于情报学元理论的观点

霍兰德将元理论与具体理论紧密地联系在一起，并对情报学的理论研究工作提出了批评。霍兰德认为，元理论比理论范围更宽泛但不如理论专指，是潜藏在理论经验和实践工作背后的有意识或无意识的假设①。他在梳理情报学哲学理论系列文章的序言里，将元理论定义为关于某一领域内部理论的描述、研究、分析或批评的理论，也可以称为范式、传统或学派②。他认为，每一种理论都与一个元理论有关，而元理论又与通用的哲学发展水平有关，但是情报学缺乏理论，多数已发表的论文和实际工作是在未说明任何理论或元理论假设的情况下进行的，这就给情报学开展理论的、历史的和哲学的工作带来困难③。霍兰德认为迄今为止最重要的情报学元理论是"物理范式"和"认知范式"，二者均可以理解为更一般化的、跨学科的理论趋势的一部分。他主张，情报学应当尽力摆脱诸如经验主义和理性主义这样的还原论和原教旨主义理论，而将解释主义与

---

① HJØRLAND B. Theory and metatheory of information science：a new interpretation [J]. Journal of documentation，1998，54（5）：606-621.
② HJØRLAND B. Library and information science and the philosophy of science [J]. Journal of documentation，2005，61（1）：5-10.
③ 同①。

历史主义认识论作为情报学元理论的哲学基础①。

霍兰德对于情报学理论及元理论匮乏的批评引起了情报学界对于理论研究的反思和重视，近 20 年来情报学研究中的理论应用与创新已经有了可观的进展。但是，他所主张的"将解释主义与历史主义认识论作为情报学元理论哲学基础"的观点无法涵盖情报学研究中明显的技术驱动现状，当前情报学元理论的哲学基础尚需要进一步分析。

5.1.3 德尔文关于情报学元理论的观点

德尔文从更一般的哲学层面定义了元理论。她将元理论定义为：根据对现实和人的性质（本体论）、认识的性质（认识论）、理论和研究的目的（目的论）、价值和伦理（价值论）及权力的性质（意识形态）的假设，提供一般视角或看待方式的假定前提②。德尔文提出，元理论可以用这样一种方式来使用：它以一种总是偏误但仍然重要的方式从隐含的假设中释放研究，并对这些假定进行考查、质询和检验③。在德尔文看来，在元理论和理论之间，需要方法论来做桥梁，而意义建构方法可以承担这个任务。德尔文谈论元理论的目的是试图证明意义建构作为方法论的价值，她认为意义建构（sense-making）将元理论与具体的研究方法联系起来，从而使元理论与具体理论之间保持了一致性。德尔文是情报学认知学派的代表人物，关于其对于意义建构作为方法论的观点将在本书"情报学研究的方法论"一节中进行介绍。

5.1.4 贝茨关于情报学元理论的观点

贝茨（Bates）认为元理论是部分哲学和部分方法论，提出了一个领域有多个元理论并存的观点。在贝茨看来，在社会科学中，一个领域常常有一个通用的范式来描述该学科所感兴趣的领域，但却有不止一个元理论或研究哲学；在 LIS 领域有许多元理论在运

---

① HJØRLAND B. Empiricism, rationalism and positivism in library and information science [J]. Journal of documentation, 2005 (61): 130-155.

② DERVIN B. Sense-making's journey from metatheory to methodology to method: an example using information seeking and use as research focus [M] // DERVIN B, FOREMAN W L, LAUTERBACH E. Sense-making methodology reader: selected writings of brenda dervin. Cresskill: Hampton Press, 2003: 133-163.

③ DERVIN B. On studying information seeking methodologically: the implications of connecting metatheory to method [J]. Information processing & management, 1999, 35 (6): 727-750.

作，不同元理论的支持者之间存在分歧，对每一种元理论也有不同的解释和描述①。他将元理论与方法论混用，总结了LIS领域的13种元理论/方法论，包括历史方法、建构主义方法、构成主义或话语分析方法、哲学分析方法、批判性理论方法、人类学方法、社会认知方法、认知方法、文献计量方法、信号传递的物理方法、信息工程方法、用户中心设计方法和演进方法。

鉴于情报学各个研究板块的相对独立性，我们同意贝茨关于情报学中多个元理论并存的观点。但是我们认为，元理论是关于理论的前提假定，它为方法论提供了指导，但不应当等同于方法论。正如洛尔所提出的，关于元理论的决定应该先于方法论的决定，而关于方法论的决定又应该先于方法的选择，LIS的研究者在选择方法论和方法之前，需要检查他们的元理论假设（如未声明的目的论、本体论和认识论假设）②。

5.1.5 其他学者关于情报学元理论的观点

除上述观点外，还有一些学者探讨了情报学的元理论问题，并提出了建议方案，但其成熟性还需要进一步论证。博尼维（Bonnevie）③ 探讨了将哲学家弗雷德·德雷茨克（Fred I. Dretske）提出的语义信息理论作为图书情报学元理论的意义。德雷茨克的语义信息理论是在数字传播理论的基础上逐渐发展起来的一种认知的、功能主义的理论。它描述了个体从感知到认知的信息过程，以及如何通过数字化形成概念，还涉及信息与知识、真理与意义等其他问题。博尼维认为，语义信息理论的主要贡献在于澄清了信息的概念，"潜在信息"可以作为参照系来解释、澄清和驳斥图书情报学中使用的概念，也可以作为对信息检索中认知观要素进行批判性审查的基础。他同时认为，要把对该理论的哲学讨论与情报学、图书馆学的实践结合起来，还需要更多的研究。瓦马努（Vamanu）④ 探讨了诠释学作为图书情报学元理论的可能性，认为在诠释学哲学传统中发展起来的理解概念具有作为情报学元理论框架的优势。

---

① BATES M J. An introduction to metatheories, theories, and models [M] // FISHER K E, ERDELEZ S, MCKECHNIE E F. Theories of information behavior. Medford: Information Today, Inc., 2005: 1-24.

② LOR P J. Revitalizing comparative library and information science: theory and metatheory [J]. Journal of documentation, 2014, 70 (1): 25-51.

③ BONNEVIE E. Dretske's semantic information theory and meta-theories in library and information science [J]. Journal of documentation, 2001, 57 (4): 519-534.

④ VAMANU I. Hermeneutics: a sketch of a metatheoretical framework for library and information science research [J]. Information research, 2013, 18 (3): 19-25.

我国学者张永东认为情报学元理论研究是在情报学分化的基础上，综合情报学中各分支的最一般的问题[①]。元理论尝试将在不同时期建立的、以解释不同现象的各种理论，以及同一现象领域所建立的不同理论，综合概括为一个具有新质的理论。王琳认为，应当承认元理论体系的开放性、观察信息世界的视角和维度的丰富多彩性，在明确理论解释的适用范围和局限的情况下，尽最大可能地将各种不同的情报学元理论进行整合和集成[②]。王知津等认为，"仅仅将某一种哲学理论作为情报学元理论是不充分的"[③]。

5.1.6 本书关于情报学元理论的观点

作为一个具有鲜明的技术驱动特征的学科，情报学的元理论并非一成不变，而是随着研究和实践的活跃发展不断演变。例如，智能信息推荐服务和文献信息检索相比，其前提假设不仅停留于显性信息需求与信息系统之间的匹配，更注重某一用户潜在的信息需求与其他同类用户信息需求的相似性。同时，情报学各分支领域在研究对象、研究问题、研究方法论等方面存在较大差异，如信息检索、信息计量和情报分析，虽然都围绕着信息相关的问题展开研究，但是其核心术语、基础理论和研究方法却有着很大的差异，单一的元理论体系难以概括出所有领域的共同特性。为此，有必要根据各领域研究成果的实际情况，对各领域的元理论分别进行分析提炼。

5.2 情报学的研究范式

情报学拥有众多的分支领域，梳理归纳情报学的研究范式有助于辨析情报学的学科边界和体系结构。情报学的研究范式是情报学共同体在实际研究过程中形成的、得到共同认可的研究主题、主要概念、方法论和潜在的知识假设。它是在众多情报学学者、学术期刊和基金政策的共同作用下形成的实然结果。尽管情报学的权威学者经常发表一些具有指引方向的规范性文章，但是由于受到多种因素的相互作用，情报学的研究范式以特定的规律发生着变化。从这个意义上讲，通过实证观察来分析情报学学科范式的构成与演变比基于思辨的规范分析更有价值。

---

① 张永东. 展开对情报科学元理论的研究 [J]. 情报学刊, 1990, 11 (5)：326-328.
② 王琳. 情报学元理论研究的动态分析 [J]. 情报科学, 2007, 25 (10)：1449-1457.
③ 王知津, 王文爽, 卞丹. 论情报学元理论的"3C"主义 [J]. 情报理论与实践, 2011, 34 (7)：9-12, 8.

5.2.1 情报学研究范式的划分

自20世纪90年代开始,情报学理论界对范式的讨论逐渐增加,试图从"元认知"层面对情报学领域各种流派进行反省和审视①。关于情报学范式的划分主要有以下几种观点。

(1) 弗洛姆的战前—战后划分法

丹麦皇家图书情报学院的弗洛姆(Ørom)② 从西班牙哲学家加塞特在1934年发表的关于"将图书馆视为社会机构"的演讲出发,从两个视角讨论了情报学范式的转变:一是20世纪50年代信息检索系统的研究发展了情报学的科学基础,使情报学的理论基础从人文社会科学转向了科学;二是从战前范式到战后范式的转变,主要是指作为社会事业机构的图书馆向情报学的转变。在此基础上他将20世纪的情报学范式划分为:战前的社会事业机构范式、战后的认知观框架、物理范式、认知学派与其他范式。值得注意的是,弗洛姆认为在信息检索系统出现之前的情报学(文献信息学)是人文社会科学范式,之后转向了物理范式,然后又转向认知学派和其他范式。这意味着计算机技术的出现曾经大大加快了情报学科学化的进程。

(2) 洛尔的认识论流派划分法

从本体论与认识论的视角出发,洛尔(Lor)③ 沿袭了克雷斯韦尔④和古巴与林肯⑤的观点,将范式划分为实证主义、后实证主义、解释主义、建构主义、批判理论、参与式和解放主义范式。这些范式大体可以划分为实证主义与解释主义两大范畴。在解释主义范式中,认识论和本体论之间的区别很小,解释主义认识论被描述为交互主义和主观主义。解释主义范式又称批判范式、后现代范式。其中,在批判范式中,观察者和被观

---

① WEBBER S. Information science in 2003: a critique [J]. Journal of information science, 2003 (4): 311-330.

② ØROM A. Information science, historical changes and social aspects: a nordic outlook [J]. Journal of documentation, 2000, 56 (1): 12-26.

③ LOR P J. Revitalizing comparative library and information science: theory and metatheory [J]. Journal of documentation, 2014, 70 (1): 25-51.

④ CRESWELL J W, CRESWELL J D. Research design: qualitative, quantitative, and mixed method approaches [M]. Los Angeles: Sage Publications, 2009.

⑤ GUBA E G, LINCOLN Y S. Paradigmatic controversies, contradictions, and emerging confluences [M] // DENZIN N K, LINCOLN Y S. The sage handbook of qualitative research. 3rd ed. Thousand Oaks: Sage, 2005: 191-215.

察者被认为是相互联系的，被观察者的价值观作为"价值中介"影响着观察者，而建构主义认识论进一步认为观察者和被观察者之间是互动的①。洛尔（Lor）从社会维度、目的维度、本体论维度、认识论维度和伦理维度比较了图书情报学研究中的各类范式，发现 LIS 在两个方面有相当大的改进空间：理论的使用和发展，以及一般的概念和方法论意识，特别是研究中固有的元理论假设。在此基础上，他呼吁应从 LIS 早期的研究工作及其他领域中寻找、评估和利用相关的理论见解，为本领域的理论发展做出贡献。

（3）我国学者关于情报学研究范式的划分

我国学者一直关注情报学研究范式的变迁。王芳在梳理国内外研究观点的基础上，提出可以将情报学的学科范式划分为物理范式、认知范式、资源范式、管理范式、经济范式等，并在此基础上提出了整合多种范式的过程范式②。彭知辉认为受公安情报实践的影响，公安情报学理论研究先后经历了秘密情报、情报资料、信息资源开发、情报主导警务 4 种范式③。李阳与李纲将新中国成立后我国情报研究的路径创新划分为 3 个阶段：以科技情报为参考的事实认知"点、线"范式；以信息网络为依托的技术分析"面"范式，以大系统融合为方向的情报工程"体"范式④。赖茂生教授提出，情报学研究的传统范式主要有文献范式（包含文献计量范式、文献分类和文本研究范式）、计算范式、认知范式和综合研究范式；在大数据时代情报学研究的新范式主要有竞争情报范式、社会学范式、经济学范式、制度范式与情报工程范式⑤。周晓英等提出，中国情报学在发展过程中逐步形成了面向决策服务的情报范式和面向社会服务的信息范式两大研究范式⑥。

上述观点反映了学者们从不同视角对情报学研究范式的认知，也反映出学者们对情报学哲学基础的重视程度各有不同。从范式划分的视角来看，基本上可以分为基于哲学

---

① GUBA E, LINCOLN Y. Competing paradigms in qualitative research [M] // DENZIN N, LINCOLN Y. Handbook of qualitative research. London: Sage, 1994: 105-117.

② 王芳. 情报学的范式变迁及元理论研究 [J]. 情报学报, 2007 (5): 764-773.

③ 彭知辉. 论公安情报学研究范式及其整合 [J]. 情报学报, 2013, 32 (10): 1046-1057.

④ 李阳, 李纲. 我国情报学变革与发展："侵略"思索、范式演进与体系建设 [J]. 图书情报工作, 2016, 60 (22): 5-11.

⑤ 赖茂生. 新环境、新范式、新方法、新能力：新时代情报学发展的思考 [J]. 情报理论与实践, 2017, 40 (12): 1-5.

⑥ 周晓英, 陈燕方, 张璐. 中国科技情报事业发展历程与发展规律研究 [J]. 科技情报研究, 2019 (9): 13-28.

基础的划分方法和基于经验观察的划分方法两大类。从范式划分的时间性来讲，则大致可以分为历史主义的划分方法与现实主义的划分方法两大类。同时，由于中国情报学发展道路与国外情报学有着较大的不同，因而呈现不同的范式特征。

5.2.2 国际情报学研究范式的转变

就国际情报学研究而言，尽管不同学者对研究范式的划分不尽相同，但是较多学者认为迄今为止国际情报学研究最重要的范式是物理范式与认知方法。一些学者如萨拉塞维克[1]认为，从20世纪70年代末开始，信息检索社群开始分裂为系统中心和用户中心两个子群。而另一些学者，则称为"范式转换"，如英格沃森（Ingwersen）[2]、怀特和麦凯恩（White & McCain）等。

（1）物理范式

情报学的物理范式或科学范式兴起于第二次世界大战之后计算机信息检索系统的出现，此时也正是香农的信息论提出之际，为通信工程和信息检索奠定了理论基础。在1953—1957年，美国和英国分别进行了单元词与传统主题检索方法的测试比较研究，被称为克兰菲尔德（Cranfield）试验。该试验意味着对信息检索系统的评价从哲学思辨转向实验和经验，标志着信息检索发展成为一个定义完好的科学领域，被称为信息检索的物理范式，又被称为信息处理范式[3]。英格沃森（Ingwersen）把物理范式的信息概念称为是传统的或古典的[4]。从起源来看，所谓情报学的物理范式准确地讲应该是信息检索研究的物理范式。信息检索占据了情报学研究的核心地位，但却并不是它的全部。

自20世纪50年代开始一直持续到80年代初期，以信息检索系统的研发、评价和效率提高为目的的科学研究占据了情报学研究的主导地位。与此同时，统计学、数学方法在文献研究中的应用受到了空前重视，诞生于20世纪三四十年代的布拉德福定律、洛特卡定律、齐夫定律等文献计量定律在这一时期得到大力发展，产生了普赖斯指数、加

---

[1] SARACEVIC T. Information science [J]. Journal of the American society for information science, 1999, 50 (12): 1051-1063.

[2] INGWERSEN P. Information and information science in context [M] // OLAISEN J, MUNCH P E, WILSON P. Information science: from the development of the discipline to social interaction. Oslo: Scandinavian University Press, 1996: 69-111.

[3] ELLIS D. The physical and cognitive paradigms in information retrieval research [J]. Journal of documentation, 1992, 48 (1): 45-64.

[4] INGWERSEN P. Information retrieval interaction [M]. London: Taylor Graham, 1992.

菲尔德定律、引文分析等极具实用价值的研究成果。从认识论上讲，这一时期的情报学将信息、知识、检索系统等视为独立于人的意识之外的客观存在，研究者可以对它们进行中立的观察，发现其中稳定不变的规律并用于信息检索系统的开发、完善和评价。在这一时期，情报学以信息检索系统为中心展开研究，研究的方法论则以实证主义和技术开发为主，注重量化研究和科学实验，具有鲜明的科学性。可以说，第二次世界大战后科学研究方法论占据主导地位的物理范式不但确立了情报学作为独立科学的地位，而且为美国、欧洲、苏联、中国等不同体制的国家建立情报服务机构提供了理论指导。

（2）认知范式

20世纪70年代末80年代初，随着信息检索系统开发技术的成熟，情报学研究的注意力转向追求更加个性化和精准的信息检索效果。为进一步提升信息检索过程中的用户体验，用户的信息需求、认知和行为模式引起关注。与此同时，哲学界兴起了对实证主义主导下的科学研究范式的反思，强调社会与自然世界的不同，一系列带有主观主义和相对主义色彩的认识论和方法论逐渐形成，被统称为解释主义研究范式。在上述两种因素的影响下，布鲁克斯、科亨、德尔文、贝尔金等一系列学者将研究重心转向了用户的需求和认知过程，逐渐形成了情报学认知范式。英格沃森将1977—1980年称为情报学范式转型的转折点[1]。怀特和麦凯恩对1972—1995年在DIALOG系统中12本期刊上被引频次最高的120位作者进行共引分析，发现从1980年开始情报学对认知和用户研究的兴趣不断增加[2]。尽管这项研究没有涵盖所有的情报学期刊和研究成果，但的确为国际情报学研究范式的转变提供了经验证据。

波普尔的世界3理论为情报学认知范式的早期发展奠定了本体论和认识论基础。1981年，英国情报学家布鲁克斯（Brookes）[3]分析了情报学认知范式产生的必要性：①情报学被认为是对波普尔第三世界客观知识的探索和组织。②从所有数据都是可公开观察到的而且整个方法是客观的意义上讲，激活静态知识结构的研究提出的认识是科学的。③信息（碎片化知识）和知识（信息的连贯结构）不是物理实体，而是只存在于认

---

[1] INGWERSEN P. Information and information science in context [M] // OLAISEN J, MUNCH P E, WILSON P. Information science: from the development of the discipline to social interaction. Oslo: Scandinavian University Press, 1996: 69-111.

[2] WHITE H D, MCCAIN K W. Visualizing a discipline: an author co-citation analysis of information science, 1972—1995 [J]. Journal of the American society for information science, 1998, 49 (4): 327-355.

[3] BROOKES B C. The foundations of information science. Part Ⅳ. Information science: the changing paradigm [J]. Journal of information science, 1981, 3 (1): 3-12.

知（心理或信息）空间中的额外物理实体。④从物理科学中衍生出来的定量分析技术应适用于认知空间，应考虑到人的个性，并在发展理论时更好地利用社会科学中的经验数据。可以看出，布鲁克斯在讨论信息和知识时，强调客观知识的存在、客观的方法论和经验数据，因而带有鲜明的科学实证主义色彩。事实上，情报学认知范式的大部分研究借鉴了心理学中行为实验研究的方法论，追求信息行为研究的科学化和实证性。但与此同时，也有部分研究采用了相对主观的解释主义范式来研究信息对个体或群体认知结构的改变。

随着信息检索系统的广泛应用，人们逐渐意识到用户认知和搜索行为是影响信息检索效果进一步提升的重要因素，用户认知及与信息检索系统的交互过程逐渐成为情报学研究的重要领域。这种研究重心的转变不仅出现在信息检索领域，同时广泛存在于管理信息系统、各类网站等几乎所有的人机交互界面的研究之中。从这个意义上讲，情报学的认知范式是广义人机交互的特例，但是由于其目标是信息获取和应用而不仅仅是对信息系统的采纳，因而具有更广阔的认知研究空间。认知范式研究的一个主要焦点是将用户的认知世界建模为交互检索技术的一个组成部分①②。相关的研究成果对早期的 DIA-LOGUE 等国际联机检索系统和后来的交互式信息检索系统的开发和完善发挥了重要作用。

埃利斯对物理范式和认知范式的异同进行了总结。他认为物理范式中的研究具有目的和方法的同质性，而认知范式的研究目的和方法各不相同，二者共同的主题是信息检索系统应该在其操作中以某种方式反映用户的认知世界③。关于情报学认知范式的转变，学者们持有不同的观点。贝尔金（Belkin）④ 遵循布鲁克斯关于"情报学的基本任务是理解他的基本认知方程"⑤ 的见解，认为采用认知观点可以在情报学感兴趣的各个领域产生非常有益的结果，将情报学各个领域的工作相互整合和联系起来，从而为统一和有

---

① DANIELS P J. Cognitive models in information retrieval: an evaluative review [J]. Journal of documentation, 1986 (42): 272-304.

② BURT P V, KINNUCAN M T. Information models and modelling techniques for information systems [J]. Annual review of information science and technology, 1990 (25): 175-208.

③ ELLIS D. The physical and cognitive paradigms in information retrieval research [J]. Journal of documentation, 1992 (48): 45-64.

④ BELKIN N J. The cognitive viewpoint in information science [J]. Journal of information science, 1990, 16 (1): 11-15.

⑤ BROOKES B C. The fundamental equation of information science [M] // Problems of information science. Moscow: VINITI, 1975: 115-130, 530.

效的情报学提供结构。与贝尔金的信心满怀不同，维克瑞这样评价，"情报学对个人知识结构和其中的'差距'做出了一些假设，但情报实践似乎并不需要关于心理机制的假设……尽管认知方法很有帮助，但它并不是情报学的全部。"① 他期待一种借鉴其他学科的、可以促进情报学重大进步的新范式。

我们认为，对于涵盖多个领域的情报学来说，"认知范式"可以将情报学整合起来这一观点过于乐观。这意味着将情报学的研究对象从信息（数据、知识、情报）、系统、机构、社会等广泛的视野缩小到信息用户这一单一领域。同时，情报学研究也不应无视互联网、大数据与人工智能技术为人类信息获取带来的新方式和面临的多种挑战。

（3）领域分析范式

霍兰德（Hjørland）② 对认知范式提出的一个基本批评是：基于个体心理机制的认知观似乎是自相矛盾的。他认为在 LIS 和知识组织理论中存在两种相互竞争的范式：认知方法和社会学方法③。诺利（Gnoli）④ 也提出，认知方法强调个体知识使用者的个人体验，特别是在计算机科学和信息使用者的研究中得到了应用，而社会学方法则将知识视为特定社会语境下话语共同体的一种表达，知识基本上是通过个体间的社会互动产生的⑤，社会学方法强调通过社会和文化理解知识/信息/文件的生产、调解和利用，因而包括对所有行动者、机构、系统、媒体和文件作用的分析。但是，霍兰德认为诺利试图通过层次理论（精神层面和社会层面）将索引的认知观和领域分析观统一到更高的层次是不可能的，因为二者之间的差异不在于两个不同的层面（精神层面和社会层面），而在于两种不同的心理理解方式⑥。霍兰德认为由于信息用户是一种社会和文化存在，因而需要一种更为社会性的信息搜寻认识论，他从历史决定论出发提出了情报学的"社会

---

① VICKERY B C. Metatheory and information science [J]. Journal of documentation, 1997, 53 (5): 457-476.

② HJØRLAND B. Indexing: concepts and theory [M] //HJØRLAND B. ISKO encyclopedia of knowledge organization. Rome: ISKO, 2018.

③ HJØRLAND B. Epistemology and the socio-cognitive perspective in information science [J]. Journal of the American society for information science and technology, 2002, 53 (4): 257-270.

④ GNOLI C. Mentefacts as a missing level in theory of information science [J]. Journal of documentation, 2018, 74 (6): 1226-1242.

⑤ BERGER P L, LUCKMANN T. The social construction of reality: a treatise in the sociology of knowledge [M]. New York: Doubleday, 1966.

⑥ HJØRLAND B. The foundation of information science: one world or three? A discussion of gnoli [J]. Journal of documentation, 2019, 75 (1): 164-171.

认识论范式"或"领域分析方法"。

从本质上讲，领域分析范式是认知范式的一种特殊形式，它不同于以往的个体认知研究范式，强调了在信息和知识的生产利用过程中社会和文化所发挥的作用，反映出社会建构主义哲学思潮对情报学的影响。但是，尽管霍兰德对于标引等文献工作实践中的社会认知问题进行了分析，但是并没有对社会和文化如何在信息的生产和利用过程中发挥作用进行深入探索，尤其是没有对社会认识论在情报学理论研究中的体现进行全面梳理，因而削弱了领域分析作为情报学研究范式（而非文献信息工作实践范式）的说服力。

5.2.3 我国情报学研究的几种范式

世界各国的情报学学科发展并非完全同步，在学科起源、发展路径和研究范式方面各有侧重。根据经验观察，我国的情报学研究范式大体存在于以下三大领域中：情报工作研究、情报科学研究和交叉学科研究。这些范式并非相互替代继承，而是遵循各自的规律在蜕变和演化中共存发展。

5.2.3.1 情报科学研究

我国情报学者围绕信息的运动、理解、检索、服务等问题，从不同视角出发对相关问题进行了深入研究，贡献了新的知识，推进了人类的认知，也形成了不同的研究范式。这些范式并不完全是相互替代的，而是在特定时期或多或少同时存在，代表不同的研究兴趣群体，下面一一进行介绍。

（1）信息检索与信息行为研究

1979年3月，杜桑海在《四川图书馆学报》上发表了《浅谈图书馆开展情报检索服务工作问题》一文。1980年4月，周智佑在《情报科学》上发表了《科技情报检索的理论与实践》一文。1981年7月，王永成等在《计算机与图书馆》上发表了《信息检索的一个数学模型》一文。1984年8月，常青在《情报知识》上发表了《美国的信息检索系统》一文；同年12月，王永成在《情报科学》上发表了《信息检索中的查全率与查准率》一文。这一系列研究成果表明我国信息检索研究最早始于情报学。相关的研究主题涉及信息检索系统、数据库、网络信息检索、信息检索模型、信息检索课、查准率、查全率、情报检索语言、向量空间模型、文献检索、查询扩展、检索工具、检索结果、数字图书馆、信息检索方法、信息素养、医学信息检索、语义网、跨语言信息检索、个性化信息检索等。

运用"信息检索+情报检索+信息搜索+交互"的检索词在 CNKI 的"篇关摘"字段进行检索，结果表明，截至 2020 年 11 月 6 日，我国的信息检索研究共 29 957 篇中文论文，总体呈现以下特征：①最早始于图书情报学领域；②自 1998 年后快速上升，2010 年达到顶峰（1777 篇），之后以较快速度减少（2018 年为 1203 篇）；③从成果数量上看，"计算机软件及计算机应用"学科占 40.77%，"图书情报与数字图书馆"学科占 27.38%。

1981 年 4 月，庄义逊在《图书情报工作》上发表了《略谈情报用户的训练问题》一文，开始了情报用户与信息用户的研究。1990 年 12 月，黄黎光在《情报学刊》上发表了《信息搜寻行为的发生与终止》一文。1996 年 12 月，林忠平在《图书馆论坛》上发表了《论图书馆用户的信息行为及其影响因素》。以"信息需求+信息行为+交互式信息检索+信息搜寻"进行检索，共得到中文论文 33 308 篇，总体呈现以下特征：①自 1998 年后不断增加，于 2014 年达到顶峰（2199 篇），之后以基本持平的数量微弱下降（2018 年为 2070 篇）；②研究主题涉及图书馆、情报需求、用户培训、情报意识、网络环境、情报教育、信息行为等；③从成果数量来看，"图书情报与数字图书馆"学科占 23.3%，"计算机软件及计算机应用"学科占 13.15%。这表明我国关于信息行为的研究起步较晚，基本是在互联网出现之后才开始的，相比于情报检索的研究晚了约 11 年，且明显受到国外 LIS 研究的影响，尤其是在大量"海归"学者回国后才带动了研究的热潮。

将我国信息检索研究和信息行为研究进行比较，可以发现，信息检索研究下降趋势更快且以计算机科学为主要学科，而信息行为的研究不断上升且以图书情报学为主要学科，这从侧面反映了情报学的范式转换过程。需要注意的是，技术应用在我国情报学研究中一直占据重要地位，虽然信息检索相关研究在下降，但是关于文本挖掘、社交媒体等新兴技术的研究仍呈上升趋势。

（2）信息计量研究

计量研究在文献情报研究中具有悠久的历史，主要利用二次文献的指标开展统计研究。根据中国知网，我国最早的信息计量研究始于 1983 年张尘路在《医学情报工作》（第 3 期）上发表的《通过文献计量分析概述一个研究课题的发展过程》一文，分析了皮肤穿透吸收领域的文献增长分布规律。之后，计量方法被应用到多个学科与专业领域。

与其他范式有较大不同，信息计量研究形成了独特的定律、理论和方法，成为情报学的核心领域,也是情报学向其他学科输出知识的主要领域。文献计量学、信息计量学(情报计量学)、网络计量学、替代计量学等为各类科学信息学、政策研究乃至数据科学提供了分析工具。国外学者将图书情报学(LIS)看作与信息检索相关的狭义领域,而将科学信息学视作与情报学并列的学科。我们认为,信息计量学研究信息的集群特征,是情报学不可分割的组成部分,也是情报学学科价值输出的重要"接口"。

(3)信息技术研究

我国情报学研究呈现明显的技术驱动特征。1989年10月,王跃进等在《情报学报》上发表了《基于知识的机器翻译中的知识和知识管理》一文,开始了情报学对知识管理的关注。近30年来,我国情报学研究涌现出的新兴技术研究主题包括语义网、在线社区、知识问答、数据挖掘、机器学习、图像处理、用户画像、知识图谱、情感挖掘等。这一类研究与计算机科学有较多的交叉,大多采用计算实验的研究方法,体现出明显的技术研究特征。随着计算机、互联网与大数据技术的发展,我国的情报学研究经历了从文献检索到信息检索再到智能推荐与自动问答研究的发展路径,关注的研究对象从学术文献扩展到了档案资源、专利文献、政策文本、网络社区、社交媒体、图像与音视频等各类信息资源,关注的研究主题则从静态的信息、情报分析与知识服务扩展到语义化、智能化、动态性的知识推荐服务,相关的研究成果为我国科技战略制定、信息服务优化、信息系统改进、网络社会治理发挥了重要作用。

5.2.3.2 情报工作研究

情报工作研究最早起始于国家发展科技事业的需求。20世纪50年代,在世界两大阵营冷战的政治背景下,为了支持新中国科技事业的发展,我国借鉴苏联的科技情报工作体制,建立了自身的科技情报研究机构。在理论研究上,则借鉴了苏联米哈依诺夫等学者的科学交流学说。到70年代末80年代初,美国文献情报检索系统的发展成果和图书情报工作模式被介绍进来,我国开始重视文献情报与图书情报工作的业务研究。之后,经济、军事、公安等多个领域的情报工作逐渐发展起来,出现了大量关于竞争情报、军事情报、公安情报工作的研究成果。

(1)科技情报工作研究

科技信息服务一直是我国情报学研究与教学的主要内容,无论是早期的科技情报工作,还是较晚出现的文献信息服务与图书情报工作,初衷都是为了促进科技事业的发展,充当科技发展战略决策的"耳目、尖兵、参谋"。但是就科技情报而言,大量已经发表的研究成果主要与各行各业具体的科技情报服务工作相关,涉及科技热点分析、科技前沿探测、科技战略研究、科技产业发展预测等主题，但是少有对科技情报理论问题的专门探讨。这就使得科技情报工作与情报学学科的发展产生了一定程度的疏离。一方面，情报学的理论研究成果并没有对科技情报工作发挥应有的指导作用；另一方面，科技情报研究也没有产生核心的问题领域、理论、概念与研究方法。因此，"科技情报研究范式"这一提法是不太准确的，但是考虑到科技情报工作是我国情报学学科发展和人才培养的初衷，也出现了一些研究成果，因此仍然将之保留。

1）我国科技情报工作的起步

1958年，我国科学技术委员会副主任武衡在《科学通报》上发表了《进一步加强科学技术情报工作》一文，指出："1956年，在制定我国十二年科学技术发展远景规划时，提出了系统地建立科学技术情报工作的任务，中国科学院设立了科学情报研究所。1958年国务院批准了科委、技委提出的'关于开展科学技术情报工作方案'。"其中，中科院的科学情报研究所在国家成立科委后就合并成为中国科技信息研究所的前身。在1958年，国务院各部门中已有17个部建立了50个专业情报机构，15个省（区、市）建立了地区情报机构；许多企业、研究单位先后设立了科学技术情报机构。这些机构主要的工作是翻译出版科技文摘快报、编制书目索引、撰写科学总结。这篇文章指引了当时我国科技情报事业的发展方向，特别强调了通过多种渠道进行科技情报的传播、共享、搜集、出版，提出了图书馆在科技情报服务工作应当承担的责任，以及情报干部培养的重要性。

此后，我国的科技情报研究机构为国家的科技事业做出了重要贡献。尤其是在计划经济体制时期，科技情报机构承担了国家科技战略决策支撑、科技信息交流、国际科技信息服务等重要职能。随着改革开放和互联网的出现，文献信息传播的渠道不断增加，传播速度空前加快，科技情报机构逐渐转向更加贴近决策的深度情报服务。科技情报研究也从早期的各门类科学研究动态情报发展为当前的科技前沿探测、科技政策研究、科技人才评价、各门类科学信息学等深层次的情报服务研究。

2）科技情报工作的内容

①科技情报资源管理。首先是传统科技文献资料的积累、保存、分类、文摘索引、形成数据库，实现对科技文献资源的有效管理与利用。其次是对包含科技信息的公开出版物进行搜集整理，包括报纸、书籍、电视、电台等。要从这些庞大的数据来源中获取需要的信息，就必须充分利用好现代信息技术。

②科技数据统计分析。科技数据主要包含三大类：第一类是科技文献数据，指科技

期刊、学位论文、专著、科技报告、科技专利和标准等；第二类是科研过程中产生的科研项目数据、科学数据、实验数据等；第三类是科研机构信息数据、科技人才数据、科研设备和产品数据等。科技数据的统计分析工作，为宏观把握科技发展水平与态势提供了科学依据。

③科技动态跟踪。科技动态跟踪是指科技情报机构跟踪和监测某一科技领域的现有水平和发展方向，为科技工作者或决策者开拓思路、把握领域发展前沿提供支持。一般需要具有专业知识的监测人员，完成信息的收集、抽取、翻译、报道、专题跟踪等工作。科技动态跟踪工作包含以下内容：主题跟踪，紧密围绕特定学科或主题收集国内外最新信息；国别跟踪，对若干目标国家的整体发展动态进行持续关注；科技政策跟踪，对科技相关的政策、法规、计划、战略等信息进行收集报道，为决策者提供参考。

④科技查新。科技查新，即通过计算机检索和手工检索等手段，运用综合分析和对比方法，对所查项目做出是否具有新颖性的客观评定业务，从而避免科研项目的重复和研究经费的浪费，增强科技成果鉴定的公正性和合理性。科技查新服务实质上是一种情报检索和情报调研相结合的情报咨询工作，它以情报资源为基础，以文献检索方法及技巧为手段，以检出结果为依据，通过综合分析，对所查项目的新颖性进行情报学审查，最后得出结论并撰写查新报告。

⑤科技评估。科技评估，即对科技政策、计划、机构、人员、项目、技术、产品、成果等可能产生的作用、效果及水平进行测算与评价。根据时间可以分为事前评估、事中评估、事后评估及跟踪评估4种类型。评估方法包括构建定量化的评价指标体系、同行评议、层次分析法等。

⑥科技情报分析与预测。科技情报分析，即用科学的理论和方法，对大量历史、现实的数据和情报资料进行加工处理，进而识别科技发展模式，揭示科技发展规律，预测未来的科技发展方向。分析和预测方法一般需要定性和定量方法结合，如逻辑方法、专家调查法（尤以德尔菲法应用最广）、定量方法（如科学计量方法、时间序列分析、回归分析）等。另外，产业竞争情报也是在科技情报分析业务发展过程中形成的一套较完备的分析方法体系。中国科学信息技术研究所在长期实践中总结出了"事实型数据资源+专用工具方法+专家智慧"的科技情报研究方法论①。随着科技的发展，基于专用数据库的智能化分析、预测和展示系统，正发挥着越来越重要的作用。

---

① 贺德方. 事实型数据：科技情报研究工作的基石［J］. 情报学报，2010，29（5）：771-776.

⑦决策支持与战略情报。决策支持是指对情报信息进行判断、做出抉择以支持科学决策的智力活动。将决策支持作为科技情报的研究内容反映了对情报"用于解决决策过程中信息不完备问题"这一本质作用的理解和认识。科技情报机构根据国家或地区的科技创新需求,围绕国家中长期科技发展规划中的重大问题开展研究,为各级科技行政主管部门的重大决策提供建议、支撑科技宏观决策和管理,发挥情报研究的辅助决策作用①。为此,有学者提出了将情报机构与智库相结合的新模式②。科技情报研究所为研究人员提供战略情报跟踪和整理服务,智库依靠专业知识和判断能力把精力集中到情报分析研究上。两者相互支撑,共同为科技创新提供战略情报服务。

3)科技情报工作的发展

随着互联网的快速发展,科技情报工作开始重视网络环境下开源科技情报的收集、组织和服务,研究和发展了以知识为核心的情报学理论和方法。目前,大数据、人工智能技术的快速兴起,为科技情报理论的创新提出了前所未有的挑战。赖茂生教授认为,科技情报工作的基本思路是:大数据是基础,情报是核心产品,分析即服务,研判和洞察力是关键③。面对大数据的挑战,身处互联网颠覆的生态、变革的科技信息环境、演化的信息资源形态,曾建勋主张围绕"大数据+分析+智能技术"来构建情报学的知识结构④。在情报3.0时代,以知识集成和智能服务为核心的科技情报服务能力将成为科技情报机构赢得竞争优势及实现未来发展的根本⑤。

(2)文献情报工作研究

文献情报工作是指图书馆、情报机构采取特定的方法和手段,对文献和文献中的数据、信息进行收集、组织、加工、存储和利用的工作。文献情报工作使无序的信息转变为有序的、可发挥价值的文献情报资源。在文献情报工作中,不仅需要以科学哲学理论、用户服务理论等通用理论做指导,还需要文献组织、开发、利用等领域方法和理论

---

① 中国科学技术信息研究所. 中国科技情报事业55年(全2册)[M]. 北京:科学技术文献出版社,2011.

② 丁波涛. 推进情报机构转型,加强战略情报服务:创新战略视角下的科技情报机构发展思考[J]. 情报理论与实践,2017,40(5):15-18.

③ 赖茂生. 新环境、新范式、新方法、新能力:新时代情报学发展的思考[J]. 情报理论与实践,2017,40(12):1-5.

④ 曾建勋. 花甲之年的惆怅:科技情报事业60年历程反思[J]. 情报理论与实践,2017,40(11):1-4.

⑤ 李辉,张惠娜,侯元元,等. 情报3.0时代科技情报服务能力研究:基于工程技术视角的服务能力四层结构模型[J]. 情报理论与实践,2017,40(3):1-4.

作为具体工作开展的依据。

1）我国文献情报工作的起步

我国的文献情报工作与计算机情报检索密切相关。早在1960年，中国科学院石油研究所图书馆在《图书馆学通讯》上发表了一篇题为《开展文献情报工作，提高专业图书馆服务水平》的文章，从燃料文献报道的角度出发，将文献情报工作视为科技情报工作的重要组成部分。直到1980年3月，葛冠雄与王丽娟又在《图书馆学通讯》上发表了《文献情报利用辅导工作中的若干问题》一文，提到随着科学文献数量的急骤增加，仅仅依靠少量的图书情报人员无法全面为广大科技人员提供文献情报服务，需要对科技人员进行文献检索和情报利用的辅导，并呼吁将"文献课"或"情报检索方法课"列入高校的教学计划，同时由情报机构或图书馆面向科技人员举办讲座或培训班。这篇论文在国内首次提出了用户信息素养教育的重要性，与欧美国家正在发生的情报学认知范式的转变相同步。1985年，中国科学院图书馆改名为中国科学院文献情报中心。

之后我国关于文献情报的研究主要与计算机检索系统的设计研发相关。1981年，杨洪明在《无线电通信技术》第8期上发表了《计算机文献情报检索系统》一文，介绍了一个通信专业基层单位图书馆的计算机文献情报检索系统的概貌、设计的一般要求和主要技术参数选择。此后，与文献情报相关的研究涉及计算机文献情报检索系统、文献情报源、文献情报职业道德、情报检索、文献检索、文献计量、数据库、专利文献、图书馆、情报意识等主题。根据中国知网的统计分析，这一领域的研究成果数量在1994年达到顶峰，于1998年后快速下降至一个较低的水平平稳延续，2013年后又小幅上升。

2）文献信息组织

文献信息组织是信息机构的重要任务，是指依靠专门的技术方法和手段，对文献信息进行选择、整序、组织、描述、处理，以实现多源信息有机融合与优化利用的过程。具体而言，除了要求对文献信息对象进行特征描述和对描述信息本身进行系统整序外，还要对这些对象特征之间的关系进行科学建构、组织和描述，并充分利用信息网络技术对已有系统和资源进行处理，最后向用户提供具有内在关联的知识链，实现知识的集成、整合与创新。文献信息组织的主要方法包括分类法和主题法、"分类主题一体化"、元数据等不同导向、不同特征的加工方法。

分类法是以学科聚类为导向，依据文献信息所反映的内容性质、形式体裁、用户用途等划分方式，分门别类、系统化组织和排列文献的一种方法，包含分类和归类两个概念，其特点是系统性强，适合族性检索。

主题法是以事物聚类为导向，基于信息概念、信息记录和信息实体的主题特征来组织排列信息的方法，一般包含标题法、单元词法、叙词法和关键词法，其特点是直观性强，能满足特性检索，可提供面向具体对象、事实或概念的分类方法。

分类主题一体化是有机融合分类法与主题法，克服分类法单纯以学科聚类、主题法单纯以事物聚类的局限性，使其既能充分发挥各自独特的功能，又能通过互相配合、优势互补，发挥最佳的整体效应。例如，用分类主题一体化方法组织网络信息资源，便于加强分类浏览和主题浏览之间的自由切换，也可根据需要选择检索途径，便于从主题的角度充分利用分类系统，尽可能保障关于某事物各个方面的文献查全、查准，如查找某细小专深的主题、交叉学科的复杂主题等①。

元数据法是一套在网络环境下描述信息背景、内容、结构、管理过程等信息单元及其集合的基准、方法和工具，可以对文献信息资源进行科学规范的描述、构建和管理，用于实现文献信息资源的有效发现、查找、组织和利用。元数据也是网络信息资源组织和开发的重要工具之一，在信息描述、定位、搜寻、评估和选择等方面发挥着重要作用②。

本体是一种对可共享概念体系的明确的、形式化的规范说明③。施图德（Stude）等对本体进行了进一步阐述，其中"概念体系"是指世界上某些现象的抽象模型，这个模型可以识别现象的相关概念，"明确的"则是指必须明确定义概念使用的类型及使用的约束条件，"形式化"则意味着本体必须能用机器处理④。本体打破知识领域的壁垒，创造知识单元之间的关系链接，为展示、分析、理解、吸收和使用知识提供全新的路径。随着语义网概念的提出和由交互式网络技术引发的信息爆炸，从大规模的文本信息中抽取和表示事实与模式的研究变得愈加迫切。本体构建致力于将文本信息转化为可共享、包含事实和模式的高层次结构体系。在信息检索领域，本体为查询语句的扩充和细化提供了基础。在知识管理领域，本体开启了知识从传统文档表示方式向内容揭示转换

---

① 徐树栋，曲淑敏. 信息组织学科理论与方法的整合研究［J］. 图书馆学研究，2006（1）：20-23，19.
② 靖继鹏，马费成，张向先. 情报科学理论［M］. 北京：科学出版社，2009.
③ GRUBER T R. Toward principles for the design of ontologies used for knowledge sharing［J］. International journal of human-computer studies，1995，43（5）：907-928.
④ STUDER R，BENJAMINS V R，FENSEL D. Knowledge engineering：principles and methods［J］. Data & knowledge engineering，1998，25（1）：161-197.

的新历程①。

知识图谱（knowledge graph）是知识领域的映射地图，显示知识发展进程与结构关系的一系列图形。知识图谱将数学、图形学、信息可视化技术、信息科学等学科的理论方法与引文计量分析、共现分析等方法相结合，运用可视化技术描述知识资源及其载体，挖掘、分析、构建、绘制和显示知识及它们之间的相互联系，利用可视化的图谱形象地展示学科或领域知识的核心结构、发展历史、前沿领域及整体知识架构，为学科研究、多学科融合提供参考。

3）文献资源共建共享

文献资源共建共享是指两个或两个以上文献情报机构间通过框架协议、分工合作等方式，开展优势互补、互利互惠的文献信息资源建设和用户服务活动，从而使信息资源分布更加高效合理，最大限度地满足用户的文献信息需求。信息资源共建共享的目标为，任何用户（any user）在任何时候（anytime）、任何地点（anywhere）均可以获得和使用任何文献情报机构（any documentation and information center）拥有的任何信息资源（any information resource）。为了使有限的文献资源尽可能地满足用户无限的信息需求，资源共建共享是文献情报机构发展的必然选择。

4）我国文献情报工作的发展

信息技术的发展给文献情报工作带来了巨大冲击，使文献情报工作在服务广度和深度、服务手段和方式等方面都发生了诸多变化②。例如，中国科学院文献情报中心联合国内500余家成员馆打造了"中国科学院联合目录"，包括全国中、西、日、俄文期刊联合目录数据库、图书联合目录数据库和电子资源知识库等，是涵盖多类型、多载体、多学科的大型集成目录数据库③。除了为科研人员提供文献情报服务外，文献情报机构在面向市场的技术咨询、信息培训、数据库开发和管理咨询等方面的服务也在不断拓展。

在服务深度上，文献情报机构不仅提供传统的文献借阅、检索、查新服务，还广泛

---

① 钟秀琴，符红光，佘莉，等. 基于本体的几何学知识获取及知识表示［J］. 计算机学报，2010，33（1）：167-174.

② 孙月琴. 文献情报工作在知识创新系统中的地位和作用［J］. 图书情报工作，1999（1）：22-24，31.

③ 中国科学院文献情报中心. 资源服务与指南：联合目录［EB/OL］.［2019-09-16］. http：//www.las.ac.cn/zhinan/fwzd_9.html2019-03-30.

开展文献信息分析及信息咨询工作，为用户提供深层次的信息服务。例如，中国科学院文献情报中心设立了专门面向一线研究所和科研人员服务的学科馆员岗位，向研究所用户提供个性化、学科化、知识化的服务①。在服务方式上，文献情报工作正由传统的"文献导向""馆员导向"向"读者导向"转变。除了对文献情报进行组织和提供服务外，还不断加强对用户信息需求、利用行为等方面的调查研究，为用户提供更便捷、更有针对性的服务。又如，中国科学院文献情报中心开发了新型的信息服务工具 e 划通，面向个人和研究团队提供文献调研免费服务，通过"一键式"（鼠标划词/快捷键）操作将所需的文献检索、素材摘录、词典翻译和内容管理嵌入个人研究过程中，并将此过程中产生的信息片段进行知识化组织和管理。

（3）图书情报工作研究

图书情报研究（LIS）与文献情报研究几乎同步出现，一直持续至今。如果说我国的科技情报研究一直紧紧围绕着各门类科学技术研究的实际业务工作展开，那么图书情报研究则大大推进了情报学领域的学术与理论研究，是国内外情报学研究与教育的核心领域。图书情报研究与文献情报研究有交叉融合的部分，但是总体来讲，图书情报更偏向于图书馆研究，而文献情报则更偏向于情报检索系统研究。与此同时，图书情报研究是图书馆学和情报学都关心的研究领域，它将两个学科紧紧地联系在一起。

1977 年 1 月，北京图书馆汉语主题表编辑工作组在《国家图书馆学刊》②上发表了一篇报道，提及为了利用电子计算机建立图书情报资料的机器检索系统，正根据汉字信息处理研究的要求编制一部供我国图书情报资料机器检索用的综合性汉语主题表。这篇论文表明图书情报研究的对象与计算机情报检索系统紧密相关。1980 年 2 月，中国科学院副院长钱三强在《图书情报工作》上发表了题为《大家都来重视和关心图书情报工作》的文章，提到"图书情报是科学研究的先行官"，"科技情报工作本身就是整体科学研究工作的一个组成部分。搞科学研究离不开科技情报……科技情报也只有密切结合科学研究才能得到发展，才能充分发挥作用"。由此可见，我国图书情报工作的初衷是为科学研究提供情报支持，可以看作科技情报工作的延伸。自 1980 年之后，以图书情报为主题的研究成果逐年上升。自 1988 年以后，我国每年发表的涉及图书情报主题的论文超

---

① 中国科学院文献情报中心. 资源服务与指南：学科馆员服务［EB/OL］.［2019-09-16］. http://www.las.ac.cn/zhinan/fwzd_1.html2019-03-30.

② 北京图书馆汉语主题表编辑工作组. 为早日实现图书情报工作现代化 机检用汉语主题表在编制中［J］. 国家图书馆学刊，1977（1）：36.

过1000篇,到2008年达到顶峰,之后小幅下降。相关的研究主题涉及图书馆、情报学、高校图书馆、现代图书情报技术、情报服务、图书情报工作与人员、数字图书馆、文献情报、数据库、核心期刊、公共图书馆等。其中,相当多的研究成果与科技情报研究的成果相重合。

(4) 竞争情报工作研究

竞争情报出现于20世纪50年代,崛起于80年代,以1986年美国竞争情报从业者协会(Society of Competitive Intelligence Professionals,SCIP)的成立为标志,影响遍及世界各地,被视为经济学、管理学与情报学领域中的重大发展。1987年7月,刘怀宝在《图书情报知识》上发表了《略谈竞争情报及其搜集方法》一文,探讨了竞争情报的作用、特性、类型与搜集方法。之后的研究主题涉及竞争情报的概念、理论、系统、法律、行为、活动模式、机构等。2004年,上海图书馆(上海科学技术情报所)创办了《竞争情报》期刊,至今已发表文章300余篇。

在信息社会,组织内外部的信息与知识对管理决策的影响日益重要。竞争情报注重组织外部的信息搜集与分析,知识管理注重组织内部隐性知识的显性化与共享。二者的结合构成了组织信息资源。由于竞争情报与组织管理实践的紧密关系,因而发展较快。但是,随着近年来竞争情报系统与工具在实践中的应用日渐成熟,同时由于国际LIS研究一直没有涉及竞争情报相关内容,近10年来我国的竞争情报研究显著下降。

(5) 其他情报工作研究

除了上述类型的情报工作研究外,也出现了少量关于其他门类情报工作的研究。1986年开始零星出现了对军事情报工作的探讨,涉及军事情报思想、价值、工作、人员、活动、情报检索技术、预测、元数据等主题。2000年后出现了对公安情报工作模式的探讨,涉及工作部门、教学、情报研判、收集、产品、生态、技术、人员等主题。2009年之后,出现了对国家安全情报的研讨,涉及情报组织、情报教育、国家安全战略、开源情报、数据挖掘、认知心理学等主题。

如前所述,情报工作是科技、经济、国家安全等事业发展的重要支撑体系。虽然各类情报工作研究的业务领域不同,但是在研究范式上却具有一定的共性:①紧紧围绕业务工作展开讨论和分析,较少进行一般性理论的总结和探讨。②以宏观层面的整体性讨论为主,较少深入业务工作的具体环节进行分析。③以业务工作问题为导向,较少进行基础科学问题的探讨。④以经验总结和经验性观察为主,较少运用规范的研究方法开展研究。⑤重视信息系统、数据挖掘等新技术在情报工作中的应用。形成上述特点的主要原因是，情报工作研究人员大多来自实践领域，其研究的主要目的是解决实际工作中的问题，而非进行理论创新。因此，高校的学者有责任和义务承担起对各类情报工作的基础理论研究，从实践中总结和提炼情报学的一般理论和规律。

5.2.3.3 交叉学科研究

情报学具有显著的交叉学科特点。在应用实践的推动下，情报学不但形成了核心的科学研究范式，也借鉴其他学科的理论视角和方法论对相关问题展开研究，形成了独特的交叉学科研究范式。

（1）信息资源管理研究

20世纪50—60年代，美国联邦政府迫于文书数量激增、信息处理任务日益繁重、信息管理成本不断增加的压力，提出了政府信息资源管理的政策。到了80年代，信息通信技术在企业得到广泛应用，面向实践应用的信息资源管理开始迅速发展，并很快成为情报学的主要研究领域之一。迄今为止，信息资源管理被认为是情报学与管理学的交叉学科，已经发展出相当完善的知识体系。1984年，姚志礼在《管理现代化》期刊上发表了题为《事务自动化与信息资源管理》的文章，探讨了运用信息系统进行信息资源管理的前景。1992年10月，孟广均在《情报科学》发表了题为《信息资源·信息资源中心·信息资源管理》的论文。之后我国情报学界开始了对信息资源管理的研究，探讨了政府、企业、医院等机构信息资源管理的体制、教育、系统、技术、政策、法律等问题。

信息资源管理将信息当作除物质和能量之外的第3种资源形式来看待，并由此引申出知识资源，这开辟了情报学研究的新阶段，并成为知识经济理论的逻辑起点。资源范式的出现进一步强化了"大情报"的内涵，它将数据、信息、知识、情报、智能、人力资源、文献与档案整合到一个统一的框架中来，将不同形式的信息所具有的资源共性抽象出来，并与社会实践、技术发展和经济发展紧密结合，成为情报学共同体所广泛认可的共同信念。可以说，资源范式是继物理范式和认知范式之后情报学新的研究范式。其前提假设是"信息或知识对个人、组织或社会是有价值的"这样一个命题，从这个命题出发可以推演出情报学研究者们普遍认可的理论体系，并且具有跨学科、跨领域的性质，使得情报学相隔甚远的分支学科、边缘交叉学科得到统一，因而具有可持续的实用性与生命力。

信息资源管理研究自1996年开始快速增加，至2005年达到顶峰，2012年之后快速下降。信息资源管理在情报学教学中占据基础性地位，在实践工作中体现了信息生命周期管理的过程性，而在学术研究方面逐渐分化为政府、企业、公共机构或网络数据的采集、归档、组织加工、保存、溯源、利用、开放、共享、评价、治理等各个环节的研究，尤其是近年来兴起的政府数据开放与共享、大数据治理、科学数据管理、医疗健康数据管理等为信息资源管理开辟了新的研究领域。

（2）信息经济研究

早在20世纪20—30年代，经济学对于完全竞争理论中的完备信息假设提出质疑，引入了信息不完全假设从而开创了信息经济学，如今经济学的信息研究范式已被纳入主流经济学体系。该学派主要研究在信息不完全和不对称的情况下，相互影响的决策者通过信息搜寻、信号传递等行为来影响决策结果的博弈过程。到了20世纪80年代中期以后，信息产业迅速发展，信息经济的发展引起了经济学与情报学的关注。1982年8月，《外国经济参考资料》翻译发表了罗伯特·D.哈姆林题为《信息经济：一项无尽的资源》的文章；1983年5月，陈颖源和郭志顺在《经济科学》发表了《信息经济和信息价值》一文。与此同时，情报学的信息经济研究范式也迅速兴起。1984年8月，彭长城在《图书与情报》期刊发表了《图书情报事业在信息经济中的崛起》一文，表明我国情报学学者开始关注、研究信息经济与信息产业的发展。之后，马费成、靖继鹏、陈禹、赖茂生等情报学教授相继出版了信息经济学的教材与著作，《情报科学》《现代情报》《情报理论与实践》《情报学报》等成为发表信息经济研究成果的重要期刊。可以说，情报学几乎与经济学同时开始信息经济研究。自20世纪90年代开始，信息经济成为情报学和经济学共同关注的热点，而相互割裂的宏观信息经济学和微观信息经济学也被情报学学者统一起来①。

经济范式在更为宏观的意义上探索信息资源对经济发展的重要作用。无论是信息搜寻、信息商品、信息产业、电子商务还是网络经济，都可以纳入经济学的研究框架之下，通过经济分析的方法探索信息或情报的价值、生产与传递的效率、对于决策的影响等问题。这个分析框架已经远远超越了文献信息学的范畴，也完全不同于情报检索研究。与此同时，尽管信息经济学运用经济学的分析范式，但其研究的主要对象仍然是信息价值及其传递的效率，这使得它与情报学在研究对象和研究问题上有一定的交叉。信息经济研究范式将信息与人类社会的经济活动紧密联系在一起，成为情报学与经济学相

---

① 赖茂生，王芳. 信息经济学 [M]. 北京：北京大学出版社，2006.

互理解的一种框架。在信息经济与知识经济迅速发展的历史背景下，这一范式的跨学科性质和强烈的实践性使情报学产生了强大的解释力和生命力。

如前所述，情报学研究不仅存在多重范式共存的问题，而且随着社会情报实践的发展、认识观念的进步及情报学理论的不断丰富，情报学的研究范式也在不断变迁。库恩曾指出，学科内不同研究范式的存在，本身就是一门学科成长及发展的表现，一个范式的学术发展，不会停滞不前，而是一个蜕变和更新的过程。任何理论都不是在相同的思维框架内连续发展的，而是在不断改变思维框架的前提下向前发展的，思维框架随时代的变迁而不断转变的状况就是范式变迁①。随着大数据与人工智能时代的到来，人类获取信息的方式正在发生新的改变，情报学的研究范式也因此经历着新的变迁。

5.3 领域研究范式：以公安情报学为例

公安情报学是在公安情报实践发展需要与情报学理论研究推动下形成的一门新兴学科。近年来，公安机关大力推进情报主导警务战略，组建综合情报部门，配备大量情报民警，公安情报工作的地位和作用日益凸显。同样，公安情报学理论研究也得到快速发展。研究成果大量涌现，并呈现大幅上升趋势。公安院校建立了一批公安情报学专业，形成了专业研究队伍，涉及该领域的学者不断增加，广泛分布于公安院校、公安机关、科研机构及普通高等院校，形成了众多独具特色的研究领域，如情报主导警务、公安情报信息系统及平台建设、公安情报分析与预警、公安情报安全与保密、公安情报资源整合、公安情报应用、公安情报信息技术、案件分析与情报、群体性事件治理与情报、侦查情报、禁毒情报、反恐情报、边防情报等。2011年3月8日国务院学位委员会和教育部批准在《学位授予和人才培养学科目录（2011年）》（学位〔2011〕11号）中，增列公安学和公安技术两个一级学科。公安情报学随后列入公安学二级学科，学科地位获得了正式认可。

然而，公安情报学毕竟是一门新兴学科，其理论研究基础还是相对薄弱。学者在进行公安情报学理论研究时明显带有其他相关学科理论与方法的痕迹，尚没有使用通用的公安情报学概念与话语，尚未建构具有学科特性的理论框架。因此，公安

---

① 文军. 论社会学理论范式的危机及其整合［J］. 天津社会科学, 2004 (6): 52-56.

情报学在扩展学科研究规模与范围"量"的积累的同时，必须注重学科本身"质"的提升。一门学科成熟的标志，在于形成自身独特的研究范式。随着理论研究的深入与情报实践的发展，公安情报学逐渐形成了自身的研究范式，并不断发展演变。

5.3.1 公安情报学引入范式分析的意义

正如库恩所言，"范式是一个成熟的科学共同体在某段时间内所接纳的研究方法、问题领域和解题标准的源头活水"，"一个范式就是一个科学共同体的成员所共有的东西，而反过来，一个科学共同体由共有一个范式的人组成"，"以共同范式为基础进行研究的人，都承诺同样的规则和标准从事科学实践"。① 库恩的范式理论不仅影响着当时的科学哲学界，而且渗透到人文社会科学领域，成为一个普适性理论。人文社会科学界常常借用范式的概念和方法重新审视自身学科领域的发展历史，甚至将它作为方法论基础，借此来证明学科的独立性及学科地位。

公安情报学脱胎于情报学及侦查学等学科，后发展成为一门新的学科，这是研究范式嬗变的结果。公安情报学从依附于情报学到独立发展，体现为随着理论研究的深入与实践活动的发展，形成了公安情报学特有的研究范式。公安情报学独特的研究范式随着实践不断发展、更迭，反映了学科逐步发展、成熟的过程。

5.3.2 公安情报学的主要研究范式

公安情报学是研究公安情报的构成和基本特征，以及公安情报活动的方式方法、一般原理和规律的一门应用性学科②。它是一门新兴的、独立的学科，是在构建自身研究范式过程中，逐步确立其学科地位的。在近30年的理论研究中，公安情报学研究范式不断变迁，产生了人力情报、情报资料、信息资源开发、情报管理等主要研究范式（表5-1）。

---

① KUHN T S. The structure of scientific revolutions [M]. 2nd Ed. Enlanged：The University of Chicago Press，1970.

② 彭知辉. 公安情报学初探 [J]. 中国人民公安大学学报（社会科学版），2005（1）：26-31.

表 5-1 公安情报学的主要研究范式

范式类型	研究内容
人力情报范式	人力情报队伍建设，人力情报合理使用、管理，专门领域人力情报工作的开展等
情报资料范式	刑事犯罪情报资料的搜集、传递、储存、检索、分析、利用及组织管理；公安情报标准体系建设，信息资源规划、整合、共享等
信息资源开发范式	公安情报分析方法、特定领域情报分析、公安情报分析技术、公安情报分析系统与软件开发、公安情报应用（网上侦查）等
情报管理范式	情报主导警务，公安情报体系建设，公安情报组织管理（情报平台、情报机构、情报队伍、情报工作机制）等

（1）人力情报范式

人力情报是以人为活动主体、依靠人的主观能动性获取情报的一种情报工作手段[①]。传统公安情报工作以人力情报为核心，即依靠基层公安机关及其民警广泛收集反映政治稳定、治安稳定的各类情报信息，或借助秘密力量获取内幕性情报。人力情报手段是一种传统的情报工作手段，但它并未过时，仍可在一定范围内发挥重要的作用。人力情报所独具的主观能动性是公安情报工作不可或缺的部分[②]。特别是在打击恐怖主义、跨国犯罪、贩毒走私等活动中，公安机关可充分发挥人力情报的作用，派遣秘密力量打入犯罪团伙内部，深挖犯罪线索，搜集犯罪证据[③]。围绕人力情报实践活动，特别是刑事特情工作的开展，学术界进行理论研究，形成了人力情报研究范式，内容包括：①人力情报队伍建设。例如，综合主客观条件，做好特情选择工作；全面布建特情，形成覆盖面宽、布局合理、情报来源广的刑事特情工作网络[④]。②人力情报合理使用、管理。例如，确定刑事特情适用的合法性、必要性和执行性[⑤]；正确使用特情，避免诱人犯罪和共同犯罪[⑥]；科学管理、使用秘密力量，避免出现各种问题；将"特情运用"纳入法制化的轨道，限定特情侦查的范围，设立程序保障的条件，设置补救性条款[⑦]。③专门领域人

---

① 杜农一. 论人力情报与情报人才培养 [J]. 情报杂志, 1994 (2): 52-53.
② 赵立伟. 对人力情报作用的几点思考 [J]. 辽宁警专学报, 2011 (2): 59-60.
③ 林立瑛. 浅析人力情报的重要作用 [J]. 法制与社会, 2011 (7): 220.
④ 袁世容. 发展中的刑事特情工作网络 [J]. 中国刑事警察, 1997 (6): 20-21.
⑤ 陈晓辉. 刑事特情适用的若干争议焦点研究 [J]. 求实, 2010 (S2): 69-71.
⑥ 隋信刚. 把握气质特征，选择刑事特情 [J]. 辽宁警专学报, 2004 (1): 27-28.
⑦ 李勇. 专案特情在打黑除恶工作中的重要作用 [J]. 警察技术, 2009 (3): 72-73.

力情报工作的开展。例如，在侦办黑恶势力案件①②③、打击流动人口犯罪④、利用狱内特情挖出犯罪线索⑤⑥等方面，人力情报可发挥关键作用。

（2）情报资料范式

20世纪80年代，针对改革开放初期刑事犯罪形势日益严峻的状况，公安部先后下达了《关于刑事犯罪情报资料工作暂行规定》《关于加强刑事犯罪信息资料工作的通知》《关于开发刑事犯罪信息系统的通知》等文件。这一时期的公安情报工作就是刑事犯罪情报资料工作，即将公安机关通过多种途径获得的零星分散的各种刑事犯罪情报资料和线索，按统一规格加以集中分类、整理制卡、储存和检索，为侦查破案和深挖犯罪分子提供线索，为揭露犯罪提供证据，为预防犯罪提供方向。1997年刑事犯罪情报资料工作确定为刑侦工作的"三项基础"之一，进一步推动了这项工作的开展。公安机关在刑事犯罪情报资料工作上取得突出成效，如设置了专门工作机构，搜集了一定规模的情报资料，并运用情报资料破获了一大批刑事案件。进入21世纪，随着公安信息化发展，刑事犯罪情报资料已拓展至指纹、鞋样、遗传基因（DNA）、犯罪现场资料、被盗物品、被害人资料及专家破案经验资料等方面，情报管理模式向计算机网络化全自动方向发展，应用范围包括人身认定、提供侦查线索、为制定侦查方案提供依据等方面。

在20世纪80—90年代，公安情报学理论研究主要围绕刑事犯罪情报资料的组织利用展开。例如，黎镇中的《刑事侦察情报学》是国内最早的一部公安情报学教材，该书借鉴情报学理论，初步构建了以情报资料管理为核心的刑事犯罪情报学体系。此后，王志华的《犯罪情报学教程》、于凤玲的《刑事侦查情报学》、王丰年的《犯罪情报学教程》等虽有所深化、拓展，但仍沿用当时的情报学理论框架，内容包括刑事犯罪情报资料的搜集、传递、储存、检索、分析、利用及组织管理等。围绕刑事犯罪情报资料工作的开展，一些论文从刑事犯罪情报资料的作用、刑事犯罪情报资料工作中存在的问题、加强刑事犯罪情报资料工作的措施等方面进行了具体研究。进入21世纪，随着海量信息资源的出现，公安机关信息资源的有效组织管理成为当时一项重要课题，开始关注公

---

① 齐文祥. 使用刑侦特情出问题的源由［J］. 公安论坛，1993（4）：17-20.
② 陈玉凡. 新形势下的刑事特情工作［J］. 河南公安学刊，1996（4）：20-22.
③ 江苏省公安厅刑警总队. 全员建情，全方位用情：徐州市刑事特情工作［J］. 中国刑事警察，1996（2）：14-15.
④ 泽州县公安局. 泽州在暂住人口中物建特情的经验［J］. 中国刑事警察，1997（1）：28-29.
⑤ 游伟，谢锡美. 论犯罪特情侦查及其制度设计［J］. 政治与法律，2001（5）：19-24.
⑥ 蓝婷婷. 毒品案件中的"特情运用"问题［J］. 法制与社会，2012（6）：135-136.

安情报标准体系建设、信息资源规划、信息资源整合、信息资源共享等方面问题的研究，推动了情报资料范式的深化。

（3）信息资源开发范式

自2003年以来，全国公安机关以"金盾工程"建设为契机，加快公安信息化建设，初步建成了信息化基础设施比较完备，信息应用种类比较齐全，大部分公安业务工作在全国范围内实现信息化工作流程，基本满足需要的科学、规范、实用的公安工作信息化框架体系。公安信息化建设的目的在于应用，而信息化应用的关键在于信息资源的开发利用。经过20多年的公安信息化建设，公安机关采集、存储了大量信息资源，如何有效整合共享各地区、各部门信息资源，从中发掘出有效的情报，成为公安信息化建设和公安情报工作的核心内容。

根据公安情报工作新的发展方向，公安情报学理论研究积极探索如何运用现代信息技术手段，对海量信息资源进行分析研究，形成增值的情报产品，并形成了公安情报工作的信息资源开发范式。它是公安信息化深层次应用、高端化发展实践推动的结果，主要从以下几个方面开展公安情报学理论研究：一是公安情报分析方法研究。除传统定性分析方法，如比较、类比、归纳、灵感思维、头脑风暴法、SWOT分析、竞争性假设分析法（ACH）外，公安情报分析主要针对大量数据、信息的分析利用，因而需要运用层次分析法、移动平均法、时间序列分析法、指数平滑法、一元线性回归分析法、多项式曲线法、决策树法、贝叶斯分析法、相关分析法等定量分析方法。二是特定领域情报分析研究，如案件分析、系列案件分析、犯罪类型分析、案犯特征分析、犯罪团伙分析、犯罪控制方法分析、犯罪模式分析等。三是公安情报技术手段研究。由于信息资源开发利用是针对海量数据的分析处理，因此需要合理地选择、运用情报技术，如数据挖掘技术、语义分析技术、情报检索技术、可视化展示技术、犯罪制图技术、数据聚类技术、文本倾向性分析技术等。四是公安情报分析系统与软件开发研究。公安情报分析系统与软件是公安情报分析的承托载体，特别是面对海量数据的处理，更需要通过研制开发辅助情报分析的软件系统，进行有针对性的数据筛选和关联分析。五是公安情报应用研究。这一方面的内容集中于网上侦查研究。网上侦查是通过对各种信息资源的高效关联整合和比对碰撞来侦查破案的工作方式。主要研究网上侦查方式，如网上串并、网上排摸、网上缉捕、网上查证、网上控赃等，以及技战法，如网上追逃法、QQ技战法、视频监控法、DNA信息技战法、高危人员分析法、高危地区分析法、GPS轨迹分析法、网吧上网数据分析法、旅店同住同行人员分析法等。

(4) 情报管理范式

2008年以来，公安机关开始大力建设公安情报体系。公安情报体系是以人的智能为主导、以公安信息化为支撑、以情报信息处理为主要内容、以服务于公安决策为目标的综合性系统。公安情报体系建设的中心任务是将公安情报工作相关人员、信息资料、组织结构、业务流程、工作制度、设备工具等构成一个有机整体，确保公安情报工作的正常运转，其核心就是情报管理。基于公安情报体系建设这一现实需求，形成公安情报学理论研究的情报管理范式，主要从以下几个方面开展研究：一是情报主导警务研究。情报主导警务是我国从欧美借鉴、移植而来的警务理论，并结合我国公安工作实际进行了实践探索和理论研究，为公安情报体系建设提供了理论依据。二是公安情报体系建设研究。例如，分析、总结全国公安机关情报体系建设现状，或地方公安机关如上海、浙江、江苏、云南、山东等公安情报体系建设的做法和经验；从理论角度探讨公安情报体系的内涵、特征、构成要素、功能、基本框架等。三是公安情报组织管理研究。主要围绕公安情报体系建设具体内容开展研究，包括公安情报信息综合应用平台、公安综合情报机构、公安情报队伍、公安情报工作机制等方面内容。

5.3.3 公安情报学研究范式的特征分析

公安情报学理论研究先后出现了4种研究范式，反映了不同历史时期公安情报学共同体所公认的主要研究框架、基本研究模式和研究方法①。通过对这些研究范式的梳理，可以发现它们存在以下特征。

(1) 公安情报实践活动是公安情报学研究范式转换的重要驱动力

公安情报学是一门注重实践、服务实践的应用性学科。纵观公安情报学整个发展过程，它与公安情报实践活动密切相关，并且随着公安情报实践活动中一些新问题和新现象的产生，不断产生新的研究范式（图5-1）。公安情报学是由公安情报实践经验不断积累、总结并上升为理论的结果。同时，公安情报学又必须指导和服务于公安情报工作，其理论也必须在实践中得到检验。公安情报实践活动推动公安情报学研究范式的发展，公安情报学研究范式与公安情报实践活动紧密结合，这是公安情报学区别于一般情报学的一个重要方面。

近30年，公安情报实践活动多次发生根本性的变革，也造成了公安情报学研究范

---

① 王芳. 情报学的范式变迁及元理论研究 [J]. 情报学报, 2007 (5): 764-773.

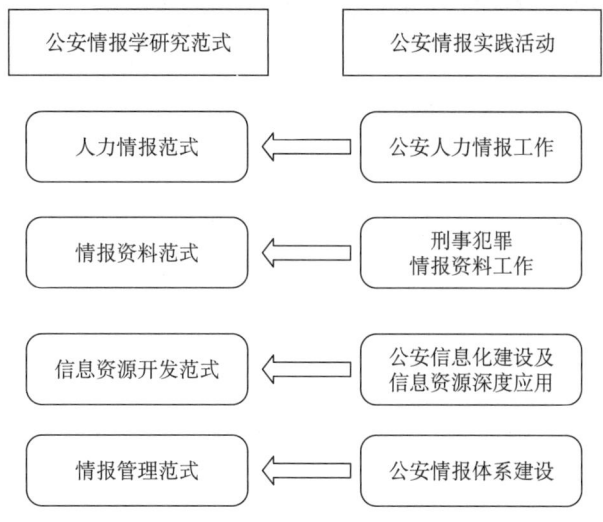

图 5-1 公安情报学研究范式转换与公安情报实践活动的关系

式的复杂多变。20世纪80年代，公安机关大力加强刑事犯罪情报资料工作，相关研究为刑事犯罪情报资料的分类、整理、储存、检索与应用工作的开展提供了理论支持。进入21世纪，公安信息化建设进入深度应用阶段，网上侦查得到全面推广应用。在此背景下，公安情报学理论研究形成信息资源开发范式。随后，全国公安机关实施情报主导警务战略，大力推进公安情报体系建设，推动了情报管理范式的建立。

可以说，公安情报学理论研究是在公安情报实践的驱动下发展的。情报实践带动公安情报学研究范式的转换，并推动公安情报学理论研究的繁荣与发展。但也说明，公安情报学理论研究滞后于情报实践，缺乏理论自觉，在理论引领情报实践方面还存在不足。在公安情报实践活动日趋规范、公安情报学理论研究日趋成熟的情况下，有必要完善公安情报学研究范式，使理论研究既源于实践又指导实践。

（2）由传承到独立的公安情报学研究范式的发展

从学科渊源来看，公安情报学诞生之初就是作为情报学的分支学科提出来的，并且不断吸收和借鉴情报学的理论、方法、技术来充实和构建学科知识体系。然而，随着公安情报学的不断发展，其学科定位、研究对象、研究内容、学科属性等出现了明显的差异，公安情报学逐渐与情报学疏离，确立了独立的学科地位[①]。公安情报学研究范式的转换，反映了它对情报学由传承到独立的发展过程。

---

① 谢晓专. 公安情报学与情报学的关系研究 [J]. 情报杂志，2012 (6)：1-7.

由于情报学的多学科特性，形成了多种研究范式，如情报交流范式、机构范式、诠释学范式、技术主导范式、认知范式、知识主导范式、经济学范式、人文范式等①。在公安情报学发展过程中，借鉴了情报学的理论和方法，甚至移植了情报学的一些研究范式。例如，情报资料范式是基于刑事犯罪情报资料工作而形成的一种研究范式，研究刑事犯罪情报资料加工、整理、存储、检索、利用的基本规律，无论是研究内容还是研究方法，都带有明显的情报学范式的烙印。再如，信息资源开发范式吸收、借鉴了情报学的技术主导范式、资源范式等的一些理论和方法。此外，情报学的认知范式、经济范式、职能范式等都有助于弥补公安情报学理论研究的一些不足。

然而，公安情报学因其自身具有独特的研究内容、理论方法，必然要求脱离情报学形成独特的研究范式。人力情报是由公安情报工作的独有属性而赋予公安情报学的一项独特的研究内容，情报学研究范式难以对此做出理论阐释，需要公安情报学建立独有的研究范式。即便情报资料范式直接移植情报学的情报交流范式，但其研究内容是与刑事犯罪活动有关的人、事、物、线索等方面的情报资料，与基于文献的情报学有明显差异。信息资源开发范式也仅在一些常规情报分析方法、技术等方面与情报学具有共性，但在公安情报工作领域内部所形成的、专门的分析方法和手段，并非情报学所能包含，如人物关系图分析法、事件图分析法、标准偏差统计方法、犯罪地图标法、网络比对法、网络布控法、定向核查法、网上串并案法、多点碰撞法、数据挖掘法、物证鉴定法、心理画像法、人际网络法、案件言语破译法等情报分析方法②，以及碰撞比对、频率分析、深度挖掘、多维分析等技术手段③。情报管理范式是在公安情报体系建设这一现实需求的推动下形成的。公安情报体系建设是我国公安机关实施情报主导警务战略的一项系统工程，其研究内容非情报学所能包含，因而公安情报管理范式必然是一种区别于情报学的新的研究范式。公安情报学多种研究范式的形成，推动了公安情报学从科学发展的"前科学"阶段向"常规科学"阶段的蜕变，促成公安情报学学科的形成与成熟。

（3）公安情报学研究范式之间存在转换与交织的关系

库恩认为，不同的范式之间是不可通约的。但是，新旧范式虽有质的差别，但新范式并不是对旧范式的简单否定，而是辩证的扬弃，它们包含着旧范式的正确内容。特别

---

① 梁战平．情报学若干问题辨析［J］．情报理论与实践，2003（3）：193-198.
② 马忠红．我国犯罪情报分析研判研究述评［J］．中国人民公安大学学报（社会科学版），2011（4）：75-83.
③ 龚熹，查雪静．情报信息分析研判方法探析［J］．公安研究，2009（9）：87-92.

是在人文社会科学领域，研究范式并不具有排他性，甚至还具有某种相容性或互补性。多种范式在一定时期可以同时存在，并不完全是相互替代的。公安情报学多种研究范式纵向演进，后一范式吸收之前范式的特点，体现了公安情报学理论研究的不断发展与成熟（图5-2）。

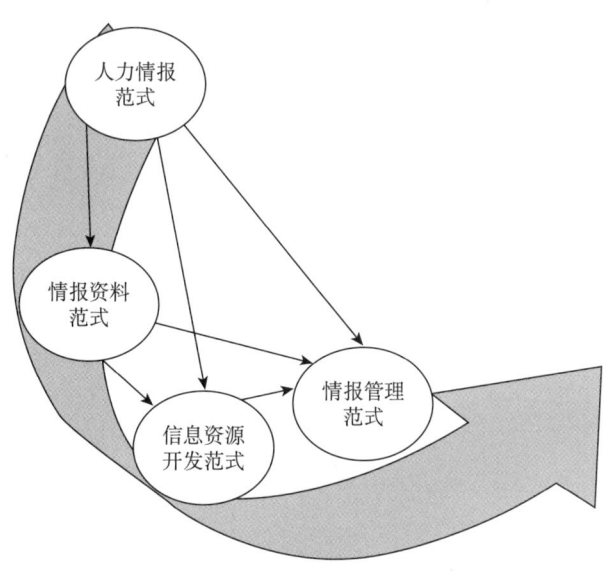

图5-2 公安情报学研究范式之间的转换与交织

"一种范式通过革命向另一种范式的过渡，便是成熟科学通常发展模式。"① 公安情报学的4种研究范式存在时间上的先后关系，体现了公安情报学理论研究的不断发展。但是，这4种研究范式不是相互取代的关系，而是体现为范式之间的转换与交织。例如，在社会大流动背景下，人力情报工作不再是公安情报工作的重要组成部分，但它仍有广泛的应用空间，因而其研究范式不会消亡，应融合于其他研究范式中。再如，情报资料与信息资源这两种范式实际上是前后承接的关系，都是在社会信息化发展背景下形成的，体现了公安情报实践及理论研究的深化与发展。情报资料范式是与公安信息化发展初期相适应的研究范式，信息资源开发范式是与公安信息化深度应用相适应的研究范式。但情报资料范式所研究的信息采集、信息资源整合共享等内容，并不会因此过时，它仍是信息资源开发范式研究的基础。情报管理范式则纠正了以往研究范式集中于主体或客体单一维度研究的偏差，体现了多种范式相互融合的发展趋势。

---

① KUHN T S. The structure of scientific revolutions [M]. 2nd ed. Enlanged：The University of Chicago Press，1970.

（4）公安情报学研究范式的整合

由于公安情报实践活动的不断发展变化，任何一种研究范式都无法从整体上解释快速变化的公安情报实践活动。这些范式都只是构成完整的公安情报实践活动现实的一个组成部分，是公安情报学多维研究中的一种。4种研究范式都存在从单一维度研究公安情报学的偏差和局限，存在"主体—客体""微观—宏观"的分化与对立（图5-3）。随着公安情报实践工作的正规化和公安情报学理论研究的逐步成熟，有必要整合上述公安情报学研究范式，使之综合化、系统化。公安情报学研究范式经过整合，从每一种范式中吸取有益的方面，并将它们融为一体，有助于推动公安情报学理论研究的深化。

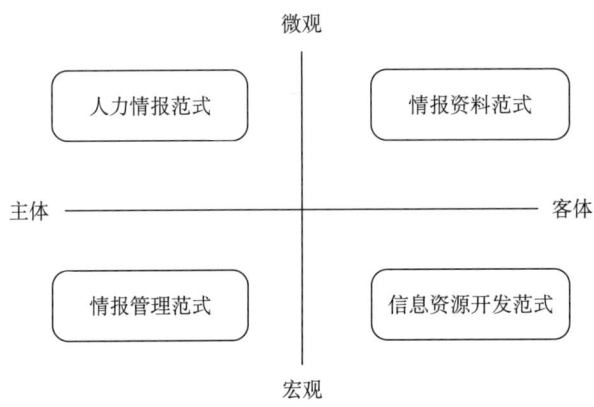

图5-3　公安情报学4种研究范式的关系

在公安情报学研究范式的整合中，应融合人力情报、情报资料、信息资源开发、情报管理等范式的内容、理论和方法（图5-4），同时需要针对它们存在的不足加以完善。

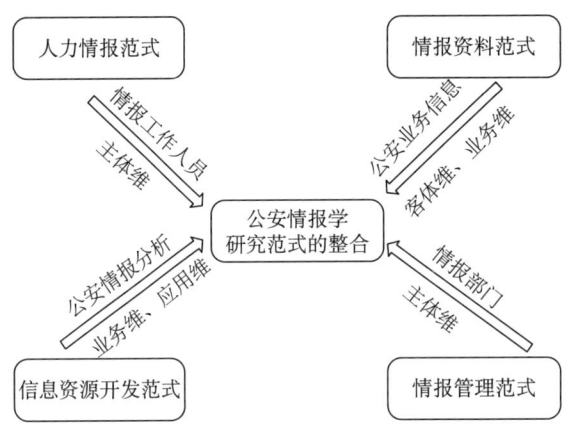

图5-4　公安情报学研究范式的整合

公安情报学应将人力情报研究范式的内容、理论等融合进来,既弥补公安情报主体研究方面的不足,也对公安情报实践过于依赖信息资源、技术手段进行纠偏;同时应进一步加强情报资料范式中一些基础性问题的研究,如信息的标准化采集、信息质量控制、信息资源整合共享等;拓展信息资源开发范式的应用领域;从整体上推进公安情报体系的建设与研究。

5.3.4 公安情报学研究范式的维度

将多种研究范式加以整合,形成新的综合化、系统化的公安情报学研究范式,既是适应公安情报实践发展的需要,也是公安情报学理论研究提出的重要课题。根据公安情报学原有研究范式的内容、理论和方法等,可构建由主体维、客体维、业务维和应用维等组成的新的研究范式(图5-5)。

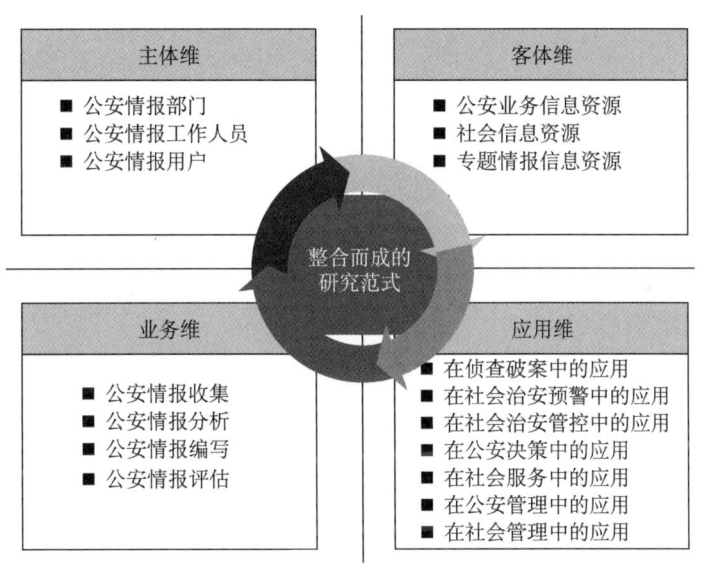

图 5-5 整合而成的公安情报学研究范式的四维建构

5.3.4.1 公安情报学研究范式之"主体维"

公安情报工作是一项高智能活动,应充分发挥人的主观能动性。公安情报学研究范式之"主体维",主要研究公安情报部门、公安情报工作人员、公安情报用户3个要素。

(1) 公安情报部门

指公安情报实践活动的具体组织者与实施者,负责制定公安情报工作发展计划和措施,建立公安情报工作管理制度和组织体系,筹划指导、考核监督下级情报部门工作,承担公安情报的综合分析、归口编报等。其研究内容包括：①公安情报管理体制，包括公安情报部门的设置模式、整体构架、管理范围、职权划分、组织形式、职能定位、与其他部门的关系等。②公安情报管理机制，包括公安情报政策，即发展与管理公安情报工作的总体原则、指导方针、行为准则、规划、方案等；公安情报操作规程，即有关情报信息收集、录入、整理、分析、存储、报送、查询、反馈、服务等环节的规范、措施、细则、条例等；公安情报管理制度，如岗位责任制度、目标管理制度、督查评比制度、奖惩制度、人员教育培训制度等。③公安情报工作组织管理，包括公安情报工作发展规划、计划的制订与执行、公安情报工作的监督与控制。

（2）公安情报工作人员

指从事公安情报工作并为用户提供情报服务的专门工作人员。在公安情报实践活动中，人是决定性因素，只有充分发挥人的积极性、主动性和创造性，才能使情报信息资源得到充分利用，公安情报工作才能取得好的效果。其研究内容包括：①公安情报队伍组织结构。即各类情报专业人员如何在合理分工、协作联系及组织匹配等方面处于最佳状态，形成最佳组合。②公安情报工作人员的素质构成，包括思想政治素质、业务素质、文化技能素质、心理素质、职业道德等。③公安情报教育与培训，主要通过专业教育和在职培训两条途径来进行：一是公安院校如何开展公安情报学专业建设和专业人才培养；二是公安机关如何针对在职在岗的情报工作人员开展在职培训教育。

（3）公安情报用户

指需要获取和利用情报的机构或个人。情报用户作为情报服务的对象始终处于中心位置，公安情报部门主要围绕情报用户开展工作。以往的公安情报学理论研究与实践活动忽视了情报用户的主体地位，忽视了用户在情报吸收利用中的关键作用。研究内容包括公安情报用户的类型及特征、用户情报需求分析及规律，用户的认知行为、心理及情报吸收利用效果分析，公安情报服务及其评估等①。

5.3.4.2 公安情报学研究范式之"客体维"

情报资料是指由基层单位收集并汇集于公安情报部门，还没有经过情报部门系统加工处理的资料。这些情报资料，有的源于基层公安机关直接收集的各种信息数据，它们需要通过整合、挖掘，才能产生情报价值；有的经过基层民警的鉴别、整理与分析，但大多只反映某些局部、个案方面的情况，情报价值不高。情报资料是公安情报工作的对

---

① 胡昌平. 信息管理科学导论（修订版）[M]. 北京：高等教育出版社，2001：233-260.

象，情报部门及其情报工作人员必须对情报资料加以分析，形成新的情报产品，才能满足用户的情报需求。情报资料的来源包括公安业务信息资源、社会信息资源和专题情报信息资源3个方面，它们构成了公安情报学研究范式"客体维"的基本内容。

(1) 公安业务信息资源

指公安机关及其民警在日常警务活动中，如案件调查、现场勘查、人口管理、110接处警、入户调查、巡逻防范、治安管理、交通管理等，所产生有关人员、案（事）件、物品、机构等各种零星分散的信息资料。这些信息资料录入警务综合应用平台或相应的业务信息系统，按照统一规格加以集中分类、整理和检索，形成比较系统、综合、便于反复利用并能满足多种需求的业务信息资源。公安业务信息的研究内容包括公安业务信息的基本类型、构成要素，公安业务信息采集标准、方式和质量控制，公安业务信息的整合、共享等。

(2) 社会信息资源

公安情报信息广泛分布于社会各个方面，仅靠公安机关自身的力量，难以全面获取各类情报信息。为此，公安机关应充分发挥服务与管理的职能优势，加强各类社会信息资源的获取。社会信息资源，特指除公安机关以外，其他党政机关、社会团体、事业单位和企业等社会组织机构日常生产经营活动中所产生或掌握的信息资源，这些信息资源能为公安机关案件侦查、治安管理、维稳处突等提供服务。社会信息资源的研究内容包括社会信息资源的主要来源、基本类型，社会信息资源的获取方式，社会信息资源的管理与保密等。

(3) 专题情报信息资源

指由公安机关根据特定情报需求专门收集的情报信息，包括各类社会不安定因素、群体性事件及其他突发事件，舆情动态、治安灾害事故，危害国家安全和社会政治稳定活动的情况及其苗头，以及其他影响社会安定的情报信息。它具有深层次、内幕性、综合性等特征，一般需要采用人力情报工作手段来获取。专题情报信息的研究内容包括专题情报信息的范围、类型，专题情报信息的收集方式、方法，专题情报信息的鉴别、编报等[1]。

5.3.4.3 公安情报学研究范式之"业务维"

公安情报工作是实现情报资料到情报产品转化的具体工作过程。这一过程由若干工

---

[1] 彭知辉. 论公安情报的收集内容与方式 [J]. 公安学刊，2012（2）：42-45.

作环节组成，包括情报信息收集、加工、分析、编写、传递，最后将情报产品提供给用户的整个业务流程体系。公安情报学研究范式之"业务维"包括以下几个方面。

（1）公安情报收集

又称公安情报搜集，是指公安机关根据公安中心工作和领导决策的需要，通过一定的渠道，按照一定的程序，采用科学的方法，有组织、有计划、有目的地对各种有价值的情报信息进行收集、占有、积累的过程。它是公安情报工作的首要环节，同时又贯穿于公安情报工作的全过程，在整个公安情报活动中处于基础性、先导性位置。研究内容包括公安情报源的基本类型及其构成，公安情报用户及其情报需求分析，公安情报收集的原则、要求、内容、流程与渠道，公安情报收集方法的具体运用，不同类型公安情报的收集等。

（2）公安情报分析

是指根据公安工作的特定需求，把许多分散的、点滴的情报信息集中起来，经过选择、整序、评估，科学抽象的分析加工，得出有助于解决问题的新情报的思维创新过程[1]。它是对情报信息进行分析、综合、判断、推理，发掘或增加其情报价值的一项综合性很强的、科学的思维活动。研究内容包括公安情报分析原理、思维方式，公安情报分析方法，公安情报分析技术与软件，不同领域情报分析方法的运用等[2]。

（3）公安情报编写

是指情报工作人员综合利用各种情报资料，用文字、数字、图表或符号等形式编撰形成情报产品的过程。公安情报工作人员利用各个渠道收集、上报的情报资料，编写出专题性、综合性情报产品，从而较为全面、客观地反映出这一时期与公安工作密切相关的社会现象及其规模变化、趋势发展、因果关系等，提出相应的预测、意见、建议和措施，为公安决策和行动部署提供依据[3]。研究内容包括公安情报编写的原则、要求和程序，公安情报编写的方法、方式，不同类型情报产品的编写等。

（4）公安情报评估

公安情报产品是公安情报工作人员集体智慧和创造性劳动的结晶，对其价值进行衡量和评判，是情报生产不可或缺的重要内容。公安情报评估就是依据确定的标准对情报产品的质量和价值做出评定的过程，包括产品本身的价值评价和后续影响效果评价两个

---

[1] 王小锋.论公安情报研判[J].广州市公安管理干部学院学报，2009（4）：8-10.
[2] 彭知辉.公安情报源与情报收集[M].北京：中国人民公安大学出版社，2009.
[3] 同[1]。

方面，即即时评价和最终评价①。研究内容包括公安情报评估的原则、要求，公安情报评估的基本方法，公安情报评估的步骤，公安情报评估指标体系的构建等。

5.3.4.4 公安情报学研究范式之"应用维"

公安情报应用是将公安情报工作与具体公安工作相结合，充分发挥公安情报的作用，实现公安情报引领警务的过程。公安情报只有在转化应用过程中，才能最终实现其情报价值，产生实际效益。情报主导警务战略的实施，必然要求拓展公安情报应用的领域，将公安情报应用于打击、防范、控制、决策、管理、服务等职能活动中，使公安情报成为公安机关履行其职能职责的重要基础、基本前提和主要依据。当前，公安情报工作的地位和作用获得了普遍认可，但公安情报应用仍局限于打击犯罪等专门领域，而在防范、决策、管理、服务等领域，公安情报还没有获得广泛的应用，尚未形成行之有效的工作机制。解决公安情报应用这一现实难题，是公安情报学研究不可推卸的责任。公安情报学研究范式之"应用维"包括以下方面。

(1) 在侦查破案中的应用

公安情报是侦查破案的前提和基础，是侦查工作的重要组成部分。面对大量刑事案件及严峻的斗争形势，公安机关必须更新观念，走情报主导侦查之路，积极开展网上侦查，以提高侦查工作效率和打击犯罪、驾驭社会治安局势的能力。研究内容包括公安情报在侦查破案中的作用，情报主导侦查模式及工作机制，网上侦查的基本原理、实施过程，网上侦查技战法及其应用等。

(2) 在社会治安预警中的应用

"打防结合，以防为主"是公安工作的一个基本方针。开展针对重大犯罪活动、重大治安案件与事件、严重暴力恐怖活动等方面的社会治安预警活动，是贯彻"以防为主"方针的重要手段。为了维护社会的和谐稳定，需要建立基于公安情报的社会治安预警系统，针对引发治安问题的各种社会现象，开展情报信息收集、整理与分析研判，发现征兆，发出预警并及时加以防范。研究内容包括公安情报在社会治安预警中的作用与具体应用、群体性事件等重大事件治理中情报预警工作的开展等。

(3) 在社会治安管控中的应用

社会治安管控是由公安机关对特定的目标对象如重点区域、重点部位、重点单位、

---

① 李淑华，李越. 公安情报产品评价研究 [J]. 中国人民公安大学学报（社会科学版），2012 (3)：26-30.

重点人员、重要物品等，进行全程跟踪、动态管控，从而达到消除治安隐患、预防违法犯罪和维护社会治安稳定的目标。建立基于公安情报的社会治安管控机制，实现技术手段与人工分析的有机结合，是动态环境下完善社会治安管控的必然要求。研究内容包括公安情报与社会治安管控的关系，基于公安情报的社会治安管控的工作流程，公安情报在重点区域、重点部位、重点单位、重点人员等领域治安管控中的具体应用等。

（4）在公安决策中的应用

公安情报工作是直接服务于公安决策的一项基础性工作，是公安决策科学化的基本前提、必要基础和重要保障。建立公安情报决策服务体系，将其贯穿于公安决策的整个过程，是公安情报工作的重要任务之一。研究内容包括公安情报与公安决策的关系、公安情报决策服务体系的构建、公安决策情报工作的开展、公安情报服务决策的方式等。

（5）在社会服务中的应用

公安机关作为政府重要的职能部门，除了预防、打击各种违法犯罪活动外，同时承担社会公共服务的职责。公安情报是一种社会行政管理和行政执法管理相结合的综合性社会资源，其服务对象除公安机关之外，还应包括党委、政府及其各部门，以及其他社会组织和个人。研究内容包括公安情报在社会服务中的地位和作用，面向社会的情报信息服务的主要领域、基本方式，面向政府、公众、社会组织等不同领域情报信息服务的具体实施等。

（6）在公安管理中的应用

将公安情报应用于公安管理，可以提高公安机关行政管理的水平和能力。全面掌握、分析公安机关自身管理方面的各类情报信息，包括警力资源配置与调度、公安队伍建设等方面的情况，可反映公安管理的质量、成效及管理的重点、难点，有助于公安机关客观地评价自身，及时发现问题，进而提高工作效率与管理水平。研究内容包括公安情报在公安管理中的作用，公安管理中情报工作的主要内容、方法，人力资源管理、公安队伍建设及公共关系建设等领域情报工作的开展等。

（7）在社会管理中的应用

公安机关作为政府维护社会治安稳定、打击违法犯罪的职能部门，应通过创新社会管理，提高服务经济社会发展、促进社会和谐稳定的能力和水平。为此，公安机关应充分利用信息化建设成果，在履行社会管理职能的各个方面，如治安防控体系建设、流动人口管理、社会矛盾纠纷化解、社会组织管理、和谐警民关系建设等，坚持运用情报信息手段不断提升公安机关社会管理效能和水平。研究内容包括公安情报与社会管理的关系、公安情报在社会管理各个方面的具体应用等。

多种研究范式的整合是公安情报实践与理论发展的必然结果。融合人力情报、情报资料、信息资源、情报管理等范式的内容、理论和方法，建立由主体维、客体维、业务维和应用维等组成的综合化、系统化研究范式，有助于更好地理解公安情报工作与理论研究。当然，作为一种理论假设（如"应用维"在理论研究与实践活动中还未能拓展到其他领域），这种整合范式尚有待于在公安情报学的发展中得到证明。

5.4 本章小结

本章介绍了维克瑞、德尔文、霍兰德、贝茨等国内外学者对情报学元理论的观点，提出"情报学的元理论并非一成不变，而是不断发展变化的，且不同分支领域的元理论不尽相同，情报学多种范式并存互补"的观点。在此基础上，介绍了国际上关于情报学研究范式的划分，以及情报学物理范式、认知范式和领域分析范式的转变过程，同时介绍了我国情报学研究的几种主要范式及其相互关系。最后，以公安情报学为例，展示了特定情报工作领域研究范式的变迁过程，表明其与主流情报学研究范式的传承关系及独特特征。

第 6 章 情报学的理论流派

情报学发展至今，形成、借鉴和应用了众多理论。其中，一些理论拥有相同的认识论和方法论基础，基于相同的元理论和研究视角，拥有共同的学术目的，秉持连贯一致的学术传统，遵循相似的学术逻辑和研究路径，从而形成了明显的理论流派。从理论流派入手可以更加清晰地梳理情报学的理论发展脉络。本章将对情报学主要的理论流派进行介绍，力争较为全面地揭示情报学的理论体系构成和历史发展路径。

6.1 情报学理论流派的划分

学派又称思想学派（schools of thought），是指一个特定群体所持有的一个或一组思想学说、主义、哲学或教义。一个学派的思想体系包括本体论、认识论、方法论、伦理和价值论及意识形态（思想、观念、理论和政治概念）。"学派"和"范式"经常互换使用。二者的不同之处在于，学派是由范式组成的，范式赋予学派价值、意义和声望，代表了一个学派的研究对象。一个学科中常常有多个学派共同存在，而一个学派也可能包含不同的范式。范式产生新的理论，而理论含有隐含的世界观①，从而使一个学派具有一定程度的连贯性，使其思维系统具有内在的同质性和逻辑性。

在特定理论视角下具有共同渊源和内在连贯性的一组理论构成了理论流派。理论流派是范式的组成部分，基本上所有人文学科与社会科学都有多个理论流派共存。一个学科范式中常常存在相互竞争的理论流派。这意味着可以从不同的角度来研究这个学科。

---

① NEGRU I. Revisiting the concept of schools of thought in economics: the example of the Austrian school [J]. American journal of economics and sociology, 2013, 72 (4): 983-1008.

一些学派具有地缘特征，在元理论、方法论或研究方法上形成独有的特征，如社会学的芝加哥学派、经济学的奥地利学派等；另一些则跨越了地域具有理论上的历史连贯性，从而成为理论流派，如心理学的结构主义学派、情报学的科学交流学派等。

理论流派的形成标志着一个学科研究的深入和成熟，但是也存在一定的负面影响。巴尔奇（Balch）[1] 将社会科学和人文学科描述为"对抗性学科"。他认为在这种学科中，范式的竞争"暗含敌意，涉及价值判断和事实判断，严重影响验证方法及争议的实质"，在这种情况下学派成为"严肃学术讨论"的障碍，使学术研究"巴尔干化"。尽管如此，对于拥有众多理论和多个范式的学科来讲，从学派层面对学术思想的发展脉络进行分析，可以更加清晰地揭示学科理论发展的历史渊源和核心观点。

情报学界一直关注学派与思想流派的形成和发展，试图勾画情报学理论发展的脉络和版图。例如，斯曼尼和维霍瓦尔（Smutny & Vehovar）[2] 发现，随着世界各国社群信息学的发展，地区性研究社群对社会信息学有不同的理解。为此，他们建立了由学科历史、方法论基础和主题焦点等维度构成的学派分析框架，比较了社会信息学的德国学派、日本学派、挪威学派、俄罗斯学派、斯洛文尼亚学派、英国学派、美国学派在学科起源、研究重点、方法论基础、主题分类方面的异同，并在此基础上提出应将社会信息学理解为后现代科学。斯曼尼和维霍瓦尔首次从地区视角考察社会信息学的学派构成，其分析框架对于情报学的学派分析具有借鉴意义。

与社会信息学相比，情报学在研究社群分裂、研究主题分散和研究方法的多样性方面表现得更加明显，也因此存在众多理论流派。关于情报学理论流派的划分，学者持有不同的观点。靖继鹏等[3]将情报学的理论体系流派划分为4类：由苏联米哈依诺夫创立的科学交流学派、英国布鲁克斯创立的知识学派、美国约维茨（Yovits）创立的决策学派和萨拉塞维克创立的通讯学派。需要注意的是，一般认为萨拉塞维克创立了情报社会传播流派[4]。

---

[1] BALCH S H. Toward a reconstitution of academic governance [J]. Academic questions, 2004, 17 (1): 67-72.

[2] SMUTNY Z, VEHOVAR V. Social informatics research: schools of thought, methodological basis, and thematic conceptualization [J]. Journal of the association for information scienceand technology, 2020, 71 (5): 529-539.

[3] 靖继鹏, 李勇先, 刘凤琴. 剖析情报学理论体系流派的用户观 [J]. 中国图书馆学报, 1992 (2): 5-9.

[4] 陈珏静. 萨拉塞维奇情报社会传播理论观点归纳与评价 [J]. 知识管理论坛, 2011 (6): 32-36.

沿袭靖继鹏等的分类体系，谢先江①认为，情报科学的主要学派有科学交流学派、知识利用和知识吸收学派、加菲尔德的引文分析学派、索尔顿与兰开斯特的情报技术学派、美国萨拉塞维克的通讯过程学派、英国道金斯的思想基因学派、美国约维兹的决策学派、印度拉德扎贡帕兰的知识利用学派、中国钱学森的思维科学学派、苏联什列杰尔和美国斯拉麦卡的符号学派。除此之外，另有一些研究从情报学学科的研究范式或理论研究视角进行了学派的归纳与划分。例如，霍国庆、孟广均与徐引篪②认为图书馆学的流派包括技术学派、管理学派、社会学学派、交流学派、新技术学派和信息管理学派等，其中后3种是图书馆学与情报学共有的学派。周晓燕和孙青③将国内外信息管理研究划分为4个不同的流派：系统学派、管理学派、用户学派和交流学派。上述划分方式从不同视角揭示了情报学学科中具有连贯性的理论流派。其中一些流派学者较多，存续时期较长，产生了较大的影响力；另一些则由于后继者较少，理论成果不多，影响力较小。

如同范式一样，理论流派也具有生命周期，在学科发展及技术、政治、经济、社会等因素的影响下，会经历产生、发展、兴盛与衰落等阶段。范并思④分析了我国社科情报理论流派的发展历程，认为中国社科情报理论产生于中国改革开放以后，在20世纪80年代达到高潮，自90年代后期起逐渐衰落。赵冰峰⑤认为中国情报学派兴起于国家战略的调整时期，关注中国问题，重视对抗博弈，积极为国谋略，大致可分为军事、安全、经济和科技四大类学者群体，并提出中国情报学派在未来应当解决情报部门理论的统一化、情报工作与部门工作的融合化、情报参与国家治理的制度化三大问题。此外，还有一些学者对我国的竞争情报学派、钱学森情报思想等进行了专门分析。

上述分析表明，在不同时期不同学者对于情报学理论流派的划分不尽相同，但是对一些特征明显、体系完善的学派的看法基本是一致的。为了反映情报学学术思想发展的整体图景，本章运用历史主义的分析方法，对情报学的10个主要理论流派进行介绍，这10个理论流派可以划归入四大研究视角：一是信息技术视角，包括通信科学学派和信息技术学派；二是认知与行为视角，包括个体认知与行为学派、社会认知学派和知识

---

① 谢先江. 国内外情报学派模型及分支学科 [J]. 现代情报, 1991 (Z1): 54.
② 霍国庆, 孟广均, 徐引篪. 西方图书馆学流派论评 (一) [J]. 图书情报工作, 1998 (4): 3-5.
③ 周晓燕, 孙青. 国内外信息管理研究的流派与研究框架 [J]. 大学图书馆学报, 2004 (6): 14-18.
④ 范并思. 社科情报学：一个逐渐远行的学派 [J]. 图书情报知识, 2006 (6): 80-83.
⑤ 赵冰峰. 中国情报学派的兴起与历史使命 [J]. 情报杂志, 2016 (4): 1-4.

学派；三是交流与传播视角，包括科学交流学派和社会传播学派；四是决策与管理视角，包括决策功能学派、中国情报学派和信息资源管理学派。这些理论流派由一系列具有思想传承关系的理论构成，涵盖了信息、技术、用户、社会和组织等信息运动所涉及的各方面要素，反映了信息生命周期的收集、加工、管理、利用、传播的所有环节，基本体现了情报学研究的历史发展脉络。

6.2 通信科学学派

20世纪40年代先后创立并获得迅猛发展的信息论、系统论和控制论被并称为20世纪系统科学领域的"老三论"①，体现了现代科学整体化和综合化的发展趋势，具有十分重要的方法论意义，对通信科学、管理科学乃至整个现代科学都产生了深远影响。与此同时，第二次世界大战之后科学文献信息的爆炸式增长和对高效科学交流的强烈需求催生了情报学。可以说，情报学与信息论、系统论和控制论几乎同时诞生，共同发展，不可避免地受到它们的影响。

6.2.1 信息论

香农（Claude E. Shannon）信息论的提出标志着通信科学的诞生。信息论对一般的信息科学产生了巨大影响，相关的研究领域不断扩大至机器、生物和社会系统，发展成为一门专门运用数学方法来研究如何计量、提取、变换、传递、存储和控制各种系统信息的一般规律的科学。

6.2.1.1 信息论的主要内容

（1）通信系统模型

香农将信息看作通过特定物理载体传输的物理信号序列。信息由信源发出，通过信道的传递由信宿接收。香农根据通信过程，建立了通信系统的结构模型，如图6-1所示。

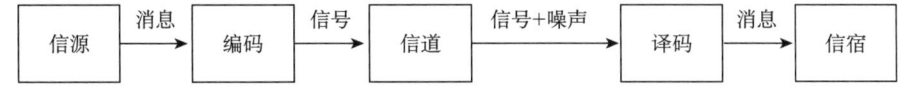

图6-1 通信系统的结构模型

---

① 20世纪70年代以后出现了耗散结构论、协同论、突变论，被称为系统科学领域的"新三论"。

①信源,是指信息的发送源,可以是人或机器,也可以是自然界中任何其他物体。

②编码,是指将信息变换成某种物理信号(如光电信号)或其他信号(如特定语言符号)的过程,以便于信息可以在相应的信道进行传输。

③信道,是指信息传递的通道。信道的关键在于信道容量,其目标是以最快的速度传递最大量的信息。

④噪声,是指在信号传递过程中,通信系统内部产生的及系统外部混入的种种干扰。噪声对信号的传送具有副作用,能够造成一定程度上的信息失真,从而影响通信效果。

⑤译码,是指把经过编码的信号翻译成原来的信息,是编码的反向变换活动。

⑥信宿,是指信息的接收者,可以是人,也可以是机器。

(2)信息的度量

信息论以概率论和数理统计为工具,从信源符号和信道噪声的概率特性出发,定量描述信息的传输和提取等问题。1948年,香农在"通信的数学理论"一文中提出了信息熵的定义,用来推算传递经二进制编码后的原信息所需要的信道带宽,即

$$H(X) = -\sum_{i} p_i \log p_i \text{。} \tag{6-1}$$

在式(6-1)中,信息被定义为不确定性的负度量,信息量是"两次不确定性之差",即"不确定性减少的量"。

6.2.1.2 信息论的发展历程

(1)信息论的产生

香农于1916年出生于美国密歇根州的佩托斯基,父亲既是法官又是教师。香农年轻时曾经用铁丝网造了一个从自己家到朋友家的电报机。1936年,他从密歇根大学毕业,获得了电子工程和数学学位,并进入麻省理工学院,在那里,他在计算机先驱和情报学创始人维纳·布什的指导下,开发了一种名为差分分析仪的模拟计算机。香农的电子工程硕士论文被称为20世纪最重要的论文。在这篇论文中,22岁的香农展示了如何用继电器和开关的电子电路实现19世纪数学家乔治·布尔的逻辑代数。1941年,25岁的香农带着数学博士学位进入贝尔实验室,从事密码学、信息和通信理论等与战争有关的研究①。1948年,香农在《贝尔系统技术杂志》上发表了一篇里程碑式的论文《通信的数

---

① COLLINS G P. CLAUDE E. Shannon:founder of information theory[EB/OL].[2020-08-04]. https://www.scientificamerican.com/article/claude-e-shannon-founder/.

学理论》①，从通信的角度提出了一个基本问题："能否定义一个量，这个量在某种意义上能度量这个过程所产生的信息是多少？"② 这项研究奠定了信息论的基础。20 世纪 90 年代，香农得了阿尔茨海默病，于 2001 年 2 月离世。

（2）信息论的发展

第 1 个阶段：信息的概念与方法被引入各门科学。

信息论的提出，给第二次世界大战后科学技术的研究开辟了新的途径，科学家们试图用信息的概念与方法解决本学科面临的难题。1956 年，法国旅美物理学家布里渊（Brillouin）③ 把信息论应用到物理学和计算机设计中，提出了一种更为广义的物理信息理论，并提出了负熵的概念来证明熵和信息之间的相似性。这一研究成果扩展了热力学第二定律，将信息和一切与物理熵过程有关的领域联系起来，为信息论的拓展奠定了基础。

第 2 个阶段：广义信息论的提出。

到了 20 世纪 60 年代，信息论研究的重点聚焦于信息编码问题，在噪声信息编码、离散信源编码、信道编码理论等方面都取得了较大进展。在香农狭义信息论的基础上，进一步研究信号滤波与预测、调制、信息处理等问题，并逐渐扩展到心理学、语言学、神经生理学等所有与信息有关的领域，从而产生了所谓的广义信息论。

第 3 个阶段：信息的概念和方法向各学科广泛渗透。

20 世纪 70 年代以后，信息的概念和方法广泛渗透到各个科学领域。在这一时期，信息论不但在解决信息的传输方面取得了新的进展，而且在信息概念的扩展方面也取得了很大成就。许多学科的研究者从不同角度对信息概念进行了界定。

①认为信息是一种客观存在，是事物和能量分布状态的体现，表现了物质和能量在时间、空间上的不均匀分布。

②认为信息是事物运动状态的反映，是对事物变化、差异程度的描述。

③注重人对信息的认知，认为信息是有意义的信号。信息不仅是通过特定的物理载体传输的信号序列，更重要的是信息应该具有一定的意义，信息是物理载体与语义构成的统一体。这种定义受到了情报学认知学派的普遍认可。

---

① SHANNON C E. A mathmatical theory of communication [J]. The bell system technical journal. 1948, 27 (3): 379-423.
② 香农. 通讯的数学理论 [M]. 编译馆, 译. 上海：上海市科学技术编译馆, 1970.
③ BRILLOUIN L. Science and information theory [M]. New York: Academic Press, 1956.

6.2.1.3 信息熵

熵是 1865 年由克劳修斯在研究卡诺定理的基础上给出克劳修斯不等式时引入的,迄今已有 150 余年的历史。克劳修斯熵等于热温比,它标志了热力学过程中热量转化为功的程度,是热力学中不可用能量的描述。随后,玻尔兹曼又从分子运动理论的角度,用统计的方法推导出熵的公式,指出熵是量度系统混乱程度的物理量。1948 年,香农在其论文《通信的数学原理》一文中把玻尔兹曼熵的思想引入信息论中,首次提出了信息熵的概念,并将其作为对随机事件的不确定性或无序度的量度,从而大大扩展了熵的含义和应用范围,奠定了现代信息论科学的理论基础。香农定义的"熵"又被称为"香农熵"或"信息熵",即

$$S(p_1,p_2,\cdots,p_n) = -K\sum_{i=1}^{n} p_i \log_2 p_i \text{。} \qquad (6-2)$$

其中,i 标记概率空间中所有可能的样本,p_i 表示该样本的出现概率,K 是和单位选取相关的任意常数。可以明显看出"信息熵"的定义和"热力学熵"(玻尔兹曼公式)的定义只相差某个比例常数。

6.2.1.4 互信息

互信息(mutual information)是两个随机变量统计相关性的测度,是信息论里一种有用的信息度量。设两个随机变量 (X,Y) 的联合分布为 $p(x,y)$,边缘分布分别为 $p(x)$ 和 $p(y)$,互信息 $I(X,Y)$ 是联合分布 $p(x,y)$ 与边缘分布 $p(x),p(y)$ 的相对熵。它可以看成是一个随机变量中包含的关于另一个随机变量的信息量,或者说是一个随机变量由于已知另一个随机变量而减少的不确定性。

一般而言,信道中总是存在着噪声和干扰,信源发出消息 x,通过信道后信宿只可能收到由于干扰作用引起的某种变形的 y。信宿收到 y 后推测信源发出 x 的概率,这一过程可由后验概率 $p(x|y)$ 来描述。相应地,信源发出 x 的概率 $p(x)$ 称为先验概率。我们定义 x 的后验概率与先验概率比值的对数为 y 对 x 的互信息量(简称互信息)。

根据熵的连锁规则,有

$$H(X,Y) = H(X) + H(Y|X) = H(Y) + H(X|Y) \text{。} \qquad (6-3)$$

将 X 和 Y 的互信息 $I(X,Y)$ 定义为:

$$H(X) - H(X|Y) = H(Y) - H(Y|X) \text{。} \qquad (6-4)$$

按照熵的定义展开可以得到互信息的计算公式:

$$I(X,Y) = \sum_{x \in X}\sum_{y \in Y} p(x,y) \log \frac{p(x,y)}{p(x)p(y)} \text{。} \qquad (6-5)$$

6.2.1.5 信息论对情报学的影响

信息论对现代科学的发展具有深远影响，但是在情报学领域主要是作为一种参照系而存在的，即帮助情报学学科来界定自身与其他相关科学的界限。情报学对于信息的定义多种多样，但基本上可以分为两大类：一类认为信息是独立于人的意识的客观存在；另一类则认为情报学所关心的信息局限于人类的社会活动，是具有意义的信号。这两类观点基本可以代表情报学物理范式与认知范式的分野。在信息传播领域，菲斯克（Fiske）[①] 将信息和交流的思想流派概念化为符号学派和过程学派，并认为"符号学派"关注意义的产生和交换，而以香农信息论为典型代表的"过程学派"则关注信息的传递。

20世纪70年代，随着情报学社会传播学派和认知学派的兴起，信息论作为情报学理论基础的有效性受到了挑战。1970年，戈夫曼（Gofman）[②] 提出，信息论"对情报学学科的发展没有什么价值"，原因在于香农的通信数学理论主要涉及技术问题，虽然非常深刻，但是在探讨传播的一般性问题方面价值不大。情报学认知学派的创始人布鲁克斯（Brookes）[③] 则指出，香农的信息论将传递中的信息视为"承载编码信号的物理实体"，适用于任何传输或处理客观信息的系统，是一种调解第二世界和第三世界交换的理论，应该引起情报科学家的兴趣。但是，信息论局限于机器处理的各种客观信息，而情报学者更强调人的主观知识，即语义信息。关于信息语义的分歧使得信息论成为情报学认知学派的批判对象，也成为情报学物理范式与认知范式的分野。

到了20世纪90年代，情报学界对信息客观性的认识有了新的发展。与戈夫曼和布鲁克斯有所不同，巴克兰（Buckland）[④] 倾向于将信息看作一种客观存在。他提出信息是事物（如数据、文件、物体、事件等），信息系统只能直接处理物理对象，而香农的信息论（信息与语义内容无关）、历史目录学（书籍作为实物的研究），以及信息计量研究都可以看作"信息即事物"的证据，就连知识也很可能是以某种有形的、物理的方式

---

① FISKE J. Introduction to communication studies [M]. 3rd ed. NewYork：Routledge, 2011.

② GOFFMAN W. Information science：discipline or disappearance [C]//The 44th Aslib Annual Conference. Scotland：University of Aberdeen, 1970.

③ BROOKES B C. The foundations of information science [J]. Journal of information science, 1980 (2)：269-275.

④ BUCKLAND M. Information as thing [J]. Journal of the American society for information science, 1991, 42 (5)：351-360.

在大脑中表现出来的。洛西（Losee）① 则利用香农的信息论、巴克兰的信息即事物模型、哲学家和心理学家的心智模型，以及局限于人类对信息的使用、组织、生产和检索等跨学科的共同术语优势，将信息定义为"信息由所有过程产生，过程输出中的特征值即信息"。霍兰德（Hjørland）② 也认为，情报学（information science）是在香农信息论的基础上演化而来的，信息论也启发了对图书馆学和文献学中领域问题的研究。

另有一些学者，如德雷茨克（Dretske）③，试图将数学信息论与语义学联系起来，以解释物理信号如何在接受者的头脑中变得有意义。博尼维（Bonnevie）④ 在评论德雷茨克的语义信息理论时补充了一个假设："信息包含在消息中"，消息包含来自某人知识结构的信息，这些信息会修改信息接收者的知识结构。

尽管认知学派认为香农关于信息的物理度量方法不适用于情报学者所关注的语义信息与主观知识，但是信息论在情报学中的实际应用却不可低估。互信息是自然语言处理中常用的特征抽取方法，在情报学研究中常作为特征词和类别之间的测度，用于文本分类的特征和类别配准工作。它主要基于以下假设：在某个特定类别出现频率高，但在其他类别出现频率比较低的词条与该类的互信息比较大。如果特征词属于该类的话，它们的互信息量最大。在大数据与人工智能时代，信息熵、互信息等分析方法在信息检索、信息描述、信息系统演化、自动标引等领域得到了较为广泛的应用。例如，库珀和惠津加（Cooper & Huizinga）⑤ 提出了一种基于最大熵原理（MEP）的概率信息检索方法。孙（Son）等⑥基于不确定性减少理论，提出了一个新的熵变量来度量微博的不确定性，发现熵在更好地理解 url 和表情符号对信息的传递方面起着至关重要的作用，为在 Twitter 上制作有效的灾难信息提供了指导。

---

① LOSEE R M. A discipline independent definition of information ［J］. Journal of the American society for information science, 1997, 48（3）：254-269.

② HJØRLAND B. Theoretical development of information science: a brief history ［EB/OL］. ［2020-08-06］. https://goo.gl/TAVcFD, curis.ku.dk.

③ DRETSKE F I. Knowledge and the flow of information ［M］. Oxford: Basil Blackwell, 1981.

④ BONNEVIE E. Dretske's semantic information theory and meta-theories in library and information science ［J］. Journal of documentation, 2001, 57（4）：519-534.

⑤ COOPER W S, HUIZINGA P. The maximum entropy principle and its application to the design of probabilistic retrieval systems ［J］. Information technology: research and development, 1982, 1：99-112.

⑥ SON J, LEE J, LARSEN K R, et al. Understanding the uncertainty of disaster tweets and its effect on retweeting: the perspectives of uncertainty reduction theory and information entropy ［J］. JASIST, 2020, 71（10）：1145-1161.

6.2.2 系统论

6.2.2.1 系统论的形成

一般认为，系统论由美籍奥地利生物学家贝塔朗菲（Bertalanffy）创立。贝塔朗菲于 1945 年发表《关于一般系统论：基础、发展与应用》（1968 年修订）[1] 一书，是系统论形成的标志。机体系统论和一般系统论是贝塔朗菲在科学上的两大发现。机体系统论的创立使生物学由经验科学发展成理论科学，由定性研究发展到定量研究。1945—1947 年，贝塔朗菲把研究对象从生物领域的机体系统扩展到一般系统，建立了一门研究一切系统的模式、原理和规律的新科学：一般系统论。

作为一种指导思想，系统论要求把事物当作一个整体或系统来考察。系统强调整体与局部、局部与局部、整体与外部环境之间的有机联系，具有整体性、动态性和目的性三大基本特征。"整体大于部分之和"是系统论的标志性说法。贝塔朗菲把系统定义为："处于一定的相互关系中并与环境发生联系的各个组成部分（要素）的总体（集合）。"[2] 钱学森则将系统定义为："由相互作用和相互依赖的若干组成部分结合成的具有特定功能的有机整体。"[3] 系统可以通过反馈机制进行自我调节，还可以通过涌现获得新的性质，因此处于一个不断演化的过程。

6.2.2.2 系统论的基本内容

系统论运用完整性、集中性、等级结构、终极性、逻辑同构等概念，研究适用于一切综合系统或子系统的模式、原则和规律，并力图对其结构和功能进行数学描述。

（1）系统与要素

系统由要素构成。要素是系统的组成部分，是系统最基本的单位，因而也是系统存在的基础和实际载体。系统通过整体作用支配和控制要素，要素通过相互作用决定系统的特性和功能。

（2）结构和功能

系统是结构和功能的统一体。结构是指系统内部各组成要素之间相互联系、相互作用的方式或秩序，也就是各要素在时间或空间上排列和组合的具体形式。功能是系统与

---

[1] VON BERTALANFFY L. General system theory: foundations, development, applications [M]. New York, USA: Braziller, 1968.
[2] 贝塔朗菲. 一般系统论的历史和现状 [M]. 北京：科学出版社，1981：315.
[3] 钱学森. 论系统工程 [M]. 长沙：湖南科学技术出版社，1982.

外部环境相互作用的能力，具有易变性。结构是功能的内在根据，功能是要素与结构的外在表现。结构和功能并非一一对应，既可能有同构异功，也可能有同功异构。结构和功能深刻地揭示了系统内部状态和外部状态的相互关系，是人们认识系统及其规律的重要环节。

(3) 环境与行为

环境是指系统存在的外部条件，也就是系统以外对该系统有影响、有作用的诸因素的集合。行为是指系统对环境的影响和作用的反应，即在系统与环境的相互作用中，系统对环境的反作用。系统行为由环境和系统内部状态（系统要素及其结构方式）两个因素引起。环境是系统行为的外部条件，而内部状态则是系统行为的决定因素。在一定环境下，可以通过改变系统的内部状态来调解系统的行为，也可以通过系统行为来考察一个系统的内部状态。

(4) 整体稳定性与局部变异性

整体稳定性是指处于一定环境中的系统，在环境变化或偶然因素的作用下，系统整体总是趋向保持某一稳定状态的特性。系统的整体稳定性体现了系统的环境适应性。与整体稳定性相对应，局部变异性是指系统在外部干扰和内部故障的作用下，局部地改变自身的特性，包括系统组成要素的局部更替、结构的局部改变及功能的局部丧失等。

6.2.2.3 系统论的基本原理

(1) 系统整体性原理

系统整体性原理是系统论中一个最基本的原理。贝塔朗菲指出："一般系统论是对'整体'和'完整性'的科学探索。"① 系统整体性是指系统诸要素集合起来的整体性能。系统整体性是系统最本质的属性，"整体"和"系统"两个概念经常被同义地使用。

(2) 动态相关性原理

任何系统都处于不断地发展变化之中，系统状态是时间的函数，这就是系统的动态性。系统的动态性取决于系统的相关性。系统的相关性是指系统的要素之间、要素与系统整体之间、系统与环境之间的有机关联性。动态相关性原理的实质，是揭示要素、系统和环境三者之间的关系及其对系统状态的影响。

---

① 钱学森. 论系统工程 [M]. 长沙：湖南科学技术出版社，1982.

(3) 层次等级性原理

要素的组织形式就是系统的结构，而结构又可以分成不同的层次、等级。在简单系统中，结构只有一个层次。在复杂系统中，存在着不同等级的系统层次关系。一个系统的组成要素，是由低一级要素组成的子系统，而系统本身又是高一级系统的组成要素。这种系统要素的等级划分，就是系统的层次等级性。

(4) 系统有序性原理

系统的有序性是指构成系统的诸要素通过相互作用，在时间和空间上按一定秩序组合排列，形成一定的结构。系统的结构决定系统的功能。系统的有序性表示系统结构实现功能的程度。系统有序性原理的实质是揭示系统结构和功能之间的关系。

6.2.2.4 系统论与情报学的关系

系统论对情报学的影响是深远的。可以说，系统论的思想一经产生，就对包括检索系统在内的计算机信息系统的设计和开发发挥了重要的指导作用。勒纳（Lerner）[1] 甚至建立了信息系统理论，试图在一般系统理论的形式主义与信息及信息技术世界之间架起一座桥梁。该理论利用信息变化原理建立特定对象的信息系统模型，模型的主要层次包括：信息结构的微观随机性、宏观层次性、层次性动态网络、最小逻辑，以及由层次结构、动力学和几何学生成的最优通信语言代码。目前，基于信息系统理论所开发的宏观信息动力学方法和软件已应用于多个学科。

情报学的物理范式也称系统范式，正是将情报学看作研究信息检索系统的科学。泰勒（Taylor）[2] 认为，情报学是一个研究信息系统的领域，目的是使它能够以高效的方式提供信息访问。尼古拉·德拉古莱斯库（Dragulanescu）[3] 认为，情报学是研究信息系统的科学。它研究信息及其5个基本子过程（生成、处理、交流、存储和使用）以实现优化它们的目的。它的目标是促进知识从一个人到另一个人和一代人到另一代人的传播，以加速人类的进步。格林·哈蒙（Harmon）[4] 认为，情报学通过不同的环境背景研究系

---

[1] LERNER V S. Introduction to information systems theory: concepts, formalism and applications [J]. International journal of systems science, 2004, 35 (7): 405-424.

[2] TAYLOR R S. Value-added processes in information systems [M]. Westport, CT: Greenwood Publishing Group, 1986.

[3] DRAGULANESCU N. Information science and technology. genesis and evolution [M]. Bucharest, Romania: AGIR Publishing House, 2004.

[4] HARMON G. On the evolution of information science [J]. Journal of the American society for information science, 1971, 22: 235-241.

统现象、信息子系统和过程及其相互关系。巴克兰（Buckland）① 针对情报学概念模糊的问题提出了不同的看法，主张应该对与图书情报学相重叠的情报学和与控制论及一般系统论相关的形式化的、定量的信息科学进行区分。这些观点表明了系统论对情报学的影响或参照价值。

6.2.3 控制论

控制论是研究生命体、机器和组织等复杂系统的通信和控制的科学。一切系统为了达到预定的目的必须经过有效的控制。控制是指通过信息反馈调节和控制系统的状态、功能和行为，使之稳定地、最优地趋向目标。在控制论模型中，监视器在不同采样时间对系统实际发生的情况与应该发生的情况进行比较，然后由控制器对系统的行为进行相应的调整。

6.2.3.1 控制论的产生与发展

1948 年，美国数学家诺伯特·维纳（Norbert Wiener）发表了著名的《控制论——关于在动物和机器中控制和通讯的科学》一书，标志着控制论的正式诞生。控制论最早的工作是研究人类行为的控制规则，其目标是建造能与大脑相连的假肢②。维纳（Wiener)③ 将控制论定义为"关于动物和机器中的控制和交流的科学"。这一定义将控制论与自动控制理论及生理学，特别是神经系统的生理学密切联系起来。例如，一个"控制器"可能是人脑，它可能接收来自"监视器"（眼睛）关于手和要拾取的物体之间距离的信号。监视器发送给控制器的信息称为反馈，根据该反馈，控制器可以发出指令，使观察到的行为（手的伸出）更接近所需的行为（拾取物体）。

随后，计算机及其相关的数学领域（如数理逻辑）对控制论的发展产生了重要影响。计算机可以用于在控制系统中进行信息转换和处理。计算机能力的增强使控制论产生了两种不同的观点：一种是狭义的观点，将控制论定义为控制各种技术、生物或社会复杂系统的科学；另一种是广义的观点，认为控制论不仅包括控制科学，还包括所有形式的信息处理，如计算机科学。总体来讲，控制论的发展大致分为 3 个阶段。

第 1 个阶段为 20 世纪 40 年代末到 50 年代，是经典控制理论时期。在这一时期，控

---

① BUCKLAND M. The landscape of information science: the American society for information science at 62 [J]. Journal of the American society for information science, 1999, 50 (11): 970-974.
② Cybernetics [EB/OL]. [2020-08-06]. https://www.britannica.com/science/cybernetics.
③ WIENER R. Cybernetics: or, control and communication in the animal and the machine [M]. Paris: Hermann, 1948.

制论主要的研究对象是单因素控制系统,重点是反馈控制,着重解决单机自动化和局部自动化问题,其核心装置是各种各样的自动调节器、伺服机构及其有关的电子设备。

第2个阶段为20世纪60年代,是现代控制理论时期。在这一时期,主要研究多因素控制系统,重点是"最优控制",核心装置是电子计算机。

第3个阶段为20世纪70年代以后,是大系统控制论时期。在这一时期,主要研究因素众多的大系统,重点是大系统多级递阶控制,核心装置是电子计算机联机和智能机器,主要应用于经济、社会、生态、环境和管理等系统。

6.2.3.2 控制论的基本概念

(1) 可能性空间

可能性空间是控制论中最基本的概念,是控制论的出发点。可能性空间是指事物在发展变化中所面临的各种可能性的集合。如果事物 A 的可能性状态是 n 个,用 $x_1, x_2, \cdots, x_n$ 表示,那么事物 A 的可能性空间就是这些状态的集合:$A = \{x_1, x_2, \cdots, x_n\}$。

(2) 控制与控制能力

控制是一个在事物可能性空间中进行有方向的选择的过程,是实现事物有目的的变化的活动。人们根据给定的条件和预定的目的,改变和创造条件,使事物沿着可能性空间内确定的方向(或状态)发展。要通过选择实现控制目标,就要有相应的条件。创造条件使事物向目标状态转化的能力,就是控制能力。如果不具备与目标要求相应的控制能力,即使事物有向目标状态转化的可能,也不能有效地控制事物的状态变化。

(3) 控制系统与控制论系统

控制作为一种作用,至少要有作用者(施控主体)与被作用者(受控客体)及作用的传递者3个要素。由这3个部分组成的整体,才具有控制的功能和行为。因此,可以把由施控者、受控者和控制作用的传递者3个部分所组成的,相对于某种环境而具有控制功能与行为的系统,称为控制系统,如图6-2所示。

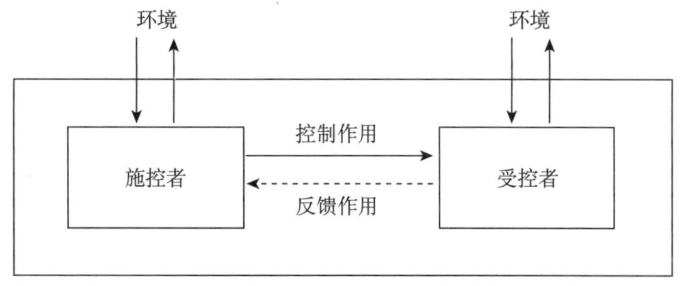

图6-2 控制系统

控制论系统是以控制论的基本观点与方法去研究和设计的系统，必须至少同时满足信息和反馈两个基本条件。因此，把通过信息的传输、变换和反馈来实现自动调节的控制系统，称为控制论系统，如图 6-3 所示。

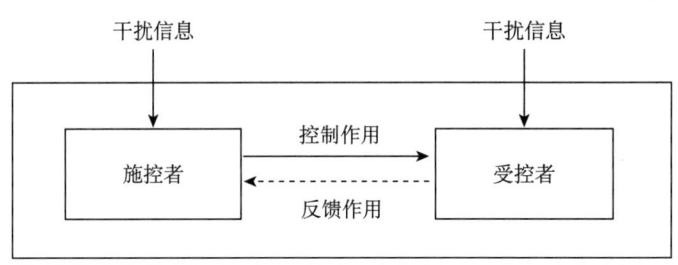

图 6-3　控制论系统

如图 6-3 所示，在控制论系统中通信（信息的传输）和控制（信息的反馈）是不可分的。通信的目的是为了控制，要实现控制就必须有信息反馈，从而形成一个闭合回路。没有反馈信息的非闭合回路，不可能实现控制。施控者根据反馈信息比较，纠正和调整它所发出的控制信息，从而实现控制的目的。

（4）输入与输出

任何现实的系统都不是绝对封闭的，而是开放的。系统的开放性集中体现于系统与环境之间的相互作用。一般把环境对系统的影响和作用称为系统输入，而把系统对环境的反向影响和作用称为系统输出。

6.2.3.3　控制论的基本方法

（1）黑箱方法

控制论的贡献不在于把一无所知的系统视为黑箱，而在于它提供了认识黑箱的方法，即黑箱方法。所谓黑箱方法，就是采用不打开系统"活体"，仅从系统的整体联系出发，通过对系统输入和输出关系的研究去认识和把握系统的功能特性，探索其结构和机理的研究方法。黑箱现象普遍存在，使控制论的黑箱方法成为人类认识世界和改造世界普遍有效的方法。

（2）功能模拟方法

功能模拟方法是模拟方法的高级形式，集中体现了控制论的思想特点。它是以功能和行为相似为基础，用模型模仿原型的功能和行为的一种方法，主要有以下特点。

①功能模拟只以功能和行为相似为基础，所模拟的是一切具有通信和控制功能的系统合乎目的的行为。这里的"通信和控制功能的系统"，就是指控制论系统。

②在传统模拟中，模型只是认识原型的手段，在功能模拟中，模型是具有生物目的行为的机器。

③功能模拟借助黑箱方法，从功能上描述和模仿系统对环境影响的反应方式，一般无须分析系统的内部机制和个别要素，不追求模型的结构与原型相同。

（3）反馈方法

控制论研究具有通信和控制功能的系统，通信的目的是为了控制，要实现控制就必须有反馈。因此，反馈既是控制论的一个基本原理，又是控制论的一种重要方法。控制论的创始人维纳曾明确指出："反馈是控制论的一种方法，即将系统以往的操作结果再送入系统中去"，"根据过去的操作情况调整未来的行为"①。这种根据系统活动的结果来调整系统活动的方法称为反馈方法，又称为反馈控制方法。

6.2.3.4 控制论对情报学的影响

信息是控制系统的核心概念，同时信息检索系统也是一种重要的控制系统。因此，一些学者试图将控制论原理应用于情报学研究。斯宾克（Spink）②认为控制论中的反馈是信息搜寻和检索模型中的关键概念，并根据"信息由用户建构"的认知观点提出，交互式检索情境下的反馈模型是对控制论和社会科学先前模型的一种进化和适应。布列尔（Brier）③从二阶控制论的角度，将信息视为一个自动生成系统"产生差异的差异"，描述了一个超越认知主义"信息处理范式"的跨学科图书情报学框架，提出信息通过生活、感觉、自我组织来解释符号，而符号是物体、表象和解释者之间的三元关系。之后，布列尔（Brier）④进一步分析了泛信息学和泛符号学研究计划是如何覆盖认知、信息、符号和交流的，并试图将二者的优点结合在一个更全面的框架中以构建情报学的基础。

霍兰德（Hjørland）⑤在讨论情报学理论发展历史的时候，曾简单提及认知科学可以

---

① 维纳. 维纳著作选［M］. 上海：上海译文出版社，1978：18.

② SPINK. A. Information science: a third feedback framework［J］. Journal of the American society for information Science，1997，48（8）：728-740.

③ BRIER S. Cybersemiotics: a new interdisciplinary development applied to the problems of knowledge organization and document retrieval in information science［J］. Journal of documentation，1996，52（3）：296-344.

④ BRIER S. Cybersemiotics: a reconceptualization of the foundation for information science［J］. Systems research and behavioral science，2001，18（5）：421-427.

⑤ HJØRLAND B. Theoretical development of information science: a brief history［EB/OL］. ［2020-08-06］. https://goo.gl/TAVcFD, curis.ku.dk.

看作信息论、控制论及计算机技术发展的一个分支。英国信息科学局的乔治（George）①认为控制论和人工智能是信息科学的一个重要组成部分，因此信息科学必须能够实现形式化和精确化，为此需要以语义学和语用学的形式分析和理解语言用法。乔治的观点反映了信息科学中的科学主义追求。事实上，正是这种对形式化和精确化的追求使得信息科学进一步向人工智能方向发展。

6.3 信息技术学派

信息技术学派兴起于20世纪40—50年代。1945年7月，布什（Vannevar Bush）在《大西洋月刊》上发表了《诚如所思》一文，提出智能化信息检索的设想②。布什思想的提出也被很多情报学家认为是情报学诞生的标志，可见情报学从诞生之初就充满技术色彩。20世纪50—80年代，信息技术领域的研究主要集中于信息存储与检索技术，比较有代表性的人物有莫尔斯（Mooers）、卢恩（Luhn）、索尔顿（Salton）等。

信息检索（information retrieval，IR）这一术语最早由莫尔斯于1948年在其学位论文中使用③。莫尔斯在信息检索方面的研究以莫尔斯定律（Mooers's Law）的提出和TRAC（text reckoning and compiling）编程语言④的开发最为著名。莫尔斯于1959年提出了著名的莫尔斯定律，用于解释信息检索系统不被使用的原因。莫尔斯指出，如果使用一个系统比不使用它会给用户带来更多的痛苦和麻烦，那么这个系统被用户使用的可能性就很小⑤。1957年，卢恩提出了统计信息检索的基本理论和方法，指出使用单词对文档建立索引，将检索词与文档中词的匹配程度作为形成信息检索结果的标准⑥。卢恩的统计信息检索的方法也是目前常用的倒排文档技术的最初形式。20世纪70—80年代，许多信息检索的理论与模型被提出，其中最著名的信息检索模型为索尔顿提出的向量空

---

① GEORGE F H. Formalism, language and information science [J]. Kybernetes, 1994, 23 (1): 13-25.
② BUSH V. As we may think [J]. The atlantic monthly, 1945 (7): 101-108, 176.
③ MOOERS C N. Application of random codes to the gathering of statistical information [M]. US: Massachusetts Institute of Technology, 1948.
④ MOOERS C N. TRAC, a procedure-describing language for the reactive typewriter [J]. Communications of the ACM, 1966, 9 (3): 215-219.
⑤ MOOERS C N. Mooers' Law: Or, why some retrieval systems are used and others are not [M]. Washington, D. C.: Zator Company, 1959.
⑥ LUHN H P. A statistical approach to mechanized encoding and searching of literary information [J]. IBM journal of research and development, 1957, 1 (4): 309-317.

间模型①。向量空间模型至今仍然是信息检索领域最为有效和广泛应用的理论模型。索尔顿基于向量空间模型建立的 SMART 信息检索系统也沿用至今，使信息检索系统有了较为完善的试验平台②③。

20 世纪 70 年代以后，随着欧美等国家图书馆学与情报学的不断融合，出现了一批关注信息组织整理技术（如分类、描述和编目等技术）的学者，比较有代表性的人物有兰卡斯特（F. Wilfrid Lancaster）、戈曼（Michael Gorman）等。兰卡斯特对技术的关注主要体现在情报检索系统的设计，尤其是情报检索过程中词表的编制和词汇控制方面的研究。兰卡斯特 1968 年出版了专著《情报检索系统——特性、试验与评价》（1978 年再版），内容涉及情报检索系统的组成、匹配子系统、MEDLARS 标引、联机检索、情报服务评价、词表控制、标引子系统、系统评价等④。1972 年出版的《情报检索词汇控制》对叙词表的构建原理与方法、自然语言检索、计算机在词表控制中的应用、混合检索系统等问题做了详细的阐述⑤。1978 年，兰卡斯特出版《通向无纸情报系统》一书，探讨了无纸系统对于科学技术交流的可行性⑥。

戈曼在信息技术领域的研究主要体现在编目、图书馆技术服务和图书馆未来发展等方面，以编目领域的贡献最为突出。戈曼分别于 1978 年和 1988 年主编《英美编目条例》第二版（AACR2）和《英美编目条例》第二版修订本（AACRR）。AACR2 是在世界范围较有影响的编目规则之一，规定了各类著录字段的选取规则和次序、操作方法和检索方式等。戈曼也是新技术应用的倡导者，出版了多部著作以探讨图书馆的技术服务，如 1995 年出版的《未来图书馆：梦想、疯狂与现实》，探讨了信息技术在图书馆中的应用模式和图书馆员掌握新技术的必要性⑦；2003 年出版的《永恒的图书馆：技术、

---

① SALTON G, WONG A, YANG C S. A vector space model for automatic indexing [J]. Communications of the ACM, 1975, 18（11）: 613-620.

② SALTON G. The SMART retrieval system: experiments in automatic document Retrieval [M]. Englewood Cliffs, NJ: Tech. Rep., Prentice Hall Inc., 1971.

③ BUCKLEY C. Implementation of the SMART information retrieval system [M]. US: Cornell University, 1985.

④ LANCASTER F W. 情报检索系统：特性，试验与评价 [M]. 陈光祚，等译. 2 版. 北京：书目文献出版社，1984.

⑤ LANCASTER F W. 情报检索词汇控制 [M]. 侯汉清，等译. 上海：同济大学出版社，1992.

⑥ LANCASTER F W. 通向无纸情报系统 [M]. 庄子逸，许文霞，译. 北京：科学技术文献出版社，1988.

⑦ CRAWFORD W, GORMAN M. Future libraries: dreams, madness & reality [M]. US: American Library Association, 1995.

传统与追求平衡》一书阐述了他对于图书馆技术应用的辩证观点,认为新技术的应用不代表传统图书馆的消失,而是要将其融入图书馆的传统工作中,戈曼还描述了一个达到传统服务与新技术应用之间平衡的路线图①。与兰卡斯特对技术应用的观点不同,戈曼认为新的情报系统或数字化图书馆不能完全取代传统图书馆,纸质资源和数字资源将长期共存。

情报学自产生以来不断受到计算机、互联网、大数据与人工智能等新兴信息技术的巨大影响,呈现鲜明的技术驱动和技术应用的学科特征。著名的情报学期刊《信息处理与管理》(Information Processing and Management)一贯以追求新技术的应用为方向,是情报学技术学派的主要阵地。随着本体、自然语言处理、文本挖掘、可视化、智能推荐与自动问答等技术的成熟与应用,情报学的技术学派将焕发出新的生机与活力,展现出良好的发展前景。

6.4 个体认知与行为学派

情报学认知观的产生源于对传统以系统为中心的情报学研究范式的反思。以系统为中心的情报学研究范式开始于 20 世纪 50 年代,以著名的克兰菲尔德(Cranfield)信息检索实验为代表。该范式从系统的角度看待用户,将信息视为独立于用户的客观存在,在研究的过程中不考虑用户,而是专注于数据、技术和系统等物化对象,认为信息系统内部的秩序是绝对而必要的,用户应该予以配合或遵守②。这一研究范式对情报学产生了深远影响,但是随着社会技术环境的发展,遵循系统观的图书情报机构逐渐显现出对用户信息需求满足不力的问题,情报学的学者们开始对这一传统研究范式进行反思,提出了情报学的认知观,认知学派逐渐形成。

随着计算机检索技术的成熟和认知科学的兴起,情报学将关注的焦点从信息系统转移到了信息用户的认知,逐渐形成了情报学的认知学派。英国著名情报学家布鲁克斯(Bertram Brookes)被认为是情报学认知观的先驱,也是英国情报学的奠基人。前面已经提到,布鲁克斯本人认为费尔索恩是情报学的创始人之一,而费尔索恩实质上受到了香农信号通信观的影响。布鲁克斯于 1974 年提出的情报学基本方程式"$K[S] + \Delta I = K[S +$

---

① GORMAN M. The enduring library: technology, tradition, and the quest for balance [M]. Chicago: American Library Association, 2003.

② ELLIS D. Progress & problems in information retrieval [M]. London: Library Association Publishing, 1996.

ΔS]"已成为情报学的经典理论①。之后,他又于 1980 年发表《情报学基础》的系列论文,对于情报学认知范式的确立产生了重要影响。

认知科学是研究人类感知和思维信息处理过程的科学,包括从感觉的输入到复杂问题求解,从人类个体到人类社会的智能活动,以及人类智能和机器智能的性质等②。情报学研究的认知学派产生于 20 世纪 70 年代中后期,是以认知科学为依托,以认知过程为参照,观察、解释情报现象,展开情报学研究的学术流派③,与图书馆学的用户研究和计算机科学的人机交互研究领域有较大的重叠。认知学派产生的标志性事件是 1977 年在比利时召开的"国际认知观点研讨会",在该会议上众多学者发表文章,阐述情报学认知观的相关理论与观点。德梅(De May)是较早提出情报学认知观的学者之一,其主要观点为:任何信息的处理,不管是知觉的,还是符号的,都是通过构成信息处理器(如人)模型的一整套范畴或概念体系来进行的④。德梅的观点得到了大多数持认知观学者的支持,引发了大量关于信息行为的研究,形成了鲜明的情报学认知学派。

认知学派的出现使得信息检索领域分裂为系统中心和用户中心两大范式,萨拉塞维克⑤对此做了清醒的评价:"20 世纪 70 年代之前,大部分的研究和实践都集中在检索系统和检索过程上。然而,从 20 世纪 70 年代末开始,到 80 年代逐渐兴起,演变出了一种不同的推理和研究路线,不再仅仅将信息检索系统作为主要关注点,而是关注用户认知、利用、情景(situation)、情境(context)及与系统的交互过程。检索社群开始分裂为两个子群:一个以系统为中心,主要聚集于计算机协会(ACM)的信息检索特别兴趣小组(SIGIR);另一个则以用户为中心,聚集在美国信息科学学会(ASIS&T)周围。两者的作者和著作重叠甚少,交流和协同不足。"认知学派产生后,得到了德尔文、贝尔金、霍兰德等众多美国和欧洲学者的推进,不断发展壮大。近 40 年来,基于个体认知的信息行为学派在信息搜寻、交互式信息检索、社交媒体等领域不断深化和细化,产出了一系列具有传承性和体系性的研究成果,形成了独特的研究范式,成为举足轻重的

---

① BROOKES B C. Robert fairthorne and the scope of information science [J]. Journal of documentation, 1974, 30 (2): 139-152.

② 陆伟,万维雅. 基于认知观点的信息检索交互模型 [J]. 中国图书馆学报, 2005 (2): 54-57.

③ 杨韬,邹永利. 情报学的认知学派及其研究进展 [J]. 情报杂志, 2008 (6): 114-116.

④ DE MEY M. The cognitive viewpoint: Its development and its scope [J]. Communication & Cognition, 1977, 10 (2): 7-23.

⑤ SARACEVIC T. Information science [J]. Journal of the American society for information science, 1999, 50 (12): 1051-1063.

情报学研究领域。

信息行为是与信息资源和信息渠道有关的人类行为的总和,包括主动和被动的信息搜寻及信息利用(Wilson)①。斯宾克(Spink)② 认为人类信息行为是与信息查询、信息搜寻、信息检索、信息组织和信息使用相关的人类行为。胡昌平教授③认为信息行为是人类特有的一种行为,指主体为了满足某一特定的信息需求,在外部作用刺激下表现出的获取、查寻、交流、传播、吸收、加工和利用信息的行为。信息行为是情报学重要的研究领域之一,相关研究涉及多种研究视角。自20世纪80年代以来,信息行为的研究深受认知观的影响,逐渐从单纯的人类信息搜寻行为研究转向交互式信息检索行为的研究④。

基于个体认知视角的信息行为研究产生了丰富的成果,研究者构建了多元化的信息行为模型,使得信息行为成为情报学学科中理论最丰富的研究领域之一,先后出现了一系列具有影响力的模型和理论,如布鲁克斯的情报科学基本方程式、贝尔金(Belkin)的知识异常态(ASK)理论、德尔文的意义建构理论等。这些理论学说跟从者众多,形成了独特的学术流派。费舍(Fisher)等人主编的《信息行为理论》一书⑤对信息行为领域的代表性理论模型进行了全面介绍,包括威尔逊(Wilson)的信息行为模型、埃利斯(Ellis)的信息搜寻行为模型、库尔梭(Kuhlthau)的信息搜寻过程模型、丘(Choo)的网络信息搜寻行为模型、埃尔德莱兹(Erdelez)的信息偶遇功能模型、英格沃森(Ingwersen)的信息搜寻和交互信息检索整合框架、萨沃莱宁(Savolainen)的日常生活信息搜寻模型等。个体认知视角的理论和模型众多,本书将在第7章第7.2节对一些有影响力的理论进行具体介绍。德尔文本人将意义建构理论界定为方法论,相关内容在本书的第4.4.4小节进行了介绍。

---

① WILSON T D. Human information behaviour [J]. Informing science, special issue on information science research, 2000, 3 (2): 49-56.
② SPINK A, COLE C. Everyday life information seeking research [J]. Library and information science research, 2001, 23 (4): 301.
③ 胡昌平. 现代信息管理机制研究 [M]. 武汉: 武汉大学出版社, 2004: 124-132.
④ 迪莉娅. 西方信息行为认知方法研究 [J]. 中国图书馆学报, 2011, 37 (192): 97-104.
⑤ FISHER K E, ERDELEZ S, MCJECGBUE L. Theories of Information behavior [M]. 3rd ed. New Jersey: Information Today, Inc., 2009.

6.5 社会认知学派

早期的认知学派以研究用户的个体认知特征为主，通常被称为"传统认知观阶段"。然而，"其研究仅仅集中在用户的精神结构和个人的内在世界，过于强调意向的具体化、表达的内在化和激进的个体主义，而没有强调社会这一理论维度，很少或根本没有严肃地关注个体用户和系统自身的社会情境。"①。方法论上激进的个人主义色彩和社会维度的缺失成为情报学传统认知观的一个重大缺陷。到了20世纪90年代，社会认知观逐渐受到关注。1994年，英格沃森（Ingwersen）提出了"多元表示"的概念，设想从不同认知视角表示同一信息，以便于用户在检索过程中识别问题的完整背景②。1995年，霍兰德和阿尔布雷希特（Hjørland & Albrechtsen）将情报学的研究视角从传统的认知视角带入社会认知视角，提出了情报学研究的领域分析取向③。社会认知观将社会维度集成到认知观之中，相关研究也从个体认知与行为逐渐转向社会环境下人的认知与行为。下面对几个代表性的理论学说进行介绍。

6.5.1 霍兰德的领域分析学说

领域分析学说是情报学社会认知观转变的重要标志，最初由霍兰德（Hjørland）和阿尔布雷希特（Albrechtsen）于1995年提出。霍兰德认为，社会认知观的核心观点之一是：工具、概念、意义、信息结构、信息需求和相关性标准均是在话语社群（discourse community，如科学领域）中构建的④。"领域"与"话语社群"是领域分析理论中两个相关联的关键概念⑤。领域可以是一个学科或学术区域，也可以是与信仰、职业或惯例相关联的话语社群。在话语社群中发生有序的、有边界的交流过程，而这一交流过程是

---

① 丁久晖，邓小昭. 论认知与用户导向的情报检索 [J]. 图书馆理论与实践，2010（1）：44-48.
② INGWERSEN P. Polyrepresentation of information needs and semantic entities: elements of a cognitive theory for information retrieval interaction [C] // Proceedings of the 17th annual international ACM SIGIR conference on Research and development in information retrieval. Dublin: Dublin City University，1994：101-110.
③ HJØRLAND B, ALBRECHTSEN H. Toward a new horizon in information science: domain-analysis [J]. Journal of the American society for information science，1995，46（6）：400-425.
④ HJØRLAND B. Epistemology and the socio-cognitive perspective in information science [J]. Journal of the American society for information science and technology，2002，53（4）：257-270.
⑤ 王琳. 领域分析：北欧情报学研究的代表性学说 [J]. 图书情报工作，2010，54（18）：24-27.

由某种概念结构、机构性范畴和话语平台的管制来建构的（Hjørland）。领域分析的核心观点是：理解信息的最佳途径是将知识领域作为社会分工一部分的思想或话语社群来研究。其中，知识组织、结构、合作模式、语言和交流形式、信息系统和相关性标准等均是这些社群工作的对象和社会角色的反映。个体的心理、知识、信息需求和主观相关性判断标准都应当以这种视角来看待。领域分析尝试在用户个人主观视角之外的众多因素中发现情报学的基础，为情报学提供了社会心理学、社会语言学和社会学的知识及社会科学的视角。

在领域分析学派看来，情报学的最佳研究对象是知识领域，它是一种集体知识结构。霍兰德对社会认知及领域分析的相关观点进行了发展，研究了相关性的社会认知问题①。在霍兰德等提出社会认知观点之后，其他持认知观视角的研究者也做出响应，如英格沃森在2001年的一次报告中表明了自己的社会认知观立场，并表达了对领域分析的研究兴趣（Hjørland）。2002年，霍兰德②进一步提出了领域分析的11种方法，分别是：编制文献指南或学科门户，构建专业分类法与叙词表，专业学科中的标引与检索，用户实证研究，文献计量研究，历史研究、文献和文献类型研究，认识论和批判性研究，术语学、专门语言学、数据库语义学与话语研究，科学交流中的结构与制度研究，以及科学认知与专家知识及人工智能。这些方法的提出使得领域分析走向成熟和可操作。

6.5.2 泰勒的信息使用环境分析

泰勒（Taylor）于1991年提出了信息使用环境的概念③。在信息使用环境中，人们会在特定时刻选择对他们有用的信息，而信息选择的过程会受到环境中各种因素的影响。泰勒提出了信息使用环境中影响信息选择过程的4种主要因素：①用户人口统计特征、教育和职业；②查询者如何对引起信息搜寻的问题进行概念化；③查询者环境的约束与机会；④所寻求的问题解决的类型。信息使用环境理论的核心在于：环境能够影响信息的流动与使用，并可作为判断信息价值的标准，主要应用于管理者信息获取与利用

---

① HJØRLAND B. Information seeking and subject representation：an activity-theoretical approach to information science [M]. Westport, CT: Greenwood Press, 1997.

② HJØRLAND B. Domain analysis in information science：eleven approaches-traditional as well as innovative [J]. Journal of documentation, 2002, 58 (4)：422-462.

③ TAYLOR R S. Information use environments [M]. DERVIN B, VOIGT M. Progress in communication science. Norwood：Ablex, 1991：217-255.

行为、问题解决过程中的信息需求和儿童信息环境等问题的研究①。

6.5.3 查特曼的信息贫困学说

查特曼（Chatman）是将个体认知行为研究转向社会、文化及情感的整体主义认知方法的研究者之一。她引入社会科学方法研究了小世界中信息的流动，关注的对象多是社会边缘群体。1991年，查特曼将满意理论应用于社会较低阶层人口的信息搜寻行为研究，结果发现，尽管这一人群表达了特定领域的信息需求，但在其所熟悉的社会环境以外并没有开展积极的信息搜寻活动，原因在于外部资源并不能响应其关注的问题，因此不能产生足够的动力去探索这些资源的相关性；而最能激发其兴趣的则是那些可及的、在日常现实中具有深厚基础并能响应某些即时的、实际问题的事物②。

1996年，查特曼提出了信息贫困理论③。这一理论的概念基础包括欺骗、冒险、秘密和情景相关性。信息贫困理论是一个连接信息贫困者世界（局外人）和局内人的概念框架，其主要观点是：处于信息贫困的人认为自身缺乏任何可能帮助自己的信息来源；信息贫困与阶级划分相关，受到拥有信息优先获取权的局外人的影响；信息贫困由自我保护行为确定，用以响应社会规范；秘密和欺骗都是由于缺乏对他人提供有用信息的信任而产生的自我保护机制；由于感知到负面的结果将会超过获得的益处，信息贫困者通常不会做出面对风险的决定；新的知识将被有选择地引入贫困者的信息世界，而能够影响这一进程的条件是这一知识与日常生活中问题和关注点的相关性。

1999年，查特曼又提出了圈中生活理论（theory of life in the round）④。查特曼对美国东北部纽斯市一所女性监狱的80名囚犯进行了访谈，考察了囚犯们重新定义他们的社会世界以便在监禁中生存下来的方式，并提出了圈中生活理论。圈中生活是一种具有极大不精确性的公共生活方式，然而正是这种不精确性提供了某种可接受的确定性。这种生活方式是一种"理所当然""一切照旧"的存在方式，设定了人们从现实中构建日常意义的标准。圈中生活对信息获取具有负面影响。在小世界中生活的人们其信息行为

---

① 张海游. 信息行为研究的理论演进 [J]. 情报资料工作, 2012 (5): 41-45.
② CHATMAN E A. Life in a small world: applicability of gratification theory to information-seeking behavior [J]. Journal of the American society for information science and technology, 1991, 42 (6): 438-449.
③ CHATMAN E A. The impoverished life-world of outsiders [J]. Journal of the American society for information science and technology, 1996, 47 (3): 193-206.
④ CHATMAN E A. A theory of life in the round [J]. Journal of the American society for information science and technology, 1999, 50 (3): 207-217.

受到由内部规范塑造的世界观的影响，关注本地化的而非外界的信息，不会跨越边界搜寻信息，除非信息至关重要，或与集体期望相关，或圈中生活不再发挥功能。

圈中生活理论的基本概念包括小世界、社会规范、世界观和社会类型（social types）。小世界指的是一个由语言和习俗将其成员绑定于某一世界观的社会。社会规范是小世界的习俗模式，世界观是小世界成员集体的信念。社会异类是指那些与其他成员有显著区别的人们。在这些概念的基础上，查特曼提出了6个理论命题：①小世界的概念化对于圈中生活是至关重要的，因为它建立了这个世界中合法化的他人，而正是这些合法化的他人设置了行为的边界；②社会规范促使个人行为经受公共监督，正是这一公共场所确定了行为的恰当与否；③建立恰当行为的结构是某一世界观的创造，这一世界观包括语言、价值、意义、符号及容纳当前世界观的情境；④对于大多数人来说，世界观在圈中生活中发挥作用；⑤生活在圈中的人将不会跨越边界搜寻信息；⑥当信息至关重要，或与集体的期望相关，或感知到圈中生活不再发挥作用时，个体才会跨越信息边界。

6.5.4 索恩瓦尔德的信息视域学说

1999年，索恩瓦尔德（Sonnenwald）基于情报学、通信科学、社会学和心理学的理论与实证研究，提出了一个人类信息行为的演化框架。构成这一框架的基本概念包括情境（context）、情景（situation）和社会网络。情境是比情景范围更大的概念，一种情境可能由多个情景构成。索恩瓦尔德将情境界定为一系列过去、现在和未来情景的典型，如学术界、家庭生活、公民身份、俱乐部等。每一个情境都有被其参与者及局外人所感知的边界、约束和特权。在每个情境中出现一种情景流，而情景可能是一组相关联的活动或故事。社会网络指个体间交流、联结和相互作用的模式。个体之间相互关联，构成了社会网络，社会网络构建了情景，而多种情景构成了情境。在这个框架中，最为关键的是社交网络在信息行为中的作用及人们在其中活动的信息视域（information horizon）①。社交网络通过帮助定义个人的信息视域和积极参与人类信息过程，在人类信息行为中发挥着重要作用。

索恩瓦尔德认为，信息视域存在于情境与情景之中。当人们搜寻信息时，是在其信息视域之中采取行动。具体地讲，信息视域包括各种信息来源。例如，社交网络包括同

---

① SONNENWALD D H. Evolving perspectives of human information behavior: contexts, situations, social networks and information horizons, 1999 [C] //Exploring the contexts of information behavior: proceedings of the second international conference in information needs. UK: Sheffield, 1999: 176-190.

事、主题事务专家、参考图书馆员、信息经纪人等；文件包括广播媒体、网页、书籍等；信息检索工具包括计算机信息检索系统、参考书目等，以及实验和观察。索恩瓦尔德举例说，一个工程的典型信息视域由个体工程师、领域内的实验和观察、主题专家（包括客户和用户）及团队成员组成。在信息视域之内但使用频率较低的信息源包括项目和供应商文档、贸易杂志、期刊和报纸等。环境扫描者通常会扫描书籍等信息源，以获取个人和团队成员需要的信息。

信息视域理论主要应用于研究信息搜寻过程中的决定、何时使用信息源、为何使用信息源、在信息搜寻过程中情境及情景的影响等方面①。围绕信息视域的概念，索恩瓦尔德提出了信息行为的5个命题：①人类信息行为是由个体、社会网络、情景和情境塑造的，同时塑造了个体、社会网络、情景和情境；②在特定情景和情境中的个体或系统可以感知、反映或评估他人、自身或环境的变化。信息行为是在这种反映和评估中，特别是涉及知识缺乏的反映和评估中构建的；③信息视域处于情景和情境之中，人在其中活动；④人类信息行为可以被理想地视为个体与信息资源的协作；⑤信息视域包含多种信息资源，可以概念化为高密度的问题解决方案空间。在此基础上，萨沃莱宁和卡里（Savolainen & Kari）又提出了信息源视域的概念，该概念"使人们能够根据信息源的特征，尤其是信息源的可及性和质量，对各种信息源和信息渠道进行排序，以满足信息搜寻的需要"②。

6.6 知识学派

情报学的知识学派与认知学派具有密切的联系。知识研究在情报学中占有举足轻重的地位。辛斯（Zins）认为，情报学包含了对数据、信息和知识的研究成果，而且研究重点是对人类知识而非信息的探索③。钱学森也曾说过，"情报是激活了、活化了的知

---

① 张海游. 信息行为研究的理论演进［J］. 情报资料工作，2012（5）：41-45.
② SAVOLAINEN R. KARI J. Placing the Internet in information source horizons: a study of information seeking by Internet users in the context of self-development［J］. Library & information science research，2004，26：415-433.
③ ZINS C. Redefining information science: from "information science" to "knowledge science"［J］. Journal of documentation，2006，62（4）：447-461.

识。"① 梁战平认为，情报学应关注收集、筛选、加工、整理隐性知识的理论和规律②。随着情报学对知识的认识和研究的不断深入，形成了由知识基础论、知识组织论、知识管理论和知识服务论等共同构成的情报学知识学派。

6.6.1 情报学的知识基础论

1968 年，美国文献学会更名为美国情报学会，同时对情报学（information science）做了定义。20 世纪 70 年代以后，研究人员纷纷对情报学的学科理论基础和研究内容进行讨论，其中影响较大的是属性结构学派。该学派将"information"看作由概念或文本组成的客观结构。它是文献本身所固有的，并以一定的结构形式存在于文献之中。这一客观结构能够改变信息接收者的主观结构。属性结构学派的代表人物有贝尔金和布鲁克斯。1976 年，贝尔金提出信息（information）是任意文本的结构，它能够改变接受者的意向结构③。贝尔金将情报学（information science）的基本现象划分为 3 个方面：①文本及其结构；②接收者的意向结构及其变化；③发布者的意向结构及文本的结构化。布鲁克斯则将信息看作由不同概念组成的一个结构体系④。

布鲁克斯将波普尔的世界 3 理论引入情报学领域并产生了较大影响，为后来情报学知识论的研究奠定了理论基础，被认为是情报学认知学派的先驱。布鲁克斯从知识的吸收与利用出发，以波普尔的"3 个世界"理论为哲学基础，认为图书馆学家和情报学家的工作是收集和组织世界 3（客观知识世界）中的记录材料，并研究世界 2（主观知识世界）和世界 3（客观知识世界）的相互作用，由于科学文献中存在固定的知识结构，所以情报学的任务就是对科学文献中固有的客观知识结构进行分析和组织⑤。

1980 年，布鲁克斯提出了著名的知识结构方程式，阐明了信息与知识的关系。在 $KS + \Delta I = KS + \Delta S$ 式中，KS 为原有的知识结构，ΔI 为吸收的信息量，ΔS 为知识改进效果，$KS + \Delta S$ 为新的知识结构。这一公式表明，一个人在原有知识结构的基础上，吸收

---

① 钱学森，于景元，戴汝为. 一个科学新领域：开放的复杂巨系统及其方法论 [J]. 自然杂志，1990, 13（1）：3-10.

② 梁战平. 情报学若干问题辨析 [J]. 情报理论与实践，2003, 26（3）：193-198.

③ BELKIN N J, ROBERTSON S E. Information science and the phenomenon of information [J]. Journal of the American society for information science, 1976, 27（4）：197-204.

④ BROOKES B C. The foundations of information science. Part Ⅰ. Philosophical aspects [J]. Journal of information science, 1980, 2（3-4）：125-133.

⑤ 靖继鹏，李勇先. 剖析情报学理论体系流派的用户观 [J]. 中国图书馆学报，1992（2）：5-10.

新的信息而使原来的知识结构发生变化并形成了新的知识结构，因此可以将信息定义为使原有的知识结构发生变化的那一部分知识。布鲁克斯的基本方程式自提出以来不断有学者对其进行深入研究和改进，显示出广阔的理论拓展空间[①]。丹麦情报学家英格沃森（Ingwersen）提出了方程式的修正模型：$PI \rightarrow \Delta I + KS \rightarrow KS + \Delta S \rightarrow PI'$，其中 PI 是潜在信息，它源自世界3，当与个体用户接触时就成为数据，一旦又被个体感知到，旋即被提炼抽取成为信息 ΔI，用户吸收 ΔI 后发生变化的新知识结构又可能产生新的信息，对他人而言又是新的潜在信息，即 PI'[②]。英格沃森使基本方程式变成真正覆盖信息—知识流变化全周期的理论模型，增强了理论的解释力。

贝尔金继承了布鲁克斯的知识思想，提出了著名的"知识非常态"（anomalous states of knowledge）理论，即 ASK 理论。这一理论认为，用户之所以有信息需求产生，是因为意识到自己存在着知识的非常态，以致无法解决某种问题，而信息检索的目的就是描述、理解和解决知识的非常态[③]。贝尔金建立了以 ASK 理论为基础的"信息检索认知沟通系统"模式：用户由于认识到自身的知识非常态而启动该系统，将其转化为某种交流的结构（如一个检索请求），在接收系统反馈（如检索结果）后发现其中蕴含的概念结构，这些概念结构作用于用户的知识非常态直至完全解决，否则重新启动该系统，并以新的知识非常态作为基础[④]。ASK 理论是情报学知识学派的重要理论之一，为情报学认知范式的确立奠定了基础，在信息检索、数字图书馆等领域得到了广泛应用。

属性结构学派从信息和知识的存在结构角度研究了情报学的基础和本质，确定了情报学的研究内容和研究对象，对情报学理论体系的建设起到了重要作用。属性结构学派的研究成果对于知识组织、知识分析和信息检索等领域具有指导意义，如布鲁克斯的知识地图构想和信息获取的对数透视原理对情报学的相关领域都产生了促进作用。但是属性结构学派将研究主要集中于客观文献，忽略了对用户主观和行为的研究，研究内容和对象较为片面。

---

① 王琳. 布鲁克斯情报学基本方程式的思想脉络探析［J］. 情报探索，2014（11）：16-19.
② INGWERSEN P. Information retrieval interaction［M］. London：Taylor Graham，1992.
③ BELKIN N J. Anomalous states of knowledge as a basis for information retrieval［J］. Canadian journal of information & library science，1980（5）：133-143.
④ BELKIN N J. Cognitive models and information transfer［J］. Social science information studies，1984，4（2）：111-129.

6.6.2 情报学的知识组织论

知识组织论是随着社会信息环境的变化而提出的关于知识流的整序理论。布鲁克斯是知识组织论的较早倡导者，提出了知识组织的理想模型——知识地图模型，即通过对文献内容进行知识分析与组织，找到人们在知识创造过程中相互影响及联系的节点，从而深入揭示知识的有机结构①。虽然知识组织论作为一种理论体系形成较晚，但知识组织的思想和实践却早已有之。英国分类法专家布利斯（Bliss）于1929年就曾使用过"知识组织"一词②。在我国，著名学者袁翰青教授在1964年发表的《现代文献工作基本概念》一文中指出："文献工作是组织知识的工作。更明确一点可以说，文献工作是将分散知识记录起来的工作，特别是文献中新发现的知识单元，经过学术分析与抽出之后，用一定的方法组织起来，对使用者提供最大的便利，能随时被检索到并参考利用。通常所谓文献工作实际上有两个方面：知识组织工作的一方面和情报检索工作的一方面"③。

知识组织被认为是知识的序化，即以知识为对象的诸如整理、加工、表示、控制等一系列组织化过程及其方法④。在情报学中，知识组织的思想是从分类法等文献组织方法中发展起来的。长期以来，情报学研究的是文献组织而不是知识组织⑤，注重研究文献情报的交流、传递过程与规律，并按文献的外部特征总结与发展出如引用法、索引法和目录法等方法，以及按文献的内容特征总结出分类法、主题法和文摘法等方法⑥。马费成教授认为，"以文献为基本单元来评价、表示和组织知识所得到的，仅仅是知识组织和利用的'物理解'而非'情报解'"⑦，"知识信息的表达与组织必须从物理层次的文献单元向认知层次的知识单元或情报单元转换"⑧。王知津教授从知识组织角度分析了知识的结构，提出知识由知识因子和知识关联两种因素构成，表现为网状结构；知识关联在产生新知识、形成新文献中起着重要作用，是知识有序化的必要条件⑨。王知津还

---

① 李荫涛．布鲁克斯的认识地图初探［J］．情报学报，1988（4）：267-271．
② 贾同兴．知识组织的进步［J］．国外情报科学，1996（2）：36-38，42．
③ 林申清．现代文献学定义综述［J］．大学图书馆学报，1990，8（1）：26-33．
④ 蒋永福．论知识组织［J］．图书情报工作，2000（6）：5-10．
⑤ 翟秀云．图书情报学中的"知识流派"观点述略［J］．图书情报工作，2002，46（12）：54-60．
⑥ 王应解．知识组织：情报学的逻辑起点［J］．图书与情报，2008（3）：9-12．
⑦ 李宏轩，马海群．知识组织的三种视角［J］．中国图书馆学报，2001，27（5）：12-14．
⑧ 马费成．知识组织系统的演进与评价［J］．知识工程，1989（2）：39-43．
⑨ 翟秀云．图书情报学中的"知识流派"观点述略［J］．图书情报工作，2002，46（12）：54-60．

分析了"知识空间"概念,指出"知识空间"是知识组织的概念基础①。蒋永福认为知识组织论应该成为情报学的理论基础②,指出知识组织具有语义学基础、语法学基础和语用学基础,从而为知识组织开辟了语言学研究新路径③。

在方兴未艾的现代信息技术革命浪潮之下,一系列知识组织技术,如搜索引擎、超文本、本体技术、数据挖掘、知识发现、专家系统、人工智能、元数据、XML 语言、智能 Agent 技术等纷纷出现和发展,促进了一系列新的知识组织理论的产生④⑤。例如,知识构建理论在信息构建基础之上融入更多复杂背景因素,将人与内容更紧密地结合起来,为不同的知识状态建模,为用户提供智能的交互环境,实现知识集合的有序化⑥⑦⑧;通过本体、用户、查询式等多知识源的融合和组织来建立知识空间模型,实现知识检索⑨等方面的研究,不断推动情报学知识组织的发展。

6.6.3 情报学的知识管理论

自 20 世纪 90 年代起,知识管理在咨询服务业和企业管理界的兴起引起了情报学界的重视。知识管理的研究对象包括显性知识和隐性知识。就显性知识而言,情报学将独立于特定个体和组织的显性知识,经组织加工后存储在知识库中,这种"知识客体—显性知识"的研究对象和知识管理是一致的,但知识管理的研究对象还包括隐性知识,对隐性知识的转化、开发和利用长期以来是情报学所忽视的。赖茂生教授指出:"情报学要建立以信息管理和知识管理为核心的情报学"⑩。梁战平也提出情报学要超越显性知识,研究隐性知识处理的规律,并相信情报学最终会成为一门研究知识与知识活动,包

---

① 王知津. 知识空间:知识组织的概念基础 [J]. 中国图书馆学报,1999,25(5):13-18.
② 蒋永福,付小红. 知识组织论:图书情报学的理论基础 [J]. 图书馆建设,2000(4):14-17.
③ 蒋永福. 论知识组织的语言学基础 [J]. 图书情报工作,2001(5):17-20.
④ 肖勇. 论基于"三大研究范式"之上的当代中国情报学学科体系与学科群体系构建 [J]. 情报学报,2017,36(9):894-907.
⑤ 毕强. 面向知识服务的知识组织研究的重要成果:简评《面向知识服务的知识组织理论与方法》[J]. 图书情报工作,2017,61(19):146-149.
⑥ 王琳. 情报学中知识思想的历史回顾与思考 [J]. 情报学报,2013,32(4):340-353.
⑦ 周晓英. 信息构建与知识构建 [J]. 情报理论与实践,2005,28(4):352-354.
⑧ 毕强,韩毅. 泛在知识环境下数字图书馆知识空间构建研究 [J]. 情报科学,2008,26(7):971-977.
⑨ 章成志,苏新宁. 基于知识空间的智能信息检索模型研究 [J]. 现代图书情报技术,2006,1(12):29-33.
⑩ 赖茂生. 21 世纪情报学学科的新起点 [J]. 情报学报,2000,19(1):81.

括知识的激活、扩散、转移、组织、增值、吸收和利用等规律性的学科①。

情报学视角的知识管理与管理学视角的知识管理有很大区别。管理学视角的知识管理关注的是发掘企业内部的技能与智慧，共享知识，营造企业创新氛围，实现企业的经济效益与社会效益，它强调的是管理效益。而情报学视角的知识管理注重知识的创造、传播与应用，强调知识本身的增值过程②。刘春茂从情报学视角提出知识管理是人际情报交流系统的复归，是"知识流有序化的进一步拓宽"，是"知识客体"的展延③。秦铁辉教授等从信息管理功能的角度提出，情报学和知识管理都直接或间接地与文献信息资源的管理及研究有一定的渊源④。李林华则认为知识管理思想的引入，为情报学的发展提供了全新的思路与视角，成为情报学科发展进程中一个新的里程碑⑤。王琳也指出情报学与知识管理理论的结合比学科"知识传统"复兴更受关注一些⑥。

6.6.4 情报学的知识服务论

知识服务是指基于知识和个性化的一种服务方式。知识服务不同于传统的以"资源"为中心的文献线索服务，它所回答的问题不是"知识在哪里"，而是"知识是什么"⑦。情报系统的知识提供活动就是知识服务，知识组织和知识管理的内容只有通过知识服务才能体现出来。随着情报活动从文献层次向知识层次的深入，知识服务也成为情报学研究的一个重要领域。张晓林提出知识服务是用户目标驱动的服务，它关注的焦点和最后的评价不是"我是否提供了您需要的信息"，而是"是否通过我的服务解决了您的问题"⑧。肖勇⑨认为决策情报服务是处在信息政策法规和信息伦理道德的硬性约束与限制之下的、具有竞争性和保密性特征的知识服务，并认为知识服务作为"能有效支持

---

① 梁战平. 情报学若干问题辨析 [J]. 情报理论与实践，2003，26（3）：193-198.
② 李林华. 知识管理理念下的情报学发展研究述评 [J]. 情报科学，2007，25（1）：156-160.
③ 刘春茂. 知识管理理论的情报学视角分析 [J]. 中国图书馆学报，2001，27（2）：11-14.
④ 秦铁辉，马德辉，孙琳. 知识管理理念下情报学研究路径探析 [J]. 图书情报工作，2004，48（12）：68-72.
⑤ 李林华. 知识管理理念下的情报学发展研究述评 [J]. 情报科学，2007，25（1）：156-160.
⑥ 王琳. 情报学中知识思想的历史回顾与思考 [J]. 情报学报，2013，32（4）：340-353.
⑦ 翟秀云. 图书情报学中的"知识流派"观点述略 [J]. 图书情报工作，2002，46（12）：54-60.
⑧ 张晓林. 走向知识服务：寻找新世纪图书情报工作的生长点 [J]. 中国图书馆学报，2000，26（5）：32-37.
⑨ 肖勇. 论基于"三大研究范式"之上的当代中国情报学学科体系与学科群体系构建 [J]. 情报学报，2017，36（9）：894-907.

知识应用和知识创新的服务",是一种基于一切信息资源,以用户需求目标驱动的、面向知识内容的、融入用户决策过程并帮助用户找到或形成问题的解决方案的增值服务。当前,情报学视域下的知识服务研究正在朝着智慧服务这一新定位发展,属于知识服务的高级进化阶段。

6.7 科学交流学派

6.7.1 苏联米哈依诺夫的科学交流思想

科学交流学派的理论体系产生于20世纪70年代中期,是以苏联情报学家米哈依诺夫为代表的学术流派。米哈依诺夫是苏联著名的情报学家和教育家,自1956年起一直担任苏联信息研究所所长,著有200多册论著,代表性的著作为1968年和1976年出版的《情报学基础》和《科学交流与情报学》。《科学交流与情报学》一书以科学交流系统为主要研究对象,从情报学的理论、科学交流、情报检索、科学情报工作和科学情报工作的组织和历史几个方面对情报学的研究问题进行了阐述,认为大科学交流系统对科学情报的传递、科学发展和成果的产生具有促进作用。

科学交流学派将情报学建立在3个重要的基本概念上,即科学情报、科学文献和科学交流。该学派将情报定义为"存储、传递和(或)转换的对象的知识";科学情报是"在认识过程中取得的,如实反映自然界、社会和思维的现象和规律,并用于社会—历史实践的逻辑情报";而"科学文献是在空间和时间内记录和传达科学研究成果的最重要的手段,是科学家和专家最重要的情报来源"[1]。根据米哈依诺夫的观点,科学文献是科学情报的来源,而科学情报是情报的特定类型。

科学交流学派将科学交流分为非正式过程和正式过程。其中,"科学家和专家自己完成的那些过程属于科学交流的非正式过程",而"借助于科学技术文献进行科学情报交流的过程"称为科学交流的正式过程。由于科学文献是科学情报的重要载体,科学情报的传递主要通过科学文献系统这一更正式的文献交流渠道来传递,因此,在科学交流的正式过程中,科学家们私人交往(非正式交流)的作用在减小。

关于情报学的定义与研究范围,米哈依诺夫认为,情报学是一种研究科学交流的理论,其研究重点在于科学情报的构成,科学情报的一般性质,以及正式与非正式的科学

---

[1] 米哈依诺夫. 科学交流与情报学[M]. 北京:科学技术文献出版社,1980.

交流过程的规律性，因此属于社会科学的范畴。此外他也强调，对情报学研究对象不适当地扩大或缩小不利于情报学的发展。马费成教授曾指出，"一门学科的影响主要看它能否为其他学科提供成熟而系统的研究方法，能不能帮助解决大量的实际问题，而不是抛弃学科特有的阵地，靠扩展外延去发挥影响"[1]。他的观点与米哈依诺夫将情报学的研究对象限定在科学情报的观点不谋而合，且具有其时代环境下的合理性。

由于英文的"communication"在中文中具有"交流"和"传播"之意，有学者提出科学交流学派应归入社会传播学派[2]。但也有学者在对这两个中文词语进行深刻辨析后认为，在中文语境中，二者有本质的不同，前者强调信息传递过程中的相互影响，而后者则潜在地意指单向的信息传递[3]。科学交流学派关注的是科学研究中的正式和非正式交流活动，交流活动的参与者具有相似的知识储备和兴趣，其在信息的传递中地位也是对等的，因此与社会传播学派并不相同。

米哈依诺夫的科学交流情报学理论体系是比较完整的系统，也是在20世纪90年代以前被我国情报学界广为接受的理论体系[4]。然而，随着科学技术的不断发展，情报交流的对象、载体、种类、形式等都发生了巨大变化，特别是建立在新媒体之上的交流方式产生之后，科学交流学派的原有理论表现出了一定的局限性。刘植惠认为，米哈依诺夫将情报学的研究对象严格限定在科学情报的范围内过于狭窄且不符合逻辑[5]。徐丽芳在回顾了相关文献后指出，米哈依诺夫在科学交流研究方面的创见是有限的。她指出，米哈依诺夫的著作大量引用了门泽尔（Menzel）和格里菲斯（Griffith）等学者的观点，他关于科学交流的正式交流和非正式交流过程的论断实则借鉴了1971年联合国教科文组织和国际科学联盟理事会剔除的科学交流模型[6]，而其关于情报学的观点与布鲁克斯和约维茨在本质上是一致的[7]。此外，李国红也指出，米哈依诺夫的科学交流系统模式是对门泽尔（Menzel）"正式过程"和"非正式过程"交流论进一步整理而得出的[8]。因此，徐丽芳认为米哈依诺夫真正的理论贡献在于他强调了科学交流系统中情报机构对科

---

[1] 马费成.情报学的进展与深化 [J].情报学报，1996（5）：22-28.
[2] 靳娟娟.情报学理论体系比较研究 [J].图书情报知识，1995（3）：17-23.
[3] 徐丽芳.论科学交流及其研究的流变 [J].情报科学，2008（10）：1461-1463，1481.
[4] 申静.情报学理论体系的比较研究 [J].情报杂志，1990（Z1）：93-102.
[5] 刘植惠.情报学基础理论讲座 [J].情报理论与实践，1988（1）：41-45.
[6] 徐丽芳.论科学交流及其研究的流变 [J].情报科学，2008（10）：1461-1463，1481.
[7] 申静.情报学理论体系的比较研究 [J].情报杂志，1990（Z1）：93-102.
[8] 李国红.А.И.米哈依诺夫科学交流模式述评 [J].情报探索，2005（6）：46-48.

学交流正式过程的重要作用，并在此基础上建立了相对完善的情报学科学体系。

申静将米哈依诺夫的理论体系与其他情报学理论体系比较后指出，米哈依诺夫虽然极力区分交流与科学交流，情报与科学情报，但在实际的情报交流过程中却存在该理论体系没有定义的科学情报工作[1]。她认为这是由于米哈依诺夫混淆了情报学和科学情报这两个概念造成的，且科学交流情报学理论的适用范围也有很大的局限性，因此很有必要将情报从科学情报的限定内解放出来以适应更广阔的领域。

针对第二次世界大战后科学发展带来的庞大信息如何处理与利用等问题，米哈依诺夫将情报学的研究对象限定为在科学情报的范围内是有利于情报学学科的建设与发展的。然而，随着互联网时代的到来，科学交流的环境、结构和过程发生了巨大的改变，且情报的概念外沿也在不断扩大，几乎渗透到人类活动的所有领域。在现代计算机技术的辅助下，网络新闻、社交媒体等互联网信息成为重要的情报来源，更是当今情报学研究的主要领域之一。正因如此，米哈依诺夫的科学交流学说受到了强烈的抨击。但我们仍不应该完全否定科学交流理论在新形势下所起的作用，毕竟网络新媒体的出现并不能消除科学交流在人类信息活动中的重要地位。为了使理论更好地适应并指导现代科学交流的实践，有学者也指出应该对米哈依诺夫模式进行发展，将科学的正式交流和非正式交流过程进行重新界定，纳入网络时代的新交流方式。但也有学者认为，科学交流领域的研究仍以经验研究为主，缺乏对理论的深入探讨[2]。因此，增强理论探索和新环境下的理论修正与发展，是科学交流学派未来主要的努力方向。

6.7.2 英国维克瑞的科学交流思想

不同于米哈依诺夫的大科学交流系统观，英国情报学家布莱恩·维克瑞（Brian Vickery）从科学家交流和接受教育的角度分析了人类科学交流的发展历史。维克瑞（Vickery）[3]总结了20世纪科学交流的主要渠道和形式，既有直接的和非正式的人际交流，也通过组建社团、安排会议和出版物来组织的正式交流。出版商、书商、图书管理员都是为了促进正式交流而产生的职业。他分析了不同交流渠道对信息流动总体格局的

---

[1] 申静. 情报学理论体系的比较研究[J]. 情报杂志，1990（Z1）：93-102.
[2] 徐丽芳. 论科学交流及其研究的流变[J]. 情报科学，2008（10）：1461-1463，1481.
[3] VICKERY B. A century of scientific and technical information[J]. Journal of documentation, 1999, 55（5）：476-527.

影响，并在此基础上构建了信息流动模型。之后，维克瑞（Vickery）① 又研究了人类的科学交流史，包括最早有组织的文明和文字的发展；古典文化与第一批图书馆和研究机构；中世纪时期大学的兴起；文艺复兴时期科学社团和印刷术的萌芽；18世纪专门的期刊和书目；19世纪和工业革命时期开始严格规范信息的专利和技术机构；20世纪，出现的工业研究、大量数据收集、计算机网络，以及在线交流。维克瑞对每一个时代书面和口头交流的方式及其重要影响进行了详细阐述，并对当代科学研究和交流方法的前因后果做了概括性描述。

维克瑞的研究总结了科学交流模式的最新发展，将科学交流学派的研究视野从科学情报机构拓展到更广泛的职业类型，从单一的科学交流渠道拓展到更为丰富的科学交流渠道，从而拓展了米哈依诺夫学说的时代局限。尽管维克瑞的总结全面系统，但是仍然没有对科学交流的深层理论问题进行识别和界定，因而对于这一学派的传承与深化的贡献仍然是有限的。

6.8 社会传播学派

情报学的社会传播学派经过一段时间的发展，在多位情报学家的努力下逐渐完善，包括戈夫曼的信息的社会传播传染病理论、萨拉塞维克的社会传播理论、维克瑞的人本社会传播理论、费桑的情报流活动规范理论等。社会传播学派与科学交流学派都把情报的传递看作一种动态的过程。不同的是，科学交流学派把这种动态的过程仅仅局限于科学交流，只注重科技情报，却忽视了情报的社会价值。社会传播理论突破了以米哈依诺夫为代表的科学交流学派的理论框架，将情报交流从科技情报的范围扩大到社会范围。

6.8.1 戈夫曼的信息的社会传播传染病理论

1970年，美国情报学家戈夫曼（Gofman）提出了信息的社会传播传染病理论，对于理解信息、知识和思想的传播，尤其是互联网时代的信息传播和治理具有十分重要的参考价值。戈夫曼（Gofman）② 认为，情报学（information science）的首要任务是研究传播过程的特性，然后运用这些特性设计针对特定物理环境的信息系统。他发现知识的传

---

① VICKERY B C. Scientific communication in history [M]. Lanham, MD: Scarecrow Press, 2000.

② GOFFMAN W. Information science: discipline or disappearance [C]. The 44th Aslib Annual Conference. Scotland: University of Aberdeen, 1970.

播过程与疾病的传播极为相似，都涉及信息源和目的地之间的有效联系，不同的是疾病传播的是传染性物质，而知识传播的是善意或恶意的思想。

戈夫曼提出，传染病传播的基本原则也控制着信息和知识的传播，信息传播过程可以被描述为一个流行病过程：要使传播发生，需要传染源（感染性的物质或想法）、传输载体和接受环境，而传播扩散的程度就是传播媒介与接触者之间的有效接触。就思想传播而言，人类是传播媒介，通过口头、书籍、文章、小册子等媒介进行信息传播，正如人类在疾病传播中通过直接接触或通过中间宿主导致细菌传播一样。而且与细菌传播相同的是，思想传播的路径也是世界性的运输路线，正如古代提供通信工具的商队的路线也是疾病传播的路线。

戈夫曼认为，正如社会反对疾病入侵一样，它也需要捍卫自己不受颠覆性思想的侵害，因此对传染病的防御措施同样适用于信息传播，包括源头阻断、压制传播者、建立审查制度和思想免疫等。其中，最具决定性的行动是从源头上摧毁有传染性的物质或思想，最谨慎的办法则是采取预防措施，如审查制度、警察监督和宗教迫害等。戈夫曼认为，一个健康的社会有自己的防御措施来抵御可能危及其人格完整的感染；一个不健康的社会则会感染所有的疾病。例如，罗马在衰落的过程中，就未能保护自己免受基督教的攻击。

与科学交流学派不同，戈夫曼的信息的社会传播传染病理论侧重于信息的单向度传播，并且更关注信息传播的社会效应而非只局限于科学信息，从而具有明显的政治传播学的特征。戈夫曼的理论为当前各国实施的网络社会治理提供了理论基础，也为情报学者和传播学者研究社会治理提供了独特的信息视角。

6.8.2 萨拉塞维克的知识的社会传播理论

萨拉塞维克在戈夫曼社会传播传染病理论的基础上，进一步发展了知识的社会传播理论。萨拉塞维克（Saracevic）[1]认为，信息与传播是相关的，但也有区别。信息是一种现象，而传播是信息被分发或交换的过程。情报学是图书馆学、计算机科学、认知科

---

[1] SARACEVIC T. Relevance: a review of the literature and a framework for thinking on the notion in information science. Part ii: nature and manifestations of relevance [J]. Journal of the American society for information science and technology, 2007, 58 (13): 1915-1933.

学和传播学的交叉学科（Saracevic）①，旨在解决信息和信息对象，尤其是知识记录在社会、组织和人类之间的有效传播（Saracevic）②。它有两个关键的研究方向：一个针对人类和社会的信息利用需求；另一个针对满足这些需求的信息检索技术和系统。

萨拉塞维克强调了在社会、组织或个人对信息需求和利用的背景下，人类知识记录的有效交流在情报学研究中的重要性。人类知识记录是指各种形式、形状和媒介的内容承载物，可以通称为"文献"③。把情报学的重点放在文献的内容承载特性及与提供有效文献获取和利用相关的技术和系统上，就将情报学限制在了特定范围，使之不涉及其他信息系统，如工资单、库存、决策支持系统、数据处理、航班时刻表等，也不涉及人与人之间的直接交流。从今天信息现象普遍存在于所有社会领域的现状来看，将情报学的研究视域限定在有限的信息问题上是十分有必要的。

在完善知识的社会传播学说的过程中，萨拉塞维克发展了相关性理论，将相关性定义为衡量传播过程中联系的有效性的标准（Saracevic）④。他认为，在传播学研究中出现的相关性理论在情报学中占有重要地位。在情报学背景下，相关性是一种属性或标准，反映了用户和信息检索系统之间进行信息交换的有效性（Saracevic）⑤。以相关性为准则，信息检索系统的评价广泛应用了查准率和查全率指标。萨拉塞维克区分了几种不同类型的相关性。①系统或算法相关性：查询与系统中的信息对象（文本）之间的关系，如是否可以被检索到。②主题相关性：在查询中表达的主题与检索到的文本、系统中的文本，甚至存在的文本之间的关系。③认知相关性：用户的知识状态与检索到的文本、系统中的文本，甚至存在的文本之间的关系，涉及认知对应性、信息的新颖性、信息质量等标准。④情境相关性：当时的情景、任务或问题与系统检索到的文本、系统中的文本，甚至存在的文本之间的关系，如对决策的有用性、信息在解决问题中的适当性、不确定性的减少等。⑤动机或情感相关性：用户的意图、目标和动机与系统检索到的文本、系统中的文本，甚至存在的文本之间的关系，包括满足感、成功、成就感等标准。

---

① SARACEVIC T. Information science：origin, evolution and relations［A］. London：Taylor Graham, 1992：5-27.

② SARACEVIC T. Information science［A］. New York：Taylor & Francis, 2009：2570-2586.

③ SARACEVIC T. Information science［J］. Journal of the American society for information science, 1999, 50（12）：1051-1063.

④ SARACEVIC T. Relevance：a review of and a framework for the thinking on the notion of information science［J］. Journal of American society for information science, 1975, 26（6）：321-343.

⑤ 同③。

萨拉塞维克的社会传播理论是对戈特曼社会传播传染病理论的发展。它突破了米哈依诺夫科学交流范围的局限，不仅将情报学的研究对象扩展到社会系统中，而且明确将知识记录——文献作为情报学的研究对象，从而将情报学的研究内容限定在一个有限的范围内。与此同时，萨拉塞维克提出的相关性理论深化了信息检索研究，对于情报检索系统的评价具有重要指导意义，同时为信息与知识的社会传播的有效性提供了一个衡量标准。

不管是科学交流学派，还是社会传播学派，都带有浓厚的传播学思想萌芽，体现了早期情报学受传播学思想影响的印迹。随着传播学的发展成熟，情报学与传播学之间的界限日渐分明。传播学关注信息的传播及基于信息传播的社会关系，在政治传播、新媒体传播等方面取得了新的进展，呈现明显的社会科学特征，而情报学则更多地围绕信息获取的心理行为、技术与社会问题展开研究，呈现较为明显的计算机科学与社会科学交叉的学科特征。

6.9 决策功能学派

决策功能学派扩展了科学交流学派与社会传播学派所关注的信息的范围，将信息看作决策时有价值的数据，并在此基础上研究和建立情报学理论体系。决策功能学派的创始性代表人物有约维茨和赫伯特·西蒙（Herbert A. Simon）。

（1）代表人物

1967年，美国情报学家约维茨（M. C. Yovits）与恩斯特（Ronald L. Ernst）[1]构建了通用信息系统模型，开创了情报学的决策功能学派。约维茨和恩斯特对科学交流学派与社会传播学派关于信息的定义进行了扩展，认为"信息可以被定义得相当普遍，比传播理论中的定义要广得多"，而"科学信息可以定义为信息科学的一个特定子集"。1970年，在佩宾斯基（Pepinsky）主编的《人与信息》一书中，约维茨与恩斯特对这一模型进行了进一步的阐述[2]。这个通用的信息系统模型由4个基本功能组成：信息获取和传播功能、决策功能、执行功能与转换功能。他们通过这一模型对信息进行了一般性的定

---

[1] YOVITS M C, ERNST R L. Generalized information systems [M]. Washington, D. C.：Thompson Book Co., 1967：279-90.

[2] YOVITS M C, ERNST R L. Chapter 1：generalized information systems：consequences for information transfer [M/OL]. Pepinsky：Elsevier Inc., 1970 [2021-08-06]. https：//www.elsevier.com/books/people-and-information/pepinsky/978-0-08-015624-8.

义和分析，认为信息是决策中有价值的数据，决策将信息转化为可观察的行为；而数据则是可观察行为的变换，是对物理量进行的测量，信息、数据和可观测数据之间的区别固有地涉及决策过程。他们详细论证了信息与决策之间的关系及决策的核心地位，认为"信息的提供只是为了让决策者能够做出某种决策，所以需要与特定的决策功能相结合"。约维茨与恩斯特的决策功能模型可以描述大多数涉及信息流的情况，包括科学家或工程师对信息的使用、大公司的管理、军事交战的指挥和控制，或相对简单直接的活动，如打开或关闭恒温炉系统。

约维茨的决策观从广义角度分析信息流、信息量，力图使情报学成为一门精密学科①。1985年，约维茨与福克（Foulk）②进一步从决策论的角度研究了一系列信息理论问题，如信息价值、信息效率、信息量的测度等。该文中，约维茨与福克介绍了一系列将信息反馈给决策的实验。在这些实验中，决策情境是用价值矩阵和概率矩阵来描述的，受试者通过使用计算机终端选择最佳的行动方案。这些实验的目的是验证先前提出的信息流概念模型及其与决策的关系，并确定所涉及的重要参数的具体值。他们认为信息是决策中有价值的数据，并从这个定义出发定量地定义信息，确定它的属性和相互关系。约维茨决策观的主要内容是对决策过程的信息要素进行分析，包括学习、选择、预期价值、不确定性、效能的系统化和定量化。

赫伯特·西蒙（Herbert A. Simon）是美国著名的管理学家、社会科学家，决策理论学派创始人。西蒙决策情报思想逐渐趋向成熟的一个标志是首次引入了决策过程理论，并强调决策过程中信息流的双向传递性。随着知识经济时代的到来，西蒙决策情报的应用更重视非正式渠道的情报交流，并逐渐向竞争情报、跨学科服务、智库建设等领域延伸③。西蒙的情报学思想主要以研究组织决策优化的价值为起点，从人的认知能力界限出发，通过厘定决策的内在动态过程，建构出有效的情报决策支持体系架构。他所提出的管理决策优化、有限理性与决策多阶段理论④，为人们在信息泛滥的社会进行信息的甄别并做出精准决策提供了有益参考。

---

① 严怡民. 现代情报学理论 [M]. 武汉：武汉大学出版社，1996.
② YOVITS M C, FOULK C R. Experiments and analysis of information use and value in a decision-making context [J]. Journal of the association for information science & technology, 2014, 36 (2): 63-81.
③ 胥伟岚，夏南强. 赫伯特·西蒙的情报学研究 [J]. 情报科学, 2016, 34 (11): 18-21.
④ SIMON H A. Administrative behavior: a study of decision-making in organizations [M]. England: Oxford University Press, 2015.

决策功能学派将目光聚焦到决策过程中的信息流动问题，拓展了对于信息的价值的理解，深化了对于信息的量化研究。决策功能学派不但对决策科学、管理信息系统的设计与开发、竞争情报、安全情报工作等具有重要影响，同时和信息经济学的发展具有交汇的地方。经济学家肯尼思·J. 阿罗（K. J. Arrow）[1]从信息需求角度，将信息商品的效用价值定义为：有信息和无信息两种情况下，拥有一定资产的决策者进行优化决策时所得到的最大期望效用的差值。他还证明了在效用函数采取对数形式的条件下，信息商品的效用价值等于该信息商品所包含的信息量。

（2）决策方法

近20年来，社会实践对情报支持决策过程有了更高的要求。除实现智慧决策、智能决策外，还存在多目标决策、多指标决策、多属性决策的情景。为获得最优决策，情报研究人员从信息、知识、情报出发，探索采用多种方法和模式支持决策：基于信息流的信息资源整合、知识库管理，基于决策过程的群体决策、决策模拟，均在实践中获得广泛应用。决策情报理论体系与支持平台也相继涌现：诸如挖掘与决策分析体系、决策情报支持系统、应急决策平台、数据库管理系统等。在决策过程中，群体在情报分析中扮演着十分重要的角色，但也容易产生"决策偏误"。群体情报分析中可能存在头脑风暴法创造性缺失、群体极化、共同知识效应、群体思维等问题。克服群体决策弊端的常用方法是：调整分析人员结构、优化分析运作程序、引入科学群体决策辅助工具[2]。

以情报方法规避决策失误是情报决策功能学派的一个重要研究方向。为减少和规避决策失误，鲁章首次提出运用"情报干预"的理念[3]，促进情报循环链与决策链有机融合，提升决策的效率与效能。情报工作只有不断深入和干预决策活动，才能起到支持决策活动进程的作用。为此，需要实现情报干预决策，"贯穿决策、施策、评策整个生命周期内，以决策目标的达成为目的而进行的信息搜集、整理、分析、传递活动，包括确定决策目标、辅助决策制定、监督决策执行及评估执行结果等一系列活动"[4]。

从情报学角度研究突发事件应急决策是一个新的研究领域，被认为是情报学研究领

---

[1] 肯尼思·J 阿罗. 信息经济学 [M]. 何宝玉，等译. 北京：北京经济学院出版社，1989.
[2] 段喆斐，刘杰. 情报分析中的"群体"研究 [J]. 情报杂志，2017，36（5）：14-17.
[3] 鲁章. 科技情报工作必须深入和干预科技活动 [J]. 情报理论与实践，1981（4）：1-2.
[4] 胡雅萍，沈固朝. 从"情报服务"到"情报干预"：从决策失误看情报作用的一些思考 [J]. 情报学报，2017（11）：1130-1138.

域的下一个重要阵地①。应急决策情报服务的目标就是通过情报流与业务流的整合,实现智能预测、预警并快速响应,有效降低突发事件可能造成的负面影响。借鉴中国科学技术信息研究所情报工程的基本模式"事实型数据+工具方法+专家智慧",李阳、李纲提出应急决策情报服务的工程化设想②:应急数据资源集成化、应急工具方法模块化、应急专家智慧协同化,并将其应用到智慧城市应急决策情报体系的构建问题上。

6.10 中国情报学派

与欧美的 information science(起源于文献学)不同,中国的情报学发展还承袭了中国古代兵家的情报思想③,形成了一批关注军事情报、安全情报、国家竞争情报、行业决策情报等,以国家战略决策支持和国家安全为使命的中国情报学家。他们特别强调中国传统情报思想的传承和为国家发展提供谋略参考,形成了中国情报学派④,代表人物有包昌火、沈固朝、缪其浩、张晓军、高金虎等。

关于情报的概念,中国情报学派反对将情报等同于信息,认为将"情报"翻译成"information"是不准确的;"情报"更准确的翻译应该为"intelligence"。包昌火指出,对 intelligence 研究的不足和对我国科技信息机构 intelligence 功能认识的不足影响了我国情报学研究的健康发展。包昌火认为:"作为一项活动,intelligence 的本质含义应该是对 information 的分析和评价,作为一项产品,intelligence 是对 information 的深度加工,具有明显的目的性、增值性和智能性。"⑤ 高金虎认为:"情报是政府、军队和企业为制定和执行政策而搜集、分析与处理的信息,情报是知识与信息的增值,是对事物本质、发展态势的评估与预测,是决策者制订计划、下定决心、采取行动的重要依据。"⑥ 沈固朝认为:"虽然情报已从最初的军事需要演化成服务于科技、经济等领域的需要,但是内涵

---

① 李阳,李纲. 应急决策情报体系:历史演进、内涵定位与发展思考[J]. 情报理论与实践,2016,39(4):8-13.
② 李阳,李纲. 工程化与平行化的融合:大数据时代下的应急决策情报服务构思[J]. 图书情报知识,2016(3):4-14.
③ 包昌火,刘彦君,张婧. 中国情报学论纲[J]. 情报杂志,2018,37(1):1-8.
④ 赵冰峰. 中国情报学派的兴起与历史使命[J]. 情报杂志,2016,35(4):1-4.
⑤ 包昌火. 情报缺失的中国情报学[J]. 情报学报,2007,26(1):29-34.
⑥ 高金虎. 论情报的定义[J]. 情报杂志,2014,33(3):1-5.

和外延的扩展不应模糊'知己知彼,百战不殆'这一古训所揭示的情报活动的本质。"①关于学科名称的翻译,黄长著指出:"information science,我们可以主要理解为'信息科学',但鉴于 information 确实既有'信息'也有'情报'之意,因此在一些常用的组合中,如 library and information science 中,由于其已经具有了一定的约定俗成特点,作为一种过渡,建议仍然翻译为'图书馆学情报学'。而在某些特定或有特指性意义的场合,如讲到军事情报、科技情报、公安情报的时候,建议用 intelligence studies,这种情况下用 intelligence studies 指代'情报学'更加符合原意。"②

关于情报学和情报工作的使命,中国情报学派认为情报工作要肩负"耳目、尖兵、参谋"的使命。沈固朝认为:"情报学担负着从单纯的信息处理走向研究发现知识和运用知识的任务,将大量数据中挖掘出决策所需要的深层次信息,转化为新的知识并加以有效地运用。"③包昌火等认为:"情报学的研究对象是国家情报体系的情报活动,而不限于某个单一领域的情报活动;其学科性质是一门独立的社会科学,而不是也不附属于技术科学;其应用目标是国家安全和社会发展及其决策需求,而不限于单个行业的具体需求。"④苏新宁指出:"在大数据时代,情报部门应当在社会经济、科技、国家安全中发挥'耳目、尖兵、参谋'的作用,做引导科学技术研究的尖兵、做政府决策帮手、加强智库建设,把情报所培育成国家重要智库。"⑤关于情报学的理论与实践,中国情报学派的理论研究并不与其他学派相冲突,沈固朝指出除了要注重决策学派和认知学派的研究和应用,还应当注重智能科学(intelligence science)的研究⑥。赖茂生指出情报学重视研究范式的转变和方法的引进创新,拥抱"大数据",积极参与数据科学的建设和发展,力争成为"数据科学"群中一个活跃的成员⑦。

---

① 沈固朝. "耳目、尖兵、参谋":在情报服务和情报研究中引入 intelligence studies 的一些思考[J]. 医学信息学杂志, 2009 (4): 1-5.
② 黄长著. 对情报学学科发展的几点思考[J]. 信息资源管理学报, 2018 (1): 1-8.
③ 沈固朝. 两种情报观:Information 还是 Intelligence?:在情报学和情报工作中引入 Intelligence 的思考[J]. 情报学报, 2005 (3): 259-267.
④ 包昌火, 马德辉, 李艳. Intelligence 视域下的中国情报学研究[J]. 情报杂志, 2015, 34 (12): 1-6.
⑤ 苏新宁. 大数据时代情报学与情报工作的回归[J]. 情报学报, 2017, 36 (4): 331-337.
⑥ 同③.
⑦ 赖茂生. 新环境、新范式、新方法、新能力:新时代情报学发展的思考[J]. 情报理论与实践, 2017, 40 (12): 1-5.

情报学理论：哲学基础与应用发展

为了加强和保障国家情报工作，维护国家安全和利益，全国人民代表大会常务委员会于 2017 年 6 月 27 日通过并颁布了《中华人民共和国国家情报法》（简称《国家情报法》），规定了国家情报工作机构职权、国家情报工作保障和法律责任①。《国家情报法》明确了国家情报工作的目的是"坚持总体国家安全观，为国家重大决策提供情报参考，为防范和化解危害国家安全的风险提供情报支持，维护国家政权、主权、统一和领土完整、人民福祉、经济社会可持续发展和国家其他重大利益"。2017 年 10 月 29 日，中国科学技术情报学会与中国社会科学情报学会共同主办的"情报学与情报工作发展论坛（2017）"在南京召开，形成了《情报学与情报工作发展南京共识》，指出"情报工作应以'耳目、尖兵、参谋'为准绳，以引领科技进步、促进社会发展、保卫国家安全为目标，努力把情报机构培育成国家发展与安全的重要智库"。

从对情报学学科使命的界定来看，中国情报学派与决策功能学派具有相似之处，都主张"情报是人脑做出的有价值的判断"②，决策属性是情报的本质特征之一。在国家科技决策层面，中国科学技术信息研究所、中国科学院文献情报中心等信息服务机构紧密围绕国家中长期规划和重大问题，开展深入研究，为各级政府提供战略决策服务较好地发挥了情报研究的辅助决策作用。在企业决策层面，有学者提出将竞争情报、知识管理和信息系统作为企业决策过程三要素，共同提升决策水平③。在社会风险的化解与防范层面，建立"监测—预警—决策"支持系统对风险管理具有重要意义④。建立公共危机预防管理机制、信息监测与预警机制、信息沟通机制、系统联动机制和知识管理机制，最大限度地降低危害损失。运用大数据分析技术，对突发事件中网民负面情感和信息行为进行分析，模拟群体认知决策过程，可以有效进行舆情应对。

需要明确的是，中国情报学派的形成还处于发展时期，学派内部针对学科术语、科技情报的贡献、intelligence studies 的地位、一级学科和学科方向的设置等方面还时有争议，但是中国情报学派的研究与工作目标基本确立。黄长著提出："无论是社会科学情报学，还是科技情报学，抑或是军事情报学、公安情报学，它们都是情报学这个完整的

---

① 中华人民共和国人民代表大会常务委员会．中华人民共和国国家情报法．第二条［EB/OL］．［2017-06-27］. http: //www.npc.gov.cn/npc/xinwen/2017-06/27/content_2024529.htm.

② 王晋，李辉，尹明理，等．科技情报工作的目标定位、核心与时代工作重点［J］．情报理论与实践，2018（4）：12-15.

③ 王建荣，邵波．基于竞争情报与知识管理的企业决策过程模型构建［J］．情报理论与实践，2010（12）：53-56.

④ 唐超．基于开源情报的风险监测—预警—决策系统构建［J］．情报杂志，2013（1）：145-149.

学科体系中不可分割的组成部分，没有孰优孰劣、孰高孰低之分；愿小自情报学领域，大至整个图书馆学情报学领域的专家学者们更加紧密地团结起来，发扬协作精神，互相取长补短，脚踏实地，把我们的学科建设好。"尽管如此，我们认为，中国情报学派的研究更关注各类情报实践工作，从更为宏观的层面为情报实践提供了指导，但是也要看到，中国情报学派在理论创新、方法论提炼和对微观问题的深入分析方面存在明显不足，这削弱了其研究的科学性和作为一门学派的逻辑传承性。

6.11 信息资源管理学派

信息资源管理（information resource management，IRM）学派兴起于20世纪70年代末80年代初，80年代在美国得到迅速发展。在计算机技术广泛应用的背景下，情报学的研究视野从专门的图书情报机构扩展到政府、企业等组织领域，从文献信息拓展到多种类型的信息资源，从传统信息载体转向电子化信息载体，进入了以计算机应用为主导的电子信息资源管理和开发利用阶段。信息资源管理是指对信息内容及其支持工具（基础设施、组织人员、支持资金等）的管理，是针对信息资源在获取、分配和利用过程中的管理[1]。在这一时期，信息资源管理领域最有影响力的理论是霍顿的信息生命周期理论。霍顿是美国著名的信息管理学家，是信息资源管理理论创立的先驱。1985年霍顿在《信息资源管理》[2] 一书中指出，信息是一种具有生命周期的资源，其生命周期由一系列逻辑上相关联的阶段或步骤组成，体现了信息运动的自然规律，信息的生命周期包括信息的需求定义、采集、传播、处理、存储、利用等阶段。此外，国外的代表人物和著作还有马丁（Martin）的《信息社会》、霍顿（Horton）的《信息资源管理：概念与案例》、马钱德（Marchand）的《战略信息管理》、史密斯和迈得利（Smith & Medley）的《信息资源管理》等。

20世纪90年代，信息资源管理理论由卢泰宏教授和孟广均教授引入国内，引起了一批学者的关注。在国内，较有影响力的理论成果有卢泰宏的三维结构理论。卢泰宏在1993年出版的专著《国家信息政策》中论述了对信息管理的理解。信息资源管理是3种基本信息管理模式的集约化，这3种模式分别是：对应于信息技术的技术管理模式，其

---

[1] MARCHAND D A, LEIDNER D E. Strategic information management: challenges and strategies in managing information systems [M]. Burlington: Butterworth-Heinemann, 1994.

[2] HORTON F W. Information resources management [M]. London: Prentice Hall, 1985.

研究内容是新的信息系统、新的信息媒介与新的利用方式；对应于信息经济的经济管理模式，其研究方向是信息商品、信息市场、信息产业和信息经济；对应于信息文化的人文管理模式，其研究方向是信息政策和信息法律等①。国内信息资源管理学派的代表人物和著作还有孟广均的《信息资源管理导论》、胡昌平的《信息管理科学导论》、马费成与赖茂生主编的《信息资源管理》等。

信息资源管理学派应时而生，不但对各国的信息资源管理政策和法规产生了重要影响，也深刻地改变了情报学教育的内容和人才培养的方向。信息资源管理学派的大多数学者来自于图书情报领域，以研究情报机构、图书馆、政府文书机构中的图书、记录、文档管理为主，因此可以将这一学派视为传统图书情报学在电子化环境下的延伸②。

从电子化环境转向互联网环境，是信息资源管理的又一次跃升。到了20世纪90年代中后期，信息资源管理研究逐渐转向了互联网信息资源的组织与管理，出现了网站建设、大众标签、知识聚类、信息构建、元数据等研究领域。关于这些问题的研究产生了大量信息技术与方法上的创新成果，但是总体来讲理论创新较为有限。其中，最具影响力的理论研究成果包括信息构建（information architecture，IA）、可用性理论等。

信息构建理论最早由美国建筑师理查德·索尔·沃尔曼（Richard Saul Wurman）提出。该理论借鉴建筑学的思想，致力于网站信息组织和各类信息空间设计，以实现"以用户为中心，让信息变得可理解"的目标。周晓英指出，"信息构建是组织信息和设计信息环境、信息空间或信息体系结构，以满足用户信息需求的一门艺术和科学。它强调的是向信息接受者提供一个清晰的、经过精心设计后的信息界面，以便于信息接受者找到信息，它的努力将会令信息向更方便于利用的方向转化。"③ 信息构建过程包括调查、分析、设计和执行等环节，涉及信息的组织、标识、导航和搜索系统的设计，旨在帮助人们成功地管理和发现信息。信息构建理论自提出以来，在各类网站和信息空间建设中发挥了重要的指导作用。

可用性理论是以用户为中心进行信息系统开发和评估，从而提高产品用户界面设计质量的理论原理和方法，对于数字图书馆和信息检索系统的界面设计和优化具有重要的指导意义。根据ISO 9241-11，可用性是指产品在特定使用环境下为特定用户用于特定用途时所具有的有效性、效率和用户主观满意度。丹麦学者雅各布·尼尔森（Jakob

---

① 卢泰宏. 国家信息政策 [M]. 北京：科学技术文献出版社，1993.
② 于红梅. 国外信息资源管理理论学派概述 [J]. 图书馆建设，2005（6）：26-28.
③ 周晓英. 基于信息理解的信息构建 [M]. 北京：中国人民大学出版社，2005.

Nielsen)[①] 将可用性定义为 5 个方面的质量属性:易学性、高效性、易记性、错误和满意度。亚伯兰(Abran)等[②]兼顾产品相关和过程相关的属性,将可用性定义为有效性、效率、满意度、安全性和可学习性。在人机交互领域,可用性研究产生了丰富的研究成果,其理论内涵涉及有用性、易用性、可访问性、可靠性、可理解性、吸引力、愉快性,甚至审美性。可用性理论与信息技术接受模型常常一起被用作信息系统采纳意愿影响因素的理论分析框架。

从信息的生命周期理论到信息构建理论和交互界面设计的可用性理论,可以看出,信息资源管理的研究重点逐渐从资源中心转向了用户中心。进入 21 世纪,大数据的出现使得信息资源管理研究的关注点重新转向数据特征、技术工具和管理机制的设计,成为当前情报学研究的热点问题。

6.12 本章小结

本章对国内外情报学研究的理论流派进行了较为详细的历史回顾与梳理分析。尽管这些学派曾经在情报学发展的历史上举足轻重,对于深化情报、信息、知识、数据等概念的认知,确定情报学的研究范围,指导各类情报与信息实践工作发挥了重要作用,但是随着技术进步与学术共同体研究兴趣的转移,一些学派从 20 世纪 80 年代末 90 年代初开始逐渐式微,如科学交流学派、决策功能学派、信息资源管理学派等。与此同时,一些新兴的研究热点逐渐兴起。从本质上讲,这些新兴的研究热点并未形成新的理论学说,而是先前的理论流派在新技术环境下的延伸与发展,如科学计量研究、科学前沿探测研究大大推进了科学交流学派的发展,健康信息学是老龄化社会和公共卫生风险社会个体认知与信息行为研究的延续,学术社区的知识分享是情报学知识学派面临的新课题,而社交媒体研究则是情报学社会传播学派在互联网环境下的深化。另外,在情报学研究中还出现了一些理论传承特征不明显,但是领域聚集特征十分明显的研究成果,将在第 7 章从领域分析的视角进行专门介绍。

---

① NIELSEN J. Usability engineering [M]. San Francisco:Morgan Kaufmann,1994.
② ABRAN A, KHELIFI A, SURYN W. Usability meanings and interpretations in ISO standards [J]. Software quality journal,2003 (11):325-338.

第 7 章
领域分析视角下的情报学理论

从历史主义的视角梳理情报学发展历史上具有影响力的学术思想派系,对于理解情报学学科体系的历史成因和演化轨迹具有重要意义。但是,情报学研究主题广泛,不同主题领域的研究范式相差较大,不同领域的学术共同体之间交流较少,这就造成了相互理解的困难和各自视域的局限。从领域分析的视角对情报学理论进行介绍,有助于横向把握情报学理论的主题分布及其最新研究成果,促进不同领域之间的学术交流和理论整合。为此,本章将从领域分析的视角出发,对情报学各领域的重要理论进行重点介绍和分析。通过第 6 章和第 7 章介绍的内容布局,我们可以更加清晰地理解情报学的理论体系和学科结构。

7.1 信息检索理论

7.1.1 信息检索领域知识

"信息检索"(information retrieval)一词最早是由美国学者 Mooers 于 1950 年使用,随后在学术界和实践领域得到广泛应用。就其概念而言,信息检索有广义和狭义之分,广义的信息检索指的是"信息存储与检索",包括存储和检索两个环节。信息存储是指将信息按照一定的方式组织整理并存放;信息检索是指通过特定的方式对存储的信息集合或数据库进行信息查找和提取。而狭义的信息检索仅包括后一个环节。

作为情报学最为经典的研究领域,信息检索领域积累了丰富的研究成果,发展和演化出多个子研究领域,如信息检索系统、信息检索语言、信息检索模型、信息检索策略与方法、信息检索技术、信息检索行为、信息检索评价等。近年来,多媒体信息检索、移动信息检索、语音信息检索、图像信息检索、跨语言信息检索、跨设备信息检索、智能问答系统、信息过滤等技术性研究主题在信息检索领域受到越来越多的关注，使得信息检索逐渐成为情报学和计算机科学共同关注的重要领域。

信息检索具有技术与人文的双重特征，其技术特征体现了该领域以系统为中心的研究范式和代表性的研究问题，而人文特征则体现了该领域以用户为中心的研究范式。因此，下文对信息检索领域相关理论的梳理也分为两个部分，即系统中心范式下的信息检索理论和信息行为范式下的信息检索理论。

7.1.2 系统中心范式下的信息检索理论

系统中心范式下的信息检索理论主要体现在信息检索模型方面。信息检索模型是运用数学或其他语言和工具，对信息检索的主要要素（查询和文档）及两者间的匹配程度（相关性）进行的抽象描述。信息检索模型对于信息检索系统至关重要，文档和查询的表示、相似度的计算与排序、信息检索系统的实现方式、信息检索系统的性能与检索效果等在很大程度上均取决于信息检索模型的选择。

信息检索领域存在着三大经典模型：布尔模型、向量空间模型和概率模型，基于这三大经典模型又有众多扩展模型，如模糊集合模型、潜语义标引模型、统计语言模型、神经网络模型等。信息检索模型是一个活跃的研究领域，研究者多关注已有模型的改良与发展，推动检索模型向更优方向发展。本小节选取目前在信息检索领域应用较为广泛、研究者关注较多的经典模型作为系统中心范式下的信息检索理论予以介绍。

（1）经典布尔模型

经典布尔模型是提出较早也是应用较为广泛的信息检索模型，其理论基础是集合理论。在布尔模型中，文档被表示为索引项或标引词的集合，用户查询被表示为索引项的布尔组合，用"与""或""非"连接起来。当且仅当一个文档满足布尔查询时，才可以被检索出来。

在布尔模型中，所有的索引项在文档中只有两种状态，即出现或不出现，模型将所有索引项的权值设定为二值参数，出现为1，不出现为0。用户查询本质上是一个常规的布尔逻辑表达式，在实际运算时则会转化为该布尔表达式的析取范式。文档与查询的匹配结果也是二值的，即要么相关，要么不相关。只有在检索式的析取范式中存在某一合取分量，索引项在该合取分量中的出现模式与其在文档中的出现模式相同时，该文档才会被判断为相关文档。

经典布尔模型经过多年的发展，其理论体系相对完善，在很多大型信息检索系统中得到广泛应用。这一模型的主要不足在于：匹配标准是一种严格匹配，无法实现部分匹配；查询结果无法实现排序。

（2）经典向量空间模型

经典向量空间模型（vector space model，VSM）是由萨尔顿（Salton）在20世纪60年代提出的，是基于线性代数的理论和方法构建的信息检索模型。

在向量空间模型中，文档和查询均表示为同一向量空间内的索引项权值向量。索引项的权值表示该索引项与文档主题内容的相关程度，权值越大，表明该索引项对文档主题内容贡献越大。萨尔顿在最初的向量空间模型中并未规定索引项权值的计算方法，后来的学者们提出众多计算方法，其中应用最为广泛的是逆文档频率法，也称为TF-IDF法。

TF-IDF法的基本原理是字词的重要性随着它在文档中出现的次数呈正比增加，但同时会随着它在语料库中出现的频率呈反比下降。其中，TF（term frequency）表示文档中索引项的词频或标准化词频（用某个词在文章中出现的次数除以文章的总词数），IDF（inverse document frequency）表示逆文档频率，其计算方法为对"语料库的文档总数与包含该词的文档数+1的比值"取对数，其值的大小反映了索引项对文档的区分能力。而TF-IDF值等于二者的乘积，它用于过滤掉常见的词语，保留重要的词语。

在确定了文档与查询的表示后，就可以在同一向量空间计算二者的相似度，比较常用的计算方法包括内积法和余弦公式。向量空间模型将文本和查询简化为索引项及权值集合的向量表示，从而把检索操作变成向量空间上的向量运算。向量的权值可以通过简单的统计来完成，而不再是布尔模型中的二值权值。基于相似度计算的结果可以对文档进行排序操作，同时可以控制文档排序输出的阈值，调整检索结果的数量。许多实验表明，向量空间模型比布尔模型能够得到更加正确的结果①。经典向量空间模型的主要局限在于其标引词相互独立的假设，即假定标引词的出现是相互无关的，但是实际情况中并非如此，词与词的出现往往具有很大的相关性。

（3）经典概率模型

将概率模型引入信息检索领域是由于信息检索过程中存在的不确定性，主要体现在：用户检索目的的不确定、检索目标的不确定及检索结果的不确定等，因此，用概率

---

① 张小芳．几种常见信息检索模型的分析与评价［J］．情报杂志，2008（3）：121-123．

理论来描述这些不确定性，就具有自然、直观的特点①。基于信息检索过程中的这种不确定性，Maron 和 Kuhns 在 1960 年提出了第一概率检索模型；1976 年罗伯斯顿（Roberston）和斯派克·琼斯（Spärck Jones）在第一概率模型的基础上进行了改进，提出第二概率模型；特特尔（Turtle）、福尔（Fuhr）和罗伯斯顿又提出统一化模型，即第三概率模型②。概率检索模型的目的是估计文献 d 对检索式 q 来说被用户判断为相关的概率，然后依此对检索结果进行排序。

经典概率模型的基本思想是：对于给定的查询 q，可以将文档集合 D 分为两类：一类与查询 q 相关（相关文档集 R）；一类与查询 q 不相关（集合 R 的补集）。在同一类文档中，各个索引项具有相同或相近的分布；而属于不同类的文档中，索引项应具有不同的分布。因此，通过计算文档中所有索引项的分布，就可以判定该文档与查询的相关度。概率模型对文档与查询相匹配的概率进行估计，估计值作为衡量文档相关性的尺度。

在经典概率模型中，为了简化计算，常常会引入一些假设，假设不同，对应着不同的概率模型，分别是二元独立模型（binary independent model）、二元一阶依赖模型（binary first order independent model）和双 Poisson 模型（two Poisson independent model）。

概率模型试图在概率论的框架下解决信息检索问题，有严格的数学基础，理论更为成熟，同时，概率模型有一种内在的相关反馈机制，可开发出理论上更为坚实的方法。但是概率模型也有其局限性，如二元独立模型中对标引词相互独立的假设，以及标引词权值的二值操作。

（4）模糊集合模型

经典集合理论研究的是边界明确的对象，如自然数集合、整数集合、有理数集合等，经典集合理论中一个元素属于或不属于某一个集合，不允许模糊性的存在。但是这对于解释自然界中的模糊现象（边界不明确）带来困难。为解决这一困境，美国自动控制专家扎登（Zaden）在 20 世纪 60 年代引入了模糊集合（fuzzy set）的概念。

模糊集合引入了"隶属函数"的概念，隶属函数 m_A 是一个将某些样本空间投影在单位区间 [0，1] 的函数，这种投影可以表示为：

$$m_A(x): \to 0,1$$

---

① 邢永康，马少平. 信息检索的概率模型 [J]. 计算机科学，2003，30（8）：13-17.
② 刘挺，秦兵，张宇，等. 信息检索系统导论 [M]. 北京：机械工业出版社，2008：20.

这就定义了模糊集合 A。隶属函数是一个"集群"的指数，用来测量某事物 x 作为一个特定集合成员归属的等级。模糊集合理论利用隶属函数赋予每个事物某个比重的数值来模拟模糊现象，并且测量"这个事物属于集合 A"属实的程度①。

模糊集合模型是建立在模糊集合理论的基础上，利用模糊集合的理论和方法解决信息检索的问题，其基本的思想是定义与每个标引词相关联的模糊集合及隶属函数，从而可以计算出文档与特定标引词所对应模糊集合的隶属函数值。对于给定查询，也可以定义与查询相对应的模糊集合，通过模糊集合的运算计算出文档与该模糊集合的隶属函数值，这一隶属函数值可以作为文档排序输出的依据。

（5）潜语义标引模型

自然语言文本中的词汇具有一词多义和一义多词的特点。只用索引项来表示查询和文档时，由于一词多义，基于精确匹配的检索算法会返回与用户查询不相关的文档；由于一义多词，基于精确匹配的检索算法会遗漏与用户查询相关的文档。潜在语义标引模型（latent semantic indexing，LSI）的提出主要针对前述问题。

潜语义标引模型的数学基础是奇异值分解（singular value decomposition，SVD）。奇异值分解的基本定理是：任何一个矩阵，均可以分解为两个正交矩阵和一个对角矩阵的乘积。LSI 在 SVD 的基础上保留最大的 k 个奇异值，而忽略其他较小的奇异值，这样就得到一种降维的途径，将原始高维数据降为 k 维数据。

具体来说，以文档集合中的索引项为行，文档为列构造一个大矩阵（原始高维矩阵），矩阵的元素为索引项在文档中的权值（如 TF-IDF 值）。根据奇异值分解的定理，这一高维矩阵可以分解为两个正交矩阵和一个对角矩阵的乘积。将对角矩阵的数值由大到小排列，取前 k 个数值，即取初始对角矩阵中的 k 阶对角矩阵。两个正交矩阵相应处理，随后进行奇异值分解反运算，得到一个新的矩阵。数学上可以证明，这一新的矩阵在最小二乘意义下是原始大矩阵的最佳近似。矩阵规模大大降低，噪声会减少，而索引项间的语义关系则得以凸显。

7.1.3 信息行为范式下的信息检索理论

由于信息检索行为可以归为特定的信息行为，而本章中有专门小节讨论信息行为的

---

① SMITHSON M，VERKUILEN J. 模糊集合理论在社会科学中的应用［M］. 林宗弘，译. 上海：上海人民出版社，2012：14.

理论，所以本小节重点介绍明确是信息检索理论的相关内容，主要体现在交互信息检索理论方面。20世纪50—60年代的信息检索系统是静态的批处理系统，从20世纪70年代开始，由于计算机网络技术的进步，信息检索系统逐渐发展成为动态的交互系统[1]。随着实践的发展，信息检索的交互理论逐渐出现。本小节主要介绍萨拉塞维克（Saracevic）的信息检索交互层次模型、贝尔金（Belkin）的交互式信息检索模型、斯宾克（Spink）的互动反馈和搜索过程模型及英格沃森（Ingwersen）的多元表示全局模型。

（1）萨拉塞维克的信息检索交互层次模型

萨拉塞维克提出的信息检索交互层次模型（tratified model of information retvieval interactive，TMIRI）基于以下两个假设：①用户与信息检索系统交互的目的是为了利用信息；②信息利用是与认知及情境相联系的。该模型如图7-1所示。

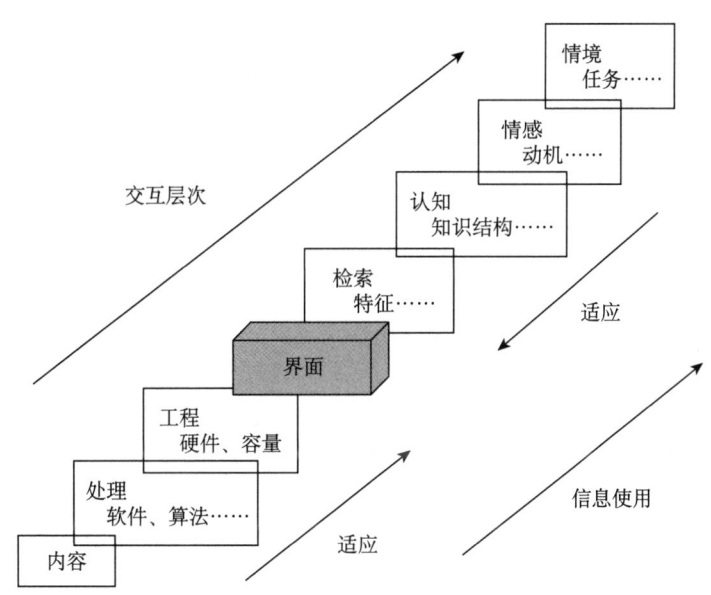

图7-1 萨拉塞维克的信息检索交互层次模型[2]

萨拉塞维克对层次模型的阐释源于获取—认知—应用（A-B-A）模型。在信息检索中，获取（acquisition）是指获取信息（包含多种类型）；认知（cognition）是指吸收信息或基于认知对信息加以处理；应用（application）则是利用所吸收的信息同时基于认

---

[1] 成颖，孙建军. 信息检索中的相关性模型 [J]. 图书情报工作，2004，48（12）：46-50.
[2] 王知津，江力波. 论情报学的互动观 [J]. 图书与情报，2008（1）：23-28.

知、特定的情境及环境对信息进行处理。信息检索的互动是用户与系统之间通过界面的对话，该对话可以重复进行，包含了各种反馈类型，其主要目的是影响与用户手头事务紧密相连的信息利用的认知状态①。

萨拉塞维克认为信息检索交互是发生在几个互相联系的层面上的，每个层面包括不同的元素与过程。在用户方面包括认知、情感及情境等层面。在计算机方面则包括工程、处理及内容等层面。②③

在用户方面：①认知层面，用户与信息资源进行交互，并依据信息资源构建认知结构，用户对信息资源的解释、判断、吸收及处理都是基于认知的；②情感层面，用户与之交互的内容包括意图、信仰、动机、情绪、期望、满意度、焦虑等，情感是影响用户其他特征变量的主要方面，对情感层面的研究主要集中在分析用户的意图、信仰和动机等内容；③情境层面，用户与当前面临的问题进行交互，该问题导致信息需求的产生以及与之相关联的检索，检索结果用于解决或部分解决该问题，用户根据自己的要求来判断检索结果的有效性，交互过程中情境可能被重新解释，作为结果的信息需求以及查询也随之更新，这一层次的研究主要集中于在交互决策时当前问题或任务所受的影响、问题的改变及对问题的分类等。

在计算机方面：①工程层面，主要包括硬件、各种操作和设计属性以及内嵌的特征，如容量、性能、处理能力等；②处理层面，主要是指软件，在信息检索中主要指处理用户与计算机在交互过程中的文本、查询表达式及界面等一些算法或方法；③内容层面，主要是指信息源、信息对象及其表示等，还包括元数据。

萨拉塞维克的分层交互模型考虑了信息检索过程中用户参与的多个层面，涉及用户知识、目标、意图、信念、任务，以及用户的环境和情境，显示了用户环境的复杂性。这一模型可能的不足在于缺少对时间效果的描述，萨拉塞维克曾说，在信息检索交互的过程中，随着交互的演进，深层的认知和情境方面可以并经常发生改变——问题会重新定义、重新聚焦及诸如此类。但在其分层交互模型中，时间因素并未包含在内④。

---

① 成颖，孙建军，巢乃鹏. 信息检索中的相关性模型 [J]. 图书情报工作，2004，48（12）：46-50.
② SARACEVIC T. The stratified model of information retrieval interaction: extension and applications [C] //SCHWARTZ C, RORVIG M. Proceedings of the American Society for Information Science. Medford: Learned Information, 1997.
③ 王知津，江力波. 论情报学的互动观 [J]. 图书与情报，2008（1）：23-28.
④ ROBINS D. Interactive information retrieval: context and basic notions [J]. Information science, 2002, 3（2）：57-61.

(2) 贝尔金的交互式模型信息检索

贝尔金基于其知识非常态（ASK）理论提出了交互式信息检索模型（episodic model of IR interaction），如图7-2所示。该模型认为信息检索系统是由用户、中介和知识资源组成。这些资源通过表示、比较、交互、判断和修改过程相互关联。在这一模型中，用户是信息系统的固有组成部分，人与信息的交互是信息检索的核心，其他过程和组件为这种交互提供了适当的支持。在不同时刻，交互类型和信息对象的类型取决于用户当时的目标、问题、意图、情景及在交互过程中的片段。支持信息交互的过程包括表示、比较、展示、导航、可视化等。

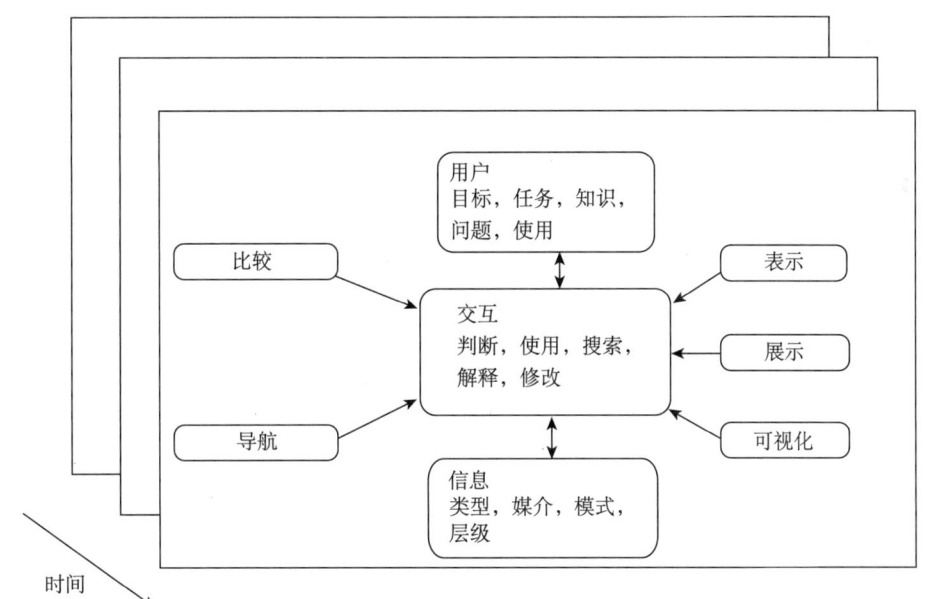

图7-2 贝尔金的交互式信息检索模型①

贝尔金认为一个信息搜寻片段由一系列的交互构成（时间片段），这种交互结构是由与用户整体目标、问题、经验相关联的某种计划、用户在某一时间点特定的目标、用户在交互过程中所发生的事情所共同决定的。在每一个时间点都会发生不同的信息搜寻行为，以最初的目标、知识和问题，以及在特定时间节点所发生的状况为条件。这一模型同时指出，在信息检索交互过程中有许多相同的事件在重复着，重复片段显示出了信息检索交互的循环性、时效性。该模型的不足在于对用户信息问题所涉及的社会/环境方面的处理，

---

① BELKIN N J. Intelligent information retrieval：whose intelligence？[C] //Proceedings of the Fifth International Symposium for Information Science. Konstanz：Universtaetsverlag Konstanz, 1996：25-31.

虽然提及了用户的任务和目标，但并未提及这些任务和目标所产生的环境。尽管如此，贝尔金的片段模型依然在提供理解信息检索交互行为的研究框架方面有了很大的进步。

（3）斯宾克的互动反馈和搜索过程模型

斯宾克认为反馈是交互式信息检索模型的核心要素，他构建了信息检索的交互反馈和搜索过程模型（interactive feedback and search process model），如图7-3所示。该模型将时间和查询过程中产生的周期（cycles）作为信息检索交互的要素。模型顶端持续进行的要素是查询过程和策略。这些过程包含任意数量的周期。一个周期是查询命令间所完成的处理，即一个查询到下一个查询重新生成之间的时间和处理。每一个周期中可能发生任意数量的交互反馈循环（loops）。斯宾克识别了5种反馈：内容相关性反馈（content relevance feedback）、术语相关性反馈（term relevance feedback）、层级相关性反馈（magnitude feedback）、策略审查反馈（tactical review feedback）和术语审查反馈（term review feedback）。每一个交互反馈循环包括一些搜索战术（tactic）或转移（move），而每一个搜索战略或转移都包括用户的判断。

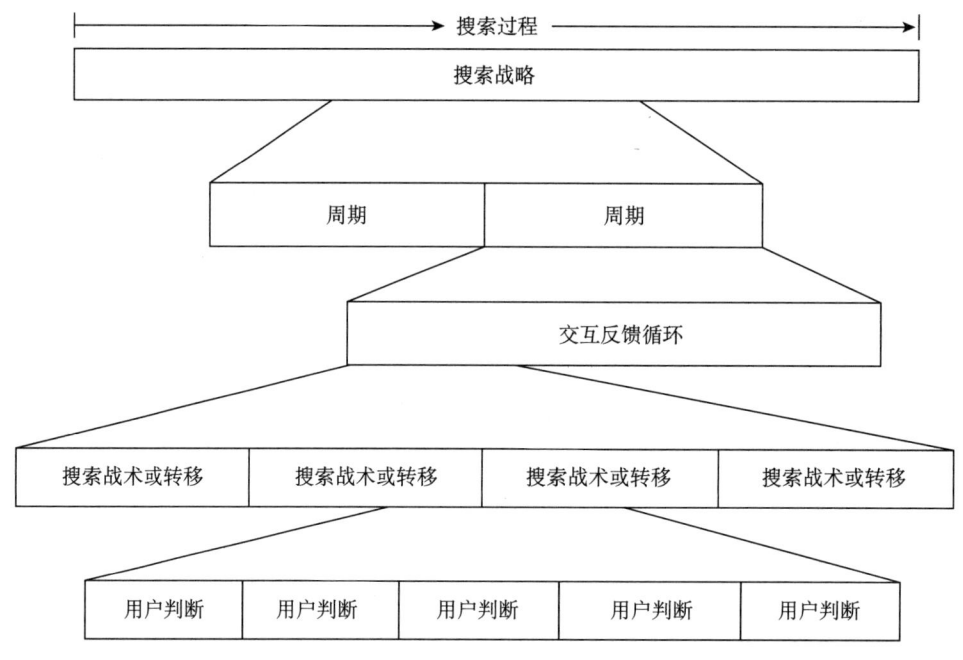

图7-3 斯宾克的互动反馈和搜索过程模型①

---

① SPINK A. Study of interactive feedback during mediated information retrieval [J]. Journal of the American society for information science, 1997, 48 (5): 382-394.

斯宾克的模型可以充分显示信息检索交互的周期性属性。这一模型的不足在于并未考虑认知的改变或处理。模型中已经包含了策略、移动和判断，但并没有给出这些处理行动与查询改变关联起来的途径。

（4）英格沃森的多元表示全局模型

英格沃森在1996年提出了多元表示的全局模型（global model of polyrepresentation），如图7-4所示。该模型对已有的信息检索交互模型进行整合，试图从全局视角模拟信息检索过程。全局视角包括所有影响并与用户交互的因素，如查询中介，信息系统和文本均应考虑在信息检索的研究中。英格沃森提出了多元表示的概念，其基本思想是：冗余是信息检索过程中所固有的，这种冗余的例子包括从不同搜索引擎或数据库查找到的相同文献或从不同时刻的不同查询中查找到的相同文献；认知重叠（overlap）指的是前述场景中检索得到的相同条目；这种冗余有利于提高信息检索的效率。

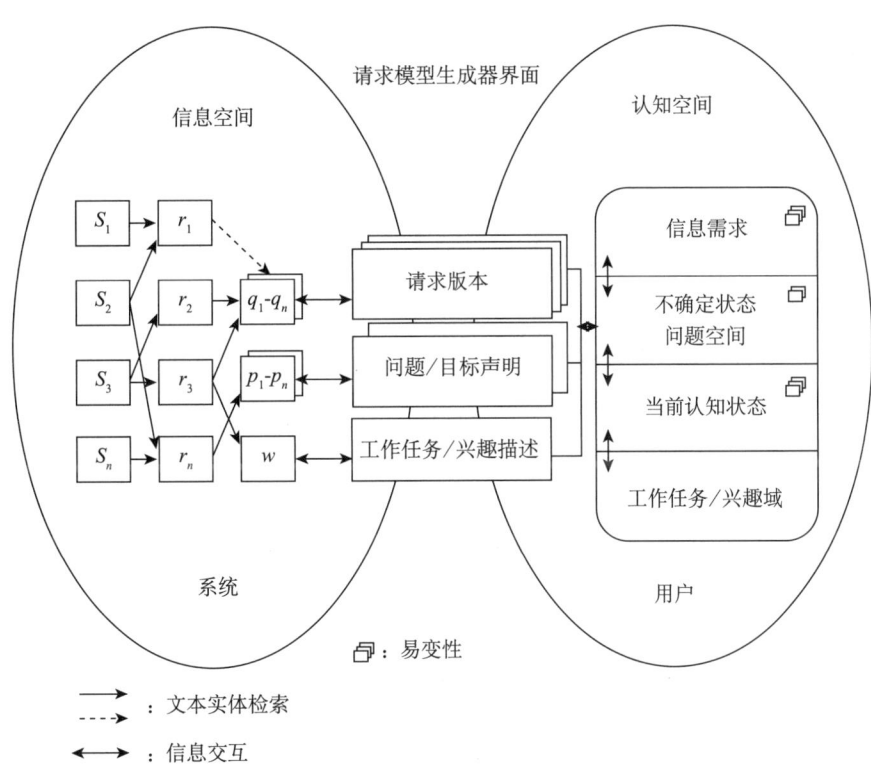

图7-4　英格沃森的多元表示全局模型①

---

① INGWERSEN P. Cognitive perspectives of information retrieval [J]. Journal of documentation, 1996, 52（1）: 3-50.

模型的左侧是信息空间，S 节点代表语义实体或语义实体的集合，r 节点代表用于表示节点 S 的不同方法的概念集合。模型的右侧是认知空间，由 4 个要素构成：信息需求、问题空间、当前认知状态及工作—任务/兴趣领域。信息需求指一次查询中用户明确表述其所需信息的能力。问题空间指与用户查询相关的不确定性，可以认为问题空间是用户已知与其表达信息需求能力间的差距。当前认知状态指用户在给定时间点所知或认为其所知的知识。工作—任务/兴趣领域指用户查询发生所在的环境或社会约束。模型中的查询模型构建器界面用于提取各种表示。

英格沃森模型的优点在于整合了交互过程，而它存在的主要问题则是不易从用户认知空间中获得输入信息进行查寻建模。用户认知空间的这 4 个组成元素之间的区别非常细微，这给构建适合的查询模型构建器带来困难。

7.2　信息行为理论

7.2.1　什么是信息行为

（1）行为的概念

行为（behavior）即表示态度、举止等，也表示有机体在内外部刺激影响下而表现出来的活动。从行为的发生主体来看，可以分为个体行为和群体行为。从人类行为的发生功能来看，可以分为本能行为和社会行为，前者包含摄食、躲避、性行为等人的基本生物属性行为；后者指在社会环境和社会交往中形成的学习、模仿、竞争、合作等人的社会属性行为。

行为科学认为，人类行为是有机体对刺激的反应，是通过一连串行动达到其预定目标的过程。行为科学融合了应用心理学、社会心理学、社会学、经济学、政治学、人类学、历史学、教育学、法学、精神病学及管理理论和方法，关注、研究人的行为产生、发展和相互转化的规律，用以预测和引导人的行为。

（2）信息行为的概念

信息行为（information behavior）的研究最早源于 1948 年英国皇家学会的信息科学会议，期间有学者介绍了涉及信息行为的研究，随之世界各国开始兴起一系列关于信息行为的探索。20 世纪 70 年代后期，随着情报学研究范式由"以系统为中心"转变为"以用户为中心"，"信息行为"这一概念逐步发展成为研究者所运用的核心概念，如信息需求、信息搜寻和搜索行为等研究文献数量激增①。同时，一些学者陆续提出了信息行为研究的理论模型，为后期该领域的发展和壮大做出了重要贡献。

埃尔德莱兹（Erdelez）②将信息行为定义为一个包罗万象的术语，指用户与信息之间多种形式的概念层和物理层的连接，包括用户信息需求、信息采集、信息组织、信息传播和信息利用，并涉及用户内部认知、情感状态及外部体现的行为。我国学者岳剑波③将信息行为定义为"人类运用自己的智慧，以信息为劳动对象而展开的各种信息活动，即人类的信息查询、采集、处理、生产、使用、传播等一系列过程"。英国学者威尔逊（Wilson）④认为，信息行为是与信息资源和信息渠道有关的人类行为的总和，如个体与他人面对面交流的主动性行为，以及看电视等被动的信息接收行为。胡昌平指出，信息行为是人类特有的一种行为，指主体为了满足某一特定的信息需求，在外部作用刺激下表现出的获取、查寻、交流、传播、吸收、加工和利用信息的行为⑤。朱婕等认为，情报学领域的信息行为，一般是指当信息用户有了确定的信息需求时，以各种方式对所需求的信息进行寻求、传递和使用的行为⑥。

综上所述，可以认为信息行为是与信息相关的一切人类行为和实践活动。在情报学中，则特指处于特定环境中的信息需求主体采用特定方式、方法，对信息进行一系列搜寻、处理、传播和利用的行为。

（3）信息行为的相关概念

如前所述，信息行为存在一定的多样性和复杂性，如信息搜寻、信息搜索、信息检索等特定类型的信息行为往往容易被混淆。借鉴威尔逊（Wilson）的信息行为概念3层嵌套模型，以及其他较有影响力的观点，对常见的信息行为概念进行梳理。如图7-5所示，威尔逊的概念嵌套模型从外到内依次为信息行为、信息搜寻行为和信息搜索行为。

---

① WILSON T D. Human information behaviour [J]. Informing science, 2000, 3 (2): 49-56.

② ERDELEZ S. Information encountering: a conceptual framework for accidental information discovery [C] //Proceedings of an International Conference on Information Seeking in Context. London: Taylor Graham Publishing, 1997: 412-421.

③ 岳剑波. 信息管理基础 [M]. 北京: 清华大学出版社, 1999.

④ WILSON T D. Human information behaviour [J]. Informing science, 2000, 3 (2): 49-56.

⑤ 胡昌平. 现代信息管理机制研究 [M]. 武汉: 武汉大学出版社, 2004: 124-132.

⑥ 朱婕, 靖继鹏, 窦平安. 国外信息行为模型分析与评价 [J]. 图书情报工作, 2005 (4): 48.

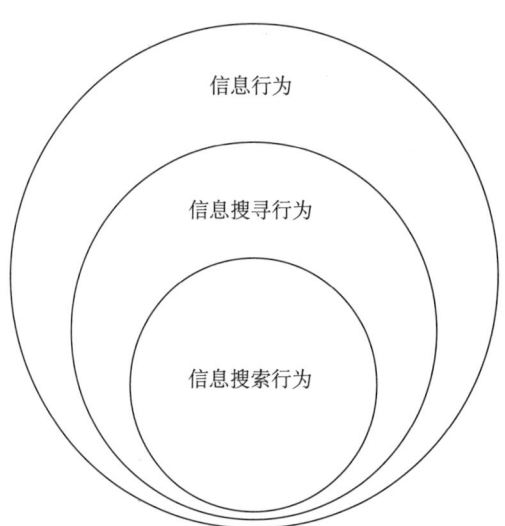

图 7-5 威尔逊的信息行为概念嵌套模型①

信息搜寻（information-seeking）行为是信息行为的子集，指人们为了改变现有知识状态而有意识地从事的信息查找活动，查找范围既包括人际关系，也包括报纸、图书馆、算机系统、互联网等信息载体。

信息搜索（information search）行为是信息搜寻行为的子集，聚焦于信息用户与计算机信息系统之间的交互，被认为是在理解基础之上的信息搜寻。

信息检索（information retrieval）行为是搜索者在各种信息系统中更专业搜索信息的微观行为，包括所有与系统的互动，如在人机交互层面使用鼠标点击链接，在智力水平层面采用逻辑搜索策略，在心理层面判断数据相关性或信息恢复等。

信息源选择（information source selection）行为是人们在面临不确定环境或特定信息需求时，面对多类型的信息源，基于自身知识结构并经由一定的心理历程做出采纳一种或几种信息源的决策行为。

信息使用（information use）行为是将经过采集、处理并存储的信息提供给相关组织或个人，以满足其信息需求的过程。信息使用的基本层次是正确应用各类信息源，包括互联网及传统印刷资源；信息使用的高级层次是通过信息使用辨别不同的观点。

7.2.2 信息行为的经典理论模型

在借鉴认知科学、心理学、社会学、传播学、经济学和生态学等多学科相关理论的

---

① WILSON T D. Human information behaviour [J]. Informing science, 2000, 3 (2): 49-56.

基础上，国内外学者提出并发展了若干信息行为理论、框架及模型，对后期的信息行为研究具有十分重要的指导作用。

（1）德尔文的意义建构理论

1972年，美国学者德尔文（Dervin）在认知科学、传播学、图书情报学理论的基础上提出了意义建构（sense-making）理论，将研究重点从信息源转向信息用户。意义建构是理解交流、信息和意义之间关系的工具。意义建构理论是了解个体在所处情境中如何解决认知鸿沟及信息不连续问题，并通过信息搜寻建构意义（construct sense）及制造意义（make meaning）的方法论，"允许个人建构和设计自己的认知行为"。在此基础上，德尔文进一步提出了意义建构隐喻模型，主要由情境、断带和使用三要素组成，如图7-6所示①。"情境"指特定的时间和空间，"断带"指因信息不连续性而形成的理解差距，大多数研究将其称为"信息需求"或"问题"，"使用"指个体进行信息搜寻以跨越断带或解决问题。当人在前进过程中遇到断带时，解决问题的过程分为几步：①确定"断带"并且将其"概念"化；②找出解决问题的方法；③跨越断带②。

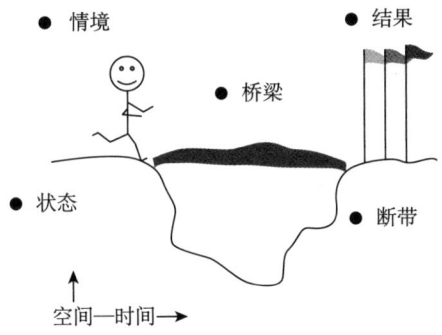

图7-6 德尔文的意义建构的隐喻模型

（2）贝尔金的"知识非常态"理论

"知识非常态"（anomalous state of knowledge，ASK）理论是贝尔金于1977年从认知角度提出的信息需求观点，指人们的信息需求源于感知到的自身既有知识体系出现异常或不寻常状况，或者难以处理目前任务的状况。换言之，信息需求源于个体模糊的认知

---

① DERVIN B. What methodology does to theory: sense-making methodology as exemplar [M] //FISHER K E, ERDELES S, MCKECHNIE L. Theories of information behavior. Medford: Information Today, 2005: 25-29.

② 张鑫，王芳. 个体的政府信息需求调查及成因分析：基于意义建构理论 [J]. 图书情报工作，2017（3）：53-60.

状态,当他们意识到自己的知识不足以处理"非常态"状况时,就会产生信息需求。按照 ASK 理论,信息处理主体立足于描述、理解及解决非常态的问题,在信息接收、感知和生成的过程中不断与系统交互,将信息转换为知识结构。该理论的核心要素包括问题(用户需求)、构建(信息生产者)、信息用户(读者)、知识状态("非常态"可以是差距、不确定等)、ASK 的出现(由于知识欠缺而出现 ASK 现象)①。

ASK 理论可以解释用户信息需求发生的机理,并可在此基础上建立更加匹配的用户信息需求引导表达模式,有效挖掘用户相对模糊、不能准确表达的信息需求,从而有利于进一步研究用户信息搜寻、信息使用等行为。在情报检索领域,ASK 理论将"渴望的信息"(desired information)进一步拓展为"需要的信息",在计算机系统设计环节融入 ASK 基本概念,以推动信息生产者与信息接收者的高效沟通。

(3)威尔逊的信息行为模型

英国情报学家威尔逊于 1981 年提出了一个信息搜寻模型,如图 7-7 所示②。该模型建立在两个基本主张上:一是信息需求并非最原始的需求,而是源于更为基础性的心

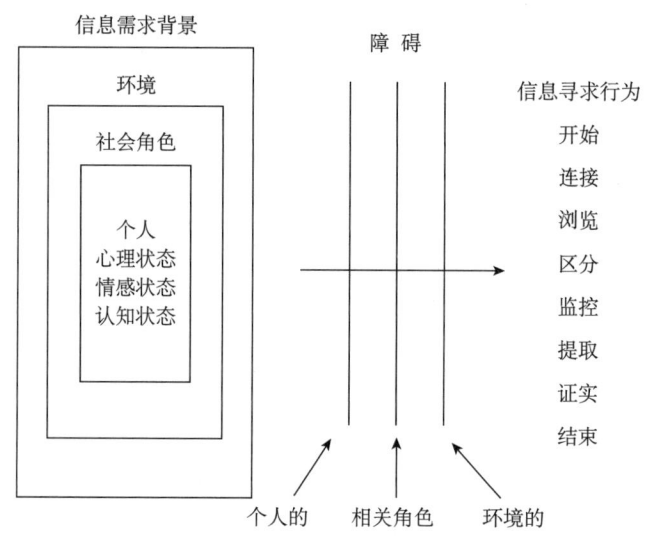

图 7-7 威尔逊的通用信息搜寻行为模型(1981 年)

---

① BELKIN N J. Anomalous states of knowledge as a basis for information retrieval [J]. Canadian journal of information & library science, 1980 (5): 133-143.

② WILSON T D. On user studies and information needs [J]. Journal of documentation, 1981, 37 (6): 658-670.

理、认知和情感3个方面的需求,其中每一种需求又处在不同的情境(context)——个人、社会角色及环境的情境之下;二是在搜寻信息的过程中,需求者可能会遇到来自同样情境之下的不同障碍。该模型在一定程度上展示了信息需求与信息搜寻行为的影响因素。

1996年,威尔逊对信息搜寻行为模型进行了修正,加入了心理学、动力学、决策学、经济学等不同领域的研究成果,提出了新的信息搜寻行为模型,如图7-8所示①。该模型认为信息搜寻行为是个体信息需求的结果,即用户为了实现对所需信息的获取,必须对正式和非正式(如人与人之间的交流)信息资源进行检索。成功的检索意味着用户找到了满足其需要的全部或部分信息。失败则意味着未找到所需信息或不满意于所找到的信息,因此要重复查找过程。

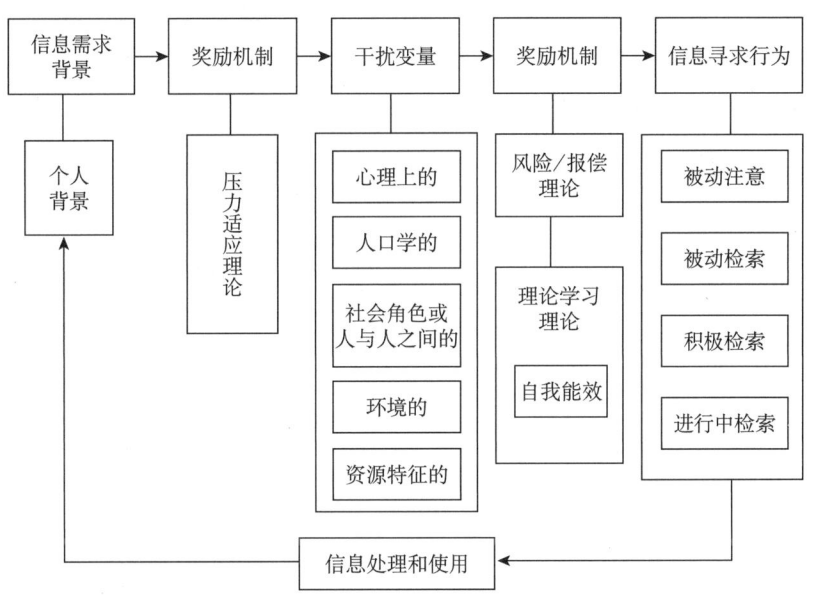

图7-8 威尔逊的信息行为模型(1996年)

与1981年的模型相比,1996年提出的信息搜寻行为模型中信息需求仍是一个中心问题,不同的是原先的"障碍"在这里由"干扰变量"代替,并出现了3个相关理论,即压力/适应理论、风险/报偿理论和自我能效理论。压力/适应理论提供了为什么一些信息需求没有引起查找行为的可能性解释,风险/报偿理论有助于说明一个确定的个体更偏好使用哪一种信息源,体现"自我效能"的社会学习理论则描述了个体如何从事能

---

① WILSON T D. Information behaviour: an interdisciplinary perspective [C] //An International Conference on Information Seeking in Context. London: Taylor Graham Publishing, 1997: 39-50.

使自己获得成功的信息行为。

(4) 克里克勒斯的信息搜寻模型

克里克勒斯（Krikelas）认为，信息需求是个体认知的一种不确定状态，个体的信息行为则产生于减少这种不确定。基于此，克里克勒斯于1983提出了信息搜寻模型，如图7-9所示①。该模型描述了人们日常生活中的信息行为，上端为"信息收集"和"信息产生"，并分别对应由于环境或时间所引发的用户延迟需求和即时需求。其中可延迟的信息需求，通过收集的方式获取并存储于存储装置和个人文档之中；而即时性的信息需求，作用于环境或事件并进一步创造需求，或者根据内化或外显的资源偏好选择不同的行为。其中，内化包括存储资料和结构化的直接观察，外显包括交互性直接交流和文献记录资料。在此基础上，克里克勒斯认为，应该不断建构一种认知环境的标示"地图"，以便于应对信息需求的不确定性②。

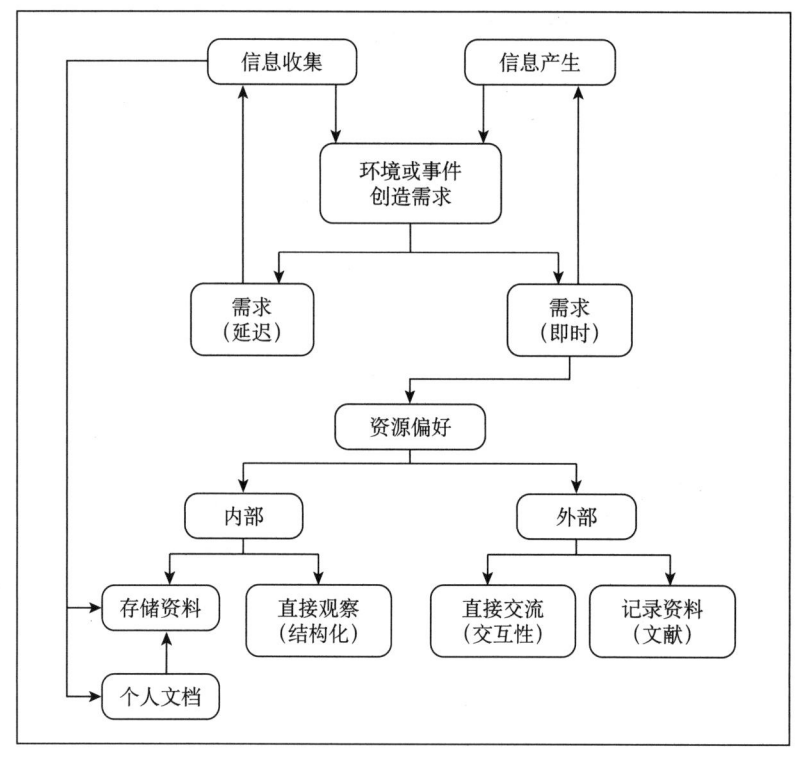

图7-9 克里克勒斯的信息搜寻模型

---

① KRIKELAS J. Information-seeking behavior: patterns and concepts [J]. Drexel library quarterly, 1983, 19 (2): 5-20.

② 胡雅萍, 汪传雷. 国外信息行为模型比较分析 [J]. 情报杂志, 2011, 30 (11): 71-75.

(5) 埃利斯的信息搜寻行为模型

埃利斯（Ellis）在对各类社会科学家个体信息搜寻模式特点进行比较分析的基础上，归纳出信息搜寻活动的 8 个阶段，如图 7-10 所示①。

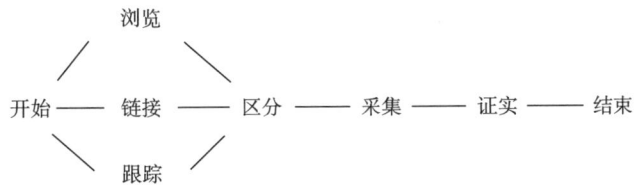

图 7-10　埃利斯的信息搜寻行为模型

①开始（starting）：用户在最初搜寻信息时所具有的"特征"。此时，用户笼统地发现与新领域、新主题相关的文献，希望以此判别出可以开始研究的关键性文章。这一阶段使用的方法如向同事、专家询问等。

②浏览（browsing）：对一个感兴趣的领域进行"半直接、半结构化的查找"。其作用一方面为熟悉信息源，另一方面为区别信息源。

③链接（chaining）：通过已知资料的脚注、参考文献引文索引，对相关的"条目"进行"前向"推进式搜寻。

④跟踪（monitoring）：通过定期关注特定信息源，保持最新的信息或思想的查找、获取。

⑤区分（differentiating）：对信息源进行筛选，既可针对不同类型的信息源，也可针对同一类型信息源中不同类型的信息进行筛选。

⑥采集（extracting）：在特定的信息源中根据一定规则识别出相关资料信息。

⑦证实（verifying）：检查所获得信息的准确性。

⑧结束（ending）：进行最终查找及最后的加工。

埃利斯同时强调，上述阶段特征在具体的信息搜寻活动中并非必然按顺序发生或全部发生，如何出现取决于搜寻者的信息需求在特定情境下的情况。

(6) 库尔梭的信息搜寻过程模型

库尔梭（Kuhlthau）于 1991 年提出了著名的信息查询过程（ISP）模型。她认为，与信息需求紧密联系在一起的"不确定性情感"引发了用户的疑惑和气馁，但随着查找的进行和相关资料的获得，用户情感随之发生变化：用户信心增强，原来的不确定性情

---

① ELLIS D. A behavioral approach to information retrieval system design [J]. Journal of documentation, 1989, 45 (3): 171-212.

感得到减轻，开始感到满意，并有了方向感。其模型包含 6 个阶段过程，涉及思想、情感和行动 3 个方面的变化，如表 7-1 所示①。

表 7-1 库尔梭的信息搜索过程模型

在 ISP 中所处的阶段	情感	思想	行动	对应的模型任务
开始	不确定	笼统/模糊	搜寻背景信息	辨析
选择	乐观			识别
探索	迷惑/挫折/怀疑		搜寻相关信息	调查
构想	明晰	窄化/更清楚		构想
收集	方向感/信心	兴趣提升	搜寻相关的或目标明确的信息	汇集
表达	轻松/满意或失望	更明确/聚焦		完成

①开始：任务初始化阶段，这一阶段需要用户在先前经验的基础上，对指定的任务进行理解，并归属到一个可能的主题，此时情感上处于因不确定性引起的担忧。

②选择：选择主题，即确定主题，此时的情感是迷茫中带有些许兴奋。

③探索：随着对主题有了概括性了解及对要点的初步掌握，用户可能开始了新的疑问甚至是恐惧，此时还不能精确地表达信息需求。

④构想：由于从信息中明确了主题的要点，甚至产生了更深刻的联想，用户的情绪变得乐观，对任务的完成充满信心。

⑤收集：通过对信息的进一步搜寻、确定及扩充，用户完成任务的信心及能力增强，兴趣开始增加，搜寻目标十分明确，并着手收集信息。

⑥表达：查找过程的最后一个阶段，即信息查询处于收尾阶段，此时用户对主题可以进行个人化的综合性思考，情感开始处于放松状态，充满满足感。

与埃利斯不同的是，库尔梭的理论模型为信息检索过程的各个阶段赋予了思想和情感，从而确立了他对信息行为进行现象学研究而不是认知科学研究的特点。

（7）英格沃森的信息搜寻和交互信息检索整合框架

在吸收贝尔金的认知观点及 1992 年英格沃森提出的交互信息检索理论的基础上，英

---

① KUHLTHAU C C. Inside the search process: information seeking from the user's perspective [J]. Journal of the Association for Information Science & Technology, 1991, 42 (5): 361-371.

格沃森又于1996年提出了信息搜寻和交互信息检索整合模型。该模型体现了用户进行信息搜索时，在信息对象、搜索系统与界面、用户的认知空间，以及组织、文化、社会环境中发生的一系列动态交互过程①。该模型反映了情境与认知行动者、认知行动者与界面、信息对象与信息系统之间的认知转换过程，以及认知行动者对信息对象、情境对信息对象、认知行动者对信息系统、情境对信息系统的认知转换过程，认知行动者处于模型的中间，被几种要素环绕，体现了作为信息搜寻者的中心地位。英格沃森基于该分析框架指出，信息搜寻与检索的领域十分宽广，以建立范式理论为目标的相关研究，必须涵盖面向系统的实验信息检索研究和面向社会科学的信息搜寻研究②。

（8）丘的网络信息搜寻行为模型

丘（Choo）于2000年提出了网络信息搜寻行为模型，细致入微地描述了人们在日常生活中的网络信息搜寻行为，如表7-2所示③。其中，网络信息搜寻分为非定向浏览、有条件浏览、非正式搜索和正式搜索4种模式。对于每一个模式，该模型显示了信息搜寻活动在信息搜寻6个阶段中是最可能频繁发生的阶段。

表7-2 丘的网络信息搜寻行为模型

模型	开始	链接	浏览	区分	跟踪	采集
非定向浏览	识别、选择起始点和网页	跟随起始页的链接				
有条件的浏览			浏览进入的页面、标题和网页地图	网址收藏、打印、复制：直接去知道的网站	重复访问最喜欢的或收藏的网站以获得新的信息	
非正式搜寻				网址收藏、打印、复制：直接去知道的网站	重复访问最喜欢的或收藏的网站以获得新的信息	使用搜索引擎采集信息
正式搜寻					重复访问最喜欢的或收藏的网站以获得新的信息	使用搜索引擎采集信息

---

① INGWERSEN P. Cognitive perspectives of information retrieval interaction: elements of a cognitive IR theory [J]. Journal of documentation, 1996, 52 (1): 3-50.

② 邹永利. 情报学认知学派评述 [J]. 图书馆论坛, 2010 (12): 96-100.

③ CHOO C W, DETLOR B, DAN T. Information seeking on the web: an integrated model of browsing and searching [R]. Meeting of the American Society for Information Science, 2000: 290-302.

在非定向浏览网络模式中，信息搜寻活动大多发生于开始和链接阶段，开始阶段是浏览者在默认主页或感兴趣的网页上浏览信息，链接阶段是浏览者在网页上偶然看到感兴趣的信息，并根据超文本链接查看更多相关信息。

在有条件的浏览网络模式中，浏览、区分和跟踪是普遍的行为，浏览者进入网页浏览信息，根据收藏的网址浏览信息，对感兴趣的网址重复访问。

在网络非正式搜索模式中，区分、跟踪和采集信息比较典型，浏览者根据网络提供信息的相关性、可靠性、质量等，缩小信息来源渠道，在局部范围获取所需信息。

网络正式搜索模式主要是信息采集行为，辅以一定的信息跟踪，利用强大的搜索引擎搜索覆盖全面的信息。

（9）埃尔德莱兹的信息偶遇功能模型

信息偶遇（information encountering）概念是埃尔德莱兹（Erdelez）于1997年正式提出的，是指在没有预期的环境下，个体意外获得有用的或感兴趣的信息的现象。信息偶遇的概念框架有3个关键要素：信息用户的特征、信息环境的特征和偶遇信息的特征。埃尔德莱兹根据调查结果，按照偶遇频率从高到低将信息偶遇者分为4种类型：超级偶遇者，指信息偶遇次数很多并认识到信息偶遇是信息搜寻行为的一部分，并有意识地去培养和使用这种行为；偶遇者，指时常信息偶遇且很喜欢这种经验的偶遇者，但不认为信息偶遇与信息搜寻存在必然联系；偶尔偶遇者，指间或有信息偶遇，但将这种偶遇视为偶然和运气的人；没有偶遇者，指几乎没有相关经验的人。2004年，埃尔德莱兹进一步提出信息偶遇事件在信息搜寻活动中的概念图示，并将其定义为信息偶遇的功能模型，包括注意、停止、解释、捕获、返回几个步骤①。

（10）萨沃莱宁的日常信息搜寻理论

传统信息用户研究主要关注用户在工作、研究或学习过程中的信息行为。然而，萨沃莱宁（Savolainen）认为，人们信息行为的许多努力是查找与工作无关、与研究无关、与学校无关的信息，并提出了日常信息搜寻（everyday life information seeking）理论。他发现，普通人可能会在早晨打开收音机听天气预报，吃早饭时瞧一眼报纸头条新闻，询问一下妻子晚上什么时候回家，午饭后则上网看一下有关个人健康的信息，诸如此类。日常信息搜寻的行为习惯和态度使人们按照自己的价值判断，并做出有意义的生活选

---

① ERDELEZ S. Investigation of information encountering in the controlled research environment [M]. New York：Pergamon Press，2004.

择，因而可以从人们的生活方式角度来理解信息搜寻①。日常信息搜寻理论的主要特点在于，更加强调用户研究应该从用户生活及其生活中的问题入手，分析社会和文化因素对人们日常生活中信息选择和使用方式的影响，即将日常生活作为观察价值、习惯等多种用户属性的一个窗口，而不只是单纯了解信息行为表象。

7.2.3 信息行为的其他相关理论

（1）最小省力法则

最小省力法则（principle of least effort）源于文献计量三大定律，由齐夫（Zipf）于1948提出②。研究表明，信息查询者是懒惰的，他们在进行检索时，通常会选择平均2.2个检索词且几乎不使用布尔逻辑构建检索表达式；在选择信息时，依据的主要标准是"速度"而不是"最优"。面对海量的信息，人们会有意识地回避复杂、耗时或不熟悉的信息源，而去寻找方便快捷的信息获取途径③。心理学家研究发现，人们的大脑在同一时间里仅能处理7条信息，会运用简单的表征性方式，花费最小努力获取所需信息④。

（2）自我效能感理论

自我效能感（self-efficacy）理论是班杜拉（Bandura）于1977年提出的用于解释动机产生的理论，具体指人们在特定情境下对自己进行某种行为或完成某项工作能力的主观评估，涉及如何感受、如何思考、如何自我激励，而这些可能直接影响其行为动机及具体行为⑤。

在信息搜寻领域，自我效能感是个体在开展搜寻活动前对自身完成该活动有效性的一种主观评估，评估的结果会影响其对行为的选择。如果个体认为通过调整检索策略可以成功查询到所需要的信息，那么他就会随着结果的反馈不断调整检索策略以找到符合自己需求的信息；如果个体认为再怎么努力也得不到需要的信息，他就会放弃调整检索

---

① SAVOLAINEN R. Everyday life information seeking: approaching information seeking in the context of "way of life" [J]. Library & information science research, 1995, 17（3）: 259-294.

② ZIPF G K. Human behavior and the principle of least effort: an introduction to human ecology [M]. Cambridge: Addison-Wesley, 1949.

③ 乔欢. 信息行为学 [M]. 北京: 北京师范大学出版社, 2010: 64.

④ MILLER G. The magical number seven, plus or minus two [J]. Psychological review, 1956, 63: 81-97.

⑤ BANDURA A, ADAMS N E, BEYER J. Cognitive processes mediating behavioral change [J]. Journal of personality & social psychology, 1977, 35（3）: 125.

策略。另外,有调查显示,用户习惯于用自己用过的搜索引擎或数据库检索,如果用户对某一检索系统或者检索工具有较好的用户体验的话,用户就会一直使用。如果系统或工具本身出现问题不能继续满足用户需求,用户会重新选择检索系统或工具,来改进自我效能感。

(3)情感负荷理论

奈尔(Nahl)[1]根据其耗时20年的项目研究提出了情感负荷(affective load)理论,发现自我能效和乐观主义能够帮助信息搜寻工作更好地完成。该理论基于社会行为的视角考虑个体进行信息搜寻时的思考和感觉,主要有3个基本内涵:第一,行为是信息用户认知(如思考一个查询词)和情感(如感到有动力去完成一个查询)的智力活动;第二,情感贯穿于用户认知行为的开始、持续和结束;第三,情感行为在积极和消极的二元价值系统中实现。

在用户高度个性化的今天,不同类型的情感负荷始终贯穿并作用于用户的信息行为之中,对信息行为的有效性产生影响。在用户需求表达层面,积极的情感负荷在一定程度上能推动用户信息需求的层次上升。在用户信息搜寻过程中,积极的情感负荷能使用户较好地承受刺激、挫折、信息焦虑和生气等,不断调整检索策略,与相关方进行信息交流,充分发展个人效能,使信息搜寻效益最大化;而消极的用户在信息搜寻过程中,可能会因各种不良心理暗示而事倍功半,甚至无疾而终。

(4)交互记忆理论

交互记忆(transactive memory)指个体间通过共同编码、存储和检索知识来实现信息共享,属于认知心理学研究的范畴[2]。实体或虚拟组织内部成员间进行持续交互及知识沉淀形成了质量较高的信息源,而其个体成员往往依赖该信息源获取某些专业知识。这种相互依赖的关系建立起一定的规范、义务和期望,在一定程度上反映了社会资本的关系维度[3]。关于团体与合作信息搜寻行为的研究表明,交互记忆理论可以解释团队成员在信息搜寻和信息源选择上的相互影响。

---

[1] NAHL D. Affective load and engagement in second life: experiencing urgent, persistent, and long-term information needs [J]. International journal of virtual and personal learning environments, 2010, 1 (3): 1-16.

[2] WEGNER D M, ERBER R, RAYMOND P. Transactive memory in close relationships [J]. Journal of personality and social psychology, 1992, 61 (6): 923-929.

[3] RULKE D L, RAU D. Investigating the encoding process of transactive memory development in group training [J]. Group and organization management, 2000, 25 (4): 373-396.

(5) 沉浸理论

沉浸理论（flow theory）于1975年由西西恩特米哈利（Csikszentmihalyi）首次提出，又译成心流理论，解释了人们在某些日常活动中为何会完全投入情境当中，集中注意力，并且过滤掉所有不相关的知觉，进入一种沉浸的状态。随着计算机科技的发展，沉浸理论的应用场景延伸至人机互动。研究发现，人机互动具有游戏（playful）和探索（exploratory）的特质[1]。另有学者研究了人机互动对工作的影响，发现沉浸的两个主要特征：在活动中完全专注（concentration）和在活动中产生的心理享受（enjoyment）[2]。之后，一些针对不同网络行为沉浸模式的研究发现，在网络使用行为中，信息搜寻最容易进入沉浸，其次为阅读与书写；不同的网络活动形式，如在线游戏、在线购物、E-mail等，也会带来沉浸经验的差异[3]。

7.3 信息组织与知识组织理论

信息组织起源于早期的文献组织，也是文献信息学的核心内容。随着信息组织技术的发展，原本基于文献特征的信息组织和整理逐渐向基于文献内容所包含的知识单元的组织和整理发展。可以说，从信息组织向知识组织的转化，不但体现了情报学技术驱动发展的重要特征，也涌现出一批有影响力的理论。

7.3.1 信息组织的含义

信息组织是指将收集的信息进行结构化整理从而实现信息的有序化以便于存取利用的信息增值过程。信息组织是信息检索的基础。只有经过信息组织过程，原本杂乱无章的海量原始信息才能转变为一个有序、精良的信息系统，从而为信息检索和分析利用等进一步的增值活动奠定基础。可以说，信息组织和信息检索是一个问题的两个方面，信息组织的质量决定了信息检索和开发利用的效率。泰勒提出[4]，信息组织主要包括以下

---

[1] WEBSTER J, TREVINO L K, RYAN L. The dimensionality and correlates of flow in human-computer interactions [J]. Computers in human behavior, 1993, 9 (4): 411-426.

[2] GHANI J A, DESHPANDE S P. Task characteristics and the experience of optimal flow in human-computer interaction [J]. Journal of psychology, 1994, 128 (4): 381-391.

[3] NOVAK T P, HOFFMAN D L, YUNG Y F. Measuring the flow construct in online environments: a structural modeling approach [J]. Marketing Science, 2000, 19 (1): 22-42.

[4] TAYOR A G. The organization of information [M]. Englewood: Libraries Unlimited, Inc., 1993: 3-5.

方面的活动：

①按照信息能够被获取的形式，识别所有类型的承载信息的实体存在；

②识别被包含在那些承载信息的实体中的内容的或作为它们一部分的作品；

③把这些承载信息的实体系统化地组织到图书馆、档案馆、博物馆、互联网通信文档和其他类似存放处的集合中；

④根据预先编制的标准的引文规则制作这些承载信息的实体清单；

⑤为这些承载信息的实体提供名称、题名、主题和其他有益的检索点；

⑥提供定位每个承载信息的实体或其复本的方式。

7.3.2 知识组织的含义

随着信息量的增加，知识存储的无序化给人们利用知识带来困难。知识组织是指为促进或实现主观知识客观化和客观知识主观化而对知识客体所进行的，如整理、加工、引导、揭示、控制等一系列组织过程及方法①。知识组织是在分类法的基础上发展起来的。英国著名分类法专家布里斯（Bliss）早在1929年就使用过"知识组织"一词②，谢拉（Shera）也分别于1965年和1966年出版过《图书馆与知识组织》③和《文献与知识组织》④两部著作，但对知识组织进行专门的深入研究并开展各种学术活动却是近年来的事情。

1989年，国际知识组织学会（International Society for Knowledge Organization，ISKO）成立。它是知识组织领域最高级别的国际协会，涉及广泛的学科领域，旨在提升各种形式和各种目的的知识组织的概念性工作，如数据库、图书馆、词典和因特网等。作为跨学科的协会，ISKO拥有来自全世界的500余名会员，集结了包括信息学、哲学、语言学、计算机科学及医学信息学等不同领域的专家。在第二届国际ISKO大会上，国际性学术刊物《国际分类法》（*International Classification*，*IC*）被改名为《知识组织》（*Knowledge Organization*，*KO*）。从分类法到知识组织的飞跃性转变表明，关于分类法的研究范围已经延伸到

---

① 蒋永福. 图书馆与知识组织：从知识组织角度理解图书馆学 [J]. 中国图书馆学报，1999 (9)：19-23.

② BLISS H E. The organization of knowledge and the system of the sciences [M]. New York：H. Holt and Company，1929.

③ SHERA J H. Libraries and the organization of knowledge [M]. London：Crosby Lockwood & Son，1965.

④ SHERA J H. Documentation and the organization of knowledge [M]. London：Lockwood，1966.

知识组织所能概括的所有问题。由于知识组织所研究的最小单元是概念及其词语表达，因此引起了人工智能、专家系统、超媒体、术语学、教育学等多个领域的关注。

知识组织的方法多种多样：依据知识的内部结构特征，可以划分为知识因子的组织方法和知识关联的组织方法；依据知识的不同存在形态，可以划分为主观知识的组织方法和客观知识的组织方法；依据知识的语言学原理，可以划分为语法组织方法、语义组织方法和语用组织方法等。具体的知识组织方法，归纳起来主要有知识表示、知识重组、知识聚类、知识存检、知识编辑、知识布局和知识监控①。

7.3.3 知识组织理论的三维结构

根据所针对的服务目标和对象不同，知识组织理论可以从面向个体、面向社群和面向社会 3 个不同的维度加以划分，分别形成个体维度上的知识组织理论、社群集合的知识组织理论和社会维度上的知识组织理论。这 3 个维度并非互不相干，而是相互关联、有机统一的，能够把知识组织活动中"人"和"物"的个体、群体和社会维度加以集成，形成理论整体，使理论能够对知识组织问题和过程做出全面的描述、解释和预测。

7.3.3.1 面向个体的知识组织理论

在这一层次上，个体有"人"和"物"两个方面的含义：一是指知识组织的服务对象是个体的人；二是指知识组织以提供纯情报为目标，一直致力于研究的知识个体单位——知识单元，它是知识组织工作处理的对象。

面向个体服务对象的知识组织是以个体的知识需求、认知模式、兴趣偏好和行为习惯为知识资源序化的基本原则而开展的组织工作，目标是让个体能够快捷方便地获取所需的知识。在网络环境下这方面的研究日益增多，典型的就是个人数字图书馆中的知识组织系统和网络个性化知识组织系统。这些系统具有对网络知识采集和组织的智能代理功能和知识推送功能，允许个人依照自身的认知水平和使用习惯来定制系统界面、资源组织形式和检索机制②。书签法（bookmarking）也是个性化知识组织的常用方法。通过个性化知识组织研究，我们能够创建为单个用户定制知识组织与检索的新方法；其中要注意的问题是人工过程环境中相对稳定的信息空间创建等③。

---

① 蒋永福，李景正. 论知识组织方法 [J]. 中国图书馆学报, 2001 (1): 3-7.
② 刘春茂. 知识组织与知识管理的综合研究 [M] //情报学进展（第五卷）. 北京: 国防工业出版社, 2006: 107-135.
③ 王知津，张国华. Web 环境下个性化知识组织初探 [J]. 情报资料工作, 2005 (1): 51-55.

知识单元的研究也是知识组织在这一维度上关注的重点。知识的表达与组织从文献单元向知识单元的转换被认为是情报学在微观上取得突破要解决的关键问题之一①。目前对知识单元有不同的认识,如认为知识单元有广义和狭义之分。知识单元广义上是知识不同层次的、自成一组的相对独立单位;狭义上是知识不再分解的基本单位,是构成知识的最小、最基本的要素②。例如,认为知识单元是知识管理中可以对关联知识进行独立、自由、有效地识别、处理和组合的最小的、不可分割的基本单元③;知识单元是知识的最小功能单元等④。这些认识虽然在观点表述上有差异,但基本共识是知识单元应被看作知识微观上的基本单位,以知识单元为知识组织的出发点,通过建立单元之间的有机联系和单元的不断积累、扩充,形成序化的知识集合。情报学中对知识单元的研究主要有以下几种理论。

(1) 知识基因

知识基因理论起源是英国的道金斯(Dowkins)类比于生物遗传学中的基因而提出的思想基因(memes)理论。思想基因是指具有稳定性、再现性和逐渐变异性的科学思想基本单元;印度学者斯·科·森把思想基因引入情报学,提出了"信息基因"的概念,建议绘制"信息基因进化图谱"进行知识组织;而知识基因则是我国学者在借鉴这些思想基础上提出的,学者认为知识遗传与变异(知识继承与发展)的最小功能单元,在结构上具有可分解性⑤⑥,因此在功能和结构上分别兼有知识单元定义、狭义和广义的特点。科学概念是知识基因的表现形式,也是知识遗传与变异的基本单位。信息的功能是促进知识基因的变异。了解和掌握某一学科的知识基因和变异法则,就能进行知识组合,预测该学科发展趋势⑦。以知识基因为基础,又可以发展出知识变异体(知识进化、创新产生的新知识)和知识空白体(知识体系中有待填补的空缺)两种功能单元,形成知识三体;依据知识三体可以建立知识进化模型,在数据挖掘和知识发现中引入它能实现挖掘技术向语义和语用层次的提升⑧。

---

① 马费成. 情报学的进展与深化 [J]. 情报学报, 1996 (5): 337-343.
② 徐荣生. 知识单元初论 [J]. 图书馆杂志, 2001 (7): 2-5.
③ 文庭孝. 知识单元的演变及其评价研究 [J]. 图书情报工作, 2007 (10): 72-76.
④ 马大川, 马越. 信息有序的理论框架 [J]. 情报理论与实践, 2006 (6): 677-680.
⑤ 刘植惠. 知识基因探索 (一) [J]. 情报理论与实践, 1998 (1): 62-64.
⑥ SEN S K. 关于思想基因及其与情报科学关系的评价 [J]. 国外情报科学, 1988 (2): 1-6.
⑦ 刘植惠. 知识基因理论初探 [J]. 知识工程, 1990 (4): 1-6.
⑧ 刘植惠. 知识基因理论新进展 [J]. 情报科学, 2003 (12): 1243-1245.

(2) 作品

作品（work）的概念早已有之，自帕尼兹、卡特等早期学者伊始，就有了对作品概念的定义。1961 年的巴黎会议和 1998 年 IFLA 的 FRBR 的出台标志着对作品内涵认识的不断深化。作品不再被认为是任何单篇的文献或文本，而是抽象意义上的智力或艺术独特创造物，是其各种实现形式（instantiations，或称实例）的集合体（如音乐作品的文献形式集合、演奏形式集合、文学作品的小说、电影、话剧形式的集合）①。斯密瑞赫（Smiraglia）将作品定义为使用文本（text）的方式创造出来并嵌入文献之内，以传播给接受者为目的的思想（idea）集合。随之演化出的一个操作性定义则是，作品是由思想（ideational）内容和语义内容组成的知识新综合。一件作品有多种多样的物理实现形式②③。作品是源生自特定文化视角的实体，承载着文化，它没有最佳的实现范例，也没有固定不变的锚定点（anchor），相反，其意义很大一部分是从不断演化的文化里对它们的认识和解释、再解释当中衍生而来的，这样，作品又可以看作有着共同社会文化作用的各种表现形式的实体集合。作品与文化关系的另一体现是作品一旦成为其所在文化的规训（canon）的一部分，它就会有显著的衍生（derivation）与变化（mutations），前者如后续版本（包括扩充、精编），后者如翻译、改编等，其思想和语义内容都会发生变化。把作品当作知识单元的益处在于能够将具有同一基本思想的知识实体集中在一起，用户在浏览或检索时以此为入口就能够在同一思想主题衍生与变化的不同实体表现形式之间进行自由选择，使自己的知识需求在细微的层面得到满足，同时对特定思想主题的知识内容有一个鸟瞰的全景式认识。

(3) 知识元

知识元理论是我国近些年来兴起的理论，它最初是为解决知识标引问题而提出的。知识元是不可再分割的、具有完备知识表达的知识最小独立元素，是构成知识系统的基元，可以分为描述型和过程型两大类，基本结构包括名称、表示、法则、操作、导航、上属和相关等；知识元的不同排列组合可以构成不同的知识单元，不同知识单元按不同

---

① SMIRAGLIA R P. The history of "the work" in the modern catalog [J]. Cataloging & classification quarterly, 2003, 35 (3/4): 553-567.

② FURNER J. Document, record, work: the basic unit of analysis. in information studies sponsored SIG/HFIS [C]. Proceedings of the 67th ASIST Annual Meeting. Providence: ACM, 2004: 597-598.

③ SMIRAGLIA P R. Works as signs, symbols, and canons: the epistemology of the work [J]. Knowledge organization, 2001, 28 (4): 192-202.

的逻辑关系又可组成不同的知识元链接，大量的知识元链接就可以形成知识网络①②。知识标引是通过计算向导信息与知识元的关系来实现从知识内容中抽取知识元的。布鲁克斯知识方程式根据知识元理论可以改写为 $K(S) + N[K(E) + K(S)] = k[S + \Delta S]$。其中 $K(E)$ 是知识元，N 是信息导航链接，信息与知识元之间导航链的关系能成为进一步建立知识元自由集成检索系统的依据③。目前已有了人工知识元抽取、软件知识元抽取、知识元面向对象表示和知识元对象链接等方面的实验④，初步证实了知识元技术方案的可行性和理论上的正确性。

除此之外，有关知识单元的理论还有知识陈述、知识因子等，尽管理论内容各具特色，但基本原理同知识单元是一致的。从以上的分析可以看出，在知识组织的个体对象研究中，知识单元之间的有机联结与知识单元是同等重要的，只有把知识单元置于其所处的关系联结网络之中，它的意义和效用才能彰显出来，知识才能形成系统的整体。这也是知识地图、知识元理论中各自对知识结点的链接、知识元链接予以重要考量的原因。这与符号学中的互文性（intertexuality）所强调的"文本不能视为意义确定之物，只能通过与其相关的其他文本对它的吸收和转换才可被理解"讲的是一个道理，由此赫约兰德和爱布瑞森甚至认为知识组织的分析单元不应根据对文献单位的层层解构（追求知识的最小粒度）来界定，而应根据文献或文献的构成单元（如信息单元、知识元）与表达同一主题或理论观点的其他单元之间的关联关系来确定⑤。单元间联结的作用由此可见一般。在某种程度上，我们甚至可以认为没有知识单元间的关系，知识单元的概念也就无所依托。关系和链接不是知识单元上的附加物，而是内化于知识单元构成与价值之中的必需物。

7.3.3.2 知识组织理论的社群/集合维度

知识组织理论在这一维度研究的基本取向是把知识组织服务的目标对象定位在话语社群（discourse community），把知识组织工作置于由社会智力劳动分工决定的知识领域

---

① 温有奎. 知识元挖掘 [M]. 西安：西安电子科技大学出版社，2005.
② 朱庆华. 知识元挖掘评价：兼议情报学的理论研究 [J]. 情报科学，2006 (12)：1899-1902.
③ 曾民族. 向知识标引进军 [J]. 情报学报，2006 (2)：254-256.
④ 温有奎. 基于知识元的文本知识标引 [J]. 情报学报，2006 (3)：282-288.
⑤ HJØRLAND B, ALBRECHTSEN H. An analysis of some trends in classification research [J]. Knowledge organization, 1999, 26 (3)：131-139.

情境中去考察①，有不同于知识组织个体微观和社会宏观维度的理论特点。

如同领域分析理论中对个体认知的关注表现为社会认知观一样，知识组织的社群/集合维度理论也关注个体知识单元，典型的如概念研究，但其角度与个体维度有根本不同。在这里，概念本身反映着更为深刻的理论内涵。对概念的不同认识与不同的认识论紧密关联，如经验主义认为简单的概念对应着简单的感知，历史主义认为概念是在前理解和整体性的感知基础上、在历史进程中形成的，实用主义则认为概念是由与人们的活动对象相关的实践活动形成的。这一维度的理论认为概念是由思想体系、范式所衍生出的，对概念的分析要与思想体系、范式、话语和社会价值观相联系，概念间的语义关系也是由其所嵌入的理论体系、范式决定的，这就要求知识组织要从概念的上位层次，即广义理论的高度去分析概念和概念关系，如词表控制应该以知识领域的特定理论思想框架为参考，而不是试图指向某种固化的客观实在②。例如，可以把文本这种知识单元看作复杂的社会语言学单元和复杂的文化和人类学单元，后者意指文本反映和传播着文化和思想价值观的某种体系。这也就是说，知识组织中要重点考虑的不能仅是知识单元内的事实或陈述，它们只是一种孤立的存在，还要考虑产生出这些事实和陈述所使用的研究方法、理论框架，包括特定情境变量、认识论和社会学因素等③。

（1）多元知识表示

多元知识表示（polyrepresentation）是英格沃森提出并发展的一种理论方法。它最初开发的目的是为了提高检索的查准率而研究一种新的知识组织方式。其依据的基本原则是源自琼斯（Sparck Jones）提出的"意图的冗余性"（intentional redundancy），即指向同一概念的不同方式和联结概念的不同方式（表示着不同的意图）共同形成的面向信息对象的概念网络（是一种冗余）对于检索效率的提升是必要的④。将"意图的冗余性"原则应用到知识组织与表示中，就是说，如果对于同一篇文献有两个或两个以上的认知

---

① HJØRLAND B. Fundamentals of knowledge organization [J]. Knowledge organization, 2003, 30(2): 87-111.

② THELLEFSEN M. Concepts and terminology reflected from a LIS perspective. How do we reflect meanings of concepts? [C/OL] //Proceedings of the 12th Nordic conference for information and documentation, 2004. [2020-08-25]. www2. db. dk/NIOD/powerpoint%20præsentationer/thellefsen. 2. pdf.

③ HJØRLAND B. Basic units in library and information science [C]. ASIS&T Annual Meeting, November Providence, Rhode Island, 2004.

④ INGWERSEN P. Polyrepresentation of information needs and semantic entities: elements of a cognitive theory for information retrieval interaction [C]. Proceedings of the 17th Annual International ACM SIGIR Conference on Research and Development in Information Retrieval. Zurich: ACM, 1994: 101-110.

（知识）表示都指向它，那么这种表示上的重合可视作文献高相关性的依据，重合越多则依据越强，相关的可能性越高①。英格沃森进一步扩展到信息对象（object）和用户认知空间（cognitive space）两个方面的组织表示中去，对同一对象进行知识维度多侧面的表示。例如，在信息对象的知识表示中，可以有表征不同认知结构来源的知识表示，典型的像作者的认知结构表示（文本、图像、文献结构标题、参考文献）、标引员的认知结构表示（分类号、叙词）、叙词表（概念、结构）、引文、发行者或把关人的认知结构表示（期刊名、出版年、国别、数据库归属）等。在对行动者认知空间的知识表示中，则包括工作任务的感知描述、问题陈述、提问式序列。将这些不同的认知来源所产生的知识表示相叠加就会产生逻辑上的认知重叠（cognitive overlap），其所指向的文献与单一知识表示的检索结果相比有着相当高的查准率②。多元知识表示意在表明指向文献的知识表示在认知上和功能上越不同、越多样，文献与提问、与信息需求、与感知的工作任务情境相关的可能性就越大，通过认知重叠而发现的文献应赋予最高的相关性③。多元表示是整体主义认知观（holistic cognitive viewpoint）中要利用而非调和不同行动者的认知结构多样性的具体表现。多元知识表示的理论核心就是要把知识表示中内生于信息对象与用户认知空间的、能被抽取和解释的多维认知予以匹配，实现其潜在的价值④。如图 7-11 所示。

多元知识表示还可应用在检索系统的技术组件上，从认知观的角度可以认为一个搜索引擎是其开发者思想及认知结构的实现物，不同的搜索引擎之间的认知重叠就有提升检索效率的可能。对于算法也是如此⑤。就内部结构而言，多元知识表示是连续体（continuum）的形式，一端是高度结构化的精确匹配模式，另一端是无结构的词集模式

---

① LARSEN B, INGWERSEN P. The boomerang effect: retrieving scientific documents via the network of references and citations [C] //BEAULIEU M, BAEZA-YATES R, MYAENG S H, et al. Proceedings of SIGIR 2002 ACM SIGIR 25. New York: ACM, 2002: 397-398.

② INGWERSEN P. Cognitive information retrieval [M] //WILLIAMS M. Annual review of information science and technology. Medford: Information Today, 2001 (34): 3-51.

③ INGWERSEN P, JÄRVELIN K. The turn: integration of indexing information seeking and retrieval in context [M]. Berlin: Springer, 2005.

④ INGWERSEN P. Cognitive perspectives of document representation [C] //BRUCE H, FIDEL R, INGWERSEN P, et al. Emerging frameworks and methods. Proceedings of the Fourth International Conception of Library and Information Science. Greenwood Village: Libraries Unlimited, 2002: 285-300.

⑤ INGWERSEN P, JÄRVELIN K. The turn: integration of information seeking and retrieval in context [M]. Berlin: Springer, 2005.

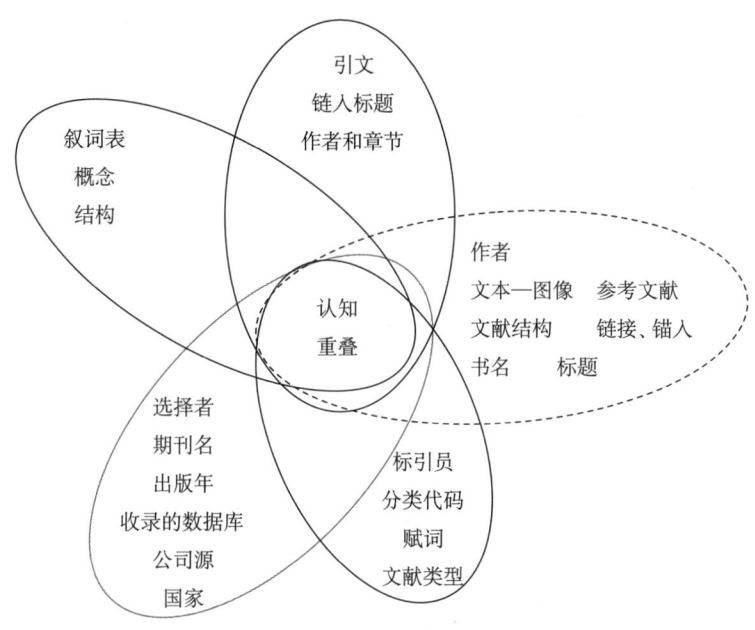

图 7-11 多元知识表示示意①

(最佳匹配模式),居于高度结构化与无结构之中的是应重点探究的认知表示内容,即以灵活、高效的方式实现匹配②。

尽管多元知识表示与认知观有紧密的联系,但由于其理论涉及了多个认知主体的知识表示(如作者、标引者、出版者等),是群体认知及各类认知间关系的表现,因此可以将其归结为知识组织群体维度之内的理论。英格沃森还专门从知识组织行为中语言使用的多样化与社会因素有紧密关联的角度论证了可以将多元知识表示看作与领域分析相关的理论③。

(2) 认知工作分析

认知工作分析 (cognitive work analysis,CWA) 最初是为解决复杂信息系统设计而提

---

① INGWERSEN P. Polyrepresentation of information needs and semantic entities: elements of a cognitive theory for information retrieval interaction [C]. Proceedings of the 17th Annual International ACM SIGIR Conference on Research and Development in Information Retrieval. Zurich: ACM, 1994: 101-110.

② LARSEN B, INGWERSEN P. Cognitive overlaps along the polyrepresentation continuum [M] // SPINK A, COLE C. New directions in cognitive information retrieval. Berlin: Springer, 2005: 43-60.

③ INGWERSEN P. Polyrepresentation of information needs and semantic entities: elements of a cognitive theory for information retrieval interaction [C]. Proceedings of the 17th Annual International ACM SIGIR Conference on Research and Development in Information Retrieval. Zurich: ACM, 1994: 101-110.

出的系统性研究工作领域的一种理论与方法论，近年来随着其成功的实践被逐渐推广至情报学中诸如人机交互、信息搜寻行为等分支领域，特别是在分类法体系设计等知识组织领域的应用取得了令人满意的效果。认知工作分析理论认为，要把与信息发生交互的人看作处在工作活动里的行动者（actor），而不是系统（广义上的系统）的用户，为了设计用户友好型的系统，就必须要理解行动者从事的工作、行动者的信息行为、工作的情境和行动的缘由，因此要同时聚焦于行动者的任务、任务发生的环境和行动者本人的感知、认知及人体工学特性①。认知工作分析的理论框架如图7-12所示。

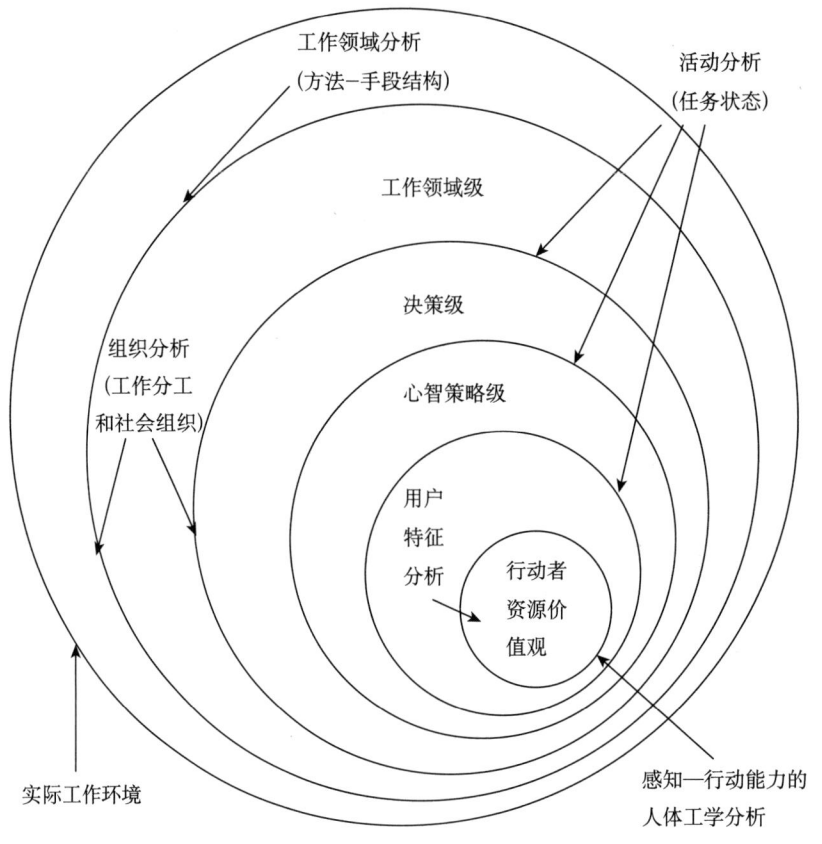

图7-12　认知工作分析的理论框架②

---

①　FIDEL R, PEJTERSEN A M. Cognitive work analysis [M] //KAREN E F, ERDELEZ S, MCKECHNIE L. Theories of information behavior. Medford: Information Today, 2005: 88-93.

②　同①。

图中的每一圈都代表着一个分析维度，包括工作环境、工作领域、任务决策、策略、组织分析和行动者的资源及价值观，可归结为个人、组织和社会3个方面。这些维度之间是相互关联的，而且在实现中同时发生作用，维度之间移动的次序由研究的特定问题决定，每一个外圈的维度都是它所包括内圈的维度的约束条件（constraint），这种约束实际上也有对发生在其内的行动赋能（enabler）的含义，这一理论框架最重要的特征是它提供了一种能同时考虑多重维度的整体性研究方法，即它是处在从还原主义到整体主义方法谱系的中间位置、以行动者的任务或工作为研究焦点的整体性研究方法[1]。在结构上具有灵活性，能够在框架中引入各种概念模型和工具用来分析特定情形的问题[2]。认知工作分析认为在设计系统时不可能考虑个体具备的所有因素和发生的变化，因此研究应采取以工作为中心（work-centered）的方法，而不是以用户为中心，分析的焦点是工作领域行动者的情境（各维度所展现的不同层次约束），而不是个体行动者。

在知识组织的研究中，认知工作分析有重要的理论价值，如在分类体系的设计上强调以工作为中心的设计理念，认为通过对工作和任务状态的经验性分析可以辨明持续演化的工作领域里动态的语义结构，这种结构能成为分类体系设计的基础[3]。

7.3.3.3 知识组织理论的社会维度

个体维度和社群集合维度的知识组织理论研究无法满足跨知识领域和跨学科研究群体的知识需求。知识领域和学科的形成是社会智力劳动分工与专业化的结果，随着社会的发展，分工越是细化，不同领域或学科在自身传统内的知识深化与积累空前增强的同时，也在领域或学科之间筑起了无形壁垒，不同领域的认知权威在相互交流上也越发困难，分工的细化已经将他们限制在相对狭小的知识区域内。对于社会中的个体来说，越来越细的分工使他在越来越窄的范围内获取知识，个人的知识结构在整个社会知识活动的大网中是节点，没有人知道全部节点上的知识，每个人有的只是"局部知识"[4][5]。因

---

[1] FIDEL R, PEJTERSEN A M. From information behaviour research to the design of information systems: the cognitive work analysis framework [J/OL]. Information research: an international electronic journal, 2004, 10 (1) [2020-08-22]. http://files.eric.ed.gov/fulltext/EJ1082064.pdf.

[2] MAI J E. Cognitive work analysis: the study of work, actors, and activities [C]. Proceedings of the 67th ASIST Annual Meeting. Providence: ACM, 2004: 582-583.

[3] ALBRECHTSEN H, PEJTERSEN A M. Cognitive work analysis and work centered design of classification schemes [J]. Knowledge organization, 2003 (3/4): 213-227.

[4] 汪丁丁. 知识表达、知识互补性、知识产权均衡 [J]. 经济研究, 2002 (10): 83-91.

[5] 汪丁丁. 知识的经济学性质 [J]. 读书, 1995 (12): 57-62.

此，无论是从知识领域、学科的角度还是从个体的角度来看，知识的非对称性、差异性都是十分明显的。然而，人类的知识又具有整体性。笛卡尔曾经说过：我们必须相信，一切科学紧密联系。普朗克也曾指出：科学是内在的整体，它被分解为一个个单独的部门不是取决于事物的本质，而是取决于人类认知能力的局限性。实际上存在着由物理学到化学、通过生物学和人类学到社会科学的连续的链条。这对于情报工作者的素质而言，恰如福斯克特（Foskett）指出的，他不应像那种集中于自己主题领域的专家研究者，要能够扩大视野，把整个信息范围看作一个联合整体，"天衣无缝的自然编织物"，而不是一些分隔学科的简单集中①。与之承接的则是人类知识的各部分呈现内在的互补性，即知识各个局部之间通常存在着互相解释或互为强化的关系，表现为同类知识的不同部分沿时间经验的互补性和不同类知识沿空间经验的互补性。

知识组织的领域分析研究虽然能很好地解决面向特定领域或学科的知识资源组织问题②，但对于跨学科或交叉学科及领域的知识组织任务却难担重任，这是因为它无法解决社会知识分立带来的不同知识领域或话语社群之间在知识结构、范式、社群习俗与规制等方面不相容甚至冲突的问题，在交叉领域中选择了某一领域或社群的知识规范作为知识组织活动的准则必然意味着要忽视所涉及的其他领域或社群的规范或传统。为此，笔者认为应当研究和发展情报学超领域分析（hyper-domainanalysis）的理论与方法。"超"是指超越领域层次、位于领域之上、面向多重知识领域的集合乃至于知识体系整体的意思，继而可以把超领域分析的概念定义为以多重知识领域的集合体为对象，以实现知识体系的整体化和互补性为目的、面向社会所有知识行动者，研究知识在领域交叉带的生成、在领域之间的交流与转换，以及多领域知识资源的综合性组织有机集成原理与方法的一门学问。超领域知识组织是超领域分析的关键方面。在此维度上，情报学知识组织的任务就是尽最大可能为整合不同知识领域和学科的知识创造条件，让研究者能够以对他而言最适宜的方式得到高于"局部"的、具有整体性的知识资源。

与面向领域的知识集成不同，超领域分析中的集成并不是针对哪一个领域或话语社群的知识结构和成员偏好的，而是以社会全体知识行动者为目标群体、以追求全部知识的客观逻辑结构和体系为最高目标的。当然，领域分析与超领域分析并不是截然分开的，两者也存在一定的联系，如领域分析中的认识论方法由于在各知识领域和学科中都

---

① 福斯克特，余士雄. 图书馆、情报和科学进步［J］. 图书情报工作，1988（5）：1-4.
② 王琳. 领域分析视角下知识组织中若干问题的研究［J］. 图书情报工作，2011（4）：90-94，105.

有普遍的适用性，也可以吸收到超领域分析的研究中来，当作跨领域分析与集成的一种方法。

就目前的研究进路来看，钱学森的从定性到定量的综合集成方法是超领域分析比较理想的方法论工具。综合集成思想具有分析与综合的统一、微观与宏观的统一、定性与定量的统一、整体论与还原论的统一、整体论与重点论的统一等方法论特色，能够把人类知识体系中不同层次的知识（前科学、科学直到哲学）、不同领域不同学科的知识（自然科学、社会科学、数学科学等）、不同类型的知识（定性的、定量的）综合集成起来，从中涌现出新知识和智慧，使人类知识体系得到丰富、人改造客观世界的能力得到增强[①]。正是由于从定性到定量的综合集成思想的这些特点，才使得它可以满足超领域分析对多领域之间知识整合的研究需要，解决了异质知识领域相集成的研究理论问题，并成为超领域分析的基本方法论工具。

当前已有的一些相关研究可视作超领域分析的初步尝试。爱布瑞森和雅克布把跨界对象（boundary object）概念应用到分类法的研究中，指出要把分类体系看作跨界对象，分类体系结构应与异质（heterogeneous）知识社群的不同需求和检索相融；通过建立共享的词汇和概念结构，分类体系要能够跨越多样化的信息生态，成为所有相关社群的知识生产和交流的话语聚集场和公共区域，从而以链接异质社群的催化者和知识生产过程的积极参与者的身份，为异质的社会世界和智力世界创造出共享的秩序，使多样化的信息生态有机地凝聚在一起。这种新的知识组织构想已经在 Bookhouse 系统和 Database 2001 系统上初步实现[②][③]。

7.4 信息计量理论

信息计量学（informetrics）是采用数学、统计学等各种定量方法，对信息的组织、存储、分布、传递、相互引证和开发利用等进行定量描述和统计，以揭示信息交流过程

---

① 北京大学现代科学与哲学研究中心. 钱学森与现代科学技术 [M]. 北京：人民出版社，2001.

② JACOB E K, ALBRECHTSEN H A. Classification systems as boundary objects in diverse information ecologies. advances in classification research online [EB/OL]. (1997-01-18) [2021-06-08]. https：//journals. lib. washington. edu/index. php/acro/article/view/12724.

③ ALBRECHTSEN H A, JACOB E K. The dynamics of classification systems as boundary objects for cooperation in the electronic library [J]. Library trends, 1998, 47 (2): 293-312.

中的数量特征和内在规律的情报学领域。信息计量学是在传统文献计量学（bibliometrics）和科学计量学（scientometrics）的基础上扩展和演变而来的。"信息计量学"的名称最早出自德文 informetrie，由德国学者奥托·纳克（Otto Nacke）最先提出。信息计量的基本定律和相关理论是情报学的核心知识成果，不但成为文本挖掘等现代信息技术的理论基础，也为政策、生物、医学等众多其他学科的信息学发展提供了分析工具和研究方法。

7.4.1 信息计量学若干基本问题的探讨

信息计量学可划分为"广义信息计量学"与"狭义信息计量学"①。广义信息计量学主要探讨以广义信息论为基础的广义信息的计量问题。如信息论的创立者克劳德·香农（Claude Shannon）所言，一个系统所接收的信息"是能够用来消除不确定性的东西"②，信息是可以计量的。信息论是采用数理统计方法来研究信息的度量、传输和变换规律的学科。狭义信息计量学，主要研究情报信息的计量问题。具体内容包括以下几个方面。

①信息概念的数学描述。运用概率、模糊数学、负熵、状态分析等数理知识，论证客观信息的可量度性及其数学描述方法。尤以美国数学家香农在1948年提出的信息熵作为信息量的测度最为著名。

②信息计量学的主要内容。应用数学、统计学等定量方法来分析和处理信息过程中的种种问题，从定量角度分析和研究信息的动态特性，并找出其中的内在规律。

③信息计量学与其相关学科的关系。信息计量学与科学计量学、文献计量学之间交叉渗透，既有许多共同的研究内容，又有不同之处。表7-3对比了三者之间的异同。

④信息计量学形成和发展的基础性问题。20世纪80年代初，以布鲁克斯为代表的研究人员力图把文献计量学中的一些定律扩展到普遍的社会现象中去，把文献计量学扩展为社会科学的微积分，从而明确提出了发展信息计量学问题。随后，信息计量学在传统文献计量学和科学计量学的基础上不断扩展和演变，形成独立的学科分支。

---

① 邱均平. 信息计量学（一）：第一讲 信息计量学的兴起和发展 [J]. 情报理论与实践, 2000 (1): 75-80.

② SHANNON C E. A mathmatical theory of communication [J]. The bell system technical journal, 1948, 27 (3): 379-423.

表 7-3 信息计量学及其相关学科对比

	文献计量学	科学计量学	信息计量学
研究对象	信息载体"文献"	科学（知识体系的科学和社会活动的科学）	"信息"本身
研究目的	探讨科学文献本身的规律，以提高信息管理的科学性，进而揭示科学技术的规律性	探讨科学发展的内在规律，最终促进科学技术的进步	揭示信息交流过程中的数量特征和内在规律
研究任务	研究文献信息的分布结构、数量关系、变化规律和定量管理	博采各种数量技术，定量研究科学技术进步发展规律和内在机制	更为艰巨，更难找到恰当的定量方法及途径。涉及人类的认识和判断过程，具有主观性、模糊性
研究方法	运用数学和统计学处理手段，将文献信息交流过程中的基本规律用数学模型表示出来，并不断加以改进、扩展和优化	利用有关科学文献的产生、传播和利用数据，定量描述科学交流以及研究活动的内在规律；运用数学语言和模型阐述科学过程的理论和实践；经过数理统计处理，得出可供分析研究、预报决策或管理控制的定量结果	信息的数量远远大于文献的数量，信息的计量方法也远远多于文献的计量方法
应用领域	图书馆学、信息管理、科学学、科技管理、预测学、人才学等领域	科学基金项目评审、科技成果价值鉴定、科研机构绩效评估、学术期刊质量排序、学科发展方向选择、国家科技发展规划的制定等宏观科技管理领域	信息的有序化组织和合理分布、信息资源的优化配置和有效利用

7.4.2 信息的基本测度及计量方法

信息是一个抽象概念，其测度需要建立"信息量"等一套测度指标，于是出现了关于比特、知识单元、信息熵、信息场、信息势等信息测度概念的讨论。继而，等级排序方法、对数透视方法被应用到信息的计量过程中，模糊数学、信息论、集合论等的应用也丰富了信息计量方法体系。

在研究以文献为载体的信息过程中，聚类、相关分析、词频统计等信息计量方法应用广泛。在大数据背景下，信息计量的自动化实现研究获得重视，文本挖掘、知识图谱、引文数据库、计量信息管理系统等的计算机实现,成为将信息计量方法应用到实际的重要范例。

7.4.3 基本定律

7.4.3.1 布拉德福定律

1934年,英国化学家和文献学家布拉德福(Bradford)在研究分析地球物理学文献分布的基础上,率先提出了描述文献分布规律的经验定律。其文字表述为:如果将科技期刊按其刊载某专业论文的数量多少,以递减顺序排列,则可分出一个核心区和相继的几个区域,每区刊载的论文量相等,此时核心期刊和相继区域期刊数量成 $1:n:n^2\cdots$ 的关系($n>1$)。在这个公式中,布拉德福提出了核心区的概念和计算核心区及其他区域的方法。后来人们将核心区期刊称为核心期刊,该经验定律被命名为布拉德福定律(Law of Bradford)[①]。布氏定律作为研究期刊文献的重要定律,在情报学界产生了深远影响,对分析数字化资源的分布同样具有指导意义。

7.4.3.2 齐夫定律

1935年,美国哈佛大学语言学教授齐夫(Zipf)首先用大量数据统计的方法验证了前人有关词频分布规律的研究成果,使词频分布定律得以正式确立。1948年,齐夫在《人类行为与最省力法则:人类生态学引论》一书中对"最省力法则"做了精辟的论述,奠定了词频分布规律的理论基础。齐夫通过大量艰辛的统计和计算工作指出,文献中词汇的频次(f)与其排列的等级序号(r)之间存在着以下定量关系:如果把一篇包含 n 个($n>5000$)词汇的文献中每个词出现的频次进行统计,按照高词频在前、低词频在后的递减顺序排列起来,并用自然数给这些词编上等级序号,即词频最高的词等级序号为1,其后为2……词频最小的词等级序号为 D。若用 f 表示词的频次,用 r 表示出现该频次的词的等级序号,则有 $fr=C$(C 为常数)。人们称该式为齐夫定律(Zipf's Law)。齐夫定律对于揭示书目特征、制定标引原则、编制词表、组织检索文档、进行词汇控制等都具有理论指导意义,在自然语言处理及社会科学研究领域也得到广泛应用。

7.4.3.3 洛特卡定律

1926年美国学者洛特卡在美国《华盛顿科学学术期刊》(*Journal of the Washington*

---

① VICKERY B C. Bradford's law of scattering [J]. Journal of documentation, 1948, 4 (3): 198-203.

Academy of Sciences）上发表的《科学生产率的频率分布》，被认为是洛特卡定律（Lotka's Law）的奠基之作。洛特卡定律第一次揭示了作者与文献数量之间的关系，具体内容为：写作 n 篇文章的作者数量约为写作 1 篇文章作者数量的 $1/n^a$，其中指数 a 约等于 2，故又被称为"倒数平方定律"或"反比定律"。经过长期的实践验证与研究，学者们认为，文献集合的时间跨度越大，文献量越大，其作者与文献量之间的关系就越符合这一经验定律。随着科学发展，文献和著者数量与日俱增，围绕着这一定律的研究，如对著者群、科学研究人员的合作度、核心著者、杰出科学家评价的研究等也取得了显著成效。

7.4.4　信息流模型

7.4.4.1　文献增长

1961 年，美国科学史学家德里克·普赖斯（Price）在其名著《巴比伦以来的科学》中，总结出科学期刊按指数增长的规律，并给出了普赖斯增长曲线，公式为：$F(t) = ae^{bt}(a>0, b>0)$。式中：$F(t)$ 表示时刻 t 的文献量；t 表示时间，以年为单位；a 是条件常数，即统计的初始时刻的文献量；b 是时间常数，即持续增长率。

由于文献增长受多种客观因素影响，文献增长规律也呈现多种模式。由此，许多专家提出多种文献增长指数模型。例如：苏联科学家纳里莫夫和弗拉杜奇提出的文献逻辑增长模型，表达式修正为 $F(t) = K/(1+ae^{-bt})$。式中：$F(t)$ 表示 t 年的文献累积量；K 表示当 $t \to \infty$ 时文献积累量，即最大值；a，b 为参数（$a>0$，$b>0$）。苏联情报学家舍斯托帕尔和布尔罗提出的舍-布增长模型，数学表达式为：$N = N_0 e^{\int q(t)dt}$，又被称为文献情报流增长的"总模型"。此外，影响较大的还有苏联情报学家吉利亚列夫斯基和希莱德尔提出的超越函数、雷歇（N. Rescher）提出的文献分级滑动指数增长模型，以及线性增长模型、动力学模型、可变指数的文献指数增长模型等。

7.4.4.2　文献老化

衡量文献老化程度有两个重要的定量指标，分别是"半衰期"和"普赖斯指数"。1958 年和 1960 年贝尔纳、伯顿和基布勒等分别提出了衡量文献老化速度的"半衰期"概念，即指某学科（专业）当前尚在利用的全部文献中较新的一半是在多长时间内发表的。1971 年，普赖斯（D. Price）提出了一个衡量各知识领域文献老化的数量指标——"普赖斯指数"，即某一知识领域内，年限不超过 5 年的文献引文数量与引文总量之比，用以度量文献老化的速度和程度。一般来说，某一学科或领域文献的"普赖斯指数"越大，半衰期就越短，说明其文献的老化速度就越快，反之亦然。通过研究文献老化问题，可以揭示文献传播的动态规律，用于指导文献组织管理工作。还可为科学学研究和考察科技发展史提供定量依据和途径。

7.4.4.3 文献引用

文献引用关系体现了人类知识的传承和发展，具有一定的分布结构和分布规律，即引用结构和引用规律。引用结构主要有引文链（citation link）和引文网络（citation network）两种。引文链是由引文关系形成的科学文献之间的链状关系与结构。引文网络是由引用关系形成的科学文献之间的网状关系结构。引文链和引文网络将学科或主题联系在一起，形成完整的科学研究时空网络体系。

科学文献之间的引用规律主要有被引文献的集中与离散规律、被引文献类型分布规律、被引文献年代分布规律、被引文献语种分布规律等。科学引文的分布具有集中与离散的特征。著名的加菲尔德引文集中定律认为，被引文献的大部分来自质量较高的核心期刊，而少部分来自非核心期刊。

引文分析可以概述为3种基本类型：引文数量分析、引文间的网状或链状关系分析及引文反映出的主题相关性分析。基于引文分析的计量指标在评价期刊、科研人员、科研机构及国家和地区的科技发展方面具有广泛的应用。常见的通用引文测度指标有：引用量、被引量（率）、影响因子、即年指标、自引率、自被引率等。需求和目的不同，相应的测度指标也不同。常见的引文分析方法有引文耦合分析与同被引分析。

7.4.4.4 信息利用和效益的定量评价

信息计量学的理论与方法在图书情报工作、信息资源管理（如核心期刊的定义与评价）、信息检索、信息分析、科学学与科学评价（如科技预测、科技人才评价、科研计划评价、科研项目评价、科研成果评价、科研绩效评价、科研能力评价、科研管理评价）、科技管理与预测（如科学预测、技术预测、产品预测、科技事业预测、科技对经济社会影响的预测）、网络信息计量学等领域具有深入而广泛的应用，为信息利用和效益产出的定量评价提供了有力支撑。

7.5 信息处理与分析理论

信息可以消除对客观事物认识的不确定性，对任何一个现象或事件的解释与预测，都是对其信息进行加工与提炼的过程。在这个过程中，需要进行一系列的信息处理与分析活动。信息的处理与分析活动在众多学科和学术领域中普遍存在，而以"信息"为研究对象的情报学对信息分析与处理的研究则更为具体化和显性化，应用多种信息处理与分析手段保证信息提取的"精确性"和"科学性"，并对信息进行去伪存真、由此及彼、由表及里的改造创作。这些方法和手段基于更加抽象与概括的数学理论与系统思想，在高性能计算工具的辅助下，帮助人们正确地解释和预测认识对象，以更好地服务于人类的社会实践。

由于客观世界的复杂多样性，不确定性在现实生活中大量存在，如何选择合适的理论对数据和信息中的不确定性进行处理和分析，消除冗余的数据和信息，同时发现有用的知识成为信息处理与分析的关键①。在情报学中，常用于处理和分析信息不确定性的基础理论包括随机信息处理理论、最大熵原理、模糊集理论、证据理论、粗糙集理论和灰色系统理论等。

7.5.1 随机信息处理理论

随机信息处理理论是针对信息的随机性特点，基于概率论及数理统计，抽取信息特征描述信息模式的理论。形成的模式特征向量 $X = (x_1, x_2, \cdots, x_n)$，$X$ 为模式样本，x_i 为特征分量。它的每一特征具备强烈的随机性，用概率 $P(X)$ 决定 X 发生的可能性大小，从而决定 X 的分类。使用贝叶斯定理给出后验概率可能性的度量：设有 R 类样本为 w_1, $w_2, \cdots, w_R$，每类样本的先验概率为 $P(w_i), i = 1, 2, \cdots, R$。对每类随机变量 X，每一类的条件概率为 $P(w_i|X)$，其后验概率为 $P(X|w_i)$。则

$$P(w_i|X) = \frac{P(w_i)P(X|w_i)}{\sum_{i=1}^{R}P(w_i)P(X|w_i)}。 \quad (7-1)$$

其中，$i, j = 1, 2, \cdots, R$。常用 $P(w_i|X) > P(w_j|X)$ 来决定 X 类的归属为 w_i。它的前提是已知一个分类 $w_1, w_2, \cdots, w_R$，对已发生的样本 X 归类到已知类中，对已知类划分越细，或已知类越多，则判断越准确②。情报学研究中的文献自动标引、自动分类问题的处理也都是基于这种理论思想。

---

① 王宏宇. 不确定信息处理理论综述［J］. 电脑迷，2018（4）：216.
② 杜智华. 不确定信息处理方法综述［J］. 新疆师范大学学报（自然科学版），2001，20（4）：16-19.

7.5.2 最大熵原理

最大熵原理的主要思想是,在用有限知识预测未知假设时,应该选取符合这些知识但熵值最大的概率分布。因为在这种情况下,符合已知知识的概率分布可能不止一个。根据熵的定义可以知道,一个随机变量的不确定性是由熵体现的,熵最大的时候,说明随机变量最不确定,对其行为做准确预测最困难。那么最大熵原理的实质就是,在已知部分知识的前提下,关于未知分布最合理的推断就是符合已知知识的最不确定或最随机的推断。

最大熵的原理可以概括为:将已知事实作为约束条件,求得可使熵最大化的概率分布作为正确的概率分布。由于信息处理中很多问题都可以归结为统计分类问题,因此可以将其所有输出值构成一个类别有限集 Y,对于每个 $y \in Y$ 的生成均受上下文信息 x 的影响和约束。已知与 y 相关的所有上下文信息组成的集合为 X,则该统计模型的目标是:给定上下文 $x \in X$,计算输出 $y \in Y$ 的条件概率 $p(y|x)$。模型的输入是从经人工标注的训练数据中所抽取的训练样本集 $T\{(x_1,y_1),\cdots,(x_i,y_i),\cdots,(x_N,y_N)\}$,$(x_i,y_i)$ 表示在语料库中出现的第 i 种类别。在相同训练数据的基础上,假设存在 k 个特征 $f_k(i=1,2,\cdots,k)$,约束所产生的目标集合空间为

$$C = \{p \in P \mid p(f_i) = \tilde{p}(f_i)\}。 \tag{7-2}$$

满足约束条件的模型有很多,条件熵作为条件概率 $p(y|x)$ 的测度方法为

$$H(p) = -\sum_{x,y} \tilde{p}(x)p(y|x)\log p(y|x)。 \tag{7-3}$$

其中,$\tilde{p}(x)$ 是在训练样本中的经验值分布,在与约束集合 C 一致的模型中,选择具有最大熵的 p^*。在有用特征 f 的基础上进行推论,它能产生最优化和唯一无偏估计值:

$$p^* = \mathrm{argmax} H(p)。 \tag{7-4}$$

式(7-4)应用约束最优化理论从约束集中寻找满足 $H(p)$ 最大化的概率,如可以应用拉格朗日(Lagrange)算子定理解决此类问题①。最大熵原理在情报学研究中的自然语言处理问题如文本分类、实体识别、句法浅层分析和指代消解等方面有较多的应用。

7.5.3 模糊集理论

模糊集理论研究的是边界不明确的集合的表示,其中心思想是把隶属函数和集合中

---

① 张素香. 信息抽取中关键技术的研究 [D]. 北京:北京邮电大学,2007.

的元素结合在一起。它是对经典集合论的推广，主要表现在集合的概念模糊化，承认论域上存在既不完全属于某集合，又不完全不属于某集合的元素，即经典集合论"绝对的"属于概念转变为"相对的"属于概念；同时，又进一步把属于概念数量化，承认论域上的不同元素对于同一集合具有不同的隶属程度，引入了隶属度（membership）的概念。

论域 U 的一个模糊子集 A 可以用隶属函数 μ_A 来描述 $\mu_A:\rightarrow 0,1$，为 U 的每个元素 u 分配一个数值 $\mu_A(u)$，该数值在区间 $[0,1]$ 上。

模糊集合中最常用的 3 种运算分别是：模糊集合的补运算、两个或多个集合的并运算、两个或多个模糊集合的交运算。它对于含糊和不确切的信息处理情况是很有帮助的，如对信息检索中的模糊信息处理形成的模糊集合模型等①。

7.5.4 证据理论

证据理论起源于 Dempster 提出的由多值映射导出的上概率和下概率[②③]，其学生 Shafer 在其基础上进行完善[④⑤]，建立了命题和集合的对应关系，通过引入信任函数，区分不确定和不知道的差异，满足比概率论弱的情况，形成了对不确定性问题推理的一种理论，因此又称为 D-S 证据理论。

证据理论的核心概念包括识别框架、基本信任分配函数、信任函数、合成规则等[⑥]。证据理论的描述如下。

①对于某一个判定问题，其可能的答案用集合 Θ（也称为识别框架）来表示，由识别框架的子集构成的结合用 2^{Θ} 来描述。

②对于识别框架 Θ，基本信任分配函数用于表示证据的初始信任程度，其作用是将识别框架 Θ 中的任一子集都映射到 $[0,1]$ 上的一个数值 $m(X)$，并且满足

---

① 王知津. 信息检索与处理 [M]. 北京：机械工业出版社，2015.
② DEMPSTER A P. Upper and lower probabilities induced by a multivalued mapping [J]. Annals of mathematical statistics, 1967, 38: 325-339.
③ DEMPSTER A P. A generalization of Bayesian inference [J]. Journal of the royal statistical society, 1968, 30 (2): 205-247.
④ SHAFER G. A mathematical theory of evidence [M]. Princetion: Princetion University Press, 1976.
⑤ SHAFER G, LOGAN R. Implementing dempster's rule for hierarchical evidence [J]. Artificial intelligence, 1987, 33: 271-298.
⑥ 杨风暴，王肖霞. D-S 证据理论的冲突证据合成方法 [M]. 北京：国防工业出版社，2010: 16-34.

$$m(\emptyset) = 0 \text{ 且 } \sum_{X \subseteq \Theta} m(X) = 1 \text{。} \tag{7-5}$$

另外，当 $m(X) > 0$ 时，X 称为焦元。

③对于识别框架 Θ，函数 $m:2^{\Theta} \to [0, 1]$ 为基本的信任分配，若框架 Θ 上的任一子集 $X(X \subseteq \Theta)$，满足 $B(X) = \sum_{Y \subseteq X} m(Y)$，则称 B 为识别框架 Θ 下的信任函数，即 $B(X)$ 为命题 X 为真的概率。

④证据理论的核心就是不同证据信息之间的融合，进而形成对整个命题的综合认识，不同证据之间正交和运算的合成规则为

$$m(X) = \begin{cases} \dfrac{\sum_{X_i \cap Y_j = X} m_1(X_i) m_2(Y_j)}{1 - K}, & X \neq \emptyset \\ 0, & X = \emptyset \end{cases} \tag{7-6}$$

其中，m_1 和 m_2 为识别框架下两个证据的基本信任函数，X 和 Y 为对应的焦元，K 为冲突因子，用于反映两个证据之间不相同的程度，即

$$K = \sum_{X_i \cap Y_j = \emptyset} m_1(X_i) m_2(Y_j) \text{。} \tag{7-7}$$

其中，K 值越接近于 1，说明两个证据之间的冲突程度越高，反之亦然；当 $K = 1$ 时，则两个证据分别属于不同的命题，也就不能进行合成①。D-S 证据理论适用于情报学研究中信息融合、专家系统、情报分析和多属性决策分析等。

7.5.5 粗糙集理论

粗糙集理论（rough set，RS）是 20 世纪 80 年代初期波兰科学家 Z. Pawlak 提出的一种处理不精确、不相容和不完全数据的新的数学分析理论，它的独到之处在于不需要先验知识，就可以从数据中获取潜在依赖规律。该理论的基本特征是将分类与知识联系在一起，使用等价关系来形式化地表示分类；在保持分类能力不变的前提下，通过知识约简，导出问题的决策或分类规则②。

在 RS 理论中，一个等价关系将一个非空集合划分成互不相连的等价类，根据这个关系划分的等价类中的对象是不可区分的。全集和等价关系一同定义了一个近似空间，等价类和空集称为这个近似空间的基本集或原子集。这样一个近似空间可以用来描述全

---

① 周跃进，贾立双. 基于证据理论的企业信息系统实施后的绩效评价研究 [J]. 情报学报，2012，31（12）：1314-1323.

② 王知津. 信息检索与处理 [M]. 北京：机械工业出版社，2015.

集的任意子集，这要用到两个近似集，上近似集和下近似集，它们是这样定义的：

设 R 是划分非空全集 U 的一个等价关系，近似空间为 $a_R = (U, R)$，一个划分被定义为 $U/R = \{C_1, C_2, \cdots, C_n\}$，这里 C_i 是 U/R 的一个等价类，对于 U 的任意一个子集 S，S 的下近似集为

$$\underline{a_R}(S) = \{x \in C_i \mid C_i \subseteq S\}; \tag{7-8}$$

S 的上近似集为

$$\overline{a_R}(S) = \{x \in C_i \mid C_i \cap S \neq \varnothing\}。\tag{7-9}$$

上近似集和下近似集近似地描述了近似空间 (U, R) 中的子集 S，粗糙集就可以用这两个近似集来描述。

虽然粗糙集理论易于分析数据，但是不一定能反映实际应用中元素间的关系，因为实际应用中数据对象间的关系不一定严格满足对称性与传递性。在情报学的许多研究中，都是将条件概率关系与粗糙集理论相结合形成概率粗糙集模型，以表示对象间关联，以解决信息检索、信息分析和信息资源评价等问题[1][2][3]。

7.5.6 灰色系统理论

灰色系统理论是我国控制论专家邓聚龙教授于1982年创立的，是一种研究少数据、贫信息不确定性问题的理论。它以"部分信息已知，部分信息未知"的"小样本""贫信息"不确定性系统为研究对象，主要通过对"部分"已知信息的生成、开发，提取有价值的信息，实现对系统运行行为、演化规律的正确描述和有效监控[4]。灰色系统理论的基本原理为[5]：

①差异信息原理。差异即信息，凡信息必有差异，我们说两件事物不同，即含有一事物对另一事物之特殊性有关的信息。客观世界中万事万物之间的差异为我们提供了认识世界的基本信息。

②解的非唯一性原理。信息不完全、不确定的解是非唯一的，由于系统信息的不确

---

[1] 王知津. 信息检索与处理 [M]. 北京：机械工业出版社，2015.
[2] 陈旸，左珊. 基于粗糙集条件信息熵的图书馆信息资源评价研究 [J]. 现代情报，2014，34 (3)：47-50.
[3] 周磊. 融合粗糙集的企业竞争情报分析方法研究 [J]. 情报科学，2012 (12)：129-133.
[4] 徐进华. 基于灰色系统理论的数据挖掘及其模型研究 [D]. 北京：北京交通大学，2009.
[5] 邓聚龙. 灰色系统（社会·经济）[M]. 北京：国防工业出版社，1985：25-29.

定性，就不可能存在精确的唯一解。

③最少信息原理。最少信息原理是"少"与"多"的辩证统一，灰色系统理论的特点是充分开发利用已占有的最少信息，研究小样本、贫信息的不确定性问题。其立足点是"有限信息空间"，"最少信息"是灰色系统的基本准则。所获得的信息量是判断"灰"与"非灰"的分水岭，充分开发利用已占有的"最少信息"是灰色系统理论解决问题的基本思路。

④认知根据原理。信息是认知的根据，认知必须以信息为依据，没有信息，无以认知，以完全、确定的信息为根据，可以获得完全确定的认知，以不完全、不确定的信息为根据，只能获得不完全确定的认知。

⑤新信息优先原理。新信息认知的作用大于老信息，直接影响系统未来趋势，对未来发展起主要作用的主要是现实的信息。

⑥灰性不灭原理。信息不完全是绝对的，信息不完全、不确定具有普遍性，信息完全是相对的、暂时的，人类对客观世界的认识，通过信息的不断补充而一次又一次地升华，信息无穷尽，认知无穷尽，灰性永不灭。

灰色系统理论克服概率统计的弱点，从杂乱无章的、有限的、离散的数据中找出规律，建立灰色系统模型，然后用它来做相应的分析、预测、决策和规划。其认为客观系统无论多么复杂，但终究是相互关联的、有序的、有整体功能的，作为系统行为特征的数据总是隐含着某种规律性。基于灰色理论的一系列信息分析方法如灰色关联分析、累加生成法、累减生成法、灰色建模和灰色分析等在情报学研究中已得到广泛应用①②③④⑤⑥⑦。

---

① 钱玲飞，杨建林．基于GM（1，1）模型的学科创新力预测［J］．情报科学，2012（4）：52-56.
② 苏国强，兰月新．灰色预测在边防毒品情报分析中的应用［J］．情报杂志，2011，30（s1）：21-22.
③ 石宝军，郑艳玲，高建山，等．河北省信息服务产业竞争力成长性分析［J］．图书情报工作，2011，55（2）：72-77.
④ 徐扬，孟文霞，李广建．基于灰色预测模型的情报学热点主题发展预测［J］．情报科学，2016，V34（7）：3-6.
⑤ 王晓佳，杨善林，徐达宇．基于改进粒子群算法的数据预测挖掘应用研究［J］．情报学报，2011，30（8）：840-845.
⑥ 陈福集，史蕊．基于残差修正的多因素灰色模型的网络舆情预测研究［J］．情报科学，2017（9）：131-135.
⑦ 徐敏捷，兰月新，刘冰月．基于组合预测的网络舆情数据预测模型研究［J］．情报科学，2016，V34（12）：40-45.

7.6 数字保存与管护理论

信息资源，尤其是数字信息资源的保存与管护是从信息生产到信息使用过程中的一个重要环节。数字信息资源包括电子文件、科学研究数据、网络文档、数字学术文献、视频与动画等。如何使这些数字资源得到长期保存和有效的管理维护是信息资源管理机构必须面对的课题。本节主要介绍数字保存与管护的内涵及相关参考框架模型。

7.6.1 相关概念形成与内涵

与数字信息资源保存相关的概念有数字管护（digital curation）和数据管护（data curation）；数字存档（digital archiving）和数据存档（data archiving）；数字保存（digital preservation）和数据保存（data preservation）等。就 digital 和 data 的用法而言，digital 更强调多种类型的数字信息资源，而 data 更强调科研数据，目前在信息保存与管护方面，digital 的使用更加广泛。

7.6.1.1 数字归档与数字保存

存档或归档（archiving）是对档案或记录的管理[1]。保存和存档是紧密联系的概念，经常结合使用，没有必要做细致区分[2]。数字保存的目的是保护信息的持久价值以便现在和未来能够被人们获取和使用[3]。摩尔（Moore）将保存看作未来与过去的一种交流，过去产生的信息通过当下的保存环境传递给未来，数字保存的理论框架包含了保存环境确保交流的完整性和真实性的过程[4]。由于信息资源面临着格式过时、授权变化、载体老化、软硬件环境更新升级、人为修改等多种挑战与风险，所以数字信息资源长期保存是数字信息资源管理整个生命周期过程中的一个重要环节。

1996 年，美国数字信息归档特别小组（US Task Force on Archiving of Digital Informa-

---

[1] CUNNINGHAM A. Digital curation/digital archiving: a view from the National Archives of Australia [J]. The American archivist, 2008, 71 (2): 530-543.

[2] MCMILLAN G. The NDLTD, and issues of long term preservation and archiving. It's about time [C]. Proceedings of the 6th International Symposium on Electronic Theses and Dissertations, Berlin, 2003.

[3] CONWAY P. Archival preservation practice in a nationwide context [J]. The American archivist, 1990, 53 (2): 204-222.

[4] MOORE R. Towards a theory of digital preservation [J]. International journal of digital curation, 2008, 3 (1): 63-75.

tion）发布《保存数字信息》（*Preserving Digital Information*）报告，号召对数字信息进行保存归档，报告阐述了数字信息归档所面临的技术过时、数字信息迁移、法律和组织环境不断变化等方面的挑战，以及档案管理的角色和职责等问题，其中将数字档案馆定义为数字信息的资源库，职责是通过多种迁移、完整和长期获取策略的实施对社会的、经济的、文化的、智力的国家数字遗产提供保障①。《保存数字信息》报告中的倡议和建议对数字保存实践的兴起产生了重要影响。

自 20 世纪 90 年代中期，英国和美国等国家相继实施了一系列数字保存活动。如 1995—2001 年，由英国联合信息系统委员会（Joint Information Systems Committee，JISC）资助成立的数字归档工作小组（Digital Archiving Working Group）监督的电子图书馆项目（Electronic Libraries Programme，eLib）② 获得实施，产生了一系列关于数字资源保存的成果③。作为 eLib 项目的第三阶段，1998 年开始实施的 Cedars 项目更加关注数字资源未来的可获取性和持续性④。2003 年美国空间数据系统咨询委员会（CCSDS）制定发布了标准化保存框架开放档案信息系统（Open Archival Information System，OAIS）的 ISO 标准，旨在为以长期保存为目的的信息系统建立一个参考模型和基本概念框架，用以指导系统中数字信息的长期保存和获取。同年，Cedars 项目对 OAIS 模型进行测试，建立了数字信息保存程序应用的统一适用性框架，创建了专门针对数字保存的统一元数据体系。

其他比较有代表性的数字保存项目还有荷兰图书馆实施的对电子出版物进行数字归档的 e-Depot 项目⑤、欧盟的"文化、艺术和科学知识的保存、获取与检索"（Cultural, Artistic and Scientific Knowledge for Preservation, Access and Retrieval，CASPAR）项目、"基于网络服务的保存与长期获取"（Preservation and Long-term Access through Networked

---

① WATERS D, GARRETT J. Preserving digital information. report of the task force on archiving of digital information [R]. The Commission on Preservation and Access, Washington, 1996.

② eLib: the electronic libraries programme 1995-2001 [EB/OL]. [2021-06-30]. http://www.ukoln.ac.uk/services/elib/.

③ The digital culture: maximising the nation's investment [EB/OL]. [2021-06-30]. http://www.ukoln.ac.uk/services/elib/papers/other/jisc-npo-dig/intro.html.

④ JONES M. The cedars project [J]. Library and information research, 2002, 26 (84): 11-16.

⑤ OLTMANS E, LEMMEN A. The e-Depot at the national library of the Netherlands [J]. Serials, 2006, 19 (1): 61-67.

Services，PLANTS）项目和"欧洲数字保存"（Digital Preservation Europe，DPE）项目等①。在英格兰和威尔士创办的数字保存联盟（Digital Preservation Coalition，DPC）每两年举办一次数字保存奖励会议，奖励为数字资源长期存取做出重要贡献的个人和组织②。

数字归档与数字保存以数字资源的可持续性为目标。《文件管理国际标准》（ISO 15489）将文件长期保存的目标定义为真实性、完整性和可靠性。真实性，即确保文件的形成是经过授权和鉴定的，保护文件免受未经授权的增、删、改、用和隐藏；可靠性是指文件的内容可信，可以充分准确地反映其所证明的事物或活动过程的真实性，在后续的事物或活动中可以被当作凭证；完整性是指文件是齐全的，未经过改动。除了真实性、可靠性与完整性以外，《电子文件信息的长期保存》（ISO/TR 18492—2005）还提出，电子文件的长期保存应实现可读、清晰、可标识、可检索、可理解、真实6个方面的属性。

7.6.1.2 数字管护

随着数据密集型科学研究范式的兴起③，科学研究过程中产生了规模巨大、种类繁多的科学研究数据，形成数据洪流。由于科研人员对数据保存与共享的认知不够及保存策略不当，使得大量珍贵数据无法重用。如何对科研数据进行保存、管理、增值、复用及共享，成为电子科学（e-science）、图书馆与档案管理领域关注的问题。数字管护基于科学研究领域数据的维护、保存与增值目的而产生，所以这一活动也经常被称为数据管护。

2001年，由数字保存联盟和英国国家空间中心组织的"数字管护：数字档案馆，图书馆和电子科学研讨会"（Digital Curation：Digital Archives，Libraries and e-Science Seminar），首次使用"数字管护"（digital curation）这一术语。2002年，JISC发布"持续获取与数字保存战略"（Continuing Access and Digital Preservation Strategy），将数据管护作为一个主要的资助方向④。2004年，英国数字管护中心（Digital Curation Center，DCC）

---

① FARQUHAR A, HOCKX-YU H. Planets：integrated services for digital preservation [J]. International journal of digital curation, 2008, 21 (2)：88-99.

② Digital preservation coaliation [EB/OL]. [2021-06-30]. https：//www.dpconline.org/events/digital-preservation-awards.

③ HEY T, TANSLEY S, TOLLE K. The fourth paradigm：data-intensive scientific discovery [M]. Redmond, Washington：Microsoft Research, 2009.

④ BEAGRIE N. The continuing access and digital preservation strategy for the UK joint information systems committee(JISC) [J/OL]. D-lib magazine, 2004, 10 (7/8) [2020-11-25]. http：//webdoc.sub.gwdg.de/edoc/aw/d-lib/dlib/july04/beagrie/07beagrie.html.

成立。2005年，由DCC举办的第一届国际数字管护会议（International Digital Curation Conference）召开，主题集中于建立数据管护的定义和基本方法①。2006年，《国际数据管护期刊》(*International Journal of Digital Curation*)发布。自2007年，DCC将研究内容聚焦于科研数据及科研数据管护的挑战，成立了DCC电子科学联络部（DCC's eScience Liaison Function），承担科研数据管护的研究，较有影响力的成果是DCC数据管护生命周期模型②和研究数据管理计划模型③。在数据管护工具的开发方面也逐渐趋于成熟，如数据资源框架（data asset framework，DAF）、数字资源库风险评估工具包（digital repository audit method based on risk assessment，DRAMBORA）④。DCC还采用了OCLC和CRL开发的TRAC方法、PLANTS项目开发的数字保存套件（the digital preservation Suite）等。

关于数字管护的概念，根据DCC网站的定义，数字管护是指针对数字化研究数据的整个生命周期开展的维护、保存和增值活动，通过主动管理降低数据过时和价值降低的风险，同时，得到管理的数据可以在研究群体之间共享，从而减少数据生产和重复投入，提高未来的研究质量⑤。JISC的比格里（Beagrie）指出，无论在图书馆和档案馆，还是在生物科学领域，数字管护不仅意味着保存或建立数据集，还意味着某种程度的价值和知识的增加⑥。

7.6.1.3 概念之间的区别与联系

数字管护是对数据进行照管并以某种方式进行增值，这就意味着数字管护过程会创造出一些更有价值的新数据⑦。保存是归档的一个方面，归档是管护中的一个活动⑧。

---

① 王芳，慎金花．国外数据管护（Data Curation）研究与实践进展［J］．中国图书馆学报，2014，40（212）：116-128.

② HIGGINS S. The DCC curation lifecycle model［J］. International journal of digital curation，2008，3（1）：134-140.

③ DONNELLY M，JONES S. DCC data management plan content checklist［EB/OL］.［2021-03-08］. https：//www.era.lib.ed.ac.uk/handle/1842/3343.

④ DRAMBORA interactive［EB/OL］.［2021-06-30］. https：//www.repositoryaudit.eu/.

⑤ DCC［EB/OL］.［2021-06-30］. http：//www.dcc.ac.uk/digital-curation/what-digital-curation.

⑥ BEAGRIE N. Digital curation for science，digital libraries，and individuals［J］. International journal of digital curation，2008，1（1）：3-16.

⑦ GIARETTA D. Draft DCC approach to digital curation［EB/OL］.［2020-12-22］. https：//www.researchgate.net/profile/David_Giaretta/publication/245973874_Draft_DCC_Approach_to_Digital_Curation/links/53d928fc0cf2631430c3b053.pdf.

⑧ LORD P，MACDONALD A. E-Science curation report：data curation for e-Science in the UK：an audit to establish requirements for future curation and provision［R］. Digital Archiving Consultancy Limited，2003.

在英国文化与教育部门，数字保存的最初目的是为了避免技术过时和管理不当，确保数字资源能够持久使用。所以保存是一种被动状态，资料存放在"黑色档案"里备用，为了确保资料的完整性和真实性，只有少量有权限的用户能够访问使用[①]。而数字管护关注的是数字资源的整个生命周期，使得有数据使用需求的用户都能够访问，数字管护是一种主动保存的状态，关注使用和重用，并且能够创造出新的资源，使数据增值。

存档与长期保存是管护的一种行为或方式，存档与长期保存过程可按 OAIS 模型作为参考框架。数字管护的过程多从数据的生命周期各环节入手，可按照生命周期模型作为参考框架。有学者认为，随着时间的推移，数字管护将作为一个包含数字保存、数据管护、数字资产、电子文件管理在内的涵盖性术语[②]。

7.6.2　OAIS 参考模型

随着数字信息的增长和多样化，各种实体单位，如政府、企业、档案部门及信息中心等都需要承担电子资源保存的工作。为了使电子资源保存过程标准化，需要一个各组织广泛接受的标准化的保存框架。开放档案信息系统（open archival information system, OAIS）是一项旨在为基于长期保存目的的信息系统建立的参考模型和基本概念框架，以维护信息系统中数字信息的长期保护和可存取。目前，OAIS 已经成为全球数字保存系统建设共同遵循的国际标准。

OAIS 参考模型包括环境模型、信息模型和功能模型，其中环境模型定义了与 OAIS 系统进行交互的实体，包括信息生产者、管理者和用户。

信息模型说明了数据对象被解释为表征信息，然后生成信息对象的过程。信息包是 OAIS 参考模型中的核心概念，电子资源对象均是通过信息包的形式从信息生产者经过 OAIS 模型的转换到达信息用户。信息模型中定义了 3 种信息包，分别为提交信息包（SIP）、存档信息包（AIP）和发布信息包（DIP）。信息包可分为内容信息和保存描述信息两种类型。

功能模型定义了 6 个功能模块：摄取、档案存储、数据管理、存取、管理、保存规划。功能模型的各实体如图 7-13 所示。

[①] HIGGINS S. Digital curation: the emergence of a new discipline [J]. International journal of digital curation, 2011, 6 (2): 78-88.

[②] YAKEL E. Digital curation [J]. OCLC systems & services: international digital library perspectives, 2007, 23 (4): 335-340.

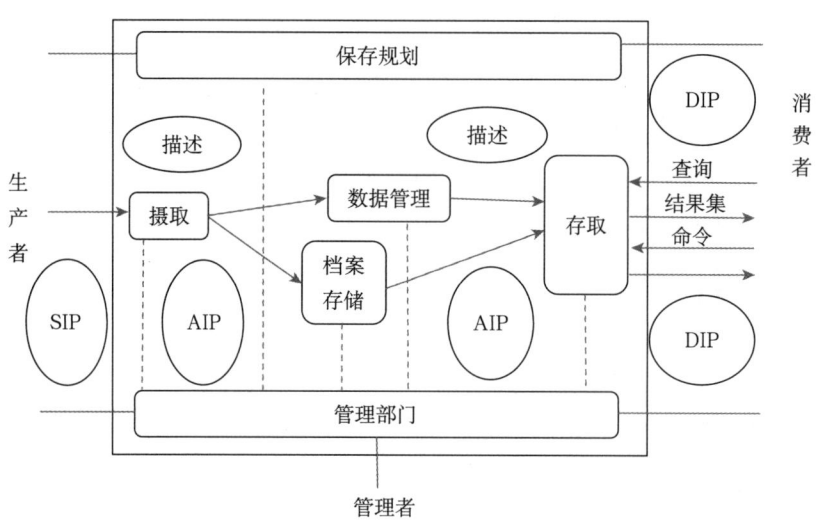

图 7-13 OAIS 功能模型

7.6.3 DCC 数字管护生命周期模型

DCC 的数据管护生命周期模型（curation lifecycle model）根据数据的生命周期，提出 4 个贯穿于全生命周期的活动、8 个在生命周期内循序进行的活动和 3 个偶尔执行的活动[1]，该模型的具体内容如表 7-4 所示。

表 7-4 DCC 数据管护生命周期模型具体内容

数据（数字对象或数据库）	
数据	任何以二进制数字形式存在的信息，处于管护生命周期的中心位置
数字对象	包括简单数字对象（如文本、图像或音频等离散数字条目，以及与这些条目相关的标识和元数据）和复杂数字对象（由其他数字对象组合生成的离散数字对象，如网站）
数据库	存储结构化记录集合和数据集合的计算机系统
完整生命周期活动	
信息的描述与表征	使用恰当的标准对管理、描述、技术、结构和元数据的信息进行分类，来确保能对信息进行恰当的描述和有效的控制。对一些需要被理解的信息进行收集并分配表征信息，形成数字资料与相关元数据

---

[1] HIGGINS S. The DCC curation lifecycle model [J]. International journal of digital curation, 2008, 3 (1): 134-140.

		续表
保存规划	为贯穿数字资源整个管护生命周期制定保存规划,包括对全部管护生命周期进行的管理与实施	
团队监管与参与	对适宜的团队活动进行监管,参与共享标准、工具、软件的开发	
管护与保存	承担管理与实施活动,促进贯穿整个生命周期的管护与保存	
循序活动		
概念化	构思并计划数据的创建,包括获取方法和存储方式的选择	
创建与接收	创建数据,包括管理、描述、结构的及技术性的元数据,也可以在创建时添加保存元数据;根据记录的收集策略,从数据创建者、其他档案库、数据库或数据中心接收数据,根据需要分配适当元数据	
鉴定与选择	评估数据,对可进行长期保存的数据进行筛选,最后进行保存。遵守相关文件与政策法律的要求	
摄取	将数据传送到档案馆、仓储库、数据中心或其他数据保管人。遵守相关文件与政策法律的要求	
保存活动	采取相应活动,以确保数据能够长期保存。在保证数据完整性的同时,确保数据的真实性、可靠性与可用性。相应活动包括数据的清洗、验证、分配保存元数据、分配表征信息,确保数据结构和文件格式是可接受的	
存储	按照相关标准,以安全的方式存储数据	
访问、使用与重用	以可公开获取的正式信息的形式呈现,确保指定与重用用户每天都可以访问数据,适用于鲁棒性访问控制和认证过程	
转换	从原始数据中创建新数据,如将数据进行格式迁移;通过选择与查询创建子集以便创造出新的衍生结果	
偶尔活动		
销毁	依照政策、指南或法律的要求对不需要长期保存的数据进行处理。通常数据可以被传送到另外的档案馆、资源库、数据中心或其他数据保管人,但是某些情况下数据会遭到破坏。出于法律原因,数据可能需要被安全地销毁	
重新鉴定	将验证失败的数据返回,进行深一步的数据评估与选择	
迁移	将数据迁移成其他的格式。这样做可以使数据更加符合存储的环境,或者确保数据能更加适应计算机硬件和软件的不断更替	

7.6.4 数字资源分级管理

由于数字资源类型众多，且格式不一、完整性不同、重要性不同，因此不是所有类型的数字资源都适于长期保存和管护，OAIS 模型和数字管护生命周期模型都需要对数字资源进行鉴定与选择。在保存与管护策略上，也需要实施分级保存。2018 年 3 月，国务院办公厅发布《科学数据管理办法》，在总则第四条中指出"科学数据管理要遵循分级管理、安全可控、充分利用的原则，明确责任主体，加强能力建设，促进开放共享"。该办法也将科学数据的分级分类明确为科学数据中心的职责之一。

2013 年，美国国家数字管理工作联盟（National Digital Stewardship Alliance，NDSA）正式发布"数字分级保存框架"（Levels of Digital Preservation），为建立和完善数字保存活动提供了一个分层框架①，该框架将保存活动分为 5 个方面的内容，将保存活动的级别分为 4 个等级，如表 7-5 所示。

表 7-5 NDSA 数据分级保存框架

	一级（保护数据）	二级（了解数据）	三级（监测数据）	四级（修复数据）
存储和地理位置	拥有两个非并列的复本，将存放在不同介质中（如光盘、硬盘等）的数据内容转存到存储系统中	拥有至少 3 个完整复本，且至少有一个复本位于其他位置；记录存储系统、存储介质和需要使用的内容	在受不同灾难威胁的地理位置至少各有一个复本；对存储系统和存储介质进行退化进程监测	在受不同灾难威胁的地理位置至少各有 3 个复本；具有一个全面的规划，保持当前系统和介质上的文件和元数据可用
文件固定性和数据完整性	在摄入阶段对文件包含的固定性内容进行核查；如果文件不带有固定内容，则需创建	核查所有摄入对象的固定性；处理原始介质时使用只读设备对高风险内容进行病毒检查	每隔固定时间对内容的固定性进行检查；对固定性信息的日志进行维护；必要时提供审核	针对特定事件或活动核查所有内容的固定性；有能力替换/修复受损数据；确保无人可以对所有复本进行写入

---

① PHILLIPS M, BAILEY J, GOETHALS A, et al. The NDSA levels of digital preservation: explanation and uses [EB/OL]. [2021-06-30]. https://www.digitalpreservation.gov/documents/NDSA_Levels_Archiving_2013.pdf.

续表

	一级（保护数据）	二级（了解数据）	三级（监测数据）	四级（修复数据）
信息安全	确定对个人档案具有读取、写入、移动、删除权限的人员；对个人档案具有相关权限的人，要对其进行限制和约束	制定文件内容获取限制条件	通过日志记录谁对文件实施了什么活动，包括删除和保存活动	对日志进行审计
元数据	对内容和存储位置建立详细目录；对详细目录进行备份	存储管理元数据；存储改动元数据并对事件建立日志	存储技术和描述元数据标准	存储保存元数据标准
文件格式	鼓励使用已知公开的格式和编解码器	拥有正在使用的文件格式和详细目录	监测文件格式的退化问题	根据需要实施格式迁移、仿真以及其他类似活动

7.7 信息传播理论

传播是一种古老的社会现象，可以说有了人类就有了传播。人类最早利用实物、手势进行传播。后来发明了语言和文字，扩大了传播的深度和广度。印刷术的发明和电报、电话等电子媒介的出现使人类传播再次发生质的变化，即大众传播的兴起与繁荣。随着互联网时代的到来，人类传播进入社会传播时代。可以说，人类发展史也是传播媒介演进史。信息传播作为一个独立的学科，在现代社会各领域得到广泛应用。许多学者对信息传播进行了深入研究，形成了有影响力的传播理论。传播理论阐明信息传播的过程与规律，在政治传播、新闻传播、现代教育技术、电子通信等领域发挥了重要的理论指导作用。

7.7.1 大众传播理论和社会心理学相关理论

国外关于信息传播的研究大致可以分为两类：一类是基于大众传播理论和社会心理学相关理论，采取情景分析、概念分析和心理分析的方法，对信息的传播模式、传播特征、影响因素和风险沟通等进行定性分析；另一类是基于信号传输介质的信息传输理论,一般被称为信息通信理论,更多关注的是信息内容的编码、解码和传输,并不注重人们之间交换意见、分享信息的概率等问题。

7.7.1.1 拉斯威尔"5W"模式

1948年美国学者拉斯威尔(Harold Lass-well)最早提出了信息传播的"5W"模式①。用简单的文字形式,简洁而深刻地表述了传播的实质,即谁(Who?),说了什么(Says What?),通过什么途径(in Which Channel?),对谁说(to Whom?),有什么效果(with What Effect?),如图7-14所示。

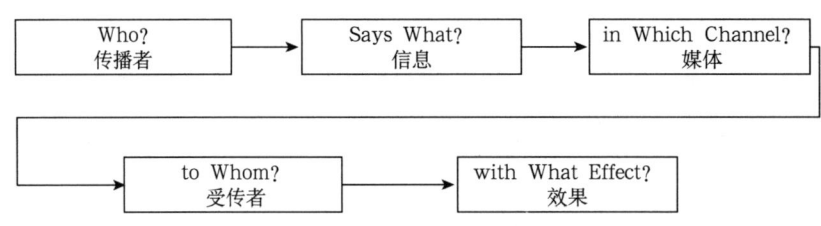

图7-14 拉斯威尔"5W"模式

拉斯威尔的"5W"模式初步揭示了传播过程的复杂性,在传播研究中得到了广泛应用,主要涉及5个方面:①控制分析,研究传播者;②内容分析,研究"说什么",即对传播内容(信息)的研究;③媒介分析,研究传播渠道,即对不同传播媒体的研究,包括对媒体性能、媒体与传播对象的关系等的研究;④对象分析,即对受传者的研究,了解其一般的和个别的兴趣、需要等;⑤效果分析,即对传播活动对人的态度、价值观和行为等所产生的影响进行研究。

拉斯威尔的"5W"模式影响深远,但是也有明显的缺陷。其一,"5W"模式是一个单向的线性模式,忽略了"反馈"这个要素;其二,这个模式没有重视"为什么"或动机的研究问题。即便如此,"5W"模式仍不失为经典的传播模式。

7.7.1.2 香农-韦佛的反馈传播模式

香农-韦佛(Shannon-Weaver)的反馈传播模式是在电报通信传播理论模式的基础上,加入反馈系统,引申其含义,用来解释人类的信息传播过程。香农在其研究基础上提出了传播的数学理论,为信息传播提供了建模的理论基础②。香农-韦佛模式包括反

---

① 哈罗德·拉斯韦尔斯. 社会传播的结构与功能 [M]. 何道宽,译. 北京:中国传媒大学出版社,2012:25-34.

② DEFLEUR M L. Diffusing information [J]. Society, 1988 (2):72-81.

馈系统，共分为7个部分，如图7-15所示。

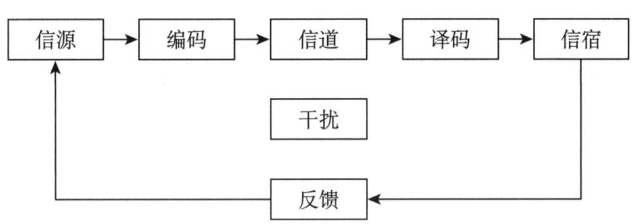

图7-15　香农-韦佛反馈传播模式

香农-韦佛模式与拉斯威尔模式最大的区别在于，香农-韦佛认为，传播必须包括编码和译码的过程：传播者（信源）将提供的信息，经过"编码"制成某种符号（语言、文字、图画、手势等），通过空气、纸张、身体等传播媒体手段（信道）传递给接受者；接受者（信宿）收到信息符号后经过"译码"才能理解这些符号的信息内容，并通过各种渠道再"反馈"给传播者一个信息；传播者根据接受者的反馈修正传播内容，使之更适合接受者的需要；经过反复的"反馈"和修正增强传播效果。

德夫勒（Defleur）基于香农的信息线性传播理论提出了信息的交互传播模式，该模式充分考虑了噪声和多样的信息传播介质对传播的影响，更形象地刻画了信息传播的动态过程[①]。

7.7.1.3　施拉姆的循环传播模式

施拉姆（Wilbur Shramm）于1954年在《大众传播的过程与效果》[②]一文中对香农-韦佛模式进行了改进，提出了一个强调"经验范围"的传播模式，如图7-16所示。这一模式强调传受双方只有在其共同的经验范围之内才能达到真正的交流，因为只有这个范围内的信息才能为信息发送者与接受者所共享。其特点是一种高度循环的传播模式，传者与受者作为传播的主体不断传出与接受信息。由于反馈的存在使传播过程实现了双向互动、循环往复。这个模式将传统的直线、单向的传播模式发展成为循环式，从而更加准确地表明了人类传播中交流、互换和共享信息的实际过程。施拉姆模式同样也能说明香农-韦佛模式所关心的技术问题，但主要是用来说明传意、信息的接受、对符号的

---

① SHANNON C E. A mathmatical theory of communication [J]. The bell system technical journal, 1948, 27 (3): 379-423.

② SCHRAM W E. The process and effects of mass communication [M]. Champaign: University of Illinois Press, 1954.

理解等，涉及传播的心理因素，因此较适合于说明社会情境中的传播过程。

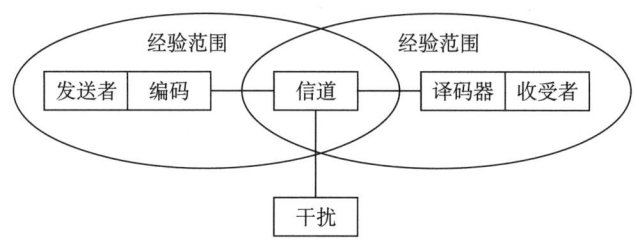

图 7-16　施拉姆的循环传播模式

7.7.1.4　贝罗的 SMCR 模式

贝罗模式也称为 SMCR 模式，是香农－韦弗模式在社会学方面的一个发展。该模式综合了哲学、心理学、语言学、人类学、大众传播学、行为科学等新理论，揭示了传播过程中的不同要素。贝罗（Berlo）把传播过程分解为 4 个基本要素：信息源、信息、通道和接收者（图 7-17），并说明了影响信息源、接收者和信息实现其传播功能的条件，说明信息传播可以通过不同的方式和渠道进行。

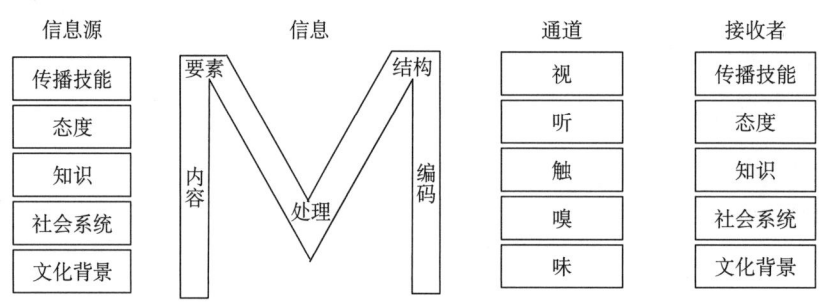

图 7-17　贝罗的 SMCR 模式

7.7.2　复杂社会网络传播理论

复杂社会网络传播理论通过建立模型进行信息传播的过程分析。詹尼特（Zanette）最早将复杂网络理论运用于谣言传播的分析中，建立了小世界网络上谣言的传播模型，得到了小世界网络上谣言的传播阈值[①]。莫雷诺（Moreno）等人考虑到人际关系网络中

[①] FU F, CHEN X, WANG L. Social dilemmas in an online social network：the structure and evolution of cooperation [J]. Physics letters A, 2003, 371（1）：58-64.

表现出的无标度特性，基于无标度网络建立了谣言的传播模型①。此后，国外学者又进一步对小世界网络模型和无标度网络模型进行了改良和完善，如纽曼（Newman）和帕克（Park）提出的 NP 模型②、博古纳（Boguñá）提出的社会距离模型③、金（Jin）和纽曼（Newman）等提出的 JGN 模型④、杰克逊（Jackson）和罗杰斯（Rogers）提出的 JR 模型⑤，以及巴斯克斯（Vazquez）提出的 CNN 模型⑥。他们更看重的是宏观层面上信息的传播规律并对其进行量化，如信息的传播阈值、人际信息传播的概率等。

7.7.2.1 信息传播的"3S"理论

（1）六度分隔假说

20 世纪 60 年代，心理学家斯坦利·米尔格拉姆（Stanley Milgram）进行了"小世界实验"，研究人们之间的联系有多紧密。他给内布拉斯加州的 160 人写信，告诉他们波士顿一位股票经纪人的姓名和地址，并指示他们把自己的名字写在信上，然后寄给一位朋友或熟人，他们可能会把信寄到离股票经纪人更近一步的地方。每个收到连锁信的人都会这样做，直到股票经纪人的朋友或熟人最终收到并直接寄给他。在小世界实验结束时，米尔格拉姆发现，大多数信件都是通过 5~6 个步骤到达股票经纪人的，从而形成了这样一个概念，即全世界的人都可以通过 6 个分离度联系在一起。这就是米尔格拉姆的六度分离理论（six degree separation theory）。

2001 年康奈尔大学社会学家邓肯·沃特斯（Duncan Watls）与人合作，借助现代互联网验证了米尔格拉姆的实验。六度分离理论很好地阐释了人类社会是一种网状结构这一事实，说明了"任意两个陌生人都能通过一定的方式建立必然联系或关系"这一理念，但并非强调必须通过 6 个中间人才能建立联系。随着人际网络的扩散尤其是社交媒

---

① TORRENT-MORENO M. Inter-vehicle communications: assessing information dissemination under safety constraints [C]. Proceedings of the 4th Annual IEEE/IFIP Conference on Wireless On demand Network Systems and Services (WONS). Obergurgl: IEEE, 2007: 59-64.

② NEWMAN M E J, WATTS D. Renormalization group analysis of the small-world network model [J]. Physics letters A, 2000, 26 (3): 341-346.

③ BARRAT A, WEIGHT M. On the properties of small world networks [J]. Eur Phys, 2010 (13): 547-560.

④ NEWMAN M E J. The structure and function of networks [J]. Computer physics communications, 2002, 147: 40-45.

⑤ DUNBAR R I M. Coevolution of neocortical size, group size and language in humans [J]. Behavioral and brain sciences, 1993, 16 (4): 681-735.

⑥ HOLME P, EDLING C R, LILJEROS F. Structure and time evolution of an internet dating community [J]. Social networks, 2004, 26 (2): 155-174.

体的诞生，陌生人之间的联系路径更加简短，但"一切联系皆有可能"的思想影响深远。

（2）小世界网络

沃特斯（Watts）和斯特罗加茨（Strogatz）于1998年提出了"小世界"（small world）网络模型①。小世界网络的特征路径长度很小。在小世界网络中，大部分的结点不与彼此邻接，但从任一节点经少数几步就可以到达大部分结点。这个简单的网络模型实质上是具有一定随机性的规则点阵，构建方法是：在环状规则点阵中用"断链重连"的方法，即顺序浏览每条边，以较小的概率 p（$p \approx 0.1$）将边的一端移动到另一个随机选取的位置上，即形成了所谓的小世界网络，如图7-18所示。实际的社会、生态等网络都是小世界网络，在这样的系统里，信息传递速度快，并且少量改变几个连接，就可以剧烈地改变网络的性能。

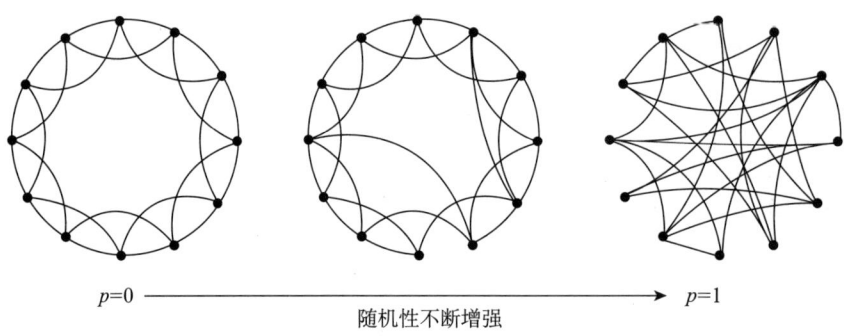

图7-18 小世界网络

（3）无标度网络

1999年，巴拉巴斯（Barabasi）和阿尔伯特（Albert）在 Science 上发表了标题为 Emergence of Scaling in Random Networks② 的文章，引入了无标度网络模型。无标度网络是一种度分布符合幂律分布的复杂网络。无标度网络具有严重的异质性，其各节点之间的连接状况（度数）具有严重的不均匀分布性：网络中少数称为 Hub 点的节点拥有极其多的连接，而大多数节点只有很少量的连接。少数 Hub 点对无标度网络的运行起着主导的

---

① WATTS D J, STROGATZ S H. Collective dynamics of 'small-world' networks [J]. Nature, 1998, 393: 440-442.

② BARABÁSI A, ALBERT R. Emergence of scaling in random networks [J]. Science, 1999, 286: 509-512.

作用。从广义上说，无标度网络的无标度性是描述大量复杂系统整体上严重不均匀分布的一种内在性质。可以看作节点度数的"马太效应"。

无标度网络模型考虑了实际网络的增长特性和优先连接特性，较好地解释了幂律分布的产生机理。BA 无标度网络模型的构造算法如下。

①初始：开始给定一个有 m_0 个节点的网络。

②增长：在每个时间步重复增加一个带有 m 条边的新节点，并且按照步骤③中的择优概率选择 m 个节点与新节点相连，其中 $m \leq m_0$。

③择优连接：择优概率为

$$\Pi_i = \frac{k_i}{\sum_j k_j}。 \qquad (7-10)$$

选择旧节点 i 与新节点相连，其中 k_i 是旧节点 i 的度。经过 t 个时间步后，生成一个有 $t + m_0$ 个节点和 m_t 条边的 BA 无标度网络。BA 无标度网络的聚类系数为

$$C = \frac{m^2(m+1)^2}{4(m-1)} \left[\ln\left(\frac{m+1}{m} - \frac{1}{m-1}\right) \right] \frac{[\ln(t)]^2}{t}。 \qquad (7-11)$$

当 t 充分大时，即网络规模演化到充分大，BA 无标度网络的聚类系数 C 会变得很小，聚类特征也会变得越来越不明显。

BA 无标度网络的平均路径长度为 32~33：

$$L \propto = \frac{\log N}{\log \log N}。 \qquad (7-12)$$

BA 无标度网络的度分布函数可由幂指数为 3 的幂律函数近似描述，网络的平均度 $<k>$ 不随网络规模 N 的变化而变化，而且网络的平均路径长度 L 与网络规模 N 的对数成正比，这说明该网络除了具有无标度特性外，还具有小世界特性。

7.7.2.2 创新扩散理论

创新扩散理论，又译成"创新传播理论"等，主要研究媒体如何劝说人们接受新观念、新事物、新产品。1962 年，美国学者罗杰斯教授在调查农村农业新技术推广过程中发现了新事物传播发展的规律，进行验证后撰写了《创新扩散》一书。书中总结出新事物在一个社会系统中的扩散随着时间推移遵循 S 形曲线，并对新事物扩散的过程及影响因素做出了解释。

罗杰斯发现创新在社会系统扩散中具有一定的规律性，在创新扩散早期，采纳者较少，进展速度缓慢；当采纳者逐渐增加，数量达到相关群体总数的 10%~25% 时，扩散

速度加快,达到扩散速率的起飞点;当大部分人都接受采纳该创新时,扩散又会慢下来。整个过程中扩散速率如图 7-19 所示。

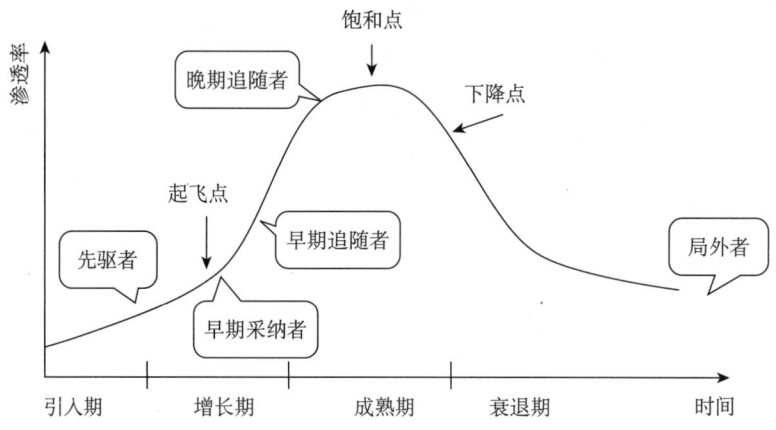

图 7-19 创新扩散模型中创新扩散速率

如果将横轴设置为时间,纵轴设置为扩散程度,将整个过程描述出来,便是一条 S 形曲线,如图 7-20 所示。

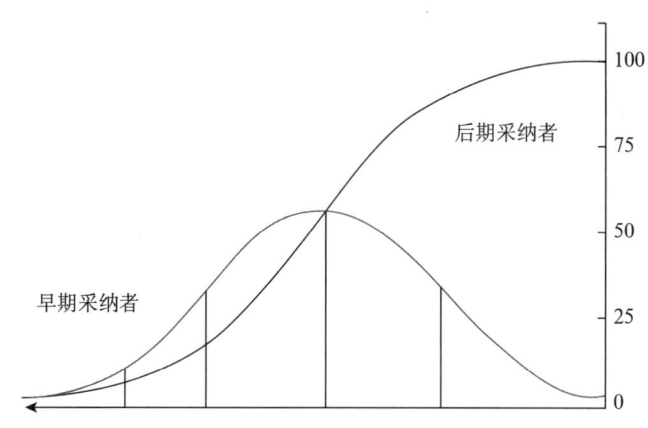

图 7-20 创新扩散模型中用户增长

在这个过程中,一项创新在某一社会系统中通过某些传播渠道,会随着时间的推移逐渐推广开来,这个过程有以下 4 个主要因素。

①创新本身。创新是指一种被个人或者团体接受者视为新颖的观念、时间或者事物,其重点在于接受者主观上认为是否新颖,而非该事物本身是否新颖。能够使接受者视为新颖的事物往往具有 5 个要素:相对优越性,即该创新是否优于它所取代的旧事

物、便利性、用户满意度、品牌影响力等都可用来作为评价相对优越性的指标①。一项创新的相对优越性越大,它被采纳的速度就会越快。兼容性,是指一项创新与接受者当前的需求、过往经验和现有价值观的共存程度。易用性,是指该创新被接受者所认为在理解和使用时的难易程度。可试验性,是指接受者在他所具备的环境条件下能够进行试验,且风险较小。可观察性,是指一项创新所产生结果对接受者的可见程度。如果个体认为某些创新具有相对优越性、较好的兼容性、使用简单、能够轻易尝试且结果明显,那么这些创新的采用速度会比其他创新更快。

②传播渠道。创新扩散的实质是信息交换,通过某种渠道传递给一个或多个人。大众传媒是最快、最有效的手段,能够使作为潜在接受者的观众短时间内获知一项创新②,然而社会化网络中的人际传播与口碑传播则在改变个体对创新的认识观念上更为有效③。

③时间。创新扩散的时间因素反映为用户对创新的采用决策过程,主要体现在:用户从知道该创新到决定采用或拒绝该创新所经历的时间过程、用户采用某一项创新的相对速度、创新精神与采用者类别。罗杰斯把个体接受创新的决策过程划分为认知、说服、决策、实施、确认5个阶段。根据创新采用者对创新接受程度的不同,可将其划分为创新者、早期采用者、早期采用人群、后期采用人群、落后者5类。他们在创新扩散的过程中接受并采纳创新的时间与其在相关人群中所占的比例,可以用图7-21表示。

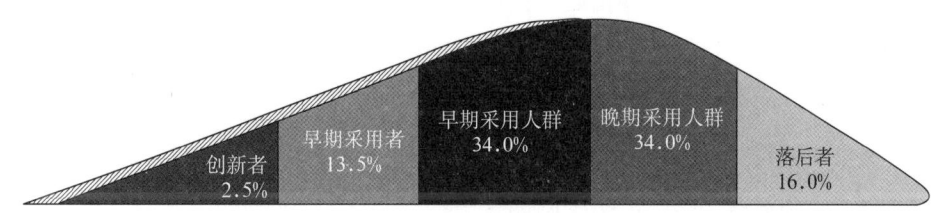

图7-21 接受创新与所需时间的关系

④社会系统。罗杰斯将系统结构定义为社会系统中各个单位的规则排列。结构使系统中个体的行为具有规律性、稳定性。其中观念的引领者对个体具有强大的号召力,成为创新的代理者。同时,系统的社会结构会促进或阻碍创新在系统中的扩散。

在传播学发展的历史上,创新扩散理论被认为是传播效果研究中的一个里程碑。该

---

① 谢伦丁. 以城市生活门户网站为例探讨携程模式类互联网应用的扩散 [D]. 南昌: 南昌大学, 2007.
② 陈劲, 魏诗洋, 陈艺超. 创意产业中企业创意扩散的影响因素分析 [J]. 技术经济, 2008 (3): 37-46.
③ 范玉明. 移动互联网背景下的"微博"发展分析 [J]. 新闻爱好者, 2010 (4): 105-106.

理论侧重于探讨大众传播对社会文化和生活的影响，并把两级传播模式发展为多级或 N 级传播模式。该理论认为，在创新扩散过程中，初始阶段通过大众传媒进行即时、迅速、广泛的传播，当人们对创新有所了解的时候，通过人际传播的方式传播具有劝服性的信息，二者结合可以达到最佳传播效果。

7.7.2.3 结构洞理论

结构洞理论是美国著名社会学家罗纳德·伯特（Ronald Burt）于 1992 年在其著作《结构洞：竞争的社会结构》中提出的①。所谓结构洞是指在社会网络中，间接连接的、拥有互补资源或信息的个体之间所存在的空隙，从网络整体看好像网络结构中出现了洞穴。如果两者之间缺少直接联系，而必须通过第三者才能形成联系，那么第三者就在关系网络中占据了一个结构洞。结构洞是信息流动的缺口，跨越结构洞的人能够获取异质性信息。

伯特以行动者如何获取竞争优势作为研究出发点，在格兰诺维特（Mark Granovetter）②的弱关系理论及伯特对于结构自主性和边际效益研究的基础上提出了结构洞理论。所谓弱关系指的是一种不频繁的、疏远的关系。格兰诺维特以劳动力市场为切入点，通过强关系联结的人们拥有的资源与信息相互重叠，而创新的思路、信息和机会等资源只有通过弱关系才能在相对独立的群体之间进行传播，即弱关系促成了不同群体之间的信息流动。弱关系理论和结构洞理论似乎在描述同样的现象。但是结构洞理论的提出更加有意义。弱关系是关系强度及其位置的理论，结构洞并不是用来说明关系的强弱，而是信息的传递控制。此外，结构洞的控制利益有时候比它带来的信息利益更为重要，结构洞的观点就是强调要将弱关系存续下去。

许多的经验和资料都指出，结构洞的存在与凝聚性（cohesion）和结构等位（structural equivalence）这两个条件有关。在凝聚性条件下，如果两个人之间是强关系，他们就是冗余的关系人，此时的强关系就意味着缺乏结构洞。第二个测量结构洞的条件是结构等位，如果两个人拥有同一个关系人，则这两个人在结构上就处于同等位置。不管结构等位中的人们之间是什么样的关系，他们都会因为拥有同样的信息而产生冗余。由此可见，凝聚性关注的是直接联系，而结构等位关注的则是对称的非直接联系。当然，这两个条件不是绝对的，也不是相互独立的。对于凝聚性，如果两个人之间存在最强相

---

① 罗纳德·伯特. 结构洞：竞争的社会结构 [M]. 上海：上海人民出版社，2008：45-56。
② GRANOVETTER M S. The strength of weak ties [J]. American journal of sociology, 1973, 78 (6): 1360-1380.

关,则认为他们之间有强关系。而所谓的结构等位,在极少情况下是完全等位的,人们只是在结构上或多或少地趋向于等位。任意两个人之间的关系都是凝聚性和结构等位等因素相结合的结果,只不过二者结合的相关程度不相同。

罗纳德·伯特(Ronald Burt)利用弱关系解释个体所处网络的结构洞关系,如图7-22所示,其中实线表示强关系,连接着群体内的个体,虚线表示弱关系,是彼此独立群体的两个个体连接关系。作为网络中的个体有4种连接关系:自身群体网络中的两个强关系,以及通往其他两个独立群体的弱关系。从图中可以看出3个层次的结构洞:①A 与 C 构成结构洞关系;②B 与 C 构成结构洞关系;③A 与 B 也构成结构洞关系。

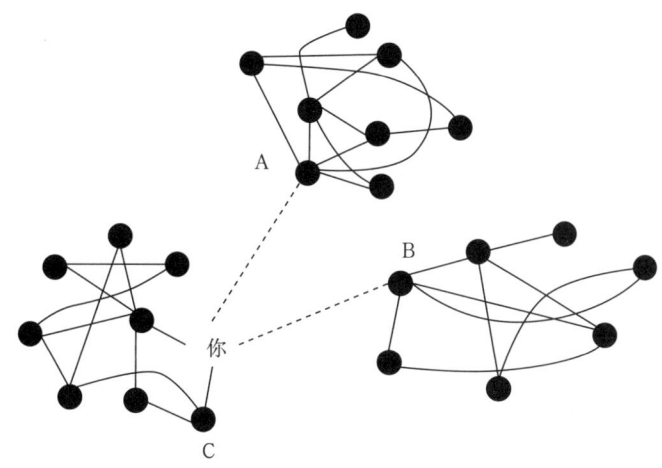

图 7-22 结构洞示意

7.8 竞争情报理论

竞争情报的实践活动由来已久,但有关竞争情报的理论研究始于20世纪80年代,是企业为适应新环境下愈加激烈的市场竞争而逐渐兴起的。国内外对竞争情报概念的理解不尽相同,归纳起来主要有3类:第一类认为竞争情报是一种过程,是"通过合法手段搜集和分析商业竞争和技术创新中有关商业行为的优势、劣势和目的的信息的过程"①;第二类认为竞争情报是一种产品,是"企业从外部获得的能改进企业绩效的任

---

① 贾晓斌. 竞争情报理论与实践研究 [M]. 西安:西安交通大学出版社,2006:75.

何信息",也有人指出,竞争情报既是一种过程,也是一种产品;持第三类观点的学者居多,如约翰·普赖斯科特、依安·戈登、包昌火等,认为"所谓过程,就是对信息的搜集和分析,所谓产品,就是由此形成的情报或谋略,而竞争情报就是关于竞争对手、竞争环境和竞争战略的信息和研究"①。实际上,竞争对手、竞争环境和竞争战略,正是竞争情报的主要研究内容,竞争情报的相关理论也是在此基础上衍生发展起来的。

7.8.1 竞争对手理论

7.8.1.1 竞争对手识别理论

通常认为,除了自身以外的所有竞争主体都是竞争对手,他们与本企业或本产品有着共同的目标市场,并且可能有利益冲突。利用"产业相关度"和"熟悉对手程度"两个维度,可以划分出竞争对手类型,如图7-23所示。

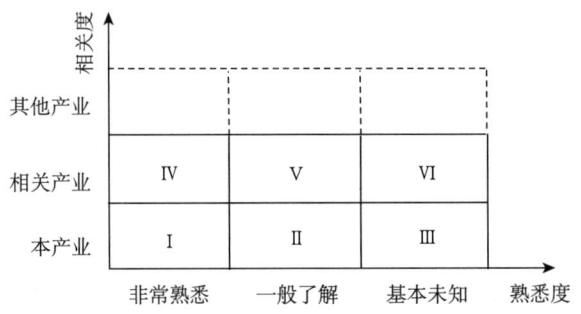

图7-23 竞争对手分布二维模型②

在图7-23中,每个维度划分成了三级,由此可以确定9个区域。通常认为,Ⅰ~Ⅵ区域是竞争对手可能分布的区域,不相关的产业之间基本不存在竞争对手,即使有也可以忽略不计。不同类型的竞争对手之间的区分如下:

①直接竞争对手。分布在区域Ⅰ和Ⅱ,这些竞争对手正在某些方面与本企业进行竞争,客观上都对本企业构成了直接的、明显的竞争。

②间接竞争对手。分布在区域Ⅳ,该区域竞争对手与本企业是间接竞争关系,虽然产品可能不同,但可能会争夺同一资源。

---

① 胡星光,包昌火,谢新洲,等. 竞争情报解决方案:企业竞争情报系统和竞争情报技能[M]. 北京:兵器工业出版社,2002:110.
② 靖继鹏,马费成,张向先. 情报科学理论[M]. 北京:科学出版社,2009:357.

③潜在竞争对手。分布在区域Ⅲ、Ⅴ、Ⅵ，这3个区域的竞争对手与本企业很难构成竞争关系，或不具备竞争实力，但将来有可能转化为直接或间接的竞争对手。

从理论上讲，竞争对手可以划分为上述3类，但在实践中，参与市场竞争的主体可能很多，企业竞争对手研究只能选择关键竞争对手。因此，在上述二维模型中，增加"能力维"，即竞争对手的能力特征，可以把与本企业能力相似度高的竞争对手看成关键竞争对手①。也就是说，只有那些有能力与该企业抗衡的竞争者才是竞争对手。

7.8.1.2 竞争对手分析理论

竞争对手分析的实质是围绕竞争对手展开的情报研究，是竞争情报研究的核心内容。目前学术界对竞争对手的研究已经进行了30多年，分析过程一般要经历以下几个步骤：识别主要竞争对手、分析对手的目标、判断对手的战略、评估对手的强弱程度、预测对手将要做出的反应、选择攻击或是规避的竞争战略。

波特在1980年提出了一种竞争对手分析模型，该模型从企业的未来目标、现行战略、自我假设和企业实力等4个方面分析了竞争对手的行为和反应模式，由此出现了早期的竞争对手分析理论②，如图7-24所示。

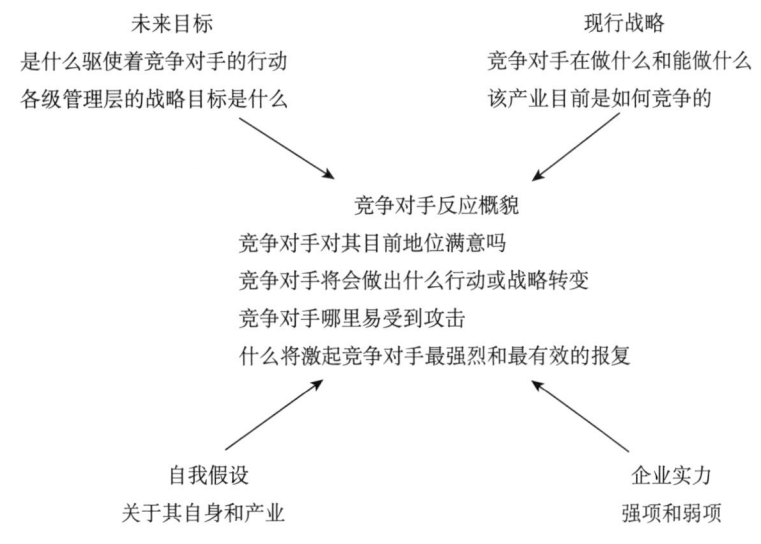

图7-24 波特的竞争对手分析模型③

---

① 王知津. 竞争情报 [M]. 北京：科学技术文献出版社, 2005：267.
② 包昌火, 谢新洲, 李艳. 竞争对手分析论纲 [J]. 情报学报, 2003, 22 (1)：103-114.
③ 同②。

在真实的世界里，竞争对手分析是一个十分复杂的过程。在竞争情报的长期实践过程中，形成了多种竞争对手分析方法。包昌火等从时间、市场和能力3个方面对竞争对手分析方法进行了分类、总结，提出了CMT三维分析法，如图7-25所示。

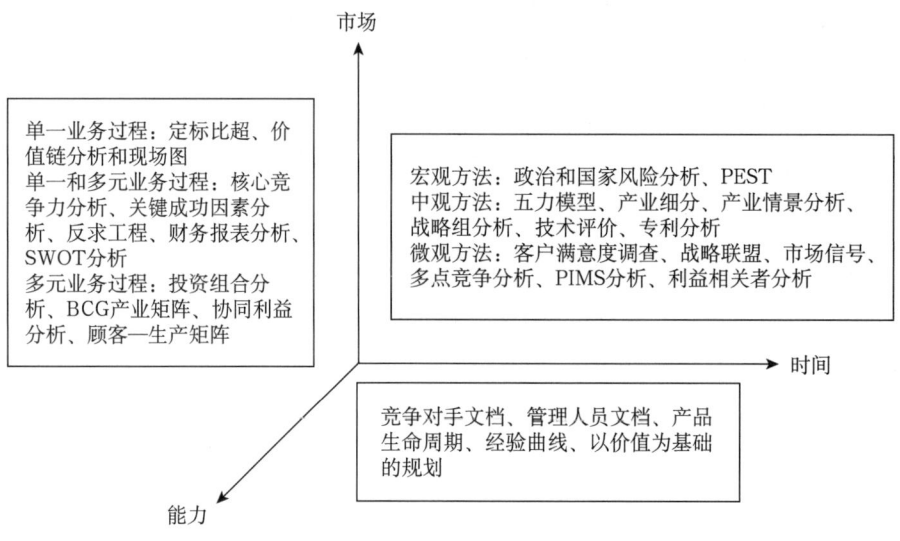

图7-25 CMT三维分析法①

7.8.2 竞争环境理论

7.8.2.1 竞争环境理论的演化

竞争环境是指企业在参与市场竞争过程中遇到的与其有现实和潜在关系的各种力量和相关因素的总和，通常由企业外部因素和内部因素两个部分构成。它们相互影响，相互作用，共同构成了该企业的市场竞争环境。竞争环境是客观存在的，它既独立于企业生产经营之外，又渗透于其中。也正是由于这种客观性，竞争环境中包含了许多企业可测的和不可测的因素，任何因素的变化都可能对企业产生重大影响。可见竞争环境的内容十分复杂，且复杂要素越多，环境的不确定性越大。竞争环境的不确定性会给企业的生产经营带来极大的困难。为了解企业所处的竞争环境，掌握竞争态势，分析竞争对手的动向并及时做出反应，发现市场的机会和威胁，从而制定合适的竞争策略并获得竞争优势，学者们从未停止对竞争环境的理论研究。下面介绍几种关于企业竞争环境的主要理论。

---

① 包昌火，谢新洲，李艳. 竞争对手分析论纲 [J]. 情报学报，2003，22（1）：103-114.

在古典管理理论中,企业被看成是一个高度结构化的、机械的、封闭的系统,管理者很少考虑外界环境的变化与影响。

在开放系统理论中,组织认识到了环境的重要性,认为企业同周围的环境之间存在着动态的相互作用,认为企业的生命是通过从环境中获取资源,在组织内部转换,再以商品、服务、信息和废物的形式向环境中输出来维持的。

权变理论考虑到了外部环境的复杂性和变化性,认为组织须适应环境的变化,主张企业积极地适应外部变化,对环境和企业的管理思想和管理技术进行"权衡与变通",因此这一理论也叫环境适应论,即管理方式服从企业环境。

种群生态学理论将达尔文的自然选择学说移植到了组织分析中,认为组织就像自然界中的生物一样,面对其他组织的竞争和稀缺的资源,只有最适应环境的组织才能生存下去,组织间的关系以竞争为主,组织必须争夺有限的资源才能维持其自身的生存与发展。

组织生态学理论强调的是组织与环境的合作关系,认为组织与环境是互动的,不仅环境会选择组织,组织也会主动构造环境,当各个组织联合起来时,环境就不再是独立的、影响组织的外在因素,而是可以改造的。

合作竞争理论认为,企业与企业间既不是纯粹的竞争关系,也不是纯粹的合作关系,而是合作与竞争共存。

商业生态系统理论认为,任何一个企业都应与其所处的环境"共同进化",而不是竞争或合作,也不是某个企业的单独进化。

关晓红对上述几种企业竞争环境的主要理论做了总结与比较,如表7-6所示。

表7-6 企业竞争环境主要理论的总结与比较[①]

理论 (观点)	如何认识竞争环境						如何对待竞争环境		企业与其他主体的关系
	封闭	开放	静态	动态	孤立	系统	被动	主动	
古典管理理论	√		√		√		√		
开放系统理论		√		√		√	√		
权变理论		√		√		√	√		

---

① 关晓红.基于生态系统观的企业竞争环境情报研究[D].天津:南开大学,2004:7.

续表

理论 （观点）	如何认识竞争环境						如何对待竞争环境		企业与其他 主体的关系
	封闭	开放	静态	动态	孤立	系统	被动	主动	
种群生态学理论		√		√	√		√		竞争
组织生态学理论		√		√		√		√	合作
合作竞争理论		√		√		√		√	合作竞争
商业生态系统理论		√		√		√		√	共同进化

由表7-6可知，从古典理论、权变理论、种群生态学理论、组织生态学理论、合作竞争理论到商业生态系统理论，人们对竞争环境的认识视角已由静态的、孤立的、被动的逐渐转变为动态的、系统的、主动的①。随着认识的深入，有关竞争环境的情报研究越来越多，综合起来，主要有竞争环境监视理论和竞争环境分析理论两个部分。

7.8.2.2 竞争环境监视理论

竞争环境监视是对竞争环境的持续扫描，通过对企业外部环境中与事件和关系有关的信息进行监视，帮助决策者更好地把握企业未来的发展方向。监视模式一般有两种，包括宏观环境监视和微观环境监视。

根据企业进行环境监视的组织结构、实施特征和费用承受能力的不同，主要有4种宏观环境监视模式：①临时型监视，是当环境发生变化时临时组织人员突击搜集情报，作为一种低层次的监视模式，它没有正式的监视机构，只是一种面向特殊事件的应急补救行动，一般适用于外部环境稳定、以维持现状为目标的企业，但这种监视方式十分不稳定，虽然资金投入相对较小，但难以及时预料到各种复杂的环境变化。②反应型监视，适用于环境变化较少、采取稳定发展战略的企业，事先由企业管理机构确定一个监视范围，企业的监视活动在各个职能部门分散进行，不定期地研究出现的问题并提出解决方案供决策层参考。③预警型监视，是指企业建立专门的危机监视机构，定期对外部环境进行全面监视，并及时向决策者发出预警信号，这种监视模式的特点是反应灵活，成本较大，适用于环境变化突然、变动幅度很大的情况，一般用在采取跟随战略的企业中。④创造型监视，是指实现了监视活动网络化、能够用系统结构化的方法对整个环境进行长期跟踪研究的监视模式，这种模式风险大、成本高、十分先进，多用于勇于开拓创新、在竞争中处于领先地位的企业。

---

① 关晓红. 基于生态系统观的企业竞争环境情报研究[D]. 天津：南开大学，2004：7.

微观环境监视是指对企业内部各个组成部分进行监视，搜集和捕捉信息并研究其规律。微观环境监视主要有操作要素型和操作规程型两种模式。操作要素型监视以波特的五力模型为框架，采用市场信号监视的方法来监视现有竞争者、潜在进入者、供应商、顾客和替代品这5种力量。操作规程型监视，实际上就是按照竞争环境的监视流程来组织监视活动[1]。

7.8.2.3 竞争环境分析理论

竞争环境监视只是浅层次的情报研究，要想实现对企业竞争战略的有效支持，还必须对竞争环境进行深入分析。具体说来，可以从内部竞争环境和外部竞争环境两个方面进行。

内部竞争环境分析的目的在于让企业了解自己，找到自己比其他企业做得出色的地方，从而发挥优势，建立核心竞争力。所谓核心竞争力，是指一个企业所独有的、不容易被别人模仿的、能够给企业带来持续利益的能力。而这种能力通常建立在其所占有的资源基础上，资源的优劣很大程度上决定了企业核心竞争力的强弱。因此，若要全面了解一个企业的内部竞争环境，必须对企业的资源和能力两方面都进行透彻、深入的分析。企业资源包括无形资源（如专利、商标、品牌、客户忠诚度、企业文化等），有形资源（也称实物资源，如资产、设备等），人力资源以及财务资源等几部分。基于对这些资源的分析结果，企业能了解自己到底有什么，核心竞争力在哪里，有哪些优势和不足，这样企业才能对自己在市场竞争中的地位有一个准确的认识。

外部竞争环境分析的目的，是要让企业明确能够给企业带来收益的机会以及企业需要规避的威胁。分析外部竞争环境，并不是将各种对企业有影响的要素一一列举出来，而是要找出那些对企业的发展起到关键作用的、值得企业应对的环境因素。

7.8.3 竞争战略理论

战略是企业为了求得生存和发展，对实现目标的途径和手段的整体谋划。企业战略可以分为公司层、事业层和职能层3个层次（图7-26）[2]。其中，竞争战略处于企业战略的第二层——事业层，主要研究企业的产品和服务在市场竞争中的目标、方针、策略等问题。

---

[1] 靖继鹏，马费成，张向先. 情报科学理论 [M]. 北京：科学出版社，2009：364-365.
[2] 骆建彬，严鸢飞. 竞争情报实务指南 [M]. 海口：南海出版公司，2005：88.

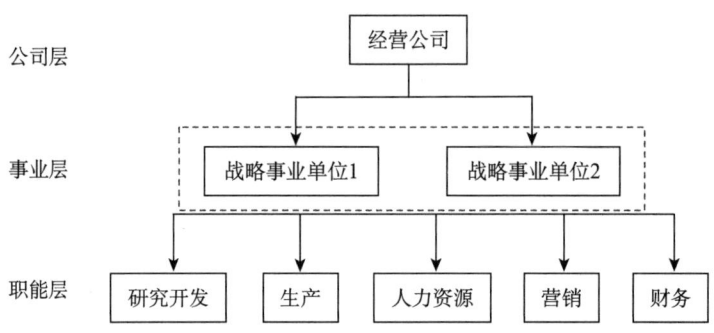

图7-26 企业战略的层次①

竞争战略在企业3个层次的整体战略中起到的是衔接作用,它根据企业的经营目标,对企业的外部环境、内部优势、产业现状以及市场的机会与威胁等各个方面进行系统分析,从而形成企业可操作的战略决策。具体来讲,竞争战略要解决的核心问题就是企业如何凭借实力进入某地、某产业或某部门,并在其中确定自己的竞争目标与方针,从而指导企业在竞争中取胜。20世纪80年代,哈佛大学的迈克尔·波特教授及其研究团队对竞争战略理论和方法的研究极大地推进了竞争战略的理论和实践发展,得到了许多开创性成果,其中以竞争战略选择理论影响最广。

7.8.3.1 竞争战略选择理论

迈克尔·波特在《竞争战略》一书中指出,决定企业竞争战略的两大核心要素是产业吸引力和企业竞争地位②。产业吸引力指的是从长期盈利能力及其决定因素来看各个产业所具有的吸引力。由于不同产业会提供不同的持续盈利机会,在新兴产业、成熟产业和衰退产业中,企业的竞争状态会存在很大差异。因此,企业在制定竞争战略时,必须深入了解决定产业吸引力的竞争法则。对这一法则的分析通常使用的是迈克尔·波特提出的"产业结构分析模型",即"五力模型",包括新加入者的威胁、客户的议价能力、替代品或服务的威胁、供货商的议价能力以及既有竞争者。根据这5种竞争力,企业可以判断出其所处产业的潜在获利情况。

决定竞争战略的另一个要素是竞争地位。根据企业在目标市场中扮演的角色,可以将一个产业中的企业划分为4种类型:市场主导者、市场挑战者、市场跟随者、市场补

---

① 骆建彬,严鸾飞. 竞争情报实务指南[M]. 海口:南海出版公司,2005:88.
② 迈克尔·波特. 竞争战略:分析产业和竞争者的技巧[M]. 北京:华夏出版社,1997:15-25.

缺者[①]。竞争者在产业中所处的竞争地位不同，就会选择不同的竞争战略。波特认为，在与 5 种竞争力量的抗争中，蕴含着三大一般性战略，即总成本领先战略、差异化战略和集中化战略。总成本领先战略，是在经验的基础上全力以赴降低成本，严格控制管理费用，最大限度地减小研发、服务及推销等方面的成本，从而使总成本低于竞争对手，在产业竞争中占据有利地位；差异化战略，是将企业的产品或服务差异化，使其树立起一些在整个产业中独具特色的东西，如品牌形象、产品性能、顾客服务、商业网络等，甚至在这几个方面都有差异化特点，一旦成功实施了差异化战略，这个企业就成为产业中的佼佼者；集中化战略，是将目标集中在某个特殊顾客群或产品线上的某个细分区段或地区，其核心思想是以更高的效率、更好的效果为某些特殊的战略对象服务，从而超过在较广阔范围内竞争的对手们，这样企业就可以通过满足特殊对象的需要来实现差异化（差异化集中），或者在为这一对象服务时降低了成本（成本集中），或者两者兼得。

一切战略的选择都是为了让企业赢得或保持竞争优势，波特的这三大一般性战略也是以成本优势和差异化优势为出发点的，目的就是让企业在产业竞争中高人一筹。但有效地贯彻一种战略，不能仅依赖于这一战略本身，还要有许多辅助战略作为支持，以保证基本战略的顺利实现，如公司战略、多角化战略、兼并收购战略、全球化战略、合作战略、知识发展战略等。企业可以通过对购买者、供应商、当前竞争对手、替代产品和潜在进入者 5 种因素的深入分析，选择具有潜在高利润的产业，选定产业后，再根据自身力量与 5 种力量的对比情况，从总成本领先战略、差异化战略和集中化战略中选择一个最佳战略作为自己的基本竞争战略，通过有效的组织安排和辅助战略的配合，使企业在市场竞争中赢得优势[②]。

7.8.3.2 竞争战略情报研究理论

竞争情报将来自企业自身、市场需求、战略联盟、竞争对手和竞争环境的原始信息转化为准确、适用的战略知识，以帮助企业决策者制定出赢得竞争优势的战略决策。因此，竞争战略的选择和制定是竞争情报研究的核心内容，也是竞争情报价值和效用的集中体现。由此可见，选择和制定企业竞争战略是竞争情报研究中最为关键的一环，主要目的就是为企业提供其所需的信息和信息加工能力，使企业能够执行其所期望的取胜战略。

---

① 郭国庆，刘凤军，王晓东. 市场营销理论 [M]. 北京：中国人民大学出版社，1999.
② 李海滨. 五力模型批判 [J]. 企业管理，2005（8）：18-19.

（1）竞争战略情报研究的过程

竞争战略情报研究的基本过程是情报活动为适应战略决策的需要而形成的，包括对竞争环境、竞争对手等信息的搜集与分析，对市场机会和威胁的探测与发现，以及竞争战略的选择、制定与评价等一系列过程。在这一过程中，竞争情报活动与战略管理活动实现了有机结合，充分体现了竞争情报的"智能性"和"谋略性"。

（2）竞争战略情报研究的 SWOT 分析模型

按照企业竞争战略的完整概念，战略应该是将企业"能做到的"和"可能做的"进行有机结合，把一个组织的强项、弱项同环境的机会、威胁联系起来①。SWOT 分析就是在综合了两者的基础上，将企业自身的内部分析与产业竞争环境的外部分析相结合，从而形成结构化的平衡系统分析体系。SWOT 分析是美国旧金山大学管理学院教授海因茨·韦里克于 20 世纪 80 年代提出的，其中，S（strength）、W（weakness）、O（opportunity）、T（threat）分别代表优势、劣势、机会和威胁②。该方法通常采用列表分析，将各种因素按照影响程度排列起来，优先排列那些对企业发展有重要影响的因素，构造 SWOT 矩阵，如表 7-7 所示。

表 7-7　SWOT 战略矩阵③

	优势—S 列出优势	劣势—W 列出劣势
机会—O 列出机会	SO 战略 （成长型战略） 发挥优势、利用机会	WO 战略 （增长型、巩固型战略） 克服劣势、利用机会
威胁—T 列出威胁	ST 战略 （多样化战略） 利用优势、回避威胁	WT 战略 （收缩型战略） 减少劣势、回避威胁

由表 7-7 可知，SWOT 分析提供了 4 种可供选择的竞争战略，包括 SO 战略、WO 战略、ST 战略和 WT 战略。SWOT 分析的目的就在于利用 SWOT 矩阵帮助企业制定战

---

① 靖继鹏，马费成，张向先. 情报科学理论［M］. 北京：科学出版社，2009：371.
② 吕巍，周颖，冯德雄. 战略管理［M］. 武汉：武汉理工大学出版社，2010：71.
③ 同②.

略，通过分析企业内部资源、能力与外部环境中存在的优势、劣势、机会和威胁，概括企业内外部的一切研究结果。该方法的理论基础是，战略制定的目标必须和企业的外部环境进行良好匹配。这一方法的重要贡献在于，用系统的思想将这些看似独立的因素相互配合起来，通过综合分析，使企业战略决策的制定更加科学全面。因此，该方法自形成以来，广泛应用在战略制定和情报分析中，成为战略管理和竞争情报的重要工具。直观、简洁是它的特点，即使没有精确的数据支持和更专业的分析工具，也能得出比较有说服力的结论。不够精确是 SWOT 分析的主要缺陷，S、W、O、T 的罗列也带有一定程度的主观性。因此在使用该方法时，需要注意它的局限性，在尽量客观、准确的基础上，还需提供一些定量数据以弥补 SWOT 定性分析的不足。

7.9 本章小结

本章从领域分析的视角入手，对信息检索、信息行为、信息组织与知识组织、信息计量、信息处理与分析、数字保存与管护、信息传播、竞争情报共 8 个情报学核心领域的重要理论和技术原理进行了较为详细的介绍。这些理论原理构成了情报学研究范式的核心知识，也是情报学学科范式的基础。对这些理论原理进行了学习和理解，基本上就把握了情报学的知识概要。同时，本章所列举的重要理论也可以供研究人员在开展理论研究时使用、借鉴和发展。

本章与第 6 章的知识相辅相成，如果说第 6 章是沿时间线进行的情报学理论流派梳理，那么第 7 章就是对情报学学科领域"面"上的理论分布进行重点展示。这两章结合起来阅读，基本可以了解情报学的核心知识体系，并对其研究范式的构成有一个全面把握。当然，由于将侧重点聚焦于经典或重要的理论和原理，本章并未对一些情报学新兴的交叉与边缘领域的理论知识进行详细介绍，如信息经济学、健康信息学等，一方面是出于本书知识聚焦和边界收敛的考虑；另一方面认为这些领域的知识还正在发展之中，对其重要理论进行识别和界定为时尚早。

第 8 章 情报学研究方法

在学术研究中,理论与方法是难以截然分开的。例如,很多学者认为意义构建是一个理论,但是德尔文却将它定位为方法论。讨论情报学的理论研究与发展,必然离不开对方法论与研究方法的讨论。方法论与元理论、研究视角密不可分。元理论决定了一项研究中方法论的采用,而方法论又影响着具体研究方法的选择。即使在具体理论的应用上,一些理论也总是与特定的研究方法相关联,如信息行为的各种模型多与质性研究方法相联系,而文献信息学三大基本定律的应用则与统计和计量方法密切相关。本章在第 4 章对情报学方法论研究的基础上,对具体的情报学研究方法进行阐述和分析。

8.1 情报学研究方法的一般性问题

方法对于任何一门学科而言都是重要的,一门学科若没有表征其存在意义的方法,这门学科就不能算是独立的、成功的科学学科[①]。在科学实践中,方法是认识的途径、理论或学说,或者为解决具体问题而采用的手段、工具、操作的总和,以及解决这一问题所需要的一套程序。研究方法不是主观自生的东西,而是来自人类的实践活动和认识活动,研究方法会随着认识对象、认识内容的拓展而拓展[②]。

科学史表明,人类在从事科学研究,以及探索自然、社会和思维的规律时,必然要

---

① 周晓英. 情报学理论与方法论 [J]. 图书情报知识, 1988 (1): 47-48.
② 查先进, 吕彬, 曹晨. 多学科融合下的情报学方法论研究 [M] // 李纲. 情报学研究进展. 武汉: 武汉大学出版社: 178-217.

运用各种研究方法；各种研究方法和科学是同生共长的；科学成果的取得是正确运用研究方法的结果。因此，方法是任何科学活动必不可少的认识矛盾、解决矛盾的手段或工具。作为一门介于自然科学、技术和社会科学之间的综合性交叉学科，情报学在其自身发展的过程中，一方面吸收借鉴了大量其他学科领域的理论与方法；另一方面也为人类知识体系贡献了本学科特有的理论与方法，逐渐建立、健全了本学科的方法论体系。这一方法论体系也随着情报学学科的发展而动态变化，向更为完善的科学方法论体系演化。

情报学领域的研究方法具有多元性和丰富性，既有情报学专门的研究方法，如文献计量、信息计量和内容分析方法，也有社会学、心理学、管理学等社会科学通用的研究方法，如问卷调查、案例研究、历史分析、社会网络分析、扎根理论、民族志、行动研究、现象学、话语分析、评价研究等方法，还有借鉴计算机科学等自然科学的研究方法，如自然语言处理、数据挖掘、数理分析、模拟仿真等。从方法论的视角来看，既有实证主义研究方法，也有解释主义研究方法；既有定量方法，也有定性方法。随着研究与应用的深化，这些研究方法不断发展并混合使用，共同构成了情报学领域动态演化的研究方法体系。

从近40年来的研究成果来看，我国情报学研究更重视数学、计量和技术方法的应用。我国学者将情报学方法论视作不同层次研究方法的集合，其实质是在科学主义或实证主义的方法论体系之内的讨论。这种单一的认识论基础既体现了辩证唯物主义认识论在我国科学研究中的中心地位，也反映出30多年来科学实证主义方法论一直在我国情报学研究范式中占据主导地位[①]。事实上，自20世纪五六十年代在世界上兴起的带有主观主义色彩的现象学、解释主义哲学流派对我国情报学的研究影响甚微，并没有反映在我国情报学研究的方法论体系之中，直到近10年才有所体现。这表明，我国情报学研究走出了独具特色的发展道路，为我国的情报事业发挥了重要的理论指导作用。近年来，随着国际化进程的加快及认知视角的引入，我国情报学研究的方法论视角逐渐变得多元化，相应的研究方法也变得更加丰富多样。

下面根据特定研究方法在情报学研究中应用的频繁程度，依次进行介绍。

---

① 王芳，王向女. 我国情报学研究方法的计量分析：以1999—2008年《情报学报》为例[J]. 情报学报，2010，29（4）：652-662.

8.2 信息计量研究方法

信息计量方法是指针对文献或信息特征及其相互关系而进行的统计分析方法。信息计量方法以波普尔的世界 3 理论为本体论基础，旨在探索客观知识世界及知识信息生产和传播的普遍性规律，是一种实证主义的定量研究方法。20 世纪 20—40 年代出现的"布拉德福定律""齐夫定律""洛特卡定律"，揭示了文献信息分布的客观规律，不但奠定了情报学的科学基础，也为文献计量学、科学学的发展打下了坚实的基础。与此同时，信息计量方法广泛应用于多个社会科学和自然科学，为医学信息学、政策信息学的建立提供了重要的分析工具，是情报学科对人类知识体系做出贡献的重要体现。

文献计量方法是情报学领域较早出现的专门研究方法。它并不是某一个单一方法，而是一个方法体系，包含文献特征统计分析、引文分析、基于自然语言处理的信息计量分析、网络计量分析、针对科学传播的替代计量分析及科学评价分析等。文献计量、信息计量和网络计量一脉相承，运用基本相同的原理，针对不同历史环境下的特定信息单元进行统计分析，体现了分析对象的粒度从文献单元到知识单元由大到小、由粗到细的演变过程。

引文分析（citation analysis）是信息计量中常用的分析方法之一，是指利用各种数学和统计学的方法，以及比较、归纳、抽象、概括等逻辑方法，对科学期刊、论文、著者等各种分析对象的引证与被引证关系进行分析，以便揭示其数量特征和内在规律的一种文献计量分析方法[1]。自 20 世纪 60 年代开始，引文分析受到高度重视，基于引文分析的科学评价迅速兴起，出现了著名的加菲尔德定律，以及至今仍然发挥重要作用的科学引文评价指数 SCI 和社会科学引文评价指数 SSCI。其中，基于引文分析的 SCI 影响因子（IF）、H 指数等成为最具影响力的评价期刊、论文或学者的指标，在科技政策制定、科技人才评价、学术机构评价等领域得到了广泛应用。近年来，科研机构、政府部门等开始反思单纯依据引文分析的科研评价体制，正在探索结合专家评价等多种方法在内的学术评价制度。

网络计量是指采用数学、统计学等各种定量方法，对网上信息的生产、分布、传播、链接、相互引证和开发利用等进行定量描述和统计分析，以便揭示其数量特征和内

---

① 邱均平. 信息计量学 [M]. 武汉：武汉大学出版社，2007：316-317.

在规律的情报学分析方法。自诞生以来，网络计量学已经在数据采集和数据分析两个方面发展出一系列专门方法，如链接分析法、网站双引聚类分析法、网络影响因子、网络信息流量计量方法等[①]。随着网络社交媒体的发展，科学交流的网络化日益频繁，针对科学交流效果评价的替代计量研究逐渐兴起。替代计量学有狭义和广义之分，狭义的替代计量专门研究基于引文传统指标的新型网络计量指标，尤其重视基于社交网络数据的计量指标；广义的替代计量面向学术成果的全面影响力评价指标体系，旨在促进开放科学和在线交流的全面发展[②]。

非相关文献知识发现研究可以归属为信息计量方法的深化应用。非相关文献知识发现方法是由斯旺森（Swanson）建立的一种方法，斯旺森在分属不同专业、不互相引用且很少被共引的两篇文献中发现了知识的相关性，即鱼油能治疗雷诺氏病这一隐含的知识[③]。非相关文献知识发现的目标是发现能揭示非相关文献主题关联的中间词和目标词，并通过计算和排序得到有意义的中间词和目标词。为了提高非相关文献知识发现的效率，斯旺森[④]及一些研究机构[⑤]开发了非相关文献知识发现的信息系统，用于处理烦琐的文献处理和中间词筛选工作，大大推动了非相关文献知识发现的研究。非相关文献知识发现方法和文献计量、引文分析等方法相互补充，丰富和深化了情报学的专门研究方法。

8.3 实验研究方法

实验方法是实证主义视角下致力于因果分析的研究方法，秉持的本体论和认识论观点是所研究的信息现象独立存在于研究者的主观意识之外，可以被客观地观察和认识。实验法作为科学研究的一种普遍方法，产生于对自然科学的研究，之后在社会科学很多

[①] 查先进，吕彬，曹晨. 多学科融合下的情报学方法论研究 [M]//李纲. 情报学研究进展. 武汉：武汉大学出版社：178-217.
[②] 邱均平，余厚强. 替代计量学的提出过程与研究进展 [J]. 图书情报工作，2013（19）：5-12.
[③] SWANSON D R. Fish oil, Raynaud's syndrome, and undiscovered public knowledge [J]. Perspectives in biology and medicine, 1986, 30（1）：7-18.
[④] SWANSON D R, SMALHEISER N R. An interactive system for finding complementary literature: a stimulus to scientific discovery [J]. Artificial intelligence, 1997, 91（2）：183-203.
[⑤] TJIOE E, BERRY M W, HOMAYOUNI R. Discovering gene functional relationships using FAUN (feature annotation using nonnegative matrix factorization) [J]. BMC bioinformatics, 2010, 11（s6）：S14.

领域得到广泛应用。情报学的实验研究开始于1957年的英国克兰菲尔德（Cranfield）实验。克兰菲尔德实验是世界上第一个著名的标引系统评价实验，奠定了实验法在情报学方法论体系中的地位①。随后，本哈德（Bemhard）②、海德与皮姆（Hider and Pymm）③和储（Chu）④等都把实验方法列为情报学最常用的研究方法之一。目前，实验法广泛应用于信息处理、知识发现、交互式信息检索等情报学研究领域。

8.3.1 实验研究方法的要素与步骤

探索因果关系、解释客观现象是科学研究的重要目标之一。大卫·休谟提出进行因果分析的条件是：①原因和结果之间具有相关性；②在时间上顺序上原因出现在结果之前；③因和果之间的关联重复出现，每当结果出现时，原因总是存在⑤。实验法在本质上是一种对因果关系的证明机制，通过采取某种干预行动来改变观察环境中的某个或某几个变量，以观察这个或这些变量（自变量）对其他变量（因变量）的影响。实验法通过将其他可能对因变量产生影响的变量做必要的控制和隔离，从而准确地测量目标自变量对因变量的作用，因而能够比问卷调查法和观察法等研究方法更准确地识别出变量间的因果关系。实验法的特点是：专注于确定因果关系，而不仅仅是对现象进行描述；适合有限个数且定义明确的概念；一般用于检验假设，假设的提出一般需要以特定的理论为前提。

实验研究的要素包括：①自变量和因变量，自变量指可以操作其变化的变量，因变量则指随着自变量的变化而发生变化的变量，如通过改变任务的难易程度来观察用户信息检索结果的变化；②前测和后测，指的是对操作前后变量的值进行观测；③实验组和控制组（对照组），实验组和控制组应尽可能地相似，控制组主要是用来观察受试者在没有受到实验干预的情况下会是什么样子，受试者的选择一般基于概率抽样的方法，大

---

① 杨文祥，焦运立，刘丽斌. 国外图书馆学学术源流与方法论思想的历史演进与嬗变：关于21世纪图书馆学方法论体系及相关问题的若干思考之二 [J]. 图书与情报, 2008 (2): 7-11, 135.

② BEMHARD P. In search of research methods used in information science [J]. Canadian journal of information & library science, 1993, 18 (3): 1-35.

③ HIDER P, PYMM B. Empirical research methods reported in high-profile LIS journal literature [J]. Library & information science research, 2008, 30 (2): 108-114.

④ CHU H. Research methods in library and information science: a content analysis [J]. Library & information science research, 2015, 37 (1): 36-41.

⑤ HUME D. An enquiry concerning human understanding [M]. Oxford: Clarendon Press, 2000.

多数统计分析适用于随机化抽取的受试者。

实验研究的步骤包括：提出研究问题；进行文献回顾；提出理论假设，确定实验变量；进行实验设计，包括制定受试者选择方案、设置实验环境和设备参数、明确实验步骤、确定数据收集和实验记录的方式、制作研究伦理协议和批准、制作辅助调查问卷与实验伦理规范；选择实验对象，实施实验；选择数据分析方法和工具，分析实验结果；得出结论。与自然科学相比，社会科学的实验研究主要针对人类行为展开，因而具有更大的复杂性和不确定性。

8.3.2 实验研究方法的类型

根据因果推断的不同原理，可以分为对照实验法和析因实验法。

①对照实验法。对照实验法用于探寻特定因素对一个对象的影响和处理效应，除了对实验所要求研究的因素或操作进行处理外，其他因素都保持一致，并对实验结果进行比较，从而揭示研究对象的某种性质或是否受到某种因素的影响。在一个对照实验中，通常将实验对象分为实验组和对照组，并根据实验的精确性要求设置不同的对照测量精度。如检索系统中功能的不同呈现方式对用户体验的影响[1]；情报处理和分析方法的改进效率也需要对照实验加以证明[2]。对照实验法是一种简单有效且用途广泛的实验方法，但需严格遵守单一变量原则（每次只能改变一个因素）、平行重复原则（同样条件下重复实验）和平衡控制原则（设法平衡与消除系统误差），从而保证对照实验的科学性。

②析因实验法。析因实验法是一种依据已知结果去分析、寻找未知原因的实验方法。该方法针对结果是已知的，即所表现出的现象是客观的，而影响或造成这种现象或结果的各种因素，特别是主要因素是未知的情况，通过析因实验对未知原因的探索。在实验中，将各因素全部水平相互组合进行试验，以考察各因素的主效应与各因素之间的交互效应，其特点是能够全面显示和反映各因素对试验指标的影响。析因实验法常常能产生科学重大发现或科学理论的建立。情报学中的一些重要现象，如信息偶遇现象[3]、

---

[1] 姜婷婷，范水香，王昊. 高校图书馆 OPAC 中的分面搜索对用户体验的影响：基于不同任务的对比实验分析 [J]. 图书情报工作，2015 (4)：114-121.

[2] 陈锋，翟羽佳，王芳. 基于条件随机场的学术期刊中理论的自动识别方法 [J]. 图书情报工作，2016 (2)：122-128.

[3] 杜雪，刘春茂. 网络信息偶遇影响因素个性特征的调查实验研究 [J]. 图书情报工作，2015，59 (11)：119-126.

文献"睡美人"现象①，都是比较适合采用该方法进行探索研究的。

根据实验进行的场所，可以划分为实验室实验、自然实验和模拟仿真实验。

①实验室实验法。实验室实验法是典型的对照实验方法，是指在实验室内，借助各种实验仪器设备，在严格控制或主动创造的实验条件下，对特定现象进行观察和记录的方法设计。实验室实验法可以获得精确数据，分析出确切的结果，具有较好的内部效度。例如，在实验室利用眼动仪等实验设备进行用户信息行为研究，探寻不同任务类型下影响信息搜寻行为的因素②③。根据实验中受试对象的选择和干预条件的分配方法，可以划分为预实验设计、准实验设计和正式实验设计。

预实验设计是指对事先已经存在的组进行观察，包括单组设计和组间比较设计两种。单组实验设计是指对单一组进行干预，并对干预结果进行分析。可以在实施干预之后立刻进行研究，如在一个培训计划结束后对参与者进行后测；也可以在干预前后都进行测试，然后对结果进行比较，如在培训之前进行测试，在培训之后再次进行测试，然后进行结果对比。除了单组设计外，也可以对预先存在的两组进行比较，其中一组经过了某种干预，而另一组则没有经过干预，如对上过考研培训班的学生和没有上过考研培训班的学生的考研成绩进行比较。

准实验设计是指有干预、结果测量和实验条件，但没有对受试者进行随机选择，并且未指定干预条件的实验。准实验设计包括下列4种。第1种是时间序列实验。对一些群体或个人进行周期性测量，并在序列中引入条件的变化。例如，对一组员工进行长期研究，并在这段时间内采取若干措施衡量其生产率；在某一时点上，引入了一个新的工作平台，并在之后的几周内再次测量员工的生产率。第2种是等效时间样本设计。周期性地引入干预措施并进行观察的设计，如观察老师在场与否对课堂上学生讨论情况的影响，可以设计为对老师在场、不在场、在场、不在场多个时段进行观察和测量。第3种是等效材料设计。给受试者提供等效的材料样本，进行干预之后观察结果。例如，要求受试者填写一份对美国总统大选看法的调查问卷，将学生分成两组，向他们出示其他学生填写的（伪造的）结果，然后，要求两组再次完成调查问卷以观察他们的反应。第4

---

① 郭斐，鄢小燕. 睡美人文献识别方法分析与改进构想［J］. 图书情报工作，2016，60（8）：93-98.
② RAUTHMANN J F, SEUBERT C T. Eyes as windows to the soul: gazing behavior is related to personality［J］. Journal of research in personality, 2012, 46（2）: 147-156.
③ AL-SAMARRAIE H, ELDENFRIA A, DAWOUD H. The impact of personality traits on users' information-seeking behavior［J］. Information processing & management, 2016, 18（1）: 17-18.

种是非等效对照组。包括一个实验组和对照组，分别进行前测和后测，但是，这些组不是随机选择的，而是自然存在的组（如教室），实验组和对照组的分配是由研究者随机选择的。例如，一门课程的学生一半被随机分配了一种新的教学方法，另一半没有。所有学生在学期开始时都进行前测，学期结束时都进行后测。

正式实验设计是指有干预、有结果测量和实验条件，随机选择受试者并分配干预条件的实验，是内部效度和外部效度最强的一种设计，包括以下3种。前、后测对照组设计：一组进行干预，另一组不进行干预，所有组均在干预前后进行观察；所罗门四组设计：包括4个实验组，其中两组平行于前、后测对照组设计的结构，其余两组同构设计但不进行预测试；仅后测对照组设计：一组进行干预，另一组不干预，所有组均在干预后观察，但不在干预前观察。

实验室实验法的优点在于：实验变量可分离或不随时间而变化，可以用不同的实验组进行重复实验。该方法的不足之处在于：实验室设置具有人为性，在实验室中发生的社会过程可能不会发生在自然的社会环境中，以及存在外部效度较差等缺点。

②自然实验法。在真实的现实情境中，通过适当控制和改变某些条件来进行研究的一种实验方法。对于无法在实验室内研究的社会现象，如图书阅览室中阅览桌挡板、阅读灯的设置及桌椅摆放位置等对读者的影响等[1]。自然实验方法是在受控环境之外观察重要社会事件过程的发生，是一种重要的社会科学实验。它兼具观察法和实验法的优点，有良好的内在效度和较高的外在效度，因而比实验室实验法更具有优越性。自然实验法的不足之处在于，对自变量控制程度较低、可能存在无关因素的影响较大等问题，一般需要进行检测性的预备实验。

③模拟仿真实验法。当某些研究对象难以甚至无法进行直接的观察和实验时，常常借助于间接的技术手段模拟实验场景，获得关于对象的信息，这种方法被称为模拟实验法。虽然模拟出来的运行情况很多时候并不完全等同于真实情况，但它扩大了实验观察的范围，如疫情扩散、灾害事故、军事作战等场景的模拟，可以减少人力物力消耗，提高科研工作的效率。情报学的许多研究领域运用模拟实验方法，如信息检索系统评估的任务模拟仿真[2]、竞争情报模拟演练[3]等。

---

[1] 方立. 实验方法在图书馆学研究中的应用[J]. 信息系统工程, 2011 (7): 149-151.
[2] 李月琳, 肖雪, 胡蝶. 信息检索实验中的任务设计: 真实与模拟仿真工作任务的比较研究[J]. 图书情报工作, 2014, 58 (16): 5-12.
[3] 王知津, 严贝妮. 竞争情报模拟研究进展[J]. 图书情报研究, 2011, 4 (3): 1-12.

④计算实验法。计算实验是一种借助于计算机软件进行的特殊的模拟仿真实验方法。计算实验法以综合集成方法论为指导，融合计算技术、复杂系统理论和演化理论等，通过计算机再现社会活动的基本情境、微观主体的行为特征及相互关联，并在此基础上分析揭示活动复杂性与演化规律的一种研究方法①。它运用区别于传统建模方式的情景建模方法，通过在计算机上构建现实社会的模拟系统，研究社会系统的动力学机制、演化规律、系统与环境的交互作用等。计算实验方法在网络舆情分析、互联网群体协作演化和竞争情报分析等情报研究中具有广泛应用②。随着虚拟现实技术的发展，基于VR、AR的实验研究正在数字人文等领域不断发展。

8.3.3 实验研究的效度评价

效度是评价研究质量的重要依据。实验研究的效度包括内部效度和外部效度两个方面。内部效度是指，我们有多确定是某种原因导致了预期结果？或者说我们所推断的变量间的因果关系是否适当？坎贝尔（Campbell）和斯坦利（Stanley）③ 将威胁实验研究内部效度的因素归纳如下。①历史变化：在第一次测量和第二次测量之间发生的与实验无关但可能影响结果的事件。②成熟：参与者随着时间的推移而发生的变化，而不是由实验引起的变化。③测试：第一次测试对第二次测试结果的影响。④仪器：测量仪器的改变或观察者对测量结果的改变。⑤统计回归（趋向平均）：在前测中有极端得分的群体（或根据极端得分选择的群体）在后测中的得分趋向于平均值。⑥受试者选择：在为对照组选择受试者时存在偏见。⑦实验死亡率：比较组中受试者的流失率不同。⑧选择－成熟的交互作用，以及其他交互作用。

外部效度是指可否把实验证明的因果关系推及其他人、场景或变量？坎贝尔和斯坦利指出，影响社会科学实验研究的外部效度的因素包括以下4种：①测试的反应性或交互性效应，前测本身可能是一种学习体验，接受前测后，学生获得了影响后测结果的信息。②受试者选择与实验变量之间的交互效应，不同受试群体对实验变量的反应可能不同。③实验安排的反应效应，受试者因知道自己在实验中而反应不同（霍桑效应）。

---

① 盛昭瀚，张维. 管理科学研究中的计算实验方法［J］. 管理科学学报，2011，14（5）：1-10.
② 朱庆华，刘璇，沈超，等. 计算实验方法及其在情报学中的应用［J］. 情报理论与实践，2012，35（12）：1-6.
③ CAMPBELL D T, STANLEY J C. Experimental and quasi-experimental designs for research on teaching［M］// GAGE N L. Handbook of research on teaching. Chicago：Rand McNally, 1963：171-246.

④多重干预，对同一受试者进行多种干预；先前干预的影响不能消除。为提高实验研究的效度，需要根据实验目的和实验对象特点等多重因素合理选择实验方法，经由周密的设计和规范的实验安排，结合有效的数据分析，充分发挥实验法独特的优势。

在实验设计中，为了减少实验顺序对实验的影响，常常采用拉丁矩阵（拉丁方）设计来平衡实验顺序。拉丁矩阵实验设计的目的是保证某一变量在其所处的任意行或任意列中只出现一次，可以用表格的形式来呈现，又称作拉丁方。其中行和列代表两个外部变量中的区组，然后将自变量的组别分配到矩阵的各单元格中。拉丁方以 n 个拉丁字母 A，B，C……为元素，作一个 n 阶方阵，若这 n 个拉丁方字母在这 n 阶方阵的每一行、每一列都出现，且只出现一次，则称该 n 阶方阵为 $n \times n$ 阶拉丁方。第一行与第一列的拉丁字母按自然顺序排列的拉丁方，叫标准型拉丁方。

拉丁方的排列方式有多种。其中一种方式是：在初始变量的区组次序为（A，B，C，D，E，F）的 $n \times n$ 阶拉丁方中，初始的位置顺序为（1，2，3，4，5，6），则其横排次序为：1，2，n，3，$n-1$，4，$n-2$，…（n 代表要排序的量的个数），第二轮的次序是在第一轮次序的数目上加"1"，以此类推，直到形成拉丁方。以 6×6 的矩阵为例，可以写成：

$$\begin{pmatrix} A & B & F & C & E & D \\ B & C & A & D & F & E \\ C & D & B & E & A & F \\ D & E & C & F & B & A \\ E & F & D & A & C & B \\ F & A & E & B & D & C \end{pmatrix}。$$

在情报学研究中，拉丁矩阵一般用于为了控制一个变量的固定次序的影响而进行的次序轮换。例如，刘畅等[①]发现搜索任务的次序会对被试的搜索体验产生较大影响，因而采用拉丁矩阵设计对搜索任务和情境进行了次序轮换。该项研究设计了由至少 4 个被试对 4 个不同的搜索任务进行搜索的实验，被试和搜索任务组成 4×4 矩阵，将每行的元素随着所在行数的增加整体向左移动一个单元格，以实现每种元素在每行和每列中出现的次数相同。

---

① 刘畅，赵瑜，杨帆. 信息检索用户实验设计中时间限制和任务次序的影响研究 [J]. 图书情报工作，2015，59（1）：99-105.

8.3.4 情报学实验法的价值与特点

采用实验法对深化情报学研究有以下 3 个方面的价值与意义①。

第一，研究对象的纯化与有效分解。实验法可以根据研究的需要，借助仪器、设备、测量工具等各种技术方法，在严格控制的实验条件下，排除偶然因素、次要因素和外界的干扰，创造性地搜集资料，在纯化的状态下认识研究对象，使研究对象的某些属性或联系以纯粹的形态分解出来，从而对情报工作和用户服务提供指导。

第二，研究过程的科学性。在现实条件下，一种（一组）现象的产生可能是其他多种（多组）现象共同导致的结果，甚至伴随着一些虚假关系，并且有时由于情境发生变化，难以再次对同一现象进行观察。此外，在运用其他研究方法进行分析时，如问卷调查研究中的回归分析与结构方程方法，虽然也可以探寻变量之间的相互影响关系，但是自变量可能只能解释因变量的一部分，有时候这种关系是通过中介变量或其他变量发生的，因而很难对因果关系进行全面揭示。而实验法可以更加有针对性地控制研究中不关心的变量，专门探索某一个或几个特定因素的影响并可进行重复验证，精确解释其中的全部因果关系，从而使情报学的研究过程更具科学性。

第三，研究结论的可靠性。实验方法具有实证主义的本体论基础，直接扎根于客观世界，它的可靠性根源于世界的客观性，它是理论得以建立发展和形成结论的重要基础。"做实验确实非常重要，因为任何理论没有实验证明，是没有用的，实验可以推翻理论，理论绝对不能推翻实验。"（丁肇中）② 即使是有预见性的科学理论也依赖于实验的检验，经不起实验检验的理论会丧失其存在的理由。在实验法基础上对理论进行检验、修正、完善和丰富形成的结论，克服了逻辑分析中的主观性，可以使情报学的研究成果得到更广泛的认可和应用，从而推动情报事业的发展。

标准的实验研究要求在实验时研究对象完全随机分配，严格控制操作变量和测量精度。情报学的实验对象大致可分为用户和算法两种类型。在针对系统和算法的实验中，可以通过程序控制达到实验要求的标准。在针对系统用户的实验中，往往难以对用户进行完全的随机分配，且由于实验条件等原因难以对实验进行严格控制，所以一般采用"准实验"方法。"准实验"并不完全遵循对象的随机分配和实验的严格控

---

① 赵洪，王芳，柯平. 图书情报学实验研究方法与应用方向探析 [J]. 情报科学，2018，36（11）：25-30.
② 陈坤明，严沛军. 丁肇中科学实验方法论 [J]. 科技管理研究，2008，28（8）：276-280.

制，但通过一定的实验准则来保证效度。例如，按实验对象的相近特征（如性别、年龄、职业、主观配合程度等）或外部环境特征（如实验时间、季节等）进行分配；在没有对照组的情况下，仅以实验组自身为对照，进行实验前数据和实验后数据的对比分析等①。按多重时间顺序和不等控制组等方式进行反复实验证明，实验结果的因果关系也能令人信服②。

8.3.5 面临的问题及解决思路

实验研究方法使自然科学不再局限于对自然界的表面观察，而是广泛建立起理论与经验事实的联系，强有力地推动了自然科学的飞速发展③。社会科学研究中引入实验研究方法，通过对各种社会现象间因果关系的挖掘，也取得了丰硕成果④。但是，人类社会的复杂性使得自然科学实验的理想情形在社会科学研究中难以存在。情报学作为社会科学研究的重要分支，首先面临的问题便是社会科学实验研究中共同存在的局限性——在实验对象的代表性、实验中的偏见、实验室实验中人工制造的环境等方面均会使实验结果存在一定的信度和效度误差。

其次，相比于调查法收集大样本数据的特点，小样本的实验研究对研究过程的规范性要求非常严格，因此，目前很多学者对实验法的依赖程度较低。解决此类问题，还需要充分认清实验法对深化情报学研究的价值和意义，进一步加强研究的科学性和规范性。

再次，实验仪器设备的普及率不高和实验研究方法的训练不足，制约了情报学实验研究的开展。尽管国外情报学的认知学派对实验方法的应用已经较为成熟，但我国大学对实验研究方法并未给予足够的重视，对博士生的方法训练开展得不够充分。鉴于此种情况，应加强实验法在情报学研究中的教学和课程建设，培养研究生运用实验方法的能力。

---

① 臧雷振. 社会科学研究中实验方法的应用与反思：以政治学科为例 [J]. 中国人民大学学报，2016，30（5）：150-156.
② 张力平. 情报学中的实验和"半实验"研究 [J]. 技术与市场，1986（2）：54-55，59.
③ 李强. 实验社会科学：以实验政治学的应用为例 [J]. 清华大学学报（哲学社会科学版），2016（4）：41-42.
④ 同①。

最后，由于情报学理论来源的多学科特点①，使得实验研究的应用领域较为分散，在信息检索、信息处理与分析、信息行为、舆情分析等领域都有应用，并且各自形成了不同的研究规范，如计算机实验、行为实验、仿真实验等。尽管不同的实验研究在原理上是相同的，但是由于相互之间缺少对话，理解不够，在一定程度上影响了情报学的整合。为此，应进一步加强方法论的探讨和学术交流，促进情报学各分支领域的集成和整合。

8.4 文本挖掘方法

文本挖掘（text mining，TM）也称为文本数据库中的知识发现，是通过计算机、机器学习、自然语言学及统计学知识和技术，快速地从海量的文本信息中抽取出隐藏的、事先未知的、可理解的、有价值的知识的过程②。文本挖掘是一个交叉的研究领域，它涉及数据挖掘、信息检索、自然语言处理、机器学习等多个学科领域。不同学科从各自的研究目的出发，所采用的文本挖掘方法也各有其侧重点。在情报学研究中，文本挖掘的基本任务包括信息抽取、文本分类、文本聚类、文本可视化及上述任务之上的各类具体应用。

8.4.1 信息抽取

信息抽取（information extraction）的主要功能是从文本中抽取出特定的事实信息，这些文本可以是结构化、半结构化或非结构化的数据。通常，信息抽取利用自然语言处理、机器学习等方法从各类文本中抽取出特定的信息后，保存到结构化的数据库当中，以便用户查询和使用③。整体上看，从结构化、半结构化数据中抽取信息主要是基于数据挖掘方法，而面向非结构化数据的信息抽取则属于自然语言处理和文本挖掘方法，用于从非结构化的开放文本中发现新知识，并将其转换为可理解的有用信息。本小节主要介绍非结构化信息抽取。

目前情报学的信息抽取研究主要集中在命名实体识别与关系抽取领域。命名实体识

---

① 王芳，陈锋，祝娜，等．我国情报学理论的来源、应用及学科专属度研究［J］．情报学报，2016，35（11）：1148-1164.

② 李梅．文本挖掘中若干关键技术研究［D］．西安：西北农林科技大学，2016.

③ 李保利，陈玉忠，俞士汶．信息抽取研究综述［J］．计算机工程与应用，2003，39（10）：1-5.

别（named entity recognition，NER），又称作"专名识别"，是指从一段自然语言文本中找出特定类型的实体，并标注出其位置，是许多复杂任务（如关系抽取、信息检索等）的基础；实体关系抽取（entity relation extraction）的任务就是确定实体之间的关系，有隐含关系和明确关系两种。

信息抽取的具体实现方法可分为两类：基于规则的方法和基于统计的方法。早期的研究主要采用基于规则的方法，也曾明显促进了信息抽取的进步。但是基于规则的方法有其自身的局限性，如人工编制规则的过程较复杂、通过机器学习得到的规则效率较低、系统通用性差等，所以后来的研究逐渐转向基于统计的方法。基于统计的信息抽取虽然可以从一定程度上弥补基于规则方法的缺陷，但是随着研究的深入，人们发现基于统计的方法并不是完美的，所以开始考虑采用将基于规则和基于统计的方法相结合的策略来寻找效果更佳的信息抽取方案。

信息抽取的具体实现过程在一定程度上要依赖机器学习方法。近年来，机器学习方法特别是深度学习方法在一些方面的突破，为信息抽取关键技术的进步提供了直接支持①。在机器学习方法中，命名实体识别和关系抽取等任务被视为一种序列标注问题，即将其作为一个监督学习的具体应用。传统的机器学习方法包括隐马尔可夫模型（HMM）、最大熵马尔可夫模型（MEMM）和条件随机场（CRF）等。随着深度学习技术的发展，循环神经网络（RNN）和卷积神经网络（CNN）等模型表现出了比传统机器学习方法更好的效果。在序列标注问题上，目前应用较为广泛的深度学习模型为 Bi-LSTM-CRF（双向-长短时记忆-条件随机场），它是在循环神经网络（RNN）基础上发展出的一种模型，相比于 HMM、MEMM 和 CRF 等传统的机器学习方法，Bi-LSTM-CRF 这类模型能够获取到序列中更长远的上下文信息，并具备深度神经网络拟合非线性的能力，因而表现出更好的应用效果。下面介绍 Bi-LSTM-CRF 用于序列标注的基本原理。

8.4.1.1 循环神经网络（RNN）

RNN 是一种对序列数据建模的神经网络②。在传统的神经网络模型中，从输入层到隐含层再到输出层，层与层之间是全连接的，而每层之间的神经元则是无连接的。在 RNN 基本结构中（图 8-1），隐藏层之间的神经元是有连接的，并且隐藏层的输入不仅

---

① 郭喜跃，何婷婷. 信息抽取研究综述 [J]. 计算机科学，2015，42（2）：14-17.
② MIKOLOV T, KARAFIÁT M, BURGET L, et al. Recurrent neural network based language model [C]. Proceedings of the 14th Annual Conference of the International Speech Communication Association. Makuhari, 2010：1045-1048.

包括输入层的输出还包括上一时刻隐藏层的输出。

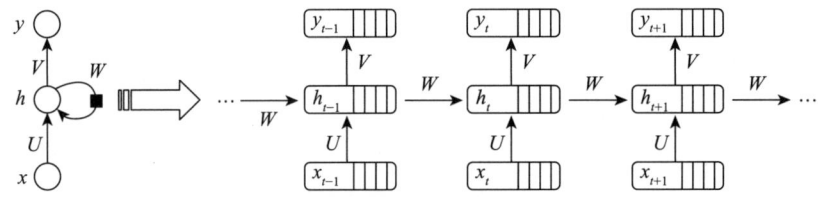

图 8-1 循环神经网络（RNN）基本结构

对于序列标注问题，RNN 能计算出预测标签序列之间的依赖关系从而有效完成标注任务。RNN 包含输入层 x、隐藏层 h 和输出层 y，将各层的序列分别标记为 $\{x_1, x_2, \cdots, x_{t-1}, x_t, \cdots\}$、$\{h_1, h_2, \cdots, h_{t-1}, h_t, \cdots\}$、$\{y_1, y_2, \cdots, y_{t-1}, y_t, \cdots\}$，在 t 时刻隐藏层和输出层的计算公式如下：

$$h_t = f(\boldsymbol{U}x_t + \boldsymbol{W}h_{t-1}); \qquad (8-1)$$

$$y_t = g(\boldsymbol{V}h_t)。 \qquad (8-2)$$

其中，$\boldsymbol{U}$ 是输入层 x 的权重矩阵，$\boldsymbol{V}$ 是输出层 y 的权重矩阵，$\boldsymbol{W}$ 是隐藏层上次的值作为这次输入的权重矩阵，f 是 sigmoid 等激活函数，g 是 softmax 等损失函数。将式（8-1）代入式（8-2）：

$$\begin{aligned}y_t &= g(\boldsymbol{V}f(\boldsymbol{U}x_t + \boldsymbol{W}h_{t-1})) = \\ &\quad g(\boldsymbol{V}f(\boldsymbol{U}x_t + \boldsymbol{W}f(\boldsymbol{U}x_{t-1} + \boldsymbol{W}h_{t-2}))) = \\ &\quad g(\boldsymbol{V}f(\boldsymbol{U}x_t + \boldsymbol{W}f(\boldsymbol{U}x_{t-1} + \boldsymbol{W}f(\boldsymbol{U}x_{t-2} + \boldsymbol{W}f(\boldsymbol{U}x_{t-3} + \cdots))))) 。\end{aligned} \qquad (8-3)$$

从式（8-3）可以看出，RNN 的输出值，是考虑序列所有前值输入影响的计算结果。但当输入序列较长时，RNN 无法解决长距离依赖问题，会产生梯度消失或梯度爆炸。而长短时记忆（LSTM）则是一个解决该类问题的特殊 RNN。

8.4.1.2 长短时记忆（LSTM）

长短时记忆（LSTM）网络与标准 RNN 的区别在于，LSTM 在隐藏层的神经元中加入记忆机制和遗忘机制，形成记忆元件，对输入值进行遗忘、更新和保存后输出。LSTM 在每个 t 时刻都选择性地改变记忆，从而有效解决 RNN 中的长距离依赖问题[①]。LSTM 的每个记忆元件都包括输入门、遗忘门和输出门，如图 8-2 所示。

---

① SUNDERMEYER M, SCHLÜTER R, NEY H. LSTM neural networks for language modeling [C] // INTERSPEECH 2012: The 13th Annual Conference of the International Speech Communication Association. Portland, 2012: 601-608.

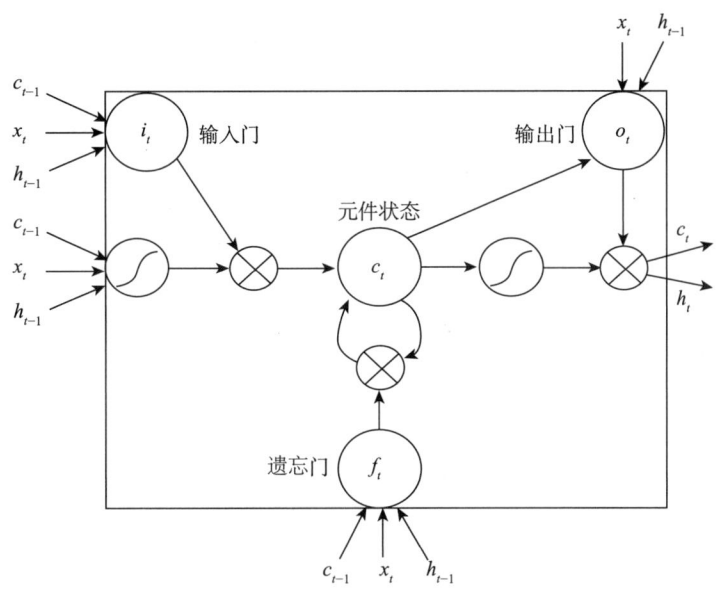

图 8-2 长短时记忆元件结构

每个元件在 t 时刻输入门的计算公式为

$$i_t = \sigma(\boldsymbol{U}^i x_t + \boldsymbol{W}_h^i h_{t-1} + \boldsymbol{W}_c^i c_{t-1} + b_i)。 \tag{8-4}$$

其中,σ 是 logistic sigmoid 等激活函数,$\boldsymbol{U}^i$、$\boldsymbol{W}_h^i$、$\boldsymbol{W}_c^i$ 分别是输入节点 x_t、$t-1$ 时刻隐藏层状态 h_{t-1}、$t-1$ 时刻记忆单元最终状态 c_{t-1} 与输入门之间的权重矩阵,b_i 是输入门的偏置。t 时刻遗忘门的计算公式为

$$f_t = \sigma(\boldsymbol{U}^f x_t + \boldsymbol{W}_h^f h_{t-1} + \boldsymbol{W}_c^f c_{t-1} + b_f)。 \tag{8-5}$$

其中,$\boldsymbol{U}^f$、$\boldsymbol{W}_h^f$、$\boldsymbol{W}_c^f$ 分别是 x_t、h_{t-1}、c_{t-1} 与遗忘门之间的权重矩阵,b_f 是遗忘门的偏置。t 时刻输出门的计算公式为

$$o_t = \sigma(\boldsymbol{U}^o x_t + \boldsymbol{W}_h^o h_{t-1} + \boldsymbol{W}_c^o c_{t-1} + b_o)。 \tag{8-6}$$

其中,$\boldsymbol{U}^o$、$\boldsymbol{W}_h^o$、$\boldsymbol{W}_c^o$ 分别是 x_t、h_{t-1}、c_{t-1} 与输出门之间的权重矩阵,b_o 是输出门的偏置。t 时刻记忆元件状态更新的计算公式为

$$\widetilde{c}_t = \tau(\boldsymbol{U}^c x_t + \boldsymbol{W}_h^c h_{t-1} + b_c)。 \tag{8-7}$$

其中,τ 为 tanh 等激活函数,$\boldsymbol{U}^c$、$\boldsymbol{W}_h^c$ 分别是 x_t、h_{t-1} 与记忆元件之间的权重矩阵,b_c 是记忆元件的偏置。t 时刻记忆元件最终状态的计算公式为

$$c_t = f_t c_{t-1} + i_t \widetilde{c}_t。 \tag{8-8}$$

其中,c_{t-1} 为 $t-1$ 时刻记忆元件的最终状态。t 时刻隐藏层状态的计算公式为

$$h_t = o_t \tau(c_t)。 \quad (8-9)$$

由上可知，LSTM 通过记忆元件来解决长距离依赖问题，但 LSTM 是一种前向传播算法，对序列标注问题而言，除序列前值会影响标注结果外，序列后值也会产生影响，因此还需要综合后向传播算法进行学习，即双向 LSTM（Bi-LSTM）。

8.4.1.3 双向长短时记忆（Bi-LSTM）

双向长短时记忆 Bi-LSTM（Bidirectional LSTM）是一种综合前向传播算法和后向传播算法的双向 LSTM，是 Graves 等①对 LSTM 的改进。对于隐藏层前向序列 $\vec{h}$ 和隐藏层后向序列 $\overleftarrow{h}$，t 时刻的状态和输出分别为

$$\vec{h}_t = H(\boldsymbol{W}_{x\vec{h}} x_t + \boldsymbol{W}_{\vec{h}\vec{h}} \vec{h}_{t-1} + b_{\vec{h}}); \quad (8-10)$$

$$\overleftarrow{h}_t = H(\boldsymbol{W}_{x\overleftarrow{h}} x_t + \boldsymbol{W}_{\overleftarrow{h}\overleftarrow{h}} \overleftarrow{h}_{t-1} + b_{\overleftarrow{h}}); \quad (8-11)$$

$$y'_t = \boldsymbol{W}_{\vec{h}y} \vec{h}_t + \boldsymbol{W}_{\overleftarrow{h}y} \overleftarrow{h}_t + b_y。 \quad (8-12)$$

其中，$\boldsymbol{W}_{x\vec{h}}$ 是 x_t 前向传播的权重矩阵，$\boldsymbol{W}_{\vec{h}\vec{h}}$ 是 $\vec{h}_{t-1}$ 前向传播的权重矩阵，$b_{\vec{h}}$ 是前向传播的偏置，←对应的是后向传播，H 是隐藏层的激活函数。在标准的 Bi-LSTM 中，输出 y'_t 通过 softmax 输出层预测节点的分类标签。但 softmax 计算依据的是节点分类标签的状态概率，没有考虑序列本身的全局最优问题，因而一般将能计算序列全局最优解的 CRF 作为输出层与 Bi-LSTM 结合。

8.4.1.4 双向长短时记忆-条件随机场（Bi-LSTM-CRF）

条件随机场（CRF）模型从句子层面考虑序列标注问题，使序列中每个词标注的状态不仅仅受到时间顺序上的前后影响，同时受到未来的状态影响。CRF 在给定输入序列 $x = \{x_1, x_2, \cdots, x_{t-1}, x_t, \cdots\}$ 时，标注序列 $y = \{y_1, y_2, \cdots, y_{t-1}, y_t, \cdots\}$ 的概率值为②

$$P(y|x) = \frac{1}{Z(x)} \exp(\sum_{t,n} \beta_n \Psi_n(y_t, x, t) + \sum_{t,m} \alpha_m \Gamma_m(y_{t-1}, y_t, x, t))。$$
$$(8-13)$$

其中，$\Psi_n(y_t, x, t)$ 为状态函数，表示对于序列 x 在 t 位置标注为 y_t 的概率；β_n 为其权重，

---

① GRAVES A, MOHAMED A R, HINTON G. Speech recognition with deep recurrent neural networks [C]. 2013 IEEE International Conference on Acoustics, Speech and Signal Processing. Vancouver, 2013: 6645-6649.

② LAFFERTY J D, MCCALLUM A, PEREIRA F C N. Conditional random fields: probabilistic models for segmenting and labeling sequence data [C]. Eighteenth International Conference on Machine Learning. San Francisco: Morgan Kaufmann Publishers Inc, 2001: 282-289.

$n = (1, 2, \cdots, N)$；N 为定义在该节点的节点特征函数的总个数；t 是当前节点在序列中的位置，$t = (1, 2, \cdots, T)$；T 为序列长度；$\Gamma_m(y_{t-1}, y_t, x, t)$ 为概率转移函数，表示对于序列 x 在 t 位置标注时 $t-1$ 位置 y_{t-1} 转移到当前位置 y_t 的概率；α_m 为其权重，$m = (1, 2, \cdots, M)$；M 为定义在该节点的局部特征函数的总个数；$Z(x)$ 是归一化因子：

$$Z(x) = \sum_y \exp\left(\sum_{t,n} \beta_n \Psi_n(y_t, x, t) + \sum_{t,m} \alpha_m \Gamma_m(y_{t-1}, y_t, x, t)\right)。 \quad (8-14)$$

由式（8-14）可知，在计算标注序列 y 的概率值时，除了状态函数计算分类标签的状态概率外，转移函数还计算了序列间的转移概率，因而能综合计算序列标注的全局最优解。

在 Bi-LSTM-CRF 模型中，采用 Bi-LSTM 和 CRF 结合的结构，设 P 为 Bi-LSTM 输出的状态得分矩阵，P_{t,y_t} 表示输入序列 $x = \{x_1, x_2, \cdots, x_{t-1}, x_t, \cdots\}$ 在 t 位置为 y_t 标签的得分；A 为序列中各标签的转移得分矩阵，A_{y_{t-1}, y_t} 表示 $t-1$ 位置 y_{t-1} 转移到当前位置 y_t 的得分，则标注序列 $y = \{y_1, y_2, \cdots, y_{t-1}, y_t, \cdots\}$ 的得分为[1]

$$Score(x, y) = \sum_{t=1}^{T+1} A_{y_{t-1}, y_t} + \sum_{t=1}^{T} P_{t, y_t}。 \quad (8-15)$$

其概率值为：

$$P(y|x) = \exp(Score(x, y)) / \sum_{\tilde{y} \in y_x} \exp(Score(x, \tilde{y}))。 \quad (8-16)$$

其中，$Score(x, y)$ 和 $Score(x, \tilde{y})$ 由式（8-15）进行计算，$\tilde{y}$ 是所有可能的标注序列。模型的损失函数（Loss Function）为 CRF 层标注序列的对数似然损失函数：

$$\mathcal{L}(Y_X) = -\left(\sum_{x, y \in X, Y} \log(P(y|x))\right) / count(X); \quad (8-17)$$

$$\log(P(y|x)) = Score(x, y) - \log\left(\sum_{\tilde{y} \in y_x} \exp(Score(x, \tilde{y}))\right)。 \quad (8-18)$$

其中，X 为输入序列 x 集合；Y 为对应的标注序列 y 集合。输出层预测的序列标注输出为：

$$y^* = \underset{\tilde{y} \in y_x}{\operatorname{argmax}}(P(\tilde{y}|x))。 \quad (8-19)$$

其中，argmax 函数采用 Viterbi 算法求解输出最优的标注序列，完成模型的输出即信息抽取的标注预测。

---

[1] LAMPLE G, BALLESTEROS M, SUBRAMANIAN S, et al. Neural architectures for named entity recognition [C] //NAACL-HLT: The 15th Annual Conference of the North American Chapter of the Association for Computational Linguistics: Human Language Technologies. San Diego, 2016: 260-270.

8.4.2 文本分类

文本分类是指根据文本的主题、内容或属性,将文本归到一个或多个类别的过程。文本分类的方法主要分为两类:基于规则的分类方法和基于统计的分类方法①②。其中,基于规则的分类方法多需要该领域的知识、规则库作支撑,但是由于规则的制定以及更新往往受限,使得这种方法应用面比较窄,更适合应用于某一具体领域。基于统计的学习方法是在训练集上依据某种统计或采用某种统计学知识或定律,通过对样本统计和计算,建立相应的数据模型学习参数并完成分类器的训练。在测试阶段,根据这些参数对待测样本进行类别预测③。目前,文本分类主要采用基于统计的机器学习方法,一般来讲,分为以下4个步骤④:

①获取训练文本集,训练文本集由一组经过预处理的文本特征向量组成,每个训练文本或训练样本有一个类别标号;

②选择文本分类方法并训练分类模型,在对待分类样本进行分类前,要根据所选择的分类方法,利用训练集进行训练并得出分类模型;

③用导出的分类模型对其他待分类文本进行分类;

④根据分类结果评估分类模型。

目前常用的文本分类模型有很多种,如朴素贝叶斯(naive Bayes,NB)、K近邻(K-nearest neighbor,KNN)、决策树(decision tree,DT)、支持向量机(support vector machine,SVM)、神经网络(neural network,NN)和集成学习(ensemble learning,EL)等。

(1)朴素贝叶斯(naive Bayes,NB)

朴素贝叶斯⑤是基于一个简单假设所建立的一种贝叶斯方法,这个假设是:假定样本的不同特征属性对样本的分类影响是相互独立的。朴素贝叶斯的思想基础是用先验概率估计后验概率,对于给出的待分类项,求解在此项出现的条件下各个类别出现的概

---

① RINALDI A M. A content-based approach for document representation and retrieval [C]. Eighth ACM Symposium on Document Engineering. São Paulo:ACM, 2008:106-109.
② BAYKAN E, HENZINGER M, MARIAN L, et al. A comprehensive study of features and algorithms for url-based topic classification [J]. ACM transactions on the web, 2011, 5 (3):15.
③ 闫琰. 基于深度学习的文本表示与分类方法研究 [D]. 北京:北京科技大学, 2016.
④ 陈晓云. 文本挖掘若干关键技术研究 [D]. 上海:复旦大学, 2005.
⑤ LEWIS D D. Naive (bayes) at forty:the independence assumption in information retrieval [C]. European Conference on Machine Learning. Berlin:Springer, 1998:4-15.

率，哪个最大，就将待分类项划归哪种类别①。该方法基于统计学原理，计算速度快，但是分类器的训练需要大量计算②。

（2）K近邻（K-nearest neighbor，KNN）

KNN算法③的核心思想是从训练集中找到和待分类样本最为相似的 K 个文本，然后根据这 K 个文本的类别决定待分类样本的类别。KNN算法在原理上依赖极限定理，在类别决策时仅考虑最相近的 K 个样本。KNN算法必须首先确定两个因素，即最近邻样本的数目 K 和距离的尺度。在KNN算法中对于模型的选择，尤其是 K 值，一般是通过大量独立的测试样本数据，多个模型来验证最佳选择。KNN算法的缺点在于计算量较大，分类速度慢，因为对每一个待分类的目标文本都要计算它与全体已知样本的距离，才能得到其 K 个最近邻点。因此样本库容量依赖性强，影响了KNN算法的实际应用。并且KNN算法必须确定 K 值，其选择不当则会影响分类精度④。

（3）决策树（decision tree，DT）

决策树⑤是一种基于规则预测的算法，它通过对大量数据有目的的分类，从中找到一些有价值的信息供决策者做出正确的决策。决策树的基本思想是：利用树的结构，将所有数据记录并对其分类。树中的内部节点代表某种条件下的一个记录集，根据记录字段的不同取值建立树的分支，在每个分支子集中重复建立下层节点和分支，自顶向下构造一棵决策树，叶子节点即为样本的类别。决策树的分类过程就是从这棵树的根节点开始，查看该节点所对应的特征，并测试这个样本的属性，按照该待测样本的属性值对应的分支向下移动，不断重复直到达到满足条件的叶子节点。但是决策树往往忽略了数据集中属性之间的相关性，在构建决策树过程中使用了较多的输出变量，也容易产生过拟合，一般需要通过剪枝（预剪枝和后剪枝）缩小树结构的规模，缓解过拟合现象⑥。

---

① 闫琰．基于深度学习的文本表示与分类方法研究［D］．北京：北京科技大学，2016.
② 张波．基于文本挖掘技术的情报处理方法研究［D］．成都：电子科技大学，2017.
③ COVER T M, HART P E. Nearest neighbor pattern classification［J］. IEEE transactions on information theory, 1967, 13（1）：21-27.
④ 李梅．文本挖掘中若干关键技术研究［D］．西安：西北农林科技大学，2016.
⑤ ALI S A, SULAIMAN N, MUSTAPHA A, et al. K-means clustering to improve the accuracy of decision tree response classification［J］. Information technology journal, 2009, 8（8）：1256-1262.
⑥ 闫琰．基于深度学习的文本表示与分类方法研究［D］．北京：北京科技大学，2016.

（4）支持向量机（support vector machine，SVM）

SVM 是由瓦普尼克（Vapnik）在统计学习理论基础上提出的分类算法①②，通过寻求结构化风险最小来提高学习泛化能力，实现经验风险和置信范围的最小化，从而达到在统计样本量较少的情况下，也能获得良好统计规律的目的。通过学习，可以自动寻找出那些对分类有较好区分能力的支持向量，由此构造出的分类器可以最大化类与类的间隔，有较好的适应能力和较高的分准率③。虽然 SVM 在大数据上的训练收敛速度较慢，需要大量的存储资源和很高的计算能力，但它的分割面模式有效地克服了样本分布及过拟合等因素的影响，在实验效果和稳定性上占据优势，具有很好的泛化能力④。

（5）神经网络（neural network，NN）

神经网络⑤受大脑视觉系统分层处理信息的启发，采用多层神经元的结构自动地学习低层特征的组合从而得到高度抽象的高层特征表达。相较基于统计学习的浅层分类算法，神经网络具有自动学习良好特征的能力，使用多层结构来获得更抽象的特征表达，并且避免了特征维度过多而易导致过拟合甚至维度灾难等问题⑥。利用神经网络处理文本分类的优势之一是无须花费大量的时间在特征提取与选择上，将词的分布式表示作为特征输入到网络中，神经网络可以自动抽取出对文本分类有价值的信息，通常这些信息是经过卷积、点乘、非线性函数、矩阵相乘等操作得到的⑦。近年来，随着深度学习的发展，深度神经网络如循环神经网络（RNN）和卷积神经网络（CNN）等通过组合输入的数据集特征形成更加抽象的高层特征，以对数据进行分布式特征表示，从而学习到数据的本质特征，实现对其他同类数据的表征，完成数据类别的预测，在大规模文本的分类任务上取得了比传统方法更高的准确率。

---

① CORTES C, VAPNIK V. Support-vector networks [J]. Machine learning, 1995, 20 (3): 273-297.
② VAPNIK V. The nature of statistical learning theory [C]. Conference on Artificial Intelligence. Berlin: Springer-Verlag, 1995: 988-999.
③ 李梅. 文本挖掘中若干关键技术研究 [D]. 西安: 西北农林科技大学, 2016.
④ 闫琰. 基于深度学习的文本表示与分类方法研究 [D]. 北京: 北京科技大学, 2016.
⑤ LAM S L Y, LEE D L. Feature reduction for neural network based text categorization [C]. International Conference on Database Systems for Advanced Applications. IEEE, 1999: 195-202.
⑥ 邓攀晓. 基于机器学习的文本分类算法研究 [D]. 北京: 北京邮电大学, 2017.
⑦ 刘婷婷, 朱文东, 刘广一. 基于深度学习的文本分类研究进展 [J]. 电力信息与通信技术, 2018 (3): 1-7.

（6）集成学习（ensemble learning，EL）

集成学习①②也被称为多重学习或者分类器组合，通过调用一些简单的分类算法训练获得多个不同的基分类器，然后采用决策优化或覆盖优化将这若干基分类器进行组合。主要目的是利用这些个体模型之间的差异来改善整体模型的泛化性能，优化分类系统的总体性能。个体的分类强度和个体之间的相关性越小，则集成学习器的泛化能力就越好，因此集成学习的构建分为两步：基分类器的生成与基分类器的合并。决策优化对于不同的分类器均采用完整的样本集进行训练，测试时，通过对所有分类器的决策进行投票或评价确定整个系统输出的类别。尽管这些方法得到的集成学习的预测效果显著优于单个基分类器，但是它们存在一些缺点：与单个分类器相比，预测速度明显下降，且随着基分类器数目的增多，所需要的存储空间也急剧增加③。

8.4.3 文本聚类

文本聚类是将文本对象的集合分组为由类似的对象组成的多个类的过程，这些对象与同一个簇中的对象彼此相似，与其他簇中的对象相异④。聚类一般是无监督学习过程，包括以下几个步骤⑤：

①文本预处理。主要工作是将数据规范化，并消除噪声。

②文本特征选择。一个文本数据集可能包含多种特征。特征选择就是选出对聚类没有帮助的特征，去除那些没多大作用还可能影响算法执行效率的特征。

③相似性度量的选取。相似度是连接聚类算法和数据对象的纽带，常用的相似性度量方法包括欧氏距离、余弦相似度、曼哈顿距离和明氏距离等。

④选择特定的聚类算法，用于揭示数据集中的聚类结构。

⑤聚类结果的评估。评价聚类算法性能的好坏，是否能得到较正确的聚类，进而以此为依据选择好的聚类模型。

其中，聚类算法是整个聚类过程的核心步骤。给定聚类算法和文本数据集，就可得

---

① ZHOU Z H. When semi-supervised learning meets ensemble learning [C] //International Workshop on Multiple Classifier Systems. Berlin：Springer，2009：529-538.

② ZHOU Z H, WU J, TANG W. Ensembling neural networks：many could be better than all [J]. Artificial intelligence，2002，137（1）：239-263.

③ 闫琰. 基于深度学习的文本表示与分类方法研究 [D]. 北京：北京科技大学，2016.

④ 杨震. 文本分类和聚类中若干问题的研究 [D]. 北京：北京邮电大学，2007.

⑤ 严俊. 谱聚类算法改进及在社交网络中的应用 [D]. 桂林：广西师范大学，2014.

到相应的聚类结果。目前有很多种聚类算法,但是还没有一个可以同时适合大部分数据集的聚类算法。各算法往往是基于某种特定的场合和应用范围,才可以得到较为满意的聚类结果。目前的聚类算法大体可以分为基于层次的聚类算法、基于划分的聚类算法、基于密度的聚类算法、基于网格的聚类算法、基于模型的聚类算法和其他聚类算法。

(1) 基于划分的聚类算法

基于划分的聚类方法的基本思想是:给定数据集,包含 n 个数据对象,首先创建 k 个划分,每个划分为一个聚类簇,其中参数 k(小于 n)指要构建的划分的数目,然后通过循环定位技术将数据对象从一个聚类簇移动到另一个聚类簇的方式来改进划分的质量。在划分过程中需要满足:每个簇至少包含一个数据对象,每个数据对象必须属于且只能属于某一个簇。划分优劣的判断标准是:相同类中的数据对象尽量相近,不同类中的数据对象尽量相异[1]。代表性的算法包括 k-means 算法[2]、k-medoids 算法[3]、FCM 算法[4]和 EM 算法[5]等。

(2) 基于层次的聚类算法

基于层次的聚类算法使用一个距离矩阵作为输入,经过聚类后得到一个反映该数据集分布状况的聚类层次结构图[6]。层次聚类算法通常分为两种:第一种是凝聚的层次聚类算法,它首先把每个数据点看作一个聚类,然后以一种自底向上的方式不断地选择最近邻居进行聚类对的合并操作,最终可以构造出一棵代表着该数据集聚类结构的层次树;第二种是分裂的层次聚类算法,它首先把所有的数据点看作一个聚类,然后以一种以自顶向下的方式通过不断地选择最松散簇进行分裂操作,最终可以构造出一棵代表着

---

[1] 孙丽娟. 谱聚类算法研究及其在文本聚类中的应用 [D]. 南京:南京理工大学,2013.

[2] HUANG Z. Extensions to the k-means algorithm for clustering large data sets with categorical values [J]. Data mining & knowledge discovery, 1998, 2 (3): 283-304.

[3] KAUFMAN L, ROUSSEEUW P J. Finding groups in data. an introduction to cluster analysis [M]. New York: Wiley, 2009: 37-51.

[4] RUSPINI E H. A new approach to clustering [J]. Information & control, 1969, 15 (1): 22-32.

[5] DEMPSTER A P, LAIRD N M, RUBIN D B. Maximum likelihood from incomplete data via the EM algorithm [J]. Journal of the royal statistical society, 1977, 39 (1): 1-38.

[6] JOHNSON S C. Hierarchial clustering schemes [J]. Psychometrika, 1967, 32 (3): 241-254.

该数据集聚类结构的层次树①。代表性的算法包括 BIRCH 算法②、Chameleon 算法③、CURE 算法④和 ROCK 算法⑤等。

（3）基于密度的聚类算法

层次法和划分法均是以距离为分类依据，有可能形成凸聚类结果，影响聚类效果，而密度算法就较好地克服了这一缺点⑥。基于密度的聚类方法的基本思想是：对某个给定区域中的数据对象，只要其密度（单位体积内的数据对象的数）大于某个阈值，则将其划分到一个簇中，可以认为簇是被低密度区域分隔开的高密度区域。基于密度的聚类算法可以处理任意形状的簇，对于噪声数据不受干扰且有抵制作用；但是算法的计算复杂度高，对于数据密度和类别距离不均匀的数据集，聚类结果较差⑦。代表性的算法包括 DBSCAN 算法⑧、DENCLUE 算法⑨、OPTICS 算法⑩等。

（4）基于网格的聚类算法

基于网格的聚类算法是一种基于网格的具有多分辨率的聚类方法。它首先将数据集的分布空间划分为若干个规则网格（如超矩形单元）或灵活的网格（如任意形状的多面体），然后通过融合相连的带数据概要信息的网格来获得明显的聚类⑪。网格聚类是把数据分割问题当成空间分割问题去解决，所以不用考虑样本对象间的关系及文本集的特

---

① 陈新泉，周灵晶，刘耀中. 聚类算法研究综述［J］. 集成技术，2017（3）：41-49.

② ZHANG T. An efficient data clustering method for very large databases［J］. ACM sigmod record，1999，25（2）：103-114.

③ KARYPIS G, HAN E H, KUMAR V. Chameleon: hierarchical clustering using dynamic modeling［M］. New york: IEEE Computer Society Press, 1999.

④ GUHA S, RASTOGI R. CURE: an efficient clustering algorithm for large database［J］. Information systems, 2001, 26（1）：35-58.

⑤ GUHA S, RASTOGI R, SHIM K. A clustering algorithm for categorical attributes［J］. Information systems, 1999, 25（5）：345-366.

⑥ 何家玉. 谱聚类算法的研究与应用［D］. 淮南：安徽理工大学，2017.

⑦ 孙丽娟. 谱聚类算法研究及其在文本聚类中的应用［D］. 南京：南京理工大学，2013.

⑧ ESTER M, KRIEGEL H P, XU X. A density-based algorithm for discovering clusters a density-based algorithm for discovering clusters in large spatial databases with noise［C］//International Conference on Knowledge Discovery and Data Mining. Palo Alto: AAAI Press, 1996：226-231.

⑨ HINNEBURG A, KEIM D A. An efficient approach to clustering in large multimedia databases with noise［C］//International Conference on Knowledge Discovery and Data Mining. Palo Alto: AAAI Press, 1998：58-65.

⑩ ANKERST M, BREUNIG M M, KRIEGEL H P, et al. OPTICS［J］. ACM sigmod record, 1999, 28（2）：49-60.

⑪ 陈新泉，周灵晶，刘耀中. 聚类算法研究综述［J］. 集成技术，2017（3）：41-49.

征。基于网格的聚类算法时间复杂度不受样本集大小的影响，与每个维度上单元格数目有关①。这类算法的优点是处理时间与数据点的数目无关、与数据的输入顺序无关，可以处理任意类型的数据。其缺点是处理时间与每个维度上所划分的单元数相关，在一定程度上降低了聚类的质量和准确性②。代表性的算法包括 STING 算法③、CLIQUE 算法④和 Wave-Cluster 算法⑤等。

（5）基于模型的聚类算法

基于模型的方法为每个聚簇假定了一个模型，寻找数据对给定模型的最佳拟合。主要有两类：统计学方法和神经网络方法。传统的统计方法中的聚类分析是一种基于全局比较的聚类，它需要考察所有的个体才能决定聚类的划分；神经网络方法将每个簇描述为一个标本，标本作为聚类的"原型"，不一定对应一个特定的数据实例或对象。根据某些距离度量，新的对象可以被分配给标本与其最相似的簇。被分配给一个簇的对象的属性可以根据该簇的标本的属性来预测⑥。基于模型的聚类方法能够考虑到"噪声"，而且可以自动确定聚类数；但聚类的概率分布表示使得更新和存储聚类需要付出相当大的代价。代表性的算法包括 COBWEB 算法⑦、AutoClass 算法⑧和 SOM 算法⑨等。

（6）其他聚类算法

除以上几种聚类算法外，还包括谱聚类算法、量子聚类算法和 AP 算法等。谱聚类

---

① 张吉文．基于谱聚类的文本聚类算法研究［D］．贵阳：贵州大学，2015．
② 陈新泉，周灵晶，刘耀中．聚类算法研究综述［J］．集成技术，2017（3）：41-49．
③ WANG W, YANG J, MUNTZ R R. STING：a statistical information grid approach to spatial data mining［C］//Process of the 23rd Very Large Database Conf. Athens：Morgan Kaufmann Publishers, 1997：186-195.
④ AGRAWAL R, GEHRKE J, GUNOPULOS D, et al. Automatic subspace clustering of high dimensional data for data mining applications［C］//ACM SIGMOD International Conference on Management of Data. New york：ACM, 1998：94-105.
⑤ SHEIKHOLESLAMI G, CHATTERJEE S, ZHANG A. WaveCluster：a multi-resolution clustering approach for very large spatial databases［C］//International Conference on Very Large Data Bases. San Francisco：Morgan Kaufmann Publishers Inc. 1998：428-439.
⑥ 高茂庭．文本聚类分析若干问题研究［D］．天津：天津大学，2007．
⑦ FISHER D H. Improving inference through conceptual clustering［C］. National Conference on Artificial Intelligence. Seattle, 1987：461-465.
⑧ CHEESEMAN P, KELLY J, SELF M, et al. AutoClass：a bayesian classification system［C］. Machine Learning Proceedings, 1988：54-64.
⑨ KOHONEN T, KASKI S, LAGUS K, et al. Self organization of a massive document collection［C］. IEEE Transactions on Neural Networks, 2000：574-585.

以谱图理论为基础，通过拉普拉斯矩阵将原数据空间进行重构，降低聚类分析处理对象的维度，这使得数据在子空间上的分布结构更为清楚[1]。量子聚类算法借用量子学理论，先从源数据中创建一个基于空间尺度的概率函数，接着使用一些分析操作来获得一个根据极小值来确定聚类中心的势函数，最终通过调整尺度参数来搜索聚类结构[2]。AP算法的基本思想是将全部数据点都当作潜在的聚类中心，然后数据点两两之间连线构成一个网络（相似度矩阵），再通过网络中各条边的消息传递计算出各样本的聚类中心[3]。

8.4.4 文本可视化

文本可视化是通过对文本的挖掘分析，将文本中复杂的或者难以通过文字表达的内容和规律以视觉符号的形式表达出来，同时向人们提供与视觉信息进行快速交互的功能，使人们能够利用与生俱来的视觉感知的并行化处理能力快速获取数据中所蕴含的关键信息[4]。文本可视化的本质在于针对海量的文本信息，最大限度地实现抽象和概括[5]。文本可视化包括以下阶段[6]：

①文本分析阶段。根据特定的文本可视化处理目的分析文本，从中找到核心信息，获得关键数据。任何一个信息图都不可能把一个文本中所有信息都呈现出来，它只能呈现文本中某一特定方面的信息，如文本的结构信息、内容主题、情感倾向等。要根据特定的目的来分析文本，提取所需要的特征，获取关键数据，并且转换成便于计算机处理的结构化数据进行存储。

②可视化映射阶段。把核心特征和数据转化为图形信息，文本信息的视觉编码涉及如何处理信息图的尺寸、颜色、形状、方位、纹理等，其目的在于把信息转换成适合于人类视觉系统理解的形式。同一文本信息可以用多个不同的图形来表示，也会因此产生不同的表示效果，文本信息可视化的关键就是从多种编码空间中选择最合适的编码

---

[1] 严俊. 谱聚类算法改进及在社交网络中的应用[D]. 桂林：广西师范大学，2014.
[2] 陈新泉，周灵晶，刘耀中. 聚类算法研究综述[J]. 集成技术，2017（3）：41-49.
[3] FREY B J, DUECK D. Clustering by passing messages between data points[J]. Science, 2007, 315(5814): 972-976.
[4] 唐家渝，刘知远，孙茂松. 文本可视化研究综述[J]. 计算机辅助设计与图形学学报，2013，25(3)：273-285.
[5] 赵琦，张智雄，孙坦. 文本可视化及其主要技术方法研究[J]. 数据分析与知识发现，2008，24(8)：24-30.
[6] 马创新，陈小荷. 文本的可视化知识表示[J]. 情报科学，2017（3）：122-127.

方式。

③用户认知阶段。在静态图信息建立好之后，用户可以通过视觉系统直接认知其中表示的信息。为了使用户具有一定的自主性，能够更有效地发现其中的特征和规律，通常会建立动态图信息并且设置一些交互功能①。交互是通过可视的手段辅助分析决策的一种方式，目前智能的、适用于海量数据可视化的交互技术已经得到广泛应用。

根据不同的应用目的，产生了众多的文本可视化方法，主要包括基于词汇的文本可视化、基于篇章内容的文本可视化、基于时间序列的文本可视化和基于主题领域的文本可视化等方法。基于词汇的可视化是文本可视化的一种基本思路，其主要的可视化对象是文本中的词汇，希望通过词汇及其不同关系的呈现来展现文本的特征。基于篇章内容的可视化不仅要求发现文本中特定的词，而且还要求通过标注、计算、统计、推断等各种技术手段，发现文章中的特定的隐含语义关系，这样读者可以快速地找到文章的主题和核心内容。基于时间序列的文本可视化是将时间作为文本的一个重要属性，针对文本的时间关系进行可视化，同时在此基础上完成一些特定分析任务，如发现研究趋势、技术进化发展规律等。基于主题的文本可视化，是针对大规模文本常见的一种模式，主要的目的是从大规模文本中发现特定的一个或者多个主题领域，并反映主题领域之间的关系，常用于发现学科热点、演变和趋势等②。

库切尔（Kucher）等③对学术论文中的文本可视化图进行了调查与分类，数据的分类结果通过开发系统来展示并动态更新（http：//textvis.lnu.se/）。在该调查中，文本可视化图的分类如图8-3所示。

在该分类中，文本可视化图分为数据、可视化、领域、分析任务、可视化任务五大类。

（1）数据（data）

数据包括数据源和数据属性两个方面。数据源包括文档、语料库和文本流。数据属性包括地理空间、时间序列和网络。

---

① BYRON L, WATTENBERG M. Stacked graphs-geometry & aesthetics [J]. IEEE Transactions on Visualization & Computer Graphics, 2008, 14 (6): 1245.

② 赵琦, 张智雄, 孙坦. 文本可视化及其主要技术方法研究 [J]. 数据分析与知识发现, 2008, 24 (8): 24-30.

③ KUCHER K, KERREN A. Text visualization techniques: taxonomy, visual survey, and community insights [C]. Visualization Symposium. IEEE, 2015: 117-121.

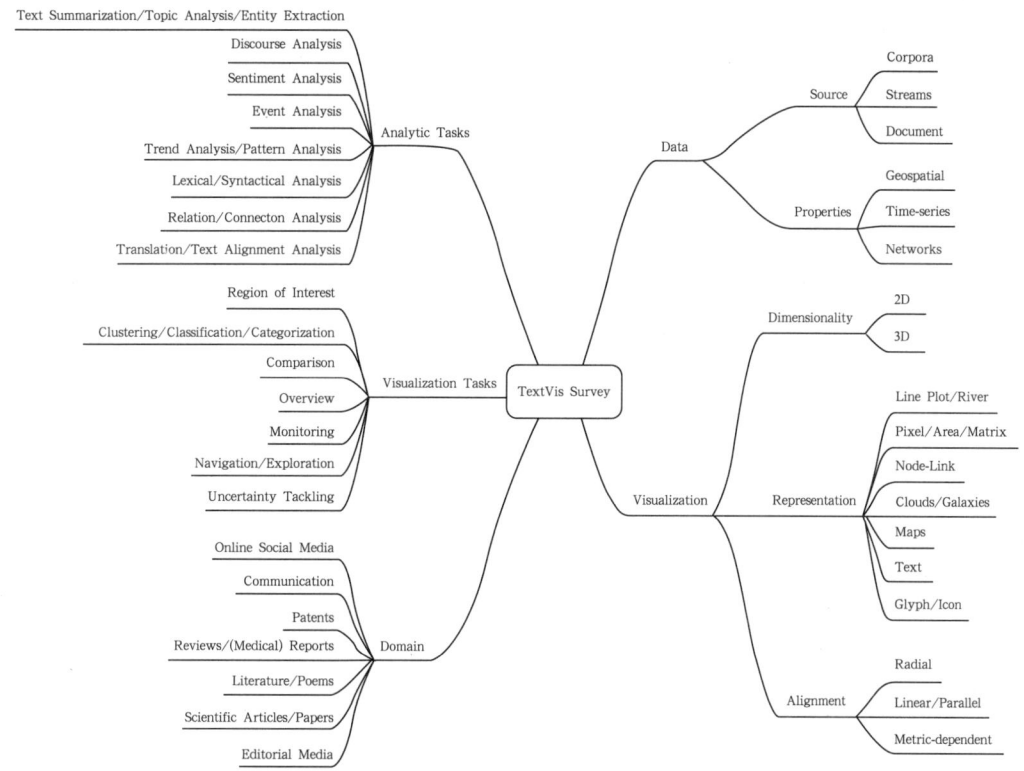

图 8-3 学术论文中文本可视化图的分类①

（2）可视化（visualization）

文本可视化技术包括 3 个子类别：维度、表示和对齐。维度分为 2D 和 3D。表示包括线图/河流图、像素/面积/矩阵、节点链接、云/星系、地图、文本和符号/图标。对齐（alignment），即布局（layout），包括径向、线性/并行和度量依赖。

当然，文本可视化的作用不仅在于能更丰富和生动地表达结果，更在于能通过一系列的算法和设计，展示文本资源中的潜在语义联系，发现新颖的信息。利用文本可视化技术，生成丰富的图表和图像，可以充分概括文字和数据分析得到的结果，并以更加易于理解和接受的方式展现出来。从而使文本挖掘的分析结果为更多、更广泛的人群所理

---

① KUCHER K, KERREN A. Text visualization techniques: taxonomy, visual survey, and community insights [C]. Visualization Symposium. IEEE, 2015: 117-121.

解，在情报研究、决策支持等相关领域发挥出巨大作用[①]。

（3）领域（domain）

领域这个类别描述了一个专门用于开发的文本域。包括在线社交媒体，如微博、博客、论坛（如Twitter、Facebook、blogs、forum）等；通信（communication），如电子邮件、即时通信记录等；发明，详细揭示官方的发明专利；评论/（医疗）报告，表示用户评论、医疗报告数据以及来自其他来源的评论和报告；文学诗歌，包括各种艺术、历史和纪实文本；科学论文，指各种流派和领域的科学文献；编辑媒体，来自组织（报纸等）的文本数据以及预先审核过的网站（如维基百科）。

（4）分析任务（analytic tasks）

该类别描述了由相应技术促进的高层次分析任务，对于用户使用文本可视化技术实现其主要分析目标至关重要。

文本摘要/主题分析/实体抽取：因为可视化技术在大多数情况下将实体名称作为主题，本类别将实体提取/识别与主题分析/建模结合在一个单独的类别项中。

话语分析：涉及文本或对话文本流的语言分析。

情感分析：用于分析感情、观点和影响。

事件分析：一些技术处理从文本数据中提取事件，常常以不同的方式涉及文本的可视化。

趋势分析/模式分析：表示通过自动趋势分析和人工调查所发现的文本数据中的模式。

词法/句法分析：包括了各种各样的语言任务，如对诗歌中的词和句子分析。

关系/连接分析：专门用于数据项的比较，包括对由可视化显示的显性关系进行分析。

机器翻译/文本对齐分析：包括语料库语言学任务。

（5）可视化任务（visualization tasks）

这个类别描述了文本可视化技术支持的低层表示和交互任务。与分析任务相比，这里包含了更多的工具项目。例如，簇可以作为一个辅助特性在各种可视化中使用。

感兴趣区域：该任务表示对用户感兴趣的数据项/区域的自动突出显示/建议，以便

---

① 赵琦，张智雄，孙坦．文本可视化及其主要技术方法研究［J］．数据分析与知识发现，2008，24（8）：24-30．

进行更详细的调查。

聚类/分类/归类：结合了几个与（半）自动标记或数据元素分组相关的任务。

比较：这个类别项表示可视化技术促进的几个实体的比较。例如，并排放置多个对象或标记差异。

综述：包括两种技术，通过显示数据集的很大一部分来提供大的图片；以及使用特殊的聚合表示来提供概述，同时减少视觉复杂性的技术。

监测：这个任务与可视化技术有关，旨在提醒用户对数据的更改。

导航/浏览：在数据集中进行导航的技术，同时可能切换可视化表示或底层数据类型。

不确定性处理：是当前技术中不太突出的任务，通常是与处理可视化数据源或处理数据中的不确定性及计算中的不确定性相关的技术。

8.5 社会网络分析方法

20世纪30年代，美国社会心理学家莫雷诺（Moreno）创立了用于分析人际关系资料的社会计量学方法，后经大量经济学、社会学学者的不断完善和改进，形成了社会网络分析方法（social network analysis，SNA）。社会网络分析是通过对行动者之间关系网络的结构进行可视化表示和量化分析，进而对社会关系结构及其属性进行分析的一套规范和方法。它把社会关系看作由节点和联系组成的网络，节点代表网络内的独立行动者，联系代表行动者之间的关系。国内情报学界对社会网络分析的应用始于2003年①，此后，相关研究呈现稳步增长趋势。目前，社会网络分析被广泛应用于社会学、政治学、心理学、传播学、人类学和社会政策研究等多个领域。

8.5.1 社会网络分析的步骤

（1）数据采集

社会网络资料的收集方法通常有问卷法、访谈法、观察法、文献档案法、实验法②。运用问卷方法构建个人关系网络，对朋友之间交往的关系、某一特定人群的信息交

---

① 包昌火，谢新洲，申宁. 人际网络分析 [J]. 情报学报，2003，22（3）：365-374.
② 斯坦利·沃斯曼，凯瑟琳·福斯特，STANLEY W，等. 社会网络分析：方法与应用 [M]. 北京：中国人民大学出版社，2012：31-32.

流关系、特定情景下不同人群的行为动机关系等进行自我中心网的分析。访谈法主要用于自我中心网的数据收集，如了解朋友间的社交关系、询问关系强弱等。观察法适用于可以进行互动的小群体，通过观察行动者之间的互动关系来进行数据的收集，主要用于不能进行问卷调查和访谈的对象。观察法需要研究人员有足够的耐心，因为进行观察的行为常常是频繁的和重复的。文献档案法是指通过文献内容分析，研究个人的关系网络或某些重要人物、团体、国家之间的联系网络①。实验法主要用于小世界网络的研究，即"你和任何一个陌生人之间所间隔的人不会超过6个，即最多通过6个人你就可以认识世界上任何一个陌生人"②。

除上述传统数据收集方法之外，在互联网环境下还可以通过网络链接、评论、转发、点赞等互动关系收集网络关系数据，构建关系网络并进行分析。

（2）构建社会关系网络

目前已经发展出多种构建社会关系网络的技术和方法，主要包括图形方法和矩阵方法。

社会关系网络的图形表达主要基于图论和社群图（sociogram）。社群图由节点和节点之间的连线组成，包括无向图和有向图两种。无向图的连线不带箭头，表示节点间的关系没有方向性；有向图的连线带单向箭头或双向箭头，从一个行动者指向另一个行动者，表示行动者之间的关系具有方向性。网络中各节点间关系的强弱由节点间连线的粗细表示，一般连线越粗表示关系越强。

如果网络中节点数量庞大，则用矩阵表示网络中节点间的关系，最常使用的矩阵类型有邻接矩阵（adjacency matrix）、关联矩阵（incidence matrix）和隶属关系矩阵（affiliation matrix）③。

①邻接矩阵。邻接矩阵是社会网络分析中最常用的一类矩阵。邻接矩阵一般为正方阵，其行和列都代表完全相同的行动者，如果邻接矩阵的值为二值矩阵，则其中的"0"表示两个行动者之间没有关系，而"1"则表示两个行动者之间存在关系，如表8-1所示。也有一些研究需要构建非二值矩阵，即使用赋值矩阵，此时，矩阵中的数值表示为两个行动者之间的关系强度，且规定矩阵中的"行"为关系的发送者，而"列"为关系的接受者。

---

① 林聚任. 社会网络分析：理论、方法与应用 [M]. 北京：师范大学出版社，2009：79.
② TRAVERS J, MILGRAM S. An experimental study of the small world problem [J]. Sociometry, 1969, 32（4）：425-443.
③ 刘军. 整体网分析讲义 [M]. 上海：上海人民出版社，2009：63-67.

表8-1　邻接矩阵示例

节点	A	B	C	D
A	—	1	1	0
B	1	—	0	1
C	0	1	—	0
D	0	0	1	—

②关联矩阵。关联矩阵又称发生矩阵，矩阵的行代表节点，列代表节点之间的连线，如表8-2所示，l_1、l_2等表示两个节点之间的连线。发生矩阵表达的是哪个节点连接在哪条线上，因此，发生矩阵一定是二值矩阵，但不一定是方阵。与邻接矩阵一样，发生矩阵也表达了图的全部信息。

表8-2　关联矩阵示例

节点	l_1	l_2	l_3	l_4
A	1	0	1	0
B	1	1	1	0
C	0	0	1	1
D	0	1	1	0

③隶属关系矩阵。隶属关系矩阵表示的是节点与事件的隶属关系。矩阵中的行表示行动者，列表示隶属项，即事件或各种属性。一些研究需要分析行动者的隶属关系，如行动者所属职业、小组、性别、年龄等，此时就可以利用隶属关系矩阵来表述。目前大多数网络都是以2-模网络（2-mode network）的形式存在，2-模网络描述的是一群行动者和诸多事件之间的关系，如个人与组织之间的关系或微观与宏观的关系。2-模网络既可以用图形法表示也可以用矩阵表示，用矩阵表示的方法如表8-3所示。

表8-3　隶属关系矩阵示例

节点	属性1	属性2	属性3	属性4
A	1	1	1	0
B	1	0	1	1
C	0	1	0	0
D	0	1	1	0

(3) 数据处理

运用社会网络分析软件构建上述3种矩阵，主要有两种方法。第一种方法：直接输入关系矩阵内容，即利用SNA软件所提供的数据输入功能，将研究者所获得的原始关系数据的数值输入进关系矩阵中。其操作过程简单，类似于Excel软件的操作。第二种方法：从其他数据文件直接导入SNA软件，形成关系矩阵。典型的SNA软件都提供了从其他软件导入多种格式的数据文件的功能，以支持多种方法建立关系矩阵。目前，.csv、.txt、.xls、.ntf、.dl和.net等格式的文件都可以直接导入NetMiner、Pajek和UCINET软件中。一般导入操作都有菜单和对话框提示，只要注意阅读对话框的提示，并给予相应的选择，就可以完成数据的导入，建立起关系矩阵，操作过程简单快捷。

8.5.2 社会网络分析的主要指标

社会网络分析包括整体结构测度和局部角色测度两种视角。整体结构测度是对整个网络的结构进行研究，分析全部行动者在网络中的整体关系，如网络的密度、中心度和凝聚性等；局部角色测度侧重网络中行动者的位置和角色分析[1]，主要研究网络关系对个体行为的影响、个体行为对网络结构的影响等[2]，如行动者的中心度和结构洞指数等。下面对社会网络分析中常用的测度指标进行介绍。

(1) 网络的密度

网络密度（density）是测量群体结构形态的重要指标之一，也是在团体研究中最常用到的概念。密度是图中实际存在的连线数占最大可能的连线数的比例，反映的是网络中各成员之间的紧密程度。取值在0~1，值越大说明关系越紧密，反之关系越疏远。如果某个团体中成员关系紧密，则一般来说此团体成员之间的信息沟通和工作绩效也越高，如果成员关系疏远，则很容易产生沟通不畅工作效率低等问题[3]。

(2) 中心性分析

社会网络分析主要是用于测量行动者在社会网络中的位置或权利的差异[4]。中心性

---

[1] BORGATTI S P, EVERETT M G. Notions of position in social network analysis [J]. Sociological methodology, 1992, 22 (4): 1-35.
[2] 林聚任. 社会网络分析：理论、方法与应用 [M]. 北京：师范大学出版社, 2009: 51.
[3] 罗家德. 社会网分析讲义 [M]. 2版. 北京：社会科学文献出版社, 2010: 228.
[4] 约翰·斯科特. 社会网络分析法 [M]. 重庆：重庆大学出版社, 2016: 68.

分析是指个人或组织在社会网络中居于核心地位的程度。中心性分析包括中心度分析和中心势分析两种。其中，中心度侧重于对网络局部个体所处的中心地位进行测量分析；中心势用来描述一个网络在多大程度上向某一节点集中的趋势。中心度又包括点度中心度（degree centrality）、中介中心度（betweenness centrality）和接近中心度（closeness centrality）等，下面分别进行介绍。

① 点度中心度

点度中心度（又称节点中心度）分为点的点度中心度和图的点度中心势两种分析指标。其中点的点度中心度用网络中与该节点直接关联的节点数来衡量，如果网络中一个行动者与其他行动者之间存在大量的联系，则此行动者位于网络的中心地位。点的点度中心度可以分成两类：绝对点度中心度（一个节点的度数）和相对点度中心度（节点的绝对中心度与图中节点的最大可能的度数之比）。在无向图中，以"度数"即相邻节点的个数来衡量网络中某一点的影响力；在有向图中，通常把中心度划分为点入度（in-degree centrality）和点出度（out-degree centrality），以箭头方向的点作为点入度，箭尾方向的点作为点出度。

② 中介中心度

中介中心度主要用来测量网络中某一行动者控制其他行动者的能力的大小。如果在网络中，某一行动者处于多条其他行动者交往的路径上，则说明该行动者在网络中位于重要地位①。林顿·弗里曼（Linton Freeman）提出的"中介性"的相关理论指出"处于多个节点路径之上的行动者，可以通过控制或者去曲解信息的传递而影响群体"②。中介中心度在测量行动者对资源的控制程度方面发挥了重要作用。其中，点的中介中心度用来测量网络中某一节点的控制能力，而线的中介中心度测量两点之间的关系在整个网络中具有什么样的控制优势。中介中心势是用来衡量网络中中介中心度最大的节点与其他节点的中介中心度的差距。

③ 接近中心度

接近中心度用来衡量网络中某个行动者不受其他行动者控制的能力，由于接近中心度计算的是某一节点距离网络中其他节点的远近，所以距离越短，此节点越容易到达其他节点，则此节点越容易处于网络中的核心地位。而且接近中心性的高低反映了网络中

---

① 刘军. 整体网分析讲义 [M]. 上海：上海人民出版社，2009：100.
② FREEMAN L C. Centrality in social networks: comceptual classification [J]. Social networks, 1979 (1): 215-239.

节点差异性的大小，接近中心性越大，说明网络中节点的差异性越强，反之则说明网络中节点之间的差异性越弱。

（3）凝聚子群分析

凝聚子群是行动者的子集合，也可以表达为网络中的小团体。对于凝聚子群的研究其实就是对某种社会结构的研究，凝聚子群的测量方法主要有两种：一种是网络中各节点的距离；另一种是节点的度数。

基于网络中各节点距离的凝聚子群主要通过派系进行表达。派系的本质含义是一个"最大的完全子图"①（maximal complete sub-graph），所以可以被称为点的子集（seb-set）。在这个子集中，任何两个点都由线连接在一起，且该派系不被其他派系所包含②。n-派系（n-cliques）是网络中任意两个节点之间的距离都小于或等于 n 的子图，n 是派系成员之间距离的最大值，如果 n 越大，则派系成员之间的关系越远，网络就会越松散；反之，如果 n 越小，每个成员间的距离中可以通过的其他成员就会越少，派系成员之间关系就会越紧密。n-宗派（n-clan）包含在 n-派系中，所有的 n-宗派都属于 n-派系。

基于网络中各节点度数的凝聚子群主要通过 k-丛和 k-核进行表达。k-丛和 k-核是凝聚子群分析中最常用的两个概念。一个 k-丛就是满足下列条件的一个凝聚子群，即在这样一个子群中，每个点都至少与除了 k 个点之外的其他点直接相连。也就是说，当这个凝聚子群的规模为 n 时，其中每个点至少都与该凝聚子群中 $n-k$ 个点有直接联系，即每个点的度数都至少为 $n-k$。k-核指的是满足下面条件的一个子群，即子群中的点都至少与该子群中的其他 k 个节点邻接。k-丛要求各个点至少与除了 k 个点之外的其他点相连，而 k-核要求任何点与至少 k 个点相连。对网络进行 k-核分析有助于确定网络中的核心-边缘节点。

（4）核心-边缘结构分析

核心-边缘结构是一种中心紧密相连、外围稀疏分散的网络结构③，网络中不同的节点关系可以构建不同的核心-边缘结构类型。如果关系数据是定类数据，可以构建"离散的核心-边缘模型"（discrete core-periphery model）；如果关系数据是"定比数

---

① HARARY F. Graph theory [J]. New York: Addison-Wesley Publishing Company, 1969.
② 约翰·斯科特, 刘军. 社会网络分析方法 [M]. 重庆: 重庆大学出版社, 2007: 96.
③ BORGATTI S P, EVERETT M G. Models of core/periphery structures [J]. Social networks, 2000, 21 (4): 375-395.

据",可以构建"连续的核心-边缘模型"(continuous core-periphery model)。核心-边缘模型在情报学中主要用于对研究领域的核心-边缘关键词进行分析。

(5) 结构洞

在社会关系网络中,如果两个节点之间缺少直接的联系,而必须要通过一个中间节点发生联系,那么从网络结构看,就好像在这两个节点之间存在一个空洞,从而被称为结构洞。结构洞是一种特殊的网络结构,主要用来研究人际关系网络。如果人际网络中存在结构洞,则占据"结构洞"的组织或个人可以通过控制洞两端信息和资源的流动,更易积累社会资本,如果结构洞出现在网络边缘,则结构洞里的行动者是连接内、外围节点的边缘沟通者[①]。在研究社会关系网络时,对结构洞进行研究也就是对网络中具有信息优势和控制优势的行动者进行研究,这将有利于研究者对网络的了解和充分认知。

8.5.3 社会网络分析软件

目前,用于社会网络分析的软件较多,既有基础性的 Java、Python 等软件,也有专门用于社会网络分析的软件,最常用的有以下几种[②]。

(1) UCINET

UCINET 为菜单驱动的 Windows 程序,是最常被使用的社会网络分析软件。与 UCINET 捆绑在一起的还有 Pajek、Mage 和 NetDraw 等软件。UCINET 能够处理的原始数据为矩阵格式,提供了大量数据管理和转化工具。该程序本身不包含网络可视化的图形程序,但可将数据和处理结果输出至 NetDraw、Pajek、Mage 和 KrackPlot 等软件去作图。UCINET 包含大量包括探测凝聚子群(cliques、clans、plexes)和区域(components、cores)、中心性分析(centrality)、个人网络分析和结构洞分析等在内的网络分析程序。UCINET 还包含为数众多的基于过程的分析程序,如聚类分析、多维标度、二模标度(奇异值分解、因子分析和对应分析)、角色和地位分析(结构、角色和正则对等性)和拟合中心-边缘模型。此外,UCINET 提供了从简单统计到拟合 p1 模型在内的多种统计程序。

---

① DAFT R L. Organization theory and design [M]. 8th ed. Cincinnati: South-Western College Pub, 2003: xi-xii.

② HUISMAN M, VAN DUIJN M A J. Software for social network analysis [M] //Models and methods in social network analysis. New York: Cambridge University Press, 2005: 270-316.

（2）Pajek

Pajek 是一个特别为处理大数据集而设计的网络分析和可视化程序，可以分析多于一百万个节点的超大型网络。Pajek 可以同时处理多个网络，也可以处理二模网络和时间事件网络（时间事件网络包括某一网络随时间的流逝而发生的网络发展或进化）。Pajek 提供了纵向网络分析的工具。数据文件中可以包含指示行动者在某一观察时刻的网络位置的时间标志，因而可以生成一系列交叉网络，可以对这些网络进行分析并考察网络的演化。不过这些分析是非统计性的；如果要对网络演化进行统计分析，需要使用 StOCNET 软件的 SIENA 模块。

每种数据类型在 Pajek 中都有自己的描述方法。Pajek 提供了多种数据输入方式。例如，可以从网络文件（扩展名 NET）中引入 ASCII 格式的网络数据。网络文件中包含节点列表和弧/边（arcs/edges）列表，只需指定存在的联系即可高效输入大型网络数据。图形功能是 Pajek 的强项，可以方便地调整图形和指定图形所代表的含义。由于大型网络难于在一个视图中显示，Pajek 会区分不同的网络亚结构，并分别予以可视化。Pajek 提供基于过程的分析方法，包括探测结构平衡和聚集性（clusterability）、分层分解和团块模型（结构、正则对等性）等。

（3）NetMiner

NetMiner 是一个把社会网络分析和可视化技术结合在一起的软件工具。它允许使用者以可视化和交互的方式探查网络数据，以找出网络潜在的模式和结构。NetMiner 采用了一种为把分析和可视化结合在一起而优化了的网络数据类型，包括 3 种类型的变量：邻接矩阵（称作层）、联系变量和行动者属性数据。与 Pajek 和 NetDraw 相似，NetMiner 也具有高级的图形特性，尤其是几乎所有的结果都是以文本和图形两种方式呈现的。NetMiner 提供的网络描述方法和基于过程的分析方法也较为丰富，在统计方面则支持描述性统计、ANOVA、相关和回归等标准的统计过程。

（4）STRUCTURE

STRUCTURE 是一个命令驱动的 DOS 程序，需要在输入文件中包含数据管理和网络分析的命令。STRUCTURE 提供的大多数分析功能是独具的，在其他分析软件中找不到。STRUCTURE 支持 5 种网络模型的分析：自主性（结构洞分析）、凝聚性（识别派系）、扩散性、对等性（结构或角色对等性分析和团块模型分析）和权力（网络中心与均质分析）。

(5) MultiNet

MultiNet 是一个适于分析大型和稀疏网络数据的程序。由于 MultiNet 是为大型网络的分析而专门设计的，因而像 Pajek 一样使用节点和联系列表而非邻接矩阵输入数据。MultiNet 几乎可以以图形化方式展现分析程序产生的所有输出结果。该软件可以计算度数、中介性、近邻和成分统计及其频数分布。MultiNet 拥有 4 种统计功能：交叉表和卡方检验、ANOVA 检验、相关分析和 p^* 指数随机图模型。

(6) StOCNET 简介

StOCNET 是 WINDOWS 环境下的开放软件系统，适用于社会网络的高级统计分析。它提供了一个应用多种统计方法的平台，每种统计方法可以以单独模块的形式方便地嵌入其中。StOCNET 包含 6 个统计模块：①BLOCKS，随机块模型；②ULTRAS，使用超度量（ultrametrics）估计潜在的转换结构（latent transitive structures）；③P2，拟合指数随机图 p2 模型；④SIENA，用于纵向网络数据的分析；⑤ZO，确定随机图统计量的分布概率；⑥PACNET，构造和拟合基于偏代数结构的结构模型。

8.5.4 社会网络分析在情报学研究中的应用

随着研究的日益成熟，社会网络分析方法逐渐在文献计量、网络计量和知识管理等领域得到广泛应用，使情报学成为社会网络分析方法的主要应用学科之一。

8.5.4.1 社会网络分析在科学交流研究领域的应用

(1) 科研合作网络

根据合作主体的不同，科研合作网络可以分为作者合作网络、机构合作网络、国家合作网络、领域合作网络等；根据文献类型的不同，合作网络有论文合作网络、专利合作网络、基金合作网络等。Zhang 等以纳米技术研究领域为例，提出了基于节点距离的网络增长模型和基于距离和度数的网络增长模型，来描述该领域合作网络的动态变化情况[1]。洛丽戈（Lorigo）和佩拉西尼（Pellacini）研究了计算机支持的协同工作（CSCW）技术和因特网技术的诞生对科学家合作频率和合作结构的影响，他们采集了 20 多万篇高能物理学领域学术期刊论文，构建了包含 87 000 名科学家在内的机构合作网络和国家合作网络，通过分析合作网络近 30 年的变化趋势，发现合作网络成稳步演化趋势，并没有因

---

[1] ZHANG H, QIU B, IVANOVA K, et al. Locality and attachedness-based temporal social network growth dynamics analysis: a case study of evolving nanotechnology scientific collaboration networks [J]. Journal of the association for information science and technology, 2010, 61 (5): 964-977.

为 CSCW 技术和因特网技术的引入发生变化①。为了验证合作网络结构对知识生产和创新的影响，埃斯拉米（Eslami）等以加拿大生物技术领域的期刊论文和专利为样本，构建了这一领域的作者合作网络，通过社会网络分析方法对合作网络的点度中心度、中介中心度、凝聚系数、小世界特征和网络数量等指标进行计算，并对科学家的科研产出和效果做了相关分析，结果发现合作网络的结构特征对知识的生产和创新具有显著影响，但是对专利质量的提升没有影响②。托塔（Tonta）和达维什（Darvish）利用社会网络分析方法构建了潜在语义分析（latent semantic analysis，LSA）主题领域的作者合作网络，发现合作网络相对松散，他们还通过在网络中加入作者研究主题来分析合作主题的情况③。

（2）引文网络

引文网络是指因引用关系而形成的文献网络。加菲尔德（Garfield）于 1970 年就曾对引文网络进行绘制，阐述了引文网络在追溯文献历史方面的意义④。根据引用关系的不同引文网络分为引证网络、同被引网络和同引网络。引证网络中连线代表施引与被引的关系；同被引网络中连线代表两个节点同时被其他文献引用；同引网络中的连线代表两个节点引用相同的其他文献。根据引用网络中节点类型的不同，引用网络又分为文献引用网络、作者引用网络、期刊引用网络、机构引用网络、学科引用网络等。将社会网络分析方法应用于引文网络分析可进一步对引文网络结构进行揭示。例如，将社会网络分析的指标应用于引文网络分析，能够探索多种文献的评价方法⑤；将社会网络分析的可视化功能应用于学科引文网络，能够展示学科间的知识扩散⑥；通过对专利引文网络

---

① LORIGO L, PELLACINI F. Frequency and structure of long distance scholarly collaborations in a physics community [J]. Journal of the association for information science and technology, 2007, 58 (10): 1497-1502.

② ESLAMI H, EBADI A, SCHIFFAUEROVA A. Effect of collaboration network structure on knowledge creation and technological performance: the case of biotechnology in Canada [J]. Scientometrics, 2013, 97 (1): 99-119.

③ TONTA Y, DARVISH H R. Diffusion of latent semantic analysis as a research tool: a social network analysis approach [J]. Journal of informetrics, 2010, 4 (2): 166-174.

④ GARFIELD E. Citation indexing for studying science [J]. Nature, 1970, 227 (5259): 669-671.

⑤ 纪雪梅, 李长玲, 许海云. 基于权力指数的引文网络分析方法探讨 [J]. 图书情报工作, 2009, 53 (24): 111-114, 105.

⑥ 赵星, 谭旻, 余小萍, 等. 我国文科领域知识扩散之引文网络探析 [J]. 中国图书馆学报, 2012 (5): 59-67.

的聚类分析可实现技术预测①；通过社会网络分析的相关指标能够对学科交叉和学科间关系进行分析②。

(3) 共词网络

知识关联网络主要研究各领域的知识关联关系。其中，共词网络是知识关联网络的研究热点，也是社会网络分析常用的领域之一。共词分析（co-word analysis）思想源于文献计量学的引文耦合与共被引概念，是指两篇文章可以通过一篇或多篇文献建立联系，从而反映出文献之间的结构关系和联系程度③。

社会网络分析方法在共词分析方面的应用主要是通过对文献的计量分析，利用文献的关键词共现来进行领域内的热点研究并预测未来领域发展的趋势④。近年来，越来越多的学者把共词分析应用到知识图谱和知识管理的研究之中，通过构建知识图谱分析一个学科的研究热点，或者通过共词分析、聚类分析和 k - 核分析构建知识图谱以获得研究方法的规范框架。除了应用于文献领域，共词分析在社交媒体的话题识别中也得到了应用。将社会网络分析中的社区发现、聚类和 k - 核分析等指标应用于共词网络，可实现话题的分类⑤⑥。

8.5.4.2 社会网络分析在知识管理中的应用

知识管理是一种以专业技术为中心的管理形式，它将隐性知识提取出来，让它成为可获取的显性知识，以达到提高组织知识成果共享利用的目的⑦。目前社会网络分析在知识管理领域主要应用于隐性知识管理、组织知识管理、知识管理学科研究和其他方面。

在隐性知识管理方面，殷国鹏等对中国人民大学经济科学实验室相关人员进行问卷

---

① ÉRDI P, MAKOVI K, SOMOGYVÁRI Z, et al. Prediction of emerging technologies based on analysis of the US patent citation network [J]. Scientometrics, 2013, 95 (1): 225-242.

② 李长玲, 纪雪梅, 支岭. 基于 E-I 指数的学科交叉程度分析: 以情报学等 5 个学科为例 [J]. 图书情报工作, 2011, 55 (16): 33-36.

③ CALLON M, COURTIAL J P, TURNER W A, et al. From translations to problematic networks: an introduction to co-word analysis [J]. Social science information, 1983, 22 (2): 191-235.

④ XU C, MA B, CHEN X, et al. Social tagging in the scholarly world [J]. Journal of the association for information science and technology, 2013, 64 (10): 2045-2057.

⑤ 李磊, 刘继, 张玹魁. 基于共现分析的网络舆情话题发现及态势演化研究 [J]. 情报科学, 2016, 34 (1): 44-47, 57.

⑥ 陈卓群. 基于共词网络的社交媒体话题演化分析 [J]. 情报科学, 2015, 33 (1): 120-125.

⑦ BROADBENT M. The emerging phenomenon of knowledge management [J]. Australian library journal, 1997, 46 (1): 6-24.

调查，根据所获得的数据构建出了实验室相关人员的社会关系网络，通过定量分析网络结构发现社会网络分析可以为组织制定隐性知识管理制度提供依据①。在组织知识管理方面，布朗（Brown）等②对加拿大工人补偿委员会的员工进行了调查，利用社会网络分析和分层线性建模对调查结果进行了分析，发现知识的不可观察性、复杂性和可教性增加了人与人之间知识转移的可能性，就社交网络而言，拥有更大网络的个人往往比那些拥有更小网络的人更容易感知到知识的转移，这可能会导致员工不使用知识管理系统（KMS）提供的知识。在知识管理学科研究方面，邱均平等以 CNKI 为文献统计来源，运用信息计量学理论和社会网络分析方法对 2000—2014 年国内知识网络的学术论文进行统计分析，结果发现以知识演化、网络结构、知识共享和知识创新为知识核的辐射型网络体系已经形成，知识网络和知识管理协同发展的现状已经存在③。在其他方面，哈米德·阿尔胡里（Hamed Alhoori）对学术社交网络的研究人员的学术阅读行为进行建模，提出了一套知识管理中的隐式评价系统，使研究人员不仅能够识别信息传播途径，还可以同时获取和促进现有知识体系的发展④。此外，社会网络分析框架还用于分析个人、图书馆或组织拥有的社会资源或社会资本⑤。

8.5.4.3　社会网络分析在网络舆情分析方面的应用

国内基于社会网络分析的网络舆情研究主要是针对特定舆情事件，通过网络数据对网络舆情的传播规律、网络舆情中个体的位置角色和网络社区用户情感和观点进行分析。目前，针对博客、微博等社交媒体舆情进行社会网络分析的对象包括舆情话题的转发网络、评论网络、关注网络等。杜洪涛等对微博社区网络的静态结构特征及相应的信息传播特性进行了研究，通过对微博样本的分析发现了微博社区中人际关系的不同特征，构建了基于意见更新的舆情传播模型，模拟和分析了舆情信息的传播过程，从而得

---

①　殷国鹏，莫云生，陈禹. 利用社会网络分析促进隐性知识管理［J］. 清华大学学报（自然科学版），2006（z1）：964-969.

②　BROWN S A, DENNIS A R, BURLEY D, et al. Knowledge sharing and knowledge management system avoidance: the role of knowledge type and the social network in bypassing an organizational knowledge management system［J］. Journal of the association for information science and technology, 2013, 64 (10): 2013-2023.

③　邱均平，刘宁. 国内知识网络发展述评及演化分析［J］. 图书馆学研究，2016（10）：10-16.

④　ALHOORI H, FURUTA R. Recommendation of scholarly venues based on dynamic user interests［J］. Journal of informetrics, 2017, 11 (2): 553-563.

⑤　高凡，徐引篪. 图书馆联盟的社会网络资源配置［J］. 中国图书馆学报，2006（3）：14-16, 27.

到了微博社区中的信息传播规律、网络舆情演化机制和人际交往模式①。在网络舆情中个体角色由个体行动者在社会网络中的位置决定。谭雪晗等以重大事故灾难为例，运用社会网络分析软件对事件舆情传播的网络结构、节点地位进行研究，筛选出舆情关键用户，即关键信息发布者和关键事件关注者②。此外，运用社会网络分析工具可对用户情感或观点的分布进行展示，描述情感或观点的传播情况③。

8.5.4.4 社会网络分析在竞争情报分析中的应用

竞争情报活动与社会网络密不可分。作为企业战略的重要组成部分，竞争情报战略也需要充分考虑社会网络因素，拓宽社会网络，开展知识管理并做好反竞争情报工作④。首先，利用社会网络分析中的指标，如整体网的密度、平均距离、凝聚系数和分派指数，可以对大竞争格局、竞争态势进行评估⑤；其次，社会网络分析中的社会资本理论、弱关系理论和结构洞理论从不同侧面反映了人际情报网络构建中的3种典型结构和状态，而在实际中的人际情报网络建设则往往是这3种状态的综合⑥；最后，社会网络分析还可用于发现企业合作竞争态势和战略联盟体中的合作关系模式⑦。

8.5.4.5 社会网络分析在未来情报学研究中的应用

随着大数据与人工智能时代的到来，社会网络分析在情报学研究与情报工作实践方面面临新的发展机遇。①在大数据分析中的应用。随着情报学学科对数据科学的重视，社会网络分析方法将用于数据关联分析、数据共享、复杂数据网络分析、网络情报探测、知识发现等领域。②在军事情报与公安情报研究中的应用。目前已有学者尝试将社

---

① 杜洪涛，孟庆国，王君泽．基于社会网络分析的微博社区网络结构及传播特性研究［J］．情报学报，2016，35（8）：838-847．
② 谭雪晗，涂艳，马哲坤．基于SNA的事故灾难舆情关键用户识别及治理［J］．情报学报，2017，36（3）：297-306．
③ 纪雪梅，王芳．SNA视角下的在线社交网络情感传播研究综述［J］．情报理论与实践，2015，38（7）：139-144．
④ 王知津，樊振佳．基于社会网络分析的企业竞争情报战略［J］．图书情报知识，2007（6）：5-10．
⑤ 龙青云，吴晓伟，娜日．基于社会网分析的竞争对手分析及实证研究［J］．情报科学，2013，31（1）：134-141，160．
⑥ 彭靖里，谭海霞，王崇理．竞争情报中人际网络构建的理论研究：基于社会网络的分析观点［J］．图书情报工作，2006（4）：38-42．
⑦ 吴晓伟，楼文高．基于社会网络分析的企业合作竞争研究及其实证分析［J］．情报理论与实践，2010，33（5）：52-57．

会网络分析方法应用于暴恐活动分析①、犯罪组织侦查、恐怖组织分析、军事情报网络分析等方面。③在新媒体信息传播分析中的应用。除此之外，社会网络分析也可以在智库建设、专家网络分析等方面发挥作用。

8.6 问卷调查方法

问卷调查是典型的实证主义研究方法，普遍应用于社会科学的研究之中。问卷是一种十分常见的抽样调查工具，用以收集关于调查对象的态度、意愿、观念、行为、人口统计等方面的数据。通过对回收数据的统计分析，研究人员可以通过样本推断总体情况（要求随机抽样），回答研究问题，验证研究假设，或解释特定的社会现象。问卷调查方法在情报学中主要应用于信息社会和信息行为等偏向于个体感知和主观意愿的领域，如数字不平等、社交媒体使用意愿、隐私保护等。

8.6.1 问卷调查的基本程序

以理论研究为目标的问卷调查研究一般包括以下环节：提出研究问题、推演研究假设、确定研究变量、选择变量的测量量表、进行问卷设计和制作、实施问卷发放与回收、进行数据统计分析、进行假设检验、归纳研究结论等环节。由于大部分环节是实证研究所共有的，这里主要侧重于对问卷调查过程进行介绍。

（1）问卷设计与量表制作

问卷内容一般包括标题、前言、指导语、问题、选项和结束语6个部分。标题要求简洁、易懂。前言对问卷的调查目的、意义、学术伦理规范、填答时长等内容进行简要说明，并对完成问卷预计需要的时间进行说明。指导语是对受试者在填答问题时准确而详细的指导，直接关系到问卷调查研究的信度和效度。问题设计应遵循客观性、必要性、逻辑性等原则，语言表达尽量简单明确、客观中立，用受试者可以听懂或读懂的语言，避免双重或多重含义，不应使用带有倾向性或引导性的提问方式，尽量避免使用双重否定句式等。问题和选项的设计则应避免语义交叉，具备独立性、完备性和互斥性。结束语一般要对填答者表示感谢。

---

① 胡成，李明星，古丽燕，等. 情报视角下暴力恐怖活动多元社会网络测度研究［J］. 情报杂志，2018，37（3）：33-39，4.

一份问卷可以不包含量表，也可以包含一个或多个量表。量表是社会科学中理论性研究常用的测量工具。在以了解现状为目标的简单调查中，可以不使用量表。而在以理论检验与发展为目标的实证研究中，量表是调查问卷的核心组成部分。在实证研究中，一般需要基于已有理论提出一套关于概念间关系的假设命题。由于社会科学领域的很多概念比较抽象，无法直接观测，因此需要设计一系列可以直接观测的指标来反映概念的主要内容，这个过程被称为概念的操作化。操作化是将概念转换为可以直接观测的变量的过程。通过考察变量间的关系可以检验理论假设命题是否成立。

可以说，在研究中量表就是变量的表现形式，是测量变量的具体工具。它由一系列可以直接观测的指标或题项构成，用于测量个人的心理感知、态度、社会意愿、行为倾向等内容。为了得到能够正确反映概念内容的观测题项，需要运用一套规范的方法对所有可观测的题项进行筛选，一般包括题项池构建、题项筛选、项目分析、因子分析、信度和效度检验等步骤，而筛选之后的结果就是一个概念的量表。对于一些研究较为成熟的变量，一般直接采用在文献中经过检验的量表，而无须再自行研制。

量表有多种形式，如总加量表（如李克特量表）、累积量表（如哥特曼量表）、语义差异量表等。常用的李克特量表一般采用五分或七分量级，在特定情况下也可以采用四级或六级量表。不论量表在设计类型和方法上有何不同，原则上都需要个人对一系列精心设计的问题或项目进行肯定或否定答复，而这些答复常常以等级的形式反映肯定或否定的不同程度。对变量的分值进行统计分析，即可发现变量间的统计相关性。

除了量表之外，调查问卷一般还包括人口统计特征的问题和开放性问题。前者一般为单项选择题或多项选择题，而后者则需要填答者对问题进行回答。对于人口统计特征的数据一般进行描述统计或分组比较，对于开放式问题则常常需要进行内容编码分析。

（2）问卷的发放与回收

在正式问卷形成之前，需要对问卷进行预测试。一般首先由专家和典型的调查对象审读问卷，对题项设置、指示语句、措辞表达等各个方面提出意见和建议，经过修改完善后再进行小规模的测试。在这一阶段，一般发放 50 份左右的问卷，回收后进行初步的题项检验和信度效度分析，发现存在的问题并进行修改完善，然后才可作为正式问卷进行发放。

在正式的问卷发放之前，需要先确定调查对象，制定抽样方案。常见的统计抽样方式有随机抽样、分层抽样、滚雪球抽样、方便抽样等，需要根据研究目的、研究问题的性质和可支配的研究经费进行选择。问卷发放一般有现场填答、邮寄、使用网络调查平台发放等方式。需要注意的是，无论是线上发放还是线下发放，都需要考虑调查的目标人群和样本的代表性，避免造成调查偏差。

问卷回收之后，需要对每一份问卷进行登记和编号，淘汰不完整、质量不合格的问卷，确定针对异常值、缺失值的处理方案，然后进行数据录入和分析。如果是通过网络调查平台进行问卷发放，则可以直接通过平台的统计功能进行分析。

（3）数据分析

在问卷回收之后，将问卷数据按照一定的规则录入数据分析软件中，常用的有 Excel、SPSS、Amos、Stata、Python 等；然后对问卷的填答质量、回收率等进行检查，剔除不合格的问卷，对缺失值进行处理。在确认数据可以分析之后，根据研究目的进行信度和效度的检验和统计分析，包括描述性分析、相关性分析、因子分析、回归分析或聚类分析等。最后，基于数据分析结果对预先提出的研究假设进行检验，并据此进行理论的检验、发展和完善。

8.6.2 问卷调查方法在图书情报学研究中的应用

图书情报领域使用问卷调查方法的研究数量较多。国内图书情报领域最早使用问卷调查方法的论文是 1989 年朱广忠等发表在《江苏图书馆学报》上的文章，对江苏省委属、部属和省（市）属 64 所高校图书馆及 297 名图书情报人员进行了抽样调查，分析了江苏省高校图书馆干部队伍的基本情况①。之后，相关研究数量一直较少，直到 2002 年之后开始持续上升，于 2016 年达到顶点后有所下降。根据中国知网，在情报学期刊上，在篇名、关键词或摘要中出现"问卷调查"一词的论文数量变化情况如图 8-4 所示。

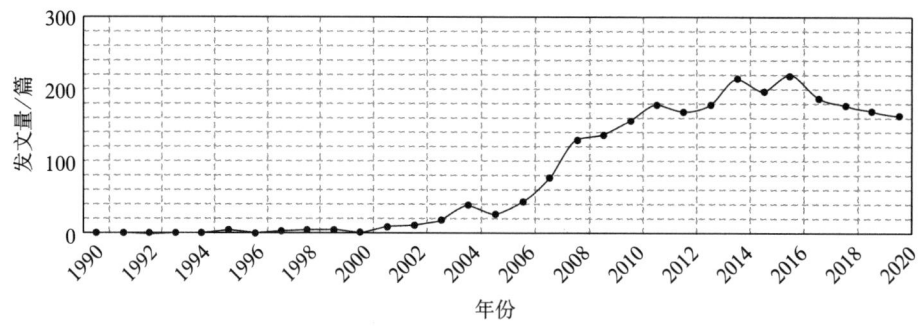

图 8-4 国内情报学应用问卷调查方法的期刊成果分布

---

① 王忠民. 图书馆学案例分析方法 [J]. 图书馆建设, 1986 (2): 19-21.

图书情报学领域运用问卷调查方法开展的研究涉及面较广,基本可以分为两大类:一类是对图书馆、信息资源建设、信息获取现状等问题的调查,如《网络环境下我国图书馆信息资源共建共享现状调查报告》(高波 等,2001);另一类则是关于个人或组织的特定信息行为或活动影响因素的理论性研究,如"Trustworthiness and authority of scholarly information in a digital age: results of an international questionnaire"(Tenopir,2016)。根据研究主题的代表性,表8-4列出了1977年至今图书情报领域部分采用问卷调查方法的研究论文。

表8-4 国内外图书情报学应用问卷调查方法的代表性期刊成果

时间	作者	题目名称	论文来源
1977年	Sergean R	Librarianship and information work: job characteristics and staffing needs.	British library
1989年	朱广忠	江苏省高校图书馆干部队伍现状与对策	江苏图书馆学报
1991年	Miyashita T	Survey on research activities in private corporations through a questionnaire	Journal of information processing & management
1995年	Stephens D, Eden P	The importance of the voluntary sector in environmental information provision: results of a questionnaire survey	New library world
2001年	高波,刘兹恒,于丽凤	网络环境下我国图书馆信息资源共建共享现状调查报告	中国图书馆学报
2006年	Chen, K. -N	Library evaluation and organizational learning: a questionnaire study	Journal of librarianship and information science
2006年	徐革	电子资源评价之重要影响因子的调查研究	大学图书馆学报
2012年	Elling S, Lentz L, Jong M D, et al	Measuring the quality of governmental websites in a controlled versus an online setting with the 'Website Evaluation Questionnaire'	Government information quarterly
2013年	王芳,杨晶晶	社会资本对公务员知识共享影响的实证研究	情报学报
2014年	王忠,赵惠	大数据时代个人数据的隐私顾虑研究——基于调研数据的分析	情报理论与实践
2015年	韩毅,周畅	学术团队合作信息查寻与检索行为的影响因素实证研究	情报学报

续表

时间	作者	题目名称	论文来源
2016年	Tenopir C, Levine K, Allard S, et al	Trustworthiness and authority of scholarly information in a digital age: results of an international questionnaire	Journal of the association for information science & technology
2018年	耿瑞利，申静	社交网络群组用户知识共享行为动机研究：以Facebook Group和微信群为例	情报学报
2019年	Irfan Ali Shah，王芳	巴基斯坦政府门户网站公众初始接受的影响因素研究——基于使用意向和执行意向双重视角	情报学报
2020年	王建平，燕波涛	知识密集型组织中吸收能力对组织效能的影响机制	情报科学

8.7 案例研究方法

案例研究（case study）方法是社会科学的基本研究方法之一。早期的案例研究通常与其他类型的研究方法结合使用，但是随着理论性案例研究方法的发展完善，目前案例研究已经与调查法和实验法并列成为实证研究的重要方法，形成了一套完整的操作规范。与此同时，在解释主义研究范式中，案例研究也是扎根理论、民族志等研究方法的基础。

8.7.1 案例研究方法简介

（1）案例研究的起源

案例研究最早于1870年由美国哈佛大学法学院提出，其目的是在法律文献急剧增长的情况下使学生更有效地学习法律的原理和知识。此后，案例研究作为一种教学方式被普遍应用于法律、商业、医学及公共政策等学科领域。案例研究的另一个来源是医学、社会工作和心理学工作者的个人描述，通常被称作"个案记录"（Case Work）或者"个案历史"（Case History）。

案例研究法强调对真实世界的动态情景进行整体性了解，并与归纳式思考过程相结合。Yin认为，案例研究是一种经验主义的探究，它研究现实生活背景中的暂时现象；在这样一种研究情境中，现象本身与其背景之间的界限不明显，研究者只能大量运用事例证据来展开研究①。Jennifer认为，案例研究方法是一整套设计研究方案必须遵循的逻辑，是只有当所要研究的问题与其环境相适应时才会适用的方法，而不是什么环境下都要生搬硬套的教条②。

除了进行学术研究之外，在教学过程中也常常用到案例方法。作为研究方法的案例研究不同于作为教学手段的案例研究。教学性案例研究的材料是经过精心处理的，以便更有效地突出其有用之处；研究性案例则要求数据收集全面、客观、真实。此外，教学性案例研究不须考虑研究过程的严谨性，也不要求必须忠实地呈现实证数据，而研究性案例为了保证研究结果的信度和效度，有着极其严格的程序规范。

（2）案例研究方法的分类

案例研究有多种类型，可以根据不同的标准进行分类，如表8-5所示。

表8-5 案例研究的分类体系

分类标准	包含内容
研究范式	实证主义的案例研究、解释主义的案例研究
案例数量	单案例研究、双案例研究、多案例研究
研究目的	探索性案例研究、描述性案例研究、解释性案例研究
分析单位	整体性案例研究、嵌入性案例研究

根据研究范式，可以将案例研究方法划分为实证主义的案例研究与解释主义的案例研究两大类。前者以理论检验为目标，从提出理论分析框架开始，将研究数据作为检验或修正理论假设的证据；后者以生成理论为目标，从数据收集与分析开始，自下而上地从案例数据中归纳分析出重要的概念范畴及其属性和相互关系，并构建理论模型，如扎根理论的案例研究、民族志的案例研究等。

根据案例数量的多少，可以将案例研究划分为单案例研究（single case study），双案例研究（Double case study）或多案例研究（multiple case study）。单案例研究是指在收集数据时仅选择单个案例作为研究对象。当案例研究中包含多个案例时，就称为多案例研究，也称为比较性案例研究。Yin认为，可以把多案例研究看作多元实验（multiple

---

① 罗伯特·K殷. 案例研究：设计与方法[M]. 重庆：重庆大学出版社，2004.
② PLATT J. "Case Study" in American methodological thought [J]. Current sociology, 1992, 40 (1): 17-48.

experiments)，并应遵从复制法则（replication logic），该复制法则与多元实验中的复制法则类似①。其案例可分为两类：逐项复制和差别复制。其中逐项复制用于产生相同的结果，差别复制则用于由可知原因而产生的与前一研究不同的结果。

根据案例研究的目的，可以将案例研究划分为探索性案例研究、描述性案例研究、解释性案例研究3类②。探索性案例研究用来回答"是什么"的问题。描述性案例研究主要回答"怎么样"的问题，通过案例分析对人、事件或情景做出准确描述。一般来讲，教学案例主要是描述性案例，目标在于突出管理或其他社会实践中存在的突出因素或问题，学术研究则常常采用解释性案例研究方法。解释性案例研究更适合回答"怎么样"和"为什么"的问题，用于探索现象之下的相关或因果关系。

按照分析单位可以将案例研究划分为整体性案例研究和嵌入性案例研究。整体性案例研究是指在某个案例研究中，仅考察某一组织或公共政策的整体性质。嵌入性案例研究指一个案例研究中包含一个以上的分析单位，即除了整体单位之外，还包含一个或多个亚单位，又称为次级分析单位，这些亚单位可以通过抽样技术或者簇群技术抽取出来作为嵌入性分析单位③。

（3）案例研究方法的实施过程

实证性案例研究一般包括构建理论分析框架、搜集资料、分析数据、撰写研究报告和检验结果等步骤。单案例研究与多案例研究在流程上大体相似。案例研究可基于定性数据，也可基于定量数据。案例研究的资料来源包括文件、档案记录、访谈、直接观察、参与性观察和实物证据。案例数据的分析方式主要有编码分析、模式匹配、建构性解释、时序分析、逻辑模型与跨案例聚类分析。如果是多案例研究，可以运用相似性复制方法。

一般来讲，从资料搜集开始，数据分析贯穿于案例研究的全过程。一般要求边收集数据边进行编码分析，随着调查的进行，需要将新的访谈与之前的访谈进行迭代比较，以找到新的理论要素并对下一次的访谈或资料收集内容进行调整。案例的选择标准包括典型性、代表性、极端性、易得性等。在扎根理论中，案例样本的抽样方式是理论性抽

---

① 罗伯特·K 殷. 案例研究：设计与方法 [M]. 重庆：重庆大学出版社，2004.
② YIN R K. The case study as a serious research strategy [J]. Science communication, 1981, 3 (1): 97-114.
③ MCCLINTOCK C. Process sampling: a method for case study research on administrative behavior [J]. Educational administration quarterly, 1985, 21 (3): 205-222.

样，即不以案例的统计代表性为抽样原则，而是考虑案例数据的理论饱和度。

案例研究报告没有固定的形式，但大体来说，有一定的步骤可循，包括确定报告的读者、安排写作结构、遵循一定的程序。对于写作的结构，有多种可选的方式，如线性分析、比较、时间顺序、理论建构、倒置式、不注重顺序的无序结构。在报告定稿之前，应让有代表性的研究对象或专家对报告提出反馈意见，并据此对报告进行修改。另外，研究对象对案例研究报告的审查也是案例写作不可缺少的一个环节。

8.7.2 案例研究方法在图书情报学研究中的应用

国外图书情报学界对案例研究方法的采用最早可追溯到1974年。1984年，菲德尔（Fidel）[1] 对案例研究方法在图书情报学中的应用领域进行了界定。国内图书情报学界关于案例研究方法的论文最早出现于1986年[2]。2000年之后，案例研究方法在情报学研究中的应用逐渐增加，于2016年达到高峰。相关的研究成果大致可以分为3类：对情报学案例教学方法的探讨，对相关问题进行现状调查的案例研究，以及理论性案例研究。对国内外图书情报领域使用案例研究方法的成果进行梳理，选择有代表性的成果列示（表8-6）。

表8-6 国内外情报学应用案例研究方法的代表性期刊成果

时间	作者	题目名称	论文来源
1974年	Grunig	A case study of organizational information seeking and consumer information needs	Case studies
1974年	Whisler	Organization and staffing of the libraries of columbia university: a case study	Library quarterly information community policy
1976年	Croneberger	Analyzing community human information needs: a case study	Library trends
1976年	Hines	Minimizing input effort for computer-based information systems: a case study approach	Special libraries
1984年	Macfarlane	A case study of information transfer by social change organizations	Canadian library journal

---

[1] FIDEL R. The case study method: a case study [J]. Library & information science research, 1984, 6(3): 273-288.

[2] 王忠民. 图书馆学案例分析方法 [J]. 图书馆建设, 1986 (2): 19-21.

续表

时间	作者	题目名称	论文来源
1987 年	Furmedge	Information needs of local government practitioners: a case study of local government planners	Australian library journal
1989 年	Summers	The computerized cataloguing of historic watercraft: a case study in information retrieval in museology	Journal of the american society for information science
1997 年	Liu, Redfern	Information-seeking behavior of multicultural students: a case study at san jose state university	College & research libraries
2001 年	Chin, et al	A quality function deployment approach for improving technical library and information services: a case study	Library management
2005 年	Bar-Ilan, Fink	Preference for electronic format of scientific journals—a case study of the Science Library users at the Hebrew University	Library & information science research
2007 年	Schooley, Horan	Towards end-to-end government performance management: case study of inter-organizational information integration in emergency medical services (EMS)	Government information quarterly
2010 年	Counts, Fisher	Mobile social networking as information ground: a case study	Library & information science research
2012 年	Yang, et al	The boundaries of information sharing and integration: a case study of Taiwan e-Government	Government information quarterly
2002 年	彭靖里,等	摩托罗拉公司开展竞争情报活动的案例研究	图书情报工作
2004 年	海胜利	信息资源整合的案例分析	图书与情报
2006 年	高景祥,刘建国	SOSIG 社科信息服务模式的案例研究	情报资料工作
2012 年	徐慧芳	北美大学图书馆"服务整合"案例研究	大学图书馆学报
2014 年	任杰	真人图书馆服务案例研究——以上海交通大学"鲜悦 Living Library"为例	新世纪图书馆
2015 年	郑文君	东莞图书馆少儿分馆读写困难症儿童服务案例研究	国家图书馆学刊
2018 年	洪道广,缪灵敏	百度学术的数据整合——基于学术数据库覆盖率的案例研究	现代情报
2020 年	冯立杰,曹健,王金凤,岳俊举	基于 FBS 和多维技术创新地图的技术创新机会识别方法及其应用	情报理论与实践

8.8 扎根理论研究方法

扎根理论是一种解释主义的方法论，由格拉泽（Glaser）与施特劳思（Strauss）[①]于1967年创立。本书在4.4.4节中已经对扎根理论的方法论及其不同流派进行了介绍，本节主要对扎根理论研究方法的具体操作程序进行介绍。

8.8.1 扎根理论研究的步骤

经过半个多世纪的发展与完善，扎根理论已经成为一种日渐成熟的研究方法，具有相对稳定的研究程序。程序主义扎根流派的代表学者科宾和施特劳斯提出了扎根理论研究的程序和原则[②]，为了帮助读者准确理解，原文照录如下：

①数据收集和分析是相互关联的过程。

②概念是分析的基本单位，事件被视为现象的潜在指标，并被赋予概念性的标签。

③属于同一现象的概念可以被组合成范畴，范畴比它们所代表的概念层次更高、更抽象。范畴必须是成熟的和相关的。范畴是发展理论的基石，它们提供了整合理论的手段。

④扎根理论中的抽样是理论性的，并不是从特定的个体群体、时间单位等方面抽样，而是从概念、性质、维度和变化等方面进行抽样。

⑤不断的比较分析有助于研究人员防止偏见，实现更高的精度（同类且仅是同类现象的分组）和一致性（总是将同类与同类进行分组）。

⑥必须说明模式和变化，以检查数据的规律性。

⑦必须将过程融入理论中。

⑧写理论备忘录是做扎根理论不可或缺的一部分，写备忘录应该从第一次编码开始，一直到研究结束。

⑨在研究过程中，应尽可能地对范畴间关系的假设进行发展和验证。"在研究过程中不断地被修正假设，直到所有与现象有关的证据都成立"，是扎根理论研究的一个关

---

① GLASER B, STRAUSS A. The discovery of grounded theory: strategies for qualitative research [M]. Chicago: Aldine Publishing Co. , 1967.

② CORBIN J, STRAUSS A. Grounded theory research: procedures, canons, and evaluative criteria [J]. Qualitative sociology, 1990, 13 (1): 3-21.

键特征，可以通过重复的访谈、观察或文件分析来实现。

⑩一个脚踏实地的理论家不需要独自工作，与其他研究人员的讨论通常会带来新的见解和理论敏感性的增加。

⑪无论研究的微观程度如何，都必须分析更广泛的结构条件，包括经济条件、文化价值观、政治趋势、社会运动等。

潘迪特（Pandit）将扎根理论的研究程序划分为研究设计、资料收集、资料分析、理论建构和文献比较5个阶段①。结合文献中的各种表述，本书将扎根理论研究的步骤综合为以下6个方面。

①确定研究问题。与传统的研究范式不同，扎根理论的研究问题是自然呈现的。起初，研究者的研究问题较为模糊，在与研究对象的互动中不断明确，研究逐渐聚焦②。

②收集数据。扎根理论强调"一切均是数据"的思想，因此除了访谈和观察之外，媒体报道、网络新闻、微博帖子、社交网站评论、会议记录、音频文件、政策文件、制度档案、报纸甚至学术文献等均可作为分析数据，需要根据研究需要选择适当的数据收集方法。案例样本的抽样方法有目的性抽样和理论性抽样两种。目的抽样是指对信息丰富的案例进行深度研究，以提炼概念，多在研究初期使用。理论性抽样是指根据概念发展和理论生成的需要有目的地选择样本③。

③分析数据。扎根理论的数据分析是和数据收集同步进行的，边收集边分析，反复迭代，直到实现理论饱和。将数据进行分解、概念化和重新组合，是从研究资料中构建理论的核心步骤④。对资料进行编码的过程包括开放性编码、主轴编码、选择性编码和理论饱和度检验4个步骤。

第一步是开放性编码。目的是从资料中识别和归纳出概念和范畴并对其进行命名，同时对范畴的属性和维度进行分类。在这个阶段要坚持开放性原则，摒弃个人偏见，尽量使用访谈对象的话语进行编码，保证数据的真实性。

第二步是主轴编码。目的是发现和建立概念范畴间的联系，需要分辨范畴间的主次

---

① PANDIT N R. The creation of theory: a recent application of the grounded theory method [J]. Qualitative report, 1996 (2): 1-15.

② BAKER C, WUEST J, STERN P N. Method slurring: the grounded theory/phenomenology example [J]. Journal of advanced nursing, 2010, 17 (11): 1355-1360.

③ COYNE I T. Sampling in qualitative research. purposeful and theoretical sampling; merging or clear boundaries [J]. Journal of advanced nursing, 1997, 35 (26): 623-630.

④ 占南. 基于扎根理论的个人信息管理行为研究 [J]. 图书馆学研究, 2016 (15): 11-20.

关系，构建初步的理论模型。

第三步是选择编码。在反复比较和分析所有概念范畴的基础上，选择一个核心范畴，把那些与核心范畴有关联的范畴集中起来，并梳理出各范畴之间的关系。

第四步是理论饱和度检验。对核心范畴进行检验，在确定没有新的重要概念和范畴出现时，可以认为该理论模型已达到饱和，可以停止数据收集。

④理论建构。将不同的概念和范畴通过假设或关系图表组织起来，形成有意义的、完整的理论模型[1]。

⑤文献比较。文献比较是指将初步建构的理论与已有文献进行不断比较，从而进一步提升研究的效度，同时重视对效度的检验。

⑥理论评价。关于扎根理论的评价，不同流派提出了不同的评判标准。帕丁顿（Partington）提出，扎根理论应满足以下标准[2]：适用于真实世界（社会场景），适用于广泛的情境，与研究对象密切相关，具备随时修改调整的可能。施特劳斯（Strauss）和科宾（Corbin）[3] 提出了10条评价标准：合适、研究发现的可应用性或有用性、概念、概念的情境化、逻辑性、深度、变化形式/多样性、创造性、敏感性、备忘录的证据。建构主义扎根理论的学者则认为扎根理论评判最核心的标准是：信度、独创性、共鸣、效度[4]。

8.8.2 关于扎根理论研究方法的几点共识

虽然扎根理论的不同流派在研究步骤上存在争论，但是经过几十年的发展，关于扎根理论研究已经形成一些共识。

①文献的回顾和使用。延迟进行文献回顾被认为是扎根理论研究的一个显著特征[5]。扎根理论研究者应当尽量自由、开放地去分析数据，从中发现概念和研究问题，防止已

---

[1] GlASTER B G. Theoretical sensitivity: advances in the methodology of grounded theory [M]. Mill Valley: Sociology Press, 1978.

[2] PARTINGTON D. Building grounded theories of management action [J]. British journal of management, 2003, 11 (2): 91-102.

[3] STRAUSS A L, CORBIN J M. Basics of qualitative research: techniques and procedures for developing grounded theory [J]. Canadian journal of university continuing education, 2014, 36 (100): 129.

[4] CHARMAZ K. Rethinging methods in psychology [M]. London: Sage, 1995: 27-49.

[5] MCCALLIN A M. Designing a grounded theory study: some practicalities [J]. Nursing in critical care, 2010, 8 (5): 203-208.

知文献干扰数据分析和对分析结果的解读。为此，可以将文献作为理论归纳的原始资料，也可以在理论生成之后再进行大量的文献回顾，将文献作为理论饱和度检验的材料。

②理论抽样。与问卷调查所采用的随机抽样策略不同，扎根理论方法采用理论抽样策略。所谓理论抽样，是指以理论的饱和性作为判断样本数量多少和是否停止数据收集的标准。

③持续比较。扎根理论的形成是一个对收集到的数据进行不断比较，反复思考，识别有意义的概念和范畴，直到理论出现的过程。比较的流程一般包括4个部分：

首先，对数据中出现的动作行为或事件现象进行比较，找到各自的属性特征并形成概念，然后对同类概念进行归并和范畴化，形成更为抽象的范畴；

其次，对事件和概念进行进一步比较，寻找彼此间的联系，挖掘概念的属性；

再次，对概念和概念进行比较，更深层次地挖掘概念的内涵和外延，为理论的形成奠定基础；

最后，进行外部比较，如通过文献回顾来验证概念和理论的饱和度。

由于概念和理论的形成是一个动态过程，相对应地，数据的收集也随着分析过程的深入而同步进行。通常情况下，上一步形成的概念和理论雏形会成为下一步数据收集时进行理论抽样的标准，指导研究者进一步开展调查和研究。如此循环迭代，直至形成扎根理论。

④理论敏感性。扎根理论以理论构建为目的和指向，无论是在研究的准备阶段，还是数据收集和分析阶段，都需要研究人员始终对数据保持高度的理论敏感性，以便在繁多的数据资料中发现新的特征或属性、延伸出新的内涵。

⑤编码。扎根理论方法实施的基本过程是，首先对收集到的数据进行分解和编码，通过反复比较识别概念并进行范畴化，然后运用逻辑思维深层次挖掘概念和范畴间的关系，最终形成理论模型。其中，编码是一种标记数据并将其组织成一系列符号、数字和字母以突出显示相关内容的方法。

⑥备忘录和概念化。在从事件描述到概念化的过程中，备忘录有独特作用，促成观念、概念或范畴的形成以及相互联结关系的出现。

⑦理论饱和。当数据不再给出新的理论范畴及其属性时，即达到理论饱和状态。这确保了扎根理论概念的适当性和理论的完整性。

⑧实质理论。扎根理论不是寻求具有普遍应用性的规律，而是寻求对社会现象实质

性的，即对社会基本过程的理论解释①。所谓实质性理论，是指基于具体案例数据所提炼出来的理论，它与更具有普适性的形式化理论有所区别。

8.8.3 扎根理论方法在图书情报学研究中的应用

建构主义扎根理论的学者查默兹（Charmaz）认为扎根理论是"质性研究革命的最前沿"，是"社会科学中最具影响力的研究范式"②。艾伦（Allan）指出，扎根理论并不与学科或收集的数据相关联，而是一种通用的、进行数据收集和分析的有效方法，非常适合图书情报学领域理论的建构③。扎根理论在图书情报学领域的应用始于20世纪80年代。起初扎根理论主要应用于信息行为领域，由此产生了许多著名的理论和模型。例如，梅隆（Mellon）通过观察大学新生对图书馆使用知识的掌握情况，构建了图书馆焦虑理论④；埃利斯（Ellis）通过分析不同学术群体的个体信息搜寻模式，构建了信息搜寻行为模型⑤；库尔梭（Kuhlthau）根据用户在信息获取环境中的共同经验建立了信息检索过程模型⑥。我国图书情报学研究对于扎根理论的探讨和应用呈现快速增长的趋势。目前，扎根理论方法逐渐扩展到信息系统⑦、信息素养⑧、公众对政府信息的使用⑨等研究领域。

---

① WEED M E. Research quality considerations for grounded theory research in sport and exercise psychology [J]. Zootaxa, 2009, 4057 (3): 63.

② CHARMAZ K. Constructing grounded theory: a practical guide through qualitative analysis [M]. London: Sage, 2006.

③ ALLAN, G. A critique of using grounded theory as a research method [J]. Electronic journal of business research methods, 2003, 2 (1): 1-10.

④ MELLON C A. Library anxiety: a grounded theory and its development [J]. College & research libraries, 1986, 47 (2): 160-165.

⑤ ELLIS D. The derivation of a behavioural model for information retrieval system design [D]. Sheffield: University of Sheffield, 1987.

⑥ KUHLTHAU C C. Longitudinal case studies of the information search process of users in libraries [J]. Library & information ence research, 1988, 10 (3): 257-304.

⑦ WIESCHE M, JURISCH M C, YETTON P W, et al. Grounded theory methodology in information systems research [J]. Mis Quarterly, 2017, 41 (3): 685-702.

⑧ HICKS A. Developing the methodological toolbox for information literacy research: grounded theory and visual research methods [J]. Library & information science research, 2018 (3-4): 194-200.

⑨ WANG F. Explaining the low utilization of government websites: using a grounded theory approach [J]. Government information quarterly, 2014, 31 (4): 610-621.

8.9 民族志研究方法

本书在第4章的4.4.5小节中讨论了民族志作为方法论的内容。这一小节主要介绍民族志作为具体研究方法的操作步骤。

8.9.1 民族志研究方法的实施

民族志研究旨在促进对不同社区和群体的整体性理解,长期以来一直是社会科学中一种观察和记录行为、风俗习惯和文化的手段①。随着民族志研究的日益普遍,其操作方法也逐渐明晰和规范。民族志采用参与观察作为主要的数据收集方法。任何实地考察点都可以作为民族志研究的场所。社会学家在学校、教堂、农村和城市社区、特定街角、公司内部甚至酒吧里都进行过此类研究。作为具体的研究方法,民族志研究大致可以分为以下阶段:首先,确立研究主体及其基本取向,研究者要评估自己对于文化及其表现形式所做的假设;其次,确定所观察行为的层次和种类,确定主要的研究对象;然后,长期深入地置身于田野进行系统地观察和记录,收集数据;再次,对所研究的具体文化现象进行理论化;最后,回顾整体性的理论框架,并用具体个案进行检验。

作为一种研究方法,民族志研究者需要长期深入地将自己嵌入一个研究领域,以便系统地记录一个群体的日常生活、行为和互动。为了开发一个强大的数据集,包括系统的观察、访谈、历史和调查研究,需要对相同的人和环境进行反复、仔细地观察②。人类学家克利福德·格尔茨(Clifford Geertz)将这个过程称为生成"厚描述",即通过提出以下问题来挖掘表面以下的描述:谁、什么、在哪里、何时和如何,从而为人类行动和行为提供文化背景和意义③。为了实现这一目标,研究人员通常会将自己长期置身于所选择的田野,为的是尽可能少地影响实地考察地点和研究对象,培养和研究对象之间的信任,以便收集尽可能无偏见的数据。

---

① DENT V. Applying ethnographic research methods in library and information settings [J]. Libri, 2011, 61 (1): 1-11.

② CROSSMAN A. What is ethnography? [EB/OL]. [2021-05-30]. https://www.thoughtco.com/ethnography-definition-3026313.

③ GEERTZ C. Chapter I thick description: toward an interpretive theory of culture [M]//DILLON W S. In the interpretation of cultures: selected essays. New York: Basic Books, 1973.

民族志研究过程包括以下具体步骤：①提出问题；②选择研究现场（又称田野）；③进入社区（田野），包括公开进入和获准进入；④对社区成员进行自我介绍；⑤收集与记录信息；⑥分析数据；⑦撰写民族志。

其中，收集与记录信息的方法包括以下3个方面。①观察：如参加小组活动或观察小组的行为，可以告诉也可以不告诉他们实验的情况。②访谈：从小组所有成员或某个特定成员那里获得信息。为了避免数据失真，不要依赖告密者。③档案研究：可以使用以前的研究人员储存在档案中的资料进行研究。由于很难同时收集和记录这些信息，需要做好田野笔记，或者录制交谈时的音频或视频。笔记一般包括以下内容：田野记录——需要立即或尽快记录所观察到的小组成员的个人活动和观点；动物行为内容图；遗忘事件；未来注释——对未来观察的计划；个人经历——研究者自己的经历和在研究期间所接触到的人的反应；方法说明——在进行研究时所面临的障碍和困难，如数据收集、记录和与人打交道等。

民族志研究的数据分析具有挑战性，因为它包含大量描述人们行为、信仰和文化的数据，可以运用内容分析、主题分析、叙事描述和话语分析方法。具体包括：编码——将书面信息分成更小的部分进行标记；模式排序——将描述性标签分组成更多更小的组，并尝试开发主题并确定信息组之间可能的联系；文献综述——可以通过回顾已有的理论或前人的研究成果来使研究发现更真实；备忘录——是研究者的书面澄清和评论，记录了在整个研究过程中的假设和意见。

民族志既是一种社会科学研究方法，又是其最终的书写产物。马库斯（Marcus）和库什曼（Cushman）[①]总结了民族志撰写的9个特点：①叙述结构是全貌，逐一考察文化的组成部分或社会组织，提供关于地理、亲属关系、经济、政治和宗教等方面的详细图表；②作者不是以第一人称形式出现，而是作为一个权威叙述者在叙述客观事实；③创造一个规范的角色模型以取代个人的存在；④提供地图、图表和照片作为证明；⑤分析时空坐落或发生的事件，从而表述真实的生活细节；⑥提供资料，并忠实地表述当地人的观点；⑦写作风格为一般性的描述，而不是对个别事实进行细致的探讨，被研究的个别事项具有典型性；⑧使用专业术语；⑨对土著的概念加以注释。

民族志研究的优点在于，它能洞察社会生活的方方面面，包括感知和价值观，而其

---

① MARCUS G E, CUSHMAN D. Ethnographies as texts [J]. Annual review of anthropology, 1982, 11 (1): 25-69.

他研究方法却无法捕捉到这些方面①。民族志可以阐明在一个社区中,哪些是理所当然的,哪些是未说出口的。此外,在民族志研究中进行的详细观察也可以反驳对有关人种的负面偏见或成见。民族志研究的缺点在于,它是时间和劳动密集型的,并且有时很难进入实地考察地点并建立信任。

8.9.2 民族志在图书情报学领域的应用

民族志已成为图书情报学中一种流行的研究方法②。斯多(Seadle)认为,民族志作为一种工具,可以帮助图书馆员发掘存在于他们工作和工作场所中的深层因素③。通过对期刊论文的统计分析发现,民族志等定性方法已成为重要的研究方法,受到图书情报学领域学者越来越多的关注④。国外图书情报学领域已将民族志方法作为研究图书馆及用户的新方法,而国内图书情报学领域运用民族志研究方法的论文还相对较少。

图书情报学领域很早就开始讨论民族志研究的可能性,最早的研究可上溯至20世纪80年代。1981年7月,《社会科学情报研究(特刊)》首次向图书情报学研究人员介绍定性研究的原则和实践,并讨论了民族志方法,之后1990年秋季《图书情报学教育》杂志再次介绍了民族志方法⑤。1992年,查特曼(Chatman)⑥使用民族志方法研究退休女性的信息需求和行为,认为民族志研究可以反映其他研究方法不可能获取的情景意义、文化规范和社会互动。那瑞迪(Nardi)等人⑦将民族志方法应用于图书馆生态研究,在图书馆研究领域具有里程碑式的意义。福斯特(Foster)和吉布斯(Gibbons)⑧将民族志方法用于研究本科生的信息行为,以改善图书馆服务。该研究对研究过程、方

---

① CROSSMAN A. What is ethnography? [EB/OL]. [2021-05-30]. https://www.thoughtco.com/ethnography-definition-3026313.

② GRIFFIN B L. Metatheory or methodology? Ethnography in library and information science [J]. Information research, 2017, 22 (1): 1-5.

③ SEADLE M. The raw and the cooked among librarians [J]. Library hitech journal, 1998, 16 (3/4): 7-11.

④ 陶俊, 何晓东. 海外图书情报研究的方法结构分析 [J]. 图书与情报, 2019 (6): 59-65.

⑤ SANDSTROM A R. The use and misuse of anthropological methods in library and information science research [J]. Library quarterly, 1995, 65 (2): 161-199.

⑥ CHATMAN E A. The information world of retired women [M]. Westport: Greenwood Press, 1992.

⑦ NARDI B A, O'DAY V L. Information ecologies: using technology with heart [M]. Cambridge: MIT Press, 1999.

⑧ FOSTER N, GIBBONS S. Studying students: the undergraduate research project at the University of Rochester [M]. Chicago: Association of College and Research Libraries, 2007.

法和技术的描述，成为同类研究的教材和指南，被视为图书馆领域运用民族志方法的又一个里程碑[1]。福斯特的项目涉及北美、欧洲、非洲、亚洲和澳大利亚的图书馆和民族志研究，有力地推动了民族志方法在图书馆学研究中的运用[2]。邓特（Dent）[3]认为，信息系统、信息组织和图书馆恰好是观察性和参与性研究可以发挥作用的环境，通过了解用户及其工作方式，可以理解他们查找、检索和使用信息时所面临的各种挑战，从而帮助他们消除障碍，解决问题。海恩（Hine）[4]将民族志移植于互联网中，讨论了嵌入互联网的民族志研究在田野笔记的保密与公开、地图绘制、档案数据利用等方面的问题。

通过运用民族志研究方法，图书情报领域将信息系统、组织、图书馆视为信息用户生存的环境[5]。卢振波等人[6]指出民族志方法在图书情报专业的5个应用领域：文化研究、用户研究、图书馆服务评估及规划、信息系统研究和网络民族志研究。王彦兵等人[7]在此基础上提出适用于民族志方法的四大领域。①用户研究。通过参与观察、深度访谈细致入微地观察和分析用户行为。②服务开发和评估研究。在空间设计、服务评估、信息系统开发等方面深入了解用户。③知识管理研究。④图书馆员职业生态问题研究。吴先敏和王明[8]运用民族志未来研究方法对山东省东明县进行田野调查得出，农村青少年渴望提高数字化信息素养，期待未来有更健康的网络环境。闫慧[9]基于田野调查数据界定了数字化贫困的范畴，提炼出数字化贫困的8个核心要素，识别并描述了中国农村社会中常见的数字化贫困人群，并强调应关注数字化贫困的结构化成因。

关于民族志在图书情报学中的应用，也有学者提出了批评。尽管民族志在图书情报

---

[1] 桂罗敏. 深度理解用户：图书情报领域民族志方法运用研究[J]. 图书情报工作，2015（6）：16-21.

[2] SEADLE M. Research rules for library ethnography [J]. Library hitech, 2011, 29 (3): 409-411.

[3] DENT V. Applying ethnographic research methods in library and information settings [J]. Libri, 2011, 61 (1): 1-11.

[4] HINE C. Ethnography for the Internet: embedded, embodied and everyday [D]. Bloomsbury: Bloomsbury Academic, 2015.

[5] DENT V. Applying ethnographic research methods in library and information settings [J]. Libri, 2011, 61 (1): 1-11.

[6] 卢振波，李晓东. 民族志方法在图书馆学情报学研究中的应用[J]. 情报资料工作，2014（3）：14-18.

[7] 王彦兵，郑菲. 民族志方法在图书情报领域中的运用[J]. 图书馆理论与实践，2016，197（3）：29-33.

[8] 吴先敏，王明. 基于民族志未来研究法的农村青少年数字不平等研究[J]. 图书馆建设，2016（3）：35-38.

[9] 闫慧. 农民数字化贫困的结构性成因分析[J]. 中国图书馆学报，2017（2）：24-39.

学研究中已经有较多应用,但是研究者很少对其方法进行清晰的描述①。研究人员通常将他们的研究描述为一种民族志或使用了民族志方法,而没有提供关于实际数据收集方法的详细信息,也没有采取明确的元理论或本体论立场②。这反映了图书馆学和情报学定性研究中的一个普遍问题,即在方法论或方法论的描述和讨论中存在的"不明确和松散"③。这种将方法论、理论或元理论的讨论最小化的倾向可能在某种程度上是对图书情报学期刊文章典型结构的功能性反应,这种结构隐含着科学或实证原则,因而不适合解释性或批判性叙述④。因此,研究者应该明确表达他们的本体论立场和研究范式,并解释他们的方法论选择,包括民族志的使用是如何与他们的立场和范式相一致的。这将有助于提高民族志研究在理论与方法上的一致性。

8.10 话语分析研究方法

第4章的4.4.8节介绍了方法论意义上的话语分析的发展脉络。本节主要介绍话语分析的具体操作方法,包括英美学派中的会话分析、福柯式话语分析、话语-历史观方法和辩证关系型话语分析4种。

8.10.1 会话分析

会话分析借鉴了常人方法论的基本思想,主要关注人们日常社会交往的模式,其研究目的在于考察人们通过何种方式构建交互行动,并试图理解这些日常规则背后的社会变迁。克莱曼(Clayman)和吉尔(Gill)⑤将会话分析过程分为数据收集和数据分析两个阶段。

(1)数据收集与转录

会话分析主要关注微观的社会交往行为,倾向于个案式、个体化的考察。从分析对

---

① GRIFFIN B L. Metatheory or methodology? Ethnography in library and information science [J]. Information research, 2017, 22(1): 1-5.
② KHOO M, ROZAKLIS L, HALL C. A survey of the use of ethnographic methods in the study of libraries and library users [J]. Library & information science research, 2012, 34(2): 82-91.
③ CIBANGU S K. A memo of qualitative research for information science: toward theory construction [J]. Journal of documentation, 2013, 69(2): 194-213.
④ 同②。
⑤ CLAYMAN S E, GILL V T. Conversation analysis [M] //GEE J P, HANDFORD M. The routledge handbook of discourse analysis. New York: Routledge, 2012: 120-135.

象上看，会话分析通常只记录自然发生的会话行为，而非人为设置的实验环境中的会话，数据格式主要以音频、视频录像为主，用这种方式采集的数据信息量丰富、可重复观察，从而使研究者能够仔细地观察人们在交往中的行为动作。

会话分析的数据转录工作主要是将音频或视频中的会话信息转录成结构化的文本。这种转录文本既要尽量保留会话的细节，还要有一定的简化以方便观众或读者理解。而作为一种记录人类微观交互行为的文本，会话分析的转录文本通常非常详细，它不仅包含了交往者的语言，而且还包括了说话人的语调、吞音、关键动作、表情、沉默、重音等。而通常这样的转录过程是极其耗费时间和精力的。表8-7 就是一份会话分析转录文本的案例，从中可以看出，对话中的强调、重音、停顿、笑声等行为也被记录在这些转录文本之中。

表8-7 会话分析转录表范例①

1	Act：	……hhhh and some of thuh - （0.3）some of my students
2		translated Eliot into Chine：：se. I think thuh very
3		first.
4		（0.2）
5	Har：	Did you learn to speak（.）Chinese：se.
6	Act：	. hh Oh yes
7		（0.7）
8	Act	. hhhh You ca：：n't live in thuh country without speaking
9		thuh language it's impossible. hhhhh =
10	Har	Not no：cour：se.

（2）数据分析

首先，研究者需要确定具体的分析对象，可以是某种特定的会话行为或现象，如对话中的转折、发言的顺序或轮次、对话序列的组织、发言者的修补行为等②③。研究者既可以从研究设计中已经确定的分析对象开始考察，也可以通过开放式的观察来确定新

---

① HERITAGE J. Oh-prefaced responses to inquiry [J]. Language in society, 1999 (3): 291-334.
② 图恩·梵·迪克. 话语研究多学科导论 [M]. 周翔, 译. 重庆: 重庆大学出版社, 2015: 152.
③ WETHERELL M, TAYLOR S, YATES S. Discourse theory and practice [M]. London: Sage, 2001: 54.

的分析对象①。

在确定好分析对象之后,研究者可以分析这些会话行为或现象出现的频率、情境和模式,从而帮助理解对话字面含义之外的深层内涵,如对话者的意图、倾向、认知结构,以及交流过程中的情境变化和意义构建模式等②。具体的分析过程可以参照波美兰茨(Pomerantz)等人提出的分析会话的任务表(表8-8)来实施③。

表8-8 会话分析任务序列

任务1		选择一个行动序列,考察、确定开头和结尾
任务2		选择序列中的一个话轮,以做细致的分析
	任务A	归纳这个话轮中特定会话行为的特征,思考其在整个对话中的位置
	任务B	描述这一会话行为开展的方法,思考使用这些行为所传达的意义
	任务C	描述实现、维持和转换话轮的方法
	任务D	思考对话者们如何通过对话建构身份、角色和关系
任务3		选择该序列中的其他话轮,对每个话轮按照任务A到D的方式过一遍

在这个分析过程中,基本的分析单位包括行动序列和话轮。行动序列是一次完整对话互动的全部过程,而话轮则是"一个言说者的一次发言"。话轮是一次会话分析的最基本单位,而一次完整的会话分析需要穷尽该行动序列中的全部话轮。最后,在完成对一定数量的对话序列的分析之后,研究者还需要整合所有分析结果,从而归纳出更具普遍解释力的理论模型。

8.10.2 福柯式话语分析

学习和使用福柯式话语分析方法具有一定的难度。首先,福柯自己并未明确提出过一套完整的"话语分析方法",而目前被称为"福柯式话语分析"的流派实际上是一批运用福柯话语理论开展话语分析的研究社群。他们通常基于各自对于福柯话语理论的理解,发展出多样而各异的分析人类社会语言现象的方法,这使得初学者较难对这一方法

---

① CLAYMAN S E, GILL V T. Conversation analysis [M] //GEE J P, HANDFORD M. The routledge handbook of discourse analysis. New York: Routledge, 2012: 120-135.
② WETHERELL M, TAYLOR S, YATES S. Discourse theory and practice [M]. London: Sage, 2001: 53.
③ 图恩·梵·迪克. 话语研究多学科导论 [M]. 周翔,译. 重庆:重庆大学出版社,2015: 154.

流派有一个直观而全面的认识。其次，福柯的话语理论并非仅仅是一种研究方法，它更是一种全面反思现代社会的知识和权力结构的后现代理论思想。因此，研究者在使用福柯话语理论之前，需要充分理解这一理论的内涵及其在福柯思想中的地位和作用。

福柯通过考察话语来实现其知识考古学目标。福柯在《疯癫与文明》《临床医学的诞生》《词与物》3本著作中，分别考察了在不同的社会领域中话语的历史建构过程，而在《知识考古学》中，福柯又详细地总结了他的话语理论和知识考古学方法①。这4本著作也是理解福柯话语理论和知识考古学分析的基础性文本。在福柯看来，话语问题和知识/权力问题密不可分，话语分析并不只关注话语的语言特征层面，而更应重视发掘话语背后的知识权力系统，重视考察形成该话语成规的社会历史条件。因此，研究者在使用福柯式话语分析时，需要将研究视野拓展到话语的建构过程，以及话语背后的宏观社会权力体系之上。

如前所述，在福柯之后，有大量学者运用福柯话语理论尝试开展分析，本小节无法介绍所有的分析方法，只能主要为读者提供其中的一种方法路径以供参考。图书馆学家海德（Haider）和鲍登（Bawden）②基于对福柯话语理论的深入理解，提出了一种流程明确、可操作性较强、便于学习的话语分析方法，并通过考察相关概念和话语策略的变化，分析了图书情报学领域"信息贫困"专业话语的建构过程。在开展分析之前，首先明确了福柯式话语分析的实质，认为它不是一种规范的研究方法，而是一种旨在从历史事件和档案文本中发现权力运行结构的分析思路③。因此，具体的话语分析过程主要包含了文本收集和话语建构过程分析两个步骤：

（1）收集文本，确定分析对象

话语分析的第一步是根据特定概念或关键词，从数据库等信息源中检索相关主题的文本，海德（Haider）和鲍登（Bawden）共收集了35篇发表在LIS期刊上的英文文章作为分析文本。在文本收集完成后，研究者还需要再确定对象文本所处的时空背景信息、了解其历史条件和所处语境。最后，浏览全部文本，整理出内容主题、关键陈述、核心概念，并确定需要分析的陈述、主题和概念。

---

① SCHEURICH J, MCKENZIE K. Foucault's methodologies: archaeology and genealogy [M]//DENZIN N, LINCOLN Y. The handbook of qualitative research. 3rd ed. London: Sage, 2000: 841-868.

② HAIDER J, BAWDEN D. Conceptions of "information poverty" in LIS: a discourse analysis [J]. Journal of documentation, 2007, 63 (4): 534-557.

③ 同②。

（2）分析话语过程

在完成文本收集，确定分析对象之后，研究者需要考察话语建构过程。话语过程（discursive procedure）"可以被想象为一个陈述的立场，通过不同的联盟和联结，被纳入某一话语（如图书情报领域话语）并导致暂时稳定的方式"①。具体而言，研究者需要从以下方面入手来分析话语过程：

①言说对象是如何被构建的？这些建构过程经历了什么样的变化？这些建构过程的结果是怎样的？它们如何赋予不同主体以不同的权力？这些建构过程背后体现了什么样的权力关系？

②特定的概念是如何被构建的？这些概念被赋予了哪些内涵？其内涵经历了哪些变化？

③话语中有什么样的陈述方式（包括词汇选择、修辞手法、论证方式的特点等）？这种陈述方式经历了怎样的变化？

④话语中有哪些主要的内容主题？不同主题及主题之间的关系是如何转变、拓展、稳定、消失、出现的？

通过分析话语过程，研究者可以厘清特定的陈述对象、概念、陈述方式、内容主题的变迁过程，并理解这些话语建构行动受到哪些社会历史条件的影响，从而将话语分析延伸到更宏观的社会层面。海德（Haider）和鲍登（Bawden）将上述方法应用到了图书馆学领域对"信息贫困"概念的考察中，他们分析了"信息贫困"概念是如何被建构的，并考察了这一概念在图书情报领域职业话语中的作用，最终借此反思了图书情报职业话语中存在的经济决定论、技术决定论等倾向。

最后，值得注意的是，海德（Haider）和鲍登（Bawden）的方法只是许多种尝试运用福柯话语理论的方法中的一种，它也并不能完全准确地反映福柯的话语思想。但总的来说，这两位学者提出了一种较为规范的，便于学习的操作方法，能够帮助初学者初步认识和学习福柯式话语分析。

8.10.3 批判话语分析

批判话语分析流派众多，莱西格（Reisigl）、伍达克（Wodak）、费尔克拉夫（Fair-

---

① HAIDER J, BAWDEN D. Conceptions of "information poverty" in LIS: a discourse analysis [J]. Journal of documentation, 2007, 63 (4): 534-557.

clough)、梵·迪克（Van Dijk）等批判话语分析学者都提出了不同的分析方法。由于篇幅限制，难以一一介绍，主要选择其中最具影响力，分析过程较为规范，且较易学习的话语-历史观方法和辩证关系型话语分析法进行介绍。

（1）话语-历史观分析方法

话语-历史观分析方法（discourse-historical approach）起源于伍达克（Wodak）在20世纪80年代对欧洲反犹主义话语的研究。这种方法具有明显的跨学科、问题导向的风格，注重团队合作和强调实际应用，重视将话语放入历史情境中来分析。此外，这一方法也通常配合其他社会科学分析方法如田野调查、民族志方法等一起使用。该方法的创始人伍达克（Reisigl）和莱西格（Wodak）[①] 整理出了话语-历史观方法的8个基本步骤，供初学者学习和使用：

第一步：激活并参考背景理论知识。

在正式开展分析之前，研究者需要通过阅读和整理已有文献，梳理以往关于核心概念的讨论，考察这些概念和历史、社会情境之间的关系，并以此形成具体的研究问题。

第二步：系统性地整理数据和语境信息。

在收集实证数据的过程中，研究者可以根据特定的政治单元、时间点、行动者、话语、政治领域、具体的符号和文本类型来确定数据收集的对象。

第三步：选择和准备具体分析所需的数据。

根据文本的出现频率、重要性、独特性等标准精简数据集，规范文本数据格式，整理出可供分析的文本集合。

第四步：将研究问题具体化，并构建研究假设。

在这一阶段中，研究者需要从原有的研究问题出发，思考问题中的更多细节，并尝试给出研究假设。

第五步：质性分析预调研。

在展开正式分析之前，研究者需要对少量的代表性文本进行预调研（pilot study）。这一步骤可以帮助研究者完善问题和假设，确定合适的分析工具和策略。预调研的分析对象包括文本中出现的行动主体、主要论点、内容结构、论点的前提和结论、话语策略等。

[①] REISIGL M, WODAK R. The Discourse-Historical Approach (DHA) [M] //WODAK R, MEYER M. Methods of critical discourse analysis. Second Edition. London: Sage, 2009.

第六步：具体的案例分析。

这一步是话语-历史观方法的核心步骤。此时研究者需要直接考察分析话语和话语实践。案例分析主要包含主题分析和话语策略两个方面的任务。

首先，研究者需要整理出文本中的主要内容主题，厘清它们的变迁历程，考察不同内容主题之间的关系，并用主题图表的方式将其呈现出来。主题分析能够为话语策略分析提供背景信息，帮助研究者识别话语主题，确定分析范围。

其次，研究者需要考察话语的策略。话语策略是话语-历史观方法中最核心的部分，话语策略这一概念也是话语-历史观方法最重要的理论创新之一。莱西格（Reisigl）和伍达克（Wodak）认为，话语策略是一种有意或无意的为了实现特定的社会、政治、心理或语言目标的行动计划①。借助话语策略这一概念，我们可以认识话语的一般内容结构，从而对话语进行结构化的考察。两位学者认为，言说者在进行陈述时，往往会有意或无意地使用5种基本的话语策略，它们分别是：命名（nomination）——对于社会主体、物体、行动、事件、过程的本质的话语建构；断定（predication）——对事物特征属性的评价和判断；讨论（argumentation）——提出某种论点，并给出对该论点的论证或质疑；呈现（perspectivization）——在叙述中表达言说者自己的观点和价值观；强调/淡化（intensification/mitigation）——通过修饰用语表达认知和感情倾向，在语言符号上具体体现为夸张或淡化的表述。通过分析以上话语策略，我们能够系统地分析话语的结构。

最后，研究者还需要将宏观历史情境和微观的话语现象相结合，将话语放置在历史、政治、社会的框架中来理解。

第七步：形成批评。

在完成分析之后，研究者可以基于某种特定的伦理原则，对文本中存在的矛盾和偏差之处进行批评，并尝试揭露权力结构对话语的影响和操纵。这一部分体现了话语-历史观方法的批判性。

第八步：将详细的分析结果投入实际应用之中。

话语分析的结果最终需要被投入社会的话语实践中，研究者应有意识地帮助大众获取和理解分析结果，具体方法包括撰写媒体评论、举办研讨小组、提供教育课程、发起政治宣传等。

---

① REISIGL M, WODAK R. The Discourse-Historical Approach (DHA) [M] //WODAK R, MEYER M. Methods of critical discourse analysis. Second Edition. London：Sage，2009.

（2）辩证关系型话语分析方法

辩证关系型话语分析方法（dialectical-relational approach）的创立者费尔克拉夫（Fairclough）认为，话语和其他社会因素之间存在着明显的辩证关系，而批判话语分析旨在考察作为符号形态的话语和其他社会因素之间的关系。作为一种批判性的社会科学研究方法，辩证关系分析方法坚持对社会进行"解释性的批判"，旨在理解社会问题的根源，探讨解决方法。因此，这一方法首先是问题导向、现实导向的，研究者需要在对具体社会问题的研究中来使用这一方法。

费尔克拉夫在总结这一话语分析方法时，提出了话语分析的4个主要步骤[①]：

第一步：从符号层面关注某种社会弊病。

在这一阶段里，研究者首先需要着眼于某种特定的社会弊病，并关注和这种社会弊病有关的话语在符号层面的特征。这一步骤不仅要求研究者掌握话语分析的方法，还要求研究者拥有和该问题领域有关的理论知识，并有能力对所选择的研究话题进行理论化操作。这一步骤的切入点主要是相关文本中的语言学特征，如内容主题、词汇选择、修辞方式等。

第二步：找出解决该社会弊病的障碍。

这一阶段的主要任务是分析和解释那些形成和维持社会弊病的社会结构性因素。研究者需要在分析过程中关注和重视话语（符号）层面和其他社会领域的辩证关系。

第三步：思考目前的社会秩序是否"需要"该弊病。

在这一步骤中，研究者需要暂时搁置价值判断，对社会弊病的成因进行考察，思考该现象与当前社会秩序之间的关系：它是否存在于固有的社会秩序和结构之中，它是否可以在现有框架中被解决，是否需要改变社会整体结构来解决这一问题？

第四步：找出超越障碍的可能方法。

这一步骤体现出辩证关系话语分析方法"建设性"的一面。在这一阶段中，话语分析的结果需要被应用到解决现实问题中来，这些超越当前障碍的方法既包括符号性的，如回应、反对和质疑主流话语，也包括实践性和物质性的活动，如政治参与等。

从以上的分析步骤中我们可以看到，辩证关系型话语分析具有明显的问题导向、现实导向的风格，而这也使得话语研究者需要以开放的态度来开展话语分析，不能只

---

① FAIRCLOUGH N. A dialectical-relational approach to critical discourse analysis in social research [M]//WODAK R, MEYER M. Methods of Critical Discourse Analysis. 2nd ed. London：Sage，2009：162-186.

局限在对文本语言特征的关注上,还应该将符号层面的分析与社会结构层面的分析相结合。

8.10.4 关于话语分析方法的几点讨论

通过前文对各种话语分析流派的介绍,我们可以看到,话语分析是一个包含了不同学科背景、研究领域、研究对象和理论传统的研究领域。而在图书情报学领域,话语分析也在90年代之后逐渐受到国内外研究者的关注,这些话语分析研究同样有着多元化的特点。但总体而言,图书情报学科中的话语分析研究并不多,主要有Frohmann、Budd、Haider、于良芝等人。海德尔(Haider)和鲍登(Bawden)[①] 运用话语分析方法,重点关注重叠且有时相互冲突的话语过程,即陈述之间的联盟和联结的结果,揭示了"信息贫困"是如何作为制度权变的职业性话语的产物而成为LIS中的一个范畴,并识别出4个富有成效的话语过程:经济决定论、技术决定论和"信息社会""信息贫民"的历史决定论和图书馆职业的道德义务和责任。于良芝等人[②]基于福柯式的话语分析,对乡镇图书馆服务的政策和实践进行了研究,主要分析了3类陈述:关于乡镇图书馆服务本身的陈述、关于乡镇图书馆服务所属的更广泛服务的陈述及关于图书馆服务与更广泛服务之间关系的陈述,揭示了基层公共文化话语及其话语实践与专业公共图书馆服务之间的矛盾,并认为这形成了公共图书馆普遍服务发展的新瓶颈。

作为一种具有较强解释力,描述性和解释性并重的质化研究方法,话语分析能够帮助社会科学学者从语言符号层面来理解社会结构,在社会科学研究中具有很大的应用空间。然而,研究者在使用话语分析时,仍然需要认识到这一方法的局限和适用范围。

话语分析并非一种单一的、程式化的分析方法,结构功能主义语言学、语用学、社会学、交流心理学、政治学等各学科领域对话语分析都有着各自不同的理解,而相应的,话语分析在理论源流和方法路径上的多样性也为话语分析的学习和使用带来困难。因此,学习和使用话语分析的研究者需要对其选择的话语分析方法背后的理论传统有所了解。除此之外,话语分析还面临着如何平衡研究的客观性和政治性的问题。一些社会科学家们秉持批判主义的视角,将福柯式话语分析和批判话语分析当作解构性和批判性的分析工具,强

---

① HAIDER J, BAWDEN D. Conceptions of "information poverty" in LIS: a discourse analysis [J]. Journal of documentation, 2007, 63 (4): 534-557.

② 于良芝,李亚设,权昕. 我国乡镇图书馆建设中的话语与话语性实践:基于政策文本和建设案例的分析 [J]. 中国图书馆学报, 2016 (4): 4-19.

调话语研究的现实导向和政治参与性，而另一些学者则更重视开展价值无涉的会话分析、纯粹语言学分析。这种分野反映出不同话语分析流派在认识论基础和价值观念上的深层次分歧，而这也是所有使用话语分析方法的研究者需要鉴别和取舍的。

正如前文多次提到的，话语分析不只是一种研究方法，它更像是一个思想方法的试验场，社会学家、语言学家、心理学家、人类学家、传播学家等来自不同领域的研究者都继承各自的理论源流，通过各种不同的路径和方式来研究话语问题。正因如此，我们在学习和使用话语分析的时候，需要思考和选择最适合自己研究问题的话语分析方法，并充分地理解该种分析方法流派背后的社会理论和语言理论，以便更好地掌握和使用话语分析方法，更好地发挥其解释力。

8.11 混合研究方法

当运用多种方法比运用一种方法能够更好地理解和解决研究问题①时，综合应用定性或者定量的研究工具、研究技术、研究方法将会更加有效地解决问题②。在图书情报领域，研究的对象和环境较之以往更为丰富，研究的问题更为复杂③。情报学研究的视角比原先更为广泛和多元。从微观角度看，情报学研究从传统的文献信息单元向知识内容单元过渡和演化④；从宏观角度来看，情报学研究充分涉及了政策法规、经济管理、数字人文等领域和要素⑤。单一的研究方法很难胜任一些多主题、复杂环境下动态演变的研究命题。

20世纪末，被称为"第三种研究范式"和"第三种方法论运动"的混合方法研究（mixed methods research，MMR）引起了研究者的注意⑥⑦。在图书情报学领域，信息管

---

① JOHNSON R B, ONWUEGBUZIE A J. Mixed methods research: a research paradigm whose time has come [J]. Educational researcher, 2004, 33 (7): 14-26.

② TASHAKKORI A, CRESWELL J W. Mixed methodology across disciplines [J]. Journal of mixed methods research, 2008, 2 (1): 3-6.

③ WILDEMUTH B M. Applications of social research methods to questions in information and library science [M]. Westport, Conn.: Libraries unlimited, 2009.

④ 马费成. 情报学的进展与深化 [J]. 情报学报, 1996 (5): 337-343.

⑤ 马费成, 宋恩梅, 张勤. IRM-KM 范式与情报学发展研究 [M]. 武汉: 武汉大学出版社, 2008.

⑥ TASHAKKORI A, TEDDLIE C. Handbook of mixed methods in social & behavioral research [M]. Thousand Oaks: Sage, 2003: 3-50.

⑦ 同①。

理定性研究方法 *Qualitative Research for the Information Professional*：*A Practical Handbook* 一书中，首次介绍了混合研究方法及其意义。2007 年，第一本混合方法研究的专门刊物 *Mixed Methods Research*（季刊）正式出版。情报学作为一门交叉学科，其研究不仅要注重方法的单一应用，也应该注重不同方法的混合应用①②。

8.11.1 混合研究方法的定义

在早期社会科学和行为科学研究中，定量方法和定性方法经常被混淆使用。随着研究范式的发展，多方法混合研究和混合研究方法之间的区别逐渐明晰。简言之，单纯意义上的多方法混合研究指在一项研究中同时运用两种及两种以上的研究方法，而对方法论的来源和基础并不做进一步要求。但混合方法研究强调的是一项研究中方法的数量（≥2），同时又强调方法论必须同时来自定性和定量两大阵营，即一项研究中必须同时包含定量研究和定性研究两类研究方法。

塔沙科里（Tashakkori）和泰德利（Teddlie）在早期的研究中将混合研究方法界定为"一种把定性和定量方法用于问题类型、研究方法、数据收集、分析过程和/或推论的研究设计"③④，将研究中多方法应用的情况归纳为单纯意义上的混合应用研究和方法论融合层面的混合应用研究两种类型⑤。前者主要指一项研究运用两种及两种以上的研究方法，但是对方法论的来源和基础不做要求；后者则指一项研究中必须同时包含定量和定性两种类型的研究方法⑥⑦。国内也有研究沿用这一分类，将前者称为多方法研究，

---

① SARACEVIC T. Information science: origin, evolution and relations [M] //VAKKARI P, CRONIN B. Conceptions of library and information science: historical, empirical and theoretical perspectives. London: Taylor Graham, 1992: 5-27.

② SILVERMAN D. Doing qualitative research: a practical handbook [M]. London: Sage, 2013.

③ TASHAKKORI A, TEDDLIE C. Issues and dilemmas in teaching research methods courses in social and behavioural sciences: US perspective [J]. International journal of social research methodology, 2003, 6 (1): 61-77.

④ TEDDLIE C B, TASHAKKORI A M. Foundations of mixed methods research: Integrating quantitative and qualitative approaches in the social and behavioral sciences [M]. Thousand Oaks: Sage Publications, 2009.

⑤ TASHAKKORI A, TEDDLIE C. Issues and dilemmas in teaching research methods courses in social and behavioural sciences: US perspective [J]. International journal of social research methodology, 2003, 6 (1): 61-77.

⑥ WILDEMUTH B M. Applications of social research methods to questions in information and library science [M]. Westport, Conn.: Libraries Unlimited, 2009.

⑦ MOED H F. Handbook of quantitative science and technology research [M]. Berlin: Springer, 2005.

而将后者称为混合方法研究,而这两种均属于混合研究方法,区别是后者是从研究范式层面上来讲的。

8.11.2 混合方法研究的理论

对于情报学混合研究方法理论探索,研究人员做了大量的研究工作,马(Ma)从认识论的角度对图书情报领域混合研究方法的运用进行了哲学思考,从信息结构的视角阐述了混合研究方法对研究的客观性和理性的改善①。一些情报学研究也注意到单一方法的弊端②,从不同角度对情报学混合方法应用的理论与实践进行了研究③④⑤⑥,提出在解决处理情报学研究命题时需要综合运用多种研究方法,并且应该在研究中重视方法间的逻辑衔接⑦⑧。

在信息资源管理研究领域,彼特(Petter)和加利文(Gallivan)借鉴教育学领域的混合方法研究框架,梳理了信息系统学科中适合于混合研究范式的命题⑨。运用混合研究方法应该依托于研究问题、目的和情景。混合研究方法并不是简单机械地将定性方法和定量方法拼凑在一项研究中,研究者需要首先考虑:这项研究为什么需要开展混合方法研究?换而言之,混合方法研究的目的是什么?其次,研究者需要考虑如何设计混合方法研究,即采用哪种混合的模式(顺序模式还是并行模式),以及混合方法研究设计的不同类型。基于此,文卡塔什(Venkatesh)对信息系统领域运用混合方法研究的论文进行了全面

---

① MA L. Some philosophical considerations in using mixed methods in library and information science research [J]. Journal of the American society for information science and technology, 2012, 63 (9): 1859-1867.

② 丛敬军. 关于情报学研究方法的思考 [J]. 情报科学, 2001 (9): 897-900.

③ MA L. Some philosophical considerations in using mixed methods in library and information science research [J]. Journal of the American society for information science and technology, 2012, 63 (9): 1859-1867.

④ VENKATESH V, BROWN S A, BALA H. Bridging the qualitative-quantitative divide: guidelines for conducting mixed methods research in information systems [J]. MIS quarterly, 2013, 37 (1): 21-54.

⑤ FIDEL R. Are we there yet? mixed methods research in library and information science [J]. Library & information science research, 2008, 30 (4): 265-272.

⑥ 朱庆华,赵宇翔. 情报学中混合方法研究的理论探索和应用 [J]. 情报学报, 2013, 32 (12): 1236-1247.

⑦ 梁立明,侯长红,朱凌,等. 情报学家对科学的关注与解读(Ⅰ):情报学家关注科学的视角 [J]. 情报学报, 2002, 21 (6): 656-663.

⑧ 化柏林. 网络海量信息环境下的情报方法体系研究 [J]. 情报理论与实践, 2012 (11): 1-5.

⑨ PETTER S C, GALLIVAN M J. Toward a framework for classifying and guiding mixed method research in information systems [C] //Proceedings of the 37th Annual Hawaii International Conference on System Sciences. Hawaii: IEEE, 2004: 10.

综述，提出了针对该领域的运用混合方法进行研究的思路和框架（表8-9）①。

表8-9 混合方法研究框架②

	顺序设计	并行设计	独立设计
三角验证			
互补			
发展			
验证			
扩展			

克雷斯韦尔（Creswell）和塔沙科里（Tashakkori）根据研究过程中定性和定量方法出现的顺序及重要性程度，将混合方法研究设计总结为顺序设计和并行设计两大类，且在一项研究中不同类型的研究范式所占的主导地位也可能不一样③。约翰逊（Johnson）和昂乌格布齐（Onwuegbuzie）在此基础上提出了混合方法研究的二维矩阵（表8-10）④。

表8-10 混合方法研究设计矩阵⑤

	并行设计	顺序设计
同等型	定性+定量	定性—定量
		定性—定量
主导型	定性+定量	定性—定量
		定性—定量
	定量+定性	定量—定性
		定量—定性

---

① VENKATESH V, BROWN S A, BALA H. Bridging the qualitative-quantitative divide: guidelines for conducting mixed methods research in information systems [J]. MIS quarterly, 2013, 37（1）: 21-54.

② PETTER S C, GALLIVAN M J. Toward a framework for classifying and guiding mixed method research in information systems [C] //Proceedings of the 37th Annual Hawaii International Conference on System Sciences. Hawaii: IEEE, 2004: 10.

③ CRESWELL J W, TASHAKKORI A. Developing publishable mixed methods manuscripts [J]. Journal of mixed methods research, 2007, 1（2）: 107-111.

④ JOHNSON R B, ONWUEGBUZIE A J. Mixed methods research: a research paradigm whose time has come [J]. Educational researcher, 2004, 33（7）: 14-26.

⑤ 马费成. 情报学的进展与深化 [J]. 情报学报, 1996（5）: 337-343.

8.11.3 混合方法研究的目的

混合方法研究的主要目的在于提升研究的价值和意义。混合方法研究的提出并非试图搁置或缓解定性和定量研究的矛盾点，相反，该范式倡导通过一种更形而上的模式将定性和定量方法包容在一项研究计划或者研究成果中。不同于定性和定量研究方法，在社会和行为科学领域混合方法不是一个自然的方法选择，明确分类和识别混合方法使用目的可以帮助研究人员更好地理解混合方法研究论文的目的，并且对混合方法研究目的的明确理解有助于研究人员更好地设计和使用混合方法。

格林等总结了使用混合方法研究的 5 个目的，包括三角互证、互补、发展、验证、扩展[1]。混合方法研究不仅体现在数据的收集和分析上，而且需要从更高的角度去重新审视研究设计，并对理论构建提供必要的帮助和指导。因此，混合方法研究并不是单纯意义上方法的拼凑，即在一项研究中机械孤立地使用两种不同范式的研究方法，而是需要考虑到来源于不同范式的研究方法的内在逻辑性和衔接性。文卡塔什等在格林的基础上，提出混合方法研究目的分为互补、完整、发展、扩展、确证、修正和多样化 7 个方面，并给出了具体的描述和例证（表 8-11）[2]。

表 8-11 混合方法研究目的[3]

目的	描述	先验研究	
		举例	说明
互补	混合方法的目的是获取同一现象或关系的补充观点	Soffer 和 Hader（2007年）[4]	一种定性研究，用来从另外一种定量研究中获取补充的认识

---

[1] GREENE J C, CARACELLI V J, GRAHAM W F. Toward a conceptual framework for mixed-method evaluation designs [J]. Educational evaluation & policy analysis, 1989, 11 (3): 255-274.

[2] VENKATESH V, BROWN S A, BALA H. Bridging the qualitative-quantitative divide: guidelines for conducting mixed methods research in information systems [J]. MIS quarterly, 2013, 37 (1): 21-54.

[3] JOHNSON R B, ONWUEGBUZIE A J. Mixed methods research: a research paradigm whose time has come [J]. Educational researcher, 2004, 33 (7): 14-26.

[4] SOFFER P, HADAR I. Applying ontology-based rules to conceptual modeling: a reflection on modeling decision making [J]. European journal of information systems, 2007, 16 (5): 599-611.

续表

混合方法研究目的

目的	描述	先验研究	
		举例	说明
完整	混合方法设计是用来确保一种现象完整图片的获得	Piccoli 和 Ives（2003 年）① Hackney 等（2007 年）②	定性数据和结果得到为另一种定量数据和分析提供了完整的解释
发展	用混合方法解决之前推断的搁浅的问题或在下一个实验中验证之前搁浅的假设	Becerra-Femandez 和 Sabherwal（2001 年）③ Grimsley 和 Meehan（2007 年）④	一种定性研究，用来发展建构和假设另外一种定量研究来验证假设
扩展	用混合方法来揭示和扩允之前研究搁浅的知识	Ang 和 Slaughter（2001 年）⑤ Koh 等（2004 年）⑥ Keil 等（2007 年）⑦	一个定性研究发现通过另外一个定量研究得到扩展或详尽说明
确证	用混合方法来确定一种方法推断出来的研究结果的可靠性	Bhattacherjee 和 Premkumar（2004 年）⑧	建构一个定性研究来确证另一个定量研究的结果

---

① PICCOLI G, IVES B. Trust and the unintended effects of behavior control in virtual teams [J]. MIS quarterly, 2003, 27 (3): 365-395.

② HACKNEY R, JONES S, LÖSCH A. Towards an e-Government efficiency agenda: the impact of information and communication behaviour on e-Reverse auctions in public sector procurement [J]. European journal of information systems, 2007, 16 (2): 178-191.

③ BECERRAFERNANDEZ I, SABHERWAL R. Organizational knowledge management: a contingency perspective [J]. Journal of management information systems, 2001, 18 (1): 23-55.

④ GRIMSLEY M, MEEHAN A. E-Government information systems: evaluation-led design for public value and client trust [J]. European journal of information systems, 2007, 16 (2): 134-148.

⑤ ANG S, SLAUGHTER S A. Work outcomes and job design for contract versus permanent information systems professionals on software development teams [J]. MIS quarterly, 2001, 25 (3): 321-350.

⑥ KOH C, ANG S, STRAUB D W. IT outsourcing success: a psychological contract perspective [M]. Informs, 2004.

⑦ KEIL M, IM G P, MÄHRING M. Reporting bad news on software projects: the effects of culturally constituted views of face-saving [J]. Information systems journal, 2007, 17 (1): 59-87.

⑧ BHATTACHERJEE A, PREMKUMAR G. Understanding changes in belief and attitude toward information technology usage: a theoretical model and longitudinal test [J]. MIS quarterly, 2004, 28 (2): 229-254.

续表

混合方法研究目的			
目的	描述	先验研究	
		举例	说明
修正	通过另外一种方法来修正一种方法的研究缺陷	Deenis 和 Garfield（2003年）①	定性分析修正同样样本大小的定量研究
多样化	混合方法的使用是希望发散一种现象不同视角	Chang（2006年）②	定性和定量研究的使用是为了比较不同类型参与者对一个现象的兴趣

8.11.4 混合方法研究的进展

对于任何学科而言，对研究方法进行反思和探索都是至关重要的，然而混合方法的研究设计和使用也不例外。克雷斯韦尔（Creswell）等重点探讨了4种混合方法研究设计的类型，即三角互证设计、内嵌式设计、探索性设计和解释性设计文献（表8-12)③。

表8-12 混合方法研究设计类型④

类型	描述
三角互证设计	三角互证设计包括"整合模型""数据转换模型""定量数据验证模型""多层模型设计"4种模式⑤
内嵌式设计	内嵌式设计的前提假设是单一数据源不能提供充分的解释度，需要用不同的数据去回答不同层面的问题，其通常以一种范式的数据为主，另一种范式的数据为辅，即将一种数据嵌入另一种数据的框架和结构中⑥

---

① DENNIS A R, GARFIELD M J. The adoption and use of GSS in project teams: toward more participative processes and outcomes [J]. MIS quarterly, 2003, 27 (2): 289-323.

② CHANG H H. Technical and management perceptions of enterprise information system importance, implementation and benefits [J]. Information systems journal, 2006, 16 (3): 263-292.

③ CRESWELL J W. Research design: qualitative, quantitative, and mixed methods approaches [M]. Thousand: Sage, 2003: 103.

④ TEDDLIE C B, TASHAKKORI A M. Foundations of mixed methods research: Integrating quantitative and qualitative approaches in the social and behavioral sciences [M]. Thousand Oaks: Sage Publications, 2009.

⑤ CRESWELL J W, PLANO C V L, GUTMANN M L, et al. Advanced mixed methods research designs [J]. Handbook of mixed methods in social and behavioral research, 2003, 209: 240.

⑥ VALERIE J C, GREENE J C. Crafting mixed-method evaluation designs [J]. New directions for evaluation, 1997, 1997 (74): 19-32.

续表

类型	描述
探索性设计	探索性设计是两个阶段的混合方法设计，以定性研究方法为起点①
解释性设计	解释性设计是两个阶段的混合方法设计，其目标是用定性数据来帮助解释和深化定量结果，通常在定量研究之后再进行进一步的定性分析，主要有"后续解释模型"和"参与选择模型"两种②

科学研究的目的可以分为探索性研究、描述性（叙述性）研究和解释性（因果性）研究三大类③，在此基础上，格雷戈（Gregor）将信息系统领域的研究总结为概括性研究、因果性研究和解释预测性研究三大类，并提出了5种具体的组合：分析型、解释型、预测型、解释兼预测型、设计型④。朱庆华等在以往研究的基础上，对 JASIST、JIS 及《情报学报》3本期刊从2010—2012年的论文进行分析，采用开放编码的方式对这3年间发表的1031篇论文的研究类型进行分析，结合已有的研究类型的分类标准，概括出6种主要的研究类型，并采纳格林（Greene）等归纳的混合方法研究的5个主要目的和克雷斯韦尔等归纳的4种主要类型，提炼出混合方法研究的三维理论框架⑤，如图8-5所示。

朱庆华等通过统计发现，无论是在国际还是国内的情报学期刊上混合方法研究都很少，共计32篇，仅占总论文数的3%左右⑥，这一比例与文卡塔什（Venkatesh）等关于信息系统领域混合方法研究的统计结果（3%）⑦及菲德尔（Fidel）关于图书情报领域混合方法研究的统计结果（5%）基本一致⑧。部分说明了对混合方法研究的关注度和

---

① GREENE J C, CARACELLI V J, GRAHAM W F. Toward a conceptual framework for mixed-method evaluation designs [J]. Educational evaluation & policy analysis, 1989, 11 (3): 255-274.

② CRESWELL J W, PLANO C V L, GUTMANN M L, et al. Advanced mixed methods research designs [J]. Handbook of mixed methods in social and behavioral research, 2003, 209: 240.

③ POPPER K R S. Postscript to the logic of scientific discovery [M]. London: Hutchinson, 1985.

④ GREGOR S. The nature of theory in information systems [R]. Society for Information Management and The Management Information Systems Research Center, 2006.

⑤ 朱庆华，赵宇翔. 情报学中混合方法研究的理论探索和应用 [J]. 情报学报, 2013, 32 (12): 1236-1247.

⑥ 同⑤。

⑦ VENKATESH V, BROWN S A, BALA H. Bridging the qualitative-quantitative divide: guidelines for conducting mixed methods research in information systems [J]. MIS quarterly, 2013, 37 (1): 21-54.

⑧ FIDEL R. Are we there yet? mixed methods research in library and information science [J]. Library & information science research, 2008, 30 (4): 265-272.

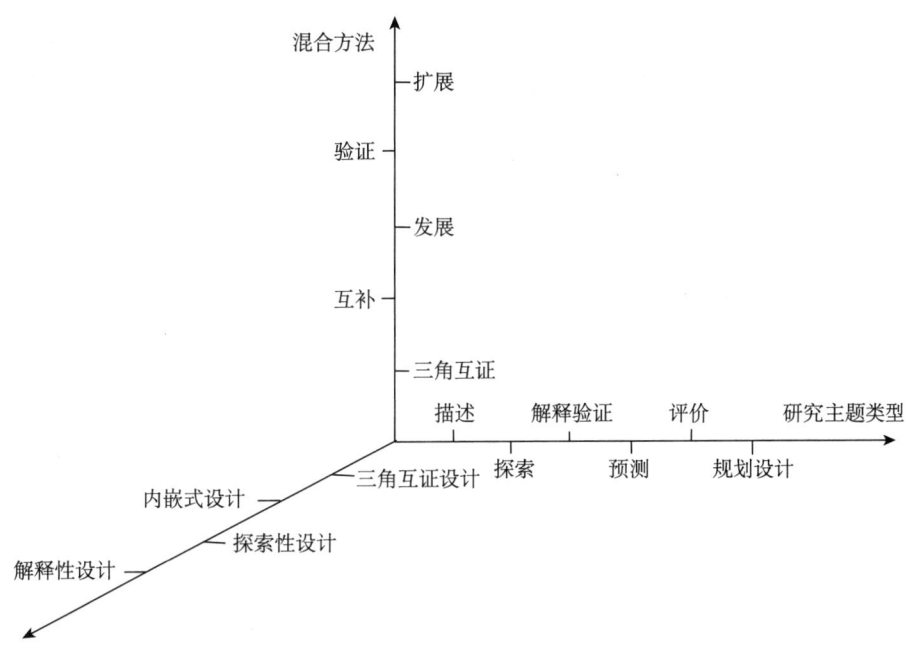

图 8-5　情报学中混合方法研究的三维理论框架①

重视度还有待于进一步提升，情报学领域的学者应该增加对混合方法研究的认识和运用，从方法论层面和实践层面同时提升该研究范式在情报学领域的严谨性和普及性，进一步探索情报学中混合方法研究的设计框架和实施准则，并将其应用到一些情报学热点和前沿问题的研究中。

8.11.5　情报学混合方法的应用情况

（1）研究范式层面混合方法的应用情况

2005—2006 年 4 种图书情报学国际核心刊物上的 465 篇论文中 80 篇采用了多种研究方法，80 篇中有 49 篇同时使用了定量和定性方法，被称为 MMR 法（mixed methods research）②。在社会行为研究领域，泰德利（Teddlie）和塔沙科里（Tashakkori）依据混

---

① 朱庆华，赵宇翔．情报学中混合方法研究的理论探索和应用 [J]．情报学报，2013，32（12）：1236-1247．

② FIDEL R. Are we there yet? mixed methods research in library and information science [J]. Library & information science research, 2008, 30 (4): 265-272.

合方法的判断标准①，发现运用混合方法的研究比例约占3%②，与文卡塔什（Venkatesh）等关于信息系统领域混合方法应用为3%的统计结果基本一致。2010年孙向荣和穆绪涛发现国外图书馆学情报学样本中只有5%使用混合方法进行研究，落后于社会科学其他学科，而国内尚未见此类应用③。2013年，朱庆华等分析了 *JASIS&T*、*JIS* 和《情报学报》3本情报学期刊在2011—2012年发表的1031篇研究论文，共发现32篇混合方法研究成果，有一半以上的论文并没有对其研究范式进行清楚界定，或者仅在文章的摘要或研究方法设计中简单提及"定性和定量"的组合，运用方法论融合层面的混合方法的情报学研究数量很少，而多方法研究所占比例却相对较高，在 *JASIS&T* 中占据了实证类研究的24%左右，在 JIS 中占据了实证类研究的21%左右，在《情报学报》中占实证类研究的14%左右④。

（2）多方法混合应用研究情况

化柏林针对网络海量信息环境下情报学的方法体系进行了深入探讨，对情报学方法的特点和发展进行了论述，强调综合运用多种研究方法，并重视方法间的逻辑性和前后衔接性文献⑤。在朱庆华与赵宇翔研究⑥的基础上，王芳等在更大的时间跨度内更加细致地揭示了情报学研究中多种方法的混用及其分布特征（图8-6）⑦。为了对情报学各个领域多方法混合应用的情况进行清晰地揭示和比较，该研究不对单纯意义上的多方法混合应用情况与方法论融合层面的混合应用情况进行区分，统称为研究方法的混合应用，深入了解我国情报学研究中各方法的混合应用能力（图8-7）及其在不同研究领域和文献类型上的分布。

---

① TASHAKKORI A, TEDDLIE C. Issues and dilemmas in teaching research methods courses in social and behavioural sciences: US perspective [J]. International journal of social research methodology, 2003, 6 (1): 61-77.

② TEDDLIE C B, TASHAKKORI A M. Foundations of mixed methods research: Integrating quantitative and qualitative approaches in the social and behavioral sciences [M]. Thousand Oaks: Sage Publications, 2009.

③ 孙向荣, 穆绪涛. 混合方法研究在图书情报学中的应用 [J]. 图书情报工作, 2010, 54 (15): 61-64.

④ 朱庆华, 赵宇翔. 情报学中混合方法研究的理论探索和应用 [J]. 情报学报, 2013, 32 (12): 1236-1247.

⑤ 化柏林. 网络海量信息环境下的情报方法体系研究 [J]. 情报理论与实践, 2012, 11: 1-5.

⑥ 同④.

⑦ 王芳, 祝娜, 翟羽佳. 我国情报学研究中混合方法的应用及其领域分布分析 [J]. 情报学报, 2017 (11): 1119-1129.

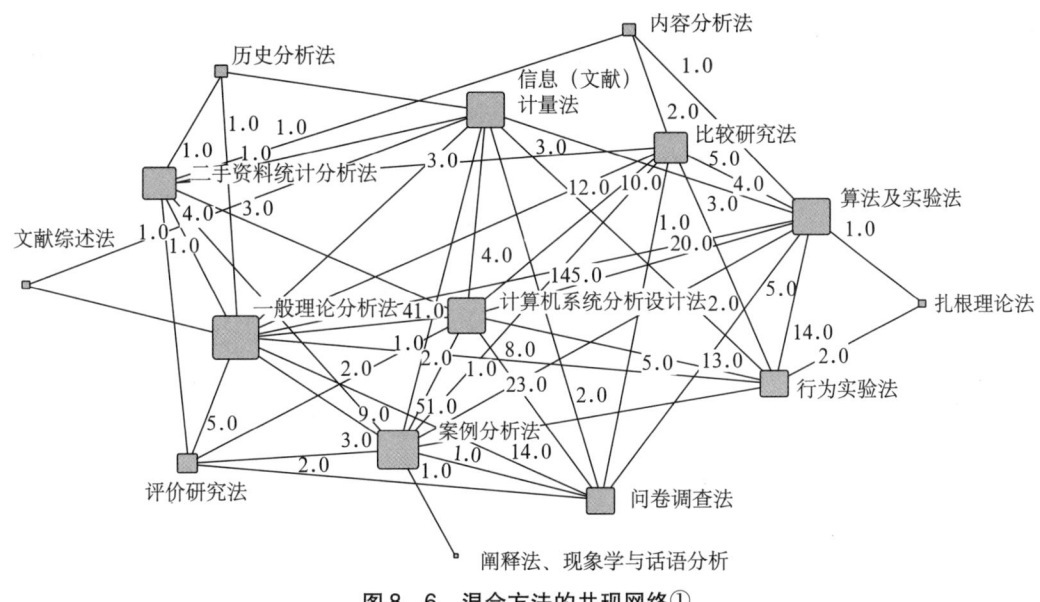

图 8-6 混合方法的共现网络①

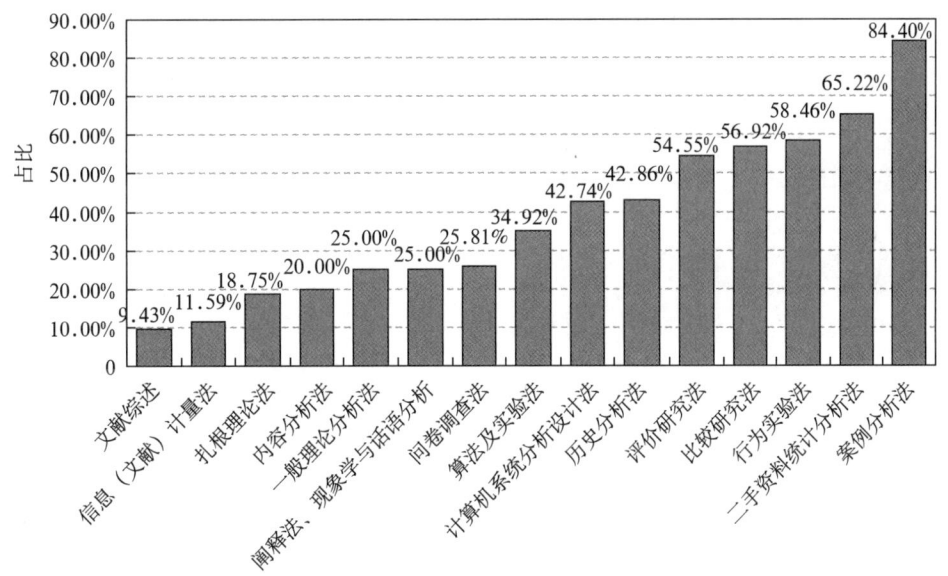

图 8-7 研究方法的混合应用能力②

---

① 王芳,祝娜,翟羽佳. 我国情报学研究中混合方法的应用及其领域分布分析[J]. 情报学报, 2017(11): 1119-1129.

② JOHNSON R B, ONWUEGBUZIE A J. Mixed methods research: a research paradigm whose time has come[J]. Educational researcher, 2004, 33(7): 14-26.

在2000—2014年《情报学报》发表的1950篇文献中，428篇文献应用了1种以上的研究方法，方法间的混合应用（指一篇文献中不同方法的组合，最少两种方法组合，个别文献出现了3种方法间的组合，不计方法应用的前后顺序）达52种。运用混合方法的论文占总数的21.9%，与陈传夫等所统计的我国2010年图书情报学研究中方法混合应用比例为22.8%的结果基本一致①，略高于朱庆华与赵宇翔统计的《情报学报》2011—2012年实证研究中混合方法应用占比14%的结果②，表明实证研究中多方法应用的比例低于全部类型论文中的比例，也意味着2011—2012年我国情报学实证研究方法的应用已经渐趋成熟，可以独立完成对研究问题的探索。研究发现，不同研究领域具有相对固定的混合方法应用类型偏好，并与文献类型有一定关系。总体来讲，我国情报学研究偏好使用计算机技术类方法，在偏重技术的实证类研究领域混合方法应用比例较高。

情报学研究在混合研究方法的理论探索和应用情况上经历了一段时期的探索之后，逐渐形成了具有本学科特色的混合方法应用类型和应用范式，以计算机信息处理技术为主导的混合方法应用类型所占比例较高，情报学各领域对方法混合应用的类型偏好比较稳定。然而，目前情报学领域的混合方法研究还很不成熟。在解决处理情报学研究命题中应该综合运用、协同运用多种研究方法，并融合定性和定量的研究范式，能够帮助作者厘清其研究思路，帮助读者更好地了解研究的路径和轨迹，并帮编辑和审稿人在论文的遴选规则和评阅标准上树立合适的标杆。

8.12 本章小结

本章在4.4节"情报学的方法论"的基础上，对情报学研究中使用的具体研究方法的操作步骤进行了较为详细的介绍，具有较强的实用性，适用于对研究方法感兴趣的读者，尤其是初学者学习和进行操作练习。本章介绍的情报学研究方法具有多元性和丰富性，既有情报学专门的研究方法，如文献计量、信息计量和内容分析方法；也有社会学、心理学、管理学等社会科学通用的研究方法，如问卷调查、案例研究、历史分析、社会网络分析、扎根理论、民族志、行动研究、现象学、话语分析、评价研究等方法；

---

① 陈传夫，马浩琴. 图书情报学现实研究中科学方法应用的调查分析：以2010年的期刊论文为样本[J]. 图书馆论坛，2011，31（6）：32-37.
② 朱庆华，赵宇翔. 情报学中混合方法研究的理论探索和应用[J]. 情报学报，2013，32（12）：1236-1247.

还有借鉴于计算机科学等自然科学的研究方法，如实验法、自然语言处理、数据挖掘、数理分析、模拟仿真等。从方法论的视角来看，这些研究方法既有实证主义研究方法，也有解释主义研究方法；既有定量方法，也有定性方法。随着研究与应用的深化，这些研究方法不断发展并混合使用，形成了混合研究方法。这些研究方法，共同构成了情报学领域动态演化的研究方法体系，促进了情报学的研究深化和学科成熟。

第 9 章
情报学理论的应用

学者在研究中对理论的应用是其所在领域学术成熟性的标志①。关于情报学的学科成熟性一直存有争议,其重要原因之一是情报学研究中理论应用不足。为此,阶段性地对情报学研究中理论应用的状况进行调查,有助于揭示理论应用的概貌和深层次特征,推动理论应用,促进情报学学科发展成熟。

9.1 我国情报学理论应用的案例研究

9.1.1 研究背景

情报学学者们以不同的方式分析和梳理了情报学及其子领域中的理论应用、哲学基础和存在的不足。一方面,相关研究对情报学理论应用和发展情况进行了理论分析和定性讨论,如费舍(Fisher)等编写的《信息行为理论》一书系统介绍了信息行为领域提出的理论模型②;库马西(Kumasi)等归纳了学术文章中规范程度由低到高的 7 种理论应用类型(理论投放、理论定位、理论多元化、理论对话、理论应用、理论检验、理论生成),并分析了图书馆学学术文献中理论应用存在的问题③。

另一方面,一些研究对情报学研究中理论应用的情况进行了计量分析。朱利安(Julien)分析了 *Library Literature* 1990—1994 年的 241 篇关于信息需求与利用的文章,发

---

① BROOKES B C. The foundations of information science. Part Ⅰ: Philosophical aspects [J]. Journal of information science, 1980 (2): 125-133.
② FISHER K E, ERDELEZ S, MCKECHNIE L. Theories of information behavior [M]. Medford, NJ: Information Today, Inc., 2005.
③ KUMASI K D, CHARBONNEAU D H, WALSTER D. Theory talk in the library science scholarly literature: an exploratory analysis [J]. Library & information science research, 2013, 35 (3): 175-180.

现32%的文章是理论性的①。冈萨雷斯·特鲁尔（González-Teruel）②等依据已有文献预先构建了一个理论列表，分析西班牙1990—2004年发表的123篇信息需求与使用相关的文献，发现14%的文献提及该理论列表中的某一理论或模型。佩蒂格鲁和麦肯尼（Pettigrew & McKechnie）③选择了LIS领域6本核心期刊，对发表在1993—1998年的1160篇论文进行了内容分析，结果发现，34.1%的文章使用了理论；45.4%的理论借用自社会科学；99.2%的理论出现在正文中，9.4%出现在题目中，19.9%在摘要中提及。郑和金（Jeong & Kim）④对两份韩国LIS领域的核心期刊自创刊以来所有的文章进行分析，结果发现，20%的文章包含理论，大部分理论（57.5%）来自LIS领域，理论使用的层次达到2.10（最高为5）。2006年，郑和金（Jeong & Kim）⑤又增加了两份国际期刊进行分析，结果显示，25.95%的文章中使用了理论，国际期刊和韩国期刊在理论发展和使用上具有较大不同。王知津等对1990—2011年我国4727篇情报学论文进行统计分析，筛选出1960篇理论研究论文⑥。

《情报学报》是国内情报学研究领域的权威核心期刊，被列为国家自然科学基金管理学部的重要期刊（A类）。将《情报学报》作为分析样本，时间区间确定为2000—2013年（含2000年和2013年）。这一阶段正值国内信息社会不断发展，情报学研究日益多元和规范，对这一时间区间内发表的论文进行内容分析，可以较好地揭示国内情报学研究中理论应用的概貌和特征。为此，本书收集《情报学报》在2000—2013年刊载的所有文章的全文，去除会议通知、书评等后，共获得1822篇论文作为内容分析的对象。

9.1.2 编码设计

为便于统计分析，构建"理论出现位置"编码表、"理论使用类型"编码表、论文

---

① JULIEN H. A content analysis of the recent information needs and uses literature [J]. LISR, 1998 (18)：53-85.

② GONZÁLEZ-TERUEL A, ABAD-GARCÍA M F. Information needs and uses: an analysis of the literature published in Spain, 1990-2004 [J]. Library & information science research, 2007 (29)：30-46.

③ PETTIGREW K E, MCKECHNIE L. The use of theory in information science research [J]. Journal of the American society for information science and technology, 2001, 52 (1)：62-73.

④ JEONG D Y, KIM S J. Knowledge structure of library and information science in South Korea [J]. Library & information science research, 2005 (27)：51-72.

⑤ KIM S J, JEONG D Y. An analysis of the development and use of theory in library and information science research articles [J]. Library & information science research, 2006 (28)：548-562.

⑥ 王知津, 王璇, 韩正彪. 90年代以来我国情报学理论研究期刊论文统计分析 [J]. 图书馆理论与实践, 2012 (1)：21-26.

主题编码表和论文类型编码表。具体如下。

① "理论出现位置"编码表来自 Pettigrew 和 McKechnie 的研究①,即题名(P1)、摘要(P2)、正文(P3),用以反映理论在文章中出现的位置,如理论在多个位置出现,则多个位置均需标明。

② "理论使用类型"编码表如表 9-1 所示。该编码表依据理论在文章中所发挥的功能将使用类型划分为"基础"和"论据",理论的发展被视为一种较高层级的"应用",在编码过程中标识为 F3。

表 9-1 "理论使用类型"编码表

理论使用类型	代码	说明
基础	F1	理论用作整篇文章的概念框架,或新概念、模型、观点、定律等生成的基础,或作为文章的主要研究对象
论据	F2	理论主要用于正证或反证作者的观点或理念,文章中提及的理论也归入此类
发展	F3	文章中提出或形成的新的概念、模型、定律等

③论文主题编码表用于描述文章内容所关注的情报学研究主题。根据对我国《情报学报》2000—2013 年(含 2000 年和 2013 年)文献的内容分析,参考 JASIST 的投稿分类体系,形成了一个包括 29 个类目的论文主题编码表,如表 9-2 所示。在编码过程中,每篇文章被划归到唯一的主题类目下,如一篇文章涉及多个主题,则按占据篇幅最多的主题进行划分。

表 9-2 论文主题编码表

主题类目	代码	说明
信息获取	S1	信息获取的方式、途径、策略等
信息组织	S2	标引、编目、摘要、元数据、本体、词表与词典、知识链接/关联数据、文本分类与聚类、自由分类法、一般性研究等
信息处理	S3	信息过滤、信息抽取、自然语言处理、可视化、多媒体信息处理、一般性研究等

---

① PETTIGREW K E, MCKECHNIE L. The use of theory in information science research [J]. Journal of the American society for information science and technology, 2001, 52 (1): 62-73.

续表

主题类目	代码	说明
信息保存	S4	包括短期的存储和长期的保存
信息检索	S5	信息检索相关原理、方法和技术
用户与信息行为	S6	用户研究（信息素养、用户教育、用户满意度、信息需求、用户分类与聚类等）、心智模型、信息发布行为、信息搜寻行为、信息检索行为、一般性研究等
HCI	S7	信息构建（IA）、可用性、界面设计等
信息分析与研究	S8	数据挖掘、知识发现、领域分析、专利分析、话题跟踪、语义分析、技术跟踪、一般性研究等
竞争情报	S9	竞争情报活动、竞争情报研究、竞争情报系统等
信息计量学	S10	文献计量学、科学评价、网络计量学等
科学交流	S11	科研合作、期刊与论文的被引与互引等
出版	S12	期刊的发行与管理等
信息服务与知识服务	S13	参考咨询服务、在线/网络信息服务、信息推荐/个性化信息服务、知识服务、一般性研究等
电子商务	S14	电子商务理论、技术、应用、管理等
信息经济学	S15	信息的测度、信息产业、知识经济等
企业信息化与企业信息管理	S16	企业信息化、企业信息管理、企业信息资源管理等
电子政务与政府信息资源管理	S17	电子政务、政府信息资源管理等
科研管理与学术信息资源管理	S18	科研项目管理、学术信息资源系统建设、学术信息资源开发与利用等。其中，学术信息资源是与科学研究密切相关的信息资源，载体形式包括期刊、学位论文、科技报告、网络数据库等
网络信息资源管理	S19	企业、政府、学术信息资源以外的，以网络为传播载体的一般性信息资源的管理
信息管理与信息资源管理一般性研究	S20	企业、政府、学术、网络信息资源以外的，其他类型的信息管理与信息资源管理及一般性研究
知识管理	S21	知识管理理论、知识管理系统、知识管理应用、知识管理过程（获取、创造、传播、共享、转化等）等
信息社会	S22	社会信息化、数字鸿沟、信息伦理、信息生态等

续表

主题类目	代码	说明
信息政策与法律	S23	信息政策、知识产权等
信息技术	S24	数据库、信息安全、信息技术接受及应用、信息系统、机器翻译、网络技术（基础网络技术、Web2.0、语义 Web、网格、物联网、云计算等）等
组织与事业管理	S25	具体管理问题（人力资源、财务、规划等）、事业发展等
数字图书馆	S26	图书馆自动化建设、数字图书馆建设、数字图书馆系统、数字图书馆技术等
教育和教学法	S27	专业教育、课程建设、教学方法等
情报学基础理论与学科建设	S28	基础理论、学科建设、一般性研究等
其他	S29	不适于归入以上类目的文章

④论文类型编码表用以描述文章是采用何种研究方法或研究策略而形成的，根据对我国《情报学报》2000—2013 年（含 2000 年和 2013 年）文献的内容分析，共识别出 11 种文章类型，如表 9-3 所示。与文章主题相同，每篇文章在编码过程中仅与唯一的文章类型关联。

表 9-3 论文类型编码表

文献类型	代码	说明
实证研究	T1	包括信息计量研究论文、问卷调查研究论文、案例研究论文、实验研究论文和其他类型的实证研究
描述性论文	T2	介绍知识或描述事实的论文
观点文章	T3	形成或提出观点的论文
方法文章	T4	改进、生成或应用方法的论文。其中，方法既包括研究方法，也包括解决具体问题的方式、途径、步骤、手段等
比较研究	T5	以某种框架为依据对不同的概念、现象、方法、问题等进行比较分析的论文
数学建模/算法开发	T6	生成或改进数学模型或算法的论文
概念模型及结构分析	T7	生成或改进概念模型或分析领域概念结构的论文，典型的概念模型如本体

续表

文献类型	代码	说明
系统设计与开发	T8	设计或开发计算机信息系统的论文
评价研究	T9	生成或改进某种评价指标体系或评价模型，或生成、改进或应用某种评价方法的论文
综述	T10	包括文献综述、会议综述、历史论文等
其他	T11	如应用领域分析、扎根理论、内容分析等方法形成的论文

9.1.3 《情报学报》理论应用情况分析

（1）理论应用数量在波动中缓慢上升

在《情报学报》2000—2013年发表的1822篇文章中，共识别出586条理论，篇均理论数为0.32条/篇；在文献集合中应用了1232次，篇均理论应用频次为0.68次；在文献集合中，共有30.24%（551篇）文章应用了至少1条理论，每篇文章平均应用理论的频次为2.24次。

从时间变化来看，2000—2013年《情报学报》理论应用数量及理论应用频次随时间变化在波动中缓慢上升。如图9-1所示，各年理论数量与理论应用频次随时间变化的整体趋势大体一致，2000—2004年相对平稳，在2005年小幅下滑后随即上升，但在2009年显著下降达到最低点，而在2010年又上升至最高点，随后又有所下滑，但总体呈上升趋势。

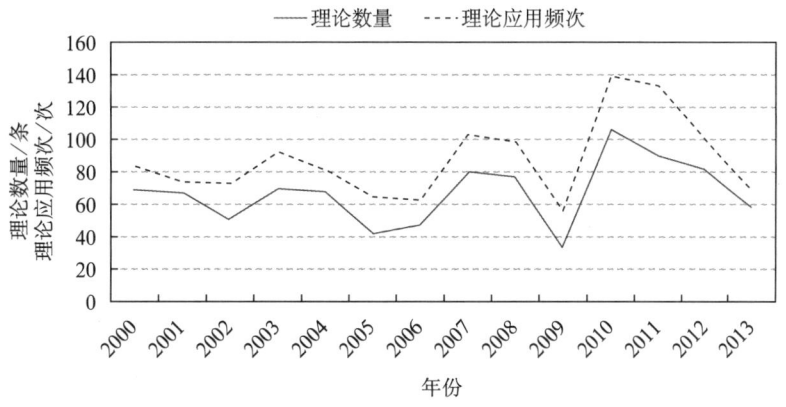

图9-1　各年理论数量及理论应用频次

(2) 理论应用频次呈幂律分布

理论应用频次显示了其应用的广泛程度。结果显示，在《情报学报》中，76.6%的理论仅被应用了 1 次，9.8% 的理论被应用了 2 次，3.2% 的理论被应用了 3 次。只有 3 条理论被应用了超过 20 次，16 条理论被应用了超过 10 次。这表明学术文章中理论的应用大致呈幂律分布，只有极少数理论得到了较为广泛的认可和采用。

在应用频次最高的 10 条理论中，向量空间模型的应用频次为 89 次，远高于其他任何理论，是整个文献集合中应用频次最高的理论。这 10 条理论中的 6 条，即向量空间模型、齐夫定律、布尔模型、信息论、概率模型和布拉德福定律，均起源于情报学领域并且具有相对较长的应用历史。本体理论和复杂网络理论与情报学中的热门主题密切相关。此外，粗糙集理论和模糊理论在《情报学报》中也具有较高的应用频次。上述结果也表明，在这一阶段《情报学报》具有明显的信息技术和信息计量研究取向。

(3) 理论出现的位置分布符合布拉德福定律

理论出现的位置在一定程度上可以反映理论对文章的重要程度。对理论在文章中出现的位置进行标记，当理论在多个位置出现时，分别记在相应位置类目下。在文献集合中，理论在标题（P1）中出现了 96 次（占总次数的 5.9%），在摘要（P2）中出现了 316 次（占总次数的 19.4%），在正文（P3）中出现了 1214 次（占总次数的 74.7%）。三者的比例为 $1:3.3:12.65$，如果按加总值计算，则大致呈现 $1:4:4^2$，符合布拉德福定律分布。表明就理论分布而言，标题、摘要和正文如同核心期刊的区域划分。从理论的角度来看，多数理论仅在正文中出现，少量理论同时出现在文章标题、摘要和正文中，还有少量理论仅出现在摘要中。

(4) 理论在文章中的功能以论据和研究基础为主

将理论应用的类型划分为 3 类：基础（F1）、论据（F2）和理论的发展（F3）。不同类型下理论应用的总频次及占比如表 9-4 所示。其中，在文章中用作论据的理论应用占总频次的 58.4%，用作研究基础的理论应用占总频次的 39.5%，而理论的发展只占 2.1%。

表 9-4　不同类型下理论应用的总频次及占比

理论应用的类型	理论应用的总频次/次	占比
F1	487	39.5%
F2	719	58.4%
F3	26	2.1%
总计	1232	100.0%

表9-5进一步显示了最常用作论据和基础的理论名称。其中，向量空间模型、粗糙集理论、齐夫定律和信息论既常用作论据，也常用作基础。复杂网络理论和本体理论更多地用作研究基础，而布尔模型、概率模型、模糊理论和布拉德福定律通常用作论据。

表9-5 最常用作基础和论据的理论名称

用作基础的理论	应用频次/次	用作论据的理论	应用频次/次
向量空间模型	38	向量空间模型	51
粗糙集理论	16	齐夫定律	17
复杂网络理论	14	布尔模型	17
社会网络理论	11	概率模型	16
本体理论	10	布拉德福定律	12
齐夫定律	6	模糊理论	11
信息论	6	马太效应	11
小世界理论	6	信息论	10
贝叶斯理论	6	洛特卡定律	10
技术接受模型	6	粗糙集理论	9
图论	6	布鲁克斯知识方程	9
条件随机场理论	6	波普尔三个世界理论	9
神经网络理论	6		

（5）理论应用的主题分布

从理论应用的绝对频次来看，信息组织、情报学基础理论与学科建设、信息检索和用户与信息行为4个主题下理论的应用频次均超过100次，排名前4位，表明在情报学中偏行为与社会科学研究的主题领域应用了更多的理论。从理论的平均应用频次来看，情报学基础理论与学科建设主题下理论的篇均应用频次超过2.00次；用户与信息行为、信息经济学、HCI、科学交流、知识管理、信息获取等主题下理论的篇均应用频次都达到1.00次以上（含1.00次），如表9-6所示。

表 9-6 理论应用的主题分布

文章主题	文章数量/篇	理论应用总频次/次	篇均应用频次/次
信息获取	5	5	1.00
信息组织	271	136	0.50
信息处理	119	52	0.44
信息保存	8	3	0.38
信息检索	201	115	0.57
用户与信息行为	67	106	1.58
HCI	18	24	1.33
信息分析与研究	233	98	0.42
竞争情报	113	85	0.75
信息计量学	138	85	0.62
科学交流	49	52	1.06
出版	4	0	0
信息服务与知识服务	70	17	0.24
电子商务	11	10	0.91
信息经济学	36	53	1.47
企业信息化与企业信息管理	46	33	0.72
电子政务与政府信息资源管理	31	29	0.94
科研管理与学术信息资源管理	38	23	0.61
网络信息资源管理	36	25	0.69
信息管理与信息资源管理一般性研究	19	14	0.74
知识管理	54	55	1.02
信息社会	20	17	0.85
信息政策与法律	33	3	0.09
信息技术	78	53	0.68
组织与事业管理	15	3	0.20
数字图书馆	43	3	0.07
教育和教学法	13	11	0.85
情报学基础理论与学科建设	52	122	2.34
其他	1	0	0

（6）理论应用的文献类型分布

就理论应用的总频次而言，在观点类文章中理论应用最多，为 244 次，其次为实证研究类文章，理论应用的总频次为 230 次，方法文章位于第 3 位，理论应用总频次为 210 次。各类文章在数量上存在较大差异，因此可以计算各类文章理论应用的篇均频次。就篇均理论应用频次而言，其他类、综述类和观点类文章的理论篇均应用频次均超过 1 次，排在前 3 位；其他篇均应用频次较高的文章类型包括评价研究、实证研究、数学建模/算法开发，篇均理论应用频次最低的是比较研究和系统设计与开发。描述性论文和方法文章虽然理论应用的绝对频次较高，但由于文章数量较多，篇均应用频次偏低，如表 9-7 所示。

表 9-7 理论应用的文献类型分布

文章类型	文章数量/篇	理论应用总频次/次	篇均应用频次/次
实证研究	308	230	0.75
描述性论文	352	202	0.57
观点文章	207	244	1.18
方法文章	406	210	0.52
比较研究	30	3	0.10
数学建模/算法开发	272	187	0.69
概念模型及结构分析	16	6	0.38
系统设计与开发	131	29	0.22
评价研究	42	32	0.76
综述	53	78	1.47
其他	5	11	2.20

（7）研究结果讨论

通过对《情报学报》2000—2013 年发表的 1822 篇文章在理论应用概况、理论出现位置与应用类型、理论应用的主题分布、理论应用的文献类型分布、理论应用的时间分布等维度的分析，结果如下：

①与国外学者相比，国内学者理论应用频次较低。在《情报学报》2000—2013 年的 1822 篇文章中，30.2% 的文章至少应用了 1 条理论。这一比例低于 Pettigrew 和 McKechnie 在 2001 年的研究发现（34.1%），也低于 Kim 和 Jeong 在 2005 年的研究发现

（41.4%），说明了《情报学报》在这一阶段的技术应用倾向，也在一定程度上说明国内情报学研究中理论应用的不足。

②理论应用对研究的支持功能较弱。多数理论出现在正文中，少量出现在标题和摘要中。研究发现，一些作者在应用理论时过于随意。这一问题反映在有些理论仅在摘要中出现后，在正文中不再提及。超过半数的理论在文献集合中用作论据，不足40%的理论用作基础。从时间变化来看，2004年以后用作基础的理论有所上升。

③理论应用呈现幂律分布。少数理论如向量空间模型、齐夫定律、粗糙集理论等具有较高的应用频次，但大多数理论仅应用了1次。

④理论应用与研究主题之间存在一定的相关性，在主题领域之间存在不平衡现象。在情报学基础理论与学科建设主题下理论的应用频次最高，其后是信息检索、信息社会和信息计量等领域。

9.2 我国情报学理论应用的全数据分析

尽管基于《情报学报》的研究较为深入地揭示了我国情报学学科理论的应用与发展状况，但是不能完整反映情报学理论研究的总体状况。为了更加全面地揭示我国情报学研究中理论的应用和发展情况，需要在更具说服力的大规模数据集的基础上，采用基于自然语言处理和深度学习方法构建的理论识别模型对论文的理论术语进行识别，并进行多维度的统计分析①。

9.2.1 情报学理论的自动识别算法

（1）理论自动识别方法

理论识别是指从文献中识别出其中的理论名称，如从"……提出了依据齐夫定律设置简码表的详细步骤……""……剖析了企业隐性知识的内涵和分类，并基于SECI理论和知识沟通理论，构建了个体、团队和企业整体的隐性知识共享模型……"中识别出"齐夫定律""SECI理论""知识沟通理论""个体、团队和企业整体的隐性知识共享模型"。

---

① 王芳，赵洪，张维冲. 我国情报学科理论研究形态及学术影响力的全数据分析［J］. 图书情报知识，2018，186（6）：17-30.

针对理论术语的识别，学者已经开展了一定的研究。王芳等①采用人工标注的方法在《情报学报》2000—2013年发表的1822篇文章中识别出586条理论。陈锋与王芳等②进一步采用基于CRF的机器学习方法研究了学术期刊中理论术语的自动抽取方法，对上述1822篇论文的标题和摘要进行了抽取实验，在训练集所占比重提高到80%时，达到较好的准确率（93.33%），但召回率仍然不高（56%）。此外，与理论识别相类似的方法术语抽取也取得了进展。化柏林③运用基于规则的方法对中文学术文献的情报方法术语进行了抽取研究，以《情报学报》2013年第1期至第4期共46篇论文的全文数据进行实验测试，召回率（94%）和准确率（92%）均较高。上述研究均采用人工标注、规则提炼或传统的机器学习方法，通用性、可扩展性及机器学习性能还需较大的提升。

（2）理论自动识别的深度学习模型

从本质上讲，理论术语的自动识别是一类命名实体识别（NER）任务。命名实体识别，又称作"专名识别"，是指从一段自然语言文本中找出特定类型的实体，并标注出其位置，是许多复杂任务（如关系抽取、信息检索等）的基础。实体边界的识别较为困难，一直是命名实体识别中的难点。近年来，具有深层神经网络结构的深度学习方法不断发展，在不少命名实体识别任务上表现出了比传统方法更好的效果④。在机器学习方法中，命名实体识别被当作序列标注问题，即当前的预测标签不仅与当前的输入特征相关，还与之前的预测标签相关，预测标签序列之间有强相互依赖关系。传统的机器学习方法包括隐马尔可夫模型（HMM）、最大熵马尔可夫模型（MEMM）和条件随机场（CRF）等。随着深度学习技术的发展，循环神经网络（RNN）和卷积神经网络（CNN）等模型开始逐渐应用于命名实体识别研究，成为命名实体识别的一类新方法。

为运用深度学习方法提高理论识别的质量，根据理论术语的特点，赵洪与王芳研究

---

① 王芳，陈锋，祝娜，等．我国情报学理论的来源、应用及学科专属度研究［J］．情报学报，2016，35（11）：1148-1164．

② 陈锋，翟羽佳，王芳．基于条件随机场的学术期刊中理论的自动识别方法［J］．图书情报工作，2016（2）：122-128．

③ 化柏林．针对中文学术文献的情报方法术语抽取［J］．现代图书情报技术，2013（6）：68-75．

④ HUANG Z, XU W, YU K. Bidirectional LSTM-CRF Models for sequence tagging［J］. arXiv preprint arXiv：1508.01991，2015．

了面向理论识别的深度学习模型和训练方法①。构建的理论识别模型是具有 Bi-LSTM-CRF 深层循环神经网络结构的深度学习模型,如图 9-2 所示。

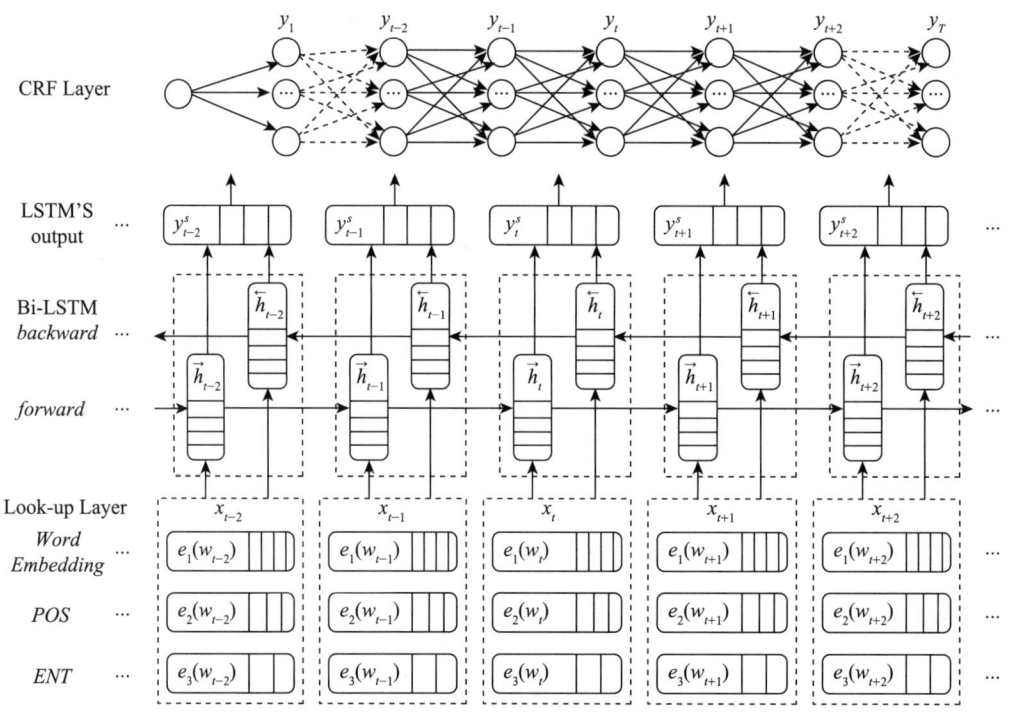

图 9-2 Bi-LSTM-CRF 结构的理论识别模型结构

在该模型中,输入层的输入由待识别理论术语句序列中每个节点的词向量(word embedding)、词性(POS)特征向量和实体(ENT)特征向量 3 组特征向量构成。这 3 组向量通过 Look-up 映射后连接成每个节点的输入向量,形成 Look-up 层(Look-up layer)作为 Bi-LSTM 隐藏层的输入,以便更全面地学习到理论术语的特征。其中,实体特征是需根据理论术语的特点构造的输入特征。隐藏层是双向 LSTM 网络结构,分别进行前向传播(forward-propagation)和后向传播(back-propagation)。输出层由 softmax 和 CRF 结合而成,标注序列的概率值为:

$$P'(y \mid x) = \exp(P(y \mid x)) / \sum_{\tilde{y} \in y_x} \exp(P(\tilde{y} \mid x))。 \quad (9-1)$$

其中,$\tilde{y}$ 是所有可能的标注序列。模型的损失函数(loss function)为 CRF 层标注序列的

---

① 赵洪,王芳. 理论术语抽取的深度学习模型及自训练算法研究[J]. 情报学报,2018,37(9):67-82.

对数似然损失函数：

$$\mathcal{L}(Y_X) = -(\sum_{x,y \in X,Y} \log(P'(y|x)))/\text{count}(X); \quad (9-2)$$

$$\log(P'(y|x)) = P(y|x) - \log(\sum_{\tilde{y} \in y_x} \exp(P(\tilde{y}|x))) =$$

$$P(y|x) - \text{logadd}_{\tilde{y} \in y_x}(P(\tilde{y}|x))。 \quad (9-3)$$

其中，X 为输入序列 x 集合；Y 为对应的标注序列 y 集合。CRF 层预测的序列标注输出为：

$$y^* = \text{argmax}_{\tilde{y} \in y_x}(P(\tilde{y}|x))。 \quad (9-4)$$

其中，argmax 函数采用 Viterbi 算法求解输出最优的标注序列，即完成模型的输出。

（3）理论术语序列标注与训练方法

在深度学习中，选用面向任务特点的模型后，如何对模型进行训练以达到任务目的是整个研究的重点。本部分将研究理论术语句的序列标注方法和需训练的特征，并结合 Dropout 方法对模型进行训练。

①理论术语句序列标注方法

与采用 {B, I, O} 标注方法的人名、地名等命名实体不同，理论术语的长度没有明显的特征，且在理论的修正、演化和发展过程中，会派生出以同一基础理论名称为主体的新名称，如"效用理论"与"秩依期望效用理论"、"微扰论"与"耦合模微扰论"等。因此，采用 {B, I, E, S, O} 标注理论术语句对模型进行训练，即 {Begin、I-Inside、End、Single、Outside}。例如，{引入，效用，理论，实现} 标注为 {O, B, E, O}、{基于，秩依，期望，效用，理论，目的} 标注为 {O, B, I, I, E, O}、{应用，微扰论，研究} 标注为 {O, S, O}、{通过，耦合，模，微扰论，建立} 标注为 {O, B, I, S, O} 等。

②理论术语句的特征训练方法

在深度学习中，一般采用词分布式表示（distributed representation）的方法表示词向量，最早由 Hinton[①] 提出，通常称为 word embedding 或 word representation。这种方法将词表示为低维实数向量，使相似的词在距离上更接近，能体现出不同词之间的相关性和

---

① HINTON G E. Learning distributed representations of concepts [C]. Proceedings of the 8th Annual Conference of the Cognitive Science Society, 1986: 1-12.

依赖关系。同时，较低的维度也使特征向量在计算时有一个可接受的复杂度。Mikolov 等①采用 RNN 对大规模未标注文本集进行词向量训练，这种在大规模文本集上通过无监督训练出来的词向量能更加真实地反映词间的语义关系，目前该方法已成功应用于自然语言处理的很多领域。

词向量的训练模型分为 CBOW（连续词袋）模型和 Skip-gram 模型，两者都以 Huffman 树为基础，用上下文信息来表征中心词特征。区别在于，CBOW 模型把上下文的词向量求平均值形成了一个向量作为输入；而 Skip-gram 模型则是把上下文的词向量依次作为输入。经研究证明②，CBOW 模型在语法测试中准确性更高，Skip-gram 模型在语义测试中性能更好。由于理论术语语法特征差别较大，其上下文语义信息是理论术语抽取的重要依据。并且，在没有大量已标注语料的情况下，词向量包含的语义信息能增强理论术语抽取的泛化性能，提升抽取的效果。因此，采用 Skip-gram 模型预训练词向量，并将该词向量作为模型的输入特征之一。

此外，训练的理论术语句特征还包括：语句的词性（POS）标注，使模型通过训练能够学习出理论术语句的句法特征；启发式实体（ENT）特征标注，将理论术语的词汇特征、边界特征、后缀特征和负例特征作为启发式规则对模型进行训练。

③Dropout 方法

为了提高模型的序列表达和标注能力，最有效的方法就是采用更深的神经网络和更多的神经元，使模型在容量足够的情况下，能够对任意复杂函数进行表征。但由此产生了模型训练过度问题，导致了模型的过拟合，即模型复杂度比实际数据复杂度更高，影响了模型在训练集之外的数据集上的泛化性能。

在训练集保持不变的情况下，防止过拟合意味着需要降低模型的复杂度。一种方法是在损失函数中加入 L1、L2 等正则项，在减少损失项的同时不让正则项变大，使得模型的权值趋于衰减，降低了模型的复杂度。而 Hinton 等③提出了一种更为有效的 Dropout 方法，认为可以通过阻止某些特征的协同作用来缓解过拟合问题。对于同一组训练数

---

① MIKOLOV T, CORRADO G, CHEN K, et al. Efficient estimation of word representations in vector space [C]. International Conference on Learning Representations, 2013: 1-12.

② 张剑，屈丹，李真. 基于词向量特征的循环神经网络语言模型 [J]. 模式识别与人工智能，2015, 28 (4): 299-305.

③ HINTON G E, SRIVASTAVA N, KRIZHEVSKY A, et al. Improving neural networks by preventing co-adaptation of feature detectors [J]. Computer science, 2012, 3 (4): 212-223.

据，利用不同的神经网络训练，求其输出的平均值以减少过拟合。实验证明，Dropout方法不仅减少了过拟合，还提高了准确率。

对于深度为 L 的隐藏层，$l \in \{0,\cdots,L-1\}$，$\boldsymbol{h}^{(l)}$ 为 l 层的输入向量，$\boldsymbol{y}^{(l)}$ 为 l 层的输出向量（当 $l=0$ 时，$\boldsymbol{y}^{(0)}$ 即为模型的输入向量 x），$\boldsymbol{W}^{(l)}$ 和 $\boldsymbol{b}^{(l)}$ 分别为 l 层的权重和偏置，在没有 Dropout 时，计算公式为：

$$\boldsymbol{h}^{(l+1)} = \boldsymbol{W}^{(l+1)} \boldsymbol{y}^{(l)} + \boldsymbol{b}^{(l+1)}; \quad (9-5)$$

$$\boldsymbol{y}^{(l+1)} = f(\boldsymbol{h}^{(l+1)})。 \quad (9-6)$$

其中，f 是 sigmoid 等激活函数。加入 Dropout 后：

$$\boldsymbol{r}^{(l)} \sim \text{Bernoulli}(p); \quad (9-7)$$

$$\tilde{\boldsymbol{y}}^{(l)} = \boldsymbol{r}^{(l)} \boldsymbol{y}^{(l)}; \quad (9-8)$$

$$\boldsymbol{h}^{(l+1)} = \boldsymbol{W}^{(l+1)} \tilde{\boldsymbol{y}}^{(l)} + \boldsymbol{b}^{(l+1)}; \quad (9-9)$$

$$\boldsymbol{y}^{(l+1)} = f(\boldsymbol{h}^{(l+1)})。 \quad (9-10)$$

其中，Bernoulli 函数以概率 p 随机生成一个 0、1 的向量赋值予 $\boldsymbol{r}^{(l)}$，使用 $\boldsymbol{r}^{(l)}$ 和 $\boldsymbol{y}^{(l)}$ 生成 l 层新的输出向量 $\tilde{\boldsymbol{y}}^{(l)}$。

通过上述公式可得，在模型训练中，Dropout 方法每次随机删减一定比例的隐藏层神经元，相当于在不同的神经网络上进行训练，减少了神经元之间的依赖性，使模型能学习到更加健壮的特征。

我们对所构建的理论识别模型进行了实验，在实验中，由于采用 Wikipedia 的大规模高质量数据对词向量进行了预训练，较好地反映了词间的语义关系，使训练出的模型更具泛化能力，因而增加了 Word2Vec 特征的模型在实验中表现出了较好的效果。在增加了 Word2Vec 特征的基础上，结合 POS 特征训练出的模型虽然提高了 F1 值，但是在有些情况下准确率反而有所下降，说明理论术语句具有较好的句法特征，而在理论术语构成的词法特征上规律性不强。相比之下，ENT 特征能在 Word2Vec 特征基础上较为显著地提升识别性能。总体上，基于 Word2Vec、POS、ENT 3 类特征集合的 Bi-LSTM-CRF 模型有效地针对了理论术语的特点，表现出较好的识别性能，自动识别的精确度、召回率、准确率和 F1 值分别为 0.9301、0.9224、0.9188 和 0.9206。在结合软判决 Viterbi 算法输出置信度信息的情况下，提高了人工审核标注效率，也保证了理论识别的质量。

9.2.2 情报学理论识别的文献集来源

情报学理论识别的文献集来源为国内 52 种图书情报学期刊 2008—2017 年的所有论

文摘要,由《中国学术期刊网络出版总库》(CNKI)提供数据支持(数据中包含了该库中未在网络上出版的数据)。期刊中包括了部分非学术论文的文献条目,需从数据集内删除,具体规则为不包含关键词或摘要的文献,保留同时包含关键词和摘要的文献。期刊来源和论文数见表9-8。每篇论文的描述字段信息包括:篇名、关键词、中文摘要、刊名、期刊代码、年、期、文件名、168专题子栏目代码、中图分类号、主题词、期刊收录来源、总被引频次、引证文献、被期刊引证频次、期刊引证文献、是否基金文献、基金名称、基金代码、出版日期、作者、单位、作者代码、第一责任人、第一责任人代码、机构代码、第一单位名称和第一单位代码。

表9-8 52种图书情报学期刊中情报学论文数

序号	期刊名称	期刊代码	收录年份	总论文数/篇	情报学论文数/篇
1	国家图书馆学刊	BJJG	2008—2017年	873	125
2	图书与情报	BOOK	2008—2017年	1675	580
3	当代图书馆	DDTS	2008—2017年	668	88
4	大学图书情报学刊	DXTQ	2008—2017年	1541	312
5	大学图书馆学报	DXTS	2008—2017年	1252	253
6	贵图学苑	GTXK	2008—2017年	1083	129
7	高校图书馆工作	GXTG	2008—2017年	1486	248
8	河北科技图苑	HKTY	2008—2017年	1674	213
9	河南图书馆学刊	HNTX	2008—2017年	4716	583
10	新世纪图书馆	JSTS	2008—2017年	2471	443
11	晋图学刊	JTXU	2008—2017年	1220	240
12	图书馆研究	JXTS	2008—2017年	1989	284
13	竞争情报	JZQB	2008—2017年	241	212
14	图书情报导刊	KJQB	2016—2017年	761	191
15	科技文献信息管理	KJWX	2008—2017年	771	165
16	图书馆理论与实践	LSGL	2008—2017年	3506	811
17	农业图书情报学刊	LYTS	2008—2017年	7307	2088
18	评价与管理	PJGL	2008—2017年	215	63
19	公共图书馆	PSTT	2008—2017年	573	66
20	图书情报研究	PTSQ	2008—2017年	446	179
21	情报工程	QBGC	2015—2017年	223	193

续表

序号	期刊名称	期刊代码	收录年份	总论文数/篇	情报学论文数/篇
22	情报科学	QBKX	2008—2017年	3832	3317
23	情报理论与实践	QBLL	2008—2017年	3308	2785
24	情报探索	QBTS	2008—2017年	4792	2443
25	情报学报	QBXB	2008—2017年	1420	1420
26	情报资料工作	QBZL	2008—2017年	1321	783
27	情报杂志	QBZZ	2008—2017年	5454	4643
28	山东图书馆学刊	SDTG	2008—2017年	1370	134
29	上海高校图书情报工作研究	SHGT	2008—2017年	552	108
30	数字与缩微影像	SVJI	2008—2017年	537	149
31	数字图书馆论坛	SZTG	2013—2017年	654	293
32	图书馆杂志	TNGZ	2008—2017年	2277	455
33	图书馆工作与研究	TSGG	2008—2017年	3767	584
34	图书馆建设	TSGJ	2008—2017年	2945	348
35	图书馆论坛	TSGL	2008—2017年	2724	521
36	图书馆	TSGT	2008—2017年	2788	467
37	图书馆界	TSGU	2008—2017年	1493	233
38	图书馆学刊	TSGX	2008—2017年	5003	922
39	图书馆研究与工作	TSGY	2008—2017年	1142	117
40	图书情报论坛	TSLT	2008—2016年	760	153
41	图书情报工作	TSQB	2008—2017年	7452	3937
42	图书情报知识	TSQC	2008—2017年	942	492
43	图书馆学研究	TSSS	2008—2017年	4651	1674
44	知识管理论坛	TSWK	2010—2017年	547	296
45	四川图书馆学报	TUSH	2008—2017年	1499	212
46	现代情报	XDQB	2008—2017年	5288	3263
47	数据分析与知识发现	XDTQ	2008—2017年	1651	1476
48	信息资源管理学报	XNZY	2011—2017年	371	252
49	西域图书馆论坛	XYTS	2008—2017年	713	50
50	中华医学图书情报杂志	YXTS	2008—2017年	2305	891
51	中国图书馆学报	ZGTS	2008—2017年	764	292
52	中小学图书情报世界	ZXTS	2008—2010年	727	85
	总计	—	—	107 740	40 261

为确定52种期刊中的情报学研究文献，采用规则和人工筛选相结合的方式，最终从107 740篇学术论文中区分出40 261篇情报学研究论文。从52种期刊中筛选情报学研究论文的规则见表9-9。

表9-9　图书情报学期刊中情报学研究论文筛选规则

中图分类号 = 'G35 * '（情报学、情报工作）：全部论文
168 专题子栏目代码 = 'A002 * '（数学）：全部论文
168 专题子栏目代码 = 'A003 * '（非线性科学与系统科学）：全部论文
168 专题子栏目代码 = 'I138 * '（计算机软件及计算机应用）：全部论文
168 专题子栏目代码 = 'I139 * '（互联网技术）：全部论文
168 专题子栏目代码 = 'I140_2 * '（自动化基础理论）：全部论文
168 专题子栏目代码 = 'I141_1 * '（信息与传播理论）：全部论文
168 专题子栏目代码 = 'I143_12 * '（数字图书馆）：全部论文
168 专题子栏目代码 = 'I143_2 * '（情报学、情报工作）：全部论文
168 专题子栏目代码 = 'G112 * '（军事）：全部论文
168 专题子栏目代码 = 'G113 * '（公安）：全部论文
168 专题子栏目代码 = 'J155_1 * '（信息产业经济）：全部论文
168 专题子栏目代码 = 'J167_2 * '（决策学）：全部论文
168 专题子栏目代码 = 'J168 * '（科学研究管理）：全部论文
168 专题子栏目代码 = 'G110_1 * '（行政学）：人工筛选
168 专题子栏目代码 = 'G110_2 * '（国家机关工作与干部工作）：人工筛选
168 专题子栏目代码 = 'I143_13 * '（读者工作及藏书建设）：人工筛选
168 专题子栏目代码 = 'I143_14 * '（文献标引与编目）：人工筛选
168 专题子栏目代码 = 'J166 * '（管理学）：人工筛选
168 专题子栏目代码 = 'J152 * '（企业经济）：人工筛选

在确定了情报学论文后，对每篇论文的描述字段进行扩展，包括是否情报学论文、被图情期刊引证频次、图情期刊引证文献、被情报学论文引证频次、情报学论文引证文献、被非图情期刊引证频次、非图情期刊引证文献、被图情 CSSCI 期刊引用频次、图情 CSSCI 期刊引证文献、被非图情 CSSCI 期刊引用频次、非图情 CSSCI 期刊引证文献。在本分析中，判断论文是否为理论研究的内容依据是标题和摘要，标题是论文的"灵魂"，

而摘要是简明、确切地记述论文重要内容的语义连贯的短文,表达了论文的思路和创新点等[①]。一方面,大规模的高质量精校全文数据难以加工和获取;另一方面,在标题和摘要中出现理论,反映了该理论作为论文的研究基础、应用依据、评析和发展对象等,比在全文中出现理论作为理论研究的判断依据更有说服力。

9.2.3 情报学理论研究的领域分布

2008—2017 年,我国情报学理论研究中,领域的总体分布情况为:知识管理(18.01%)、信息社会(13.96%)、用户与信息行为(12.85%)、信息资源与知识服务(12.82%)、信息计量(8.91%)、信息经济与信息产业(8.59%)、情报学基础研究(6.15%)、竞争情报(5.33%)、政府信息资源管理(4.85%)、信息分析(3.55%)、信息检索(3.18%)、信息处理(1.37%)及其他领域(0.43%)。2008—2017 年我国情报学理论研究的领域总体分布如图 9-3 所示。

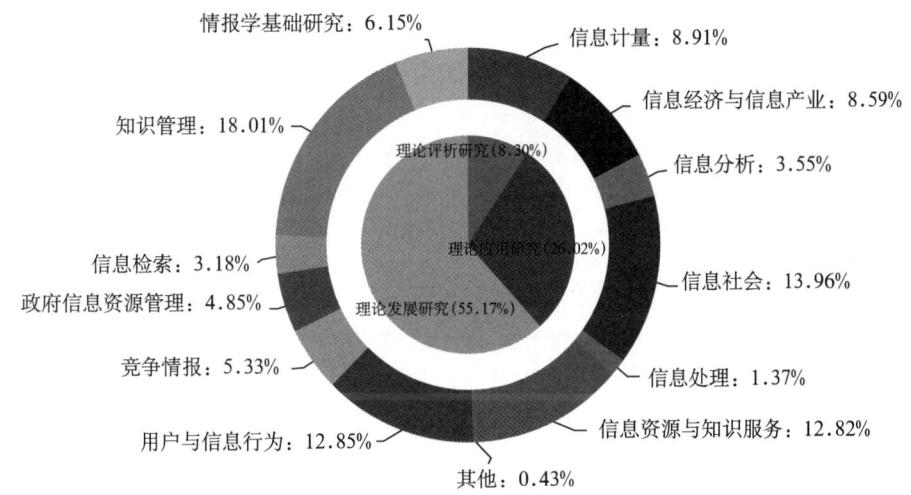

图 9-3 2008—2017 年我国情报学理论研究领域总体分布

一门学科,在多大程度上应用和发展理论才能称得上成熟学科,目前尚无定论。在理论研究的领域上有较为全面的覆盖,但从理论发展的研究领域来看,正在向信息社会、用户与信息行为领域聚焦,同时在信息计量、知识管理、信息资源与知识服务等领域仍然有较多的关注。

---

① 温浩,乔晓东. 文摘创新点的语义本体模型研究 [J]. 情报学报,2017,36(9):964-971.

9.2.4 情报学理论研究的时间分布

在 52 种期刊中共识别出情报学理论研究论文 7636 篇，占全部情报学研究论文（40 261 篇）的 18.97%。2008—2017 年我国图书情报学期刊中情报学理论研究论文的时间分布如图 9-4 所示。图 9-4 表明，近 3 年情报学研究中理论研究论文比重较为平稳，分别为 23.7%、23.5% 和 23.8%，比前几年有较大幅度的提高。从各年比重数值的变化上看，并没有明显的规律，但从时间趋势上看，总体上是增长的，其中，2009 年和 2013 年的比重虽有下降但次年又有较大幅度的上升。

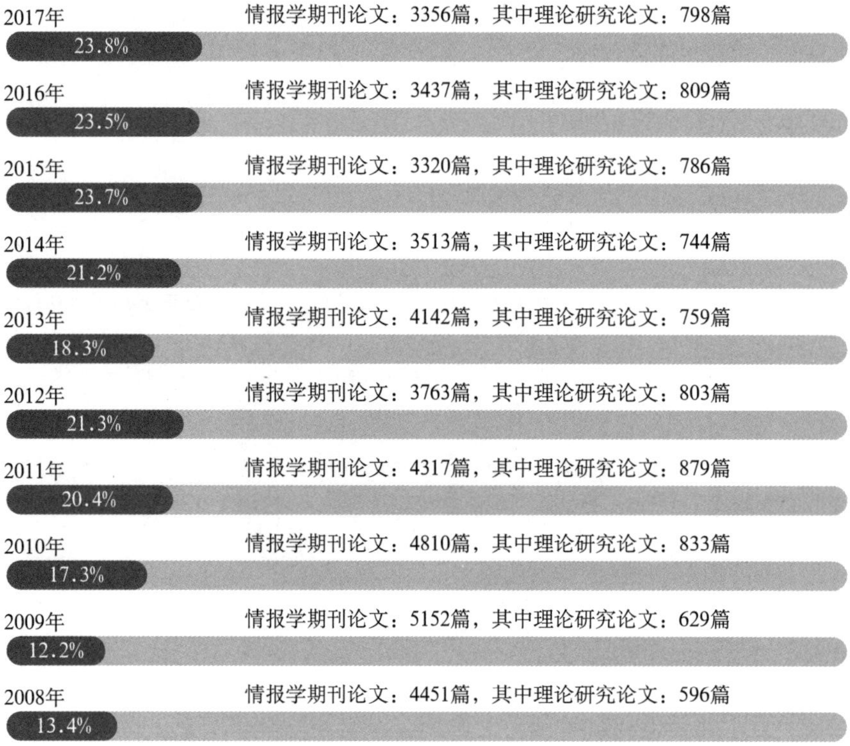

年份	比例	说明
2017年	23.8%	情报学期刊论文：3356篇，其中理论研究论文：798篇
2016年	23.5%	情报学期刊论文：3437篇，其中理论研究论文：809篇
2015年	23.7%	情报学期刊论文：3320篇，其中理论研究论文：786篇
2014年	21.2%	情报学期刊论文：3513篇，其中理论研究论文：744篇
2013年	18.3%	情报学期刊论文：4142篇，其中理论研究论文：759篇
2012年	21.3%	情报学期刊论文：3763篇，其中理论研究论文：803篇
2011年	20.4%	情报学期刊论文：4317篇，其中理论研究论文：879篇
2010年	17.3%	情报学期刊论文：4810篇，其中理论研究论文：833篇
2009年	12.2%	情报学期刊论文：5152篇，其中理论研究论文：629篇
2008年	13.4%	情报学期刊论文：4451篇，其中理论研究论文：596篇

图 9-4　情报学理论研究期刊论文的时间分布

从我国情报学的研究来看，尽管 2008—2017 年只有 18.97% 的论文进行了理论研究，但近几年的理论研究论文已具有一定规模，并且所占比重较前几年有了较大幅度的增长。当前我国情报学科的理论研究主要集中在结构/关系型理论的发展上，演变型理论的发展在理论研究中也占据了一定的比重。

9.2.5 我国情报学研究中应用的理论分析

（1）情报学理论应用中的高频理论

为更加清晰地了解我国情报学学科的理论应用情况，下面列出2008—2017年我国情报学理论研究中应用的高频理论：

·技术接受模型	·SECI模型	·可拓理论
·计划行为理论	·传染病模型	·混沌理论
·心智模型	·普赖斯定律	·场理论
·社会交换理论	·生态（位）理论	·自我决定理论
·社会资本理论	·社会认知理论	·TRIZ理论
·复杂网络理论	·价值链模型	·期望理论
·动机理论	·情境理论	·需求层次理论
·学习理论	·自组织理论	·信息熵理论
·耗散结构理论	·创新扩散理论	·SIR模型
·系统动力学模型	·三螺旋理论	·钻石模型
·理性行为理论	·演化博弈论	·突变理论
·灰色系统理论	·交易成本理论	·前景理论（视野理论）
·布拉德福定律	·资源基础理论	·信息觅食理论
·小世界效应	·长尾效应	·图论
·协同理论	·证据理论	·信任理论
·生态系统模型	·复杂系统理论	·超网络理论
·激励理论	·超循环理论	

（2）情报学理论研究的主题词聚类

以情报学理论研究论文的主题词为文本特征，共聚类出13个大类，包括情报学基础研究、信息计量、信息处理、信息分析、知识管理、竞争情报、信息检索、用户与信息行为、信息社会、信息经济与信息产业、政府信息资源管理、信息资源与知识服务和其他类。

（3）情报学研究中应用的理论类型分析

在理论研究形态上，对于一门学科而言，其研究脉络为：应用理论解决新的研究问题→对理论的应用进行评述、解释、辨析、思考并对其应用做更深的探析→修正、完善或新构建揭示事物对象、概念、变量的结构或关系的结构/关系型理论→在结构/关系型理论的基础上探究事物对象的不同存在状态及其演变的临界条件,以构建能掌握事物发展变化规律的演变型理论→对理论的抽象构建本质型理论以揭示事物的本质属性和普适性规律,并整合出能审视学科性质和指导学科理论构建的元理论,然后将发展出的理论应用于解决学科新的研究问题,学科以此不断螺旋式上升发展。

数据分析表明,当前我国情报学发展的理论绝大多数停留在结构/关系型理论的研究上,演变型、本质型和元理论都存在着发展不足的情况。与所在管理学科一样,情报学科的结构型理论大多也局限于对事物对象构成要素的探索,忽视要素间关系的研究,大多数结构型理论都只探索了构成要素,而没有分析不同构成要素之间的关系;变量型关系理论研究占主导地位,当前很多研究仅仅满足于在变量之间搭建相关关系或联系,回归分析和结构方程模型被普遍应用于变量型关系理论的研究中。通过质性研究构建的理论,很少获得再次检验和发展,而少量的检验发展则又只基于经验事实进行小模型的关系搭建。而这些依据概念或变量之间静态的线性或非线性关系来进行的理论研究,并没有充分地描述所观察到的现象,以及揭示现象背后的机制或过程,即现象中对象间的精确因果关系。

(4) 理论研究成果的影响力

在理论研究论文的篇均被引数上,我国情报学科的理论研究在情报学科、图书情报学科、社会学科和全学科中的篇均被引数均高于非理论研究论文,论文中无论是应用、评析还是发展了理论,其平均学术影响力都会更大。在各类理论研究中,演变型理论发展研究论文的篇均被引数显著高于其他类理论研究。信息社会和用户与信息行为领域的理论研究论文,不仅数量在各领域中最多,其篇均被引数也显著高于其他领域。

9.3 情报学理论应用的国际比较

情报学经过多年的发展,已经形成了较完整的学科体系,也积累了丰富的研究成果。然而,各个国家无论是在情报学研究内容,还是在情报学教育体制、情报工作实践等方面均存在一定差异,影响着各国学者在研究中对理论的应用与发展。因此,在各国情报学学科发展和教育背景存在差异的前提下,不同国家的情报学研究中理论的应用存在哪些差异?应用的理论主要来源于哪些学科?哪些国家的学者对情报学理论体系的构建贡献较大？学者之间的合作研究能否促进理论的应用？对不同国家情报学学科理论的来源、应用及发展状况进行剖析，有助于了解情报学科在人类知识体系中的位置，廓清情报学科发展的脉络、特点及未来方向，无论对情报学理论体系的构建，还是情报学学科发展均具有重要的意义。

9.3.1 国外情报学研究中理论的应用状况

9.3.1.1 研究设计

（1）文献选择

本研究选择 3 份国外期刊作为分析样本，时间为 2007—2016 年（含 2007 年和 2016 年）。3 份期刊分别为 *JD*、*IP&M*、*JASIST*，这 3 份期刊在国外情报学领域均具有较高的 SSCI 影响因子，3 份期刊中刊载的论文能够涵盖情报学领域大部分的研究主题，包括文献计量、信息行为、信息检索、信息分析、管理和政策研究等。因此，这 3 份期刊对于理解国外情报学理论的应用具有较高的代表性。3 份期刊具体信息如下：

①*Journal of Documentation*（*JD*；six issues per year）；

②*Information Processing and Management*（*IP&M*；six issues per year）；

③*Journal of the Association for Information Science and Technology*（*JASIST*；14 issues per year for 2007 and 2008；12 issues per year for 2009—2016）。

本研究收集了 3 份期刊 2007—2016 年刊载的所有论文全文，去除书评、会议通知等，每份期刊获取的论文数量见表 9 – 10。

表 9 – 10　3 份期刊 2007—2016 年论文数量及占比

期刊	论文数量/篇	占比
JD	478	16.64%
IP&M	703	24.48%
JASIST	1691	58.88%
总计	2872	100.00%

在 3 份期刊中，共获取 2872 篇学术论文作为本研究分析的对象，其中 *JASIST* 期刊的论文数量最多，占论文总数的 58.88%；*IP&M* 次之，占论文总数的 24.48%；*JD* 的论文数量最少，占论文总数的 16.64%。

(2) 编码

本研究构建了理论编码规则和文章主题编码规则，具体如下：

①理论编码规则指理论识别的标准，本研究在通过人工判读识别理论时不区别理论的应用类型，只要论文的某一句子中出现了某一条理论，就认为该论文使用了该条理论。当同一条理论在同一篇论文中多次出现时，其应用频次仅记为一次。

②论文主题指论文内容所关注的情报学研究主题。对于文章主题编码规则，已有研究已创建多种主题分类模式。本研究采用王芳等①研究中的文章主题编码表对3份期刊的论文进行主题编码（表9-11）。在编码过程中，每篇文章划归到唯一的主题类目下，如一篇文章涉及多个主题，则按篇幅最多的内容将其划归到主要类目下。

表9-11 本研究论文主题编码表

编号	名称	说明
1	情报学基础：理论和方法	情报学的基础理论、学科建设、研究方法论
2	信息计量	文献计量学、科学评价、网络计量学、科研合作、期刊与论文的被引与互引等
3	信息处理	信息获取、信息组织、信息加工、数据保存的基础技术研究
4	信息分析与研究	数据挖掘、知识发现、领域分析、专利分析、话题跟踪、语义分析等
5	知识管理	知识管理理论、知识管理系统、知识管理应用、知识管理过程（获取、创造、传播、共享、转化等）等
6	竞争情报	竞争情报活动、竞争情报研究、竞争情报系统等
7	信息检索	信息检索相关原理、方法和技术，以及检索界面研究等
8	用户与信息行为	用户研究（信息素养、用户教育、用户满意度、信息需求、用户分类与聚类等）、心智模型、信息发布行为、信息搜寻行为等
9	信息社会与信息事业管理	信息政策、信息伦理、数字鸿沟、信息机构的管理、虚拟社会、网络社会等
10	信息经济与信息产业	信息测度、电子商务、信息产业、信息咨询服务与企业信息资源管理等
11	政府信息资源管理	电子政务，政府部门的信息资源管理问题
12	情报学教育	专业教育、课程建设、教学方法
13	其他	不属于以上类别的，或者未找到相关文献难以确定归属的

---

① 王芳，陈锋，祝娜，等．我国情报学理论的来源、应用及学科专属度研究［J］．情报学报，2016，35（11）：1148-1163.

9.3.1.2 理论应用情况

（1）理论应用的期刊分布

3份期刊理论应用情况如图9-5所示。3份国外期刊2007—2016年发表的2872篇论文中，共有1264篇论文应用了至少1条理论，占论文总数的44.00%。*JD*应用理论的论文比例最高（45.40%），其次为*IP&M*（42.20%），*JASIST*应用理论的论文比例最低（39.90%）；对于篇均理论应用频次，3份期刊篇均理论应用频次为0.71次，*JD*同样具有最高的篇均理论应用频次，达到0.86次，其次为*JASIST*（0.72次）、*IP&M*（0.68次）。

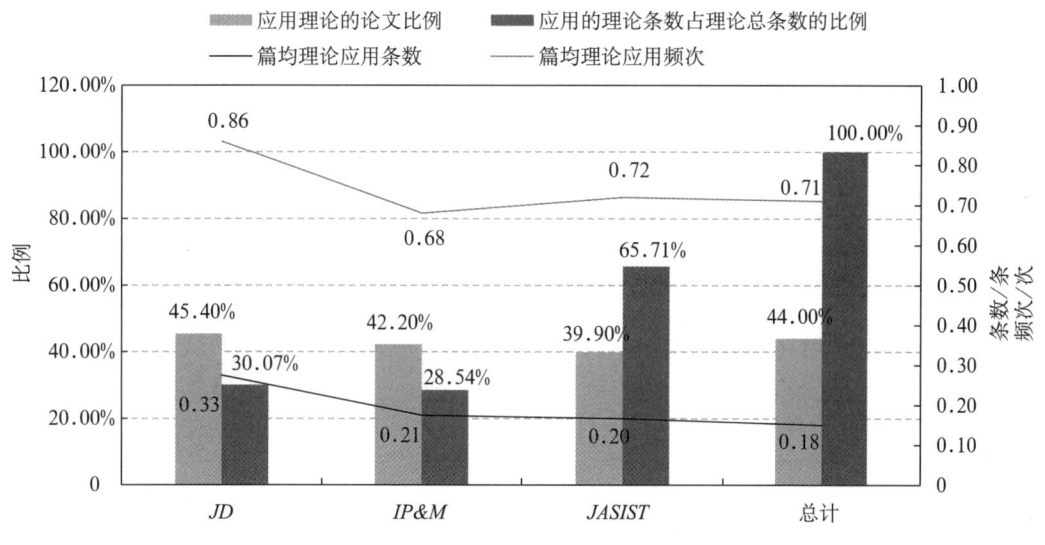

图9-5　3份期刊理论应用情况

3份期刊共应用理论522条，*JASIST*应用的理论条数最多，占理论总条数的65.71%，其次*JD*（30.07%）、*IP&M*（28.54%）；3份期刊篇均理论应用条数平均为0.18条，排名分别为*JD*（0.33条）、*IP&M*（0.21条）、*JASIST*（0.20条）。

表9-12中分别列出了3份期刊中使用频次最高的10条理论。由表9-12可以看出：

①3份国外期刊中应用频次最高的理论是互信息，应用频次为75次，其次为向量空间模型（71次），该2条理论应用频次较高，远高于其他理论。

②不同期刊应用的主要理论存在差异。*JD*应用频次最高的理论是Savolainen的日常生活信息搜寻模型，*IP&M*应用频次最高的理论是互信息，*JASIST*应用频次最高的理论为向量空间模型。

表 9-12　3 份期刊应用频次最高的 10 条理论

序号	JD	IP&M	JASIST	总计
1	Savolainen 的日常生活信息搜寻模型（18）	互信息（41）	向量空间模型（50）	互信息（75）
2	社会建构理论（18）	齐夫定律（22）	互信息（31）	向量空间模型（71）
3	齐夫定律（14）	布拉德福定律（23）	库尔梭的信息搜索过程（30）	库尔梭的信息搜索过程（49）
4	库尔梭的信息搜索过程（13）	BM25 模型（22）	齐夫定律（27）	心智模型（48）
5	心智模型（10）	向量空间模型（20）	威尔逊的情境相关（22）	社会网络（41）
6	认知理论（10）	心智模型（19）	社会网络（22）	BM25 模型（40）
7	沟通理论（9）	社会网络（14）	心智模型（18）	Savolainen 的日常生活信息搜寻模型（36）
8	批判理论（8）	条件随机场（12）	图论（18）	齐夫定律（36）
9	库恩范式（7）	洛特卡定律（11）	BM25 模型（18）	布拉德福定律（35）
10	布拉德福定律（6）	隐马尔可夫模型（10）	Savolainen 的日常生活信息搜寻模型（17）	威尔逊的情境相关（28）

③齐夫定律、心智模型在 3 份期刊中均属于应用频次较高的理论。

本研究同时统计了在 JD、IP&M、JASIST 3 份国外期刊中同时得到应用的理论，共有 50 条理论在 3 份期刊中同时得到了应用，见表 9-13。

（2）理论应用的时间分布

图 9-6 显示了 2007—2016 年 3 份期刊各年份应用理论的论文比例。JD 各年份应用理论的论文比例变化明显，2007—2010 年应用理论的论文比例呈下降趋势，2011 年上升趋势明显，2011—2013 年再次下降，2013 年后逐年增多，2016 年上升至最高点；对于 IP&M，2007—2012 年各年份应用理论的论文比例变化相对平稳，但 2012—2014 年上升趋势明显，2014 年上升至最高点，2014 年后逐年下降；JASIST 在 2007 年应用理论的论文比例最高，之后呈缓慢下降趋势，2013 年后出现小幅上升。

表9-13 JD、IP&M、JASIST 3份期刊同时应用的理论

序号	理论名称	序号	理论名称	序号	理论名称
1	信息论	18	齐夫定律	35	本体论
2	向量空间模型	19	Dice 系数	36	图论
3	社会网络	20	心智模型	37	图书馆焦虑
4	沟通理论	21	社会资本理论	38	抽象模型
5	Poisson 模型	22	粗糙集理论	39	批判理论
6	Savolainen 的日常生活信息搜寻模型	23	库尔梭的信息搜索过程	40	科学革命的结构
7	沟通模型	24	泰勒的信息需求	41	修辞结构理论
8	互信息	25	洛特卡定律	42	帕累托分布
9	布拉德福定律	26	系统论	43	认知理论
10	威尔逊的情境相关	27	社会认知理论	44	意义构建理论
11	实体关系模型	28	技术接受模型	45	传播行为
12	决策理论	29	n-gram 模型	46	集合论
13	逻辑的非确定性原理	30	社会交换理论	47	Mark Weiser 无所不在的计算
14	库恩范式	31	话语理论	48	类型理论
15	Ellis 的信息搜寻过程模型	32	通信的数学理论	49	Wilson 的信息搜寻行为模型
16	知识非常态	33	布鲁克斯知识方程	50	生产函数
17	幂法则	34	逻辑模型		

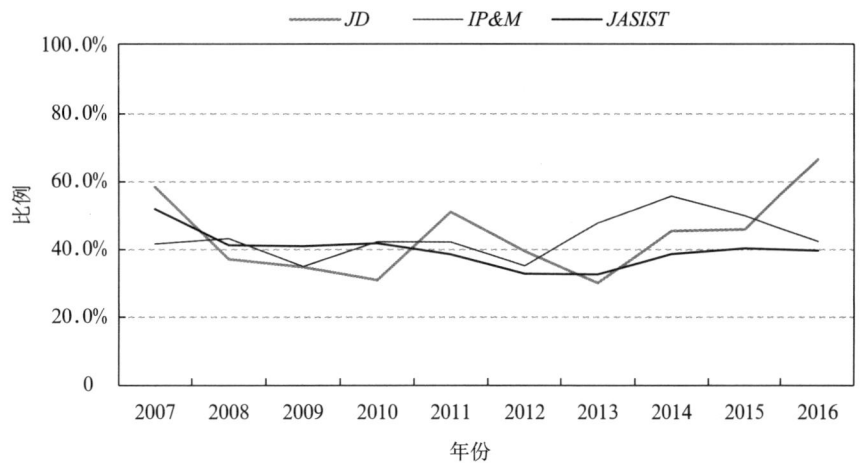

图9-6 3份期刊各年份应用理论的论文比例

(3) 理论应用的主题分布

论文主题提供了理论应用情境的线索，各论文主题下理论应用的比例如图9-7所示。由图9-7可以看出以下两点：

①总体看来，3份期刊在用户与信息行为主题下应用理论的论文比例最高，达到23.35%，其次为信息检索（18.15%）、信息分析与研究（12.62%）、信息计量（10.40%）、信息处理（10.11%），这5个主题下应用理论的论文比例较高，其他主题下应用理论的论文比例较低。

②3份期刊各主题下应用理论的论文比例存在差异。*IP&M* 理论应用比例最高的主题是信息检索（39.34%），*JD* 和 *JASIST* 理论应用比例最高的主题均为用户与信息行为，比例分别为38.01%、22.54%；*JD* 用户与信息行为主题下理论应用比例及 *IP&M* 信息检索主题下理论应用比例要显著高于其他主题。可见，不同期刊理论应用的情境存在显著差别。

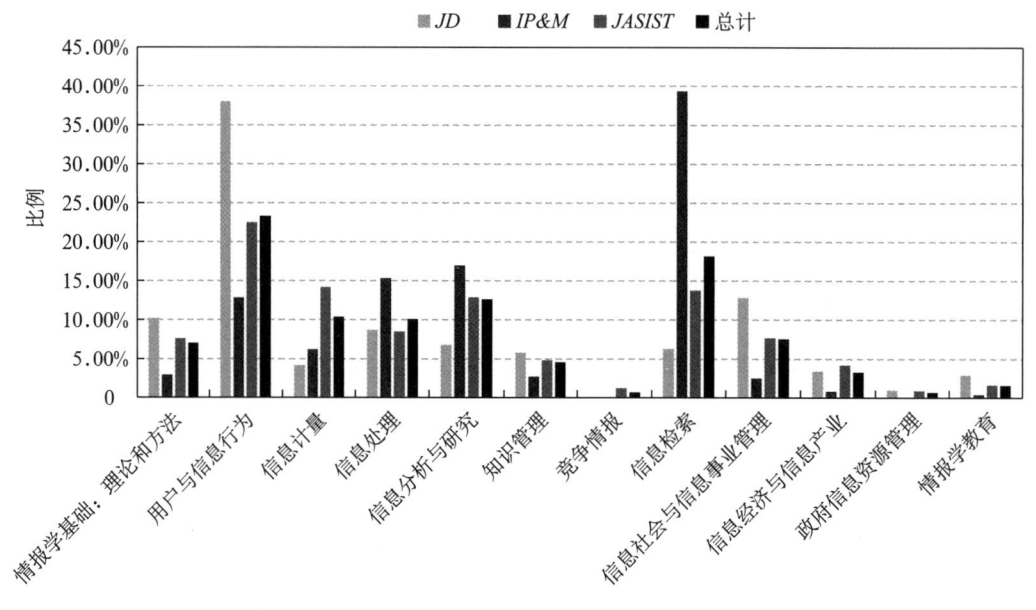

图9-7 3份期刊理论应用的主题分布

9.3.1.3 研究结论

通过对3份国外情报学期刊在理论应用概况、理论应用的时间分布、理论应用的主题分布等维度的内容分析，本研究发现：

①3份国外期刊44.0%的论文应用了理论，显著高于我国《情报学报》中论文应用

理论的比例（30.2%），该研究结果表明，国外学者在情报学研究中更加注重理论的应用。

②3 份国外期刊在理论应用方面存在差异。从 3 份期刊理论应用情况看，*JD* 应用理论的论文比例、篇均理论应用频次及篇均应用理论条数均最高，说明 *JD* 的论文理论性更强，*IP&M* 和 *JASIST* 次之。

③国外情报学研究中应用频次最高的理论是互信息，其次为向量空间模型。*JD* 应用频次最高的理论是 Savolainen 的日常生活信息搜寻模型，*IP&M* 应用频次最高的理论是互信息，*JASIST* 应用频次最高的理论为向量空间模型。齐夫定律、心智模型在 3 份期刊中均属于应用频次较高的理论。

④国外情报学研究中用户与信息行为主题下应用理论的论文比例最高，其后为信息检索、信息分析与研究、信息计量、信息处理，这 5 个主题下应用理论的论文比例较高。*IP&M* 理论应用比例最高的主题是信息检索，*JD* 和 *JASIST* 理论应用比例最高的主题均为用户与信息行为。

9.3.2 情报学研究中理论应用的国际比较

9.3.2.1 文献选择

选择 *JD*、*IP&M*、*JASIST* 3 份期刊作为分析样本，时间为 2007—2016 年（含 2007 年和 2016 年）。*JASIST*、*IP&M*、*JD* 分别获取的论文篇数为 1691 篇、703 篇、478 篇。

9.3.2.2 编码规则

编码规则的构建是本研究的基础和依据。根据比较研究的指标，构建论文国别编码规则、理论编码规则、论文主题编码规则。论文国别指论文作者所在的国家，对于论文作者国别，通过 Web of Science 依次检索每篇论文，在检索结果页面左侧"国家/地区"选项中获取。若一篇论文的作者具有多个国别，将该论文划分到第一作者国别类目下。

9.3.2.3 统计结果

（1）各国家和地区发文量分析

根据论文作者所在国家对 2872 篇论文进行国别划分，2872 篇论文的作者共来自 61 个国家和地区。表 9-14 列出了发文量排名前 20 位的国家。

表9-14 发文量排名前20位的国家

序号	国家	发文量/篇	序号	国家	发文量/篇
1	美国	980	11	瑞典	58
2	英国	342	12	意大利	57
3	中国	242	13	丹麦	49
4	西班牙	154	14	以色列	48
5	荷兰	109	15	日本	47
6	加拿大	102	16	德国	46
7	芬兰	73	17	比利时	39
8	澳大利亚	70	18	瑞士	38
9	韩国	66	19	法国	32
10	新加坡	61	20	巴西	32

由表9-14可以看出，发文量最多的国家是美国，共发表980篇论文，远高于其他任何国家；英国发文量排名第2位，发文量为342篇；中国（包括台湾地区）在3份国际情报学期刊上的发文量排名第3位，共发表论文242篇（其中中国大陆142篇，台湾地区100篇）；西班牙作者发文154篇，排名第4位；荷兰、加拿大发表的论文篇数比较接近，分别为109篇、102篇，上述6个国家的发文量均在100篇以上，其他国家的发文量均少于100篇。

（2）各国家应用理论的论文比例

3份期刊在2007—2016年发表的2872篇论文中，共有1264篇论文应用了至少1条理论，占论文总数的44.0%。该1264篇论文的作者共来自50个国家，发文量排名前20位的国家应用理论的论文比例如图9-8所示。

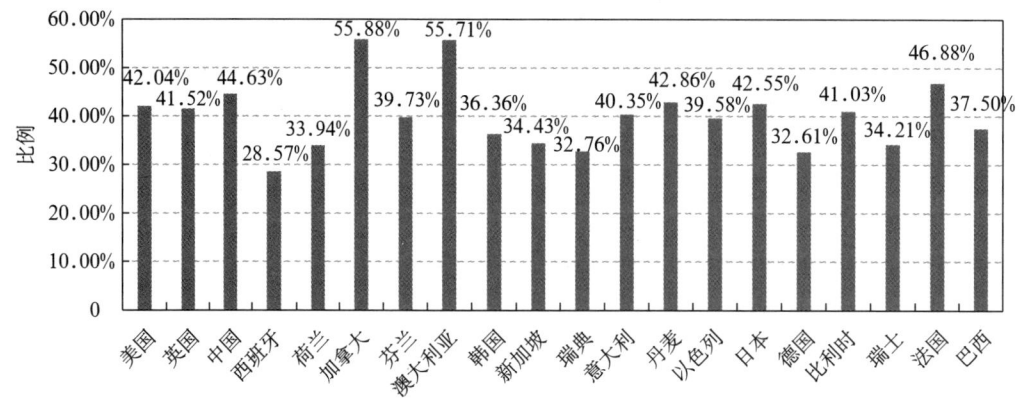

图9-8 发文量排名前20位的国家应用理论的论文比例

由图 9-8 可以看出，在 20 个国家中，应用理论的论文比例最高的是加拿大（55.88%），其次为澳大利亚（55.71%），两个国家均超过 50%；法国应用理论的论文比例为 46.88%，排名第 3 位；中国应用理论的论文比例在 20 个国家中排名第 4 位，达到 44.63%（其中中国大陆排第 3 位，为 49.30%），这 4 个国家应用理论的论文比例均高于 3 份国际期刊的平均值 44.01%，表明这 4 个国家的学者在情报学研究中更注重对理论的应用，对情报学理论体系的贡献较大。其余国家应用理论的论文比例大于 40.00% 的有 6 个，分别是丹麦（42.86%）、日本（42.55%）、美国（42.04%）、英国（41.52%）、比利时（41.03%）、意大利（40.35%），比例在 30%~40% 的 9 个国家分别是芬兰（39.73%）、以色列（39.58%）、巴西（37.50%）、韩国（36.36%）、新加坡（34.43%）、瑞士（34.21%）、荷兰（33.94%）、瑞典（32.76%）、德国（32.61%），应用理论的论文比例最低的是西班牙，仅为 28.57%。

（3）各国家篇均理论应用情况

522 条理论在 2872 篇论文中共应用了 2030 次，篇均理论应用频次为 0.71 次。发文量排名前 20 位的国家篇均理论应用频次如图 9-9 所示。

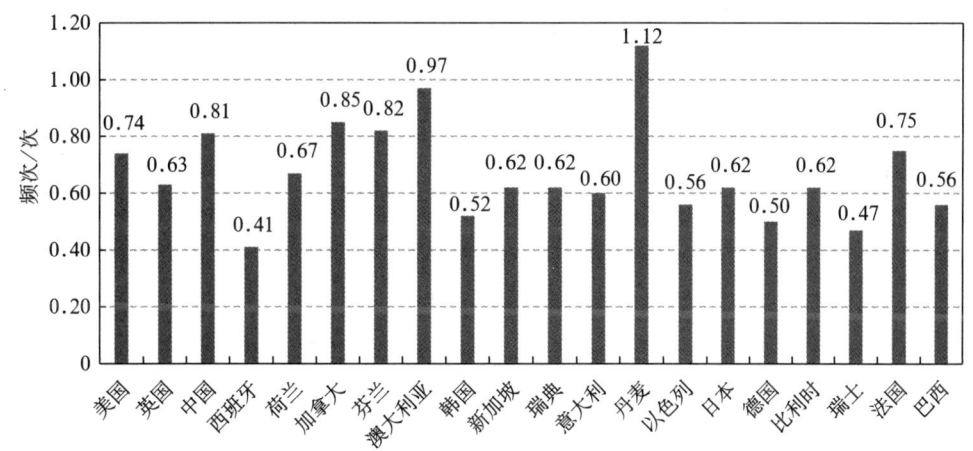

图 9-9 发文量排名前 20 位的国家篇均理论应用频次

如图 9-9 所示，在 20 个国家中，篇均理论应用频次最高的国家为丹麦，达到 1.12 次；其后为澳大利亚（0.97 次）、加拿大（0.85 次）、芬兰（0.82 次）；中国篇均理论应用频次在 20 个国家中排名第 5 位，为 0.81 次；之后为法国（0.75 次）、美国（0.74 次），这 7 个国家的论文篇均理论应用频次均高于 3 份期刊的平均值 0.71 次，表明这些国家的学者在情报学研究中应用了更多的理论。其余 13 个国家的论文篇均理论应用频次均低于平均值，篇均理论应用频次最低的国家仍然为西班牙，仅为 0.41 次。

3 份期刊共应用理论 522 条，篇均应用理论条数 0.18 条。发文量排名前 20 位的国家篇均理论应用条数如图 9-10 所示。

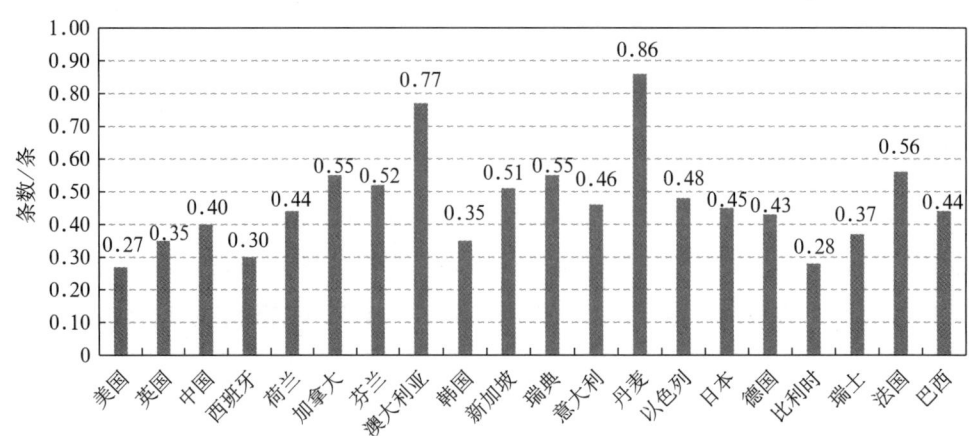

图 9-10 发文量排名前 20 位的国家篇均理论应用条数

如图 9-10 所示，在 20 个国家中，篇均理论应用条数最高的国家为丹麦，达到 0.86 条，其次为澳大利亚（0.77 条）。中国篇均理论应用条数在 20 个国家中排名第 14 位，为 0.40 条，篇均理论应用条数最低的为美国，仅为 0.27 条。但是中美两国篇均应用频次却比较高，意味着两国作者更集中于多次应用少数理论。

（4）各国家前 6 条应用频次最高的理论

表 9-15 中分别列出了发文量排名前 10 位的国家应用频次最高的前 6 条理论。由表 9-15 可以看出：

①情报学研究中不同国家应用的主要理论存在一定差异。美国、英国应用频次最高的理论均为心智模型；中国、西班牙、新加坡应用频次最高的理论均为向量空间模型；加拿大、芬兰应用频次最高的理论均为库尔梭的信息搜索模型；荷兰、韩国应用频次最高的理论均为互信息；澳大利亚应用频次最高的理论为 Savolainen 的日常生活信息搜寻模型。可以看出，美国、英国、加拿大、芬兰和澳大利亚学者主要运用了信息行为领域的理论，而中国、西班牙、新加坡、荷兰和韩国学者的研究更偏向于文本分析。

②少数理论在不同国家的情报学研究中均得到较高的应用频次。应用最为广泛的为齐夫定律，该理论在 10 个国家中的 8 个中均属于应用频次较高的理论；其他理论如向量

第9章 情报学理论的应用

表9-15 发文量排名前10位的国家应用频次最高的前6条理论

序号	美国	英国	中国	西班牙	荷兰	加拿大	芬兰	澳大利亚	韩国	新加坡
1	心智模型(25)	心智模型(8)	向量空间模型(13)	向量空间模型(5)	互信息(5)	库尔梭的信息搜索模型(9)	库尔梭的信息搜索模型(9)	Savolainen的日常生活信息搜寻(4)	互信息(7)	向量空间模型(2)
2	库尔梭的信息搜索模型(22)	齐夫定律(7)	互信息(10)	齐夫定律(3)	信息增益(5)	威尔逊的情境相关(5)	Savolainen的日常生活信息搜寻(7)	向量空间模型(3)	向量空间模型(3)	Savolainen的日常生活信息搜寻(2)
3	齐夫定律(19)	库尔梭的信息搜索模型(7)	齐夫定律(8)	BM25模型(3)	Poisson模型(4)	齐夫定律(3)	心智模型(4)	社会建构理论(3)	隐马尔可夫模型(2)	本体论(2)
4	向量空间模型(18)	科学交流理论(7)	布拉德福定律(8)	图论(3)	齐夫定律(3)	互信息(3)	齐夫定律(2)	齐夫定律(2)	Dice系数(2)	BM25模型(2)
5	互信息(18)	社会网络(6)	洛特克定律(6)	Dice系数(3)	库恩范式(3)	Savolainen的日常生活信息搜寻模型(3)	向量空间模型(2)	互信息(2)	社会交换理论(2)	相对熵(2)
6	Savolainen的日常生活信息搜寻(12)	威尔逊的情境相关(5)	社会认知理论(5)	贝叶斯定理(2)	社会网络(3)	信息增益(3)	科学交流理论(2)	理性行为理论(2)	贝叶斯定理(2)	威尔逊的情境相关(1)

注：括号中数字表示理论应用频次。

空间模型在 7 个国家中属于应用频次较高的理论；互信息在 6 个国家中属于应用频次较高的理论；Savolainen 的日常生活信息搜寻模型在 5 个国家中属于应用频次较高的理论。

③将 10 个国家应用频次最高的前 6 条理论汇总，共有 25 条不同的理论，但仅有 2 条来源于情报学，分别是库尔梭的信息搜索模型和 Savolainen 的日常生活信息搜寻模型。说明情报学研究对自身学科的理论应用不多，而是较多借用了其他学科的理论。

（5）理论应用的主题领域分布

论文主题提供了理论应用情境的线索，表 9-16 列出了发文量排名前 10 位的国家理论应用比例排名前 6 位的主题。由表 9-15 可以看出以下几点：

①总体来看，各国在用户与信息行为、信息分析与研究、信息检索 3 个主题下理论应用的比例较高，因此，这 3 个主题属于情报学理论应用的主要领域，对情报学研究中理论的应用贡献最大。

②情报学研究中各国家理论应用的主要领域存在一定差异。10 个国家中的 7 个在用户与信息行为主题下理论应用的比例最高，分别是美国、英国、中国、加拿大、芬兰、澳大利亚、新加坡；2 个在信息检索主题下理论应用比例最高，分别是西班牙、韩国，这 2 个国家在信息处理主题下理论应用比例同样较高，均在前 3 位范围内；荷兰则在信息分析与研究主题下理论应用比例最高。值得注意的是，荷兰与澳大利亚两个国家在情报学基础理论和方法主题下理论应用比例较高，表明这两个国家更注重情报学基础理论的研究。

9.3.2.4 研究结论

①情报学研究对理论应用的重视程度不断提高。3 份国际情报学期刊中 44.01% 的论文至少应用了 1 条理论，这一比例高于 Pettigrew 和 McKechnie 在 2001 年的研究发现（34.1%），也高于 Kim 在 2006 的研究发现（41.4%）。

②不同国家的学者应用理论的比例有较大差异。加拿大、澳大利亚、法国、中国的学者在情报学研究中应用理论的比例更高。

③各国学者应用的主要理论存在一定差异。美国、英国、加拿大、芬兰和澳大利亚学者主要运用了信息行为领域的理论，而中国、西班牙、新加坡、荷兰和韩国学者的研究更偏向于文本分析方面的模型。

④不同国家理论应用的侧重领域不同。总体来看，用户与信息行为、信息分析与研究、信息检索 3 个主题下理论应用的比例较高。

第9章 情报学理论的应用

表9-16 发文量排名前10位的国家理论应用的主题分布比例

美国 n=754	英国 n=239	中国 n=197	西班牙 n=63	荷兰 n=75	加拿大 n=100	芬兰 n=61	澳大利亚 n=77	韩国 n=34	新加坡 n=36
用户与信息行为(25.07%,189)	用户与信息行为(38.49%,92)	用户与信息行为(23.86%,47)	信息检索(34.92%,22)	信息分析与研究(20.00%,15)	用户与信息行为(36.00%,36)	用户与信息行为(42.62%,26)	用户与信息行为(36.36%,28)	信息检索(32.35%,11)	用户与信息行为(25.00%,9)
信息检索(16.05%,121)	信息分析与研究(13.81%,33)	信息检索(17.26%,34)	信息分析与研究(17.46%,11)	信息检索(16.00%,12)	信息检索(16.00%,16)	信息检索(16.39%,10)	情报学基础(20.78%,16)	信息处理(32.35%,11)	信息检索(22.22%,8)
信息分析与研究(13.79%,104)	信息检索(12.97%,31)	信息分析与研究(15.74%,31)	信息处理(15.87%,10)	情报学基础(13.33%,10)	信息分析与研究(12.00%,12)	信息分析与研究(14.75%,9)	信息检索(10.39%,8)	用户与信息行为(11.76%,4)	信息计量(13.89%,5)
信息计量(8.89%,67)	信息处理(9.21%,22)	信息计量(14.21%,28)	知识管理(7.94%,5)	信息计量(12.00%,9)	信息处理(9.00%,9)	信息处理(13.11%,8)	知识管理(7.79%,6)	信息社会与信息事业管理(8.82%,3)	信息社会与信息事业管理(13.89%,5)
信息社会与信息事业管理(8.62%,65)	信息社会与信息事业管理(7.11%,17)	知识管理(13.20%,26)	用户与信息行为(3.17%,2)	信息社会与信息事业管理(10.67%,8)	信息社会与信息事业管理(8.00%,8)	信息社会与信息事业管理(6.56%,4)	信息社会与信息事业管理(6.49%,5)	信息计量(5.88%,2)	信息处理(11.11%,4)
情报学基础(7.16%,54)	情报学基础(6.28%,15)	信息处理(11.68%,23)	情报学教育(3.17%,2)	信息处理(9.33%,7)	信息计量(5.00%,5)	情报学基础(3.28%,2)	信息计量(5.19%,4)	信息分析与研究(5.88%,2)	信息分析与研究(8.33%,3)

注：n=各主题下理论应用频次。

9.4 情报学理论对其他学科的影响

9.4.1 情报学理论的学科专属度

理论的构建会受到整个社会知识的影响,情报学在发展中受到其他学科的影响,同样,情报学中原创的理论也会被其他学科应用。为了描述理论的应用情况,Jeong 和 Kim 提出理论效用模型(a model of theory efficiency)和理论价值五分法①,分别测量一条理论对另一条理论的效用和理论在文章中的作用。

王芳等提出专属度指标来衡量理论在情报学及其整个学科体系中的影响力②。按理论来源学科和理论应用学科,情报学研究中出现的理论可以分为 4 类:①在情报学中产生,在情报学中应用;②在其他学科产生,主要在情报学中应用;③在情报学中产生,主要在其他学科应用;④在其他学科产生,主要在其他学科应用。为了更加准确地揭示理论跨学科应用的现状,有一些理论是情报学独有的,其他学科较少引用,则专属度较高;反之,专属度较低。

理论的学科专属度(discipline exclusive degree)E 见式(9-11),Ni 表示某一理论在情报学研究文献中的应用频次,Na 表示该理论在所有学科文献中的应用频次。如果 E 的值等于 100%,说明该理论仅在情报学研究的文献中出现,其他学科不使用该理论。

$$E = \frac{Ni}{Na} \times 100\% 。 \qquad (9-11)$$

研究表明,情报学应用的多数理论专属度较低,低于 5% 的理论有 448 条,占比 54.83%,而专属度为 100% 的理论为 121 条,占比 14.81%,呈现两极数量多,中间区域数量少的凹形分布,如图 9-11 所示。在中间区域理论数量相对较多的区间是 25% ~ 55%,拥有理论 102 条,占比 12.84%。这说明,情报学研究中独有的理论比例并不高且应用并不是最频繁的,绝大多数理论在其他学科中也有应用,而且情报学应用的高频次理论也被其他学科频繁使用。

马费成教授等曾从科技情报的属性和信息链角度论证了情报学的 6 条基本原理,即

---

① JEONG D Y, KIM S J. Knowledge structure of library and information science in South Korea [J]. Library & information science research, 2005, 27 (1): 51.

② 王芳,陈锋,祝娜,等. 我国情报理论的来源、应用及学科专属度研究 [J]. 情报学报, 2016, 35 (11): 1148-1163.

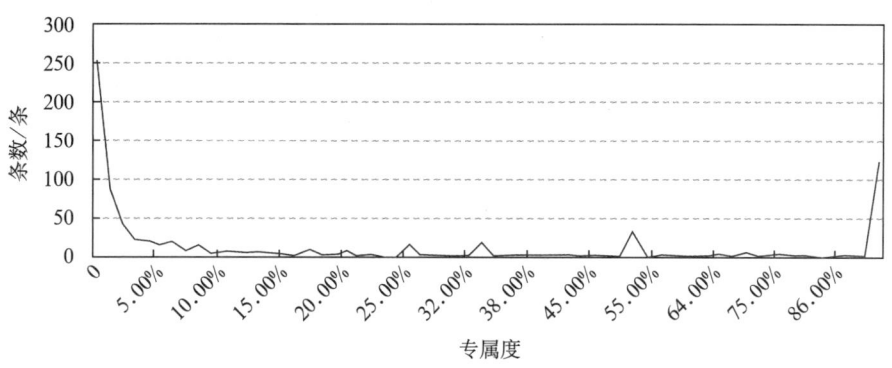

图 9-11 理论专属度的数量分布

离散分布原理、相关性原理、有序性原理，以及情报交流获取的省力原理、小世界原理、对数透视原理等。离散分布原理主要由布拉德福定律、洛特卡定律和齐夫定律组成；省力原理或称为易用性原理，由最小努力法则和穆尔斯定律组成；有序性原理主要包括布鲁克斯方程和耗散结构理论。对 6 条基本原理的学科专属度进行了统计分析，结果如表 9-17 所示。

表 9-17 情报学 6 条基本原理的专属度

序号	名称	情报学应用频次/次	所有学科应用频次/次	专属度
1	离散分布原理	2080	4745	43.84%
2	有序性原理	104	12 750	0.82%
3	相关性原理	90	3608	2.49%
4	小世界原理	79	645	12.25%
5	省力原理	73	878	8.31%
6	对数透视原理	8	11	72.73%
—	合计	2434	22 637	10.75%

如表 9-17 显示，6 条基本原理的平均应用频次为 405.67 次，远高于全部理论的平均应用频次 22.19 次，可见基本原理在我国情报学研究中的重要价值。然而，进一步分析可见，离散分布原理贡献了绝大多数的应用频次，高达 2080 次，其余则在 104 次及以下，对数透视原理仅有 8 次应用。导致基本原理应用频次低的原因可能如下：①一些原理属于元理论范畴，是多个情报学研究与业务领域被广泛接受的既定前提，因此较少被

直接讨论，如有序性原理、最小努力原理；②随着部分研究领域的成熟，一些基本原理不再成为热点研究问题，如相关性原理；③个别原理在情报学的基础地位需要重新考虑，如对数透视原理。

在6条基本原理中，对数透视原理的专属度最高，达到72.73%，但应用频次最少。应用频次最高的离散分布原理学科专属度为43.84%，表明情报学基础理论对其他学科的影响力是比较高的。有序性原理中耗散结构原理被其他学科应用较多（12 293次），因此专属度极低，这说明耗散结构原理并非专属于情报学。在情报学中应用频次较高的小世界原理和相关性原理在其他学科中应用也比较多，因而专属度比较低，既表明这些原理的普适性，也意味着人类不同学科的知识具有相通性，一些学科拥有共同的元理论。

9.4.2 情报学理论在其他学科中的应用

在我国情报学期刊所应用的理论中，有158条来自本学科，可以被认为是情报学的原创理论。这158条理论在情报学期刊中共出现1222次，在其他学科中应用4799次。统计分析情报学原创理论的跨学科使用情况，发现对情报学理论应用最多的前5个学科分别是图书馆学、社会学及统计学、企业经济、新闻与传媒、计算机软件及计算机应用，而有趣的是，同属信息资源管理类的档案及博物馆学应用最少，结果如图9-12所示。

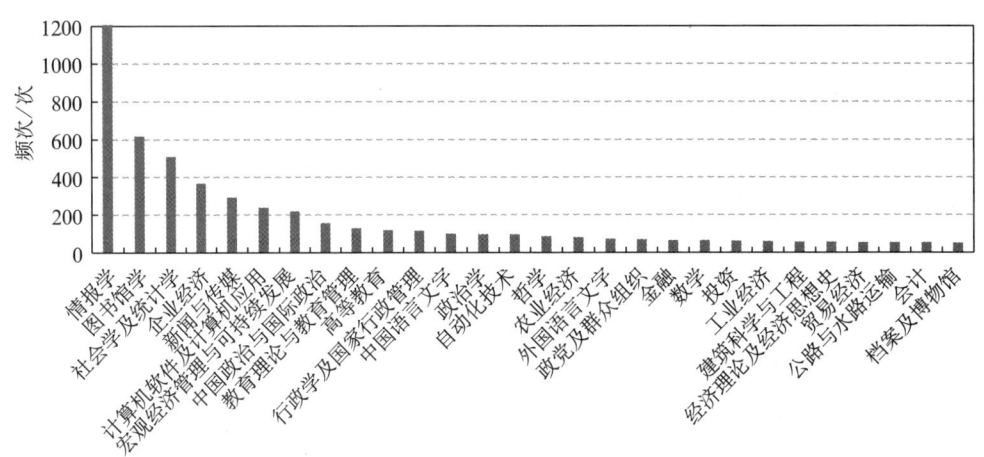

图9-12 理论应用的学科分布

Pettigree 和 McKechine 在2001年发表的引文分析结果也表明其他学科较少引用情

学理论[①]，对11条应用频次较高的情报学（information science，不区别情报学和图书馆学）原创理论的引文分析结果表明，其他学科仅占引用次数的20%。这与本研究的结果有较大差异。进一步分析发现，在本研究的统计中，共引理论、普赖斯科技文献指数增长定律、信息生命周期理论等3条理论的应用频次合计高达3967次，占其他学科应用频次的82%，而Pettigree和McKechine的引文分析中不包含这3条理论。试排除这3条理论后，其余155条情报学理论被其他学科应用832次，占总应用次数的46.02%，如果再排除图书馆学应用的618次，其他学科应用次数占比为17.98%，与Pettigree等对11条高频理论的统计结果极为接近。可见，情报学原创理论在我国除图书馆学之外的其他学科中的应用情况与国外2001年前的情况没有显著差别。总体来讲，中国情报学研究对本学科理论的应用、继承与发展不足，原创理论对情报学研究的指导作用偏弱。

9.5 本章小结

在情报学学术研究中应用的各类理论构成了情报学研究范式的核心，反映了实然意义上情报学的知识基础和学科范围。本章对国内外情报学学术研究中的理论应用情况进行了计量分析，运用计量分析、文本挖掘、机器学习、全数据分析、比较研究等研究方法，对我国《情报学报》、国外3份情报学核心期刊及国内52种情报学期刊摘要进行了理论识别和分析，揭示了情报学理论应用的时间分布、主题领域分布、在研究中发挥作用、理论的学科专属度、各国作者理论应用的差异等，也识别了在各国情报学研究中最常使用的情报学理论，从而较为全面地展示了情报学研究中理论应用的实际情况，有助于读者对情报学理论应用情况进行总体把握和具体认识。

---

① PETTIGREW K E, MCKECHNIE L. The use of theory in information science research [J]. Journal of the American society for information science and technology, 2001, 52 (1): 62-73.

第 10 章
情报学理论的发展

理论通过广泛的应用得到检验和发展。一个学科领域的理论发展意味着学科的知识创新。理论的增长甚至被建议用来评估一个学科的知识增长[①]。作为一门有着70多年历史的学科，情报学自20世纪80年代以来不时受到理论不够发达的批评。为此，需要对情报学的理论发展机理和路径进行考察，以探索未来的理论发展方向。

10.1 关于情报学理论发展的反思

最初情报学诞生是为应对信息爆炸，而3次信息技术革命使得人类处理和获取信息的能力不断增加，也促使情报学学科不断发展。与此同时，理论的成熟被视作学科成熟的重要标志。作为一门快速成长的学科，自20世纪80年代至今，情报学的学术共同体一直在反思学术研究中理论的发展和创新问题。这种反思和批评促进了学科的发展与成熟，也保持了学科的独立性。

早在1980年，布鲁克斯（Brookes）[②]就对情报学的理论发展感到忧虑："理论情报学几乎还不存在。我发现了一些零散的理论，有些理论本身很整洁，但却无法整合成连贯性的体系。因此，没有共同的假设，无论是隐性的还是显性的，都不能作为其理论基础。情报学在常识的海洋上忙碌着，实际应用越来越多地涉及计算机。无论它声称的基础是什么，都是基于对语言、通信、知识和信息的常识性观点，以及计算机和电信技术

---

① WAGNER D G, BERGER J. Do sociological theories grow? [J]. American journal of sociology, 1985, 90 (4): 697-728.

② BROOKES B C. The foundations of information science. Part I: philosophical aspects [J]. Journal of information science, 1980, 2 (3-4): 125-133.

的常识性应用。计算机科学的状况稍好一点。因此,情报学漂浮在哲学的旋涡中。它没有理论基础。这个事实至少使我现在的问题变得简单化了——没有什么可以先去挖掘的!地面已经空旷了。"直到2002年,这种状况也没有得到很好的缓解,科尼利厄斯(Cornelius)指出,缺乏信息理论甚至已经成为情报学一个长期的悲哀[1]。其他学者也从不同视角对轻视情报学理论发展进行了批评,主要包括以下方面。

①在基本概念方面,存在未定义的基本概念及模糊和未清晰概念化的理论[2]。

②在研究假设方面存在的问题有缺乏共同的假设(Brookes,1980)及假设中天真的经验主义[3]。

③研究中存在反理论[4]和实用主义(Hjørland,1998)等倾向。

④理论研究缺乏连贯性。布鲁克斯曾经提出,尽管情报学随着信息通信技术的迅猛发展而迅速发展,但是情报学也不应被视为"缺乏基本理论连贯性的实用技能集合"[5]。这一观点也得到了Saracevic[6]的认同。2016年,王芳等人的研究发现中国的情报学研究也存在着缺乏理论连贯性的问题[7]。

⑤在研究主体方面,情报学缺乏自己的理论家和得到理论启发的实践者(Poole,1985;Schrader,1986)。

⑥在理论交流与贡献方面,"情报学对其他社会科学的理论运用不足[8]""情报学对更广泛的科学界的理论贡献是匮乏的[9]"。

---

[1] CORNELIUS I. Theorizing information for information science [J]. Annual review of information science and technology, 2002, 36 (1): 393-425.

[2] 靳娟娟. 情报学学科建设研究历程的回顾与展望 [J]. 图书情报工作, 2003 (10): 31-36.

[3] LOR P J. Revitalizing comparative library and information science: theory and metatheory [J]. Journal of documentation, 2014, 70 (1): 25-51.

[4] 同[3]。

[5] BROOKES B C. Personal transferable skills for the modern information professional [J]. Journal of information science, 1989 (15): 115-117.

[6] SARACEVIC T. Information science [J]. Journal of the American society for information science, 1999, 50 (12): 1051-1063.

[7] 王芳,陈锋,祝娜,等. 我国情报学理论的来源、应用及学科专属度研究 [J]. 情报学报, 2016, 35 (11): 1148-1163.

[8] 同[3]。

[9] CIBANGU S K. A memo of qualitative research for information science: toward theory construction [J]. Journal of documentation, 2013, 69 (2): 194-213.

10.2 情报学理论发展的路径

理论发展是学术研究的主要成果或目标①②。理论发展是指通过理论检验、修正和完善现有理论，或者通过理论构建生成新的理论的研究过程。2006 年，金和郑（Kim & Jeong）的研究表明，在两份韩国国内的 LIS 期刊和两份国际 LIS 期刊上发表的文章中 21.79% 存在理论发展的情况③。王芳等④研究发现《情报学报》在 2000—2013 年共提出了 26 条新的理论。

社会科学领域的学者从不同角度探索了理论发展的路径。社会学的理论成长有 5 种形式：3 种基本形式（理论细化、理论扩散和理论竞争）和 2 种特殊形式（理论变异和理论整合）。在情报学领域，信息搜寻模型是通过重构、规范化和丰富化而发展起来的⑤。英格沃森（Ingwersen）运用多元表征和认知重叠的概念，将不同研究传统的文本检索理论融合为信息检索交互的认知理论⑥。魏克（Weick）认为理论建构是一个类似于人工选择的进化过程⑦。而索恩瓦尔德（Sonnenwald）⑧ 则将理论发展过程划分为 3 个阶段：阐述重点、进行研究和产生影响。将上述研究进行归纳，可以发现理论发展的路径主要包括理论的细化、理论的规范化、理论的扩散、理论的竞争、理论的变异、理论的整合或融合、理论的生成与利用等。

---

① HEMPEL C G. Philosophy of natural science [M]. Englewood Cliffs, NJ：Prentice-Hall, 1966.
② TRUEX D, HOLMSTRöM J, KEIL M. Theorizing in information systems research：a reflexive analysis of the adaptation of theory in information systems research [J]. Journal of the association for information systems, 2006, 7（1）：33.
③ KIM S J, JEONG D Y. An analysis of the development and use of theory in library and information science research articles [J]. Library & information science research, 2006,（28）：548-562.
④ 王芳, 史海燕, 纪雪梅. 我国情报学研究中理论的应用：基于《情报学报》的分析 [J]. 情报学报, 2015（6）：581-591.
⑤ VAKKARI P, KUOKKANEN M. Theory growth in information science：applications of the theory of science to a theory of information seeking [J]. Journal of documentation, 1997, 53（5）：497-519.
⑥ INGWERSEN P. Cognitive perspectives of information reterieval interaction：elements of a cognitive IR theory [J]. Journal of documentation, 1996, 52（1）：3-50.
⑦ WEICK K E. Theory construction as disciplined imagination [J]. Academy of management review, 1989, 14（4）：516-531.
⑧ SONNENWALD D H. Exploring theory development：learning from diverse masters [M] // SONNENWALD D H. Theory development in the information sciences. Austin, TX：University of Texas Press, 2016：1-18.

王芳和王晓宇[1]运用 WoS 的数据对 TAM 的扩散和发展进行了考察，发现 TAM 从初始学科扩散到心理学、运筹学、管理学、工程等 93 个领域，并且在扩散中不断发展，其发展方式主要有：①理论细化，可以看作在特定领域对某一理论进行精练。②理论扩散，指理论从初始学科向其他学科扩散。在这种情况下，理论的内容没有被修改，但是应用场景扩展了。由于理论在跨学科的"旅行"中经常会经历自我进化，追踪理论扩散也会对理论发展有所启示。③理论竞争，是指同类理论之间的竞争关系，即通过与其他理论的部分或全部竞争实现理论的发展。例如，通过与信息系统成功模型（ISSM）的竞争，TAM 得到了验证和发展。④理论整合是指一个理论通过整合其他理论的结构而成长为一个新的理论。2000—2009 年，心理学、社会学和传播学的理论构念，如可用性、质量、态度、信任等，都参与了 TAM 的发展，将 TAM 扩展为 TAM2、TAM3 和 UTAUT 等新的模型，尤其是 UTAUT 整合了 TAM 和其他 7 种理论，如动机模型、TPB、DOI 和 TRA 等。

除了上述 4 种发展模式之外，新理论的生成也可以看作重要的理论发展模式，相关方法可以参见 8.8 节关于扎根理论生成的内容。

10.3　我国情报学理论发展研究

10.3.1　基于《情报学报》的研究发现

对 2000—2013 年《情报学报》的全部研究性论文进行分析，发现 3 种理论应用类型的频次随时间变化的情况如图 10-1 所示。

图 10-1 显示，新生成的理论（F3）各年变化不大；2000—2004 年，理论在研究中主要用作论据（F2）；2004 年之后用作研究基础（F1）的理论逐渐增多，在 2005 年、2007 年、2011 年甚至超过了用作论据的（F2）的理论。这在一定程度上表明国内情报学研究的规范程度在不断地提升，但是理论创新与发展却一直在很低的水平上徘徊。

2000—2013 年《情报学报》整个文献集合中新发展或提出的理论模型有 26 条，如表 10-1 所示。就目前来看，这些理论在情报学后续的研究中并未得到足够的关注。根据本书 1.5 节关于理论评估的标准，需要从理论或模型的普适性、简约性、解释力及可检验性等多个方面分析原因。

---

[1] WANG F, WANG X Y. Tracing theory diffusion: a text mining and citation-based analysis of TAM [J]. Journal of documentation, 2020, 76 (6): 1109.

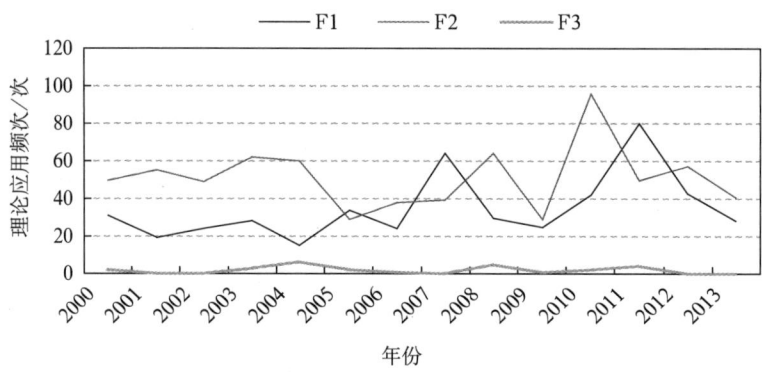

图 10－1　3 种应用类型理论各年应用频次

表 10－1　2000—2013 年《情报学报》新发展或提出的理论模型

序号	新发展的理论或模型	序号	新发展的理论或模型
1	凌柳玉的科学生产率新分布模型	14	张雪英的 RST 模型
2	靖培栋、康仲远的文献增长机理模型（总模型）	15	沙勇忠的信息伦理的四维架构理论
		16	倪明的企业信息化水平的 AISS 评价模型
3	赵星、高小强的 h-C 幂律关系模型	17	温有奎、焦玉英的云块融合的知识创造（CBFKC）模型
4	侯经川、赵蓉英的网络信息增长的乘数扩张模型		
		18	吴江宁、王桂才的能量评估模型
5	董慧等的本体分子理论	19	吴江宁、王桂才的力模型
6	傅林华等的单标度二元网络模型	20	周晓英的信息构建过程中信息状态的变化模型
7	路晓伟、蒋馥的决策的信息成本模型		
8	路晓伟、蒋馥的信息集成适度水平模型（IIASM）	21	钟家瑞的"数字地壳"运动的均衡理论
		22	聂高辉等的连续型信息资源分布的理论模型
9	郝金星的信息价值测度的注意力模型		
10	温有奎、徐国华的认知元的三维结构理论	23	秦敏等的基于过程的信息系统采纳行为模型
11	温有奎等的知识元标引概念	24	谭胜的主题描述模型
12	黄亚明等的引文网络影响力序位	25	白云峰、靖继鹏的信息综合定价模型
13	田俊华等的网络生态链的概念	26	马费成、刘记的宏信息构建、中信息构建、微信息构建的概念

10.3.2 基于我国 52 种图书情报学期刊的研究

为揭示我国情报学研究中理论的应用和发展情况,对 2008—2017 年 52 种图书情报学期刊的全部学术论文的题名与摘要进行分析。采用基于自然语言处理和深度学习方法构建的理论识别模型对 40 260 篇情报学研究论文提及的理论进行自动识别,并对理论发展情况进行分析。

将理论研究论文分为理论应用、评析和发展 3 种类别,分别代表"以该理论作为论文应用基础或分析依据来解决问题的研究""以理论本身作为研究对象,对其评述、解释、辨析、思考、应用探析及计量的研究""对现有理论进行修正、完善或构建新理论的研究"。其中,理论应用研究占比为 26.02%,理论评析研究占比为 8.30%,理论发展研究占比为 65.68%。其中,理论发展的领域分布体现了学科的基础研究结构和发展趋势,如图 10-2 所示。

通过图 10-2 可以看出,随着我国情报学科的发展,用户与信息行为研究领域和信息社会研究领域的理论发展研究论文越来越多,成为学科理论发展的热点领域;而知识管理研究领域、信息资源与知识服务研究领域和信息经济与信息产业研究领域在 2008—2011 年在学科研究中被重点关注,2014—2017 年无论是数量还是在学科理论发展研究中的比重都呈现下降趋势,与之相关的竞争情报研究领域的理论发展也有明显下降;信息计量和政府信息资源管理研究领域理论发展研究总体上比较稳定;情报学基础研究领域的理论发展,关于情报学的学科范式、基本原理和哲学本质等层面的研究,是推动学科走向成熟的坚实基础,经过 2008—2013 年的少量研究后,后面几年受关注程度越来越低;而信息处理、信息分析和信息检索研究领域近些年更侧重于发展新技术和方法,在理论发展方面的研究一直较少。

统计分析结果表明,当前我国情报学科的理论研究主要集中在结构/关系型理论研究上;在以社会和人类行为为研究对象的信息社会及用户与信息行为领域,理论发展的研究比例较高,同时在信息计量、知识管理、信息资源与知识服务等领域也受到较多的关注;根据理论研究论文的篇均被引数,无论是应用、评析还是发展理论,论文的平均学术影响力都更大;在各类理论研究中,演变型理论发展研究的论文的篇均被引数显著高于其他类型的理论研究;信息社会和用户与信息行为领域的理论研究论文,不仅数量在各领域中最多,其篇均被引数也显著高于其他领域。

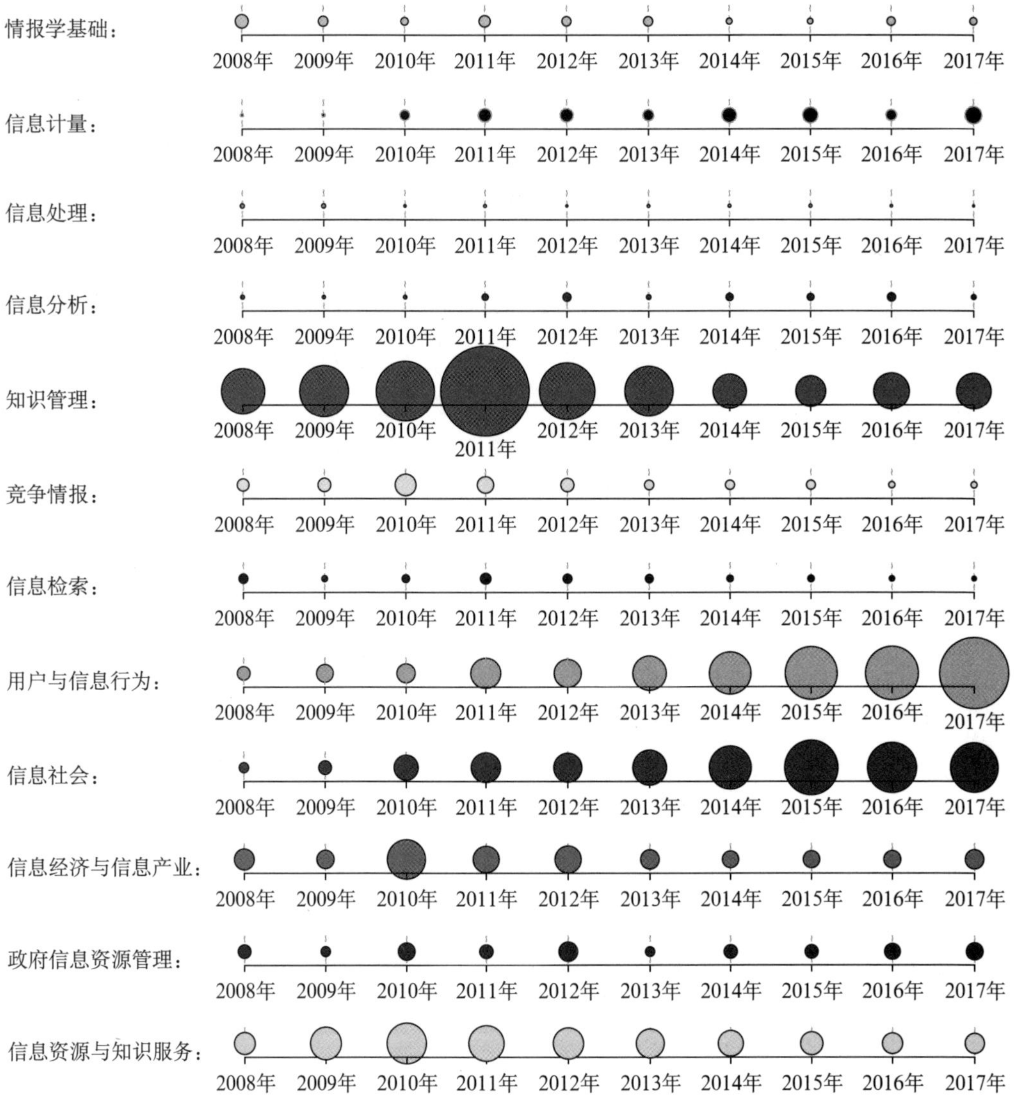

情报学理论：哲学基础与应用发展

图 10-2　2008—2017 年我国情报学各领域理论发展研究论文分布情况（图中圆点越大表示数量越多）

10.4　情报学理论的借用与来源

理论借用是科学研究中普遍存在的现象，是理论发展的重要路径。佩蒂格鲁（Pettigrew）和麦肯尼（McKechnie）通过实证统计分析发现，情报学研究中应用的理论来源学科广泛，涉及社会科学、自然科学、情报学、人文学科[①]。王芳等[②]发现，《情报学报》所应用的理论来源学科多达37个，提供理论较多的学科分别是情报学（28.09%）、计算机科学与技术（13.55%）、经济学（11.37%）、数学（8.86%）、社会学（6.19%）、管理学（含企业管理、市场管理等）（5.02%）和心理学（4.85%）等。除情报学外，工程管理也是20世纪50年代兴起的新兴交叉学科。Johnson等人于2016年1月发表的论文对7种工程管理类期刊1999—2013年的文章进行了内容分析，识别出131条理论，其中5条应用频次最高的理论分别来自数学、战略（strategy）、运营管理（operation management）、经济学与心理学[③]，可见工程管理学科也存在高频理论主要来自其他学科的现象。

10.4.1 理论来源学科的识别

理论来源学科指某条理论在创立之初所属的学科。探究理论来源学科可以反映一条理论在不同学科的扩散与演变过程。情报学是一门年轻的学科，亦是一门交叉学科，在学科发展的初期既有自身创建的理论，又存在大量从其他学科引进的理论。情报学的理论也影响到其他相关学科，被其借鉴解决相应领域的研究问题。探究情报学理论的学科来源能够反映情报学理论与其他学科理论的交叉应用关系，有助于明确情报学理论体系发展的特点、趋势和演化规律。

从理论的来源学科入手，情报学理论的构建可分为4种情况：①直接从其他学科借用，如叶鹰把法拉第定律、欧姆定律作为信息学的基础理论[④]；②借用其他学科的理论，以情报学的视角或问题做出新的解释；③将其他学科理论作为情报学新理论的基础或论据；④面向情报学问题并以归纳法构建新理论，或者在情报学学科的理论基础上通过演绎法构建新理论。从①到④，理论的学科独创性逐渐增强。

理论来源学科的分类有多种方案。Pettigrew和McKechnie将情报学理论来源学科分

---

① PETTIGREW K E, MCKECHNIE L. The use of theory in information science research [J]. Journal of the American society for information science and technology, 2001, 52 (1): 62-73.
② 王芳, 史海燕, 纪雪梅. 我国情报学研究中理论的应用：基于《情报学报》的分析 [J]. 情报学报, 2015 (6): 581-591.
③ JOHNSON N, CREASY T, YANG F. Recent trends in theory use and application within the project management discipline [J]. Journal of engineering project & production management, 2016, 6 (1): 25-52.
④ 叶鹰. 分析信息学的理论基础 [J]. 情报学报, 2000, 19 (4): 380-384.

为四大类：社会科学、自然科学、情报学、人文学科①。该分类法易于操作，但类别粒度过粗，不能细致地反映情报学与其他学科的关系。CNKI（中国知网）文献数据库内容覆盖自然科学、工程技术、农业、哲学、医学、人文社会科学等各个领域，其文献分为十大专辑，每一专辑下再分专题，合计 168 个专题。中国图书馆分类法（2010 年第五版，以下简称"中图法"）是一种对图书编目的方法。该分类法中除 Z 综合性图书及 4 个预留分类以外，另有 21 个一级类具有学科属性，每个一级类可再分二级类和三级类。3 种学科分类体系之间具有一对多或多对多的对应关系。

理论的来源学科可以根据理论创立者所属的机构和主要研究领域来确定，或者以理论最初的研究问题所属的学科为依据。追溯理论的来源学科包括以下步骤：首先，查找理论最早出现的文献，分析作者创立该理论解决了哪个学科的问题，则该学科为理论的来源学科；其次，对难以查找原始文献的，将该理论提出者所属的机构和主要研究领域作为理论的来源学科判定依据；最后，将其他学者们对该理论的分类意见（如专著中的分类）作为判定其来源学科的依据。

10.4.2 基于理论存续数量的来源学科分布

考察国内情报学期刊中出现的 598 条理论的来源学科，发现情报学所应用的理论来源学科多达 37 个②，各学科提供的理论数量详见表 10 - 2。可以发现，为国内情报学研究提供理论条数较多的学科分别是情报学、计算机应用技术、经济学分支科学、社会科学总论、社会学、管理学、应用数学、心理学等。

表 10 - 2　情报学应用理论的来源学科

中图法分类号	名称	条数/条	占比	中图法分类号	名称	条数/条	占比
B01	哲学	8	1.34%	C0	社会科学总论	40	6.69%
B81	逻辑学	4	0.67%	C91	社会学	37	6.19%
B84	心理学	29	4.85%	C93	管理学	30	5.02%

---

① PETTIGREW K E, MCKECHNIE L. The use of theory in information science research [J]. Journal of the American society for information science and technology, 2001, 52 (1): 62-73.

② 王芳，陈锋，祝娜，等. 我国情报学理论的来源、应用及学科专属度研究 [J]. 情报学报，2016, 35 (11): 1148-1163.

续表

中图法分类号	名称	条数/条	占比	中图法分类号	名称	条数/条	占比
C94	系统论	3	0.50%	G35	情报学	168	28.09%
C96	人才学	3	0.50%	H0	语言学	8	1.34%
D03	国家理论	3	0.50%	H03	语义学	9	1.51%
D66	阶级结构与社会结构	1	0.17%	H04	语法学	3	0.50%
F06	经济学分支科学	63	10.54%	K90	地理学	1	0.17%
O31	理论力学	1	0.17%	N0	自然科学	4	0.67%
O41	理论物理学	12	2.01%	N09	自然科学史	4	0.67%
O55	热学与物质分子运动论	1	0.17%	N94	系统学	4	0.67%
Q11	生物演化和发展	1	0.17%	O14	数理逻辑、数学基础	2	0.33%
Q15	生物分布与生物地理学	1	0.17%	O18	几何、拓扑	3	0.50%
Q98	人类学	2	0.33%	O21	概率论与数理统计	18	3.01%
R19	保健组织事业	1	0.17%	O23	控制论、信息论	1	0.17%
TN0	电信技术	1	0.17%	O29	应用数学	29	4.85%
F27	企业经济	5	0.84%	TP39	计算机应用技术	81	13.55%
G20	信息与传播理论	5	0.84%	V57	航天系统工程	1	0.17%
G25	图书馆学	11	1.84%				

情报学研究领域广泛，不同领域所应用的理论其来源学科也有较大差异，表10-3列出了12个研究领域所应用理论的数量、理论来源学科数量和提供理论较多的前3个学科。其中，信息计量、情报学基础、用户与信息行为、知识管理等领域应用的理论来自情报学的数量最多。信息处理、信息检索、信息分析等研究领域的理论更多地来自计算机科学和数学。信息分析、知识管理和情报学基础研究广泛借用其他学科的理论，理论的来源学科不少于16个。

表10-3 不同研究领域中应用理论来源学科分布

领域	理论条数/条	理论来源学科数量/个	提供理论较多的前3个学科		
情报学基础：理论、方法	56	16	情报学30	理论物理学6	图书馆学4
信息计量	66	11	情报学37	图书馆学	数学4
信息处理	29	4	计算机科学15	数学8	语言学3

续表

领域	理论条数/条	理论来源学科数量/个	提供理论较多的前3个学科		
信息分析	61	19	计算机科学20	情报学14	数学14
知识管理	46	16	情报学15	计算机8	数学5
竞争情报	38	10	经济学11	情报学10	管理学7
信息检索	41	12	计算机科学13	数学8	情报学5
用户与信息行为	81	11	情报学21	计算机17	心理学16
信息社会与信息事业管理	28	8	情报学9	社会学8	心理学4
信息经济与信息产业	68	10	经济学37	情报学11	社会学7
政府信息资源管理	18	7	管理学7	社会学5	情报学2
情报学教育	7	3	情报学5	科学史1	教育学1
其他	59	6	情报学7	语言学7	数学5

基于应用频次的统计表明，情报学研究中常用的20条理论其来源学科包括数学（7条）、情报学（4条）、社会学（2条）、计算机（3条）、心理学（2条）、语言学（1条）、生态学（1条）[①]。来源于情报学的理论仅有4条，分别是布拉德福定律、库尔梭的信息搜索模型、萨沃莱宁（Savolainen）的日常生活信息搜寻模型、威尔逊的情境相关理论。该现象说明情报学研究中理论原创能力不强，研究较多地借用了其他学科的理论，而对自身学科理论的应用不足。

10.4.3 理论来源学科的时间序列分析

从我国学术期刊中理论的应用频次来看，情报学研究中来自社会科学的理论应用频次显著增长，然而来自情报学的理论应用频次逐年缓慢下降。图10-3清晰地显示这一趋势，纵轴是来自不同学科理论在当年应用频次的比例，可见来自情报学、自然科学和人文学科的理论应用频次占比缓慢下降，而来自社会科学的理论应用频次占比大幅提高。

---

① 王芳，杨京，陈锋. 情报学研究中理论应用的国际比较 [J]. 情报学报, 2018, (12): 1262-1274.

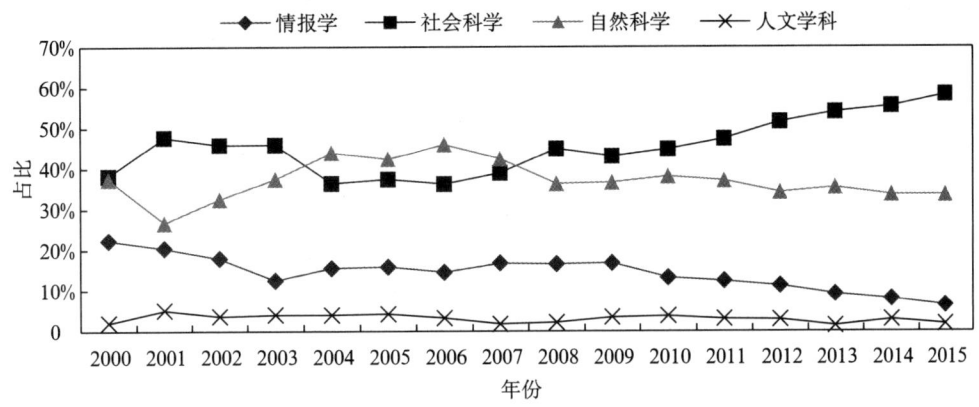

图 10-3　四类学科来源的理论年度应用频次占比①

这一统计结果有多重含义。这既与国内情报学研究对情报学理论的发展和应用不够重视有关，也可能与近年来国内情报学学科积极迎接信息技术革命，向信息管理转型，并主动与其他学科交叉融合的发展路径有关。这一研究结果提醒我们应该更加注重对情报学核心理论的理解、应用与发展，使情报学自身的"理论基因"得以传承。

10.4.4　理论应用中来源学科的地区差异

按情报学、自然科学、社会科学和人文学科的分类统计，国内情报学期刊和国外英文期刊中所应用理论的来源学科数量比例几乎一致，差异在于国内期刊中源于自然科学的理论比例稍高于国外期刊，来自社会科学的理论比例略低于国外期刊。在对情报学原创理论的应用比例上，国内期刊的比例偏低，仅13.12%，而国外期刊为29.9%，表明尽管国内期刊提出了一些原创理论，但并没有多次使用这些理论，而是更频繁地使用来自社会科学和自然科学的理论，尚未形成对原创理论进行检验和发展的研究习惯②。

另一项基于3份英文期刊的统计分析表明，来自不同国家和地区的作者在情报学研究中所应用的理论在来源学科方面存在一定差异：美国、英国、加拿大、芬兰的作者更愿意使用来自情报学的理论；西班牙、中国大陆、中国台湾地区和韩国的研究者使用的

---

① 王芳，陈锋，祝娜，等. 我国情报学理论的来源、应用及学科专属度研究 [J]. 情报学报，2016，35（11）：1148-1163.
② 王芳，史海燕，纪雪梅. 我国情报学研究中理论的应用：基于《情报学报》的分析 [J]. 情报学报，2015（6）：581-591.

理论更多来自数学；荷兰、澳大利亚的研究者偏爱来自社会学的理论①。

10.5 情报学理论发展的对策

基于上述对国内外情报学理论发展的反思与分析，提出情报学理论的发展对策。

①充分把握学科发展规律，动态考察情报学理论的发展趋势。情报学理论旨在揭示信息的运动规律、解释或预测信息相关的自然或社会现象。无论是单个信息对象的属性、结构，还是不同信息对象之间的关系，它们都是随条件变化而变化的，因此，在进行理论构建时，需要把握其动态演进的基本趋势和特征，从动态性和动力学的角度把握理论演化的趋势。当前，大数据与人工智能技术的发展和应用为情报学的理论研究带来了新的机遇与挑战，需要我们重新思考情报学元理论、方法论和具体理论发展的方向。

②正确处理情报学理论研究与信息技术应用的关系。与社会学、管理学等其他社会科学相比，情报学作为一门交叉学科，更偏好信息技术研究，对于新兴的研究课题会很快形成研究热点，但是基本难以形成持续深入的研究焦点，因而难以取得有价值的理论性研究成果。为此，需要把握好理论研究与技术应用之间的关系，在信息分析与处理、信息检索、数据科学等领域加大技术应用的研究力度，而在信息行为、信息社会等领域继续推进理论研究。

③正确处理情报学理论研究与实践工作的关系。由于情报学是一门应用性学科，相当一部分研究内容具有强烈的实践性特征。因此，情报学理论研究不仅应该关注理论在指导研究设计中的价值，而且应重视理论对于情报实践的指导作用；既要基于情报实践工作发展理论，也要注重在实践中检验和发展理论，将理论和实践更加紧密地联系起来。

④正确处理好理论原创和理论借用的关系。人类社会的知识是一个不可分割的整体。由于知识分工的深化和细化，不同学科间的知识交流愈加困难。理论借用弥补了这一缺陷，极大地促进了不同学科间知识创新成果的交流和共享。因此，不管一种理论是来自其他学科，还是来自情报学科本身，只要能够丰富情报理论、解释情报现象、指导情报实践，就都属于情报学理论的范畴，值得去应用与发展。

---

① 王芳，杨京，陈锋. 情报学研究中理论应用的国际比较 [J]. 情报学报，2018，37（12）：1262-1274.

⑤巩固结构型理论研究成果，深化因果型理论和演变型理论研究，强化元理论和本质型理论研究。当前我国情报学理论研究需要解决的主要问题是如何从结构/关系型理论的研究转向演变型理论研究，科学地构建新的演变型理论和完善现有的演变型理论，并探究对象间的因果关系，深化因果型理论发展研究。在这样的基础上构建的理论才能真正具有解释和预测的功能，指导情报活动的社会实践。只有这样的理论多了，才能抽象出更多的本质型理论和元理论，从而使学科发展更趋成熟。

⑥充分考虑情报活动的复杂社会情境，运用多种方法发展情报学理论。情报学理论研究应重点关注如何充分解释社会情境下信息现象及其动态演化的复杂性，即以复杂适应系统、系统动力学和演化理论作为指导来构建和完善情报学理论。目前，情报学理论研究的方法主要偏重于还原论，对于解释社会情境下情报活动的系统整体性现象及动态演化的复杂性来说是不够的，需要借鉴和运用更多的理论研究方法。例如，社会计算实验法，以综合集成方法论为指导，融合计算技术、复杂系统理论和演化理论等来研究社会系统的演化规律、系统与环境的交互机制及系统动力学原理，对情报学理论研究有重要的借鉴意义——通过计算机再现情报活动的基本情境、微观主体之行为特征及相互关联，并在此基础上分析揭示情报活动的复杂性与演化规律。

目前，情报学学科正在快速发展，理论发展研究也正在不断聚焦，构建较为完善的理论体系成为可能。同时，在情报学理论发展的过程中，仍然存在许多困难和问题。只要我们能正确认识这些问题、重视这些问题，不断完善理论发展研究的方法论，一定能更好地推进情报学的理论发展和成熟应用。

参考文献

[1] ABBOTT A. Methods of discovery: heuristics for the social sciences [M]. New York: Norton, 2004.

[2] AKERS R L, SELLERS C S, JENNINGS W G. Criminological theories: introduction, evaluation, and application [M]. 6th ed. Oxford: Oxford University Press, 2012.

[3] ALBRECHTSEN H A, JACOB E K. The dynamics of classification systems as boundary objects for cooperation in the electronic library [J]. Library trends, 1998, 47 (2): 293-312.

[4] ALBRECHTSEN H, PEJTERSEN A M. Cognitive work analysis and work centered design of classification schemes [J]. Knowledge organization, 2003 (3/4): 213-227.

[5] ALFORD R R, FRIEDLAND R. Powers of theory: capitalism, the state, and democracy [M]. Cambridge: Cambridge University Press, 1985.

[6] ALHOORI H, FURUTA R. Recommendation of scholarly venues based on dynamic user interests [J]. Journal of informetrics, 2017, 11 (2): 553-563.

[7] AL-SAMARRAIE H, ELDENFRIA A, DAWOUD H. The impact of personality traits on users' information-seeking behavior [J]. Information processing & management, 2016, 18 (1): 17-18.

[8] ANDREWS T. What is social constructionism? [J]. Grounded theory review: an international journal, 2012, 11 (1): 39-46.

[9] APPLEFIELD J M, HUBER R, MOALLEM M. Constructivism in theory and practice toward a better understanding [J]. The high school journal, 2001, 84 (2): 35-53.

[10] APPLETON J. Constructivism: a naturalistic methodology for nursing inquiry [J].

Advances in nursing science, 1997, 20 (2): 13-22.

[11] ARCHER M. Realist social theory: the morphogenetic approach [M]. Cambridge: Cambridge University Press, 1995.

[12] ARCHER M S. Introduction: realism in the social sciences [M] //ARCHER MS, BHASKAR R, COLLIER A, et al. Critical realism: essential readings. London: Rutledge, 1998: 189-205.

[13] BAKER C, WUEST J, STERN P N. Method slurring: the grounded theory/phenomenology example [J]. Journal of advanced nursing, 2010, 17 (11): 1355-1360.

[14] BAKER L M, PETTIGREW K E. Theories for practitioners: two frameworks for studying consumer health information-seeking behavior [J]. Bull Med Libr Association, 1999, 87 (4): 444-450.

[15] BAKER T L. Doing social research [M]. 2nd ed. New York: McGraw-Hill Inc, 1994.

[16] BANDURA A, ADAMS N E, BEYER J. Cognitive processes mediating behavioral change [J]. Journal of personality & social psychology, 1977, 35 (3): 125.

[17] BARABÁSI A, ALBERT R. Emergence of scaling in random networks [J]. Science, 1999 (286): 509-512.

[18] BARRAT A, WEIGHT M. On the properties of small world networks [J]. Eur Phys, 2010 (13): 547-560.

[19] BARTHES R. A lover's discourse: fragments [M]. London: Penguin Books, 1990.

[20] BATES M J. An introduction to metatheories, theories, and models [M] //FISHER K E, ERDELEZ S, MCKECHNIE E F. Theories of information behavior. Medford: Information Today, Inc., 2005: 1-24.

[21] BATES M J. Toward an integrated model of information seeking and searching [J]. The new review of information behaviour research, 2002, 3: 1-15.

[22] BEAGRIE N. Digital curation for science, digital libraries, and individuals [J]. International journal of digital curation, 2008, 1 (1): 3-16.

[23] BECERRAFERNANDEZ I, SABHERWAL R. Organizational knowledge management: a contingency perspective [J]. Journal of management information systems, 2001, 18 (1): 23-55.

[24] BELKIN N J. Anomalous states of knowledge as a basis for information retrieval [J]. Canadian journal of information & library science, 1980 (5): 133-143.

[25] BELKIN N J. Cognitive models and information transfer [J]. Social science information studies, 1984, 4 (2): 111-129.

[26] BELKIN N J. The cognitive viewpoint in information science [J]. Journal of information science, 1990, 16 (1): 11-15.

[27] BELKIN N J, ROBERTSON S E. Information science and the phenomenon of information [J]. Journal of the American society for information science, 1976, 27 (4): 197-204.

[28] BERGER P L, LUCKMANN T. The social construction of reality: a treatise in the sociology of knowledge [M]. New York: Doubleday, 1966.

[29] BERNET R. The phenomenon of the gaze in merleau-ponty and lacan [J]. Chiasmi international, 1999 (1): 105-118.

[30] BHASKAR R. A realist theory of science [M]. London: Routledge, 2008.

[31] BHASKAR R. Enlightened common sense: the philosophy of critical realism [M]. London: Routledge, 2016.

[32] BHASKAR R. The possibility of naturalism: a philosophical critique of the contemporary human science [M]. 3rd ed. New York: Taylor & Francis e-Library, 2005.

[33] BHATTACHERJEE A, PREMKUMAR G. Understanding changes in belief and attitude toward information technology usage: a theoretical model and longitudinal test [J]. MIS quarterly, 2004, 28 (2): 229-254.

[34] BLAIKIE N. Designing social research: an introduction to qualitative research [M]. Oxford: Blackwell, 2000.

[35] BLUMER H. Symbolic interactionism: perspective and method [M]. Berkeley: University of California Press, 1969.

[36] BONNEVIE E. Dretske's semantic information theory and meta-theories in library and information science [J]. Journal of documentation, 2001, 57 (4): 519-534.

[37] BORGATTI S P, EVERETT M G. Models of core/periphery structures [J]. Social networks, 2000, 21 (4): 375-395.

[38] BORGATTI S P, EVERETT M G. Notions of position in social network analysis [J].

Sociological methodology, 1992, 22 (4): 1-35.

[39] BRIER S. Cybersemiotics: a new interdisciplinary development applied to the problems of knowledge organization and document retrieval in information science [J]. Journal of documentation, 1996, 52 (3): 296-344.

[40] BRIER S. Cybersemiotics: a reconceptualization of the foundation for information science [J]. Systems research and behavioral science, 2001, 18 (5): 421-427.

[41] BROADBENT M. The emerging phenomenon of knowledge management [J]. Australian library journal, 1997, 46 (1): 6-24.

[42] BRON M, VAN GORP J, DE RIJKE M. Media studies research in the data-driven age: how research questions evolve [J]. Journal of the association for information science and technology, 2016, 67 (7): 1535-1554.

[43] BROOKES B C. Robert Fairthorne and the scope of information science [J]. Journal of documentation, 1974, 30 (2): 139-152.

[44] BROOKES B C. The foundations of information science. Part Ⅰ. Philosophical aspects [J]. Journal of information science, 1980, 2 (3-4): 125-133.

[45] BROOKES B C. Lenin: the founder of informatics [J]. Journal of information science, 1984, 8 (5): 221-223.

[46] Brookes B C. The foundations of information science. Part Ⅳ. Information science: the changing paradigm [J]. Journal of information science, 1981, 3 (1): 3-12.

[47] BROOKES B C. The foundations of information science. Part Ⅲ. Quantitative aspects: objective maps and subjective landscapes [J]. Journal of information science, 1980 (2): 269-275.

[48] BROOKES B C. The fundamental equation of information science [M] //Problems of information science. Moscow: VINITI, 1975: 115-130.

[49] BROWN S A, DENNIS A R, BURLEY D, et al. Knowledge sharing and knowledge management system avoidance: the role of knowledge type and the social network in bypassing an organizational knowledge management system [J]. Journal of the association for information science and technology, 2013, 64 (10): 2013-2023.

[50] BUCKLAND M. Information and information systems [M]. New York: Greenwood Press, 1991: 6.

[51] BUCKLAND M. Information as thing [J]. Journal of the American society for information science, 1991, 42 (5): 351-360.

[52] BUCKLAND M. The landscape of information science: the American society for information science at 62 [J]. Journal of the American society for information science, 1999, 50 (11): 970-974.

[53] BUCKLAND M. What kind of science can information science be? [J]. Journal of information science and technology, 2012, 63 (1): 1-7.

[54] BUDD J M. Phenomenology and information studies [J]. Journal of documentation, 2005, 61 (1): 44-59.

[55] BUNGE M. Treatise on basic philosophy. Volume 3. Ontology Ⅰ. The furniture of the world [M]. Dordrecht: D. Reidel Publishing Company, 1977.

[56] BUNGE M. Treatise on basic philosophy. Volume 4. Ontology Ⅱ. A world of systems [M]. Dordrecht: D. Reidel Publishing Company, 1979.

[57] BURNETT G. The scattered members of an invisible republic: virtual communities and Paul Ricoeur's hermeneutics [J]. The library quarterly, 2002, 72 (2): 155-178.

[58] BUSH V. As we may think [J]. The Atlantic monthly, 1945 (7): 101-108, 176.

[59] BYRON L, WATTENBERG M. Stacked graphs-geometry & aesthetics [J]. IEEE transactions on visualization & computer graphics, 2008, 14 (6): 1245.

[60] CAMPBELL D T, STANLEY J C. Experimental and quasi-experimental designs for research on teaching [M] //GAGE N L. Handbook of research on teaching. Chicago: Rand McNally, 1963: 171-246.

[61] CAPURRO R. Hermeneutics and the phenomenon of information [M] //MITCHAM C. Metaphysics, epistemology and technology: research in philosophy and technology. Amsterdam: Elsevier Science, 2000: 79-85.

[62] CAPURRO R. The concept of information [J]. Annual review of information science and technology, 2003, 37: 343-411.

[63] CHARMAZ K. Qualitative interviewing and grounded theory analysis [M] //GUBRIUM J, HOLSTEIN J. Handbook of interview research: context and method. Thousand: Sage, 2001: 675-694.

[64] CHARMAZ K. Constructing grounded theory: a practical guide through qualitative

analysis [M]. London: Sage, 2006.

[65] CHARMAZ K. Grounded theory [M] //SMITH J, HARRÉ R, LANGENHOVE L. Rethinking methods in psychology. London: Sage, 1995: 27-65.

[66] CHARMAZ K. Grounded theory: objectivist and constructivist methods [M] //DENZIN N, LINCOLN Y. Handbook of qualitative research. 2nd ed. Thousand: Sage, 2000: 509-553.

[67] CHATMAN E A. A theory of life in the round [J]. Journal of the American society for information science and technology, 1999, 50 (3): 207-217.

[68] CHATMAN E A. Life in a small world: applicability of gratification theory to information-seeking behavior [J]. Journal of the American society for information science and technology, 1991, 42 (6): 438-449.

[69] CHATMAN E A. The information world of retired women [M]. Westport: Greenwood Press, 1992.

[70] CHATMAN E. The impoverished life-world of outsiders [J]. Journal of the American society for information science and technology, 1996, 47 (3): 193-206.

[71] CHOO C W, DETLOR B, DAN T. Information seeking on the web: an integrated model of browsing and searching [J]. Meeting of the American society for information science, 2000, 16: 290-302.

[72] CHU H. Research methods in library and information science: a content analysis [J]. Library & information science research, 2015, 37 (1): 36-41.

[73] CIBANGU S K. A memo of qualitative research for information science: toward theory construction [J]. Journal of documentation, 2013, 69 (2): 194-213.

[74] CLARK A M. The qualitative-quantitative debate: moving from positivism and confrontation to post-positivism and reconciliation [J]. Journal of advanced nursing, 1998, 27 (6): 1242-1249.

[75] CLARKE A. Situational analyses: grounded theory mapping after the postmodern turn [J]. Symbolic interaction, 2003, 26 (4): 553-576.

[76] CLAYMAN S E, GILL V T. Conversation analysis [M] //GEE J P, HANDFORD M. The routledge handbook of discourse analysis. New York: Routledge, 2012: 120-135.

[77] COLOMY P. Metatheorizing in a postpositivist frame [J]. Sociological perspectives,

1991, 34 (3): 269-286.

[78] CORBIN J, STRAUSS A. Grounded theory research: procedures, canons, and evaluative criteria [J]. Qualitative sociology, 1990, 13 (1): 3-21.

[79] CORNELIUS I. Theorizing information for information science [J]. Annual review of information science and technology, 2002, 36 (1): 393-425.

[80] COYNE I T. Sampling in qualitative research. purposeful and theoretical sampling: merging or clear boundaries? [J]. Journal of advanced nursing, 1997, 35 (26): 623-630.

[81] CRESWELL J W, CRESWELL J D. Research design: qualitative, quantitative, and mixed method approaches [M]. 5th ed. Los Angeles: Sage Publications, 2017.

[82] CRESWELL J W, PLANO CLARK V L. Designing and conducting mixed methods research [M]. 2nd ed. Thousand: Sage, 2011.

[83] CRESWELL J W, PLANO CLARK V L, GUTMANN M L, et al. Advanced mixed methods research designs [M] //Handbook of mixed methods in social and behavioral research, 2003.

[84] CRESWELL J W, TASHAKKORI A. Developing publishable mixed methods manuscripts [J]. Journal of mixed methods research, 2007, 1 (2): 107-111.

[85] CROTTY M. The foundations of social research: meaning and perspectives in the research process [M]. 3rd ed. London: Sage Publications, 2003.

[86] CROWE M. Discourse analysis: towards an understanding of its place in nursing [J]. Journal of advanced nursing, 2005, 51 (1): 55-63.

[87] DAFT R L. Organization theory and design [M]. 8th ed. Cincinnati: South-Western College Pub, 2003.

[88] DANIELS P J. Cognitive models in information retrieval: an evaluative review [J]. Journal of documentation, 1986, 42: 272-304.

[89] DAY R. LIS, method, and postmodern science [J]. Journal of education for library and information science, 1996, 37 (4): 317-324.

[90] DE LAINE M. Ethnography: theory and applications in health research [M]. Sydney: Maclennan and Petty, 1997.

[91] DE MAY M. The cognitive view point: its development and its scope [C] //

International Workshop on the Cognitive View point. Gent: Gent University, 1977: xiv-xx xii.

[92] DENT V. Applying ethnographic research methods in library and information settings [J]. Libri, 2011, 61 (1): 1-11.

[93] DENZIN N. Interpretative interactionism [M]. London: Sage, 1989.

[94] DERVIN B. Comparative theory reconceptualized: from entitites and states to processes and dynamics [J]. Communication theory, 1991, 1 (1): 59-69.

[95] DERVIN B. On studying information seeking methodologically: the implications of connecting metatheory to method [J]. Information processing & management, 1999, 35 (6): 727-750.

[96] DERVIN B. Sense-making's journey from metatheory to methodology to method: an example using information seeking and use as research focus [M] //DERVIN B, FOREMAN-WERNET L, LAUTERBACH E. Sense-making methodology reader: selected writings of brenda dervin. Cresskill: Hampton Press, 2003: 133-163.

[97] DERVIN B. What methodology does to theory: sense-making methodology as exemplar [M] //FISHER K E, ERDELES S, MCKECHNIE L. Theories of information behavior. Medford: Information Today, 2005: 25-29.

[98] DONNELLY M, JONES S. DCC data management plan content checklist [EB/OL]. [2021-03-08]. https://www.era.lib.ed.ac.uk/handle/1842/3343.

[99] DRAGULANESCU N. Information science and technology. Genesis and evolution [M]. Bucharest: AGIR Publishing House, 2004.

[100] DRETSKE F I. Knowledge and the flow of information [M]. Oxford: Basil Blackwell, 1981.

[101] DUBIN R. Theory development [M]. New York: New York Free Press, 1978.

[102] EISENHARDT M K, Graebner E M. Theory building from cases: opportunities and challenges [J]. Academy of management journal, 2007, 50 (1): 25-32.

[103] ELLIS D. A behavioral approach to information retrieval system design [J]. Journal of documentation, 1989, 45 (3): 171-212.

[104] ELLIS D. Progress & problems in information retrieval [M]. London: Library Association Publishing, 1996.

[105] ELLIS D. The physical and cognitive paradigms in information retrieval research [J]. Journal of documentation, 1992, 48 (1): 45-64.

[106] ERDELEZ S. Investigation of information encountering in the controlled research environment [M]. New York: Pergamon Press, 2004.

[107] ERDELEZ S. Information encountering: a conceptual framework for accidental information discovery [M] //VAKKARI P, SAVOLAINEN R, DERVIN B. Information seeking in context: proceedings of an international conference of research in information needs, seeking, and use in different contexts. Los Angeles: Taylor Graham, 1996: 412-421.

[108] ERICKSON F. A history of qualitative inquiry in social and educational research [M] //DENZIN N K, LINCOLN Y S. The sage handbook of qualitative research. Thousand: Sage Publications, 2011, 4: 43-59.

[109] FAIRCLOUGH N. A dialectical-relational approach to critical discourse analysis in social research [M] //WODAK R, MEYER M. Methods of critical discourse analysis. 2nd ed. London: Sage publications, 2009: 162-186.

[110] FAIRCLOUGH N. Critical discourse analysis: the critical study of language [M]. London: Longman, 1995: 90.

[111] FICHMAN P, ROSENBAUM H. Social informatics: past, present and future [M]. Cambridge: Cambridge Scholars Publishing, 2014.

[112] FIDEL R, PEJTERSEN A M. From information behaviour research to the design of information systems: the cognitive work analysis framework [J/OL]. Information research: an international electronic journal, 2004, 10 (1). [2021-08-22]. http://files.eric.ed.gov/fulltext/EJ1082064.pdf.

[113] FIDEL R. Are we there yet? Mixed methods research in library and information science [J]. Library & information science research, 2008, 30 (4): 265-272.

[114] FIDEL R, PEJTERSEN A M. Cognitive work analysis [M] //KAREN E F, ERDELEZ S, MCKECHNIE L. Theories of information behavior. Medford: Information Today, 2005: 88-93.

[115] FISHER K E, ERDELEZ S, MCJECGBUE L. Theories of information behavior [M]. 3rd ed. Medford: Information Today, 2009.

[116] FISKE J. Introduction to communication studies [M]. 3rd ed. New York: Routledge, 2011.

[117] FLICK U. Constructivism [M]//FLICK U, VON KARDORFF E, STEINKE I. A companion to qualitative research. Thousand: Sage, 2004: 88-94.

[118] FLORIDI L. On defining library and information science as applied philosophy of information [J]. Social epistemology, 2002, 16 (1): 37-49.

[119] FLORIDI L. Open problems in the philosophy of information [J]. Metaphilosophy, 2004, 35 (4): 554-582.

[120] FLORIDI L. The philosophy of information [M]. reprint ed. New York: Oxford University Press, 2011.

[121] FLORIDI L. What is the philosophy of information? [J]. Metaphilosophy, 2010, 33 (1&2): 123-145.

[122] FONSECA F. The double role of ontologies in information science research [J]. Journal of the American society for information science and technology, 2007, 58 (6): 786-793.

[123] FOUCAULT M. The archaeology of knowledge [M]. 2nd ed. London: Routledge, 2002.

[124] FREEMAN L C. Centrality in social networks: comceptual classification [J]. Social networks, 1979 (1): 215-239.

[125] FREY B J, DUECK D. Clustering by passing messages between data points [J]. Science, 2007, 315 (5814): 972-976.

[126] GADAMER H. Philosophical hermeneutics [M]. LINGE D, trans. Berkeley: University of California Press, 1976.

[127] GADAMER H. Hegel's Dialectic: five hermeneutical studies [M]. SMITH P C, trans. New Haven: Yale University Press, 1982.

[128] GADAMER H. Truth and method [M]. WEINSHEIMER J, MARSHALL D, trans. New York: Continuum, 1972.

[129] GEERTZ C. Chapter I thick description: toward an interpretive theory of culture [M]//DILLON W S. In the interpretation of cultures: selected essays. New York: Basic Books, 1973.

[130] GEERTZ C. The interpretation of culture [M]. New York: Basic Books, 1973.

[131] GIOIA D A, PURE E. Multiparadigm perspectives on theory building [J]. Academy of management review, 1990, 15 (4): 584-602.

[132] GLASER B G. Theoretical sensitivity advances in the methodology of grounded theory [M]. Mill Valley: CA Sociology Press, 1978.

[133] GLASER B, STRAUSS A. The discovery of grounded theory: strategies for qualitative research [M]. Chicago: Aldine Publishing Co, 1967.

[134] GNOLI C. Mentefacts as a missing level in theory of information science [J]. Journal of documentation, 2018, 74 (6): 1226-1242.

[135] GOFFMAN W. Information science: discipline or disappearance [C]. The 44th Aslib Annual Conference, Aberdeen, 1970.

[136] GOLDKUHL G. Pragmatism vs interpretivism in qualitative information systems research [J]. European journal of information systems, 2012, 21 (2): 135-146.

[137] GRANOVETTER M S. The strength of weak ties [J]. American journal of sociology, 1973, 78 (6): 1360-1380.

[138] GREENE J C, CARACELLI V J, GRAHAM W F. Toward a conceptual framework for mixed-method evaluation designs [J]. Educational evaluation & policy analysis, 1989, 11 (3): 255-274.

[139] GREGOR S. The nature of theory in information systems [J]. MIS quarterly, 2006, 30 (3): 611-642.

[140] GRIFFIN B L. Metatheory or methodology? Ethnography in library and information science [J]. Information research, 2017, 22 (1): 1-5.

[141] GRIX J. The foundations of research [M]. London: Palgrave Macmillan, 2004.

[142] GUBA E G, LINCOLN Y S. Paradigmatic controversies, contradictions, and emerging confluences [M] //DENZIN N K, LINCOLN Y S. The sage handbook of qualitative research. 3rd ed. Thousand: Sage, 2005: 191-215.

[143] GUBA E. The alternative paradigm dialogue [M] //GUBA E. The paradigm dialogue. London: Sage, 1990.

[144] GUBA E, LINCOLN Y. Competing paradigms in qualitative research [M] //DENZIN N, LINCOLN Y. Handbook of qualitative research. London: Sage, 1994: 105-117.

[145] HAIDER J, BAWDEN D. Conceptions of "information poverty" in LIS: a discourse analysis [J]. Journal of documentation, 2007, 63 (4): 534-557.

[146] HALL S. Foucault: power, knowledge and discourse [M] //WETHERELL M, TAYLOR S, YATES S. Discourse theory and practice. London: Sage, 2001.

[147] HALLIDAY M. Language as social semiotic: the social interpretation of language and meaning [J]. American anthropologist, 1978, 83 (3): 659-661.

[148] HAMMERSLEY M, ATKINSON P. Ethnography: principles in practice [M]. 4th ed. London: Routledge, 2019.

[149] HANSEN S, RENNECKER J. Collective hermeneutics in a systems development process [J]. Berichte der deutschen chemischen gesellschaft, 2006, 72 (2): 440-445.

[150] HANSSON J. Hermeneutics as a bridge between the modern and the postmodern in library and information science [J]. Journal of documentation, 2005, 61 (1): 102-113.

[151] HAYES R, OPPENHEIM R. Constructivism: reality is what you make it [M] // SEXTON T, GRIFFIN B. Constructivist thinking in counseling practice, research and training. New York: Teachers College Press, 1997: 19-41.

[152] HEY T, TANSLEY S, TOLLE K. The fourth paradigm: data-intensive scientific discovery [M]. Redmond: Microsoft Research, 2009.

[153] HIDER P, PYMM B. Empirical research methods reported in high-profile LIS journal literature [J]. Library & information science research, 2008, 30 (2): 108-114.

[154] HIGGINS S. Digital curation: the emergence of a new discipline [J]. International journal of digital curation, 2011, 6 (2): 78-88.

[155] HJØRLAND B. Arguments for philosophical realism in library and information science [J]. Library trends, 2004, 52 (3): 488-506.

[156] HJØRLAND B. Domain analysis in information science: eleven approaches-traditional as well as innovative [J]. Journal of documentation, 2002, 58 (4): 422-462.

[157] HJØRLAND B. Empiricism, rationalism and positivism in library and information science [J]. Journal of documentation, 2005, 61 (1): 130-155.

[158] HJØRLAND B. Epistemology and the socio-cognitive perspective in Information Science [J]. Journal of the American society for information science and technology, 2002, 53

(4): 257-270.

[159] HJØRLAND B. Fundamentals of knowledge organization [J]. Knowledge organization, 2003, 30 (2): 87-111.

[160] HJØRLAND B. The foundation of information science: one world or three? A discussion of Gnoli [J]. Journal of documentation, 2019, 75 (1): 164-171.

[161] HJØRLAND B. Theory and metatheory of information science: a new interpretation [J]. Journal of documentation, 1998, 54 (5): 606-621.

[162] HJØRLAND B, ALBRECHTSEN H. Toward a new horizon in information science: domain-analysis [J]. Journal of the American society for information science, 1995, 46 (6): 400-425.

[163] HORTON F W. Information resources management [M]. London: Prentice Hall, 1985.

[164] HUGHES J, SHARROCK W. The philosophy of social research [M] //Cambridge dictionary of philosophy. 2nd ed. Cambridge: Cambridge University Press, 1997.

[165] IMENDA S. Is there a conceptual difference between theoretical and conceptual frameworks? [J]. J Soc Sci, 2014, 38 (2): 185-195.

[166] INGWERSEN P. Polyrepresentation of information needs and semantic entities: elements of a cognitive theory for information retrieval interaction [C]. Proceedings of the 17th Annual International ACM SIGIR Conference on Research and Development in Information Retrieval. Dublin: ACM, 1994: 101-110.

[167] INGWERSEN P. Cognitive information retrieval [J]. Annual review of information science and technology, 2001 (34): 3-51.

[168] INGWERSEN P. Cognitive perspectives of information retrieval interaction: elements of a cognitive IR theory [J]. Journal of documentation, 1996, 52 (1): 3-50.

[169] INGWERSEN P. Cognitive perspectives of information retrieval [J]. Journal of documentation, 1996, 52 (1): 3-50.

[170] INGWERSEN P. Information and information science in context [M] //OLAISEN J, MUNCH-PETERSEN E, WILSON P. Information science: from the development of the discipline to social interaction. Oslo: Scandinavian University Press, 1995: 69-111.

[171] INGWERSEN P. Information retrieval interaction [M]. London: Taylor Graham, 1992.

[172] Interpretivism, social constructionism and phenomenology[EB/OL]. [2020-08-22]. https://lo.unisa.edu.au/mod/page/view.php?id=489362.

[173] JOHNSON R B, ONWUEGBUZIE A J. Mixed methods research: a research paradigm whose time has come [J]. Educational researcher, 2004, 33 (7): 14-26.

[174] JULIEN H. A content analysis of the recent information needs and uses literature [J]. LISR, 1998 (18): 53-85.

[175] KAPLAN A. The conduct of inquiry: methodology for behavioral science [M]. San Francisco: Chandler, 1964.

[176] KAUSHIK V, CHRISTINE A, WALSH C A. Pragmatism as a research paradigm and its implications for social work research [J]. Social sciences, MDPI, open access journal, 2019, 8 (9): 1-17.

[177] KHOO M, ROZAKLIS L, HALL C. A survey of the use of ethnographic methods in the study of libraries and library users [J]. Library & information science research, 2012, 34 (2): 82-91.

[178] KIM S J, JEONG D Y. An analysis of the development and use of theory in library and information science research articles [J]. Library & information science research, 2006 (28): 548-562.

[179] KINCAID H. Positivism in the social sciences. Routledge encyclopedia of philosophy [M]. London: Routledge, 1998.

[180] KUHLTHAU C C. Inside the search process: information seeking from the user's perspectivee [J]. Journal of the association for information science & technology, 1991, 42 (5): 361-371.

[181] KUHLTHAU C C. Longitudinal case studies of the information search process of users in libraries [J]. Library & information science research, 1988, 10 (3): 257-304.

[182] KUHLTHAU C C. Seeking meaning: a process to library and information science [M]. Norwood: Ablex, 1994.

[183] KUHN T S. The structure of scientific revolutions [M]. 2nd ed. Chicago: The University of Chicago Press, 1970.

[184] LANCASTER F W. 情报检索系统：特性，试验与评价 [M]. 2版. 陈光祚，等译. 北京：书目文献出版社，1984.

［185］LANCASTER F W. 情报检索词汇控制［M］. 侯汉清，等译. 上海：同济大学出版社，1992.

［186］LIEHR P, SMITH M J. Middle range theory: spinning research and practice to create knowledge for the new millennium［J］. Advances in nursing science, 1999, 21（4）: 81-91.

［187］LINCOLN Y, LYNHAM S A, GUBA E G. Paradigms and perspectives in contention. in the sage handbook of qualitative research［M］. Thousand: Sage Publications, 2011: 91-95.

［188］LIU K, GUO F. A review on critical discourse analysis［J］. Theory and practice in language studies, 2016（5）: 1076-1084.

［189］LOR P J. Revitalizing comparative library and information science: theory and metatheory［J］. Journal of documentation, 2014, 70（1）: 25-51.

［190］LOSEE R M. A discipline independent definition of information［J］. Journal of the American society for information science, 1997, 48（3）: 254-269.

［191］LUFT S. Husserl's theory of the phenomenological reduction: between life-world and cartesianism［J］. Research in phenomenology, 2004, 34: 198-234.

［192］MA L. Some philosophical considerations in using mixed methods in library and information science research［J］. Journal of the American society for information science and technology, 2012, 63（9）: 1859-1867.

［193］MARCUS G E, CUSHMAN D. Ethnographies as texts［J］. Annual review of anthropology, 1982, 11（1）: 25-69.

［194］MASON J. Qualitative researching［M］. 3rd ed. Los Angeles: Sage Publications, 2018.

［195］MCCLINTOCK C. Process sampling: a method for case study research on administrative behavior［J］. Educational administration quarterly, 1985, 21（3）: 205-222.

［196］MCKECHNIE L, PETTIGREW K E. Surveying the use of theory in library and information science research: a disciplinary perspective［J］. Library trends, 2002, 50（3）: 406-417.

［197］MEADOWS A J. Theory in information science［J］. Journal of information science, 1990, 16（1）: 59-63.

［198］MELLON C A. Library anxiety: a grounded theory and its development［J］. College &

research libraries, 1986, 47 (2): 160-165.

[199] MOORE R. Towards a theory of digital preservation [J]. International journal of digital curation, 2008, 3 (1): 63-75.

[200] MOSER P. Introduction [M] //MOSER P. The Oxford handbook of epistemology [M]. Oxford: Oxford University Press, 2002: 3-24.

[201] MURPHY J P. Pragmatism: from Peirce to Davidson. Boulder: Westview Press, 1990.

[202] MYERS M D. Qualitative research in business & management [M]. Los Angeles: Sage Publications, 2008.

[203] NARDI B A, O'DAY V L. Information ecologies: using technology with heart [M]. Cambridge: MIT Press, 1999.

[204] NEWMAN M E J. The structure and function of networks [J]. Computer physics communications, 2002, 147: 40-45.

[205] NEWMAN M E J, WATTS D. Renormalization group analysis of the small-world network model [J]. Phys Lett A, 2000, 26 (3): 341-346.

[206] NOVAK T P, HOFFMAN D L, YUNG Y F. Measuring the flow construct in online environments: a structural modeling approach [EB/OL]. [2020-08-22]. http://citeseerx.ist.psu.edu/viewdoc/summary? doi=10.1.1.203.4000.

[207] ØROM A. Information science, historical changes and social aspects: a nordic outlook [J]. Journal of documentation, 2000, 56 (1): 12-26.

[208] ORTEGAY G J, MARSHALL J D. The mission of the librarian [M] //MARSHALL J D. Of, by and for librarians. Hamden: Shoe String Press, 1975: 190-213.

[209] PALMER R E. Hermeneutics [M]. Evanston: Northwestern University Press, 1969.

[210] PANDIT N R. The creation of theory: a recent application of the grounded theory method [J]. Qualitative report, 1996 (2): 1-15.

[211] PARTINGTON D. Building grounded theories of management action [J]. British journal of management, 2003, 11 (2): 91-102.

[212] PETTIGREW K E, MCKECHNIE L E F. The use of theory in information science research [J]. Journal of the American society for information science and technology, 2001, 52 (1): 62-73.

[213] PICCOLI G, IVES B. Trust and the unintended effects of behavior control in virtual

teams [J]. MIS quarterly, 2003, 27 (3): 365-395.

［214］ PONTIS S, KEFALIDOU G, BLANDFORD A, et al. Academics' responses to encountered information: context matters [J]. Journal of the association for information science and technology, 2016, 67 (8): 1883-1903.

［215］ POPPER K R. Epistemology without a knowing subject [J]. Studies in logic and the foundations of mathematics, 1968, 52: 333-373.

［216］ POPPER K R. Postscript to the logic of scientific discovery [J]. London: Hutchinson, 1985.

［217］ POPPER K R. Objective knowledge: an evolutionary approach [M]. Oxford: Oxford University Press, 1972.

［218］ REISIGL M, WODAK R. The discourse-historical approach (DHA) [M] //WODAK R, MEYER M. Methods of critical discourse analysis. 2nd ed. London: Sage publications, 2009.

［219］ RICHARDS K. Qualitative inquiry in TESOL [M]. New York: Palgrave Macmillan, 2003.

［220］ RICOEUR P. From text to action: essays in HERMENEUTICS II [M]. BLAMEY K, THOMPSON J B, trans. Evanston: Northwestern University Press, 1991.

［221］ RITZER G. Metatheorizing in sociology [M]. Lexington: Lexington Books, 1991.

［222］ RITZER G. Metatheorizing [M]. Newbury: Sage, 1992.

［223］ ROSENBAUM H. Information use environments and structuration: towards an integration of Taylor and Giddens [C] //BONZI S. Proceedings of the 56th ASIS Annual Meeting, Medford, 1993: 235-245.

［224］ RYAN A B. Post-positivist approaches to research [M] //Researching and writing your thesis: a guide for postgraduate students. MACE: Maynooth Adult and Community Education, 2006: 12-26.

［225］ SANDSTROM A R, Sandstrom P E. The use and misuse of anthropological methods in library and information science research [J]. Library quarterly, 1995, 65 (2): 161-199.

［226］ SARACEVIC T. Information science [M] //BATES M J, MAACK M N. Encyclopedia of library and information science. New York: Taylor & Francis, 2009:

2570-2586.

[227] SARACEVIC T. Information science [J]. Journal of the American society for information science, 1999, 50 (12): 1051-1063.

[228] SARACEVIC T. Information science: origin, evolution and relations [M] // VAKKARI P, CRONIN B. Conceptions of library and information science: historical, empirical and theoretical perspectives. London: Taylor Graham, 1992: 5-27.

[229] SARACEVIC T. Relevance: a review of and a framework for the thinking on the notion of information science [J]. Journal of American society for information science, 1975, 26 (6): 321-343.

[230] SARACEVIC T. Relevance: a review of the literature and a framework for thinking on the notion in information science. Part II: nature and manifestations of relevance [J]. Journal of the American society for information science and technology, 2007, 58 (13): 1915-1933.

[231] SARACEVIC T. The stratified model of information retrieval interaction: extension and applications [M] //SCHWARTZ C, RORVIG M. Proceedings of the American society for information science. Medford: Learned Information, 1997.

[232] SAVOLAINEN R. Everyday life information seeking: approaching information seeking in the context of "way of life" [J]. Library & information science research, 1995, 17 (3): 259-294.

[233] SCHEURICH J, MCKENZIE K. Foucault's methodologies: archaeology and genealogy [M] //DENZIN N, LINCOLN Y. The handbook of qualitative research. 3rd ed. London: Sage, 2000: 841-868.

[234] SCHLEIERMACHER F D E. Hermeneutics: the handwritten manuscripts [M]. JAMES D, JACK F, trans. Missoula: Scholars Press, 1977.

[235] SEADLE M. Research rules for library ethnography [J]. Library hitech, 2011, 29 (3): 409-411.

[236] SEADLE M. The raw and the cooked among librarians [J]. Library hitech, 1998, 16 (3/4): 7-11.

[237] SHANNON C E. A mathmatical theory of communication [J]. The Bell system technical journal, 1948, 27 (3): 379-423.

[238] SILVERMAN D. Doing qualitative research: a practical handbook [M]. Los Angeles: Sage Publications Limited, 2013.

[239] SMITH M J. Disciplinary perspectives linked to middle range theory [M]//SMITH M J, LIEHR P R. Middle range theory for nursing. 2nd ed. New York: Springer Publishing Company, 2008: 3-14.

[240] SMITH M J, LIEHR P. Attentively embracing story: a middle-range theory with practice and research implications [J]. Research and theory for nursing practice, 1999, 13 (3): 187-204.

[241] SMUTNY Z, VEHOVAR V. Social informatics research: schools of thought, methodological basis, and thematic conceptualization [J]. Journal of the association for information scienceand technology, 2020, 71 (5): 529-539.

[242] SMUTNY Z. Social informatics as a concept: widening the discourse [J]. Journal of information science, 2016, 42 (5): 681-710.

[243] SON J, LEE J, LARSEN K R, et al. Understanding the uncertainty of disaster tweets and its effect on retweeting: the perspectives of uncertainty reduction theory and information entropy [J]. JASIST, 2020, 71 (10): 1145-1161.

[244] SONNENWALD D H. Evolving perspectives of human information behavior: contexts, situations, social networks and information horizons [C]. Proceedings of the Second International Conference on Research in Information Needs, Seeking and Use in Different Contexts. London: Taylor Graham, 1999: 197-204.

[245] SONNENWALD D H. Exploring theory development: learning from diverse masters [M]//SONNENWALD D H. Theory development in the information sciences. Austin: University of Texas Press, 2016: 1-18.

[246] SPINK A. Information science: a third feedback framework [J]. Journal of the American society for information science, 1997, 48 (8): 728-740.

[247] SPINK A. Study of interactive feedback during mediated information retrieval [J]. Journal of the American society for information science, 1997, 48 (5): 382-394.

[248] SPINK A, COLE C. Everyday life information seeking research [J]. Library and information science research, 2001, 23 (4): 301.

[249] STRAUSS A L. Social worlds and legitimation process [M]//DENZIN N. Studies in

symbolic interaction. Greenwich: JAI Press, 1982.

[250] STRAUSS A L, CORBIN J M. Basics of qualitative research: techniques and procedures for developing grounded theory [J]. Thousand Oaks Ca Sage Tashakkori A & Teddlie C, 2014, 36 (100): 129.

[251] SUNDIN O, JOHANNISSON J. Pragmatism, neo-pragmatism and sociocultural theory: communicative participation as a perspective in LIS [J]. Journal of documentation, 2005, 61 (1): 23-43.

[252] SWANSON D R. Fish oil, Raynaud's syndrome, and undiscovered public knowledge [J]. Perspectives in biology and medicine, 1986, 30 (1): 7-18.

[253] SWANSON D R, SMALHEISER N R. An interactive system for finding complementary literature: a stimulus to scientific discovery [J]. Artificial intelligence, 1997, 91 (2): 183-203.

[254] TALJA S, KESO H, PIETILÄINEN T. The production of "context" in information seeking research: a metatheoretical view [J]. Information processing and management, 1999, 35 (6): 751-763.

[255] TALJA S, TUOMINEN K, SAVOLAINEN R. "Isms" in information science: constructivism, collectivism and constructionism [J]. Journal of documentation, 2005, 61 (1): 79-101.

[256] TAYLOR R S. Information use environments [M] //DERVIN B, VOIGT M. Progress in communication science. Norwood: Ablex, 1991: 217-255.

[257] TAYLOR R S. Value-added processes in information systems [M]. Westport: Greenwood Publishing Group, 1986.

[258] TAYOR A G. The organization of information [M]. Englewood: Libraries Unlimited, Inc., 1993: 3-5.

[259] TEDDLIE C B, TASHAKKORI A M. Foundations of mixed methods research: integrating quantitative and qualitative approaches in the social and behavioral sciences [M]. Thousand Qaks: Sage Publications, 2009.

[260] TASHAKKORI A, TEDDLIE C. Handbook of mixed methods in social & behavioral research [M]. Thousand Qaks: Sage Publications, 2003: 3-50.

[261] TEDLOCK B. Ethnography and ethnographic representation [M] //DENZIN N K,

LINCOLN Y S. Handbook of qualitative research. 2nd ed. Thousand Oaks: Sage, 2000: 455-486.

[262] TENNIS J T. Epistemology, theory, and methodology in knowledge organization: toward a classification, metatheory, and research framework [J]. Knowledge Organization, 2008, 35 (2/3): 102-112.

[263] TRUEX D, HOLMSTRÖM J, KEIL M. Theorizing in information systems research: a reflexive analysis of the adaptation of theory in information systems research [J]. Journal of the association for information systems, 2006, 7 (12): 797-820.

[264] URSUL A D. On the shaping of social informatics [J]. International forum on information and documentation, 1989, 14 (4): 10-18.

[265] VAKKARI P, KUOKKANEN M. Theory growth in information science: applications of the theory of science to a theory of information seeking [J]. Journal of documentation, 1997, 53 (5): 497-519.

[266] VALERIE J C, GREENE J C. Crafting mixed-method evaluation designs [J]. New directions for evaluation, 1997, 1997 (74): 19-32.

[267] VAMANU I. Hermeneutics: a sketch of a metatheoretical framework for library and information science research [J]. Information research, 2013, 18 (3): 260-265.

[268] VAN MAANEN J. Different strokes: qualitative research in the Administrative Science Quarterly from 1956 to 1996. Qualitative studies of organizations [M]. Thousand Oaks: Sage, 1998: 8-33.

[269] VENKATESH V, BROWN S A, BALA H. Bridging the qualitative-quantitative divide: guidelines for conducting mixed methods research in information systems [J]. MIS quarterly, 2013, 37 (1): 21-54.

[270] VESSEY D. Gadamer and the fusion of horizons [J]. International journal of philosophical studies, 2009, 17 (4): 531-542.

[271] VICKERY B C. A century of scientific and technical information [J]. Journal of documentation, 1999, 55 (5): 476-527.

[272] VICKERY B C. Bradford's law of scattering [J]. Journal of documentation, 1948, 4 (3): 198-203.

[273] VICKERY B C. Metatheory and information science [J]. Journal of documentation,

1997, 53 (5): 457-476.

[274] VICKERY B C. Scientific communication in history [M]. Lanham: Scarecrow Press, 2000.

[275] WALSHAM G. Interpretive case studies in IS research: nature and method [J]. European journal of information systems, 1995, 4: 74-81.

[276] WANG F, WANG X. Tracing theory diffusion: a text mining and citation-based analysis of TAM [J]. Journal of documentation, 2020, 76 (6): 1109-1134.

[277] WANG F, YANG J, WU Y J. Non-synchronism in theoretical research of information science [J/OL]. Journal of documentation, 2021 (3) [2021-07-10]. http://www.emerald.com/insight/content/doillo.1108/JD-12-2020-0215/full/html.

[278] WATTS D J, STROGATZ S H. Collective dynamics of 'small-world' networks [J]. Nature, 1998, 393: 440-442.

[279] WEBBER S. Information science in 2003: a critique [J]. Journal of information science, 2003 (4): 311-330.

[280] WEBER R. Evaluating and developing theories in the information systems discipline [J]. Journal of the association for information systems, 2012, 13 (1): 2-30.

[281] WEED M E. Research quality considerations for grounded theory research in sport and exercise psychology [J]. Zootaxa, 2009, 4057 (3): 63.

[282] WEGNER D M, ERBER R, RAYMOND P. Transactive memory in close relationships [J]. Journal of personality and social psychology, 1992, 61 (6): 923-929.

[283] WEICK K E. Theory construction as disciplined imagination [J]. Academy of management review, 1989, 14 (4): 516-531.

[284] WELLISCH H. From information science to informatics: a terminological investigation [J]. Journal of librarianship, 1972, 4 (3): 157-208.

[285] WETHERELL M, TAYLOR S, YATES S. Discourse theory and practice [M]. London: Sage, 2001.

[286] WHETTEN D A. What constitutes a theoretical contribution? [J]. Academy of management review, 1989, 14 (4): 490-495.

[287] WIESCHE M, JURISCH M C, YETTON P W, et al. Grounded theory methodology in information systems research [J]. MIS quarterly, 2017, 41 (3): 685-702.

[288] WIKGREN M. Critical realism as a philosophy and social theory in information science? [J]. Journal of documentation, 2005, 61 (1): 11-22.

[289] WILSON P. Second-hand knowledge: an inquiry into cognitive authority [M]. Westport: Greenwood Press, 1983.

[290] WILSON T D. Information behaviour: an interdisciplinary perspective [C]. An International Conference on Information Seeking in Context. London: Taylor Graham Publishing, 1997: 39-50.

[291] WILSON T D. Models in information behaviour research [J]. Journal of documentation, 1999, 55 (3): 249-270.

[292] WILSON T D. On user studies and information needs [J]. Journal of documentation, 1981, 37 (6): 658-670.

[293] WILSON T D. Human information behaviour [J]. Informing science, special issue on information science research, 2000, 3 (2): 49-56.

[294] WODAK R, MEYER M. Methods of critical discourse analysis [M]. 2nd ed. London: Sage publications, 2009.

[295] XU C, MA B, CHEN X, et al. Social tagging in the scholarly world [J]. Journal of the association for information science and technology, 2013, 64 (10): 2045-2057.

[296] YIN R K. The case study as a serious research strategy [J]. Science communication, 1981, 3 (1): 97-114.

[297] YOVITS M C, ERNST R L. Generalized information systems [M] //KENT A, TAULBEE O, BEIZER J, et al. Electronic handling of information. Washington: Thompson Book Co., 1967: 279-290.

[298] YOVITS M C, FOULK C R. Experiments and analysis of information use and value in a decision-making context [M]. New York: John Wiley & Sons, Inc., 1985.

[299] ZINS C. Classification schemes of information science: twenty-eight scholars map the field [J]. Journal of the American society for information science & technology, 2007, 58 (5): 645-672.

[300] ZINS C. Conceptions of information science [J]. JASIST, 2007, 58 (3): 335-350.

[301] ZINS C. Redefining information science: from "information science" to "knowledge science" [J]. Journal of documentation, 2006, 62 (4): 447-461.

[302] ZIPF G K. Human behavior and the principle of least effort: an introduction to human ecology [M]. Cambridge: Addison-Wesley, 1949.

[303] 埃米尔·本维尼斯特. 普通语言学问题 [M]. 王东亮, 等译. 北京: 生活·读书·新知三联书店, 2008: 106.

[304] 包昌火. Intelligence 与我国情报学研究 [J]. 情报理论与实践, 1996, 19 (6): 6.

[305] 包昌火, 刘彦君, 张婧. 中国情报学论纲 [J]. 情报杂志, 2018, 37 (1): 1-8.

[306] 包昌火, 马德辉, 李艳. Intelligence 视域下的中国情报学研究 [J]. 情报杂志, 2015, 34 (12): 1-6.

[307] 包昌火. 情报缺失的中国情报学 [J]. 情报学报, 2007, 26 (1): 29-34.

[308] 包昌火, 谢新洲, 李艳. 竞争对手分析论纲 [J]. 情报学报, 2003, 22 (1): 103-114.

[309] 包昌火, 谢新洲, 申宁. 人际网络分析 [J]. 情报学报, 2003, 22 (3): 365-374.

[310] 包昌火, 赵刚, 黄英, 等. 略论竞争情报的发展走向 [J]. 情报学报, 2004, 23 (3): 352-366.

[311] 北京大学现代科学与哲学研究中心. 钱学森与现代科学技术 [M]. 北京: 人民出版社, 2001.

[312] 毕强, 韩毅. 泛在知识环境下数字图书馆知识空间构建研究 [J]. 情报科学, 2008, 26 (7): 971-977.

[313] 查先进, 吕彬, 曹晨. 多学科融合下的情报学方法论研究 [M] // 李纲. 情报学研究进展. 武汉: 武汉大学出版社, 2010: 178-217.

[314] 陈传夫, 马浩琴. 图书情报学现实研究中科学方法应用的调查分析: 以 2010 年的期刊论文为样本 [J]. 图书馆论坛, 2011, 31 (6): 32-37.

[315] 陈锋, 翟羽佳, 王芳. 基于条件随机场的学术期刊中理论的自动识别方法 [J]. 图书情报工作, 2016 (2): 122-128.

[316] 陈向明. 质的研究方法与社会科学研究 [M]. 北京: 教育科学出版社, 2000.

[317] 成颖, 孙建军, 巢乃鹏. 信息检索中的相关性模型 [J]. 图书情报工作, 2004, 48 (12): 46-50.

[318] 迪莉娅. 西方信息行为认知方法研究 [J]. 中国图书馆学报, 2011, 37 (192): 97-104.

[319] 丁久晖, 邓小昭. 论认知与用户导向的情报检索 [J]. 图书馆理论与实践, 2010

(1)：44-48.

[320] 杜雪，刘春茂．网络信息偶遇影响因素个性特征的调查实验研究［J］．图书情报工作，2015，59（11）：119-126．

[321] 范并思．社科情报学：一个逐渐远行的学派［J］．图书情报知识，2006（6）：80-83．

[322] 福斯克特，余士雄．图书馆、情报和科学进步［J］．图书情报工作，1988（5）：1-4．

[323] 高凡，徐引篪．图书馆联盟的社会网络资源配置［J］．中国图书馆学报，2006（3）：14-16，27．

[324] 高金虎．论情报的定义［J］．情报杂志，2014，33（3）：1-5．

[325] 桂罗敏．深度理解用户：图书情报领域民族志方法运用研究［J］．图书情报工作，2015（6）：16-21．

[326] 哈罗德·拉斯韦尔斯．社会传播的结构与功能［M］．何道宽，译．北京：中国传媒大学出版社，2012：25-34．

[327] 海德格尔．存在与时间［M］．陈嘉英，等译．北京：生活·读书·新知三联书店，1987：45．

[328] 贺德方．事实型数据：科技情报研究工作的基石［J］．情报学报，2010，29（5）：771-776．

[329] 黑格尔．逻辑学（上卷）［M］．杨一之，译．北京：商务印书馆，1974．

[330] 黑格尔．哲学史讲演录（第四卷）［M］．贺麟，王太庆，译．北京：商务印书馆，1978：189．

[331] 胡昌平．现代信息管理机制研究［M］．武汉：武汉大学出版社，2004：124-132．

[332] 胡昌平．信息管理科学导论（修订版）［M］．北京：高等教育出版社，2001：233-260．

[333] 胡塞尔．纯粹现象学通论：纯粹现象学和现象学哲学的观念（第1卷）［M］．李幼蒸，译．北京：商务印书馆，1992．

[334] 胡星光，包昌火，谢新洲，等．竞争情报解决方案：企业竞争情报系统和竞争情报技能［M］．北京：兵器工业出版社，2002：110．

[335] 胡雅萍，沈固朝．从"情报服务"到"情报干预"：从决策失误看情报作用的一些思考［J］．情报学报，2017（11）：1130-1138．

[336] 化柏林．针对中文学术文献的情报方法术语抽取［J］．现代图书情报技术，2013

(6): 68-75.

[337] 黄长著. 对情报学学科发展的几点思考 [J]. 信息资源管理学报, 2018 (1): 1-8.

[338] 黄国文. 语篇分析与话语分析 [J]. 外语与外语教学, 2006 (10): 1-7.

[339] 霍国庆, 孟广均, 徐引篪. 西方图书馆学流派论评（一）[J]. 图书情报工作, 1998 (4): 3-5.

[340] 霍忠文. Infotelligence Science 论纲 [J]. 情报理论与实践, 1998 (1): 6-8.

[341] 姬鹏宏. 智能信息学: 情报学的发展与定位 [J]. 情报理论与实践, 2002 (6): 404-407.

[342] 纪雪梅, 李长玲, 许海云. 基于权力指数的引文网络分析方法探讨 [J]. 图书情报工, 2009, 53 (24): 111-114, 105.

[343] 纪雪梅, 王芳. SNA 视角下的在线社交网络情感传播研究综述 [J]. 情报理论与实践, 2015, 38 (7): 139-144.

[344] 姜婷婷, 范水香, 王昊. 高校图书馆 OPAC 中的分面搜索对用户体验的影响: 基于不同任务的对比实验分析 [J]. 图书情报工作, 2015 (4): 114-121.

[345] 蒋永福, 付小红. 知识组织论: 图书情报学的理论基础 [J]. 图书馆建设, 2000 (4): 14-17.

[346] 蒋永福, 李景正. 论知识组织方法 [J]. 中国图书馆学报, 2001 (1): 3-7.

[347] 金岳霖. 论道 [M]. 北京: 商务印书馆, 1985.

[348] 靳娟娟. 情报学理论体系比较研究 [J]. 图书情报知识, 1995 (3): 17-23.

[349] 靳娟娟. 情报学学科建设研究历程的回顾与展望 [J]. 图书情报工作, 2003 (10): 31-36, 105.

[350] 靖继鹏, 李勇先, 刘凤琴. 剖析情报学理论体系流派的用户观 [J]. 中国图书馆学报, 1992 (2): 5-9.

[351] 靖继鹏, 李勇先. 剖析情报学理论体系流派的用户观 [J]. 中国图书馆学报, 1992 (2): 5-10.

[352] 靖继鹏, 马费成, 张向先. 情报科学理论 [M]. 北京: 科学出版社, 2009.

[353] 卡尔·波普尔. 科学发现的逻辑 [M]. 查汝强, 邱仁宗, 译. 北京: 科学出版社, 1986.

[354] 卡尔·波普尔. 科学知识进化论: 波普尔科学哲学选集 [M]. 纪树立, 编译. 北

京：生活·读书·新知三联书店，1987：311.

[355] 凯利·E 豪威尔. 方法论哲学导论［M］. 宋尚玮，译. 北京：科学出版社，2019.

[356] 肯尼思·J 阿罗. 信息经济学［M］. 何宝玉，等译. 北京：北京经济学院出版社，1989.

[357] 赖茂生. 情报学的发展观［J］. 图书情报知识，2000（12）：2-9.

[358] 赖茂生. 21 世纪情报学学科的新起点［J］. 情报学报，2000，19（1）：81.

[359] 赖茂生，王芳. 信息经济学［M］. 北京：北京大学出版社，2006.

[360] 赖茂生. 新环境、新范式、新方法、新能力：新时代情报学发展的思考［J］. 情报理论与实践，2017，40（12）：1-5.

[361] 李国红. А.И. 米哈依诺夫科学交流模式述评［J］. 情报探索，2005（6）：46-48.

[362] 李宏轩，马海群. 知识组织的三种视角［J］. 中国图书馆学报，2001，27（5）：12-14.

[363] 李辉，张惠娜，侯元元，等. 情报 3.0 时代科技情报服务能力研究：基于工程技术视角的服务能力四层结构模型［J］. 情报理论与实践，2017，40（3）：1-4.

[364] 李强. 实验社会科学：以实验政治学的应用为例［J］. 清华大学学报（哲学社会科学版），2016（4）：41-42.

[365] 李阳，李纲. 我国情报学变革与发展："侵略"思索、范式演进与体系建设［J］. 图书情报工作，2016，60（22）：5-11.

[366] 李阳，李纲. 应急决策情报体系：历史演进、内涵定位与发展思考［J］. 情报理论与实践，2016，39（4）：8-13.

[367] 李月琳，肖雪，胡蝶. 信息检索实验中的任务设计：真实与模拟仿真工作任务的比较研究［J］. 图书情报工作，2014，58（16）：5-12.

[368] 李振伦. 元理论与元哲学［J］. 河北学刊，1996（6）：26-31.

[369] 梁立明，侯长红，朱凌，等. 情报学家对科学的关注与解读（Ⅰ）：情报学家关注科学的视角［J］. 情报学报，2002，21（6）：656-663.

[370] 梁战平. 情报学若干问题辨析［J］. 情报理论与实践，2003，26（3）：193-198.

[371] 林聚任. 社会网络分析：理论、方法与应用［M］. 北京：北京师范大学出版社，2009.

[372] 刘畅，赵瑜，杨帆. 信息检索用户实验设计中时间限制和任务次序的影响研究［J］. 图书情报工作，2015，59（1）：99-105.

[373] 刘春茂. 知识管理理论的情报学视角分析 [J]. 中国图书馆学报, 2001, 27 (2): 11-14.

[374] 刘春茂. 知识组织与知识管理的综合研究. 情报学进展（第五卷）[M]. 北京: 国防工业出版社, 2006: 107-135.

[375] 刘放桐. 现代西方哲学 [M]. 北京: 人民出版社, 1990.

[376] 刘军. 整体网分析讲义 [M]. 上海: 上海人民出版社, 2009.

[377] 刘植惠. 情报学基础理论讲座 [J]. 情报理论与实践, 1988 (1): 41-45.

[378] 刘植惠. 知识基因理论新进展 [J]. 情报科学, 2003 (12): 1243-1245.

[379] 卢泰宏. 国家信息政策 [M]. 北京: 科学技术文献出版社, 1993.

[380] 卢振波, 李晓东. 民族志方法在图书馆学情报学研究中的应用 [J]. 情报资料工作, 2014 (3): 14-18.

[381] 陆伟, 万维雅. 基于认知观点的信息检索交互模型 [J]. 中国图书馆学报, 2005 (2): 54-57.

[382] 罗伯特·K 殷. 案例研究: 设计与方法 [M]. 重庆: 重庆大学出版社, 2004.

[383] 罗伯特·克拉克. 情报分析: 以目标为中心的方法 [M]. 北京: 金城出版社, 2013: 10.

[384] 罗家德. 社会网分析讲义 [M]. 2 版. 北京: 社会科学文献出版社, 2010.

[385] 罗纳德·伯特. 结构洞-竞争的社会结构 [M]. 上海: 上海人民出版社, 2008.

[386] 马大川, 马越. 信息有序的理论框架 [J]. 情报理论与实践, 2006 (6): 677-680.

[387] 马费成. 情报学的进展与深化 [J]. 情报学报, 1996 (5): 337-343.

[388] 马费成, 宋恩梅, 张勤. IRM-KM 范式与情报学发展研究 [M]. 武汉: 武汉大学出版社, 2008.

[389] 马费成. 知识组织系统的演进与评价 [J]. 知识工程, 1989 (2): 39-43.

[390] 迈克尔·波兰尼. 个人知识 [M]. 上海: 上海人民出版社, 2017: 9.

[391] 迈克尔·波特. 竞争战略: 分析产业和竞争者的技巧 [M]. 北京: 华夏出版社, 1997.

[392] 米哈依诺夫. 科学交流与情报学 [M]. 徐新民, 等译. 北京: 科学技术文献出版社, 1980.

[393] 彭靖里, 谭海霞, 王崇理. 竞争情报中人际网络构建的理论研究: 基于社会网络的分析观点 [J]. 图书情报工作, 2006 (4): 38-42.

[394] 彭知辉. 公安情报学初探 [J]. 中国人民公安大学学报（社会科学版），2005（1）：26-31.

[395] 彭知辉. 论公安情报学研究范式及其整合 [J]. 情报学报，2013，32（10）：1046-1057.

[396] 钱玲飞，杨建林. 基于 GM（1，1）模型的学科创新力预测 [J]. 情报科学，2012（4）：52-56.

[397] 钱学森. 论系统工程 [M]. 长沙：湖南科学技术出版社，1982.

[398] 钱学森，于景元，戴汝为. 一个科学新领域：开放的复杂巨系统及其方法论 [J]. 自然杂志，1990，13（1）：3-10.

[399] 乔欢. 信息行为学 [M]. 北京：北京师范大学出版社，2010：64.

[400] 乔治－埃利亚·萨尔法蒂. 话语分析基础知识 [M]. 曲辰，译. 天津：天津人民出版社，2006.

[401] 秦铁辉，马德辉，孙琳. 知识管理理念下情报学研究路径探析 [J]. 图书情报工作，2004，48（12）：68-72.

[402] 邱均平. 信息计量学 [M]. 武汉：武汉大学出版社，2007：316-317.

[403] 邱均平. 信息计量学（一）：第一讲 信息计量学的兴起和发展 [J]. 情报理论与实践，2000（1）：75-80.

[404] 邱均平，余厚强. 替代计量学的提出过程与研究进展 [J]. 图书情报工作，2013（19）：5-12.

[405] 申静. 情报学理论体系的比较研究 [J]. 情报杂志，1990（Z1）：93-102.

[406] 沈固朝. "耳目、尖兵、参谋"：在情报服务和情报研究中引入 intelligence studies 的一些思考 [J]. 医学信息学杂志，2009（4）：1-5.

[407] 沈固朝. 两种情报观：Information 还是 Intelligence？——在情报学和情报工作中引入 Intelligence 的思考 [J]. 情报学报，2005（3）：259-267.

[408] 史海燕. 阐释学在情报学中的应用研究 [J]. 图书馆学研究，2014（17）：17-21，52.

[409] 斯坦利·沃斯曼，凯瑟琳·福斯特，STANLEY W，等. 社会网络分析：方法与应用 [M]. 北京：中国人民大学出版社，2012：31-32.

[410] 苏新宁. 不忘初心、牢记使命，展望情报学与情报工作的未来 [J]. 科技情报研究，2019，1（1）：1-8.

[411] 苏新宁. 大数据时代情报学与情报工作的回归 [J]. 情报学报，2017，36（4）：

331-337.

[412] 孙向荣, 穆绪涛. 混合方法研究在图书情报学中的应用 [J]. 图书情报工作, 2010, 54 (15): 61-64.

[413] 谭雪晗, 涂艳, 马哲坤. 基于SNA的事故灾难舆情关键用户识别及治理 [J]. 情报学报, 2017, 36 (3): 297-306.

[414] 唐超. 基于开源情报的风险监测—预警—决策系统构建 [J]. 情报杂志, 2013 (1): 145-149.

[415] 唐家渝, 刘知远, 孙茂松. 文本可视化研究综述 [J]. 计算机辅助设计与图形学学报, 2013, 25 (3): 273-285.

[416] 图恩·梵·迪克. 话语研究多学科导论 [M]. 周翔, 译. 重庆: 重庆大学出版社, 2015: 325.

[417] 汪丁丁. 知识表达、知识互补性、知识产权均衡 [J]. 经济研究, 2002 (10): 83-91.

[418] 汪丁丁. 知识的经济学性质 [J]. 读书, 1995 (12): 57-62.

[419] 王崇德. 图书馆学情报学方法论 [J]. 北京: 科学技术文献出版社, 1988.

[420] 王芳, 陈锋, 祝娜, 等. 我国情报学理论的来源、应用及学科专属度研究 [J]. 情报学报, 2016, 35 (11): 1148-1163.

[421] 王芳. 情报学的范式变迁及元理论研究 [J]. 情报学报, 2007 (5): 764-773.

[422] 王芳, 慎金花. 国外数据管护 (Data Curation) 研究与实践进展 [J]. 中国图书馆学报, 2014, 40 (212): 116-128.

[423] 王芳, 史海燕, 纪雪梅. 我国情报学研究中理论的应用: 基于《情报学报》的分析 [J]. 情报学报, 2015 (6): 581-591.

[424] 王芳, 王向女. 我国情报学研究方法的计量分析: 以1999—2008年《情报学报》为例 [J]. 情报学报, 2010, 29 (4): 652-662.

[425] 王芳, 杨京, 陈锋. 情报学研究中理论应用的国际比较 [J]. 情报学报, 2018 (12): 1262-1274.

[426] 王芳, 赵洪, 张维冲. 我国情报学科理论研究形态及学术影响力的全数据分析 [J]. 图书情报知识, 2018, 186 (6): 17-30.

[427] 王芳, 祝娜, 翟羽佳. 我国情报学研究中混合方法的应用及其领域分布分析 [J]. 情报学报, 2017 (11): 1119-1129.

[428] 王建荣, 邵波. 基于竞争情报与知识管理的企业决策过程模型构建 [J]. 情报理论与实践, 2010 (12): 53-56.

[429] 王晋, 李辉, 尹明理, 等. 科技情报工作的目标定位、核心与时代工作重点 [J]. 情报理论与实践, 2018 (4): 13-15, 12.

[430] 王琳. 布鲁克斯情报学基本方程式的思想脉络探析 [J]. 情报探索, 2014 (11): 16-19.

[431] 王琳. 领域分析: 北欧情报学研究的代表性学说 [J]. 图书情报工作, 2010, 54 (18): 24-27.

[432] 王琳. 领域分析视角下知识组织中若干问题的研究 [J]. 图书情报工作, 2011 (4): 90-94, 105.

[433] 王琳. 情报学元理论研究的动态分析 [J]. 情报科学, 2007, 25 (10): 1449-1457.

[434] 王琳. 情报学中知识思想的历史回顾与思考 [J]. 情报学报, 2013, 32 (4): 340-353.

[435] 王晓佳, 杨善林, 徐达宇. 基于改进粒子群算法的数据预测挖掘应用研究 [J]. 情报学报, 2011, 30 (8): 840-845.

[436] 王彦兵, 郑菲. 民族志方法在图书情报领域中的运用 [J]. 图书馆理论与实践, 2016, 197 (3): 29-33.

[437] 王应解. 知识组织: 情报学的逻辑起点 [J]. 图书与情报, 2008 (3): 9-12.

[438] 王知津, 韩正彪, 周鹏. 多视角下的当代情报学哲学理论观点分析 [J]. 图书情报工作, 2013, 57 (22): 49-59.

[439] 王知津, 江力波. 论情报学的互动观 [J]. 图书与情报, 2008 (1): 23-28.

[440] 王知津. 竞争情报 [M]. 北京: 科学技术文献出版社, 2005: 267.

[441] 王知津, 王文爽, 卞丹. 论情报学元理论的"3C"主义 [J]. 情报理论与实践, 2011, 34 (7): 9-12, 8.

[442] 王知津, 王璇, 韩正彪. 当代情报学理论思潮: 现象学 [J]. 情报资料工作, 2011 (4): 19-23.

[443] 王知津. 信息检索与处理 [M]. 北京: 机械工业出版社, 2015.

[444] 王知津. 知识空间: 知识组织的概念基础 [J]. 中国图书馆学报, 1999, 25 (5): 13-18.

[445] 王知津, 周鹏, 韩正彪. 当代情报学哲学的主观点及其理论体系构建 [J]. 情报

学报，2014，33（2）：116-129.

［446］威廉·詹姆士．实用主义［M］．陈羽纶，孙瑞禾，译．北京：商务印书馆，1979.

［447］维纳．维纳著作选［M］．上海：上海译文出版社，1978.

［448］温浩，乔晓东．文摘创新点的语义本体模型研究［J］．情报学报，2017，36（9）：964-971.

［449］温有奎，温浩，徐端颐，等．基于知识元的文本知识标引［J］．情报学报，2006（3）：282-288.

［450］文庭孝，刘刚，张洋．我国情报学发展的危机种种［J］．情报理论与实践，2005（4）：342-345.

［451］文庭孝．知识单元的演变及其评价研究［J］．图书情报工作，2007（10）：72-76.

［452］香农．通讯的数学理论［M］．编译馆，译．上海：上海市科学技术编译馆出版，1970.

［453］肖锦龙．福柯理论视野中的话语［J］．文艺理论研究，2010（5）：87-93.

［454］肖勇．论基于"三大研究范式"之上的当代中国情报学学科体系与学科群体系构建［J］．情报学报，2017，36（9）：894-907.

［455］谢先江．国内外情报学派模型及分支学科［J］．现代情报，1991（Z1）：54.

［456］谢晓专．公安情报学与情报学的关系研究［J］．情报杂志，2012（6）：1-7.

［457］熊十力．知识论［M］．北京：中华书局，1985.

［458］胥伟岚，夏南强．赫伯特·西蒙的情报学研究［J］．情报科学，2016，V34（11）：18-21.

［459］徐丽芳．论科学交流及其研究的流变［J］．情报科学，2008（10）：1461-1463，1481.

［460］徐敏捷，兰月新，刘冰月．基于组合预测的网络舆情数据预测模型研究［J］．情报科学，2016，34（12）：40-45.

［461］徐树栋，曲淑敏．信息组织学科理论与方法的整合研究［J］．图书馆学研究，2006（1）：20-23，19.

［462］徐扬，孟文霞，李广建．基于灰色预测模型的情报学热点主题发展预测［J］．情报科学，2016，34（7）：3-6.

［463］闫琰．基于深度学习的文本表示与分类方法研究［D］．北京：北京科技大学，2016.

[464] 严怡民. 现代情报学理论 [M]. 武汉: 武汉大学出版社, 1996.

[465] 杨韬, 邹永利. 情报学的认知学派及其研究进展 [J]. 情报杂志, 2008 (6): 114-116.

[466] 杨文祥, 焦运立, 刘丽斌. 国外图书馆学学术源流与方法论思想的历史演进与嬗变: 关于 21 世纪图书馆学方法论体系及相关问题的若干思考之二 [J]. 图书与情报, 2008 (2): 7-11, 135.

[467] 杨絮. 话语分析方法综述: 开辟 LIS 研究新视野 [J]. 数字图书馆论坛, 2018 (3): 59-68.

[468] 叶鹰. 分析信息学的理论基础 [J]. 情报学报, 2000, 19 (4): 380-384.

[469] 殷国鹏, 莫云生, 陈禹. 利用社会网络分析促进隐性知识管理 [J]. 清华大学学报 (自然科学版), 2006 (z1): 964-969.

[470] 俞吾金. 本体论研究的复兴和趋势 [J]. 浙江学刊, 2002 (1): 46-52.

[471] 约翰·斯科特. 社会网络分析方法 [M]. 刘军, 译. 重庆: 重庆大学出版社, 2007.

[472] 岳剑波. 信息管理基础 [M]. 北京: 清华大学出版社, 1999.

[473] 曾民族. 向知识标引进军 [J]. 情报学报, 2006 (2): 254-256.

[474] 翟秀云. 图书情报学中的"知识流派"观点述略 [J]. 图书情报工作, 2002, 46 (12): 54-60.

[475] 张海游. 信息行为研究的理论演进 [J]. 情报资料工作, 2012 (5): 41-45.

[476] 张吉文. 基于谱聚类的文本聚类算法研究 [D]. 贵阳: 贵州大学, 2015.

[477] 张小芳. 几种常见信息检索模型的分析与评价 [J]. 情报杂志, 2008 (3): 121-123.

[478] 张晓林. 走向知识服务: 寻找新世纪图书情报工作的生长点 [J]. 中国图书馆学报, 2000, 26 (5): 32-37.

[479] 张鑫, 王芳. 个体的政府信息需求调查及成因分析: 基于意义建构理论 [J]. 图书情报工作, 2017 (3): 53-60.

[480] 张永东. 展开对情报科学元理论的研究 [J]. 情报学刊, 1990, 11 (5): 326-328.

[481] 章成志, 苏新宁. 基于知识空间的智能信息检索模型研究 [J]. 现代图书情报技术, 2006, 1 (12): 29-33.

[482] 赵冰峰. 中国情报学派的兴起与历史使命 [J]. 情报杂志, 2016, 35 (4): 1-4.

[483] 赵洪, 王芳, 柯平. 图书情报学实验研究方法与应用方向探析 [J]. 情报科学, 2018, 36 (11): 25-30.

[484] 赵洪, 王芳. 理论术语抽取的深度学习模型及自训练算法研究 [J]. 情报学报, 2018, 37 (9): 67-82.

[485] 赵琦, 张智雄, 孙坦. 文本可视化及其主要技术方法研究 [J]. 数据分析与知识发现, 2008, 24 (8): 24-30.

[486] 赵星, 谭旻, 余小萍, 等. 我国文科领域知识扩散之引文网络探析 [J]. 中国图书馆学报, 2012 (5): 59-67.

[487] 中国科学技术信息研究所. 中国科技情报事业 55 年：全 2 册 [M]. 北京：科学技术文献出版社, 2011.

[488] 周晓燕, 孙青. 国内外信息管理研究的流派与研究框架 [J]. 大学图书馆学报, 2004 (6): 14-18.

[489] 周晓英, 陈燕方, 张璐. 中国科技情报事业发展历程与发展规律研究 [J]. 科技情报研究, 2019 (9): 13-28.

[490] 周晓英, 崔佳佳, 唐宇萍, 等. 情报学的起源与方向：从布什的《诚如所思》谈起 [J]. 情报科学, 2004 (2): 129-132.

[491] 周晓英. 情报学理论与方法论 [J]. 图书情报知识, 1988 (1): 47-48.

[492] 周晓英. 信息构建与知识构建 [J]. 情报理论与实践, 2005, 28 (4): 352-354.

[493] 朱婕, 靖继鹏, 窦平安. 国外信息行为模型分析与评价 [J]. 图书情报工作, 2005 (4): 48.

[494] 朱庆华, 刘璇, 沈超, 等. 计算实验方法及其在情报学中的应用 [J]. 情报理论与实践, 2012, 35 (12): 1-6.

[495] 朱庆华, 赵宇翔. 情报学中混合方法研究的理论探索和应用 [J]. 情报学报, 2013, 32 (12): 1236-1247.

[496] 朱庆华. 知识元挖掘评价：兼议情报学的理论研究 [J]. 情报科学, 2006 (12): 1899-1902.

[497] 朱永生. 话语分析五十年：回顾与展望 [J]. 外国语, 2003 (3): 43-51.

[498] 祝朝安, 王树斌, 徐贵水, 等. 论情报学的泛化、虚化与异化 [J]. 情报资料工作, 2005 (1): 7-9.

[499] 邹永利. 情报学认知学派评述 [J]. 图书馆论坛, 2010 (12): 96-100.

索 引

A

埃尔德莱兹的信息偶遇功能模型 …… 222
案例研究………………………………… 20

B

贝尔金的"知识非常态"理论 ……… 215
贝罗的 SMCR 模式 …………………… 260
备忘录……………………………………… 92
本体论……………………………………… 24
本质型理论………………………………… 19
编码………………………………………… 10
变量………………………………………… 2
辩证关系型话语分析 …………………… 338
波普尔……………………………………… 15
布拉德福定律 ……………………………… 5
布鲁克斯知识方程 ……………………… 367

C

长短时记忆（LSTM）………………… 292
常人方法论 ……………………………… 100

超领域分析 ……………………………… 236
沉浸理论（flow theory）……………… 225
创新扩散理论 …………………………… 19
粗糙集理论 ……………………………… 243

D

德尔文的意义建构理论………………… 22
点度中心度（degree centrality）…… 311
定理………………………………………… 4
定律………………………………………… 1
多元知识表示 …………………………… 231
多元表示全局模型 ……………………… 207

F

法则………………………………………… 7
范畴………………………………………… 7
范式………………………………………… 11
方法论……………………………………… 4
非相关文献知识发现 …………………… 281
弗洛里迪 ………………………………… 112
符号互动主义 …………………………… 28

福柯 ······ 93
福柯式话语分析 ······ 103

G

概念 ······ 1
高频理论 ······ 381
戈夫曼的信息的社会传播传染病理论 ······ 190
格式迁移 ······ 255
公安情报管理 ······ 146
公安情报学 ······ 121
公理 ······ 3
共词网络 ······ 317
构念 ······ 2
关系抽取 ······ 290

H

宏大理论 ······ 17
后测 ······ 282
厚描述 ······ 334
话语分析 ······ 27
话语过程（discursive procedure） ······ 342
话语 - 历史观方法 ······ 110
灰色系统理论 ······ 243
会话分析 ······ 101
混合研究方法 ······ 347
霍兰德的领域分析学说 ······ 177

I

Information Processing and Management ······ 87

J

Journal of Documentation ······ 77
机理 ······ 6
机器学习 ······ 58
机制 ······ 6
基于层次的聚类算法 ······ 300
基于划分的聚类算法 ······ 300
基于密度的聚类算法 ······ 300
基于模型的聚类算法 ······ 300
基于网格的聚类算法 ······ 300
集成学习（ensemble learning，EL） ······ 296
集体主义 ······ 80
计算实验法 ······ 286
加菲尔德定律 ······ 29
假设 ······ 3
建构主义 ······ 25
交互记忆理论 ······ 224
交互式信息检索 ······ 6
接近中心度（closeness centrality） ······ 311
结构洞 ······ 313
结构洞理论 ······ 266
结构/关系型理论 ······ 380
结构主义 ······ 80
解构 ······ 27
解释力 ······ 7
解释主义 ······ 22
经典概率模型 ······ 204
经验主义 ······ 30
竞争对手理论 ······ 268

竞争环境理论 …………………… 270
竞争情报 ………………………… 29
竞争情报工作 …………………… 136
竞争战略理论 …………………… 273
决策功能学派 …………………… 159
决策树 …………………………… 143

K

K 近邻（K-nearest neighbor,
KNN） ………………………… 296
开放性编码 ……………………… 330
科技情报工作 …………………… 49
科学交流学派 …………………… 49
科研合作网络 …………………… 315
可视化 …………………………… 60
可用性理论 ……………………… 20
克兰菲尔德（Cranfield） ……… 122
克里克勒斯的信息搜寻模型 …… 218
客观知识世界 …………………… 59
控制论 …………………………… 15
库尔梭的信息搜寻过程模型 …… 219
框架 ……………………………… 4

L

拉斯威尔"5W"模式 …………… 258
理论 ……………………………… 1
理论的学科专属度 ……………… 396
理论饱和 ………………………… 327
理论抽样 ………………………… 332
"理论出现位置"编码表 ………… 361

理论创新 ………………………… 1
理论的主题分布 ………………… 202
理论的自动识别 ………………… 283
理论发展 ………………………… 13
理论来源学科 …………………… 396
理论识别 ………………………… 370
"理论使用类型"编码表 ………… 361
理论视角 ………………………… 5
理论应用的类型 ………………… 366
理性主义 ………………………… 31
量表 ……………………………… 11
邻接矩阵（adjacency matrix）、关联矩阵
（incidence matrix）和隶属关系矩阵
（affiliation matrix） ………… 308
领域分析范式 …………………… 125
六度分隔假说 …………………… 261
论文类型编码表 ………………… 362
论文主题编码表 ………………… 362
洛特卡定律 ……………………… 5

M

MultiNet ………………………… 315
民族志 …………………………… 20
命名实体识别 …………………… 290
命题 ……………………………… 2
模糊集合模型 …………………… 203
模糊集理论 ……………………… 243
模拟仿真实验法 ………………… 285
模型 ……………………………… 4

N

NetDraw	313
NetMiner	310
内部效度	284
凝聚子群	312

O

OAIS 参考模型	253

P

Pajek	313
批判	28
批判现实主义	34
朴素贝叶斯（naive Bayes，NB）	296
普赖斯指数	122
普适性	1

Q

齐夫定律	5
前测	282
潜在语义标引模型（LSI）	206
情报工程	61
情报学	10
情报学报	54
情报研究	54
情感负荷（affective load）理论	224
丘的网络信息搜寻行为模型	221
圈中生活理论	179
诠释学	38

R

认识论	23
认知范式	52
认知工作分析	233

S

StOCNET	315
STRUCTURE	314
SWOT 分析	276
萨拉塞维克的信息检索交互层次模型	207
萨拉塞维克的知识的社会传播理论	191
萨沃莱宁的日常信息搜寻理论	222
三角互证	32
社会传播学派	159
社会建构主义	30
社会网络分析	60
社会信息学	60
深度学习	291
神经网络	203
生活世界	35
施拉姆的循环传播模式	259
实体理论	4
实验设计	283
实验室实验	284
实验研究方法	281
实用主义	20

实证主义 …………………… 14
实质理论 …………………… 332
世界3理论 …………………… 29
属性结构学派 ……………… 182
数据管护 …………………… 249
数字保存 …………………… 249
双向长短时记忆（Bi-LSTM）…… 294
双向长短时记忆-条件随机场
（Bi-LSTM-CRF）…………… 294
斯宾克的互动反馈和搜索过程模型 … 207
算法 ……………………… 4

T

泰勒的信息使用环境分析 …… 178
田野 ……………………… 334
通信科学学派 ……………… 158
图书情报工作 ……………… 121

U

UCINET …………………… 310

W

外部效度 …………………… 285
网络计量分析 ……………… 280
网络密度 …………………… 310
文本分类 …………………… 244
文本聚类 …………………… 290
文本可视化 ………………… 290

文本挖掘 …………………… 29
文化研究 …………………… 88
文献情报工作 ……………… 131
文献增长规律 ……………… 241
问卷调查 …………………… 20
无标度网络 ………………… 261
物理范式 …………………… 51

X

系统论 ……………………… 15
现象学 ……………………… 20
相关性理论 ………………… 20
香农-韦佛的反馈传播模式 …… 258
向量空间模型 ……………… 126
小世界网络 ………………… 260
效应 ………………………… 4
心流理论 …………………… 225
信息行为模型 ……………… 22
信息搜寻行为模型 ………… 29
信息抽取 …………………… 244
信息传播的"3S"理论 ……… 261
信息构建 …………………… 185
信息计量学 ………………… 59
信息技术学派 ……………… 158
信息检索 …………………… 6
信息检索实验 ……………… 285
信息经济研究 ……………… 138
信息论 ……………………… 1

信息熵	28
信息生命周期	112
信息视域	180
信息行为	4
信息学	45
信息哲学	19
信息资源管理	29
信息组织	29
形式理论	4
叙事描述	335
选择性编码	330
学派	48
循环神经网络（RNN）	291

Y

演变型理论	19
意义建构理论	22
因果型理论	413
引文分析	59
引文网络	242
英格沃森的信息搜寻和交互信息检索整合框架	220
语境信息	343
元理论	13

| 原理 | 4 |

Z

扎根理论	4
证据理论	243
支持向量机（support vector machine, SVM）	296
知识管理理论	186
知识基因	228
知识元	229
知识组织	64
知识组织理论	125
质性分析	343
中观理论	17
中国情报学派	158
中介中心度（betweenness centrality）	311
中心度	310
主轴编码	330
自然实验法	285
自我效能感（self-efficacy）理论	223
最大熵原理	164
最小省力法则（principle of least effort）	223
作品	33